U0858090

国家清史编纂委员会·文献丛刊

义和团运动文献资料汇编

日译文卷（日本外交文书）

路遥 主编

山东大学出版社

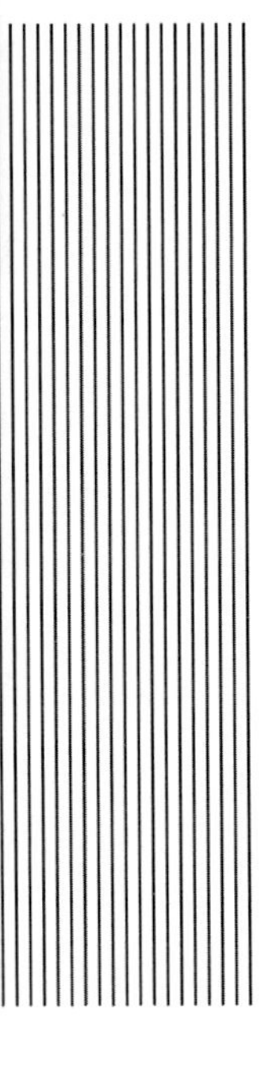

国家清史编纂委员会出版委员会

审者　王晓秋　宋成有

本卷译者　杨宁一　曹雯　陈涛

戴逸

邹爱莲　孟超　徐兆仁

成崇德　李文海　陈桦

马大正　于沛　朱诚如

（按姓氏笔画排序）

总　序

戴　逸

二〇〇二年八月，国家批准建议纂修清史之报告，十一月成立由十四部委组成之领导小组，十二月十二日成立国家清史编纂委员会，清史编纂工程于焉肇始。

清史之编纂酝酿已久，清亡以后，北洋政府曾聘专家编写《清史稿》，历时十四年成书。识者议其评判不公，记载多误，难成信史，久欲重撰新史，以世事多乱不果。中华人民共和国成立后，中央领导亦多次推动修清史之事，皆因故中辍。新世纪之始，国家安定，经济发展，建设成绩辉煌，而清史研究亦有重大进步，学界又倡修史之议，国家采纳众见，决定启动此新世纪标志性文化工程。

清代为我国最后之封建王朝，统治中国二百六十八年之久，距今未远。清代众多之历史和社会问题与今日息息相关。欲知今日中国国情，必当追溯清代之历史，故而编纂一部详细、可信、公允之清代历史实属切要之举。

编史要务，首在采集史料，广搜确证，以为依据。必藉此史料，乃能窥见历史陈迹。故史料为历史研究之基础，研究者必须积累大量史料，勤于梳理，善于分析，去粗取精，去伪存真，由此及彼，由表及里，进行科学之抽象，上升为理性之认识，才能洞察过去，认识历史规律。史料之于历史研究，犹如水之于鱼，空气之于鸟，水涸则鱼逝，气盈则鸟飞。历史科学之辉煌殿堂必须岿然耸立于丰富、确凿、可靠之史料基础上，不能构建于虚无飘渺之中。吾侪于编史之始，即整理、出版《文献丛刊》、《档案丛刊》，二者广收各种史料，均为清史编纂工程之重要组成部分，一以供修撰清史之用，提高著作质量；二为抢救、保护、开发清代之文化资源，继承和弘扬历史文化遗产。

清代之史料，具有自身之特点，可以概括为多、乱、散、新四字。

一曰多。我国素称诗书礼义之邦，存世典籍汗牛充栋，尤以清代为盛。盖清代统治较久，文化发达，学士才人，比肩相望，传世之经籍史乘、诸子百家、文字声韵、目录金石、书画艺术、诗文小说，远轶前朝，积贮文献之多，如恒河沙数,不可胜计。昔梁元帝聚书十四万卷于江陵,西魏军攻掠,悉燔于火,人谓丧失天下典籍之半数,是五世纪时中国书籍总数尚不甚多。宋代印刷术推广,载籍日众,至清代而浩如烟海,难窥其涯涘矣。《清史稿·艺文志》著录清代书籍九千六百三十三种,人议其疏漏太多。武作成作《清史稿艺文志补编》,增补书一万零四百三十八种,超过原志著录之数。彭国栋亦重修《清史稿艺文志》,著录书一万八千零五十九种。近年王绍曾更求详备,致力十余年,遍览群籍,手抄目验,成《清史稿艺文志拾遗》,增补书至五万四千八百八十种,超过原志五倍半,此尚非清代存留书之全豹。王绍曾先生言:"余等未见书目尚多,即已见之目,因工作粗疏,未尽钩稽而失之眉睫者,所在多有。"清代书籍总数若干,至今尚未能确知。

清代不仅书籍浩繁,尚有大量政府档案留存于世。中国历朝历代档案已丧失殆尽(除近代考古发掘所得甲骨、简牍外),而清朝中枢机关(内阁、军机处)档案,秘藏内廷,尚称完整。加上地方存留之档案,多达二千万件。档案为历史事件发生过程中形成之文件,出之于当事人亲身经历和直接记录,具有较高之真实性、可靠性。大量档案之留存极大地改善了研究条件,俾历史学家得以运用第一手资料追踪往事,了解历史真相。

二曰乱。清代以前之典籍,经历代学者整理、研究,对其数量、类别、版本、流传、收藏、真伪及价值已有大致了解。清代编纂《四库全书》,大规模清理、甄别存世之古籍。因政治原因,查禁、篡改、销毁所谓"悖逆"、"违碍"书籍,造成文化之浩劫。但此时经师大儒,联袂入馆,勤力校理,尽瘁编务。政府亦投入巨资以修明文治,故所获成果甚丰。对收录之三千多种书籍和未收之六千多种存目书撰写详明精切之提要,撮其内容要旨,述其体例篇章,论其学术是非,叙其版本源流,编成二百卷《四库全书总目》,洵为读书之典要、后学之津梁。乾隆以后,至于清末,文字之狱渐戢,印刷之术益精,故而人竞著述,家娴诗文,各握灵蛇之珠,众怀昆冈之璧,千舸齐发,万木争荣,学风大盛,典籍之积累远迈从前。惟晚清以来,外强侵凌,干戈四起,国家多难,人民离散,未能投入力量对大量新出之典籍再作整理,而政府档案,深藏中秘,更无由一见。故不仅不知存世清代文献档案之总数,即书籍分类如何变通、版本庋藏应否标明,加以部居舛误,界划难清,亥豕鲁鱼,订正未遑。大量稿本、抄本、孤本、珍本,土埋尘封,行将澌灭。殿刻本、局刊本、精校本与坊间劣本混淆杂陈。我国自有典籍以来,其繁杂混乱未有甚于清代典籍者矣!

三曰散。清代文献、档案,非常分散,分别庋藏于中央与地方各个图书馆、档案馆、博物馆、教学研究机构与私人手中。即以清代中央一级之档案言,除北京第一历史档案馆所藏一千万件以外,尚有一大部分档案在战争时期流离播迁，现存于台湾故宫博物院。此外，尚有藏于沈阳辽宁省档案馆之圣训、玉牒、满文老档、黑图档等，藏于大连市档案馆之内务府档案，藏于江苏泰州市博物馆之题本、奏折、录副奏折。至于清代各地方政府之档案文书，损毁极大，但尚有劫后残余，璞玉浑金，含章蕴秀，数量颇丰，价值亦高。如河北获鹿县档案、吉林省边务档案、黑龙江将军衙门档案、河南巡抚藩司衙门档案、湖南安化县永历帝与吴三桂档案、四川巴县与南部县档案、浙江安徽江西等省之鱼鳞册、徽州契约文书、内蒙古各盟旗蒙文档案、广东粤海关档案、云南省彝文傣文档案、西藏噶厦政府藏文档案等等分别藏于全国各省市自治区，甚至清代两广总督衙门档案（亦称《叶名琛档案》），英法联军时遭抢掠西运，今藏于英国伦敦。

清代流传下之稿本、抄本，数量丰富，因其从未刻印，弥足珍贵，如曾国藩、李鸿章、翁同龢、盛宣怀、张謇、赵凤昌之家藏资料。至于清代之诗文集、尺牍、家谱、日记、笔记、方志、碑刻等品类繁多，数量浩瀚，北京、上海、南京、广州、天津、武汉及各大学图书馆中，均有不少贮存。丰城之剑气腾霄，合浦之珠光射日，寻访必有所获。最近，余有江南之行，在苏州、常熟两地图书馆、博物馆中，得见所存稿本、抄本之目录，即有数百种之多。

某些书籍，在中国大陆已甚稀少，在海外反能见到，如太平天国之文书。当年在太平军区域内，为通行之书籍，太平天国失败后，悉遭清政府查禁焚毁，现在已难见到，而在海外，由于各国外交官、传教士、商人竞相搜求，携赴海外，故今日在世界各地图书馆中保存之太平天国文书较多。二十世纪，向达、萧一山、王重民、王庆成诸先生曾在世界各地寻觅太平天国文献，收获甚丰。

四曰新。清代为传统社会向近代社会之过渡阶段，处于中西文化冲突与交融之中，产生一大批内容新颖、形式多样之文化典籍。清朝初年，西方耶稣会传教士来华，携来自然科学、艺术和西方宗教知识。乾隆时编《四库全书》，曾收录欧几里得《几何原本》，利玛窦《乾坤体仪》，熊三拔《泰西水法》、《简平仪说》等书。迄至晚清，中国力图自强，学习西方，翻译各类西方著作，如上海墨海书馆、江南制造局译书馆所译声光化电之书，后严复所译《天演论》、《原富》、《法意》等名著，林纾所译《茶花女遗事》、《黑奴吁天录》等文艺小说。中学西学，摩荡激励，旧学新学，斗妍争胜，知识剧增，推陈出新，晚清典籍多别开生面、石破天惊之论，数千年来所未见，饱学宿儒所不知。突破中国传统之知识框架，书籍之内容、形式，超经史子集之范围，越子曰诗云之牢笼，发生前所未有之革命性变化，出现众多新类目、新体例、新内容。

清朝实现国家之大统一，组成中国之多民族大家庭，出现以满文、蒙古文、藏文、维吾尔文、傣文、彝文书写之文书，构成为清代文献之组成部分，使得清代文献、档案更加丰富,更加充实,更加绚丽多彩。

清代之文献、档案为我国珍贵之历史文化遗产,其数量之庞大、品类之多样、涵盖之宽广、内容之丰富在全世界之文献、档案宝库中实属罕见。正因其具有多、乱、散、新之特点,故必须投入巨大之人力、财力进行搜集、整理、出版。吾侪因编纂清史之需,贾其余力,整理出版其中一小部分;且欲安装网络,设数据库,运用现代科技手段,进行贮存、检索,以利研究工作。惟清代典籍浩瀚,吾侪汲深绠短,蚁衔蚊负,力薄难任,望洋兴叹,未能做更大规模之工作。观历代文献档案,频遭浩劫,水火兵虫,纷至沓来,古代典籍,百不存五,可为浩叹。切望后来之政府学人重视保护文献档案之工程,投入力量,持续努力,再接再厉,使卷帙长存,瑰宝永驻,中华民族数千年之文献档案得以流传永远,沾溉将来,是所愿也。

《义和团运动文献资料汇编》序言

路 遥

我国史学界系统编辑《中国近代史资料丛刊》，始于一九四九年新中国成立之后。所谓“中国近代史”，其概念最初系指一八四〇年鸦片战争至一九一九年五四运动前这一属于旧民主主义革命阶段的历史。后来史学界将其下限延至一九四九年中华人民共和国成立之前，即将新民主主义革命阶段的历史也纳入“近代史”范畴之内。“中国近代史”被作为一个重点学科来研究，是从新中国成立之后才正式兴起。它以民族解放斗争结合社会阶级斗争作为主流，义和团运动即其中重大事件之一。

一九五〇年为义和团运动五十周年，著名历史学家翦伯赞主持编辑了《义和团》资料四册，是《中国近代史资料丛刊》最早出版的一种。翦老在该资料集“序言”中说：“清算帝国主义血账，是纪念义和团的最好方法，也是我们编辑这部书的动机。”这就是当时编辑这部资料集之指导思想，对义和团研究起了重要推动作用。六十年代，中国大陆经历了一场“文化大革命”，史学研究领域（也包括义和团研究）陷入了非正常状态。迨至七十年代“四人帮”被粉碎，学术界开始拨乱反正，义和团研究又步入正轨。从八十年代开始，由于中外学术交流沟通，义和团研究才开始面向世界。一九八〇年十月，山东大学等五个单位联合发起在济南举办了“义和团运动学术讨论会”，共一百二十多人出席，其中有美、日、加、澳等国十位学者参加，这是义和团研究第一次具有国际性的学术研讨会。在这次大会上成立了“中国义和团研究会”，常务机构设在山东大学。隔了十年，至一九九〇年，山东大学又联合中国史学会、中国义和团研究会等六个单位，再次在济南举办了“义和团运动与近代中国社会国际学术讨论会”，共一百三十多人出席，其中有日、美、法、德、匈、波等国二十五位学者。再隔十年，二〇〇〇年十一月，又一次由山东大学联合中国史学会、中国义和团研究会等八个单位，仍在济南举办了“义和团运动一百周年国际学术讨论会”，代表近一百五十人出席，其中来自日、美、英、法、德、澳、韩、以色列等国及中国香港、台湾地区等二十八位学者。通过前后三次义和团国际学术研讨会的召开与讨论,对义和团研究有重大的推动。在这二十年内,无论中、日或美、欧,都相继有一些代表性的论著和资料出现,其成绩毋庸置疑。尽管如此,但由于义和团运动具有浓厚神秘性及其现象之复杂性,又由于文献资料之严重阙失,致使义和团研究中有不少重要问题难以突破,甚至停滞不前。其主要难题,有以下几点:

一、以往研究习惯于阶级斗争(包括民族斗争)的考察,着重于性质的论述,并满足于研究方法上的线性分析。从八十年代开始,研究者已不满足于纯以阶级斗争理论为指导,要求扩大视野,进一步从剖析社会结构着手。一九八六年在天津由南开大学等单位举办的“义和团学术讨论会”(国内),就已有这方面的一些研究成果出现,但那时还是着重于对社会经济基础的探索。从社会结构或经济基础层面去探讨这场运动的成因,是研究发展的必然趋势。因为人类历史是具有社会的历史,有社会存在是人类的特征,而人类社会又是以众多群体及其组织为主干,并以民族、国家、政治、经济、宗教、文化、地理等各种要素为其有机构成。所以从社会结构入手乃是深入研究义和团的有效方法,它实是采取历史学同社会人类学相结合,而被称为历史社会学或历史人类学的研究方法。

二、利用“矛盾论”——近代中国社会的基本矛盾和主要矛盾的理论,以考察这场运动中所体现出来之义和团、清政府与外来势力之间的复杂关系,当是可以继续遵循的研究方法。但其不足之处,在于更多研究者仍习惯于从矛盾各方之对抗、斗争,而不从或少从各方之相互制约的发展过程中去作具体而深入分析,把一场极其复杂的历史运动直线化、单一化了,因而也就很难有什么规律性的探索。即以近代中国社会的两个基本矛盾而言,民族矛盾当然是最主要的,而它怎样同社会矛盾相交织而促进了义和团运动的发生、发展;义和团运动同时期,国内曾爆发过几次规模较大的下层群众反抗斗争,它对义和团运动究竟产生什么样的影响等等,至今还未见有分量的论著出现。

三、义和团运动的产生从其历史条件看,主要是因德国侵占胶州湾出现民族危机而激发,同时也是反洋教、反教会斗争之延续与发展;而义和团之反教会斗争,又是同长期之民教矛盾密切关联。民教矛盾从西方宗教一方说,起主导作用的是教会及其传教士。义和团爆发于山东、直隶地区,在这些地区传教的天主教组织,有方济各会、圣言会、遣使会、直隶东南耶稣会与江南耶稣会等。这些修会在义和团运动地区原设有众多堂口,均受总铎区或主教代牧区领导。不同修会所采取的传教方针有什么异同?它吸收教民的手段有哪些特征?各修会同其所在国家的政治关系如何?这些方面的研究几乎是个空白。

尤其当民教矛盾尖锐爆发后，传教士同主教之间、主教同驻华公使、领事之间都有许多公文往来，教会内部更有大量通讯报道。台湾“中央研究院”近代史研究所曾于二十世纪六十年代整理过《教案教务档》，从中已不难看到大量民教矛盾都因民事、刑事纠纷而涉及司法权以及其他的相关资源问题。在各教会内部对此更有不少档案记录，却至今未有任何披露，这是导致“教案”研究难于推进的主要原因。

四、从思想意识方面看，围绕义和团运动暴露了中西方之间在思想文化与宗教信仰之间的重大差异。但不少研究者多习惯于从中西文化差异、冲突去论述义和团与教会之间的矛盾，而很少从基督教会将上帝信仰移植异境时应怎样同乡土文化、民间习俗相调适以化解矛盾这个视角入手，对此西方教会根本不予考虑。义和团运动的主体是中国下层民众的运动，应该考虑到这场运动的中国下层民众意识与民间信仰。所谓“民众意识”，是指特定时期在下层民众中间流行的日常各种意识；所谓“民间信仰”，是指其与日常生活紧密联系而刻印于民众心理结构中的信仰与仪式。就教会一方说，无论其在民间传播或使教民皈依，都莫不以精神征服为指引，其遭到乡土文化抵制与民间信仰对抗乃势所必然。一九六二年至一九六五年梵蒂冈曾召开了第二届大公会议，制定、发表了许多文献，对以往传教也有过若干反思与检讨。以之联系义和团运动时期，应如何评价教会的对华传教方针及其所形成的民教矛盾，却是亟待研究的问题。

以上仅就我们思虑所及，提出几个问题，并非全面。现所汇编的这套中外文献资料，也可以说是应对于上述研究困境而编辑的。

编辑这套资料也是我多年所愿望，记得一九九〇年十月在济南举行“义和团运动与近代中国社会国际学术讨论会”之际，中华书局总编辑李侃同志曾约我商谈，建议由我主持编辑一套大型的《义和团运动资料汇编》。其途径可从两方面着手：一是集中已出版的零散资料，二是搜索在各地的文献。基于当时条件，我心有余而力不足，难于负起此重担，但我对此事一直萦回脑际。二〇〇二年国家成立清史编纂委员会，二〇〇四年编委会抛出基础工程项目，本课题《义和团运动文献资料汇编》承国家清史编纂委员会戴逸主任大力支持而获得批准，终于实现了我的夙愿。现在这套资料同以往相比较，它涉及面广，有些从海外搜求来，因受经济条件限制，还不能达到我们预期的要求，但它会给研究者以有益的借鉴和启示。拿义和团运动同中国近代历史上许多重大事件相比，它的神秘性与复杂性远超过其他。义和团运动发生在十九世纪末，在中国社会危机之外又多出了民族危机，世界历史上西方资本主义对亚非地区的征服也已开始转向帝国主义扩张阶段；在中国是两个危机交织在一起，而义和团运动又是中国具有乡土文化、信仰的下层群众所自发的一场反抗斗争运动,其所映现出神秘而诡异的特征乃不可避免。仅从现象上看,义和团运动恰似一面多棱镜,从不同侧面观察,各有其不同特征,但这不等于它没有正面的形象和本质的构成,研究者可以从《汇编》中作各自探析。我们除大量摘录当时中文报刊外,还选译了日、英、法、德等不同语种的文献资料。本《汇编》共分五卷八册,其中:中文资料一卷二册,英、日译文各一卷二册,法、德译文各一卷一册,约计五百四十七万字。其来源主要如下:

一、外国的官方文档,如日本外务省和参谋本部文件,涉及日本对华政策以及出兵参与联军共同侵华过程的相当详细记录。

二、西方的天主教内部文献,主要有德国圣言会和法国耶稣会对华传教活动与民教矛盾频发的记载。

三、侵略方的国内舆论,选德、法两国国内有关报刊的评述。

四、选自基督教传教士和西方学者的最早或较早撰述义和团的论著。

以上大部分记述来自与义和团不同的立场,有许多诬蔑义和团为"匪"、"拳匪"、"团匪"等词句,均非我们所认可,为要保持资料之原始性,一概不予改动,它涉及义和团运动诸多方面问题,仍有重要参考价值。限于我们水平,所选译内容与编辑方法当有许多不足之处,尚望研究者、专家批评指正!

二〇一〇年五月

翻译说明

一、原书为日本外务省编纂的《外交文书·第 33 卷别册·北清事变(上卷)》,日本岩南堂书店 1956 年出版,2003 年出版第三版。原书分九部分,现翻译一至五部分。

二、原本中以日文汉字记述的人名、地名、官职、军队、军舰名称等名词,尽量保持原貌;以片假名记述的西文名词,尽量采用已有约定俗成的中文译名,若查不出来则采取音译或保留片假名。

三、原文中用日本纪年和公元纪年,翻译时均以阿拉伯数字表示;以中国清朝纪年则用中文小写表示。

四、原文中对中国的称谓有"清国"、"中国"、"支那"三种,含义略有不同,尽量保持原貌。原文中"扬子江"、"长江"称谓都有,现一致改为"长江"。日文汉字"居留地",一律改为"租界"。日文的"哩"一律译为"英里"。

五、日本外交文件在当时对欧美国家有"外相"、"次官"之称。现按词典规定:凡属民主共和政体的,如法国则译为"外交部长",其次官则称"副部长";而对英、德、俄、意、比、奥之君主立宪制或国王制的,则译为"外交大臣",其次官为"副大臣";对美国则译"国务卿";而对日本自己,称"外相"或"外务大臣"均有之,至其次官,均保持原样。

六、本书原文称欧美国家出兵之军官衔,"校"级曾写有"大佐"、"中佐"、"少佐",现译为"上校"、"中校"、"少校";"尉"级,称欧美(除俄、奥外)军官为"大尉"者,均改译为"上尉"。

七、日本外务大臣如青木周藏曾封"子爵",其爵位应放姓名前,如"外务大臣子爵青木周藏阁下";又如驻华公使西德二郎、驻英特命全权公使林董均封过男爵,爵位应放在姓名之前。"小田切总领事"应译为"小田切代理总领事"。

八、本卷第一至二七五条由中国人民大学清史研究所曹雯译;第二七六至二九一条略;第二九二至七二〇条由北京师范大学杨宁一、陈涛译。

日本外交文书

第33卷别册1

（1900.3～12）

北清事变（上）

日本外务省编纂
国际连合协会发行

目　录

事项一
各地团匪暴动状况报告

(一)北清状况

一

3 月 6 日　驻清国西公使致青木外务大臣函

为报告骚扰状况等项事

附记:明治 32 年 12 月 8 日西公使电报

　　关于山东暴动驻清美、德、法公使与总理衙门交涉件

本机第一二号,3 月 29 日收

外务大臣子爵青木周藏阁下:

杂　报

德国计划自胶州湾向山东内地铺设铁路以来,胶州附近高密地区有数千民众聚集起来,试图抵抗这一计划的实施。因当地民众有加害德铁路技师的举动,德国准备自胶州湾往该地派遣若干军队。后据山东巡抚袁世凯力称,以自己之兵力足以镇压,德国遂停止派兵。

山东义和团暴动渐次蔓延,直隶省内保定府所属新城县内,亦有团民骚动的状况出现,地方官已派出兵员前往镇压。又伴随山东省义和团暴动的蔓延,外国人往往成为受害对象。目前,受害对象不仅仅局限于英国籍传教士,其他如美国、德国及法国等传教士亦遭受种种袭击。前几日,英国、法国、德国、美国、意大利等五国公使,已联合向总理衙门提出要求:为保护外国人的生命以及财产,应对义和团实施镇压。

据报,数日前于云南省腾越附近,即邻近清国与缅甸之边境处,英军与清兵发生冲突(其原因为,就划定清缅边境线一事,英国委员与清国地方官间之纷争日趋激化,以至有此局面)。结果,英军烧毁茨竹、派籁二处寨堡,并杀害该处民众及驻守清兵等八十人。

以上为报告内容。敬具

明治 33 年 3 月 6 日　　特命全权公使男爵　西德二郎(印)

(附记)

明治 32 年 12 月 8 日驻清国公使西电报

关于山东省暴动驻清美、德、法公使与总理衙门交涉件

明治 32 年 12 月 8 日上午 8:40 发,同日下午 1:35 收　　　驻清全权公使　西

第一八八号

近来,耶稣教教徒与当地清国人间之纠纷连续不断,遂相继引发山东省各地排斥耶稣教的暴动。于此,美、德、法等三国公使已联手向总理衙门施压。结果,山东巡抚被召回北京,同时命袁世凯暂署山东巡抚。

二

4 月 10 日　驻清国西公使致青木外务大臣函(电报)

为报告关于直隶省内骚扰事

4 月 10 日发,4 月 10 日收　　　驻清全权公使　西

第一五号(抄)

有若干匪徒北上至天津及北京挑起叛乱。然而,尚没有迹象表明将爆发更为严重的骚乱。

三

4 月 26 日　驻清国西公使致青木外务大臣函(电报)

为报告安庆附近暴徒、教民间之争斗情况事

4 月 26 日下午 5:12 发,同日下午 10:05 收　　　驻清全权公使　西

第一八号

前日,于安庆南十五华里处,暴徒与清国天主教教徒间爆发争斗。据传,有七十名暴徒被杀,而教徒一方却死伤甚少。然而,此次事件似乎并未引起重视。

四

4 月 26 日　驻清国西公使致青木外务大臣函

为报告保定府附近之争斗、清驻俄公使动态及其他事

本公第三七号,5 月 11 日收

外务大臣子爵青木周藏阁下:

杂　报

距保定府南十五华里之江家庄村,向来天主教教徒众多。前日,有义和团多人袭击该村。因该村已预先探知此事,是以村民多早早伏于房顶及窗间,以短枪进行防御。据传,此次冲突中,义和团团民死伤甚众,死者多达七十人左右,而该村村民仅死一名,伤六名。获上述消息后,地方官迅速派军前往镇压。双方见官军到来,立时各自散去,局面复归于平稳。据说,此后保定附近平静无事。本官以为上述义和团与天主教徒间的争斗尚为数不多,不足以引起特别重视。观察目前的状况,虽然难保其中没有讹传之嫌,仍电告之,以资参考。

数日前,总理衙门对外宣布,原总理衙门大臣桂春将出任驻俄国公使。

刘坤一氏于本月 24 日由本地出发，回到两江总督任上。该氏在京中期间，曾屡次获准觐见，似乎颇合圣意。然而，该氏自知，其所持之改革意见，最终难以在北京政府内得到实施。据传，因该氏急于返回地方，在再度获准觐见之际，向皇太后力陈，目前实有必要迅速镇压蔓延至山东、直隶的义和团暴动，以及宜重新修订海关关税。

以上为报告内容。敬具

明治 33 年 4 月 26 日　　　　特命全权公使男爵　西德二郎（印）

五

5 月 21 日　青木外务大臣致驻清国西公使函（电报）

就义和团现状并暴动状况提出报告之训令事

5 月 21 日发　　　　青木外务大臣

第二八号

来电务必继续报告义和团的现状以及将来暴动的状况。

六

5 月 22 日　驻清国西公使致青木外务大臣函（电报）

为报告目前形势事

5 月 22 日上午 11:30 发，同日下午 8:00 收　　　　驻清全权公使　西

第二七号（一）

根据贵电第二八号的训令，提出报告。据称，近来，位于北京、保定间之某村庄发生暴动，约六十名皈依天主教的中国教徒遭到匪徒杀戮。据传教士通报，匪徒来势汹汹，在京之外国人恐难免不受其迫害。然而，根据来自其他方面的消息，又说上述猜测纯属忧虑过度。目前，真相难以判断。然而，本官认为后者似乎更接近实际状况。要之，清国政府应不会放任匪徒之暴行波及北京。本官于此前之第二六号电报（见后三〇〇号文书）中，曾提及联合劝告一事，此仅属防患于未来的举措。简要之，就截至目前所发生的事件而言，其性质尚不严重。然而，倘若总理衙门就上述联合劝告，作出拒绝的答复，或又出现难以预料的复杂局面等，将随时发电报闻。

七

5 月 25 日　驻天津郑领事致青木外务大臣函（电报）

为报告涞水教案事

5 月 25 日上午 7:40 发，同日下午 0:35 收　　　　驻天津领事　郑

前记有义和团匪首煽动党徒杀戮六十余名清国基督教教徒一事发生。陆军大佐杨[①]奉命率兵士数名前往当地抓捕上述匪首，然而当行至保定府附近的涞水县时，为上述团匪所杀害。该伙义和团匪约有三千人，其势汹汹，以至地方官员多有逃匿。直隶总督已发出

① 指清军之练军分统杨福同。——译者注

训令,命聂将军派遣一千士兵前往事发地。上述部队于5月24日清晨出发。为防备义和团暴动,天津附近亦部署有军队。5月24日,各国领事照会直隶总督,请求采取严厉措施,以加强保护外国人居住区。

八

5月28日　驻天津郑领事致青木外务大臣函(电报)

为京津交通中断并请求爱宕舰长保护在津侨民事

5月28日发,5月29日收　　　　驻天津领事　郑

据传,5月27日夜,义和团烧毁琉璃河车站,破坏铁路,截断电线。5月28日清晨,长辛店、芦沟桥两车站亦遭焚毁,丰台站同样罹于火灾。当天,自天津发往北京的第一趟列车虽然平安抵达,但因丰台附近形势万分危险,导致其后京津交通陷于中断。目前,因为不知事态将如何发展,在天津的本国侨民十分恐慌。于此,为保护在华日本侨民起见,本官已向爱宕舰长发出请求,盼其派遣水兵登陆,以备将来可能发生于北京及天津的急变。同时,特别敦请帝国政府宜速派巡洋舰前来中国。

九

5月28日　驻清国西公使致青木外务大臣函(电报)

为报告芦汉铁路车站遭烧毁事

5月28日收　　　　驻清全权公使　西

第三一号(抄)

今晨发生不测事变,北京至保定间之数处车站为匪徒焚烧,数名外国人(其中一名为法国工程师)遭遇袭击,并有负伤者。

一〇

6月6日　驻天津郑领事致青木外务大臣函

关于团匪暴动事件第一次提出报告事

附件:义和团匪徒暴动事件第一次报告

附记:7月10日中岛书记官调查报告

机密第九号,6月25日收

外务大臣子爵青木周藏阁下:

关于此次本地义和团匪徒暴动,此前屡次通过电报,对匪徒施暴的状况及清政府的处理措施并各国陆战队集结的情况等提出报告。回顾义和团匪徒发动起义的根源以及其势力猖獗不可遏制而渐次蔓延至帝国都城附近的经过,在本报告附件及调查报告书中有详细陈述,谨请参阅。上述状况仅截止于6月4日,今后将就事态进展的情况,陆续提出详细报告。

特此呈上。敬具

明治33年6月6日　　　　驻天津领事　郑永昌(印)

（附件）

义和团匪徒暴动事件第一次报告

目　录

第一　义和团之由来及起义原因

义和团原称“义和拳”，属白莲教中的邪教，乃由八卦拳之内离卦拳演化而出的又一种魔术，距今百余年前的嘉庆年间，在直隶、山东一带兴起。当时该地民人多习此教，以为自我护卫之法，即习义和拳者皆信：刀枪子弹不能轻易伤及身体。乾隆年间，其势力一时曾极为兴盛，良民不堪其苦，故当时朝廷屡次出兵讨伐。尔后势力大减，至道光年间几近绝迹。然而，近年来，耶稣教势力不断渗入直隶、山东地方，而山东省乃上古圣人诞生之地，人民多崇儒教，故嫌恶外教之心殊甚。传教士等以诱导感化众生为目的，为实施布道，屡屡进入该省腹内，由此所产生的纷乱鲜有间断。即如前年威海卫、胶州湾等地为外国占领以来，外国人跋扈至极，当地人则日益愤慨，以致暴行迭出，屡有杀害外国人、烧毁破坏教堂的事件发生。因涉及降级、革职等自身官位问题，地方官处境危难，既不便公开保护教民，又不愿镇压当地民人。然而，地方官终究对外国人怀有畏惧心理，导致对本国教民亦不得不存姑息之念。民人与教徒间每有诉讼，地方官常因惧怕传教士介入，遂于裁决之际，心存偏颇，往往置民人于不利地位，致使民人常怀复仇之念：既然官府不足以恃，当讲究自我护卫之策。于是，去年五六月间，有该省沂州府之黄姓及周姓民人复兴义和拳，并广募党徒，其后自称“义和团”，以攘夷为宗旨，前后屡次发起焚毁教堂及杀害传教士之事变。然而，清国政府对义和团匪徒的暴举，不仅不采取迅速加以讨伐的措施，反而在暗中予以鼓励。即如当时山东巡抚李秉衡及其后任毓贤从未实施征剿之举。去年十二月十一日（清历）上谕曰：

> 近来各省盗风日炽，教案叠出（指杀害传教士、焚毁教堂事件），言者多指为会匪，请严拿惩办。因念会亦有别，彼不逞之徒，结党联盟，恃众滋事，固属法所难宥，若安分良民，或习技艺（即所谓义和拳）以自卫身家，或联村众以互保闾里，是乃守望相助之义。地方官遇案不加分别，误听谣言，概目为会匪，株连滥杀，以致良莠不分，民心惶惑，是直添薪止沸，为渊驱鱼。非民气之不靖，实办理之不善也。（下略）

据此上谕,当知清国政府实以义和团为义民,不以其为匪徒。故袁世凯自取代毓贤暂署巡抚以来,虽然屡屡上书论其利害,政府仅止于颁发镇抚抑或解散的命令,终不许讨伐。于是,匪徒等愈加无所忌惮,肆行骚扰,渐至侵入直隶,于保定府地方尤为猖獗,遂蔓延至帝都附近,爆发成一大事变。

第二　涞水县暴动之原因及教徒被害情形

此次义和团匪徒在保定府附近涞水县所发起的暴动,究其原因,乃缘于5月上旬,涞水县所属高楼村某武举(所谓武举相当于武官之学位,武举及第,成为旧式之武官)与教民发生诉讼,结果败诉,转而对教徒的跋扈专横大为愤恨,遂赴山东,煽动义和团匪徒来到涞水县,以图扑灭该地教民。当地教民预先探知这一图谋,立即禀报知县祝少棠,祝知县遂急报布政司及按察司,又即刻电禀直隶总督裕禄。总督接阅此报后,立命分统副将杨福同率骑兵一哨半(七十五人),前往该地解决教徒与义和团间的冲突,并叮嘱应晓谕双方和解,之后将该义和团民组织解散为上。然而该匪徒等于此既有所闻,在官兵抵达前的5月12日、13日及15日,已先行焚毁教堂,并杀害教徒六十余人。此乃引起此次骚乱的根源。

第三　杨副将之遇难并北洋大臣出兵之情形以及匪徒之暴动

杨副将虽打算在抵达涞水县之后,立即解散匪徒,然而因已出现上述暴动,遂不得已转而着手讨伐团匪。其领兵在18日、19日两天先后捕杀团民二十八人,继而准备进一步出击,将团匪全面扫尽。孰料匪势愈炽,毒焰猖獗,锐不可挡。结果,官兵反为团匪所袭,战死者甚多。杨副将遂于22日下午率领剩余的五六名骑兵,决定撤离。当彼等路经一处小丘之际,遭遇匪徒埋伏。杨副将被射中腹部,当即惨死,其所部骑兵一哨半,几无生还者。其时正在保定府查办匪徒的道台张毓渠接报后,急禀总督裕禄。裕禄于次日即23日遣骁骑兵一营(三百五十人)火速前往增援,并于24日续增派直隶练军二营(一千人),至27日,又派遣驻开平之武毅前军骑兵一营(五百人)与驻芦台之武毅前军步兵一营前往事发地。另又有保定府协台蒋西国亲自率步兵(兵数未详),王点魁(官职未详)率骑兵二哨(一百名)前往讨伐。其后情形不详。至27日夜,匪徒焚毁芦沟桥、保定府间的琉璃河及长辛店车站,迫近芦沟桥车站附近。29日黎明,为救助居住于芦沟桥地区的外国人,两名法国火车司机自芦沟桥车站驾驶机车头前往丰台站(丰台站为北京站出发之第二站),计划于该处借得客车数节后,即返回芦沟桥站。不料彼等在丰台车站打算通过电话先查询一番芦沟桥站之最新情况时,电话线已被切断,音信陷于不通。为探明情况,丰台站遂派出机车头一辆前往芦沟桥站。结果该机车头在距离芦沟桥三里处获悉芦沟桥车站已遭烧毁的消息,且观察到有匪徒手持凶器横行于铁路周边,知丰台站的处境亦万分危险。该机车头迅速返回报急,丰台站的外国工程师并职员等遂一并撤往天津避难。至于当日芦沟桥以北匪徒的动静,以及驻琉璃河、长辛店等处的外国工程师及职员等是否安然无恙,则不得而知。又,天津至北京间的铁路沿线各站,于天津首发列车抵达北京的时间段内,仅只是处于形势不稳的状态。然而,至正午,忽有芦沟桥以西发生暴动的急报传至天津,铁路局立即致电北京站,要求当日首发列车应即刻返回天津。据说,其时丰台站已遭匪徒焚毁,交通完全陷于中断,该车遂无法返回天津。因考虑到当天天津已发往北京的第二班列车将面临的危险,铁路局令其自杨村(自天津前往北京的第二站)返回天津,而第三班列车的运行则相应取消。

第四　事变后之上谕

如上所述，义和团匪徒肆意破坏铁路、车站，切断电线，可谓猖獗至极。然而，清国政府仍不以义和团为匪徒，故不下令讨伐，反而于5月29日（清历五月二日）颁发如下上谕：

迩来近畿一带乡民练习拳勇，良莠错出，深恐别滋事端，叠经谕令京外各衙门严行禁止。近闻拳民中（即义和团之意）多有游勇、会匪混迹其间，借端肆扰，甚至戕杀武员，烧毁电杆、铁路。似此昏不畏法，其与乱民何异。着派出之统兵大员及地方文武，迅即严拿首要，解散胁从。倘敢列仗抗拒，应即相机剿办，以昭炯戒。现在人心浮动，遇事生风，凡有教堂、教民地方，均应实力保护，俾获安全而弭祸变。

又于翌日即30日（清历三日）续发上谕：

昨因拳匪滋事，业经明降谕旨，分别办理。此等乡愚，良莠不齐，其办法不外乎严拿首要，解散胁从。现在直隶及附近京城一带，到处人心浮动，若不迅速筹办，何以禁邪慝而净根株。着步军统领衙门、顺天府、五城、直隶总督，严饬各该地方官并统带各员，如拳匪中实系滋扰地方，甘心为乱者，即当合力捕拿，严行惩办，不得互相推诿。如再推诿，定惟崇礼等是问，决不宽贷。其有随声附和并无滋扰实迹者，亦应剀切晓谕，立时解散，毋任再启衅端。

从以上两道上谕可知，清国政府明确将义和团与匪徒区别对待，仍视义和团为保护乡民、自卫身家的义民。

第五　各国军舰之抵达

暴动发生时，停泊在塘沽、大沽之本国及清国军舰之舰名、舰种、吨位如下：

国别	舰名	舰种	吨位
支那	飞霆	鱼雷驱逐艇	400
支那	海○（不详）	鱼雷艇	250
支那	海容	鱼雷艇	250
支那	海鲸	鱼雷艇	250
支那	海虎	鱼雷艇	250
支那	海琛	巡洋舰	2950
支那	海天	巡洋舰	3400
日本	爱宕	炮舰	648

如上表所示，当时除本国外尚无一艘外国军舰停泊。至27日，英、法、德、俄军舰自旅顺、威海卫及胶州各处陆续抵达大沽，截至本日已有二十七艘之多，可谓盛况空前。现将其国别、舰名、舰种、吨位、出航地及抵达日期记载如下：

国别	舰名	舰种	吨位	出航地	抵达月日
美	尼瓦克	巡洋舰	4089	长崎	5月27日
俄	朝鲜人	巡洋舰	1400	旅顺	5月30日
俄	德米特里·顿斯克	巡洋舰	6000	旅顺	5月30日
俄	西索·威力奇	战　舰	9000	旅顺	5月30日
俄	盖达马克	鱼雷艇	150	旅顺	5月30日
俄	夫萨多尼克	鱼雷艇	1500	旅顺	5月30日
法	迪卡尔特	巡洋舰	4000	芝罘	5月30日
英	阿尔舍林	巡洋舰	1060	威海卫	5月30日
意	阿尔巴	巡洋舰	3200	芝罘	5月30日
英	奥兰德	巡洋舰	5600	威海卫	5月30日
俄	卡雷艾茨	炮　舰	1300	旅顺	5月30日
德	伊利达斯	炮　舰	1000	胶州	5月31日
法	雪尔普里兹	炮　舰	809	芝罘	6月1日
英	鳕鱼	驱逐舰	360	威海卫	6月1日
意	卡拉布里阿	巡洋舰			6月1日
英	百夫长	巡洋舰	10500	威海卫	6月1日
德	凯瑟琳·奥古斯塔	巡洋舰	6052	胶州	6月2日
奥	柴恩塔				6月3日
英	名誉	驱逐舰	360		6月4日
英	恩基米欧	巡洋舰			6月4日
英	阿拉克里特	通　讯			6月4日
日	笠置				6月4日

第六　陆战队之登陆

5月28日,驻北京各国公使召开会议,决定召陆战队进京。次日即29日,各国公使分别向驻天津之本国领事下达训令。然如前所述,本官于此训令发布之前的28日下午,已请求我停泊塘沽的警备舰爱宕号派遣陆战队登陆。是以,本国陆战队于翌29日上午7时即乘坐塘沽首发列车前来天津,实为本次各国陆战队登陆的先锋。相隔两日即31日,各国停泊大沽军舰上的陆战队,分别乘坐导航船沿白河而上,并在塘沽相继登陆。

各国士兵人数如下(各国军人登陆时刻先后有所不同,因复杂而略去):

5月31日登陆

英国	水兵	150人
法国	水兵	100人
俄国	水兵	108人
俄国	骑兵(哥萨克)	30人
美国	水兵(包括海军陆战队)	125人
意大利	水兵	40人

如上所记,各国陆战队员全部登陆待命,其过半人员随即乘坐当日下午3时发的特别

列车顺利踏上进京之途，余者皆留守当地，担负保护租界的任务，目前尚在滞留中。以下就国别记载进京及滞留天津之士兵人数：

进京士兵

日本	水兵	24 人
美国	海军陆战队	52 人
英国	水兵及陆军	75 人
法国	水兵	75 人
意大利	水兵	40 人
俄国	水兵	75 人

滞留天津士兵

美国	水兵	73 人
英国	水兵	75 人
法国	水兵	25 人
俄国	水兵	33 人
俄国	哥萨克	30 人

德国士兵于本月 3 日登陆后，立即进京。翌 4 日，又有三十五名德兵登陆，并驻留本地。

第七　驻琉璃河、长辛店铁路工程师及职员之遭遇

居住于琉璃河、长辛店之铁路工程师、职员及其家属等三十六人，于暴动发生当日，因铁路陷于瘫痪，通过陆路避难已属不可为之举，遂不得已转而会聚于保定府，打算由水路前往天津。一行人等于途中屡遭当地民人袭击，虽有两三人身负轻伤，所幸尚无大碍。经艰难跋涉，于 30 日行抵距天津一百二十华里处，又遭遇匪徒袭击。因考虑到继续沿水路前行已属万分危险，遂弃舟登岸。三十六人中之六名强壮者，为阻止土匪尾随追击，决定留守原地。其余三十人自陆路急速逃往天津，又日夜兼程三日后，最终于 2 日下午 3 时行抵本地。三十人中有五人中弹，分别伤及胸部、腕部，所幸土匪所携枪支多为中国式猎枪，皆为霰弹，是以伤员于负伤后仍可勉强支撑行抵天津。另据彼等之言，自登岸后三日以来，几乎粒米未进。一方面，为救回此前留守弃舟登岸处的其他六名人员，本地有四十名义勇兵迅速着便装出发。另有俄国哥萨克士官两名、骑兵三十三名骑马前往该地。然而，义勇兵以沿路危机四伏为由，于当夜 12 时返回天津。而哥萨克等则于次日即 3 日，在距离本地四十里处，与匪徒遭遇，并发生冲突。结果，有两名士官及一名士兵负重伤，迫不得已，彼等于当日下午亦撤回天津。上述六名人员的安危，遂不得而知，十有八九已遭杀害。

第八　黄村车站被毁及铁路不通

匪徒势力有自暴动发生地琉璃河、长辛店及芦沟桥渐次南下的趋势。6 月 4 日，黄村车站遇袭被焚，附近的铁路桥梁亦遭破坏，本地与北京间的铁路交通完全中断。据本地铁路局报告，当日负责该站一带警备任务的原驻守芦台之武毅前军士兵，与匪徒发生冲突，双方多有死伤。其后因电信中断，未得确报。总之，目前有无数匪徒出没于该地区。

第九　官兵动向及当地车站之状况

如上所述,缘于匪徒已逐渐迫近天津附近,芦台及山海关之武毅前军,始有陆续发兵之举。每日沿铁路经由本地北上者甚众。即如上述清军,在接到黄村暴动的急报后,当即自芦台派出步兵二营。此二营人马,于5日上午10时,经由本地后,至杨村下车,徒步奔赴冲突发生地。其后,又陆续有步兵五营、骑兵一营(二百五十),于当日下午3时抵达本地,仅五十分钟后,即北上。于此,本地车站之混杂难以名状。每日除有清国官兵经过或下车外,又有各国陆战队抵达或出发。其中,混杂有在津各国侨民往来。加上本地民众,时有群集活动。而停留本地的各国武装士兵,则在街面上四处游走,一如战场情形。

第十　笠置舰之抵达与陆战队之登陆

笠置号军舰于6月4日下午10时平安抵达大沽。随后,由五名士官及六十九名士卒组成的陆战队,于翌5日下午12时35分自塘沽出发,当日2时45分到达本地后,直接入驻领事馆。

第十一　本地人心及租界内外之警戒

自涞水县发生暴动以来,琉璃河、长辛店及芦沟桥各车站,均遭焚毁。匪势并渐有南下之倾向,其余焰已弥漫至天津附近四十华里处,以致人心惶惶,不能终日。其中,尤以居住在市内的耶稣教徒最为不安。彼等因无法预测何时何地会遭遇不测,当下于6月12日,悉数进入租界内教堂避难。又,英法租界内,以外国人为对象的骚扰事件不断发生。故入夜后禁止一切中国人进入租界,并由各国士兵及义勇兵负责警戒租界四周要道。6月4日,黄村车站被毁。接报当夜,由法国领事馆向在津各国侨民发出通知,要求各自携带武器至领事馆集合。于是,侨民等彻夜警戒,不敢稍有松懈。又,天津地方官将武毅前军的一营步兵,分别部署于天津城外及租界土墙外的各村落,以防备匪徒来袭。又,有一哨武毅步兵,在贯通租界的中国道路(海大道)一带,实施不间断巡逻等。除骚扰以外,4日未明,德租界西南角梁园门之内壁上,又出现以下揭帖,本官立即请求德国领事兵加强警戒。要之,形势极不稳定。

张贴于梁园门之焚毁国闻报馆(报馆位于德租界内)之檄文七绝四首:

我皇悔过弱转强,御封长老坐帅堂。东西不下三元日,扫画中华黄晴郎。

卌年大梦以觉先,丹襟皮履搅人间。分界布教遭众怒,寰海督起义和团。

国闻报馆言语狂,戊亥年中归东洋。此后何人匪各论,天谴难容灰烬亡。

商农无惧各自安,北阙江山有万年。但待泰西远剿后,昆弟飘然归于山。

五方士农商,看诗自思量。若将纸发去,定必遭其殃。①

事时懋(署名)

如前所述,清国地方官为保护租界派军队把守各要道。因中国士兵中亦有迷信义和团神术者,故此等士兵不仅不思弹压,反有庇护倾向。因之,各国陆战队均视中国士兵与义和团匪无异。出于感情上的嫌恶,到夜间10时以后,一并禁止中国士兵出入租界警戒线。

① 诗中"黄晴"应为"黄睛",指中国人;"卌年"即四十年;"戊亥"应为"戊戌",指戊戌年维新运动失败后,《国闻报》后被盘给日本人。——译者注

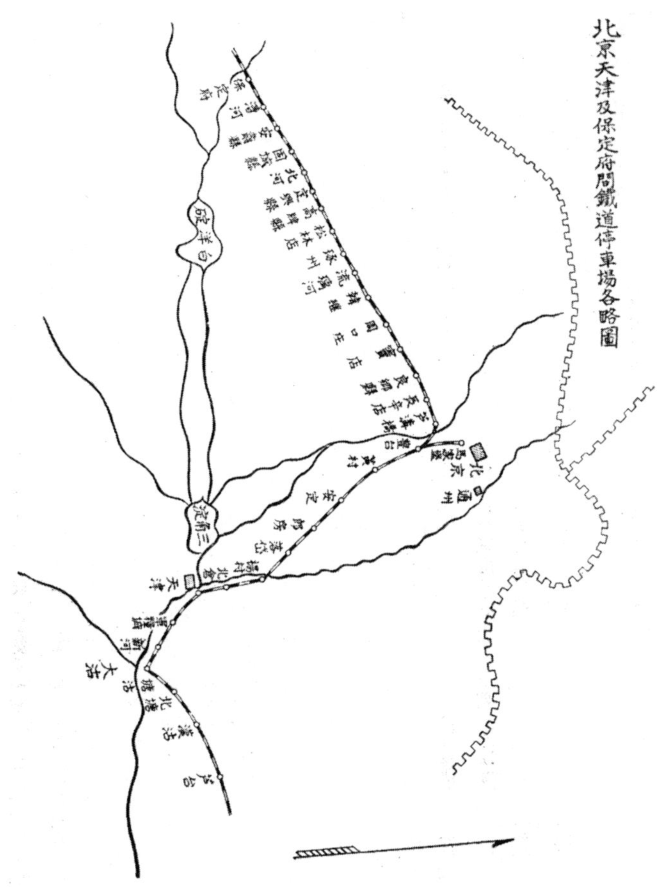

北京、天津及保定府间铁路车站略图

（附　记）

7 月 10 日中岛书记官调查报告（于东京）

有关端郡王、刚毅、董福祥及义和团之考察

在欧美诸国，外交官通常可通过与任职地官员以及退隐在家的绅士间的自由往来，加深彼此间的友好关系，或建立彼此间的亲密关系，以期获得有价值的情报。而北京清廷对于外国人的态度，却与上述国际惯例完全不同。此事可在明治 24 年 12 月 30 日北京公使馆机密第八十一号信函日常报告第六号里所附的题为《刑部尚书嵩申之死》一文中得到证明。又如，明治 31 年秋，在北京那场几乎可称作政变的事件（这里指戊戌政变）发生后，曾经与我往来密切的翰林院官员或其他机构的官员，为避嫌，均采取疏远的姿态。所以此次北清事变爆发以来，欲从本地官员处打探诸如端郡王、刚毅、董福祥等排外主义者的动向，实比登天还难。现今，唯在参考各类报刊、街谈巷说之基础上，再辅以推测，得出以下结论。

端郡王

多罗端郡王载漪，惇亲王奕谅之子。其父惇王之兄即咸丰帝。咸丰帝之后，为同治帝。其年甫十九岁时,不幸驾崩。因同治帝尚未有皇子,按顺序当由惇王之子端王继承皇位。然而,皇太后因惇王刚愎自负,而其弟恭亲王又轻佻率性,故不欲立此等亲王之子。结果,迎立恭王之弟醇亲王奕谖与其夫人即皇太后之妹所生之子载湉即位。当时,载湉年甫三岁,即当今的光绪帝。

说到继位顺序,皇太后此举,不仅打乱了排位,且有立其妹所生之子的嫌疑。种种传言,不时撩拨惇、恭二王之心。然而,恭王作为顾命元勋,位居廷臣之首,执掌朝政,其家业遂因之兴旺发达。相对而言,惇王则无大权在握,其家计不免渐次陷于困顿。其状可见于明治21年8月31日北京公使馆第三十四号信函临时报告第一百五十三号里所附的题为《惇亲王世子之婚礼实况》一文中所记载的内容,此文依据当时《时报》的报道翻译而成。据说,惇亲王极为贫穷,以致不能以符合其宗室身份地位的规制赡养其庞大家族。由此可窥知其情形。

载漪即端王,自小领受其刚愎父王的庭训,又成长于贫穷王府之中。目前,对端王之评判,尚无定论。虽说不宜对其妄加评论,然其绝非凡夫俗子之辈。下可称之为一野心家,上则实为一代枭雄。端王今年五十岁,若照其年龄推算,在其三十九岁那年,即我明治22年、清光绪十五年正月十九日,其父王过世以来,鲜为人知。近年,汉人中之杰出干才李鸿章,因甲午战争而名望大损,又受前年政变的影响,满人在清廷中重新得势。因之,端王亦渐露头角。况且,其福晋即夫人阿拉善氏,为甘肃省宁夏西部蒙古亲王之女,时常出入宫禁,深得皇太后喜爱。据说,缘于此,连带端王亦博得皇太后信任。其子傅儁于清历去年十二月二十四日被册封为皇嗣即为一例证。而其本人目前所统领的神机营,乃皇城近卫军之一部。鉴于1860年英法联军攻打北京的教训,清廷于《大清会典》体制之外,又增设驻防京畿部队。前年曾游历清国并视察过其海陆军的英人查尔斯·贝尔斯霍德,在其所著的《清国将裂记》中称,北京驻防军即神机营,其兵力约为一万,枪炮器械精良,然演练欠佳。该营事务目前由端王与庆亲王共同管理。根据最近的电传,庆王似乎有些失势,端王则蓄锐已久,其在营中的威望正逐渐上升。此乃众所周知之事。

刚毅

协办大学士、军机大臣刚毅,满洲镶蓝旗人,满洲语翻译生出身。其眼光狭窄,不察世界大局。虽然口称清国,却无视占据清国一半以上人口的汉人,唯关注满人的前途。前年末至去年,其由北京出发,前往江苏、浙江、广东等地方视察。据说,其一路所言,不过百般咒骂汉人;而其一路所行,尽为下令关闭诸如洋式军校等文明设施之举。凡此种种,不胜枚举。

董福祥

提督甘肃等处军务董福祥,甘肃固原人,行伍出身。数年前,于该省境内,以平息回教之乱而扬名。进京后,尝奏请举能臣以攘洋夷。据传闻,皇太后曾嫌其卤莽而十分不悦。然而,在召见其后,却对其勇武予以特别褒奖。董福祥所部甘军,随其一同进京。目前,甘军屯驻于北京附近,人数约一万人。甘军虽然营规不整,兵器不精,亦不行操练,却以勇敢、果决、善战而著称。甘军进入北京后,极端仇视外国人,曾发生兵勇以石伤人之事件。为此,我驻清公使馆于明治31年10月21日向总理衙门发出照会。该衙门在其九月初八日即我10月22日的回复中称,甘军入京,系为操练所需,并不欲令其出南苑以外。

义和团

以下按记事顺序对义和团展开说明。义和团可被视为有组织的团体。然而，义和团究竟属于何种性质的团体？我庆安年间，曾有由井正雪与丸桥忠弥等同谋，歃血结盟，内部组织极为严密，计划在京坂骏府、江户城等地同时纵火举事等等，与义和团的组织非常相似。唯彼义和团似乎并不以血盟为加入组织的形式，系甲村乙某擅长拳术，丙某从彼习之，丁某亦习之，戊村己某、庚村辛某、壬某、癸某亦习之，如此辗转流行。初始，并未产生团名。大致善习剑术者，通过自身原所具备的武术技能，经过演练，可轻易掌握义和拳术。凡习得拳术者，往往遇事张狂，乐于当众施展其技。又彼等在拳术中加入少许柔术动作，演练时颇具宗教色彩。红髯碧眼的外国人看在眼里，除由局外对彼等毫无忌惮进行批判外，并竭力控制此股势力的发展。因之，或行事受到限制，或被迫回到家中隐居的习拳者，渐次仇视天主教。此亦属自然之势。常言道爱屋及乌，反之则憎恶僧人延及袈裟。何况彼等甚为愚昧，不知天主教与新教间之区别，不论外交官、商人，或其本国政府所聘请雇用的铁路、矿山工程师，皆视之为红髯碧眼的异类可憎者。加之，部分散兵游勇素无职业，苦于无事，在惹是生非的无赖教唆煽动下，众人一同向异族施暴。倘若清国政府一如既往按照各国公使的要求，对彼等进行镇压防范，尚可保无事。然而，彼等恰又遇到一向以勇敢、果决、善战而著称、且仇视外国人的甘军，两股势力自然趋而合一。而后，外国水兵以争先恐后之势，相继进入彼等视为不可侵犯的圣地北京，此前既奏请举能臣、攘洋夷的董将军，见此情形，岂能无动于衷耶？端王以为奇货可居，遂乘此机会，统领所部神机营，酿成现今无法无天的武断政治状态。此即谚语所谓时势造英雄。自古以来，凡野心家，或一代奸雄，均不会放过眼下好机会。目前，义和团甚嚣尘上，然而分析其成员可发现，引发此次骚乱者，虽名为义和团，实则由诸多不同成分结晶而成也。

明治33年7月10日　　　　　中岛雄于东京

一一

6月7日　驻天津郑领事致青木外务大臣函(电报)

为报告落垡车站焚毁事

6月7日下午4:20发，8日上午10:25收　　　　　驻天津领事郑

昨夜落垡车站遭焚，火车至杨村中断。聂将军所率军队与义和团匪徒发生战斗，杀戮其六百名以上。

又有五十名英国水兵抵达。

一二

6月8日　驻天津郑领事致青木外务大臣函(电报)

为续报骚扰状况事

6月8日下午8:45发，6月9日下午11:55收　　　　　驻天津领事　郑

北京、天津间的交通，自本日全面中断。落垡村亦遭焚毁。据今晨传送到天津的报告称，因6月6日有数百名匪徒为聂将军所部所杀，目前数千名暴徒正逼近与天津紧邻的车

站杨村附近。当地政府已命令驻军派遣士兵防卫天津、塘沽间的各车站。

近日,天津危机四伏。有消息传来,通州城罹遭火灾,英美两国已派出水兵前往援救那里的传教士。

鉴于目下北清事态紧迫,本官禀请驻清日本国公使至少增派搭载水兵五百名以上的舰队前来,以备急变之用。此外,若出现列国为保护铁路而进行干预的局面,我国亦有相应必要派遣陆军前来。

一三

6月8日　驻清国西公使致青木外务大臣函(电报)

为报告北京城外之教堂遭焚事

6月8日发,6月9日收　　　驻清全权公使　西

第四六号(抄)

邻近北京城一俄国小教堂,今晨遭义和团焚毁。

一四

6月11日　驻天津郑领事致青木外务大臣函(电报)

为报告各国派遣小分队前往落垡事

6月11日发,6月12日收　　　驻天津领事　郑

据海军中佐今晨自杨村车站发回电报称,小分队于昨夜抵达落垡附近,发现数处铁轨被毁坏,目前正滞留于该地。京津间的电信依然不通。二百名俄国士兵以及六十名法国水兵为同先遣小分队会合,于本日正午乘坐运粮列车,自本地出发前往落垡。

一五

6月11日　驻芝罘田结领事致青木外务大臣函

为报告芝罘地方不靖及义勇军编成事

公信第五〇号

外务大臣子爵青木周藏阁下:

众所周知,目前北京及天津方面的义和团所发起的骚乱颇为剧烈。截至目前,本地局势甚为平稳。然而,两三日前,风闻有众多义和团涌入本地。各国领事遂召开领事会议,商讨对策,诸如禁止来自天津的船舶进入本港以及实施戒严等。本官已向当地道台发出请求,万一局势恶化,出于道义,应竭力保护本国人的生命以及财产。近两日,警卫市街的巡逻士兵明显增加。据闻,已有可疑者被拿获,然而经审查后,似乎与事实相违,旋被释放。如上所述,街市情况渐趋不稳,人心稍显惶恐。为慎重起见,由本地外国人自发组成的义勇军,开始实施夜间警卫。

特此报闻。敬具

明治33年6月11日　驻芝罘领事　田结铆三郎(印)

一六

6 月 13 日　驻天津郑领事致青木外务大臣函(电报)

为续报京津间状况事

6 月 13 日下午 0:20 发,6 月 13 日下午 8:40 收　　　　驻天津领事　郑

据天津电信局主管所言,北京电信不通,缘于北京、安平间的电线杆遭到义和团暴徒大量毁坏。目前,有数千匪徒游荡于该地区。然而,地方官员及驻军熟视无睹,毫无反应,以致京津间各地的匪徒日渐增多。外国租界目前处于随时可能遭遇袭击的状态。天津铁匠已被勒令严禁出售任何武器。此外,为防止发生纷争,天津消防队接到命令,严禁与义和团发生冲突。目前,仅天津市内,就有义和团民五千人以上。

一七

6 月 14 日　驻天津郑领事致青木外务大臣函(电报)

为报告义和团进入天津事

6 月 14 日上午 7:30 发,6 月 14 日下午 6:20 收　　　　驻天津领事　郑

昨日晨,众多义和团民自杨村方面,经直隶总督衙门附近,渡过铁桥,混入天津市内。该团民等头戴红帽,身着同色绶带、上衣及灯笼裤,二十人抑或三十人一伙,混杂于人群之中,随处挥舞刀剑,横行街市。然而,地方官员皆恬然漠视,并未施以任何镇压手段。外国租界为防备匪徒袭击,已进入严重防御状态。事态越发危急,不易收拾。

须磨舰 6 月 11 日进港,七十一名水兵、五名士官于 6 月 12 日下午 6 时抵达天津。

一八

6 月 15 日　驻天津郑领事致青木外务大臣函(电报)

为报告直隶总督等吊唁惨死之杉山书记生事

6 月 15 日上午 11:10 发,6 月 16 日上午 3:20 收　　　　驻天津领事郑

直隶总督及海关道派遣幕僚前来,传达对杉山书记生之惨死深表哀悼与同情。关于杨村一带铁路桥梁及线路遭到义和团破坏之警报送达本地的消息,于前回电报中曾经提及。6 月 14 日下午 3 时,由本地发出的运粮列车,自杨村返回。目前,天津与开赴廊坊的小分队间的联络,完全断绝。据闻,廊坊一带长达十三公里的被毁铁路已得到修复。总理衙门终于同意各国公使追加一千二百名士兵进京。目前,上述兵员已乘坐火车,踏上行程。

位于西山的数处英国公使别墅及传教士洋式房屋,遭义和团烧毁。美国在通州的教会学校及部分教徒家宅,亦遭该团匪焚毁,传教士等仅得只身逃到北京。俄国步兵一千二百名、哥萨克五百名,不顾直隶总督的强烈抗议,携带大炮二十四门、克虏伯野战炮两门以及四日的粮食,打算向北京进发。倘若俄军果真将此军事计划付诸行动,势必与清军抑或义和团爆发冲突。

一九

6 月 15 日　驻天津郑领事致青木外务大臣函(电报)

为报告教案情况事

6 月 15 日下午 1:15 发,6 月 16 日上午 7:30 收　　　　驻天津领事　郑

第八号

天津有三处基督教堂,昨夜遭义和团焚毁。地方官员丝毫未采取镇压团民的行动。

二〇

6 月 16 日　驻天津郑领事致青木外务大臣函

为呈交团匪暴动事件第二次报告事

附件:义和团暴动事件第二次报告

机密第一一号,7 月 12 日收

外务大臣子爵青木周藏阁下:

呈交义和团匪徒暴动事件第二次报告,恭请查阅,特此呈上。敬具

明治 33 年 6 月 16 日　　　　驻天津领事　郑永昌(印)

(附件)

义和团暴动事件第二次报告

目　录

第十二　舰长会议及领事会议

6 月 4 日,停泊大沽的各国军舰接报,称土匪已烧毁京津之间的黄村站,并破坏了附近的铁路及桥梁,致使京津间的交通中断。翌 5 日,日、英、美、德、俄、法、奥、意各舰将校在英国旗舰百夫长号召开会议。鉴于匪徒猖獗至极,破坏京津间铁路,造成交通中断,又不知将在何时切断电线,陷京津两地通讯于断绝状态,而北京、大沽间的联络亦面临随时中断的状态,故会议一致决定,应迅速通过驻天津领事团主席法国总领事,向直隶总督提

① 这里所录与上谕原文有些出入。——译者注

出要求，敦促清政府立即修复各处遭到破坏的铁路，以恢复交通。倘若清国方面不予回复，则各国军舰应最大限度派遣陆战队登陆，组成联军开赴北京。各国军舰可派遣的登陆兵员如下：

英国	536 人
法国	30 人
俄国	200 人
德国	75 人
奥国	70 人
日本	30 人

本地（天津）形势，日益告急。而北京显然已成孤立之势。我驻京公使虽屡屡致电本地，急促陆战队进京。然而，驻扎本地的联合陆战队人员为数不多，若分其一半入京，则本地警备即告不足，恐无法应付急变。况铁路交通已然中断，沿途有无数匪徒出没，往北京输入兵员实为不易之事。另外，本地局势愈显不稳征兆，何时形势急转，难以预测。6 月 6 日，即大沽各舰将校会议翌日，各国领事在法国总领事馆召开有各国陆战队指挥官出席的领事会议。决议如下：

鉴于本地局势愈显不稳征兆，无法预测匪徒何时来袭，兹决定英、法、德租界，自 6 月 6 日下午 8 时起，英、美、日、俄、法、德各国陆战队，依照以下部署，实施警戒。

英、德租界	英、美、德军及天津义勇兵
法租界	日、法、俄军

关于上述内容，由领事团主席法国领事向直隶总督递交如下照会：

鉴于清国政府于目前义和团匪徒日益猖獗、肆逞暴行的局势中，未能给本地外国租界提供充分保护，故各国将于本日下午 8 时起，着手在租界各紧要处部署各国陆战队，以为守备。由此引发的损害，将由清政府承担责任。

又，京津间各处遭到破坏的铁路，无法轻易修复。火车司机、铁路工程师及工人等，毕竟惧怕危险，不肯着手修缮。若照此放任不顾，京津线路开通之日，将遥遥无期。于是，各国陆战队决定，陪伴铁路工人修缮沿途破损线路。并将此意知照直隶总督，要求于翌 7 日上午 10 时发送特别列车，并限定 7 日上午 6 时之前给予答复。当日上午 10 时，各国陆战队准备完毕，集结于天津车站。然而，接到直隶总督回复说，就各国增兵北京一事，尚未收到总理衙门的任何通知。鉴于目前驻京各国公使就增兵护卫一事正与总理衙门进行交涉，故无法批准于本日放行各国兵员进京。是以，当日启程的计划，不得已暂告中止。

第十三　针对义和团匪徒之第三次上谕[①]

（上略）近来，各省教堂林立，教民繁多，遂有不逞之徒，混迹其间，教士亦难遍查其优劣。而该匪徒藉入教为名，欺压平民，横行乡里，谅亦非该教士所愿。至义和拳会，在嘉庆年间亦曾例禁。近因其练艺保身，守护乡里，并未滋生事端，是以累降谕旨，饬令各地方官妥为弹压，不论其会与不会，但论其匪与不匪，如有藉端滋事，亟应严拿惩办。而教民、拳

① 这里所录与上谕原文有些出入。——译者注

民,均为国家赤子,朝廷一视同仁,不分教会,即有民教涉讼,亦曾谕令各地方官持平办理。乃近来各府厅州县,积习相沿,因循姑息。平日既未能安抚教士,又不能体恤民情。遇有民教涉讼,未能悉心考察,妥为办理,致使积怨加深,民教互仇。遂有拳民以仇教为名,倡立团会;再有奸民、会匪,附入其中,藉端滋扰,拆毁铁路,焚烧教堂。至铁路原系国家所造,教堂亦系教士、教民所居,岂得任意焚毁?是该团民等直与国家为难,实出情理之外。昨已简派顺天府尹兼军机大臣赵舒翘,前往晓谕。该团民等应即遵奉,一同解散,各安生业。倘有奸民、会匪从中怂恿煽惑,企图扰害地方,该团即行交出首要,按律惩办。若再执迷不悟,即系叛民,一经大兵剿捕,势必父母妻子离散,家败身亡,又负不忠不义之名,后悔何及。朝廷深为吾民惜也。经此次宣谕之后,如仍不悛改,即着大学士荣禄,分饬董福祥、宋庆、马玉昆等,各率所部,实力剿捕。仍以区分首从、解散胁从为要。至派出队伍,原为卫民。近闻直隶所派之军,不但未能保护弹压,且有骚扰地方情事。即着直隶总督裕禄,严行查办。并着荣禄派员查访,倘有不肖营哨各官,不能严束兵丁,即以军法从事,决不宽贷。等等。

第十四　各国增派陆战队出发

我笠置舰所增派的三十名陆战队员,于本月 5 日下午抵达本地。本官随即照会直隶总督裕禄,因本国续增陆战队员计划在翌 6 日正午 12 时自本地出发前往北京,故请其预备列车。总督回复称,就各国增派兵员入京一事,虽然尚未接到总理衙门的任何训令,然而,因此前进京的日军较他国为少,现提出增派三十名士兵进京的要求,当无碍大局。获此答复,我陆战队员在翌 6 日上午 9 时,集结车站,整装待发。然而,本地铁路局以两地铁路不通为由,拒绝发车。其时,英国所增补陆战队员亦要求同时进京。总督以英国入京陆战队已足定额为由,拒绝了其要求。翌 7 日,根据前述领事会议的决议,各国再度与总督交涉,要求允许各国所增派的六百余名联合陆战队员进京。然因铁路不通,未达成目的。自抵达大沽各国军舰陆续登陆的后续陆战队员,夜以继日兼程赶来本地。然而,因京津铁路不通,其沿途又多有土匪出没,故此等增派兵员无法顺利进京。一方面,驻北京各国公使缘于北京形势日益紧迫,连连急催后增陆战队火速进京。于此,英国领事于本月 9 日向领事团主席法国领事提请再度召开领事会议,并提议立即与直隶总督交涉,要求其为后增联军进京再度预备特别列车。各国领事共同协商后决定,由法国总领事向总督递交照会,要求总督于次日早晨作出准许联军进京的答复,并发出通牒,要求当日 9 时半做好发车准备。翌日,日、英、美、德、俄、法、奥、意各国联军约两千余人,整装完毕,到车站后,分乘三列火车出发,同车还有一百名铁路工人以及修复铁道用的枕木、施工器械等。该车队当日 11 时抵达杨村,夜间泊于杨村与落垡间。10 日,曾接到我陆战队指挥官森海军中佐电报,称铁路被毁之处甚多。其后状况因电信不通而无法获知。至 13 日,同行的桥口陆军大尉及酒井海军补给官为运粮返回天津,遂获得如下情报:

10 日上午 10 时 30 分自天津出发,11 时 30 分抵达杨村,随车工人开始修理被毁路段。至 12 时 15 分,自该站发车,12 时 30 分停车。又至下午 2 时 30 分发车,2 时 50 分停车。又至 4 时 15 分发车,55 分停车。又至 5 时 30 分发车,50 分停车。又至下午 7 时发车,15 分停车。以上数次停车均系铁路破损所致。以降,11 日上午 6 时 55 分发车,7 时 25 分停车。至 40 分发车,50 分停车。又至 9 时 40 分发车,50 分抵达落垡车站。12 时

30 分自该站发车，58 分停车。至下午 1 时 35 分发车，48 分停车。又至 2 时 33 分发车，40 分停车。停车理由与前日相同。

当日铁路修复工作进行到下午 5 时 35 分时，忽有警报传来，在先头列车右前方处隐约发现一股土匪。车队遂徐徐前进，至 6 时停车，随即听到提请警戒的号角吹响。各国军队迅速展开部署，投入作战状态。至 6 时 20 分，始闻枪声。当时先头列车所运载者为英、美、意三国士兵，第二列所载者为日本兵，第三、四列所载者为其余各国士兵，故以英军为先头，其他各国士兵于各列车左右及后方摆开战斗阵势。其时，该地已接近廊坊站，距天津站约四里。

当时，上述四列火车各长四百米，各列车之间尚有一定间隔，故全队列车延伸约两千米长。因仅有先头列车的士兵遭遇土匪，其余如日本兵竟未能见到其踪影。据说，土匪并无枪炮等利器，仅携有刀枪，故毫无抵抗能力，英军等乘机长驱猛进，直追而下，远达五里，到下午 8 时许，始收兵归来，而其余各国士兵，则于 6 时 50 分原地集合待命。据英军士兵所言，土匪约有二千人，死亡者在三十人左右。然而根据桥口大尉目击，仅见到尸体两三具，死马两匹而已，实际死亡人数难以确认。另外，据称，敌之伤员五六名已送来天津。

铁路之破损状况，如前所述，各国后增进京军队，且修且行，其到达北京，尚需多少时日，刻下难以预测。

第十五　电信不通及京津两地之通讯

京津两地的电报，于 6 月 10 日各国后增陆战队出发当日的上午 11 时中断，渐至两地间通讯完全断绝。是以，不得已转而借助不完善的陆路邮递，勉强维持联络。因沿途危险难测，邮局宣称，包括挂号邮件在内的所有邮件，无法保证安全到达。

第十六　唐山附近之动荡及英军之派遣

6 月 9 日，关内外铁道线唐山站附近的大梯处，有土匪出没，似有袭击唐山的征兆。驻该地铁路工程师肯特立即向停泊于大沽的舰队请求火速派兵援救。英国军舰遂派遣六十名陆战队员前往该地。因该地为铁路作业工场的所在地，若为匪徒蹂躏，于铁路运输影响甚大，故有上述出兵之举。

第十七　杉山书记生之遇难

13 日上午 5 时，有急报送达本地。内称 6 月 11 日，为迎接各国联合陆战队进京，日本驻北京公使馆派遣杉山外务书记生前去马家堡车站。其途经永定门外左侧护城河时，为董福祥所部十五六名士兵所杀害。稍后于当天上午 11 时又接报说，其遗体尚未被发现。又翌 14 日接报称，当日上午有外国新闻特派员前来相告，杉山当时倒卧于被害地附近的电线杆下，其遗体随后被就地掩埋。

第十八　北京附近情形侦察记事

丰台、黄村及南苑之情形：

6 月 7 日，为侦察北京城外土匪骚扰状况，天未明出彰仪门。赴丰台途中，望见左侧有火光，询问当地人，称义和匪徒正于水头庄处焚烧教堂。遂直趋该地，见附近有十五六名团匪，正屠杀当地农民，并将彼等投入火中，而当地教堂已完全被烧毁。另外，又见水头庄以北有两处火光，均为焚烧教堂之火。团匪虽然如此于各处肆逞暴行，其附近却丝毫不见清国官兵踪影。政府任由团匪为所欲为,而附近农民对于团匪的暴行亦皆无动于衷,依然操持各自生业。11 时抵达丰台站,该处先前已遭焚毁,因之,未见任何团匪踪影,唯见约四百名官兵驻扎村内。遭焚毁者为车站及其附属建筑,并外国工程师的住宅亦悉数被焚,仅机械工场因系铁制建筑而免于火灾,但其内各种器械均遭破坏。另外,除铁轨有数处受损外,该处的线路并无大碍。

下午 3 时到黄村,车站已遭焚毁。邻近该站的一处铁路桥梁,虽然枕木被抽,铁轨被扭曲,但桥台完好无损。只见附近仍有四十余名匪徒,分在几处,用斧头破坏铁路的关节处。由此,改道进入黄村村落,途遇一百余人之马队往车站方向急奔而去,据说村内驻有四百余名满洲八旗兵。经探闻得知,该村附近一带,大火延烧七日,共有九处教堂被毁,罹难教民有二十六人。而该村一带的义和团匪人数,实有一万名之多,另尚有六十万之众正往该地集结,此显系浮夸之言。据称,义和团原有老团、新团之别,老团来自山东省,新团由地方游民加入组成。老团多住寺庙,习拳练咒,而新团居于民宅,只一味横行地方,肆逞暴行。自黄村转道往南苑而去,由黄村门进入苑内,只见苑内药王庙竖有义和团旗,据说约一百五十名团匪留宿其中。又至苑内行宫附近,见六部衙门官舍亦悉数为团匪占据,并听说四面门营亦由团匪替代官兵分驻。至此,出南苑西国寺门,打道回北京。途中又见左方火焰上冲,据称系菜户营教堂遭到焚烧。8 时回到城内。

通州情形:

6 月 8 日,在通州的外国人因形势日趋紧迫,只得一同前来北京避难。据报,当日下午,城外永乐店、水牛店的教堂遭到焚烧。

9 日未明,出东便门,前往通州途中,遥望通州方面火光映天,闻系美国耶稣学校被焚。11 时抵达通州,虽街市大半被烧毁,但城内并无异样。只见义和团匪于对岸村庄或群集于寺院,或散居于民宅。

第十九　北京、天津间沿途情形侦察记事

6 月 12 日上午 10 时,自北京出发,前往张家湾。行至河西务附近,望见村庄着火,据称系匪徒所为。下午 3 时,抵达。自北京至此地,沿途所经各村,团匪无所不在,间有官兵混迹其中。由张家湾转向码头而去,途中距码头约两三里之白河下游沿岸处,亲见约一千余名团匪聚集此地,忙于砍伐电线杆,一片吆喝声中,又不知将砍下之电线杆搬往何处。由此再往下游前行约五里,遇有十二三岁孩童十五六名,正在河中洗澡,据当地人说此等儿童皆团匪。彼等原本打算于清历五月十五日一同前往张家湾,由彼处进击北京,不知何缘故,该计划暂时中止。因之,目前约有两百余名儿童尚停留于当地。下午 6 时抵达码头,再顺白河水路而下,13 日晨到达码头(地名不详)。此地亦有众多团匪,携枪骑马,四处横行,但见村庄大半已被烧毁。上午 7 时离开该地,行至下午 4 时,忽闻左岸一村庄内传出炮声,只见有携白旗者,约五六十人,出村往北而去。当日 7 时到达河西务,该地虽无特别异常之处,但团匪之横行状态与张家湾一带相似。由此经陆路前往南蔡村,途中虽遭遇三五成群的团匪,然而因已临近天津,匪徒之施暴多有收敛。14 日上午 10 时,行至杨村,该地有聂士成率武毅前军步兵一营、马队五十余骑安营驻扎,另外有步兵约一小队护卫铁路铁桥。杨村一带村庄,同样有众多团匪横行霸道。由此渐渐临近天津城市街,随处可见官兵(直隶练军)与团匪相混于一处。

第二十　天津市区教堂之焚毁

北京、天津间团匪之暴行，如前项侦察记事所述，匪群逐渐迫近天津城。聚集于城北陈子沟附近之团匪，于13日下午起陆续侵入市区。彼等竟然于光天化日之下挥刀舞枪。市面上不断有流言传出，其中一则说，团匪以清历五月十九日为期，焚烧市内耶稣教堂，追杀传教士及教徒，继而攻击外国租界。市民因之惶恐不安。地方官不仅不予以弹压，反而暗中煽动，以致团匪益加横行无忌。遂在15日下午10时，有放火焚烧位于天津城与租界间之马家口闸口、溜米厂、三岔河口及河北等处耶稣教堂的事件发生。一时间，七八处地方火焰冲天，逐渐逼近租界。至此，负责法国租界警备的日、俄、法三国陆战队立即进入战斗准备。日本兵排列于法国租界与中国街区之间，以防彼等侵入。俄国兵由铁路轮渡渡过对岸，开枪射击，击毙匪徒三十余名。当夜被焚毁之教堂所在地地名如下：河东水梯子、关帝庙、三岔河口、小洋货街、马家口、铁道大街。

第二十一　总理衙门大臣之更迭及密谕

6月12日，总理衙门大臣人事变更。端郡王、那桐、溥兴等守旧派大臣接任总理衙门各大臣职位。14日西太后密谕直隶总督裕禄："命天津镇速守大沽，为聂提督之后援，加紧备战，以阻止各国兵之登陆。"

二一

6月17日　驻芝罘田结领事致青木外务大臣函

为报告义和团相关事

机密信第三号，6月26日收

外务大臣子爵青木周藏阁下：

关于义和团进入本地的传闻，阁下参见11日所寄公函第五〇号的相关报告，可一目了然。目前，尚未见其行迹，似无危险迹象，仅每日有各种流言传布。例如，此地盛传暴徒将在已经过去的14日焚烧外国人住宅，并尽行驱逐之。人心因之骚动不安，不知将来会发生何等之事。又昨日据美国领事称，本地道台同日晨接到密电，目前外国军队与中国兵间之战事已然拉开，17日将有众多暴徒进入本地，而本地军队并不打算出兵保护外国人。是以，事态越发危险。鉴于上述情形，家住玉皇顶（位于市区郊外之小山上）的美国传教士，已携同家眷，至海关官舍避难。

昨日即16日凌晨1时5分，接驻天津郑领事急电，称天津已陷入极度危险之状态，为搭载在津侨眷，请求速将已返归我处之肥后丸号军舰，再派遣回大沽。该领事同时又将上述请求委托邮递公司代理店向我处转达。肥后丸号恰好于16日下午3时左右进港，遂立即通知该舰船长。该舰在做好必要之准备后，迅速出港，开往大沽。据该舰船长称，天津及北京已险象环生，我国军舰较之他国所占比例甚少，恐于整体上处于不利且不安全的地位。即如昨日晨发送的电报所言，天津与本地间的电线已遭破坏，两地间的通讯因之断绝。为此，特以电报恳请增派军舰前来。

阁下来电，经上海总领事馆转发，已于昨日夜间收到。阁下训示要旨逐一知悉。为慎重起见，上述内容亦迅速转报郑领事。当夜，尚收到海军总务长官电报，询问本地情形。现请大臣阁下转发电文如下：

义和团将进入本地的传闻，于数日前已广为流布。然而，就目前实际状况而言，并无危险。唯天津、芝罘间的电线遭到破坏。为保护本地侨民以及恢复通讯起见，望能派遣军舰一艘前来本地。其间原委，敬请参阅本月11日第五〇号公函。

如上所述，目前虽无危险，为以防万一，请考虑派遣停泊于大沽抑或距离本地最近处之我军舰前来本地。此仅为一时之举，实因电讯中断而颇显急切，且仁川、釜山方面的警备舰因韩国现今形势而无法离开，故有上述自他处派遣军舰一艘前来的请求。阁下或许已知悉一切状况，但为能使阁下慎重考虑上述请求，本官不惮于重复申报。自肥后丸船长及其他人员处所获悉的北方概况载于附件，一并呈上尊览。

特此报闻。敬具

明治33年6月17日　　　　驻芝罘领事　田结铆三郎(印)

(注)另页略。[1]

二二

6月17日　驻清国西公使致青木外务大臣函

为报告北京城内外纷扰情形并杉山书记生遭难事

机密第四二号，8月29日收

外务大臣子爵青木周藏阁下：

一　北京城内外纷扰情形

自上月31日各国水兵进京以来，市内外情形一时颇趋平稳。虽然有报称北京以外的义和团匪横行暴戾，但其措辞往往过于夸大而不足采信。至本月4日，有居住保定的三十六名外国人，在前往天津途中，遭遇团匪袭击，部分遇难。当日，北京、天津间的铁路陷于中断。至此，人心渐趋动摇。为保护铁路，清国政府派遣聂士成部屯驻杨村。然而，聂军仅驻留两日，于8日即撤往芦台。是以，团匪益发肆意拆毁铁路，无所忌惮。至10日，北京、天津间的电信中断，旋即经蒙古恰克图联络欧洲方面的电信亦告中断，北京几乎沦为内外交通断绝之地。匪徒充斥城市内外，大有骚乱随即喷发而出之状。于此，10日，本官与各国公使联合向清国政府递交照会，公开宣称：鉴于清国政府不能尽保护外人之责，本官将在必要之时，随机采取保护本国人民的措施。当日下午，总理衙门针对上述照会给予答复，在试图辩驳之余，承诺清国政府将尽保护之责。13日薄暮，局势急转直下。有报称，义和团三百余人突入与各国公使馆所在街区相邻的崇文门，逼近各公使馆。各公使馆遂紧急戒严，派遣卫兵于防线内展开防御。我帝国公使馆亦向防卫兵士发放武器，并令在京侨民到公使馆内集合，又从中招募义勇兵，以配合卫兵进行警卫巡逻。当夜，匪徒编队进逼奥国公使馆，该公使馆发射机关枪，击毙二十余名匪徒。其他各处，间有枪声。又，匪徒于内城东部纵火焚烧各教堂及外国人住宅，虐杀教徒，旧帝国公使馆亦同时被焚。14日昼间无事，至薄暮，因崇文门、正阳门及内城墙外有匪徒集结，德国卫兵自城墙上以连发枪射击，击毙十余名匪徒。入夜，犹闻连发枪声，此乃英国兵所发射，亦击毙数名匪徒。又

[1] 日文版原注如此。——译者注

奥地利士兵接到有匪徒袭击比利时公使馆的传报，遂前往支援，击毙数名，捕获十余名匪徒。我帝国士兵亦射杀五六名团匪，而内城墙外之呼救声，颇为惨烈，彻夜不绝。同夜，内城西部各教堂及外国人住宅亦被焚烧，教徒则惨遭杀害，与前夜无异。15日昼间，各公使馆所在地尚属宁静，然而又传来情报：位于内城西部之旧罗马天主教教堂"南堂"前夜被人放火，众多教徒因不敌团匪纷纷遇难。法国、美国卫兵即刻前往援救，击毙匪徒六七十名，救回难民四五百名。据称，难民中负伤者甚多，而很多难民于美、法士兵到达前，已遭虐杀。当夜与13日、14日两夜不同，颇为宁静，时闻枪声，但并不激烈。本日，昼夜均无事。上午有英、奥及其他二三国卫兵于警戒区外巡逻至王府大街，确认一庙中潜伏有数十名匪徒，遂将其包围而击杀。又，上午9时，内城前门即正阳门前大街，有匪徒纵火，火势猛烈，历时十数小时，致前门外街市多被烧毁，更延及正阳门外廓城楼。入夜，余火仍未熄灭。13日以降，各公使馆不仅加强戒备，且禁止无证中国人往来警戒区域，以防团匪侵入。简要之，目前北京城内民心惶惶，民居、商店大门紧闭，买卖断绝，几乎处于无政府状态。因清廷采取观望态度，官兵亦保持中立，尚不至援助匪徒，公然与外人为敌，故局势尚未恶化到极度危险的状态。义和团之所以如此跋扈猖獗，盖因政府枢机重臣暗地煽惑唆使。此为无法掩饰的事实。如前回报告所言，政府因丧失行动能力，故无法对上述匪徒实施镇压。如今人心动摇，匪徒横行，局面失控的崩溃状态，已近在眼前。或是清国政府痛改前非，罢黜现今辅佐枢臣，举全力扑灭匪徒；或是外国政府出兵干涉，对匪徒实施断然镇压。否则无法恢复秩序，保持安宁。

一　护卫队增派进程事

本月7日，因本地形势渐次危殆，本官向天津领事发出训令：自笠置舰复增派五十名水兵前来北京。该增补部队与英、美、意、奥、俄、法各国增补军队，一同于10日乘火车离开天津。据随行森海军中佐报告，因沿线铁轨破坏程度严重，部队行进极为缓慢。翌11日，当增派军队车队抵达落垡车站，有一千余名匪徒来袭，被击退。12日，车队到达廊坊车站(大致位于天津与北京正中间)。该处一带铁轨的损毁程度尤为严重，因修缮材料不足，遂调遣一列火车返回天津搬运材料。14日上午，匪徒再度来袭，被射杀七十余名。至同日下午4时，有报称，留守落垡的英兵遭一千余匪徒包围，情势危急。廊坊处的各国军队即刻登车，前往救援，驱散匪徒，并击毙两百余人。由上述情况可知，破损铁道的修理需要时日，又须防备匪徒不时来袭。虽各国使馆馆员及在馆避难人员盼望军队能早日进京，但军队之行进颇为困难，预计抵达北京尚需几日。

一　杉山书记生遭难事

本月10日，有报告称，我增补军队五十名，自天津乘火车出发，已在来京途中。翌11日下午3时，特派遣杉山书记生前往北京城外马家堡车站迎接。该书记生出永定门时，相遇驻扎当地的董福祥所部骑兵约百余名，为其包围并遭到攻击，终至遇害。接该书记生随行清仆及马夫等归馆报告(注1)，即遣楢原书记官前往总理衙门通报事由，请求火速救护杉山。总署答复，以董福祥隶属荣禄麾下，当即刻通报荣禄，命其传令救护。其后接报，该书记生已确实遭到杀害。遂连夜通告总署，要求取回遗体。总署则答复，并不见遗体。12日上午，复派楢原书记官前往总署进行严重交涉。至当日下午，始获知其遗体被掩埋于永定门外。总署遂派官员将杉山遗体收殓纳棺，安置于永定门外庙内。按清国成例，若无特旨批准,不得于城内治丧,故总署拒绝将棺柩送至本署。本官即刻向总理衙门发出照会,驳斥其荒谬之举,强烈要求于24小时内将棺柩送抵本使馆,以15日正午12时为期限,届时倘不能见到杉山棺椁,本官在接到本国政府训令之前,将断绝一切交涉。该署回复,当日下午即将杉山书记生棺柩送抵本署(注2)。然而,时至本日,尚未送到。要之,关于杉山事件,总理衙门对我甚为冷漠。该署王大臣等,不仅未至我使馆亲表痛惜之意,又未火速采取逮捕肇事者并严加处理的措施,故本官今后只得采用强硬手段。

以上为报告内容。

明治33年6月17日上午9时差遣快递送往天津　　特命全权公使男爵　西德二郎

(原注)

(注1)"请求送还遗体的同时,亦应请求处死肇事者,如何?画押(青木)"

(注2)"与其拒绝交涉,莫若拒绝其请求。若清政府不能作出承诺,凡因之所引起的后果,当责由清政府方面承担方为上策。画押(青木)"

二三

6月18日　驻清国西公使致青木外务大臣函

为报告义和团匪骚扰经过事

机密第四三号,8月29日收

外务大臣子爵青木周藏阁下:

关于清国义和团骚乱,正如历次报告中所言,此团匪原无固定首领,其所持武器不过刀枪及少量猎铳。至于人数,真正的团匪相对较少,多为在其煽动之下附和而来的愚民。(栏外注一)义和团在一种巫术式信仰(若诵唱类似念佛之咒语,便可刀枪不入)以及"扶清灭洋"的旗号下,焚毁教堂,残杀教民。而非为抢劫、杀伤平民,或旨在推翻政府。因之,清国政府未对其采取严厉措施,亦非为不可原谅之事。即我等皆以为,政府并非无力对其进行镇压,乃据于目前情形,尚无意采取手段而已。[①](栏外注二、三)然观者皆信,上述团匪一旦实施暴行,危害到地方安宁,政府定会进行镇压。届时,以京畿一带的神机营、虎神营、武卫中军等中国军队中堪称精英的数万兵力,可迅速予以平定,断不至姑息团匪闯入京城内外施暴。不料事实却截然相反,尽管团匪逼近北京,破坏铁路,切断电信,进而闯入城内焚毁教堂,屠杀教民,却仍未见政府采取任何断然措施,此令人实感意外。然而,本官依旧相信,无论如何顽固的政府,即便于某种程度上打算利用团匪,试图奉行排外主义,亦不能愚蠢至与各国开战的地步。况且,上述暴行已发展到在前日(6月16日)放火焚烧前门楼外最为繁华的大栅栏街,可谓猖獗至极,政府实已面临不得不尽早镇压的状态,而以本日形势观察,尤应如此。倘若清国政府依然不采取镇压手段,两三日间,各国援军一旦抵达,势必扫荡内外城的团匪。届时,虽可获得一时安宁,然因该政府于剿办团匪之事未采取果断措施,终归不得不面临与外国进行交涉的局面。若此,事件的处理必将陷入旷日持久的状态。本官认为,我国于北清事变,并无明确目的,实不宜过深介入,而枉费兵力,

① 原文此处为着重号。下同。——译者注

唯与各国保持联合，相机行事即可。时至今日，不断发生意外事件，万一该国乘机决意排外，出现阻击进京援兵的局面，我国政府当然不宜再顾及目前利害，在接到该国与各国援军发生冲突的报告后，当迅速派出陆军前来此地及天津，以便救助我国臣民及外国军民。

驻京各国公使就此事件所召开的会议，如日前电报所称，未见多少成效，仅一致决定调入卫队，而其他一切事项均候各舰队所增派援军抵京后再议。会议期间，各公使均未对协同行动提出异议。唯有人认为，德国公使或许另有图谋。亦有其他同僚于私下里指出，德国或许打算乘此骚乱谋略山东也未可知。本官当初认为，此次骚动若仅限于地方事件而不具有革命性质，虽或一时陷入困境，但经各国共同交涉，终将获得平息，不应涉及分割势力范围的问题。故如前所述，我国若深度干预此事，必致招损，而从中获益者不过为已就此事作出过多担保承诺的俄国。假令俄国借此机会，于各国共同行动外采取单独深入的举措，必使我方于北地之竞争上处于不利地位。据此，时至今日，本官一直采取沉静观察的态度。若该国政府决意一战，平衡局面势必骤变，则我国不宜再有任何踌躇。

杉山书记生遭遇不幸，属共同问题外之事件，如何处置，当渐次见机而行。于此，本官曾在第四九号电文（栏外注四）中有所征询。我方宜于适当时机提出要求（处死肇事者），并限期回复，倘若对方无法作出适当回应，可转而要求将浙江象山浦划入我势力范围，并再次要求过去曾被拒绝的铁路转让权，以便能够将海岸铁路线延伸到上述重要港口，由此可将浙江省过半区域划入我势力范围内。此乃继福建而筹划更为长远之计策也。以上就此地情形之演变提出报告。及电线修复后，随时恭候垂询。在此之前，以上意见仅供参考。敬具

明治33年6月18日　　　　特命全权公使　男爵　西德二郎（印）

又，风闻英国意欲扩大其九龙之租界地，而奥、意两国似乎意在图谋攫取浙江沿岸之利益，望训令驻福州领事予以密切关注。

（栏外注一）“遣密使前往天津送交，知其未抵，再送。”

（栏外注二）“不得不指出此乃有悖于国际法及我宪法之精神。画押（青木）”

（栏外注三）“与前项意思条理不符。”

（栏外注四）“电报未至？未见被退回报告。”

二四

6月21日　驻上海小田切代理总领事致青木外务大臣函

为报告本地关于北京状况之传闻事

公信第一七二号，6月26日收

外务大臣子爵青木周藏阁下：

一如前回的报告，关于北京的近况，种种流言不断。或说北京城门现悬挂有英国国旗，或说英国海军中将西摩已抵达北京。目前，各国公使馆均相安无事。今日本地发行的中文报纸内，亦载有以下新闻：

北京公使馆内的十名外国人惨遭匪徒杀害。〇目前，不知皇太后去向。〇政权悉数归入端郡王掌握。〇总理衙门已被团匪及兵士等焚毁。〇清兵与公使馆内的西兵接战。〇团匪进攻反对端郡王的清兵。〇各国公使二十日前已皆迁移进英国公使馆等传闻。据

说,此等消息皆来自本地铁路大臣盛宣怀所收到的电报内容,最为可靠。小官就此向该大臣核对是否真有其事。然而,据该大臣所言,并未收到含有以上内容的电报。故上述消息,不过为街头巷尾间凭空捏造的说辞而已。

以上为报告内容。敬具

明治33年6月21日　　　　驻上海代理总领事　小田切万寿之助(印)

二五

6月22日　驻芝罘田结领事致青木外务大臣函(电报)

为电讯天津情况事

6月22日发,23日收　　　　驻芝罘领事　田结

关于本日发来之贵电,本官虽已从美国领事处获知上述报告,但依然未得到确切消息。一名法国士官由天津回到大沽,大致说外国租界遭到焚毁。一百三十名美国士兵以及一百零六名俄国士兵,遂于20日夜开赴天津。大沽的状况,已由出羽少将向海军大臣提出报告。

(注)参阅后载日本出兵之第五四八号文书。

二六

6月23日　驻芝罘田结领事致青木外务大臣函(电报)

为报告本地人心动摇事

6月23日上海发,收　　　　驻芝罘领事　田结

当地人心惶惶不安。清国人多有闭店前往他处避难之举。要之,买卖几乎处于停滞状态。银一两之正常兑换价为清钱八百二十文,而数日前腾贵至九百五十文,目前又回落至八百五十文。

清军于芝罘西部要塞处增设四门大炮。目前,有一千士兵驻防。据报,又有若干兵员由宁海州到达本地。昨日,三千士兵由大沽向天津进发。

二七

6月26日　驻上海小田切代理总领事致青木外务大臣函(电报)

为报告关于北京列国公使是否安在之情况事

6月26日下午9:52发,27日上午4:20收　　　　驻上海代理总领事　小田切

据与驻上海英国总领事有往来关系的袁世凯来电称,截至6月20日,驻北京外国公使均平安无事。

二八

7月1日　驻上海小田切代理总领事致青木外务大臣函(电报)

为报告北京危急状况事

7月1日下午7:26发,同日下午10:20收　　　　驻上海代理总领事　小田切

驻上海英、德两国总领事接到通报，6月18日，驻清国德国公使遇害。6月23日，尚未遭到破坏的公使馆仅剩三馆。北京形势极端危急。以上消息为绝密内容。

二九

7月1日　驻芝罘田结领事致青木外务大臣函

为报告芝罘骚乱情况事

公信第五八号，7月16日收

外务大臣子爵青木周藏阁下：

6月30日下午5时左右，数百中国人涌向当地斯密斯（スミッス）商社（美国人开办，与俄国开展贸易之商社），向其投掷石块，窗户多有破裂，场面颇为混乱，以致附近商店纷纷闭门停业。先前由外国人组成的义勇队，皆持枪上街巡逻，一时甚为惶恐。由是，停泊港内的美国军舰纳西秘鲁号（ナッヒル），遂有准备派遣陆战队登陆之举。而英国军舰台里布鲁号（テリイル）已派出陆战队，分乘三艇，于登陆途中。我秋津洲舰，于万一之场合，理应与美舰一致行动。为此，小官以信号与美舰保持通信，处于随时调度状态。然而，事态并未出现异常，故英陆战队又全部返回舰上，而其他各国军舰亦因之停止登陆计划。其骚乱原因如下：该斯密斯商社及德商昂兹（アンス）商社所雇用的人夫六百名，经斯密斯商社之手，乘坐本国汽船盛航丸，本应前往海参崴打工挣钱。然而，于旅程中，上述人员中不知何人说到，此汽船并非前往海参崴，实乃开往天津，搭载人员皆作为当地军夫、兵士之仆役使用。此无稽之谈顿时造成人心惶惶，不知何时，船内数处发生争斗，引起极度混乱。负责管理上述人员的数名俄国人，虽极力控制局面，然终因人多而无法平息。慌乱中，已有数人跳海打算逃走。该船不得已转而呼来小船，将彼等救起，并将一帮人夫送回岸上。其中，便有无赖汉煽动闹事，遂发生上述斯密斯商社事件。事后，由道台衙门处得知，道台闻知此事后，当即派遣福山县知县前往镇压，逮捕数名聚首肇事者，并将彼等押回道台衙门，责罚之后，于翌日将彼等一律遣返原籍，不许彼等再度回到本地。当日，道台又前往各国领事处递送名片，声称此次事件已经镇压，若有惊扰之处，尚望担待等等。其后，事态遂恢复平静，未有任何事端再起。此次事件似乎与义和团无关，人心亦未受到影响。

以上为报告内容。敬具

明治33年7月1日　　　　驻芝罘领事　田结铆三郎（印）

三〇

7月2日　驻天津郑领事致青木外务大臣函（电报）

为报告德国公使遇害以及列国公使馆遭焚情况事

7月2日上午5:46芝罘发，3日上午10:20收　　　　驻天津领事　郑

驻清国德国公使于前往总理衙门途中遇害。列国公使馆均遭到焚烧，各国公使以及官员为了避难，均进入英国公使馆内。目前，清国士兵以及义和团匪正围攻该馆，打算将外国人全部歼灭。上述内容来自6月24日北京发出的报道。

6月29日，各国领事会议于本地召开。英、德两国司令官宣称，即便将所有在津之各

国部队作为援军派往北京,亦不能遏制事态的发展。鉴于目前的危机状态,帝国政府实有必要派遣更多军队前来清国。

三一

7月2日　驻芝罘田结领事致青木外务大臣函(电报)

为报告北京状况以及清国兵动态事

7月2日下午11:10发,3日上午11:00收　　驻芝罘领事　田结

据本官所知,目前有众多清兵驻守北京。义和团首领已占据总理衙门。尚存之公使馆中,意大利公使馆因被误认为法国公使馆而免遭破坏。目前,除德、法[①]两国人各自前往其本国公使馆内避难外,其他各国在京人员,均进入英国公使馆内。三万外国士兵正开往天津,据报其中一支部队已占领距离天津十八英里处的杨村。另据报,清国兵于6月29日由芦台方向开来,占据大沽至天津间的桥梁,已阻断铁路交通。又报,自白河至天津间的交通依然畅通,但清国人已开闸放水,以致须吃水三尺五寸乃至四尺的船舶,屡屡触撞河底。

三二

7月3日　驻上海小田切代理总领事致青木外务大臣函(电报)

为报告北京状况事(一)(二)

(一)

7月3日下午6:50发,同日下午10:00收　　驻上海代理总领事　小田切

第一一号

据可靠消息,至6月25日,尚幸存之公使馆仅英、德、意三家而已。依据当地状况观察,有众多清兵及义和团民聚集于北京城内外。因此,要援救本地的外国人,若无五万军队似不可为。据说,以上情况在北京送至天津的书信中已有陈述。

(二)

7月3日下午9:45发,4日上午1:00收　　驻上海代理总领事　小田切

第一二号

盛宣怀自袁世凯处收到以下内容的电报:

据自北京回到济南府之某人称,有十五万清兵以及义和团民正在围攻两处公使馆。不过,直到该人离开北京,此两处公使馆仍未被占领。皇帝及西太后之近臣已悉数变为义和团民。皇帝及西太后之居住地(即皇城),每日只有一处城门开放半日。皇族中同情义和团者,在宫中摆设祭坛,行礼拜活动。传达上述消息者,于6月27日离开北京。

三三

7月4日　驻芝罘田结领事致青木外务大臣函(电报)

---

① 此处或为笔误。联系下文,应该为“意”。——译者注

为报告骚乱状况事

7月4日下午6:50发,5日上午7:32收　　　　驻芝罘领事　田结

时值北清局势日趋危殆之际,正如本官所发送之电报,有数处教堂遭焚毁。另据报,平广州[①]的教堂已遭到破坏,本地外国人皆处于惶恐不安状态。目前,芝罘虽未面临实际危险,但何时发生暴乱,却难以预测。

就清国现状,美国领事向本官转告,其已按照海军司令官的建议,劝告本地美国侨民应离开芝罘,前往日本国避难。本官亦在危机到来之前,对本地日本侨民发出劝告,应随时避往安全地带。不过,各人之进退,亦任由其自身作出决定。

三四

7月4日　驻天津郑领事致青木外务大臣函(电报)

为报告北京状况事

7月4日下午2:00芝罘发,同日下午10:00收　　　　驻天津领事　郑

第一一号

除从前由北京发来的报道外,尚有通过个人传来的消息。如下所示:(一)奥、美、意、荷等诸国公使馆被义和团民完全烧毁。俄国公使馆的部分遭到焚毁。(二)日本国水兵占据护城河右岸处的、与英国公使馆相对的肃亲王府,担负保护约三百名清国基督教徒的任务。(三)驻清国德国公使遭到枪击后,被抬入总理衙门,并在该处死去。未等该凶信送至德国公使馆,该国水兵已闯入总理衙门,并将其建筑物悉数焚毁。然而,当水兵等攻入总理衙门之际,该衙门内已空无一人,所有官员早已悉数退走。崇文门及正阳门由董福祥军严加把守,两城门之城楼上各有一门大炮。德国兵于攻击时,先占据一处门楼,继而夺得一门大炮。袁世凯军目前正开赴北京。据舆论,袁世凯已上奏皇帝,请求与条约诸国讲和(此处不明),并要求释放所有外国人。邻近公使馆的所有本地以及外国人住宅,悉数遭焚毁。

上述报告根据由加特力传教士在6月30日所派出的清国人的口述整理而成。

三五

7月4日　青木外务大臣致驻俄国小村公使以及其他欧美公使馆函(电报)

为通报北京以及辽阳附近骚乱情况事

小村:

6月19日,总理衙门要求外国公使24小时内离京。由于旅途中生命安全没有保障,公使们拒绝了这一要求。与此同时,北京局势愈益严峻。据报告,德国驻华公使在赴总理衙门的途中,被中国士兵击毙。据赫德6月29日派到天津的一位特别信使报告,除德、法、英之外,其他公使馆均被毁坏,所有外国人都被猛烈的来复枪火力围困在英国公使馆内。驻牛庄领事电报称,辽阳火车站遭到攻击,6月27日,一些中国士兵焚毁了附近的两

① “平广州”为烟台属之一地名。——译者注

座桥梁。这一消息已通知欧、美所有公使馆。[①]

青木

(栏外注记)"外务省于明治33年7月4日发。"

(注)牛庄领事关于辽阳情况之报告参阅后载之第八八号文书。

三六

7月5日　驻天津郑领事致青木外务大臣函

为报告我国侨民归国情况事

公信

外务大臣子爵青木周藏阁下:

我国侨民自上月17日以来一直在本馆内避难。以上侨民于本日离开本地归国。

以上为报告内容。敬具

明治33年7月5日　　驻天津领事　郑永昌(印)

三七

7月6日　青木外务大臣致驻俄国小村公使以及其他欧美公使馆函(电报)

为通报北京动乱之经过事

小村:

北京到天津的中国信使们带来的报告,与先前收到的关于各使馆被毁和德国公使被杀的情报一致,到天津的中国信使们的情报,说德国公使遭枪击生命垂危,抬到总理衙门后毙命。德国海军陆战队到总理衙门放火焚烧该衙门,他们是在听到公使被杀的消息后冲进总理衙门的。

关于天津现在的局势,据报另一批于6月16日离开天津向北京进发的外国派遣军,遭遇严重阻击,难以继续前行,已于6月26日自廊坊退回天津。天津的几座兵工厂,有近300人伤亡。6月27日至7月1日,未发生战斗,但有约二万名中国士兵自北面向天津进发。

以上是向你提供的情报。

将这一情报通知欧、美所有公使馆。[②]

青木

1900年7月6日

注:上述第五二号电报曾由驻韩公使(文书无号)转发驻上海总领事。

三八

7月7日　驻上海小田切代理总领事致青木外务大臣函(电报)

为报告北京动乱状况事

---

① 此篇原文为英文。——译者注

② 此篇原文为英文。——译者注

7月7日下午4:57发,同日下午11:55收　　　　驻上海代理总领事　小田切
第二二号

盛怀宣自袁世凯处收到如下电报:

据返回济南府之差役所带回的报告,截至7月3日,前述两处北京公使馆,面对清国人的攻击,仍在顽强防御。外国卫兵已同清国人发生数次激战,击毙清兵约两千余人及若干义和团首领。目前,清兵及义和团民已疲于攻击。倘若上述两公使馆有充足的粮食以及弹药,尚能暂时维持现状。

三九

7月9日　驻上海小田切代理总领事致青木外务大臣函

为报告山东省内各地暴动之状况事

附记:7月31日小田切代理总领事公信第二六七号抄件

公信第二二五号,7月16日收

外务大臣子爵青木周藏阁下:

据青岛发来本地的电报,山东省潍县暴徒自上月28日以来,肆逞暴行,烧毁美国教堂,杀害中国教徒,进而侵入坊子一带。虑及该地的传教士、德国矿山工程师以及矿工将遭遇不测,胶州湾总督叶世克(イエシユケー)上校在铁道监督施密特(シユミット)的协同下,率领义勇兵前往救援。然据6月29日发自青岛的电报,山东巡抚袁世凯就此次救援行动向胶州湾总督发出照会,切望义勇军不要进入潍县。当日,为保证胶州的安全,由一百名海军组成的中国军,携带两门大炮,自青岛出发。

又据6月30日发自青岛的电报,铁道监督黑鲁戴布朗(ヒルデブラント)及五名工程师昨夜在高密附近遭到袭击。激战过后,多数中国人被杀害,无数房屋遭焚毁,欧洲人仅得脱身,并于本日回到青岛。当时,有清国官兵参与施暴。又,天主教传教士被清国官员放逐,兖州府新建大教堂亦遭破坏,而济宁府的清国官员已对传教士发出命令,必须在7月2日前退出当地。

7月2日发自青岛的电报称,据山东铁道公司铁道监督施密特来电,在坊子避难的欧洲人,在孙金彪将军的保护下,于星期五经安丘正前来青岛。孙将军保证,若德国兵不进入本地区,将保障矿山的一切安全。因此,监督施密特率其部下将于星期二返回青岛。

又据7月2日夜发自青岛的电报,在坊子的传教士与其家眷以及其他欧洲人,与援兵会合后,共计三十五人,于本日回到青岛。而矿夫等在中国兵的引导下,亦在返回青岛途中。不过,彼等似又遭到骑兵的袭击。据传闻,高密地区亦有暴徒引发骚乱。

以上为报告内容。敬具

明治33年7月9日　　　驻上海代理总领事　小田切万寿之助(印)

(附记)

7月31日小田切代理总领事公信第二六七号

(抄件)

又,山东省青州地方的众多耶稣会传教士,接到来自当地地方官的告示,为向官兵提供

住所,其各人等应立即携带贵重物品迁往他处。因之,上述传教士与当地民人一起,携带各自财物,准备移往他处。不料,为匪徒所垂涎,于月11、12两日,不幸遭遇抢劫,以致一物不剩。同时,尚有教民三名、华民男一名以及妇人两名被杀害。另据传,匪徒在探得教会所属的两千两银子寄存在金姓钱庄后,强迫该钱庄将所有银两交出,并悉数掠夺而去。

四〇

7月10日　驻芝罘田结领事致青木外务大臣函(电报)

为报告北京状况事

7月10日下午6:00发,14日下午11:58收　　　　驻芝罘领事　田结

海关道收到山东巡抚电报,并转告本官。内容如下:

据7月4日由北京送到的报告,除德国公使以外,其他外国公使以及领事皆安然无恙。匪势似乎处于渐次衰退的状态。

此外,本官尚秘密得到上述电报的原文。如下所示:

> 若匪徒引发骚乱,即遵照当初谕旨予以征讨,不得存丝毫纵容,庶可保全。8日接到来自北京的电报,除德国公使外,其他各公使均安然无恙。据说,匪徒维持不了长久攻势,现已渐渐呈现颓态。

四一

7月11日　驻芝罘田结领事致青木外务大臣函

为抄送关于本地商人公约严禁义和团事

附件:上述公约抄件

公信第五九号,7月17日收

外务大臣子爵青木周藏阁下:

本地潮州、福建以及山东三帮会的商人,于共同商议的基础上,写成一则严禁义和团之公约,并广为散布。现附上上述公约一份,以供参考。敬具

明治33年7月11日　　　　驻芝罘领事　田结铆三郎(印)

(附件)

(公信第五九号附属)

烟台自通商以来,中外各帮素称和好。迩闻京津各处,土匪滋扰,受害非轻。幸烟台人心良善,一切匪类毫无所闻。然恐外来之民,难免混杂。兹公议,我各邦、各铺户人等,联合众情,益加防患。除由地方官长剀切晓谕及派差严查外,我各帮、各铺户之伙伴及其工役、舢板诸色人等,或其家属,倘有误被引诱致蹈匪迹者,各宜自行严禁,不许学习。尤宜加意保护商场,无论华洋,均当严杜根株,以安商旅,则人心靖而地方安,大局幸甚,华洋幸甚。所有各铺户每日各派伙伴一人,轮流查访。所拟章程,开列以后。

一、各伙伴勤慎笃诚,素为各财东之所重。迩以人心浮动,商务有乖,各伙伴亦深受其累。所愿我商途中人,父教其子,兄勉其弟,毋使年轻之辈沾染恶习。倘有不法,即行辞退。甚则鸣官究治,以肃地方。

二、各铺户每日所派之伙伴人等，概用暗牌，悉心查访，务期尽绝根株，以杜后患，则华洋商人均受其福。否则内乱已萌，外侮麇集各埠，商民均受其害。我伙伴其明查暗访，俾得以共享升平，则幸甚，祷甚。

三、烟台为南北要冲，华洋官商均经力为保护。连日道宪与各国领事往来，尤形亲睦，万无遽开兵端致害地方之举。此我商民人等均足以深信不疑者也。唯闻天津肇乱之初，皆由无知小民妄造谣言，谓洋人放毒入水，饮者暴死，必藉胡椒、辣椒等物始能解毒。试思天气炎热，饮此热水，能无生病？且因水毒死，毫无确证，而因言召乱我民之死干难者，不啻百倍于洋人。前车可鉴，能勿寒心？我商民人等，千万不可误听浮言，自遭巨祸，尤为欣幸。

光绪二十六年六月初五日　　　　烟台合滩公启

四二

7月11日　驻芝罘田结领事致青木外务大臣函

为报告本地情况不稳事

公信第六〇号，7月30日收

外务大臣子爵青木周藏阁下：

7月9日下午12时，本地领事代表美国领事携至急公文来到我处。以下所示即来自德国领事的劝告文书。该领事切望我国军舰应加强警戒。德国领事的劝告文为：

> 何时爆发危险，实难预测。目前，支那市街人心惶恐，支那商人中不乏参与义和团者，而南方籍商人正纷纷携其家眷避往他处。于此，美舰纳西秘鲁号宜处于警戒状态。
>
> 1900年7月9日　　　　德国领事连梓致美国领事乔恩·法勒阁下

当时，小官并未听说危险已迫在眉睫，且市街亦尚未呈现异样骚动状态。然而，鉴于美领事携美、德领事间之公文，于深夜之际来我处通知，为防万一，遂一面以信号通知警备舰秋津洲号，一面又通知本地本国侨民。秋津洲号随即准备陆战队员登陆以及战斗各项事务，并有舰上士官前来本馆坐阵以待。然而，其后并未有任何事情发生。近数日以来，支那市街流言纷纷，人心惶恐，皆信战端必起，故闭门锁户，避往山东内地抑或南方者络绎不绝。其中，本地外国人外出避难者亦不在少数。目前，驻本地领事中亦有人决心让其眷属乘坐邮船避往他处。

以上为报告内容。敬具

明治33年7月11日　　　　驻芝罘领事　田结铆三郎(印)

四三

7月13日　驻上海小田切代理总领事致青木外务大臣函(电报)

为报告北京危急情况事

7月13日下午8:20发，同日下午11:23收　　　　驻上海代理总领事　小田切

第四〇号

盛宣怀自袁世凯处收到以下内容电报：

据自北京回到济南之差役所带回的报告,截至7月6日,尚有两处公使馆仍在抵御来自清兵的攻击。董福祥所部士官五名以及众多士兵身中外国兵所射子弹毙命,其余人众几乎无法接近公使馆。外国兵更是乘夜袭击董福祥军,敌死伤者达一百余人。

又根据自7月7日离开北京到达济南之差役所言,清兵及义和团毫无犹豫之状,为遂其暴行,殆决心以大炮轰击公使馆。据说,彼等最初已不遵从敕诏,已陷外国公使并皇帝及皇太后两陛下于万般危机之境地中。

四四

7月14日　青木外务大臣致驻俄国小村公使以及其他欧美公使馆函(电报)

为通报清国各地之骚乱状况事

小村:

驻上海领事7月13日电报称,据7月6日北京传至济南的消息,两处公使馆依然坚守,外国军队夜间攻击了董福祥的一处军营,杀死、杀伤100余人。另一条7月7日来自北京的消息说,中国士兵和义和团几乎决定了要炮轰公使馆,不再遵守上谕,外国人以及中国统治者皇帝和皇太后情势危急。

同一天,驻上海领事电报称,由于暴乱威胁,所有外国人都离开了温州。

7月13日,驻汉口领事电报说,长沙电告衡州府的伦敦会和天主教会遭暴乱者破坏,三名外国人被杀。

7月13日,驻韩国公使电报,大意为他有理由相信满洲的俄国铁路和电报线遭到了相当严重的破坏,但由于汉城以外电报中断,尚未得到确切消息证实,朝鲜电报局已经获悉凤凰城和大孤山出现了义和团。

以上是向你提供的情报。

将上述情报通知欧、美所有公使馆。[①]

青木

1900年7月14日

四五

7月15日　驻天津加藤公使致青木外务大臣函(电报)

为报告帝国及外国侨民之避难状况并天津领事斡旋情况事

7月15日下午6:25收　　驻天津全权公使加藤

诸国侨民中为避难前往日本抑或上海者,开始陆续离开天津。本国侨民为归国已于7月4日及5日登船离港。上述本国人于租界被包围期间,本官不仅恳切劝导彼等搬入领事馆内居住,且供给彼等食物,以上人等就领事馆之周到保护并善待本国人之举动,予以充分肯定,并大加赞赏。

① 此篇原文为英文。——译者注

四六

7月13～17日　驻上海小田切代理总领事致青木外务大臣函(电报)

为报告关于驻京公使馆馆员之状况事(一)(二)(三)(四)

(一)

7月15日下午8:28发,16日上午0:50收　　驻上海领事　小田切

第四八号

关于驻京公使馆馆员遭到虐杀之流言,目前在上海广为传布,实毫无凭证。依照本官在7月13日向贵大臣转发的袁世凯电报,上述流言不过纯属臆造而已。其后,再无经由山东转发至本地的北京消息。

(二)

7月16日下午7:17发,下午10:30收

第五四号

本官在第五一号电报中,曾提及盛宣怀接到公使馆馆员遭到虐杀的电传。为求证以上内容是否属实,本官特意前去拜访盛宣怀,而盛断然否认此事,本官并不怀疑其所言。又据盛宣怀所言,其曾接到袁世凯电报,自7月12日以来,济南再未见到从京城归来的差役。

(三)

7月16日下午10:05发,17日上午1:05收

第五八号

盛宣怀接到袁世凯最新电报,内容如下:

据7月9日自北京出发、回到济南的差役报告,李鸿章调任直隶总督。截至该差役离开北京当日,公使馆依然在抵御来自清国人的攻击。

(四)

7月17日下午1:25发,同日下午3:40收

第六〇号

本官就北京虐杀的传言,曾向袁世凯发电求证,以下为袁世凯的回电:

据回到山东的差役所带回的报告,公使馆截至7月9日尚存。西什库的教堂遭到义和团民的炮击。然而,因其所用为旧式大炮,对教堂建筑物未造成大的损害。

四七

7月16日　驻芝罘田结领事致青木外务大臣函(电报)

为报告西公使所发关于北京危急之书函内容事

7月16日下午2:32发,17日下午11:15收　　驻芝罘领事　田结

7月13日天津领事郑所发电报如下:

7月13日上午10时收到西公使签署于6月29日自北京发给本官的书函。7月1日,西公使特别自北京派出差役(清国人)传递上述书函。该员历经艰险,将书函送到。其内容如下:

北京形势极为危急,清兵从四面将外国公使馆团团围住,不分昼夜以炮轰击。公使馆内的卫兵、官员以及侨民拼死抵抗。然而,敌众我寡,恐不能长久维持,加上我方弹药渐次告乏,祸难即将临头,不知何时即会遭遇虐杀,以我目前之状态恐不能避。由是,切望援军火速抵达,解除重围,救我等于万分危险之境地,以建功勋。

请将此情况立即通报我国政府。　西

本官已将该书函之内容转达给其他同僚以及联合军司令官。

四八

7月16日　驻芝罘田结领事致青木外务大臣函(电报)

为报告西公使派遣之差役所陈述内容事

7月17日下午4:40发,18日上午2:15收　　驻芝罘领事　田结

驻津加藤公使及郑领事7月14日电报如下:

由驻京公使馆派出、携带前回电报中所提及之书函来津之差役有如下陈述,大致为:

公使馆卫兵于英国公使馆及肃亲王府内坚守。彼等尽力节省弹药,非敌兵逼迫至近前,不予以射击。另外,卫兵等几次试图抢夺清兵放置在城墙上的大炮,皆未成功。董福祥军在北京城南面严阵以待。负责北面防务者乃荣禄所部军队。而东西两侧,则由神机营防守,其兵员稍少于他处。肃亲王府内之清国基督教徒目前正以沙袋筑造防守工事。据说,制作沙袋所用布料取自肃亲王府内被遗弃的丝绸衣物。

四九

7月18日　青木外务大臣致驻俄国小村公使以及其他欧美公使馆函(电报)

为通告事变经过及清国各地状况事

小村:

关于中国事务,截至7月9日,报告称北京公使馆依然在坚持抵抗中国人的攻击。7月11日,清政府驻日本公使通过我递交了一份中国皇帝致天皇陛下的电文,中国皇帝在电文中对杉山书记生遇害表示遗憾,称目前时局危难,呼吁天皇陛下斡旋列强,和解眼下困局。7月13日,天皇陛下回电,敦促立即救援外国公使,迅速平定骚乱,并表示如果能做到这两点,其他问题自然会友善解决,日本将不遗余力考虑中国的利益。

据报湖北襄阳天主教传教士住宅和河南南阳一座小教堂被毁;河南南阳附近的加拿大长老会被洗劫一空;以保守著称的湖南巡抚和湖北巡抚已经决定追随端郡王排外,人们普遍担心张之洞掌控这两位倔强巡抚的能力。

然而,刘坤一、张之洞和李鸿章的态度一如既往;他们已经允诺,无论其他各省发生什么事情,在他们的辖区内维护秩序,保护外国人的生命财产安全。与此同时,外国领事们则同意只要三位总督兑现他们的诺言,外国军队即不在三位总督的辖区登陆。日本驻福州领事与其他各国领事联合,同闽浙总督签署了一项在该总督辖区内与上述内容大致相同的协定。

李鸿章最近已转任直隶总督。

关于我们在中国的军事行动,全部报告现正通过柏林的西博尔德(Siebold)提供给欧

洲和美国新闻界，你将会得到驻德公使的通报。

以上是提供给你的情报。

将上述情报通报欧、美各公使馆。[①]

青木
1900年7月18日

五〇

7月19日　驻芝罘田结领事致青木外务大臣函（电报）

为报告北京状况事（一）（二）

（一）

7月19日下午11:00发，20日上午8:55收　　驻芝罘领事　田结

本日，袁世凯针对驻本地德国领事的询问，给予以下答复：据7月11日离开北京、回到本地的差役所带回的消息，反徒等虽在攻击公使馆，然该公使馆仍未遭到破坏。据此，本巡抚不相信在京外国人已遭戕害。

（二）

7月19日下午10:20发，20日上午9:40收

此间盛传，盛宣怀接到袁世凯电报，内称英国公使馆的围墙已被董福祥军所破，北京外国人全部遭到虐杀。然而，驻芝罘美国领事却接到袁世凯7月17日电报，内称截至7月9日，公使馆尚安然无恙。又，驻芝罘美国领事从海关道处获悉，根据袁世凯来电内容，似乎袁世凯已一改以往态度（字迹不明），令清国基督教徒放弃其信仰，否则将予以逮捕，而外国人的财产亦将全部予以没收（字迹不明）。本官为求证上述消息，已向袁世凯发出电报。

五一

7月20日　驻上海小田切代理总领事致青木外务大臣函（电报）

为报告北京状况事（一）（二）（三）

（一）

7月20日上午9:16发，同日上午11:10收　　驻上海领事　小田切

第六九号

根据7月11日离开北京之差役所带回之书函，公使馆截至该日尚存。上述消息来自张之洞发给盛宣怀以及上海海关道的电报。另外，张之洞曾对上述消息进行过查实。是以，其真实性较为可靠。

（二）

7月20日下午6:03发，同日下午10:10收

第七一号

盛宣怀现收到袁世凯以下电报：

① 此篇原文为英文。——译者注

总理衙门经袁世凯向上海转发驻北京美国公使7月18日的电文。据以上事实观察，北京各国公使似安然无恙。

(三)

7月20日下午7:50发,同日下午11:00收

第七三号

袁世凯给本官发来电报,就北京各国公使的安全以及是否受清国政府保护一事,表示现今应相信来自北京的报告。

上述电报于本月20日下午3时10分自山东发送。

五二

7月20日　驻芝罘田结领事致青木外务大臣函(电报)

为报告北京状况事(一)(二)

(一)

7月20日下午7:50发,21日上午10:10收　　　　驻芝罘领事　田结

袁世凯就本官昨夜发出的电报作出答复。其对列国公使的安全亦甚为担忧,并承诺当如本官所请,将竭尽全力、利用一切手段探查北京的真实状态。然而,其又表示,匪徒目前充斥于直隶省河间府北部以及北京城内外,肆意杀伐,为获得北京方面消息而向北京派遣差役甚为困难。另据袁世凯发给本官以及其他领事的电报,驻北京美国公使请求总理衙门转送致华盛顿书函。总理衙门以密电方式先发送至袁世凯处,袁收到之后,随即将上述书函转发。

(二)

7月20日下午8:00发,21日上午11:00收

7月20日下午3时15分接到袁世凯发给各国领事的电报,内容如下:据来自北京的确切消息,列国公使皆安然无恙。清国政府就保护彼等问题已采取相应措施。

五三

7月20日　驻清国公使致青木外务大臣函

为报告盛宣怀关于在京各国公使安全状况之电报事

附记:7月22日上野领事来电

铁路大臣盛来电

慰电。总署递到康格廿二洋文密电已转沪发。各使必尚存。宣敬。(六月廿四日,我7月20日)

(栏外注记)"7月20日夜由李公使亲手送到,各大臣随即观阅。"

(附记)

7月22日上野领事来电

7月22日下午9:50发,24日上午0:40收　　　　驻香港领事上野

据两广总督代办所言,截至7月18日,北京某公使馆以及外国人尚处于安全保护之下。

五四

7月21日　驻上海小田切代理总领事致青木外务大臣函(电报)

为续告北京状况事

7月21日下午7:11发,22日上午1:05收　　　　驻上海领事　小田切

第八一号

盛宣怀现接到袁世凯如下电报:

据7月13日离开北京、回到山东的差役报告:公使馆以及西什库教堂,截至当日仍在坚守,而义和团内部却陷入相互争斗之中。

五五

7月23日　驻芝罘田结领事致青木外务大臣函(电报)

为报告本地周边各地形势不稳事

7月23日下午4:15发,同日下午11:10收　　　　驻芝罘领事　田结

据本日自宁海州归来的清国人报告,宁海州及其周边村落的民众皆在演练义和团之拳法。又据陆军大尉木泽所言,威海卫一带亦掀起排外风气。

五六

7月23日　驻上海小田切代理总领事致青木外务大臣函

为续告北京公使馆是否安全事

机密第八〇号,7月30日收

外务大臣子爵青木周藏阁下:

关于在京公使之状况,或说彼等今日尚安然无恙,或说彼等已遭杀害,议论纷纷,未有定论,苦于本地与北京相隔遥远,听闻之下,孰是孰非,殊难分辨。如今,关于今日在京各国公使之状态,不时将消息外传者仅山东巡抚袁世凯一人。据说,该巡抚不断派遣差役前往北京打探城内外状况以及各公使是否安在等消息。倘若派出的差役能携带情报安然返回,则上述情报会被随即迅速转发至各地督抚。此乃有关北京之消息时常经由该巡抚之手外传的缘由。据说,袁世凯所派出的差役多有途中遭遇不测而一去不返者,不过安然返回当地者亦不在少数。本地外国人中不乏怀疑袁世凯电报真实性者,彼等公然断言在京各国公使已遭杀害。然而,小官对上述猜疑甚为不解。倘若在京公使确实已遭杀害,袁世凯陆续派出的差役所带回的情报为何始终如出一辙耶?又,袁世凯身为巡抚要员,面对如此重大之事,似无理由以谎言对外发布消息。然而,于此又生出一疑问:倘若在京公使如袁氏所说并无大碍,为何本地领事至今未从在京各国公使处直接抑或间接收到任何信息耶?依照小官猜测,在京各公使可能暗中受到庆亲王荣禄[①]的保护。该亲王所能给予的保护,并非公然采取剿灭匪徒、救出使臣之类的举措,乃仅局限于牵制匪徒,不令彼等陷各

① 原文如此。——译者注

国公使于万分危险之境地而已,此等保护应出自该亲王的一番苦心。然而,若此,为何该亲王又不给予公使馆与外界联络之便利耶?但是,仅以公使馆目前与外界无通信联络为据便断定各国公使已遭杀害,未免为时尚早。简言之,小官不认为袁巡抚会以言犯众而惹下将来祸患。又,若庆亲王等果怀有暗中保护之意,始可解释在各国公使是否安在的一片怀疑声中,受重重包围的公使馆为何截至今日尚能得以坚守。

现将今日本地发行的某中文报纸所载记事摘录如下:原籍为浙江省之在京某大员(可能为王文韶),于清历六月十三日即我7月9日自北京通过陆路向其南方家中发送家书一封。据称,现公使馆虽连日遭到乱兵进攻,尚能自我保全。乱兵一方之死者计有一千余人,而外国兵仅剩三百余人。若援兵能及早进京,可望得到保全。其结果到底如何,难以猜测。该大员在其家书中又称,南方各省督抚决不能与各国擅开战端,宜以电报方式奏请迅速下达剿灭团匪、保护外国人之谕旨。然而,似仅有浙江巡抚一人作出呼应,如其所呼吁一般发出电奏。由是观之,若说袁世凯出于某种策略上的考虑,对外发出种种被疑为谎言的电文,却不能说上述大员所寄出之家书中所言及的内容亦为谎言。盖关于本月9日前的状况,袁世凯所对外发布的消息与该大员所透露的情况完全相符。据此可判断,各国公使并无大碍。其后状况于第七二号、七七号电报中已提交报告。美国国务院与驻清美国公使间的往来电文,在第八二号电报中呈交报告。根据本月18日发布的上谕,政府将确保局势稳定。然而,本地外国人对于该国官员的种种说辞并不以为然。是以,彼等正苦于无法获得外国人的谅解。

以上为报告内容,仅供参考。敬具

明治33年7月23日　　　　驻上海代理总领事　小田切万寿之助(印)

五七

7月24日　驻上海小田切代理总领事致青木外务大臣函

为呈报关于北京状况之清官日记译件事

公信第二二五号,7月30日收到

外务大臣子爵青木周藏阁下:

《中外日报》乃本地发行的日刊报纸之一种。该报本日刊载一封在京某清国官员寄往南方家中的家书。该家书逐日记述北京团匪骚乱之情状,颇为详密。此次北京、天津一带发生团匪骚乱以来,我南清地方要了解其实际状况,甚为不易。偶尔听得一两处消息,亦多属传闻,不足为信。然而,该清官在京住宅恰好邻近外国公使馆区,且其在家书中所言皆系亲身经历,非寻常之道听途说所能比。故将其译出,以供参考。译件如下:

> 义和团初起于山东,至本年春季,始蔓延至顺天、直隶地方,专事杀戮天主教及耶稣教教徒,焚烧教堂,并杀害外人。又说彼等设坛祭祀祖师,以使神灵附着其身,而后可不畏枪铳,且能运用法术,令敌所持之炮铳不能发射。无知之辈竟信以为真,纷纷入团,而入团者殊多愚昧青年。其后,团内人数日渐壮大,至阴历四月,遂有夺取涿州城、杀害官吏、破坏铁道之举。当时,圣上已决意实行征讨。然而,执政大臣等深信团民,极力庇护。因之,阴历五月四日(我5月31日),圣上召见了董福祥。董福祥在召

见期间，从容奏答，力陈抵御外人为己任。其后，朝意急变，遂有命刚毅及赵舒翘等出京招抚团民之举。此时，为保护公使馆，各国登陆之约四百名士兵已入都。到初七日，京津铁道已被破坏。团民入京者，日以千计。彼等在各处设坛，而附近各处教堂皆遭焚毁。教徒等为避难，纷纷躲入交民巷公使馆内，不敢外出。此为十日（我6月6日）前后之状况。

十七日（我6月13日）薄暮，于大学堂诸处忽见火起，由是直归馆舍。东城（北京分东、西、南、北城区，公使馆所在地之交民巷亦在东城区）各处教堂悉数烧毁，其中尤以灯市口处火光最为猛烈，至翌朝尚未熄灭。

十八日（我6月14日）上午，前往某寓所。其寓所后面即董军屯驻之处，该部入城已有数日。临近正午，武举人杨氏派人前来，邀予之眷属于翌朝一同出京。此时已听说，由天津开往各地之汽船无一开行，而通州业已陷入混乱状态，加上铁道已遭破坏，电线又被切断，京津沿路更充斥进京之外国兵，并又有消息传来，天津行将大乱，故坚辞不行。其后，天津紫竹林一带果然在二十一、二十二、二十三（我6月17、18、19日）等三日间陷于大战之中。当两千名外国兵行至杨村附近，为团兵所阻截，战斗由此展开。此消息传到北京时，战斗尚未结束。杨君偕妻子等三人出京后，杳无音讯，生死未卜。予未令眷属与之同行，实乃万幸。是夜，东西大街人声鼎沸，闻听之间，铳声大起，似有匪徒前来攻击离我馆舍甚近之奥国公使馆。然而，匪徒等反为洋兵所击。至深夜，人声、铳声始减息。

十九日（我6月15日），发现于昨夜发生战斗之地有数名死者倒卧，当为铳枪所杀。昨夜侧耳聆听，来袭匪徒不过数十人而已，随之鼓噪喊叫者皆为好事平民。然而，当夜又有团民前来，其中三人同样遭到铳枪射杀。

二十日（我6月16日）正午，前门外大火忽起，黑烟蔽天，日光为之暗淡，是为大栅栏被称作老得堂之药店为团民所焚烧。是时，西南风大起，大火延烧不止，东至前门大街，西至煤市街，南至河岸，又越过河岸延烧不止，前门外望楼亦被烧毁，此时被烧毁店铺多达数十家。又珠宝市垆房（金银铸成所）被烧毁，银行多关闭。又十八日（我6月14日）夜，团民因屡次蒙受打击，不敢再度靠近外国公使馆。入夜，寂静无声。据说，团民等因所学不精，无力凌辱外兵，唯待老团人员入京后，再伺机攻击。数日以来，时见火光，或是教堂遭焚烧，或是教徒家宅被放火。

二十三日（我6月19日）正午，德国公使率译员乘轿前往总理衙门。行至单牌楼北，该公使随身携带的短铳走火，轿外可清晰闻得枪声。当时，与德兴堂（饭馆，靠近单牌楼）相邻之比利时公使馆内卫兵误以为乃清兵所为，遂开门向清兵射击，清兵始还击。不料，子弹飞来飞去之间，误射轿中之人，是为德国公使。而决裂由此开始。朝廷料知其事无法收拾，遂决意命董福祥所部甘军攻击各国公使馆。就在此前十九日（我6月15日），朝廷曾命那桐、许景澄两侍郎出京，试图劝阻外国兵进京。二公率三名译员（其一为马拱宸）于翌二十日出发，刚行至丰台，即为团民所阻，并将其二人带入所设祭坛内，欲行加害。二公虽再三再四申辩，团民等只是不听。声称：我等团民，只知听从祖师之命，不知朝廷之命为何物。尔等此行，必是想将此处情形通报给外人，以令彼等前来加害我等。不过，尔等终归是朝廷大臣，非可遽然加害。待吾等上表请示祖师之后,再行决断。及升表三回,全然不见动静,至四回乃有转机(以上应为义和团的行礼方式)。于是向二公宣布:尔等虽被赦免,然不许再往前去,尔等应立即返回城内。言毕,即放还两侍郎。可谓危险至极。

二十四日(我6月20日)下午4时,董福祥所部军队在长安牌楼北与奥国公使馆卫兵开战。炮弹子弹如雨霰,霍霍之声终夜不息。

二十五日(我6月21日),董福祥所部军队袭击奥国公使馆,在攻破之后,纵火焚之。该公使馆在我馆舍南方三十余丈处,仅相隔一长安大街而已。是夜,该公使馆东面之中国银行及银元局亦陷入火海。当时,火光猛烈,飞火满庭,终夜不得眠。至天明,大火由东延烧至西,浓烟蔽天,其猛烈状非从前之火事可比。此乃奥国公使馆与中国银行间之一所铁路学堂亦被大火延烧所造成。

以上内容,根据在京某清官家书内的记述翻译而成。截至目前,中、英文字报纸所刊载的记事,多为臆造闲谈,非上述家书所记内容可比。今后,若有后续部分刊载,当尽力翻译,以为报告。

以上为报告内容,请参阅。敬具

明治33年7月24日　　驻上海代理总领事　小田切万寿之助(印)

五八

7月25日　驻上海小田切代理总领事致青木外务大臣函

为呈报清帝发布关于保护各国公使及其他上谕之抄件事

附件:清帝上谕

公信第二五六号,7月30日收

外务大臣子爵青木周藏阁下:

查阅今日发行之中文报纸,其上载有另页所附上谕,当即剪裁之,并迅速发送,以供参考。敬具

明治33年7月25日　驻上海代理总领事　小田切万寿之助(印)

又及:为赶上最近邮班,无暇翻译,仅将原文送呈,特此申告。

(附件)

上谕恭录[①]

○五月二十一日(我6月17日)奉上谕:五城御史文[illegible]等奏京城地面情形日亟请安民心而弭祸变一折,着派李端遇、王懿荣为京师团练大臣,会同五城御史,督率弁勇,严密稽查,加意巡逻,城门出入,亦按时启闭,以靖闾阎。钦此。

同日,奉上谕:近因民教寻仇,讹言四起,匪徒乘乱,烧抢迭出,所有各国使馆,理应认真保护。着荣禄速派武卫中军得力队伍,即日前往东交民巷一带,将各使馆实力保卫,不得稍有疏虞。如使馆眷属人等有愿暂行赴津者,原应沿途一体保护,惟现在铁路未通,若由陆遄行,防护恐难周妥,应仍照常安居,俟铁路修复,再行查看情形,分别办理。钦此。

① 这里所录上谕个别字句与中文原档有所出入。——译者注

○二十三日(我6月19日)奉上谕:现在京师粮价昂贵,钱店纷纷关闭,商民交困,亟应设法维持。着户部将京城旗、绿各营兵丁六、七两个月应领钱粮一并预行放给,并先发给三个月兵丁,用示体恤,而资周转。至现钱短少,市面未能流通,并着户工两局,赶紧加卯鼓铸,分别搭放,总期便民利用,以靖闾阎。钦此。

同日,奉上谕:昨因银号炉房被焚,以致宝银无从周转,钱店纷纷歇业。当经谕令步军统领衙门等示谕各商,酌中定价,设法流通。现闻恒和各银号亦暂闭门,该号等开设有年,素称信实,官民与之交往甚多,一经关闭,贻累殊非浅鲜。着步军统领衙门传集四恒等号商人,剀切晓谕,应令速筹照常开设。如因票存过多,虑及银钱短绌,一时应付不及,并着该衙门示谕市面所有各号零星银钱票,先行陆续开发,其数目过巨票存,一俟炉房复业,周转从容,该号等自能随时应付,并由该衙门派令兵弁妥为弹压。倘有匪徒藉端挤抢,即行严拿,从重惩办,以便民用而靖地方。钦此。

五九

7月25日　驻上海小田切代理总领事致青木外务大臣函

为续送关于北京状况之清官日记事

附件:《中外日报》所载清官日记

公信第二五七号,7月30日收

外务大臣子爵青木周藏阁下:

在前号公信中,曾将北京某清官寄往南方家中的家书中所述关于北京城内情形的记事翻译后呈报。本日,《中外日报》又刊载出其家书的后半部分。原本打算将其翻译后再呈送,然而,为赶上最近邮班,唯将原文整理后附上。根据此回家书内容,孙家鼐及徐桐两家亦遭官兵掠夺,似董福祥所部兵员所为。据说,其后为镇压参与掠夺的士兵而赶往现场的武卫军,亦一同加入抢掠,其残暴不亚于董军。又根据该家书内容,六月一日(我6月27日),英国公使馆被攻破。然而,似乎仅局限于攻破而已,怀疑清兵并无将其完全攻陷之意。

以上为报告内容。敬具

明治33年7月25日　　　驻上海代理总领事　小田切万寿之助(印)

(附件)

另页

续家书照录○廿六日早九点,甫将用膳,忽闻西邻破扉之声,继以枪声、人声鼎沸。家人李玉仓皇入告曰:官兵抢夺矣。余与叔弟相顾失色,急嘱李玉:若闻叩门即开,勿待其破扉,并善言告知,勿触其怒。未几即纷纷拥入,率从西邻而来,亦有从大门入者,二十余人,皆手持枪械,汹汹登堂。余与叔弟携印儿出立堂外,迎而告之曰:此乃京官住宅,诸君如必携取,亦所不靳,惟勿惊小孩可耳。众不语,入室尽斫衣箱,出衣物列庭中,择佳者攫去。未竟而他兵又至,则取其次者。后至者取其又次者。约至七八起,而衣物尽矣。身中所挟银票,亦为其搜括而去。已而叩东邻马氏扉,而门坚不能破,弁乃大怒,登院墙越屋而下,放枪无数,弹横飞。余率印儿等奔至主人家中暂避。斯时人声汹汹,枪声隆隆,前后人啼鬼哭,四处皆兵,危坐房中,忽有枪弹破窗而入,一座皆失色。忽而东邻马宅火起,烟大作。是时,胡同前后左右,皆抢物之兵丁,不敢出门一步。而门外已死人卧地上者三,房东外厅内死一人,则西邻王氏之公子也。人骇无措,伏地约一时,而东邻火益烈。突有一兵登堂,以枪拟众曰:速将银子来,否则取汝命。房东老妪哀告之曰:已被攫尽,真无有矣。始悻悻而去。移时,闻门外人声稍静,与叔弟等谋先奔孙中堂宅暂避。甫出门不数武,有数兵出,以枪拟曰:打。是时,比屋皆大门洞开,因急奔入门内,幸不追入。已而探视门外无人,则又奔甫数武,又有兵来以枪拟曰:打,则又窜入他门避之。是家李姓,距寓东第五门耳。其家人父子肃伏地痛哭,收拾残唾,云十数万金尽矣。俄转西风,马宅之火益近李家,家人谋奔出,而又苦门外兵阻,正进退维谷时,而东口纷传营官马队来矣。闻兵自东而西,返身而遁,沓沓声大作。盖此时大营方知官兵焚掠来弹压也。余乘此时,奔至孙宅。适值孙中堂登坐明轿,即入朝之朝马也,神魂失措,将舁往徐颂老处也。孙宅抢夺尤烈,其世兄只余短衫。兵丁以枪拟中堂索银,家具什物亦为之空。盖孙宅蓄车贰具,兵丁即以之运载而去也。时望见火渐息,不敢回家,因决意即在孙宅过此一宿。时方未刻耳。已而喧传大营令下,劫者正法枭示,即有马兵将人首悬于孙宅门外。是时劫兵尽散,因步回家一观,沿途尸无数。闻各家皆有击毙者。即文给事之夫人亦被斫死,而东邻马宅死者二,一门丁、一车夫也。西邻王宅死者三,两仆一主也。始知顷事之险。盖贼至家中,未放一枪,未伤一人,固由开门迓之而善语之,亦由先期一日命妇女、孩幼先避去也。否则妇幼恐号,必撄其锋矣。万幸万幸。此役也实出意料之外。先数日,城内外颇有土匪抢掠。唯此一带官兵团团围护,万无疏虞,故居人无一迁者,且有他处之人迁至本胡同者。不意事变竟出,官兵且较土匪为尤烈也。寻闻徐中堂宅及肃王府亦均被掠,继之以焚,诚无忌惮矣。其先抢者甘军也,而司弹压者则武卫中军也,不惟不能弹压,且随之而抢掠,故后□者武卫军为多焉。

廿七早起,荣相亲赴孙宅查验。因乘其便,随其后出东口,奔往马拱宸家中。晚,台基厂及交民巷东头皆焚,登屋远望,火光延长如龙。

廿八日以后,枪声四起,御河桥一带尤甚。因翰林院后身为英使署,各国洋兵皆聚焉,方对击也,教民多人自使署窜出逃生,携有枪械,逢人便击,官兵、团民亦追击之。以故道无行人。连日搜杀教民,搜焚房屋。所杀教民,多置灯市口燃其尸。

六月初一日,攻破英使署。洋兵窜入堂子胡同,交民巷焚烧略尽。夜枪声忽密,究不知为何也。

已完

六〇

7 月 25 日　驻清国西公使致青木外务大臣函

为报告被困北京经过事

机密第四四号,9 月 7 日收

外务大臣子爵青木周藏阁下:

此次发生于本地之事变实出乎意料之外。当初,我等同僚皆信,无论清国政府如何之顽固,亦不至于同十一国(往此地派驻公使之国)开战。然而,6 月 10 日以来,情况发生微妙变化。至同月 19 日,该国政府派员前往公使馆,突然向各国宣战,并发出令外国人二十四小时内退去的照会。再其后,便有派兵攻打公使馆之举。其详细经过将于其他报告中予以陈述。查导致上述结果之原因,图谋利用义和团排耶稣教民抑或排外的端郡王一派,在朝中稍稍得势后,又发生 6 月 17 日大沽事件,彼等借此推波助澜,政府遂最终决意宣战。各国舰长等占领大沽的行为，乃遵照遇此种场合各国对当事国应循之惯例抑或凭借历年经验而采取的措施。不料，此举竟导致如此激变。此次激变，即便为在清国居住长达四十年、通晓其国情的外国人亦不能预测，何况本官等？遂出现目前陷入重围的局面。眼下，本官与各国公使于协同之余，唯静待乃在进京途中的援军。焦灼中，本官于6月29日自北京派出的密使，于本月18日由天津返回，并带回郑领事及海军中佐森的书函。由此，始获知援军迟迟未到的原因以及京津电信中断以来的天津状况。又得知我国派出的军队已有三四千人抵达天津，且第五师团亦在被遣之列。若该师团能于本月20日左右抵达清国，北京重围当可于本月内得到解除。本官将此消息迅速传达给陷于重围中的中外人士，闻此消息者无不欢天喜地，有如绝处逢生。目前，虽然我方之兵粮弹药几近断绝，然无论如何不会放弃与清军对峙的决心。是以，众人在做好充足准备的情况下，日日等待援军的到来。另外，此间，儿岛候补外交官作为义勇兵，于7月2日在防御战中战死。7月11日，楢原书记官冒着敌方炮火，指挥人夫修筑防塞，不幸身负重伤，经治疗无效，于24日死去，甚感遗憾。

以上为报告内容。敬具

明治33年7月25日　　　　驻北京特命全权公使　西德二郎（印）

六一

7月25日　驻上海小田切代理总领事致青木外务大臣函（电报）

为报告山西省洋人被害事

7月26日下午0:48发，同日下午5:00收　　　　驻上海领事　小田切

第九〇号

7月25日发行之《上海文汇报》刊载以下报道：原属山西省孝义县清国内地传教组织的两名女传教士遭到杀害。该事件发生以来，该省太原府的十六名传教士音讯皆无，众人皆在担忧彼等是否仍然安在。

六二

7月26日　驻上海小田切代理总领事致青木外务大臣函（电报）

为报告与袁世凯商议关于如何同驻清公使取得联系之方法事

7月26日下午1:40发，同日下午6:00收　　　　驻上海领事　小田切

第九一号

本官为能从驻清公使处获得消息，特草拟一份密码电文，传送至袁世凯处，请其代为转送给驻清公使。袁世凯同意将其电文传送至庆郡王荣禄[①]处，再经由同一方法，获取驻清公使的回复。以上消息传递所需费用，均由本官支付。

六三

7月27日　驻天津郑领事致青木外务大臣函（电报）

① 原文如此。——译者按

为呈送西公使关于北京状况之电报事

7月27日下午5:40发,30日上午1:20收　　　　驻天津领事　郑

7月25日下午9时,通过特使自本国驻清公使处收到如下电报:

由于新电信密码被烧,故仍旧使用旧密码。本官等正抵御来自清兵的毫不间断的攻击。上述清兵多属董福祥麾下。日本水兵及义勇兵在陆军中佐柴的指挥下奋力作战。惟现据天津到来的特使所言,本月末,日本军第五师团将与其他分遣队共同到达天津。我等在上述军队抵达北京之前,或许能够抵御攻击,但此乃万分艰难之事。昨日(7月17日),清兵对我方停止枪击。清国官员已向我等传达欲重启谈判之意。此极有可能为欺诈之举。然而,为拖延时间,我等已在表面上接受上述建议。

截至今日,死于战事的我国人员有:义勇兵儿岛候补外交官,安藤陆军大尉、中村秀次郎,水兵町野、镰田、砚谷、高田、河内。又,负伤者有:义勇兵、公使馆二等书记官楢原,留学生野口,水兵□(字迹不明)野、草(?)雉、三田、朽木、小笠原、清水等,且彼等皆为重伤。另外,受轻伤者亦为数甚多。

六四

7月27日　驻上海小田切代理总领事致青木外务大臣函(电报)

为报告直隶、山西动乱状况事

7月27日下午10:40发,28日上午1:35收　　　　驻上海领事　小田切

第九六号

据上海道向本官透露,义和团民于7月8日在直隶省保定府东关一带袭击外国传教士及清国人基督教徒。其中,外国医师一名及清人基督教徒约两千人遭到杀害。又数日前,山西平阳的清人基督教徒家宅被同情义和团的民众放火焚毁。据猜测,在此次骚乱中,应有若干教徒被杀。

据盛宣怀向本官透露,李秉衡在前往北京途中,命其所部清兵,凡遇基督教徒则杀之。由是,有法国传教士一名及清人教徒数千名遭到杀害。根据此报道推测,李秉衡到京后,北京形势将越发趋于险恶而不易回转。

六五

7月28日　驻上海小田切代理总领事致青木外务大臣函(电报)

为续报直隶、山西动乱状况事(一)(二)

(一)

7月28日上午10:29发,同日下午1:00收　　　　驻上海领事　小田切

第九七号

7月28日发行之《北清日报》[①],刊有一则上海某传教士收到的来自陕西省西安的电报。据称,山西清国人基督教徒惨遭虐杀。其中,有五名外国人亦被杀害。

---

① 该报英文名为 *North China Daily News*,中文名称为《字林西报》。这里沿用日文名称。下同。——译者注

（二）

7 月 28 日下午 2:54 发，同日下午 6:45 收

第九九号

本官曾在电报第九六号中报告保定事变。以下为盛宣怀 7 月 19 日所接收的电报。其大概内容为：保定府的义和团民人数并不多，且多为新近招募者。然而，彼等横暴之处，不仅尽焚南北两门外的教堂，且遇清国人基督教徒、传教士及医师等则杀之，无一人生还。

六六

7 月 28 日　驻津加藤公使及驻天津郑领事致青木外务大臣函（电报）

为报告北京英国公使书函内容事

7 月 28 日上午 5:45 芝罘发，29 日午后 8:25 收　　在津加藤全权公使及驻天津领事郑

驻清英国公使 7 月 4 日发出的书函，于 7 月 21 日到达本地。内容如下：

> 我等 6 月 20 日被清兵包围以来，一直处于被不断枪击的状态之下。我等防守区域仅局限于美国公使馆、该馆外围处之鞑靼街南墙四十码、俄国公使馆、英国公使馆及该馆前面肃亲王府一部（此处为日本人负责防守区域），法、德及其他公使馆全部在我防守线外。税务所的建筑物亦遭敌人焚毁。敌方以该建筑物废墟为攻击大本营，其所修筑的工事从四面将我防守区域死死封住。然而，敌方之攻势，与其说积极活跃，不如说畏缩不前。其火炮配置为“卡侬”大炮四五门、一吋速射炮一门、三吋速射炮两门。而主要用于□□（此间不明）者，为九封度或十四封度炮两门。截至目前，我方伤亡情况为，有四十四人阵亡，而负伤人数约为其一倍。我方尚备有两周食粮，已经开始杀吃乘用马匹。倘若清兵并不急于攻破我方防御，我方尚能支撑数日至十日间。倘若清兵最后决意实施攻击，我方至多坚守四五日（此处字迹不明）。今后，即使我等能免于被虐杀的命运，联军亦应刻不容缓对清国发起攻击。因清国政府之存亡与否，实与我等能否被拯救一事毫不相干。目前，城门虽皆在敌方掌控之中，然而彼等必将无法抵御大炮的攻击。又，经鞑靼街南墙，顺着流经本馆护城河的水门，可容易进入城内。

原德国公使馆所雇用的清人于昨日到达本地。以下为其陈述：6 月 23 日，离开德国公使馆。7 月 9 日，启程离京。来天津前，一直居住于汉人街。6 月 13 日，德国公使曾下令抓捕一名义和团民。该夜，有团民四五百人由崇文门进入城内。德国公使于 6 月 20 日被杀。此人离开北京之际，荣禄及董福祥所部军队以及义和团民正在攻打使馆。其时，城墙上架有大炮。彼等对公使馆共计实施了六轮炮击。

六七

7 月 30 日　驻上海小田切代理总领事致青木外务大臣函（电报）

为报告关于北京状况之照会事

7 月 30 日下午 4:54 发，31 日上午 5:50 收　　　驻上海领事　小田切

第一一三号

德、奥领事在今日召开的领事会议上宣布,除本国公使7月19日书函外,天津方面另收到德国书记官7月21日及柴陆军中佐7月22日书函。本官相信,上述两封书函所载内容已由天津处转达给阁下。最近三周以来,本地外国领事以及外国侨民多以为北京外国人已遭虐杀。唯本官以强有力理由为依据,深信上述虐杀皆为传言而不可置信。本官的态度,虽然普遍受到质疑,然而却坚决不动摇。因坚信上述北京通信足可成为证实本官所持意见之强有力依据,故申请将上述书函的要领以及签署日期电传给阁下。

六八

7月31日　青木外务大臣致驻上海小田切代理总领事函(电报)

为通知柴中佐关于北京情形书函内容事

7月31日发　　　青木外务大臣

无号

关于贵电第一一三号,柴陆军中佐的书函中所签署的日期,确实在贵官所电传回的本国驻清公使书函中所签署的日期之后。就前述所论而言,该书函并未记载特别重要事项。而天津方面尚未将德国书记官的书函电传回国。

六九

7月31日　驻上海小田切代理总领事致青木外务大臣函(电报)

为报告袁世凯所派差役携带本官发往西公使处密电出发以及前湖南巡抚陈宝箴死去事

7月31日下午3:30发,同日下午6:25收　　　驻上海领事　小田切

第一一六号

关于本官第九一号电报,据袁世凯发送给本官的电报,该巡抚所派遣的差役携带本官致西公使密电,已于7月26日自山东出发前往北京。据来自对方的可靠消息,中国改革派领军人物之一,即前湖南巡抚陈宝箴,于7月22日在福建省南昌[①]死去。据此,本官以为对清国而言,陈宝箴的死去对清国将来的发展实乃一重大损失。

七〇

7月31日　驻上海小田切代理总领事致青木外务大臣函(电报)

为续报北京状况事

7月31日下午10:50发,8月1日上午1:50收　　　驻上海领事　小田切

第一一九号

据北京德国书记官7月21日书函,上记有"与德国公使被杀同时,其随行书记官亦遭受伤害。目前,该书记官的身体正在康复,而其他官员皆安然无恙。分遣队伤亡情况为:十人死亡,二十人负伤。该公使馆因受大炮攻击,受损情况严重。然而,馆内人员等依然坚守防御。7月16日以来,清兵停止攻击。盼援军火速前来。"等内容。

---

① 原文如此。——译者注

根据清国内部可靠消息，德国公使的遗骸被清国政府收殓。奥、意、荷、比利时及法国公使馆均遭破坏。然而，法国公使馆仍在顽强抵御。

七一

8 月 1 日　驻上海小田切代理总领事致青木外务大臣函（电报）

为续报北京状况事

8 月 1 日下午 2:20 发，同日下午 7:15 收　　　　驻上海领事　小田切

第一二二号

《时代》（*Time*）驻上海通讯员，出于好意，向本官出示 7 月 21 日北京通信。其内容如下：

> 清兵依然致力于加固要塞。帝都的城墙上虽然架有大炮，然而对我方的炮击已然中断。又，为阻断外国援军，清兵多开往北京城外，并伴有粮食补给行动。目前，负伤者正逐日康复。此前，虽然有排外上谕发布，但天津败的消息传递到北京以来，形势转而一变。清国政府于 7 月 18 日发布保护外国人上谕。据说，目前包围公使馆的军队，已换成荣禄所部军队。因法国领事馆已遭到严重破坏，法国公使进入英国公使馆内避难。清国人时常有诡诈之举。伤亡情况如下：死亡者分别为英国人五名，其中含士官三人；俄国人三名；德国人十名；法国人九名，其中含士官一人；奥国人四名，其中含舰长（?）一人；美国人七名。负伤者总计三十八名，而家眷等皆安然无恙。

以上为绝密消息。

七二

8 月 1 日　驻上海小田切代理总领事致青木外务大臣函（电报）

为报告山西教案状况事

8 月 1 日下午 5:45 发，同日下午 11:55 收　　　　驻上海领事小田切

第一二四号

现据《北清日报》刊发的报道，在山西有五十名传教士被杀害，清人基督教徒所蒙受的迫害尤为残酷。有十一名传教士已自西安出发，正在前来沿海地区的途中。据说，上述消息来自 7 月 28 日由西安发至本地的电报。

七三

8 月 1 日　驻上海小田切代理总领事致青木外务大臣函

为送呈关于北京状况之清人日记译件事

公信第二七〇号，8 月 7 日收

外务大臣子爵青木周藏阁下：

关于北京状况，以下所译日记内容为清历五月十日（我 6 月 6 日）以后的记事。又，该日记为清人手书。

十日(我6月6日)。因团匪之事不易操办,朝廷命赵尚书(舒翘)、何府尹(乃莹)两人前往招抚。然刚毅面谒太后,奏赵等此次前去,恐办事不成,反招致决裂。其后,刚毅遂亲自前往,并于十一日抵达涿州。是时,赵、何二人前日已到达该地。当时,赵极力主张此前曾奋力征讨义和团、为彼等所不喜的聂士成继续留下办事。然而,刚毅坚决不允。一来,因其平素深恶聂士成;二来,痛恨聂士成私下与外人相通。故放言决不能启用聂士成。再三辩论,赵自知无法说服对方,遂微笑不再言,仅留下"吾宜入京"之语,便起身回京去也。其后,端郡王、刚毅二人以城内兵力空虚为由,奏请董福祥军由南苑调防入城。董军遂于五月三十日(我6月9日)进入北京城。是日,董军之先遣官手持令箭(命令之箭),入城之时高呼:我等奉太后之命,前来剿灭洋人,义和团是为先锋,我军理应援助。闻者骇然。

十四日(我6月10日)。义和团民由甘肃入都,杀提督姚某。其译文如下:姚某乃安徽人,因被举荐而入京。一日,其在街上闲逛至某处,见红巾红带团匪正在演练高呼"大家齐杀鬼子! 杀鬼子!"之口号。其便训斥道:此乃升平世界,汝等勿发妄言,今汝等口口声声呼喊杀鬼子,日后必见汝等为鬼子所杀。团匪闻听此语,顿时骚动,大喊"二毛子来了"。盖彼等称洋人为"毛子",称同情洋人及教徒者为"二毛子"。其时,姚某虽百般辩解自己绝非二毛子,然而团匪等并不听其所言,将其从马上强行曳下。在姚某尚力辩不止期间,团匪已开始行烧香焚表之事,即由主张姚某并非为二毛子者,持一炷香去引烧一枚黄纸,若香未引燃明火抑或黄纸不能燃尽,即可视此人为二毛子,当立杀之,不得赦免。正当团匪等欲杀姚某之际,适逢京营营官李某策马奔来,见状,极力为姚某辩解。团匪等犹豫之下,云当请示吾等头领再作打算。遂有一头领来到姚某跟前,上下眺视一番,言此人必杀,多说无用。其后,便将姚某杀了。李某见此状言道:汝等此前已说不杀,如今岂不是有违前言。团匪此时又欲杀李某,李某见势不好,策马奔驰而去,所幸得以逃脱,然而其随身所携带的二百两金以及金镯刀剑悉数为团匪等掠去。其后,姚提督所部某营官因抚其尸痛哭不已,亦为团匪等杀害。

十五日(我6月11日)。原驻防南苑之董福祥军进入永定门。是日,日本公使馆书记生杉山出城门,前去迎接由天津到来的外国兵,与董军不期相遇。董军喝问乃何人,其答曰:乃日本公使馆之书记生。其时,兵士一边叱责该书记生,一边将其拖入红布帐车内,命其不可僭越。后又将其执耳从车中曳出。此时,杉山深知与彼等理论无益,欲先脱离此地,故请求面会大帅。兵士答云:无用。杉山遂又请求道,大帅应前去日本公使馆处与日本公使协商办理。言语之间,其近旁营官等遽然拔刀刺其腹。是日,日本公使闻此消息,遂请求寻出其尸身,于城内安葬。良久,方许之。后端郡王与董福祥见面之时,伸拇指赞曰:汝乃真好汉!

以上内容有助于了解目前北京骚乱的状况。又,该日记内容涉及杉山书记生被害一事,兹特别译出,以供参考。日后,若有接续部分刊出,当及时译送。

以上为报告内容。敬具

明治33年8月1日　　　　驻上海代理总领事　小田切万寿之助(印)

七四

8 月 1 日　驻天津郑领事致青木外务大臣函

为进呈北京公使馆密使询问报告书事

附件一:来自山海关受雇包衣询问调查书

附件二:直隶总督处日本语翻译张文成之报告

附件三:北京公使馆密使询问调查书

机密第二二号,8 月 9 日收到

外务大臣子爵青木周藏阁下:

特进呈 7 月 29 日来自山海关的雇佣包衣询问调查书,及直隶总督处日本语翻译张文成提供的情报,并 7 月 26 日离京前到本地的公使馆密使询问调查书,以供查阅。上述调查书见附件。

又及:密使在来津途中被敌兵逮捕,所携公使馆书简被其吞下。因之,其书简上所书具体内容不得而知。特此申告。敬具

明治 33 年 8 月 1 日　　　　驻天津领事　郑永昌(印)

(附件一)

对雇佣包衣之询问调查书

问:汝自称此次由山海关而来,原来可是居住彼地人氏乎?

答:不然。自己本是天主教徒。今年二月左右因受雇于英国铁道工程师海拉鲁,住在滦州。

问:事变之初,滦州地方之情形如何? 另外,外国侨民有何动态?

答:义和团匪于该地方骚扰尤甚,民心普遍不稳。上月中旬,电报陷入不通状态。而后,大沽炮台为外国兵所占领的消息又传来。当时,有一艘英国炮舰自北戴河前来,将该地的外国人家眷等送往威海卫。后再来,将所有外国人悉数带走。

问:汝其后又怎样?

答:主人离开后,吾失去生命保护者。因吾为天主教徒,甚为当地人所注目,不计何时即为义和团所害。惶恐之下先奔赴山海关,然欲停留该地之时,发现义和团亦横行此处,万分危险,遂返回唐山。其后,两次前来天津,因无法在此地长期停留,最终再次返回唐山。在此之前,一直住在唐山。

问:汝可详细道来避难途中所经过地方之情形耶?

答:与主人告别后,最初前往山海关。当时,该地异常混乱,宋庆军忙于出师,团匪又四处横行,故于到达两天后即辞当地而去,打算前往唐山。其时,宋军正将大量军械、粮食启运外地,经唐山南下后,不知再运往何处,但部队本身于当日尚未开拔。其后,听由山海关来到唐山的罗姓营官说,宋军已悉数开往天津,仅留下两营兵员看守老龙头炮台。据此,本人在唐山滞留四日后便前往天津。在来津途中,据说韩沽、塘坊的铁路桥为宋军炮兵野炮所毁,沿途翻倒的电线杆则为义和团匪等所砍伐。又,相传破坏铁路桥是为防御敌军来袭。此外,沿途情形并无特别变化。

唯所到之处皆有团匪横行暴虐,而并未看到有何军备状态。

问:汝可记得前往各处之具体日期?

答:不记得。

问:汝自唐山乘坐火车而来?

答:然。自唐山坐火车至河头,在该站下车后徒步来到本地。

问:唐山以东之铁道尚通否?

答:到山海关尚通。

问:普通乘客如平常一般乘坐耶?

答:以唐山为中心,每日皆有发往河头及山海关两方面的火车,车票照常出售,运送普通乘客。

问:目下,唐山铁道工场之情形如何?

答:天津开战的消息传至当地后,该地的义和团匪遂引发骚乱。因之,工场被迅速关闭。工场长让一位广东人名叫恩的人夫,佩戴短枪,用于防备。其后,该地并未发生特别情况,局势趋于稳定,工场亦毫无损害。

明治 33 年 7 月 29 日　　　　于天津领事馆制成此调查书　领事郑永昌(印)

(附件二)

7 月 29 日情报,直隶总督处日本语翻译张文成所提供的情报

驻扎北仓之清官、清军

一、直隶总督裕禄、一天津道台、一天津知府、一天津知县,其手下有巡捕刘国楳、赵瑞、沈某等人。以上为清官。

一、直隶总督所部兵员约十营(原系聂士成所部)。

一、自湖南、湖北有新到兵员。总计约五万人。

在青县之清官

一、海关道黄建筦办理粮食事务。传闻黄已由青县前往山东。事实并非如此。

驻扎杨村之清兵

一、宋庆、马玉昆及其所部军队

其他地方之情况

一、自天津通往北仓之韩家树地方,驻扎有骑兵五十余名,其与北仓之部队保持通信联系。该处备有大炮一门。

一、杨柳青设有保甲局,总办据说为史某。俄国似乎欲占领此地。将来,日本宜占领此地。

一、独流镇(距离青县不远之地)有无数义和团匪。

(附件三)

对北京密使之询问调查书(7 月 31 日)

领事问:汝氏名?

密使答:赵文起。

问:年龄?

答:三十八岁。

问:住所?

答:北京东交民巷。山东省人。

问:职业?

答:意大利人萨比拉尼(福公司)之雇工。

问:何时离开北京?

答:清历六月二十六日(我7月22日)黎明由北京公使馆出发。

问:汝取何道前来?

答:在护城河水门潜出之处被清兵抓获。当初,从贵国官员处拿到的书简,原藏于衣裳之中。后恐若被敌人查出,将危险万分,遂置于口中。其时,亦受到贵国官员嘱托,若被敌人发现,可立即将书简吞下。于是,在被抓获之际,当下吞下书简。其后,在下被带往清兵位于天坛后侧卧佛寺的屯营处拘禁。接受审讯之时,在下诈称贩米商人,并列出友人刘某作证。如此,在下被拘禁四日后,获得释放。该处清兵乃武卫中军的马队,其统领姓凌。七月一日,在下被释放后,出北京东便门,到通州。一泊后,于翌日赶到码头。又翌日,到达河西务。其翌日,抵达杨村。由杨村不能直接前来本地,遂打算经由杨柳青前来本地。行至杨柳青附近一名叫"秀考"(シヨアンカオル)村庄处,留宿一夜,于本日自该地到达本地。

问:此次应谁之要求前来此地?

答:北京英国人莱牧师将在下介绍给北京日本公使馆的郑氏(永邦),应郑氏的要求,携带书简前来本地。

问:郑氏于何处向汝提出要求帮助?

答:在下原本住于英国公使馆内,被莱牧师送到肃亲王府处。六月二十五日(我7月21日)从郑氏处拿到书简,于二十六日黎明出发前来本地。当时,莱牧师在英国公使馆内管理在该处避难的中国人。

问:各国公使现在都在何处?

答:各国公使馆中被烧毁者,其公使馆的公使及官员,皆往英国公使馆内避难。尚有几处公使馆未被烧毁,其公使馆的公使及官员,则坚守在各自公使馆内。然而,各公使馆内的老幼妇女,悉数进入英国公使馆内避难。

问:日本公使目下在日本公使馆内?

答:然。在日本公使馆内。

问:郑氏乃日本公使馆员,应居住于日本公使馆内,从其要求在肃亲王府将书简交予汝之举动看,郑氏目前在肃亲王府内?

答:郑氏在与吾初次会面之前,居于何处不得而知。多半平日居于日本公使馆内。当日大约为有事才来肃亲王府。因肃亲王府内只有外国兵在驻守。二十六日朝,吾在郑氏及一名日本士兵的陪同下先来到美国公使馆,又由美国士兵将吾送至护城河水门处。

问:总理衙门与各国公使馆有无文书往来?

答:十九日或二十日,总理衙门的使者携书简来到英国公使馆处。英国公使当日便作出回复。其翌日,双方便休战也。其后,双方有二三回文书往来。总理衙门初次送书简前来那日的翌日,西太后派人给各公使馆送来三四百个西瓜。然而,总署与公使间之往来文书,除翻译官外,无人知晓。

问:其后状况如何?

答:驻扎于各公使馆附近之董福祥军,与外国兵日日交战。休战的翌日,各国兵将钱递给董福祥兵,请其帮买西瓜等各类食品。董福祥闻知此事后,下令今后严禁接受外国兵的委托购买东西,并斩杀两名当时接受外国兵购物委托的士兵。目下,各国兵将各处被烧毁而不能居住的公使馆一带作为哨兵阵线,与附近的董福祥军呈对峙状态,双方互为警戒。截至吾离开之刻,双方仍未开战。休战后,我哨兵线内十分平稳。休战当日,前来贩卖食品者颇多。其翌日,该地区之出入又处于严重戒备状态。

问:汝以为二十一日休战之理由为何?

答:天津城陷落的消息,传递到北京。董福祥军又多南下,开往杨村附近,以致北京城内兵力空虚。有鉴于此,暂时休战,可静心等待由南方各处抽调的援军抵京。另外,目前正值大暑节气,临时休战可稍作调整,以俟时机再战。

问:然非为清国政府确实愿与各国兵休战之举乎?

答:在下此前被武卫中军马队抓获,后获得释放。其时,在北京见到二十八、二十九日(我 24 日、25 日)上谕。此乃针对裕禄、荣庆两人的上奏所发布的谕旨。在上奏中,两人建议朝廷:应命袁世凯、李秉衡及登州海军镇台,先攻占大沽炮台,其后夺取由大沽至天津水路的小蒸汽船,以断绝大沽、天津间的交通,然后收复天津,攘除所有外国兵。对此,皇帝、西太后等在上述上谕中,许可了该项建议。目下,董福祥军暂时休战,或许出于令北京外国人陷入兵缺粮乏之困境的谋算亦未可知。

问:英国公使馆内之中外人数如何?

答:不知确切数字。外国人约有五百人,中国人约有五百人。而在其他外国兵保护区域内的中国人,约有三千人。

问:英国公使馆受敌炮击所遭受的损害情况如何?

答:因日日遭受敌人炮击,使馆主建筑有三十余处,其他设施有二十余处受到破坏,所幸损坏情况尚不严重。因无数短枪子弹随处坠落,以致不时有人员死伤。各处前来避难的老幼妇女,皆集中于使馆主建筑内。彼等以泥塞窗,以免被铳弹击中。

问:日本公使馆情况如何?

答:不知日本公使馆的情况。该公使馆于东控制法国公使馆一带的防御,于北控制肃亲王府以及附近人家的防御,其西侧有各国公使馆的防御,想必处于安全状态。

问:英国公使馆内的防御状态如何?

答:该公使馆为防止敌方铺设地雷火,于使馆四面墙壁外,挖出深约两丈、宽约三尺的壕沟,可将由远方敌人阵地处引发而来的地雷火,阻断在使馆墙壁外。法国公使馆于十二三日左右,即被敌方以铺设地雷火的方式烧毁。又,守兵不停向英国公使馆与翰林院间的隔墙射击,以防止敌方由此方向发动袭击。

问:郑氏向汝递交书简之际有何吩咐?

答:从该氏手中接到书简时,其吩咐在下:日本军应已前进至杨村附近,倘若在河西务附近遇到日军,可将此书简交给彼等。在下虽未被要求前来天津,然而在河西务不仅未遇到日军,即在杨村,因驻扎有大量清兵,若要通过该地亦属万分危险之事。

问:有传闻说,各国公使前往北堂避难。

答:北京在未开战之前,东、西、南三处教堂已被义和团烧毁。因之,多数教民皆前往北堂避难。当时,有法国兵、意大利兵各二十人驻守北堂,以为保护。据说,休战后的二十七、二十八、二十九(我 22 日、23 日、24 日)三日间,义和团袭击该教堂,将其破坏,其实际状况如何却不知。然而,各国公使并无前往北堂避难之举动。

问:英国公使馆内粮食状况如何?

答:开战当初,护城河附近粮食店的有限米粮(黑麦),悉数被搬入英国公使馆内。其后,从事劳动者可获得相当食物。而其他人则仅能分得米粥,以维系生命。因副食品日见短缺,遂每日屠宰两匹马以充之。之所以能每日提供此等食用马,一是从肃亲王府内捕获数十匹马,一是各公使馆内皆备有日常用的马匹。以上述食品储备,公使馆尚可维持二十日左右。另外,为解决饮用水,于公使馆内又新掘井二三处,加上从前所掘之井,共计五六处。因之,饮水并无不方便处。

问:传说,休战当日,交民巷巷口处的洋馆曾竖起各种国旗,可有此事?

答:开战中,尚存的各国公使馆皆悬挂各自国旗。美国公使馆悬挂在大门外的国旗,被敌方炮火破坏。但并未见过各国国旗悬挂于一处的场景。

问:总理衙门使节来到英国公使馆时,各国公使可一齐聚在英公使馆内?

答:想必应该如此。在下因不认得各国公使,故详情不得而知。只看见日日皆有住在英国公使馆外的外国人,时常出入该公使馆。

问:北京城内外的清兵布防如何?

答:各城门下有义和团二三十人把守,城墙上则由官兵防卫。董福祥军驻扎于东便门外,而荣禄之马队则驻扎于护城河水门外。

问:外国兵防御情况如何?

答:护城河附近城墙之东侧,由德、意兵负责守备。其西部,则由美、奥两国兵携带一门大炮负责防御。日本兵负责肃亲王府一带的防御。而其他各国公使馆内的防御,则由各国兵士各自负责。

问:北京被焚毁之处的情形如何?

答:前门大街三千余户,为义和团所烧毁。台基厂一带,以及东交民巷东面自哈达门至法国公使馆,西面自正阳门附近至森裕饭店边,皆被焚毁。其他,如教堂、教民家宅等,多被烧毁。

问:各外国人于开战后的状况如何?

答:开战以来,各国公使馆不分昼夜遭受敌方射击。各国兵及公使馆员,夜以继日,坚守于防御阵线,唯时时刻刻期盼天津援军的到来。是以,每听到外面炮声轰隆,便以为援军已在近前,遂互相鼓励:今日援军必到。又过一日,又坚信援军今日必到。由此,一日又一日,每日总因怀有一丝希望,而得以维持至今日。

问:北京住民的情况如何?

答:义和团进入北京城内外以来,最为热闹的戏院等多被焚烧。其残留者,皆锁门停演。其时,饭馆、银铺等大商贾亦纷纷歇业,而外省人则各自逃回其家乡。目下,唯经营日用杂货的小商铺仍在开业。满街光景,极为寂寥。期间,义和团与官兵共同虐杀教民,肆行抢掠。市街无赖汉则随彼等明抢暗盗。又有天主教民与佛教徒相互争斗等事件发生。此外,白莲教徒似乎正伺机发动新暴乱。目下,该教组织以永定门外大饭店为中心,已召集城内外信徒两千余人。该教专以除去清国皇帝及清国官吏而篡夺其位为宗旨。其教徒将皇帝及大官的纸制画像带到菜市口,撕破后,又当街丢弃。更有甚者,见有良民经过,便剪割其辫子,以致过往行人皆在其辫梢处扎一红片。此红片乃义和团民的身份标志,而白莲教徒并不伤害义和团民。该教虽至今尚未引发暴乱,但言称将在八月举大事。期间,地方官在暗访中,搜得名簿一册,上面详记各人等在除去皇帝及大官后将各列何职。地方官遂照其名簿,将各人犯七十余名一同抓捕,斩杀于菜市口。

问:北京、天津间的情形如何?

答:由北京来本地期间,仅见杨村附近有清官驻扎。宋庆、荣禄及其所部军队,便是驻扎在杨村。而北京、天津间之各地,却无处不见义和团。据说,通州东南三十五华里处的"碴碴(チャーチャ)屯",以及蔡村东二十五华里处的"嗒库(ターク一)屯"两地,多有信从天主教者。因之,义和团与官军正计划于七月朔日至四日(我7月26日至29日)间一同前往上述两地,捕杀教民,并焚烧彼地教堂。

明治33年7月31日　于天津领事馆制成此调查书　领事　郑永昌(印)

七五

8月2日　驻津加藤公使及驻天津郑领事致青木外务大臣函(电报)

为报告关于北京状况之密使口述内容事

8月2日上午7:00天津发,4日下午8:00芝罘发,5日下午4:10收

在津加藤全权公使及驻天津领事郑

以下为7月22日离开北京、同月31日抵达本地的密使所口述的内容:

7月21日,由北京郑翻译官处拿到一封书简,被命令前往河西务抑或扬村,并被告知在彼处将会遇到日本军,届时将书简交付即可。然而,尚未出北京城,既被清军抓住。为免暴露,即刻吞下上述书简。所幸遭拘禁四日后,被释放。目前北京虽有休战提议,然而双方军队尚坚守各自防线。休战翌日,董福祥下令严禁一切人等出入各公使馆区域。而上述休战之目的,多半为清国政府正等待尚未到来的南方援军。为阻止外国军队进京,董福祥军已开出北京。又宋庆、裕禄等上书,建议朝廷借助袁世凯、李秉衡等将军的兵力,收复大沽及天津。皇帝已于7月25日发布上谕,照准执行。目前,在京外国人,日日期待援军的到来,并以此为精神鼓舞。

七六

8月2日　驻上海小田切代理总领事致青木外务大臣函

为续送关于北京状况之清人日记译件事

公信第二十六号，8月8日收

外务大臣子爵青木周藏阁下：

十六日(6月12日)。团匪聚结，人数渐多，遂前往外城，焚烧居住于姚家井一带的教民家宅。又烧毁彰仪门外的外国人赛马场。

十七日(6月13日)。团匪等攻入交民巷，有八人为外国兵所射杀。为泄其愤，遂放火焚烧崇文门内的教堂。所幸传教士等既避入公使馆内，皆安然无恙。而教民及其家属等二三百人，均遭杀戮，甚为凄惨。又，是日，于灯市口及勾栏胡同一带的外国人住宅，尽遭焚毁，火光尤为猛烈，至天明尚未息。

十八日(6月14日)。是日，顺治门外的教堂被烧毁。入夜，大栅栏处教民所开办的两家粮铺，亦被放火焚烧。因之，人声鼎沸，彻夜不绝。

十九日(6月15日)。是日，团匪等再次攻打公使馆，被铳杀者达十余名，受伤者不计其数，团匪纷纷逃窜而去。前门大街两侧的商铺皆罢市。入夜，更为寂然。

是日朝，有剿讨义和团的上谕发布，深感欣慰。然而，义和团扬言此上谕乃伪诏，非为真诏。时值刚毅自涿州回朝复命，力主开战之议。

二十日(6月16日)。上午九时，团匪等于大栅栏处放火焚烧德记药铺(西药店)。大火延烧至邻家粮铺，更延烧至煤市街，观音寺，珠宝市，廊房一、二、三条胡同，扬梅竹斜街，灯笼胡同，排子胡同，西河沿，东西荷包巷(以上皆为北京前门外地名，胡同乃“町”之义)，又延烧至正阳门城楼。此次遭焚的店铺多达四千余家，大火烧至翌日晨尚未熄灭。火起当初，团匪等扬言，无论消防人夫抑或他人，皆不许救火。然而等火势危及德记药铺邻家的广德楼处团匪自家住宅时，彼等慌忙泼水，急欲扑救，终不可为。事后，团匪等声称此次大火，皆因广德楼处的水为污水，触怒神灵，以致大火四处延烧。如此，受灾民众不怨义和团民放火，反恨广德楼泼水救火。

是日，宫里召见王公、贝勒、六部、九卿以下各官。先召王公、贝勒及荣、刚两中堂密议，后复宣各大臣(汉人)，太后宣布赞同开战之议。然而，王文韶、许景澄、袁昶、曾广汉、胡燏(芬)[棻]、恽毓[鼎]、朱祖谋及满员那桐等，皆力辩开战非为上策之举。其时，许景澄力陈：目前各国军舰云集，万不能战。而刚毅则答曰：有团民在，可有恃无恐。又袁昶反驳：臣曾微服前往交民巷，却见团民多被铳杀，伏尸遍地，可见彼等并无避弹之术，到底不足以恃。太后听罢言道：此乃土匪，绝非团民。若真是团民，决不能中弹。又曾广汉奏道：前与日本一国开战，尚不能胜，而今与各国开战，又岂有战胜之理。那桐力辩：北京城内外，万万不能成为战场。又恽毓[鼎]说道：即便要与各国开战，照万国公法，亦应十分保护各国公使馆。临终，朱祖谋建言：宜宣召近省通晓军事的大员进京再议。而王文韶、徐用仪等，亦极力主张保护各国公使馆。然而刚毅则力称：无论如何应处，目下第一要义，乃为阻断洋兵入京。许景澄颇识洋务，宜派其前往。至此，太后宣布，着那桐与许景澄一同前往。开战之议遂定。

二十一日(6月17日)。团匪烧毁电报局。

二十□日。德国公使被杀。据说，此乃董福祥所部兵员与武卫军兵员共同所为。

二十四日(6月20日)。各国公使共同照会总理衙门，要求皇帝亲政及惩处刚毅。又是日,荣相(应指荣禄)向董军下令开战。其时,皇上痛哭言道,斯我数千万生灵必遭涂炭,我大清三百年基业亦难保也。诸大臣中虽有力争不可开战者,太后终不许,遂下达此令。是日以后,想必是董军及武卫军烧杀劫掠,殃及孙(家鼐)中堂、徐(桐)中堂、钱(应溥)尚书及肃亲王宅第,而翰林院、吏部、礼部等衙门皆遭焚毁。又钱尚书则在外国兵之护送下出城而去。

二十八日(6月24日)。审验月官之大臣陈侍郎行至东华门处,被清兵以刀割其颈,顿时坠命。其他十三名月官等,均遭刺,内有死亡者。

不记得为何日。行至沧州时,见团匪等劫掠船中之客。被杀者,有一百五十人。此等土匪,后被提督梅某所击杀,计有三千余人。

初十日(7月6日)。至献县。此处教堂尚完好。据说此地有教民约两万人。予所途经各处,团匪甚多。至德州,始不见其迹。

附记:

董福祥军专事杀人放火。城内各人参店均蒙其害。目下城内每有火事,不能断定又是何处遭焚。二十八日以后,凡乘坐马车出城之京官,悉数被董军劫掠,遂殆无乘马车出城者。又,武卫中军肆行劫掠过后,其参与者中,有营官一人及兵十余人遭诛杀。虽然如此,官兵劫掠之风,依然不息。又据说,董军死者达一千人;义和团民者,则不计其数。

六月初(6月27、28日左右),部分团匪进入山东境内,占领某山,为袁巡抚所剿灭。端郡王部下营官哈吉成,为董军所杀。御史某上奏,应立诛端郡王、刚毅、董福祥等。其全家尽为义和团杀害。

上述日记所载内容,与此前报告中所揭示的日记,并非出自一人之手。两者间不免有相异处,然而相合处亦不少。简要之,若要详细了解北京骚乱状况,参考上述任何一部日记,均能有所收获。因之,特将上述日记译出呈上,以供参考。

以上为报告内容。敬具

明治33年8月2日　　　　驻上海代理总领事　小田切万寿之助(印)

七七

8月3日　驻清国西公使致青木外务大臣函

为禀申北京被困状况并讲和条件等事

机密第四六号,8月29日收

外务大臣子爵青木周藏阁下:

我等日日期待援军到来。7月28日,接到英国驻天津领事签署于7月22日致我国公使的书函。其大意为,二万四千名外国兵已在大沽登陆。其中,一万九千八百人已抵达天津。其外,众多外国兵尚在前来天津途中。粮食筹办亦在进行中。然而,援军何时开赴北京,无法确断。截至7月22日,援军尚未离开天津。收看此报后,众人一同稍显失望。本馆7月22日差往天津的差役,于昨8月1日归来,并带回天津郑领事7月26日手书。书内报称,援军已抵达天津,近日内可开赴北京。又有福岛少将致本馆柴陆军中佐书函一封，内称第五师团之大部已抵达天津，目前正忙于搬运各项物资等筹备事务，二三日内可望出发。由此可知，我援军既到达天津，预计两周内可望抵达本地。目前，我方粮食弹药异常匮乏。其中，尤以弹药不足，每人平均仅可分得二十发子弹。7 月 17 日以来，双方一直处于休战状态。倘若彼等于此时发起总攻击，我方大概只能维持数日而已。因之，我方正极力维持现状。各公使在协商之后，决定与总理衙门就撤军一事展开交涉，以期保持目前的温和状态，而达到拖延时日之目的。然而，倘若援军拒绝撤兵，并继续向北京进发，不排除彼等将会实施大举攻击。以上猜测，大概不过为杞人忧天。若该政府欲加害外交官，并屠戮外国人，尽可在上月 20 日左右为之。可见其当初之意，即不在于此。即便时至今日，彼等之攻击亦是时断时续。团匪、游勇及董军之一部，或许将重整其余力，对我方发起攻击。而防御此辈的攻击，于我方并非难事。虽然如此，我等终究期待援军能及时赶到，以救我等于水火之中。

援军抵达，并形势稳定后，宜将妇女及负伤者（妇女凡两百人，负伤者五十人）先行送出。当然，若问及外交官同僚之状况如何，我等既受困于北京城内五十余日，各公使馆或被烧毁，或遭严重破坏，莫若说居住场所，即便如换洗衣物等亦皆无，其他生活必需品更是所剩无几，加上各馆周围人畜腐败物堆积如山，臭气熏天，人人困顿难耐，实无法继续居住于其间。目下，各公使虽私下里无不等待着各自政府的训令，于焦灼中俱盼望能以何种方式一时先从此处退出，稍作调整后，再议善后之事，然而，公开倡导者却无一人，唯摆出一副固守援军到来再作打算的姿态。以上为北京被困前后的状况。目前，本官以为，倘若以我援军之势力，能扼制住北京，并左右该国政府，则我等即可在北京与该国政府展开和谈。于此，各公使的意见可能难以统一。以下仅就本国并各国之共同问题及各国各自问题，大略分列谈判条款。

第一（甲）关于此次事变，负有责任之端郡王以下皆应议处，并讨平义和团。西太后应退隐不再打理朝事（最后一款为各国间争论之话题）。

（乙）保证耶稣教教民之生命事。

（丙）各国派兵费用以及保障等应为共同关注事。

第二（甲）各国公使馆被焚抑或受损之赔偿。

（乙）各国个人所有物损失赔偿等为各国个别问题。于此，我国可就杉山书记官事提出个别交涉。

其一，议处杀害当事人之兵丁及其上级官员（其长官为董福祥，此乃第一（甲）范围所论处对象）。

其二，发给其遗族抚恤费。

其三，就公使馆被焚以及居住于馆内役员等所有物之损害赔偿。另要求曾被拒绝之贯穿浙江、福建、江西铁路铺设权，并应请求清国不可割让浙江、江西两省。

若与清国的谈判能就上述条项尽早达成协议，我国宜随之迅速宣布撤兵，即将兵力自北部全部撤出，暂时作旁观状，以等待局势之发展，是为上策。其原因，乃此次事变于短时间内恐难以解决。查看六月中旬官报，该国政府似已决意排斥耶稣教教民及外国人，遂利用义和团民,鼓动国民,向宗庙宣誓,欲举全国之力抵制外国。其决心大为刺激民心。目下满洲之局势,已与本地处于相同状态。又该国南部及长江沿岸,似乎亦有骚动之景象,其现状具体如何虽不得而知,却显现全国民心有所动摇之征兆。又假若其实不然,上述动摇仅局限于部分地区,而其势力已推动政府采取举动,不仅视彼等为忠臣,且对其行为大为奖赏。而今政府迫于形势,面临是否应将彼等势力视为逆贼而加以镇压的问题。倘若欲与外国和好,必应对其实施镇压;倘若欲与外国开战,则必要借助其势力。二者择一,清国政府正处于须作一了断的状态。于此,该国极有可能采取折衷策略,即在向外国表示和好之意的同时,又出于姑息之意,对团匪抚慰一番之后,将其解散。如若该国欲行此折衷策略,亦只能维持一时之局面。因义和团主义到底与耶稣教抑或外国人势不两立,无论怎样为其解脱,又岂能避开外国之压迫耶?据说,法国一万五千兵员,已在来华途中。又据美国公使所得消息,美国、德国、意大利已分别派出一万五千、一万五千、五千之兵力。俄、英亦将相应派兵。若此,今后一两个月内,预计将有十万余外国兵聚集清国。届时,倘若各国以其各自兵力提出自己单方面的要求,清国政府能否承受之耶?倘若各国要求万难接受,其时,该国政府内部必复起是和是战之争论。抑或真如传说,该国不惜将政府西撤至陕西省西安府,以决心防卫到底。若至此,外国即便拥有十万兵力,又如何能奈何之。要之,各国尽可前去占领其所期望的土地,但占领沿海诸要港虽不难,而要深入其内地却非易事。又加之,即便能占得各自所需土地,而各自用于防御各自占领地之兵力又得多少耶?其所失与其所得,可能相抵偿耶?又能永世维持耶?以今日形势观之,如各国决意实施清国分割论,除俄国可获取满洲之地以外,其他各国最终不过是有劳无功。故我国在一时和谈中能获得本官以上所陈述之要求,即足以保证我国在清国的充分利益。由是,作为一段落,为方便计,我国宜从与外国之协同行动中脱离出来。万一将来形势有变,分割论或成定局,于彼时我国依据既得地位,再思加入其内,亦不为迟。此时,卷入喧哗之竞争漩涡中,不过仅为争得某种名义,却要不惜加重财政负担,实乃迂腐之举。

上述讲和谈判时刻到来之际,本官将电请训示。此时,以书面形式向阁下阐述可行方法,以供参考。倘若将来事态紧迫,无法仰得电训,本官唯有以责任在身,则不得已当照前文所言方案断行,特于此申告,以为谅。敬具

明治33年8月3日　　　　特命全权公使男爵　西德二郎(印)

又附:本文假定和约第二条中第三项关于旧公使馆用地一事,本馆现有用地面积甚为狭小,于居住上多有不便。与本馆东北处相隔之肃亲王府,为我军防守区域。现其一半宅地为我占据,颇为我等所喜爱,将来即便作为纪念,亦当乘机将其占为我有,何况该府建筑大部已被焚毁,其宅地面积又异常宽广,且英国公使馆与其相对而立,乃最为上乘之所在,我方宜持续占领之,以便将来于此地重建新馆。另外,因福建贫弱且狭小,出于我国将来在清国之工商业利益的考虑,要求清国宣布不割让浙江、江西两省。此举又可切断意、奥对上述地区窥伺之企图。就上述条款,已同英国再三作出约定,有关广东省之办法亦如此。然而,在双方约定书中,并未具体指明省名,此乃英国情有苦衷之处。以上为日、英间之协商状况。

另,与清国政府谈判之际,又就以下一点取得该政府之承诺。即关于此次事件,就蒙

受同样损失，若清国政府给予他国及臣民特别优待，宜相应给予日本帝国及臣民同等优待。

（栏外朱记）“建议帝国应与清国单独达成协议”

七八

8月6日　驻芝罘田结领事致青木外务大臣函（电报）

为报告本地义和团蔓延事

8月6日下午11:00发，8日上午2:00收　驻芝罘领事　田结

芝罘及其附近一带之多数民众，开始习练义和拳。

七九

8月6日　驻芝罘田结领事驻致青木外务大臣函

为报告本地义和团蔓延事

公信第四六号，8月13日收

外务大臣子爵青木周藏阁下：

从前报告中，已提及芝罘东部宁海州内以及本市中有练习义和拳者。据传闻，本市东南约四十华里处之宁海州莱山，以及本市西面约二十华里处之福山县白衣庙等地区，有义和团设坛招募团民，扬言入坛七日可习得神术，入坛二十一日能与神灵沟通。又声称，待八月（清历）众人皆习得拳术后，将行剿讨传教士等洋人并焚烧洋馆之举。目下，义和团民四处蔓延，传教义和拳术，何时引发骚动实难以预测。

念及于此，特提出报告。敬具

明治33年8月6日　　　　驻芝罘领事　田结铆三郎（印）

八〇

8月9日　驻上海小田切代理总领事致青木外务大臣（电报）

为呈递西公使关于北京受困状况电信事

8月9日上午3:10发，同日上午6:38收　　　　驻上海总领事代理　小田切

第一五四号

关于本官第九一号（六二文书）和第一四六号（四五九文书）电信，本官收到经由山东传送至本地的西特命全权公使电报，如下所示：接到贵领事7月25日及8月4日所发电信，对于贵领事之关怀深表谢意。我等截至今日已遭受清军八周之包围攻击。我等希望在援军到来之前能守住防线。除杉山外，樽原及儿岛亦战死，其他人尚安在。8月5日

八一

8月11日　驻芝罘田结领事驻致青木外务大臣函

为报告山东省登州及莱州附近情况不稳事

附件：登州府及莱州府状况报告

附记:山东省近况

公信第六六号,8月20日收到

外务大臣子爵青木周藏阁下:

对登州府境内以及莱州附近义和团情形之侦探结果,以另页呈上,特请参阅。敬具

明治33年8月11日　　　　驻芝罘领事　田结铆三郎(印)

(附件)

登州府

城西小土城处有一水师营,驻兵五百员。登州城内原有驻兵三千员。今散去,所剩者不足一千员。此一千员兵士,并无营所,只散居在民家,且不事练兵。此一地区情况稳定。

黄县城内并无驻兵,只城门外东西各有守兵二十人,保护路人安全,并无异常情况。招远县境内之子口(フーカヲ)处,有三百余义和团民在此聚集。彼等似乎专招集十五六至二十二三岁之少年传授义和拳。此地义和团分居三处,但保持统一行动。据说,彼等相约于旧历二十四日切断电报后,前往青岛。再其后,将转赴济南府。其目的现无法判明。传说大概因为尚有若干外国人居住于济南府。

子口附近,有守护电线者两人,常遭村民憎恨。其中一人被一义和团民以刀砍伤头部,而另一人则逃走。

消息传到电信局后,局员要求招远及黄县知县惩处肇事者。黄县知县遂前往子口,行至距离子口二十华里处,闻听其地义和团势力汹汹然,无功而返。

招远县衙役亦相应前往该地,对当事人取证之后返回。而此前遭刀砍杀之电线守护人,事后向义和团道歉,并焚香一日,以谢其罪,竟获得义和团的谅解。由此事可略知义和团与当地官员间的关系。

义和团入团之手续

由村会任意派遣壮丁,习练义和拳。初入团者,须交纳铜钱一吊,用于买香敬神。而其后之食事,皆由村会支办。

义和团之武器有炮(两人抬那种)及刀棍棒等。子口附近有两百余头牛羊被劫掠。莱州府、府内并无驻兵。据传有两名面有血迹者被当地官府抓获。之外,无其他动静。

莱州府境内之潍县,此前有一处教堂被烧毁。其后,境内的金满家大华林从济南府请来四营官兵,前来防守自家宅地。又据传闻,有八十余义和团民聚集于沙河子处。

从此地至西道路各车站,皆驻有二十名左右官府所派遣的兵丁,保护过往行人。义和团目前往各村派遣八至十名不等的团民,向村民教习义和拳。彼等大多以各村寺庙为其习练场所。

莱州府、登州府之城门处,皆张贴不得妨碍洋人出外行走的告示。仅黄县以及招远县因忌惮义和团而未张贴此类告示。

芝罘西二十华里处之福山县白庙寺,有多数义和团民在此习练义和拳。数日前,该县县令亲自前往该地。其地团民闻听之下,逃之夭夭。

（附记）

山东省近况

目下，据由本地所听到的消息，芝罘西三十日本里[①]处的黄县地方，约有团匪三百人，将来袭芝罘。驻守此地的二十余名官兵，遂前往实施镇压。在冲突中，一位黄姓长官被杀。为此，宁海州上庄的一营官兵被调来参与镇压。在其后的战斗中，有一百余名团匪被剿杀。本官曾向本地道台衙门某官员求证上述传闻。据彼言，仅有一名团匪被杀，另有四名团匪被抓获。目前，其团匪身份尚未查明。

风闻芝罘西五六十日本里处莱州府境内，近来似有来自青州府辖内寿光县、乐安县地方的流民数千人，横行暴虐，四处抢劫，引发严重骚乱。其他，本地附近的各州县亦有暴民出现。为此，人心颇为不安。

明治33年8月22日

八二

8月11日　驻上海小田切代理总领事致青木外务大臣函

为报告直隶省大名府教案情况事

公信第二八七号，8月17日收

昨日数家本地发行的报纸上皆刊载关于直隶省大名府传教士被杀害事件的报道。如下所示：

> 自6月22日、24日等上谕（有人称其为“伪诏”）颁布以来，大名府生平对外国人有所积怨者，皆欲乘此机会发泄不满。至同月27、28日左右，有团匪扬言，将伙同土匪戕杀传教士，烧毁教堂。笋人听闻之下，外国传教士遂前往道台处，乞求派员将彼等护送去外地。然而，道台考虑到，城外形势极为不稳，倘若妄自送彼等出城，恐反遭土匪杀害。故不许其请求，只派兵加紧防护教堂，且抓捕闹事之徒，加以枷责。由是，事态稍趋稳定。然而，传教士等到底惶惶不可终日，遂私自潜逃出城而去。不料，此举竟被土匪察觉，顺其踪迹尾追至离城三十华里处，将彼等杀害。其后，该地教堂亦遭到破坏。而教民及一般普通民众受其殃及，被杀戮者甚多。同地驻防之马队，此前被直隶总督调走，造成城内兵力空虚，以致当地地方官无力实施有效镇压。

以上为报告内容。敬具

明治33年8月11日　　　　驻上海代理总领事　小田切万寿之助（印）

八三

8月12日　驻上海小田切代理总领事致青木外务大臣函

为报告关于北京状况之清人书简事

公信第二九〇号，8月22日收

---

① 日本里程单位，1日本里约合3900米，1日里≈4公里≈8华里。——译者注

外务大臣子爵青木周藏阁下：

8月9日发行的《中外日报》上，载有一封该馆馆员自友人处收到的书简。该友人由北京避难至山东，书简写于我7月14日。内容如下：

我6月16日、17日、18日等数日，皇太后、皇帝连连宣召翰林院、詹事府等处官员以及各科给事中、御史等进朝，就开战与否，询问各员意见。众皆默然。时内阁学士联元奏道：奴才纵览史书，从无两国失和，杀害使臣之道理。况于公法之上，皆以不能保护使臣为野蛮之制。今使署中之外国兵，仅一千余人，一举歼灭之，并非难事。然各国乘此径扑京师，又不能阻彼等入城。届时，彼等必将肆意杀戮，以泄其愤。奴才窃以为开战之举不可取。然而太后叱道：抗我旨意者，皆当处以死罪。联学士神色竟不为所动。后某亲王跪求太后网开一面，其事才得以平息。又团匪初起时，荣禄颇为担忧，遂于我6月15日上奏，建议召李鸿章进京议和，命袁世凯剿讨义和团。其计划之周详，颇令人钦佩。盖当时清国与各国间尚未彻底决裂，大局或有挽回之可能。然而，刚毅16日自保定返回之后，局势为之一变。其在面奏皇太后之时，力说义和团如何忠义，又如何神通。太后受其迷惑，只信以为真。适逢同日有总理衙门某大臣前往英国公使馆。在与英公使谈话间，该公使有汝国既不能剿灭土匪，有何能称之为国之语，又有皇太后应归政于皇帝，不宜再处理一切议事之言。不知何故，此话传入太后耳内，太后听罢大怒，立命董福祥及团匪剿灭外国人。又，不知是各省总督、巡抚等纷纷呈递之不应与外国开衅等上奏文送到京里之缘故，抑或当时总理衙门与各国公使间达成之协议，各公使皆承诺，除直隶、北京外，不占领其他城池。又，目前在北京，非只满洲人尊奉义和团为神明，汉人中如徐桐、赵舒翘等亦不能抗拒之。彼等为迎合权贵，竟随同排外者，主张藉团民可有恃无恐。然而，其后却事出意外，我6月24日，团匪竟洗劫徐家，徐自身亦不能免，在团匪首领前长跪后，苟得以保全性命，而其宅内之一切什器，尽被付之一炬，化为灰烬。又王文韶家眷，因早早出京，得以逃此劫难，而其宅第却被烧毁。其宅第后之户部衙门，亦遭焚毁。其自身移至会典馆内办公。赵舒翘处境如何，却不得而知，恐亦不免。此外，京官为团匪乱杀者，不在少数。

以上为某清国人寄往《中外日报》处之书简内的大概内容。其所记之事，是否真实，难以判断。然而，该书简内容与此前所译呈的关于北京状况之清人日记所记内容，有相符合之处。要之，本官以为，此类记事于了解北京状况方面多少可提供参考。

以上为报告内容。敬具

明治33年8月12日　　　　驻上海代理总领事　小田切万寿之助(印)

八四

9月2日　驻芝罘田结领事驻致青木外务大臣函

为报告芝罘近况事

公信第七四号，9月10日收

关于芝罘近况，如另页所附，特此呈进，请查阅。敬具

明治33年9月2日　　　　驻芝罘领事　田结铆三郎(印)

（另页）

芝罘近况

关于芝罘以及附近地区的义和团，先有清国官吏捕拿团民，处以死刑，抑或其他严刑之举，后又有天津、北京陷落的消息传来，故其势力渐次衰退。目下，本市中习练其拳术者殆无，因之人心稍趋稳定。日用必需品如纺纱、火柴、煤油、棉织品等，开始有少量出售。又听说，此前避往他处之商人中有少数归来者。另外，此次事变发生之初由本地外国侨民自发组成之义勇队，面临是否解散抑或不解散之争议。由此，该队指挥官德国领事将在征求各国领事以及上述队员之意见后，决定解散与否。目前，尚未接到最后决定报告。然而，据猜测，持解散意见者应占多数。据此亦可看出，人心确实趋向稳定。数日前，忽有“德兵不日将占领本地”的传闻四处流布。因之，原本回到本地的商人中又有逃往外地者，而商业经营复陷于停顿。又听说，胶州湾有九千德兵。当地高密县亦有大量德兵。且本地德国商人的种种举动，亦令人有所猜疑。

明治33年9月2日

（二）满洲状况

八五

6月18日　驻牛庄田边领事致青木外务大臣函

为报告本地义和团暴举情况事

附件一：田边领事致营口道台照会抄件

附件二：营口道台答复田边领事照会抄件

附件三：营口道台告示抄件

公信第三八号，7月4日收

外务大臣子爵青木周藏阁下：

近来，爆发于直隶、山东的义和团骚乱，其余势渐次波及本地。日前，已有部分团匪混入本地。种种谣言，四处流布。因之，人心大为不稳。据此，各国领事召开会议，决定应向本地道台提出要求，应及早取缔上述匪徒。为此，小官于本月13日，如另页所附，向道台递交照会（另页甲号）。于此，道台又如另页所附，对本官作出答复（另页乙号）。继又如另页所附，道台已对外发布告示（另页丙号）。是以，人心稍安，局势似有所缓和。

关于上述匪徒之谣言，其概要不外仇视西教，扬言于最近某日内焚烧天主教堂等。为此，该天主教堂附近之清国居民中，有搬迁至他处之举动。因之，外国人惶惶不安者不在少数。是以，英国人向本地该国领事提出，要求本国派遣军舰前来，将彼等接走。该国领事已于15日向该国大沽同国舰队司令发出电报，转述以上要求。

据小官观察，本地情形似乎尚未到危险万状之时刻。然而，若照此情形继续发展，早晚不免生出事变。且本港与天津间之电线，一旦为匪徒所切断，小官则无法向我警备舰发出急报。据此，为保护我居留此地之侨民，本官以为，有必要请求派遣军舰一艘前来本港。

本官已将上述要求致电我大沽帝国舰队司令长官。即如今日人心多少有所不安之情况，倘若各国皆有军舰停泊港内，本地各国侨民则可有恃无恐，安于商务经营。再，防患于未然，其利亦不可计数。并我皇军曾占领过本地，使本地免遭清兵洗劫。鉴于过去之经验，即便某些清国商人亦期盼帝国军舰前来本港。

满洲内地渐次呈现不稳征兆。由是，在各地传教之传教士等或举家前来本地避难，或令其家眷先来本地。又，榆营铁道之工程师等或退回本港，或撤回天津。

之前曾停泊于本港东俄国铁道机车停放处前的俄国炮舰奥托哈兹尼(オトゥハズニー)号，前日16日回到本港。每夜，有七八名水兵在租界地周围巡逻，负责警戒。驻本港的俄国领事依奥斯特罗夫·哈考(エー·オストロヴハーコー)，此前获准休假，其原本已在归途中。不料，其在途经旅顺时，适逢义和团事变爆发。由此，其假期暂时被取消。其本人已于昨日回到本地任上。据其所言，俄国已从旅顺调遣一千陆军前往大沽。

又据本日道台来信，该官为保护本地各国领事馆及外国人所属商店，已禀请奉天将军，要求派兵前来。该将军随后承诺将派遣仁字军马队三哨来本地。预计，该部队不日将到达本地。

以上为关于本港义和团情形之报告。敬具

明治33年6月18日　　　　驻牛庄领事　田边熊三郎(印)

(附件一)

(另页甲号)

田边熊三郎

敬启者。天津、保定府各处义和团匪仇视教士、杀人纵火等事，不一而足，谅贵道亦必有所闻。兹闻该团匪等业经窜至本埠，到处教练拳法，暗相煽诱。窃恐日久人多，必至滋生事端。即祈贵道，就其甫萌之时，预加防范，以免贻患他日。是为至要。特此布闻。

顺颂时祺　　　　五月十七日

(附件二)

(另页乙号)

明保

敬覆者。承示具悉。查演习邪术暨造谣惑众，例禁綦严。前经札饬营厅，密拿在案。现在东营子既仍有夜间演拳之事，自应防患未萌，速为禁绝。除再出示严禁，并札饬乔营官及海防厅刘丞，严密访拿为首之人，从重惩办，以安人心而靖地方。手覆。

颂升祺　　　　名另具　五月十七日

(附件三)

(另页丙号)

告示。晓谕事。照得光绪二十六年五月十四日奉军督宪增札开为恭录札饬事。光绪二十六年五月初六日，接电抄奉上谕：迩来近畿一带乡民练习拳勇，良莠错出，深恐别滋事端。迭经谕令京外各衙门严行禁止。近闻拳民中多有游勇会匪混迹其间，借端肆扰，甚至戕杀武员，烧毁电杆、铁路，似此胥不畏法，其与乱民何异？着派出之统兵大员及地方文武，迅即严拿首要，解散胁从。倘敢列仗抗拒，应即相机剿办，以昭炯戒。现在人心浮动，遇事生风。凡有教堂、教民地方，均应实力保护，俾获安全而弭祸变。钦此。

又接电抄奉上谕：昨因拳勇滋事，明降谕旨，分别办理。此等乡愚，良莠不齐，其办法不外乎严拿首要，解散胁从。现在直隶及附近京城一带，到处人心浮动，若不迅速筹办，何以讨邪慝而净根株。着步军统领衙门、顺天府、五城、直隶总督，严饬各该地方官并统带各员，如拳匪中实系滋扰地方、甘心为乱者，即当合力捕拿，严行惩办，不得互相推诿。如再推诿，定唯崇礼等是问，决不宽贷。其有随声附和并无滋扰实迹者，亦应剀切晓谕，立时解散，无任再启衅端。钦此。各等因准此，除钦遵刊发告示，通行晓谕，转饬照办外，合行恭录札饬，札到该道，遵即转饬所属地方官一体钦遵办理，特札等因奉此。查义和拳本嘉庆年间白莲教中之一门，自剿灭白莲教，致潜伏数十余年。近始托名团练，且倡言与天主教为仇，聚众滋扰直隶涞水县，至有戕杀武员之事，并烧毁芦保一带电杆、铁路，已是形同叛逆，为王法所不容。现奉谕旨，严拿首要，解散胁从，本是朝廷法外之仁。该匪等倘敢列仗与派出各军抗拒，则是螳臂当车，指顾即当戡定。本埠为华洋通商要地，五方集处，且与直隶毗连。该匪徒等难免潜来煽惑。前因访闻民间小儿有练习"神拳"之事，曾经密饬访拿，并出示谕禁，此风渐息。乃近日复闻东西营铺户学徒人等，每于夜静之时，或于河沿，或于空场，三五成群，练拳惑众。更有大胆匪徒，竟敢在老爷阁张贴匿名揭帖，布散邪言，以冀惑乱人心，尤甚痛恨。按左道惑众为首者，照律拟绞；为从者，例应改发回疆为奴；又妄布邪言、书写张贴、煽惑人心为首者，斩立决；为从者，皆斩监候。例禁綦严，岂容轻蹈。除再移行奉军胡统带，并严饬本标乔管带，暨所属各厅州县，一体遴派弁兵干役，督同乡保，无论城乡、市镇、大小庙宇、客店、烟馆、火房各处，认真查拿为首惑众之人，照例惩办，以绝根株外；本道不忍不教而诛之，致愚民轻蹈刑戮，合亟出示。剀切晓谕，为此示仰军民士商人等一体知悉。示尔等凡为父兄、师长者，务当约束子弟、生徒；凡为铺长、财东者，务当约束学徒、柜伙，均不准练习义和拳邪术。倘敢不遵，纵容演练，一经拿获，除本犯照例重惩外，仍将该犯之父兄、师长暨铺长、财东一并治罪。乡约、保正知情不举，与派出兵役捕拿不力，均从重惩办。尔等各能将传习邪教之匪首与妄布邪言之匪徒举出报官，指拿讯实后，非但宽免尔等罪名，仍当予以重赏，决不食言。倘敢容留匪徒在境煽惑，一经发觉，一并连坐，决不姑宽。本道言出，法随尔等，务当勉为循良，切勿以身尝试，其各懔遵，切切特示。[①]

光绪二十六年五月二十日(我 33 年 6 月 16 日)

八六

6 月 26 日　驻牛庄田边领事致青木外务大臣函(电报)

为报告牛庄外国人惶惶不安状况事

6 月 26 日发，27 日收　　　　驻牛庄领事　田边

大量外国妇人及幼儿，恐慌于毫无依据之警报，纷纷离开本地，前往日本。然而，就本官观察，本地实际状况似并无异常情况。

日本军舰何时来航耶？至急电讯。

---

① 此处所载之句与中文档案所记略有不同，已按原档校正。——译者注

八七

6月29日　驻牛庄田边领事致青木外务大臣函

为报告各国义勇队编成情况及侨民避难情形并东清铁道被破坏状况事

公信第四一号,7月20日收

外务大臣子爵青木周藏阁下:

直隶、山东爆发义和团事变以来的本地情形已在前回报告中提出。其后,并未呈现危险征兆。只是众人皆疑神疑鬼,外间流言又不断四处传播,以致人心依然汹汹,终日不得安宁。

此地外国侨民,为防止事变万一爆发,为预备计,自筹自卫方法。在获得各国领事之许可后,特编成义勇队。上述义勇队由三队组成,分别为欧美侨民队、海关职员队、日本侨民队等。各队分别选出队长及副队长,总指挥由俄国军舰舰长担任。该舰长以各国领事及各队队长组成防御委员会。规定:凡关于防御之一切事务,皆在此委员会上商议决定。目前,已召开数次会议,就各队之部署及遇有事件发生当以何种方法发出警报等事项作出详细规定。数日前,各队在其防卫区域内,已开始实施警戒。

此次义和团发动暴乱以来,俄国警戒大大加强,已在铁道沿线增派守卫兵力。

如上所述,在人心惶惶中,本月23日夜,忽然有人来传,清人间有不稳之征兆显现。虽然未到发出预设警报之地步,外国侨民却立时加强武装警戒。其时,妇人、小儿等一同避往海关,一时间异常混乱。至翌日朝,并无任何事件发生。查询之下,皆由某印度医师之仆人无端引起。由此可想见,此地外国人已成惊弓之鸟。事变发生以来,人人心怀恐惧。目前,仅除数名妇人外,其他妇人、小儿等为避难纷纷离开本地,前往日本。前日(27日)辽阳东清车站为清兵所袭击。同时,辽阳、烟台间以及辽阳、鞍山间之铁路桥亦遭焚毁。本地俄国领事收到上述情报。其概要将以电信呈报。敬具

明治33年6月29日　　　　驻牛庄领事　田边熊三郎(印)

又及:关于本地情形之电文稿抄件以另页附上,特此进呈以供查阅。

(注)另页四通省略。

八八

7月3日　驻牛庄田边领事致青木外务大臣函(电报)

为报告奉天教案状况事

7月3日收　　　　驻牛庄领事　田边

据奉天府发至本地电报,昨日,义和团之某部与正规清兵将该地数处教堂破坏。同时,清国人教徒亦遭彼等袭击。

八九

7月13日　驻牛庄田边领事致青木外务大臣函(电报)

为报告牛庄形势事(一)

7 月 13 日下午 12:05 发,14 日下午 9:20 收　　　　驻牛庄领事　田边(待续)

因牛庄形势日显紧迫,日本汽船明日将悉数出发,待抵达目的地后,当再次返回本港。目前,本地日本侨民除二三十名外已悉数撤离。海关道对本地外国人甚为恳切。该官虽极力阻止育字军由奉天前来本地,但似乎成功无望。故通告本地各国领事,望各国自谋自卫手段。俄国兵一个大队已由旅顺口调防至大石桥,以遏制清兵向该地进犯(此处不明)。育字军四个营已由锦州调防至田庄台。又传闻,宋庆所部四个营将由牛庄前来本港。英、俄两国领事宣布,若清国人前来袭击本港,为保护其利益,将予以抗击。如此,就保护我国在本地之利益,本官特电报请示同样实施上述外国领事所采取的举措。

九〇

7 月 15 日　驻牛庄田边领事致青木外务大臣函(电报)

为报告牛庄形势事(二)

7 月 13 日牛庄发,16 日下午 1:30 芝罘发,17 日下午 1:15 收　驻芝罘领事　田结(待续)

驻牛庄领事田边 7 月 13 日发电报如下:

俄国炮舰及水雷舰各一艘由旅顺口到达本港。俄国在大石桥之兵力已增加至一千人。据此,本港状况稍稍趋于稳定。然而,因近日之恐慌,本港之商业殆处于停顿状态。

九一

7 月 13 日　驻韩国林公使致青木外务大臣函(电报)

为报告关于满洲铁道、电信被破坏情形与俄公使谈话事

7 月 13 日下午 6:10 发,14 日上午 0:00 收　　　　驻韩国全权公使　林

第一五六号

关于满洲铁道及电信蒙受损害的状况,与俄公使巴甫洛夫(パブロフ)有过交谈。据该公使说,关于辽阳铁道桥梁遭到破坏一说,尚未从旅顺口处获得任何确切消息。由此可想见,其破坏程度甚为严重。又,该公使说及,清国暴徒约有五十名为俄国兵所杀,俄兵死伤者仅一人。由此可断定,事态尚未发展到令人担忧的程度。然而,根据当地俄国电报的状况来观察,其损害程度似乎并不轻微。

又,据自国境地方传送到韩国电报局之电报,凤凰及大狐山出现义和团民。

九二

7 月 15 日　驻牛庄田边领事驻致青木外务大臣函

为报告牛庄及附近状况事

机密第九号,7 月 30 日收

外务大臣子爵青木周藏阁下:

上月下旬,奉天府副都统晋昌,统率育字军,与拳匪一同,实施暴行。当时情况如此前所发送电报内容一般,先是焚烧耶稣教堂,后又烧毁天主堂,并将其僧侣一名、僧尼两名及信徒数百名杀害。又,进入本月以来,俄国在辽阳北部所开发的腹脐山煤矿,其建筑物以及机械

等尽被烧毁,而六名外国工程师(包括一名日本人)仅得以脱身逃出。其他,铁岭、辽阳间之铁道桥梁及车站等悉数被烧毁。上述破坏乃育字军与拳匪共同所为,地方官对此无可奈何。又,牛庄及董家屯、田庄台等处教堂,亦于本月初旬尽被烧毁,此乃团匪所为。

目下,育字军尚驻守辽阳,其人数号称六千人,但实际人数即便加上增兵人数亦不过三千。根据推测,其余人员应为拳匪、马贼、土匪等。而俄国守卫铁道之兵力不过三四百人。近来,双方已有数次交战。俄兵终因寡不敌众,目下只能退守辽阳、海城间之鞍山车站。又如先前所发送电报之内容,大石桥处有一千五百名由旅顺口调遣而来之俄国兵(起先有六百名,现今增补至一千五百名)驻守,彼等正搭建堡垒,以待清兵来袭。

拳匪以奉天府为中心,正向各市府蔓延。其中,牛庄当地海防同知大约一周前接到道台的命令,特地前往(牛庄)察探育字军的动向。昨日,该官归营。据该官所言,目前(牛庄)城中有数百拳匪,横行市街,即便如守城将官亦对彼等无可奈何,且反受其凌辱。

近日,本市有数次警报。为此,以广东商人为首的大部分客商纷纷回乡。目下,商业已处于停顿状态。又,本国商人因不再抱商业在短期内可得以恢复之期望,加上恐空知丸11日离港后不再有本国汽船入港,皆认为即将离港的汽船乃最后航班,是以纷纷登船各自归国。目下,本港支那街人迹罕少,街面上多为流离失所之人。为免外国人受到袭击,道台特别提醒各国领事注意,劝告外国人不要在支那街行走。

帝国军舰龙田号原定8日离港,后因镇中号9日才由大沽抵达本地港口,改为11日解缆往大沽而去。镇边号13日由大沽抵达本港。又,俄国炮舰古莱米亚斯奇(グレシヤスチー)号及水雷舰一艘由旅顺口进入本港。该炮舰随即驶往本港上游三英里处之俄国车站前担负警备任务。又,昨14日英国水雷驱逐舰夫艾姆(フエーム)号亦由大沽进入本港。本日又有往大沽去的船只。目下,停泊本港及牛家屯俄国车站前之各国军舰情况如下示:

日本	镇边	7月13日入港
日本	镇中	7月9日入港
俄国	奥托巴兹尼	事变前已来港
俄国	古莱米亚斯奇	7月13入港
俄国	水雷艇	

以上为报告内容。

明治33年7月15日　　驻牛庄领事　　田边熊三郎(印)

九三

7月16日　驻牛庄田边领事致青木外务大臣函

为禀申俄国人及俄国兵之行动并长期驻留牛庄事

机密第十一号,7月30日收

外务大臣子爵青木周藏阁下:

近日,种种无根据的警报不断传来,令外国人如惊弓之鸟。尤其是俄国人,以为清国人最恨俄国人,又因现在俄国人已在辽阳附近与清国人数次发生交战,故俄国人之恐惧已到风声鹤唳的地步。因之,此间纷纷猜测,俄国可能将采取行动,驱逐本地所有其他外国人而实施占领政策;抑或炮击本市,使之完全化为灰烬,以令此地之贸易难以恢复。就此推测，英国领事亦表示相同意见。该领事遂于昨日在英国水雷驱逐舰夫艾姆号出航之际，交付一封致大沽司令官的书函，请求本国炮舰急速返航本港。

满洲地区俄国兵对清国人施暴之事屡有所闻，本官对此亦时常在报告中有所提及。此次事变发生后，俄兵的暴行越发变本加厉。本市避难者中屡有被俄国守兵强抢甚至杀伤者。听闻之下，此地清国人与其说惧怕清兵抑或拳匪，莫若说真正畏惧者乃俄国兵。俄兵不只掠夺小民财货，近日为探访育字军动态前往牛庄城的海防同知，在其归来途中亦为俄国兵所拦截，并被抢去约两千两银子。为此，道台曾照会俄国领事，而该领事则答复不应有此类事件发生。其时，并不见该领事有进行任何调查的迹象。不过，根据拦截者的语言判断，必定是俄国人所为。

就小官是否退出本地之事，此前曾经由芝罘领事请示训令，然至今尚未接到命令。帝国军舰舰长已向小官建议：目前本港的日本侨民已大抵撤离，如本港现今已无我等应妥为保护之利益存在，是否可将领事馆一同撤出耶。然而经小官再三思量，在未接到任何反对留港训令前，在情况许可的范围内，并在帝国军舰仍停泊本港的前提下，为帝国将来利益考虑，本官决定继续驻留本地。

以上为报告内容。

明治 33 年 7 月 16 日　　　　驻牛庄领事　田边熊三郎(印)

九四

7 月 23 日　驻牛庄田边领事致青木外务大臣函

为报告南满各地教案情况事

机密第十四号，8 月 2 日收

外务大臣子爵青木周藏阁下：

关于目前满洲地区义和团匪及清兵的动态，在前回提交报告后，并无其他重大异常情况出现。唯依然有天主教堂被焚等事件发生。前日(21 日)盖平以东方面的罗家店天主教堂被匪徒袭击，所幸传教士之前接到当地的警告已避往旅顺，除教堂被焚毁外，外国人中无一人遇难。又，此前本月 11 日锦州府及新民厅间之小黑山，以及同月 14 日锦州府及宁远州间之连山车站等两处的天主教堂被焚毁，三名传教士以及数十名教徒被虐杀。由是，该地方的教徒纷纷来本地避难。据彼等说，连山车站有一名叫王之牙的武秀才，乃凶恶之人，清兵及义和团匪便是在其引导之下进入连山车站，实施了上述暴行。又，自奉天派出的仁字军七八千人驻守在锦州府连山车站及宁远州一带地方。据法国籍传教士证实，前几日进驻海城的清兵与俄兵在当地发生冲突后，渐次南进。昨日，其先锋部队已进驻缸瓦寨。

以上为报告内容。

明治 33 年 7 月 23 日　　　　驻牛庄领事　田边熊三郎(印)

九五

7月25日　驻俄国小村公使致青木外务大臣函(电报)

为报告东清铁道被损毁等情况事

7月25日下午10:38发,27日下午1:30收　　　　驻俄国全权公使小村

第九六号

关于东清铁道南部形势,据7月19日俄国官员报告,大石桥铁道车站以北线路及架桥用材料并机车头十四辆尽遭破坏,雇员及护卫兵遇害者甚多。清兵大多集结在营口、海城、熊岳城以及其他铺设完毕的线路附近等。根据清军已发起袭击的状态表明,其作战方针旨在攻破人数不多的各俄国兵支队后再切断彼等之退路。在俄国强势援军未及时抵达的状态下,目前清军勇气日益增加。熊岳城及海城铁道机车停放处对面的市街处,聚集而来的清人人数增多,而清国官兵则携带克虏伯炮在当地驻守。

(三)沿江一带状况

九六

6月12日　驻上海小田切代理总领事致青木外务大臣函

为禀申关于北清暴动并南清状况意见事

机密第四五号,6月18日收

外务大臣子爵青木周藏阁下:

此次发生在北清地方之义和团暴动事件,乃不亚于三十余年前爆发的长发贼叛乱,以及数年前震动清国上下的陕甘地方回教事变。自事变爆发至今日,虽时日不长,但其危害之大无以名状。关于其详细情况,虽不时有通信抑或电报传送到本地,但鱼目混珠,孰是孰非难以明辨。于此,小官从不肯以臆测进行取舍后随意提交报告。现唯将一直以来所收集到的各类见闻加以整理后并配以个人意见,以供阁下鉴阅,相信必有所裨益。

义和团之滥觞可追溯到距今九十三年前的嘉庆十三年左右,当时匪徒名目众多,有顺刀会、虎尾鞭、义和拳、八卦教等,于江南颍州府亳州、徐州府,河南归德府,山东曹州府、沂州府、兖州府一带,横行跋扈,欺压善良,祸害乡里。所幸彼时地方官厉行镇压,得以彻底平定。然而自前年德国占据胶州湾以来,匪徒藉昔时余流,以义和拳团为名,招募同志,于各地发动暴乱。于是,其人数日益增加,其势力日益强大,自山东蔓延至直隶,遂引发为一大事变。目前,义和拳团的首领终究为何人,义和拳团之目的又终究为何,莫若说通晓该国情况的外国人,即便为该国人士亦难以说明。以下所列各项似多少能窥得其端绪。

一、去年二三月间,河南涡阳县地方土匪尚未完全平定之际,从天津地方有一位邵某来到我领事馆处,请求向我国招聘士官并购买军械。本官向其问起其中缘由,乃彼等正计划不日在山东、直隶两省发起会友会,先进逼北京以达成拥戴皇帝之目的,倘若尚有余力,则继续北上抗击俄国。闻听之下,小官对其反复开导,以为目下时机尚未成熟,要之,强敌

环视，无机可乘等，劝其先返回天津，以俟时机之到来。上述邵某乃明治27、28年役中（中日甲午战争）与郑某一同共为端郡王之部下，当时被称为端郡王之股肱。如今，郑某依然在端郡王之麾下。

一、去年小官前去北京办事之际，曾听说端郡王平素屈身与士人交往，皆旨在笼络人心。当时小官私下打量，尤为感叹该王爷以王公显贵身份与贫贱士人交结，真乃豁达胸怀，然又奇怪该王爷如此举止不知究为何种目的。今日忽有邵某一事，联想之下，不觉深感诧异。

一、前山东巡抚毓贤于义和拳团日益壮大一事上可谓功不可没。清国政府遭受外国之压力，虽不得不将其调离山东巡抚一职，然随后反授之以山西巡抚这一肥缺。由此可想见其背后之势力异常强大。当义和团蔓延到直隶之际，政府仍未对彼等采取强硬手段，对彼等杀害外国人并焚毁其财产的行为一味持姑息观望之态度，虽曾有派遣大臣前往招抚并解散义和团之举动，亦不过为形势所迫。之所以有如此局面，盖因目前政府要人即当今皇太子生父、将来或可拥有太上皇地位的端郡王私下里与义和团保持着秘密联系。由此可想见，毓贤未受议处，而政府又不能制止团匪之跋扈，其原因皆在于此。

一、据北京传送到本地的内部消息，以军机大臣刚毅、赵舒翘为首之众枢臣中，其过半者视团匪为国家忠臣，而宫中所有当差之宦官亦持相同意思。事态至此，皇太后为众人所惑，遂误解义和拳团乃忠义干才。近日，从王某得以一跃为顺天府尹这一事例，即可明白其中道理。盖目前宫中、府中并非没有能多少明白事理的官员，实因彼等唯恐触怒义和团背后之当道权势者而不得不追随附和。

一、过去二三月间，自北京传送到本地的中外人士来信中，不乏端郡王乃义和团首领之说法。虽仅依据此等通信不能完全确认端郡王是否为彼等之首领，然此等记事多少加强了上述猜测的可信程度。

一、过去二十日间，团匪杀害外国人士，焚烧耶稣教堂，破坏铁道及其附属建筑物，又大量杀伤本国信仰耶稣教教民，然而加害地方官员之事件却并不多见，此种情形与以往在内地所爆发的匪乱大相径庭。由是，难以预测未来形势之发展。目下仅可断定者，彼等之目的纯为攘夷。

据小官推测，抑或不实，端郡王与义和拳团间毫无疑问必有某种异常关系。又，团匪之目的在于攘夷亦不容置疑。端郡王是否能永久保持其作为彼等首领之地位，抑或义和拳团于攘夷外又有何别种目的，在今日之局势下实不易判断。今后唯有依照其事变进行之状况而预测其发展趋势。

与铁路大臣盛宣怀会谈后得知，该官早先在前往汉口办事期间听到芦汉铁路北部遭到破坏并有铁道工程师遇难等消息后，迅速返回本地，在与湖广总督张之洞电议后，经由荣禄向朝廷电奏，建议应尽快扫荡匪徒，保证铁道以及外国人之人身安全。荣禄虽将彼等奏文面呈其他军机大臣，然而刚、赵等大臣皆不赞同对义和团实施强硬手段，结果太后采纳彼等意见，令赵舒翘为宣抚大臣，前往保定安抚义和团民。该处理结果其后又经由荣禄传达给盛宣怀。又，盛宣怀曾向广东发电征求李鸿章的意见，而李在回复中说，在现今刚毅等仍处于进退维谷的状态下，唯有先袖手旁观。由此可推测，李鸿章、张之洞等之意见显然与北京政府内部的高层官员等所持意见不同，李、张等地方大员出于利益之考虑，似皆以为宜对义和拳团采取强硬手段。

目下,南方各地大致平静。本地除商业以及航运业受到显著影响外,人心并未出现异常情况,此亦属奇事也。然而北部之骚乱若持续发展而不能有所遏制,则南部各省之平稳未必能保持长久。据小官预测,长江一带自古以来匪徒出没,如哥老会、连庄会等各种组织有不下数十种,之外尚有盐枭、土匪等潜藏于各地,此类土匪一旦时机到来,即会林立于陇亩河港间,引发暴乱。届时,彼等若对外国商人或耶稣教传教士、教堂或地方官吏妄加迫害,亦属预料中之事。目前,我国只将目光集中于北部,却忽略了对南部的关注。倘若日后南部有事,当不免追悔莫及。我国在南部的商业利益以长江一带地方为中心,将来南部匪徒若引发事端,必定首指这一地区。为此,小官正密切观察本地情况之发展抑或变化,并以电报随时提出报告,不敢稍有怠慢。于此,小官向阁下禀明一要事,目前负责本港及长江一带地方警备任务的我国军舰,仅停泊于本港的赤诚号一艘,逢万一之场合,凭借此一艘军舰之力量,恐将难以充分保护我横跨长江数百里地域之利益。由是,阁下若能深刻了解此中利害关系,可否在与内阁成员交涉之基础上,增派一艘军舰前来本港耶?倘若内阁间之交涉结果为不宜增派,为达成增派之目的,可否再由小官向国内政府直接电禀要求增派耶?小官今日所言,皆旨在保护并维持我利益,于此,不敢稍稍落后于他国。切望阁下能深深体谅小官之心意以为盼。

以上为报告及禀申内容。敬具

明治 33 年 6 月 12 日　　驻上海代理总领事　小田切万寿之助(印)

九七

6 月 13 日　驻汉口濑川领事致青木外务大臣函

为报告汉口状况事(一)

送第二六号,6 月 20 日收

近来北京附近爆发义和团事变,其影响多少波及至本地人心。其中,最为令人不安者乃芦汉铁道所发生的事件。因铁道建造上的失误,与铁道建设有关联的洋人与当地华人间曾发生冲突,关于这一事件在此前报告中已有所陈述。然而,近来本市又发生十岁上下的男童被拐卖事件,且目前踪迹不明者已多达十余名。惊惧之下,人人猜测此事乃铁道局洋人所为。一时谣言四起,人心大为不安。地方官四处张贴告示,晓谕此等流言皆属凭空捏造,下令各相关官员加强警戒,抓捕并严惩拐匪等。听闻之余,本地民众多以为凡遇闰八月国内必多乱。抱此类迷信,人人纷纷猜测本年到闰八月时必出祸乱。此种慌乱情形已影响到商业,同往年相比,今年商业交易尤为不活跃。

以上为报告内容,仅供参考。敬具

明治 33 年 6 月 13 日　　驻汉口领事　濑川浅之进(印)

九八

6 月 15 日　驻上海小田切代理总领事致青木外务大臣函

为报告长江一带情况事

公信第一六一号,6月21日收

外务大臣子爵青木周藏阁下：

北清义和团之暴举日胜一日，猖狂至极。其余势由长江波及南清，地方似有不稳情形。于是，谣言四起，以致人心惶惶，大为不安。是以政府加强镇抚，以备不测。以下皆为选择本地报纸中关于各地情况的记事加以翻译后送呈，仅供参考。

江苏状况

一、长江沿岸一带散勇甚多，往往与土匪勾结，祸害乡里。近来谣言纷起，哄传义和拳匪将由北南下，以致人心惶惶，地方颇为不靖。两江总督刘坤一预先通饬标防营伍加紧防范。又，檄令水师参将陈某于长江上下严密巡查，严防匪类扰害商民。陈某奉檄令于五月某日(清历)督率师船始巡行于江上。

一、南京各城门截至目前皆委任候补文武员弁予以稽查，即聚宝门由文武员弁各两名，其他八门文武员弁各一人负责管理。然近日会匪蠢蠢欲动，深恐蔓延至地方。于是地方官联名向总督禀明，要求各城门加派千总、把总，协同文武委员日夜认真稽查。刘总督阅禀之下，遂命恩布政使妥议施行，并令筹议照情形应如何酌给薪水等。

一、总统武卫先锋左军张某派员前往湖北招募各营勇。南洋大臣为此陆续派出江南、澄波两船，前往当地载运所招募的营兵张某因思眼下北方拳匪猖獗，正是用兵之时，故电催上述船只速来，尽快载运所募兵勇，以备防卫之用。现今，总理全军营务处总兵汤某已将所招募的精兵一并组编成队伍，用汽船将彼等载往下游。据说，五月十四日(即新历6月10日)，所募新勇船只已通过南京，沿途秋毫无犯，贸易公平，军威甚严。

湖北状况

一、此前在湖北省安陆府所属当阳县境内，有土匪等扬言欲向当地教堂发难。地方官在获知消息后，迅速派人核实，查询起因，并严令缉拿。此等案犯尚未捕获归案之下，却有匪党郭和尚、曹贤渍等纠集观音寺匪徒张召一及南漳县刀匪某某等，约期打算前往裕溪河焚烧当地教堂，有裕溪河匪徒晋世光作为内应。此事为驻守当地某营管带千总陈某所探知，陈某当即与彭某商议当设法尽力保护。然而，其时苦于当地驻守兵丁人数甚少，并不足以布防。无奈之余，乃分出十名兵丁在教堂附近驻守，另分出十名兵丁出外侦查，又一面饬派地保前往当阳县令处密禀情形，请求移营派勇前来协助办理，并从居民铺户中召集团勇三四百名，加以适当训练，以便等待千总随时调遣。其中，有一百余人被抽选出，每十人为一队分驻各巷口，又调出数十人来回加强巡查。此刻土匪早已听得动静，相率逃之夭夭，了无踪迹。然千总唯恐此辈出没无常，贻患无穷，遂禀请宜昌镇总兵传某派兵前来把守该地。

一、此刻湖北匪人屡拐幼孩，武昌居民咸心存戒备。匪徒因不能得逞，遂乘机妄造谣言，极力煽惑。湖广总督张之洞闻听之下，深恐由此酿成祸患，特会同湖北巡抚出示公告，以晓谕民众。其要为：近来拐匪匿迹于武汉等地，屡次严饬府县设法查拿，若有拿获之拐匪，当处以重典。惟闻民间谣言四起，谓匪徒迷拐幼孩皆铁路洋人主使，此等不经之语显系奸民凭空捏造，若不严行查禁，诚恐酿出衅端。为此，特晓谕阖省军民等一体，尔等须知铁路皆为奉旨建造，派有文武员弁沿途照料，洋人虽司其工作，亦系中国所雇用，况查核拐匪供词，无一语涉及洋人，可见其说皆乃诬陷捏造，尔等切切不可轻信谣传而受其煽惑！

浙江宁波状况

一、近来,关于京津间之拳匪毁坏铁路、杀伤洋人等通信接连传到宁波,关心时局之人皆忧虑不安。镇海各防营奉南洋大臣饬电,一律处于戒备状态。又,防军一队由海门乘坐汽船经由宁波开赴镇海处驻扎。

上海状况

一、数日前听说该国购入若干军械。又据传闻,目下有三四十名团匪间谍混入租界,其真伪难以判断。

一、近来运往北洋之军械炮火弹药等甚多,据说实为供给华兵及团匪。本月15日,招商局之广济号亦满载军火向塘沽出航。

一、本地有洋人某携其家眷在街上正欲乘车之际,相遇一队义和拳匪,只见彼等磨拳踢腿,作跃跃一试状,看其情形颇似商铺小厮。然当巡捕哨笛响起之际,此辈顿时一哄而散,其时巡捕尚未到来。由此可见彼等并非团匪,不过玩闹起哄而已。

关于李秉衡:

直隶总督裕禄已被照准病假。目前风闻苏州李秉衡将调任直隶。追其缘由,今年年初直隶冀州有土匪出没,据说领头人名黑虎,其势甚为猖獗,官兵屡次前去剿讨皆无功而返。此时李秉衡适为冀州知州,乃设法成功招抚匪首徐某等,并将彼等编为义和团。当时,唯有黑虎抗拒,不就其抚。此为义和团之发端。而现今之团匪总头目却为黑虎,听说朝廷因此特颁旨令李秉衡调任直隶总督,以便招抚义和团。

以上为报告内容。敬具

明治33年6月15日　　　　驻上海代理总领事　小田切万寿之助(印)

九九

6月15日　驻上海小田切代理总领事致青木外务大臣函

为报告云南教案事

机密第四六号(抄),6月21日收

关于云南教案,前13日由重庆发给本地英文报纸处之电报如下示:

> 曰:云南府发生暴乱,新教教堂大半被破坏,天主教教堂完全被破坏,传教士俱往清国地方官衙门避难,法兵进驻蒙自。查其暴行,似主要针对法国人。
>
> 近来,因驻蒙自的法国领事参与军械走私活动,清国政府特向法国政府照会要求召回该领事。此事在当地报纸上有过报道。由此可猜测,此次事件之发生多少与当地民众对法国人长期怀有不满有关联。

明治33年6月15日　　　　驻上海代理总领事　小田切万寿之助(印)

一〇〇

6月15日　驻重庆领事馆事务代理山崎致青木外务大臣函

为报告云南教案事

附件：山崎领事代理电抄任地法国领事之情况报告事

机密第八号，7月18日收

外务大臣子爵青木周藏阁下：

云南省云南府处发生暴乱，该府境内继新旧教堂被破坏后，凡外国人所拥有之一切建筑物悉数遭到毁坏。关于此事件，本月15日曾以另页所附电文提交报告。云南府一带地方，本年年却歉收，民心极为不稳，匪徒乘机煽惑，流言四处传播，随后有本月11日当地教堂被烧毁的消息传至本地或传教士处。又，本地法国领事前日接到正在云南府办事的驻蒙自法国领事电报（如另页附）。其文约为，目前在云南府，除上述法国领事一行外，尚有数名铁道工程师。法国领事租借了当地某处大宅作为自己的宅第。此次暴动缘于铁道铺设。因铺设铁道期间，对当地人墓地的处理破坏了风水，民人十分不满，又遇本年歉收，土匪乘机挑唆，遂引发暴乱。近两日谣言四起，传说北京法国公使已电令滞留云南的法国人全部撤离，然本地法国领事就该事件尚未接到任何命令。于此，本官于今日向北京西公使电询上述消息是否属实。目前北京形势极为不稳，今晨接到京津间之通信已然中断的通知，联想前述法国公使的训令中有命现在居留云南府的法国人应实施一时避难的内容，且指定避难地为蒙自地方，而该地驻有不少法兵，莫非法方有出兵保护云南府之举耶？又，该地法国军人参与军械走私活动的消息走漏，这是导致当地人心激昂的原因之一。如前电所示，在云南府境内的法国人以及其他外国人目前正处于地方官的保护之下。据本官猜测，暴民即便很猖獗，但并不至于对法国人造成更进一步的伤害。若此，法国人有尽早撤离云南府之必要耶？要之，此次暴动的程度如同该国各地所发生的寻常骚乱一般，不过朝雾夕散，并不能长久维持。彼等举事的目的仅限于烧毁外国人住宅，数日过后局势必将趋于稳定。唯在此次事件中蒙受损失的相关国家政府今后将对清国政府提出何种要求一事，应引起我等高度注意。因道路隔绝，通信不便，加之关于本次事件本地与邻省间并无直接的关联，若想及时打探出其事件的发展情形实属不易。今后一旦有消息传来，当立即通报。以上为此次民乱前因后果之概要，特进呈以供参考。敬具

明治33年6月15日　　　　驻重庆领事馆事务代理　山崎桂（印）

（附件）

这里的法国领事收到云南府电报，内称发生了一场暴乱，所有外国建筑均被焚毁。法国侨民在法国领事照料下没有人员伤亡，其他外国侨民都躲进了衙门。

确信这次暴乱主要是由反对修筑铁路的恶劣情绪引发的。

另一份报告的大意为法国驻北京公使已经下令法国侨民撤退到云南，但尚未得到证实。[①]

山崎

—〇—

6月18日　驻汉口濑川领事致青木外务大臣函

① 此篇原文为英文。——译者注

为报告汉口状况事(二)

机密第一六号,6月26日收

外务大臣子爵青木周藏阁下:

于该国北部所爆发之义和团骚乱,其余势渐次南下。数日来汉口一带传闻颇多,其大致状况如下示:

一、本月15日载有如下消息的电报传至本地,北京十二处公使馆尽被匪徒烧毁,又十二国公使以及日本公使馆一名馆员亦尽被虐杀。因目前汉口、北京间的电报不通,以上消息是否属实无法得到确认。于此,不仅本地外国侨民,即便是清国地方官员亦万分焦虑,彼此间相互探访以求获得确切消息。值此人心惶恐之际,又传来俄国义勇队汽船奥来路号搭载大批士兵经由吴淞口前来汉口的消息,于是,人心更趋动摇。上述汽船于16日抵达汉口,当该船所搭载的十四名船客以及一百三十六名服役期满的俄国士兵转移到该国另一艘汽船雅老苏拉布鲁号后,很快又拔锚启航返回旅顺,而雅老苏拉布鲁号则于同日出发前往欧洲。

一、张总督为防止将来发生突变,于本日将武昌护卫军之若干兵员调遣至汉口,打算先令彼等在城外操练,之后将分赴各国租界以及市内担当巡逻任务。该总督近来虽再三接到进京谕旨,然至今尚滞留在本地。据说,该总督借口长江一带情势不稳,目前不宜进京,固辞不去。而本地外国人纷纷议论,倘若张总督离开本地,附近一带将随时会爆发骚乱。目前湖南、湖北一带多有匪徒出没,正伺机以待,张总督对此情形深为忧虑。查今日之形势,似仍未有本地土匪与北方义和团联成一气之迹象。然当地哥老会组织时隐时现,且湖南、湖北官兵中亦隐藏不少哥老会成员。

一、因武昌、汉口两地拐匪踪迹未绝,诱拐儿童事件其后依然不断发生。但由于地方官剀切晓谕,诱拐儿童用于建造铁路地基的谣言已渐次平息。然北部所爆发的义和团骚乱影响到芦汉铁路,其破损程度甚为严重,加之铁路建设方与当地民众间发生种种不愉快的事件,以致民心渐次离散。是以,近来本地的比利时人以及铁路建造相关者皆满怀戒心,以防备不测。

一、目前停泊汉口的外国军舰有英舰埃斯库号和斯纳伊普号两艘。其中,斯纳伊普号于本日拔锚启程前往九江。又,该国先前由宜昌前往四川的两艘小炮舰乌到拉库号及乌到靠库号已回到宜昌,目前停泊于该地。原隶属湖广总督管辖的楚材、测海、金甄三舰,目前停泊在武昌。其中,测海、金甄二舰已是废弃之舰,而楚材则处于修理状态中,舰上水兵皆上岸修整,而舰长王恩平目前正在日本游历。因之,若遇急变,此舰想必无法发挥作用。

一、目前居住武昌、汉口两地的本国侨民合计有八十余名。7、8两月间,为避暑归国者不在少数。据此,本地日本侨民将有所减少。

以上为报告内容,以供参考。

明治33年6月18日　　　　驻汉口领事　濑川潜之进(印)

一〇二

6月19日　驻汉口濑川领事致青木外务大臣函(电报)

为报告湖北省天门县英国人所经营教堂遭破坏事

6 月 19 日下午 3:59 发,同日下午 11:00 收　　　　驻汉口领事　濑川

距离汉口百里之天门县赵市处的伦敦会教堂,于 6 月 14 日被暴徒破坏,传教士的物品亦被洗劫一空,在当地传教的一名医师在 17 日逃回汉口。张之洞已下令从武昌派遣军队前往事发地。英国军舰哈密恩(ハーシヲン)号在与停泊本地的该国军舰埃斯库(エスク)号沟通后,不日将前来本港。

一〇三

6 月 19 日　驻汉口濑川领事致青木外务大臣函

同前件

送第二七号,7 月 27 日收

外务大臣子爵青木周藏阁下:

湖北省天门县赵市地方,本月 14 日有暴民发动骚乱,突然袭击当地的伦敦会教堂,教堂医师乌克鲁斯历经艰险逃离当地,并于本月 17 日到达汉口。据说,汉口伦敦会教堂派遣一名传教士以及一名医师前往赵市专门从事传教。本月 14 日,该地附近突然锣鼓大作,有为首者号召当地民人起来抗击洋人,一瞬间有一两万民众聚集于当地。到 14 日下午,十余名村民突然冲向教堂,要求入内一看,当时传教士劳巴茨松尚在外旅行中,只有医师乌克鲁斯一人在教堂内。其见形势极为不稳,便闭门不应。其时,有一信徒前来相告情况已十分危急。该医师遂藏身于一笼箱中,并伺机逃出教堂。其后暴徒闯入教堂内,先是洗劫一番,随后将所剩物品全部毁坏,继而放火焚烧洋馆。随后,当地十余户教徒亦不能免,彼等家宅悉数被破坏,而逃离当地的乌克鲁斯则顺水路于前日(17 日)回到汉口。张总督同日即派出若干兵员前往事发地镇抚,又严令管辖该地的地方官迅速筹商善后办法。另外,本地伦敦会教堂已往事发地派出人员,秘密调查暴动的起因以及暴徒的性质等。张总督对湖北省境内竟然发生如此骚乱一事颇感遗憾,遂又派出侦探,暗地访查远近民心之所向。又,近日本地外国侨民中之英、法、德等国侨民,各自组成义勇军,协商自卫之策。又,目前停泊本港之英国军舰仅埃斯库号一艘,不过两三日内,英国军舰哈米奥恩号将抵达本港。另外,据说俄、法两国军舰亦将不日到达汉口。

以上为报告内容,仅供参考。

明治 33 年 6 月 20 日　　　　驻汉口领事　濑川潜之进(印)

一〇四

6 月 20 日　驻上海小田切代理总领事致青木外务大臣函

为报告上海近况事(一)

公信第一六八号,6 月 25 日收

外务大臣子爵青木周藏阁下:

一、前日(18 日)上海知县汪懋琨接到本地道台余联沅的命令:因目前北方团匪猖獗,本地为防患于未然,宜分派衙役前往辖区内的各处教堂,加以妥善保护,以备不测。知县当即分派衙役前往各教堂予以保护,同时向保甲局员传令应严防附近一带地区,并令各城门文武

员弁自五月二十日(即新历6月18日)夜起,下午8时关闭城门,若有紧急公文,经查清其来历后,可准许进出城门。又,令其亲信率领衙役十名往城内各要处进行严密巡查。

一、前日(18日)上午,保甲总巡傅前往本地十六铺南、北、中三处巡防局及二十三七[①]铺巡防局巡视,并令今后各员当日夜巡查,不可有任何怠慢。

一、因种种传闻不断,本地租界的警察署[②]开始严密调查在租界内各旅馆住宿的客人情况。

一、本港南市钱庄业行会在城内城隍庙内召开同业公会,经商议后一致决定,因近来市面不稳,今后每日的现金支付于下午4时截止。

一、为供应清兵及军舰所用弹药,江南械器局[③]正日夜开工。又,龙华无烟火药制造所同样处于极为繁忙的状态。

吴淞炮台处有清兵约一千五百人驻守。又,该械器局及城内各处的驻守兵士在数百名以上。

一、本地道台余联沅19日上午访问英国总领事。双方就本港防务达成协议,决定双方将通力合作,以确保本地安全。

以上为报告内容,仅供参考。

明治33年6月20日　　　　驻上海代理总领事　小田切万寿之助(印)

一〇五

6月20日　驻上海小田切代理总领事致青木外务大臣函

为报告长江一带各地状况事(二)

公信第一六九号,6月25日收

外务大臣子爵青木周藏阁下:

本地中文报纸所载关于长江一带各地状况之记事,特译出以供参考。

南京状况

一、本月6日,两江总督刘坤一与湖广总督张之洞、直隶总督裕禄、安徽巡抚王之春、江西巡抚松寿、山东巡抚袁世凯等联名上书朝廷,奏请速剿义和团匪,将该党视为忠义之辈实乃大误,若京中不能平定此叛乱,臣等可一同率军进京协助剿灭该匪党。又,刘总督又与两广总督李及闽浙总督许一同联名发出同样奏请,旨在开启朝廷心目,若不迅速加以痛剿,今后之局面势必难以收拾。

武昌状况

一、张总督因朝廷一味偏袒拳匪,颇为忧虑,遂于5月31日、6月2日及3日分别恳切致电朝中各大臣,痛陈义和团实系乱匪,暗与长江一带匪徒联络,应速痛剿之,不宜再迁延旁观。又,至本月6日,两江总督、直隶总督及安徽、江西、山东三省巡抚联名向朝廷奏请,若荣相所部武卫军、庆王所部神机营、端王所部虎神营及各旗兵等不能镇压拳匪,将各自督兵进京,以安京畿地方。

① 原文如此。——译者注

② 即巡捕房。——译者注

③ 即江南制造局。——译者注

一、张总督惟恐鄂省内有不测事端发生，命吏员严密巡查，一旦有地方不稳的消息传来，应随即派员前往弹压。

一、长江一带秩序之维持有赖于刘总督及张总督，然张总督部下湖北巡抚于荫霖乃顽固保守党，又是皇太后心腹之臣，故张总督常为其所掣肘。

一、据6月15日清江浦来信，有大批军队络绎不绝进驻该地。三周以前，已向徐州方面发送一万兵勇，目前该地尚有一万兵勇驻守，分别由归某及陈某两统领督率。而当地民情不稳，居民与驻军间关系不洽，又有对外人极尽谩骂诽谤之辈，扬言要斩杀洋鬼等。江苏省中，尤其徐州府境内，同情义和团者甚多，且近来演练义和拳之风气渐次蔓延到清江浦及其南部地区。据目前状况观察，令人担忧的匪乱随时可能爆发。又，此地乃徐州府与山东交界之处，因官府有负于民望，以致地方情况不稳，只因目前民众间尚缺乏一致行动的机缘，故尚不至爆发骚乱之地步。

一、近来在汉口比利时及法国铁道工程师的发起下所组编的义勇兵，目前已达五十余人，某洋行为彼等置办了军装。

一、本月9日，芜湖的日本人杂货店田中号为暴徒所劫夺。继而民心不稳，有揭帖号召民众在本月16日一同前去焚烧税关及各处教堂，外国侨民纷纷准备避难。于是，保甲局练军防营日夜加紧巡哨，事端渐次得以平息。

一、目前，英舰林耐特(リンネット)号停泊在汉口，而英舰海鲁米奥(ヘルミオン)号则在南京。

以上为报告内容。

明治33年6月20日　　　　驻上海代理总领事　小田切万寿之助(印)

一〇六

6月21日　驻上海小田切代理总领事致青木外务大臣函(电报)

为转呈山崎领事代理关于四川及贵州之报告事

6月21日发，同日收　　　　驻上海代理总领事　小田切

驻重庆山崎领事代理传来如下电文：

目前，四川虽无任何发生骚乱的征兆，但不排除生变的可能。为此，英国领事电请英国舰队司令官派军舰一艘前来本地。另贵州发生饥馑，受其影响，局势更显危急。

一〇七

6月22日　驻上海小田切代理总领事致青木外务大臣函

为续报上海近况事(二)

公信第一七八号，6月27日收

外务大臣子爵青木周藏阁下：

本地道台余联沅为安抚人心兼防患于未然，昨日在各城门处贴出告示。其大意为，各处出现揭帖，肆意制造谣言，煽惑民心，若照国法处治，首谋者当论斩立决，从犯依典制亦当处以斩监候，故尔等民人应各自安分守业，勿要轻信无稽之谈而附和之。又，上海对岸之浦东地区，无赖之徒甚多，此次关于骚乱的种种流言或许乃彼等之流所为。为此，余道

台照会提标右营,望其能派炮船两艘前往董家渡码头驻防。又,在余道台向两江总督刘坤一禀请后,吴淞营统领广盛派遣盛字军一旗兵勇前往江南械器局一带驻防。

以上为报告内容。

明治33年6月22日　　　　驻上海代理总领事　小田切万寿之助(印)

一〇八

6月22日　驻上海小田切代理总领事致青木外务大臣函

为报告镇江及扬州附近状况事

公信第一七九号,6月27日收

外务大臣子爵青木周藏阁下:

镇江道台长恒接到刘总督命令,镇江一地教堂甚多,望其妥为保护。故该道台命水路总巡周某及洋务、保甲两局长率领兵丁日夜加紧巡逻,又照会各国领事,限洋街于下午9时须关闭,并请高度警戒往来洋街之人。另外,因街巷谣言四起,近来,长道台亲率兵勇数十人,各执洋枪、大刀从夜晚至黎明在城内各要处巡视。近来,扬州附近民风与前迥异,强暴横行,各类会匪窜入市内肇事,尤在今日之状况下,更有必要对此辈加强警戒。为此,刘总督命扬州知府及盐运司当督率标防各营加紧戒备。又,扬州乃扼守东北之地,当竭力防范北方匪徒窜来此地。又,瓜洲水师及炮船宜遣往长江沿岸地区加强防守。其时,扬州知府恰罹患重病,故由扬州盐运司于19日会同各地方官员订立章程,着手防卫巡哨事务。

以上为报告内容,仅供参考。

明治33年6月22日　　　　驻上海代理总领事　小田切万寿之助(印)

一〇九

6月22日　驻上海小田切代理总领事致青木外务大臣函

为报告武昌及南京状况事

公信第一八〇号,6月27日收

外务大臣子爵青木周藏阁下:

查阅本日中文报纸,有如下记事:俄国公使致书湖广总督张之洞,要求派兵保护芦汉铁道南部线,并报道目前有两艘俄国军舰停泊在汉口。然而,现时唯有英国舰队停泊在长江各口,即林耐特、海鲁米奥、埃斯库及小炮舰一两艘,合计五艘。故俄国军舰停泊汉口之说不过为讹传。又相传南京英国领事曾面谒两江总督刘坤一,要求除英国以外,其他各国军舰不宜前往长江上游区域。联系到从前电报中所提及的刘总督曾照会各国,并不阻止各国军舰溯长江而上的传言,上述消息亦不过为传闻。又,湖广总督张之洞向中央政府发电,奏请应速剿团匪。此事在前回报告中已有所陈述,现将其电文抄录如下:

致宗室溥侍郎处电报

拳匪为乱,公宗臣志士亟宜疏陈,拳匪是乱民非义民,其力断不能敌外国,请急下诏痛剿,事关安危大计,能多约宗室满州诸君子尤佳,某君最忠愤,请面商一切,勿执成见,奏不可迟,迟必不及。

致闽浙总督许应骙、安徽巡抚王之春、陕西巡抚端某处电报

拳匪为乱，京师危甚，望速电奏请剿。

致甘肃布政使岑春煊处电报

拳匪为乱，望速请魏制府电奏，速速下诏痛剿，迟则不及。

致某公电报

拳匪为乱，密迩京师，恐惊圣驾，不剿拳匪不能阻洋兵，不劾刚相不能剿拳匪，公素忠直敦□(一字缺)，请速电奏，迟恐不及。

以上为报告内容，仅供参考。

明治33年6月22日　　　　驻上海代理总领事　小田切万寿之助(印)

一一〇

6月22日　驻沙市二口领事致青木外务大臣函

为报告关于沙市外国侨民之忧虑并清国地方官间不和事

公第四六号，7月13日收

外务大臣子爵青木周藏阁下：

公信第五四号中已对公安县拿获数名匪徒首领一事提交报告，其中四名昨日已被绑赴荆州北门外刑场处斩，今日彼等首级已分别被悬挂在该市四处要冲之地以示众。为此，市内情形顿然趋于平静状态。然当地外国人皆在猜测此举是否会引来更大暴动，是以越发加强警戒。此次京畿骚乱势必导致政府崩溃，恐届时无望得到损害补偿，众人遂将所有贵重物品皆移入船中。

如上所述，外国人等目前非常惶恐，为此，地方官甚为担忧，近来每日来馆官员频繁，皆在告知目前动态。

然据小官一向之观察，该国地方官之地方防卫，实不足以信赖。本地各部门官员在相互往来上极为谨慎，或逢总督派驻防兵前来之场合，或逢受命共同肩负防务之场合，其各自皆怀防范他人之心，然于面上却表现出非常信赖对方的姿态。无论如何，目前本地的状态尚不至小官所担忧的地步。小官最为忧虑者为该国在枢要城邑皆派将军、都统驻扎，并分满汉区域，各自互不往来，其不和之状显而易见。即如荆州，官员之间尤显不和，如今惊闻京津事变，观其事态，或有欲发起事端者亦未可知。本日江陵县知县来馆叙谈，实则为探听满营状态，此乃小官有上述担忧之根源。

以上为报告内容。

明治33年6月22日　　　　驻沙市领事　二口美久(印)

一一一

6月23日　驻汉口濑川领事致青木外务大臣函

为报告本国侨民担忧湖北省内哥老会员跋扈事

机密第一七号，7月3日收

外务大臣子爵青木周藏阁下：

关于汉口以及附近地方之状况，于前日报告中已有所提及。迩来谣言百出，人心不安，金融日益紧迫，商业状况亦日趋停滞。又中外人等日日接到北地警电，时时处于亦喜亦忧之状态，而从四川、广西及云南等各地亦不时传来警报。不料近来湖北省内有耶稣教堂被袭事件发生，由此本地附近何时爆发骚乱实难以预测。张总督为此焦虑不安，遂命汉口道台照会各国领事，于目前状态下，外国侨民不宜外出打猎抑或游玩。又令已将家眷送往内地者，值此多事之际当速速唤其返回，而之前为避暑已前往内地者亦被急速召回。又，数日来，本地外国侨民已着手准备将其家眷送往上海抑或其他安全地带。目前，令本地外国侨民最为安心者，惟张总督所部军队以及停泊在港内的英国军舰。然外国侨民中亦有人怀疑，当危机来临之际，张总督所部军队是否真能平定内寇而妥善保护外国人。理由之一，据传其兵营中混杂有大量哥老会成员，且指挥官中亦有哥老会成员，若湖南方面哥老会发动事变，本地成员举旗呼应之亦未可知。哥老会乃湖南、湖北人所发起之秘密结社，张总督所部军营中不乏其成员。逢此多事之秋，此辈若违抗张总督命令，对外国人行不端之举，当在意料之中。加之，近来汉口附近风传，北京义和团正将其团民送往长江一带地方，暗地煽动民心，以便扩张势力。或又有消息说，虎神营派遣委员，率若干义和团成员，已来到武昌及长沙两地等。此种种流言在汉人之间广为传播，其真伪难以判断。数日来，本地民众对于外出的外国人，往往以从前并未听过的恶言(如称呼“洋鬼子”之类)相骂。由此可判断，受北方形势影响，本地风气渐次显现败坏景象。如此前所报告，本地英、法、德等国侨民已各自组编义勇军，正积极演练，以备万一。目前，本国侨民或居住在支那街，或居住在租界内，或散居在武昌各处，故于组编义勇军事务上极为不便。而值此人心惶恐的状态下，为保证本地八十余名日本侨民的安全，本国侨民中期盼本国军舰前来此地者不在少数。另外，汉口上游的沙市以及宜昌，亦有不少本国侨民。近来又风闻沙市附近的情形极为不稳，似有崩溃的征兆。藉以上种种理由，为妥为保护长江一带帝国侨民的安全，特申请派遣军舰前来本地为盼。敬具

明治 33 年 6 月 23 日　　　　驻汉口领事　瀨川浅之进(印)

又及：目前，停泊本港之英国军舰为埃斯库号和林耐特号两艘。根据前次报告，海鲁米奥号原应前来汉口，然该舰目前仍停泊在南京，而林耐特号则于前日驶抵汉口。

(栏外注记)“千代田号正游弋于长江，目前有其他要务在身(大臣)”

一一二

6 月 23 日　驻上海小田切代理总领事致青木外务大臣函

为续报长江近况事(三)

公信第一八二号，6 月 28 日收

外务大臣子爵青木周藏阁下：

长江一带有各类会匪出没，两江总督刘坤一以及湖广总督张之洞专意于民心之安抚，督励部下严加防范，不可怠于警戒。因之，此地虽谣言广为流布，但地方并未显现形势不稳之迹象。

以上为报告内容。敬具

明治 33 年 6 月 23 日　　　　驻上海代理总领事　小田切万寿之助(印)

一一三

6 月 23 日　驻重庆领事馆事务代理山崎致外务大臣青木函(电报)

为续报云南教案事

6 月 23 日下午 9:55 发,24 日上午 2:20 收　　　　驻重庆领事代理　山崎

关于云南暴动,其主谋者数人已被处刑。云南巡抚对驻当地英国领事辩称,此次暴动实由法国人擅往本地秘密输入数箱弹药引起,又恳请商议善后办法。但英国领事表明,就此次事件,与地方官间的交涉已交由当地传教士处理。另外,法国领事强烈提出,将退出当地,地方官正竭力阻止这一行动。

一一四

6 月 24 日　驻重庆领事馆事务代理山崎致青木外务大臣函

为报告四川省、云南省动态事

机密第一〇号,7 月 16 日收

外务大臣子爵青木周藏阁下:

义和团处于一种不可思议之地位,继续横暴于北京、保定一带,而袁世凯因受到北京政府训令之束缚,不能尽力清剿山东方面的匪党等消息,不仅见于上海各新闻报纸,还是近来外国人间的谈论话题。虽说并非没有担心北京将来局面的人,但一般民众终是茫然,议论过后,民心复趋于平静。然本月 15 日,本地电报局被告知京津间之通信已完全陷入瘫痪状态后,本地外国人尤其一般市民始知发生在国都的这场变乱非轻易所能解决。嗣后,关于各国军舰集结大沽、李鸿章及袁世凯被谕令迅速进京等消息不断流布于街头巷尾,又有云南府发生暴徒骚乱事件的消息传来,一时间各类议论再度纷起。期间,仍有各地情形不稳之消息纷至沓来,如湖北利川县残留匪徒逃窜到四川境内,又贵州一带农作凶歉,虽由四川调入救济米一万包,物价依然居高不下,以致民心汹汹等。目前,本地人心虽极为平稳,然四川一向为哥老会匪之巢穴,其残党余孽多潜伏在本地,此时彼等闻得北京变乱,又看到贵州、云南两省之现状,或以英国汽船已驶入天津为借口,或以招致民间不满的铁道铺设计划为煽惑事由,加上传教布道之新仇旧恨,或许私下正酝酿于何时发动暴乱亦不可测也。于是,外国人颇生惊惧之念,即如法国领事哈士氏,现闻得云南暴动之事,顿时加强警戒,四处游说,为防范将来可能发生的变乱,应召集包括传教士在内的各国领事会商防卫以及避难的方法。然而英国领事富美基氏似对法国领事的提议毫无热情,认为以目前之状态,唯各国自谋办法切实打探远近匪徒的动静即足矣。至 19 日,英国领事向英国舰队司令官电请派遣炮舰一艘前来重庆,据说此举是在法国领事再三劝说下的结果。又,重庆贸易公司即英商利茨特鲁氏驾驶其初航的汽船肇通号(英名"帕伊奥尼路")于本月 20 日抵达本港,英领事随后为其办理停泊本港的手续。据肇通号船长以及同船回到本地的利茨特鲁氏所言,沿江一带情况与平日稍有不同。另外,该船按照计划将于本月 28 日启锚开往下游。

要之,以今日之局面可判明,四川境内的民心极为平稳。然今后或彼等义和团匪窜入本省,或匪徒乘贵州饥馑肆意煽动,此地爆发民变亦未可知。又,本官目前正严密关注当地民情的发展,一旦有异常事件发生,当及时电禀,现唯将目前状况提出报告。敬具

明治33年6月24日　　　　驻重庆领事馆事务代理　山崎桂(印)

又及:经由上海领事发送之本月20日电文附于另页,以供查阅(注:此处省略)。

一一五

6月24日　驻重庆领事馆事务代理山崎致青木外务大臣函

D 为报告云南省动态事

机密第一一号,7月16日收

外务大臣子爵青木周藏阁下:

关于云南府暴动事件,其后又得到探闻,云南巡抚丁振铎(现署理云南总督)竭力镇压匪徒,并将数名匪首处以极刑,对受害者即英法人则极力安抚等。20日,该巡抚在访问英领事富美基氏时问到,目前云南府境内的英国人利益当在其保护范围之内,此次民乱过程中其所蒙受的损失将如何处理耶。该领事答复道,就此次事件,曾接到总督(即前云南巡抚)长篇电报,因而对彼地所发生的事件已全然明了,并以为总督所言不差。至于损害赔偿一事,已决定交由传教士与中国官员进行协商解决。倘若将此一地方事件向驻北京英国公使提出,以今日之局势,北京公使必定无暇料理此等琐碎事务,而他本人又即将离开本地,由以上原因,遂作出如此决定等。观其前后谈话的口气,丁巡抚似乎在其致英国领事的电文中,强调此次民变事件系法国人采取刺激当地民心之举动而造成,其中大概就包含法国人私自往当地输入数箱弹药之事,而另一方面却不乏极力安抚英国人之辞。英领事又说道,法国人时常说英国人喜欢生事,以我之私见,法国人乃真正包藏祸心、频惹事端之人。然而依照法国领事哈士氏的说法,此次民变主要因铁道事业及抗拒传教而起,实属顽民所为。又据最近密报,导致此次事件发生的直接原因,乃云南府地方盛传英国人对中缅边境上所发生的英国人遇害事件(清历本年二月中,于上述边境处英国测量队与当地百姓之间发生纠纷,致使英领事烈敦受伤,又两名英国官员被杀)将采取报复手段。且根据法国领事所言,当时在云南府的法国领事事先已觉察暴民将有所举动,故致电驻京法国公使,要求撤离云南府,并得到许可。不料,在法国人整理好行装准备出发之时,骚乱爆发,一时间各处教堂尽被烧毁。不过匪党势力虽极为猖獗,所幸外国人中无一人遇害。但法国人当时打算撤离当地的决心似乎毋庸置疑。即便今日,该法国领事仍坚持法国人应尽早撤离当地的态度。又此后两日,夏道台来馆拜访之际,谈起就此事件曾电讯云南府,并得到答复,匪徒等目前被彻底镇压,外国人的戒心随之消除,可安心在当地居住。据此,丁巡抚之才干、气量实可为人所称赞。

由是观之,操纵此次云南民变的并非顽固派,实乃当地匪党针对普通外国人所发动的骚乱。其主要原因在于,当地民众对包括法国领事在内的众铁道役员以及天主教传教士的不当行为,长期心存不满。又据观察,对此次事件的处理,与英国采取宽容放任的态度不同,法国似欲实行强硬手段。倘若猜测法国政府就此次事件将向清国政府提出何种要

求，以小官之揣摩，要求开放云南府，令其成为通商地一项必定包含在法国将来所提出的条款之内。

以上为报告内容。敬具

明治 33 年 6 月 24 日　　　　驻重庆领事馆事务代理　山崎桂（印）

又及：经由上海领事发送的本月 22 日电文附于另页，以供查阅（注：此处省略）。

一一六

6 月 28 日　驻上海小田切代理总领事致青木外务大臣函（电报）

为报告上海近况事

6 月 28 日下午 3:26 发，同日下午 7:10 收　　　　驻上海总领事小田切

居住在上海的清国人，因担心本地发生变乱，前往内地避难者甚多。据本地中文刊物发行者称，根据清江浦方面来信，武卫先锋左军张春发及右军陈泽霖接到清国政府训令，已统率其部队于本日下午离开当地，北上而去。

一一七

6 月 28 日　驻上海小田切代理总领事致青木外务大臣函

为续报南京状况事

公信第一九三号，7 月 5 日收

外务大臣子爵青木周藏阁下：

刘总督严于防范之余，又加意镇抚。此种情形，在此前报告中已屡有陈述。据闻，今日南京城内有匿名揭帖出现。其全文如下：

> 本（师）[帅]所统神兵，不日由京到宁。先将教堂烧去，次将电杆毁尽，邮政、报房、学堂，自当一律扫净。兵到南京之后，平民不要虚惊，神兵逐尽洋人，从此天下安宁。兵丁一切食用，买卖亦须公平。衙署、洋关不毁，依然缴税征金。平民不遵约束，立时明正典刑。

以上为报告内容，仅供参考。敬具

明治 33 年 6 月 28 日　　　　驻上海代理总领事　小田切万寿之助（印）

一一八

6 月 29 日　驻上海小田切代理总领事致青木外务大臣函

为报告关于首席总领事为安抚人心出具告示事

附件：驻上海葡国总领事告示抄件

公信第一九六号，7 月 5 日收

外务大臣子爵青木周藏阁下：

过去数日间，不知为何缘故，本地中国人心情异常不安。于是，携家眷并器物回归故里者不在少数。其中，宁波人之归乡最显狼狈之状。为此，由本地始发之汽船，每班皆有

数千人,其混乱景象难以用纸笔形容。是以,各国领事在协商之后,于本日发布如另页所附的告示。其概要旨在安抚人心,试图劝阻彼等逃离本地。

以上为报告内容。敬具

明治33年5月29日　　驻上海代理总领事　小田切万寿之助(印)

(附件)

向中国人发布的领事公告

下面是在上海流传的一份公告的译文,上海百姓充满不安的情绪。由于对现状的真实情况不了解,他们自己感到恐惧,并相互恐吓;离开上海回老家,很多人成了抢劫者的猎物。

我们上海领事团已经同中国当局协商了关于保护上海及周围地区人们生命和财产安全的问题,同意共同合作镇压可能发生的任何骚乱。工部局已经雇用了志愿军(Volunteer Corps)保护租界,我们的军舰已经在黄浦江各就各位,也是为了保护租界,这是停泊在黄浦江上军舰的唯一目的。

陆地和江面上的这些预防措施,以及与中国当局的真诚合作,确保北方的骚乱不会传播到上海及周围地区。一切很好,不必惊慌,我们郑重告诉大家,在黄浦江上停泊战舰只是为了保护租界而采取的一种预防措施,许多人听信谣言正在逃离上海,这些谣言是毫无根据的。

葡萄牙总领事、首席领事

华德师(Joaquim Maria Travassos Valdez)①

一一九

6月29日　驻上海小田切代理总领事致青木外务大臣函

为报告南京清国官员关于希望皇上亲政之寄稿事

公信第一九七号,7月5日收

外务大臣子爵青木周藏阁下:

本地报纸《字林西报》的寄稿栏内,刊登本月15日南京满汉官员、绅士四十余人联名寄稿一则。由此多少可窥见当地官绅对北清事变所持的态度,特译出,以供贵大臣查阅。

> 此次拳匪扰乱的根由,全在于政府中的无识者一味袒护拳匪,刻意为难外人,以致与外国发生衅端。我光绪皇帝于戊戌政变以后,国权旁移,徒保有虚位。是以,此次变乱与我皇上全无关系,亦与各省官绅全无关系,且与我海内四民毫无干系,所以致此者,乃政府中之无识愚昧者所为。倘若光绪皇帝能亲裁政务,必推举新政,断不至有如此之事发生。光绪皇帝乃英明君主,历代无有能及之者也,唯因无权,以致身陷今日大难。忠义之士,遥望北方帝都,无不痛哭流涕。虽欲勤王,而无从做起。唯望各国政府持大公至正之心,抛开私见,竭力助我皇上复位。现时北京之情形,已为驻京各国公使所尽知。倘若各钦使救助我皇上,免遭仇人加害,则我皇上必能一意推行新政,以计中兴。况且,我光绪皇帝亦深知西学、西艺之益,故尤能怀改行新政之心。若从此一意革除从来之陋习,并渐次推向文化领域,中国人民享有升平之福并非

① 此篇原文为英文。——译者注

难事。此非独中国之利益，亦是世界之利益也。若得如此，我国人民当感激于西国办事之公正，而永世不忘。目下急务，乃切望各国以及各国使臣，能救我皇上于水火之中，并竭力助其复位也。

以上为报告内容。

明治33年6月29日　　　　驻上海代理总领事　小田切万寿之助(印)

一二〇

7月2日　驻汉口濑川领事致青木外务大臣函

为报告汉口状况事

送第二八号，7月12日收到

外务大臣子爵青木周藏阁下：

因京津间之交通中断已久，包括各外国驻华公使在内的北京城内众多外国人是否安然无恙，全然不得而知。早日打通京津之联络以获取在京外国人之消息，已为目下最为切盼之事。此时恰有两万日本兵正向大沽进军的消息，于两三日前在本地外国人间传播。这一传闻给本地带来极大的欣喜和期待。另现停泊在本地的军舰，仅有英国炮舰林耐特号一艘。正当人们感到据此不足以应对突发事变之时，又有两艘日本军舰已进入吴淞港的情报传送到本地。本地外国人遂猜测上述军舰是否将由长江逆行前来汉口。而为探听虚实，前来本官处询问者不在少数。据此可知本地外国人对于日本海陆军的移动状况非常重视。

汉口市内的民心尤为战战兢兢，因不知将会于何时发生何事，人人都是一副惴惴不安的样子。例如之前就有受雇于外国商店的支那人要求于夜晚离开店铺回家过夜。又，现在市内大多数的商品交易必须以现金支付。凭借信用进行交易的方式几乎不再可行。因利息逐步升高，以致金融状况越来越糟，从前轮船上下堆满货物的景象不再可见。一些人想到将来可能会发生的情景，便烦不胜烦。加之，如果真因本年夏季干旱而导致农作物歉收，那么地方安宁之维护将是个疑问。若此，国内将会出现大乱的猜测，决不再是杞人忧天的传闻。

此时，盛传张总督已派出三千兵力由陆路前往北京。这一消息尚未得到最终确认。根据目前湖北的形势来判断，值此为维护地方安宁而需要充分兵力之际，即便有往北方输送兵力的情况发生，亦不过会输送一些不能真正起到作用的新兵而已。另，之前有中护军营的百余名兵勇脱营而去，其行踪不得而知，引发了不少人的恐惧心理。不过吴元恺及张彪等已由日本归来，武昌的士气当重新振作起来。

以上为报告内容。敬具

明治33年7月2日　　　　驻汉口领事　濑川浅之进(印)

一二一

7月2日　驻重庆领事馆事务代理山崎致青木外务大臣函

为续报北京事变后的四川省状况事

机密第一四号，7月28日收到

外务大臣子爵青木周藏阁下:

关于近日四川省内的状况,于上月24日发出的机密第一〇号以及第一一号信函中已提交详细报告。其后,随着北方来电内容的广泛传播,导致普通百姓人心不安,遂传来有兵勇在巴县与邻县交界一带劫掠民家的消息。另,官府又探出有人于城内某寺庙结盟,即会匪间发誓结为义兄弟的情报,对其进行了处罚,并张贴告示,严禁民众从事上述活动。另,在云南府的法国人全部撤出当地后,将有一万法国兵压境云南的谣言四处传布。这时又有四五名外国人在贵州省大定府被虐杀的飞报传来。另一方面,在沿江下游的丰都县等一两处地方,也有土匪出没抢劫民船的流言传出;而本市的外国人间又在相传,数日前有人散发传单,上写要烧毁目前正欲乘船离开本地避难之外国人的房屋等。这更加引发了外国人的警戒心理。在上月19日发出的信函中,曾述及英国领事已向该国舰队司令发出电请,要求派遣炮舰前来。其后,该司令官没有任何回电。为此,该领事按照预先的考虑,认为有必要阻止汽船肇通号按期回航,并于上月27日早前来拜访本官,就该汽船的停泊请求以及其停泊的必要性作出说明,征求外国领事的同意。而如果能获得本官的同意,该领事希望本官能在向该汽船所有者扬子贸易公司(在前封信函中已述及该船似乎与重庆贸易公司有所属关系。重庆贸易公司的经营者为英国人利茨特鲁)发出写明上述意图的照会末尾处签名。本官遂表明,就保护本地外国人,实有必要令上述汽船停泊本地,这一点上本官与英国领事持有相同意见,但本官需声明并不拥有以上述事由束缚本国政府的权利。随后本官在另页所附的英国领事所书公文末尾处签名。法国领事安迪氏在查看文书内容后,也署上签名。而英国领事亦表明就阻留该船一事负全责,并已向本国政府发出电报。为此,本应于上月27日出航的该汽船遂停泊在本港,其回航至少向后拖延一个月。据此,未来万一发生急变,该船将会给本地外国人的避难带来方便。

英国领事阻止肇通号正常出航,虽然属于权力范围内之处置行为,但考虑到将上述举动公布于世,可能成为引发人心躁动的导火线,四川总督遂命夏道台与英国领事以及英舰舰长协商,签订长江上游汽船冲突预防规则。目前,各国领事在谈及此事时深以为幸。以道台为首的中外人士,因肇通号船长将是上述规则的实践者,故于协商该规则时极为慎重,而上述汽船公司对于延期回航一事最终表示认可。另,如前所述,现在本地谣言四起,鉴于无法预知危机从何而起,上月27日,当夏道台打算离开府城巡视其管下的兵营之际,英国领事在与本官以及法国领事协商的基础上,一边以首席领事身份代表英、法、日三国领事向四川总督奎俊发出电报,请求总督向道台发出电令,值此人心不稳之际夏道台不宜外出,一边直接向夏道台发出同样趣旨的照会。翌28日,夏道台回复各领事,表示就上述建议已电禀总督,巡视日程已相应延期。

现在,除井户川大尉外,尚有五六名本国人滞留在成都。时至今日,仍时时以电报方式彼此互通消息。近来,由于本地人心日趋不稳,遂致电井户川大尉,一旦有发生事变之征兆,请即刻保护在成都的本国人返回重庆。昨天傍晚接到该大尉的电报,因彼地已稍稍呈现人心不稳之迹象,当地本国人当于后天即4日一同由成都出发前来重庆。不过,我帝国博物馆的学艺委员安村喜当,因美术研究,受该馆派遣于前几日来到本地,随后为访游峨眉山等地去了成都,之后当前往北京。(安村喜当)于上月7日离开本地,目前应该滞留在成都。在向井户川大尉咨询以后,得到回复说该氏已于数日前离开成都并往北而去。

据推测，该氏目前一定在前往长安的途中，故向四川总督发出电讯照会，请求沿途各地方官阻止该氏继续北上，并令其中途返回。另，前几日，成都武备学堂的某学生聚集了两三百名兵勇打算密谋起事，被官府发觉，随后被立即处死。关于上述事件的概要，本日已以电报方式呈交报告(另页附)。另，为慎重起见，特将上月28日收到之电训以另页誊写后，同封送上以供查阅。敬具

明治33年7月2日　　　驻重庆领事馆事务代理　山崎桂(印)

(注)另页所附文书略。

一二二

7月4日　驻上海小田切代理总领事致青木外务大臣函(电报)

为报告刘总督招抚哥老会领袖事

7月4日下午2:39发，7月4日下午8:40收　　　驻上海领事　小田切

第一四号

据可靠方面传来的消息，刘坤一因担心哥老会首领之一徐老虎乘目前局势混乱出来举事，已派人向其送去密函，而且依照刘永福向清国政府投降之例，以只要遵守军队中将官应该服从的若干条例为条件，努力劝其投降。

一二三

7月6日　驻上海小田切代理总领事致青木外务大臣函

为报告刘总督招抚哥老会领袖事

机密第六九号，7月12日收

外务大臣子爵青木周藏阁下：

徐老虎是哥老会首领之一，以扬州瓜洲镇附近为据点，聚集了数万党徒，在江苏、浙江间公然出没，贩卖私盐。因其势力甚为强大，故不易抓捕或进行讨伐。以两江总督刘坤一如此之名望与威力，仍对其无可奈何。不过徐老虎对于刘总督多少怀有忌惮，此数年间并不敢有过为暴虐的举动。然而，今春总督入京，鹿传霖在南京临时署理总督事务期间，徐老虎公然以两江两湖大元帅名义，向鹿署理总督发出信函；并以大元帅名义，在长江各紧要处张贴告示。这足以证明，其因势力强大而日显目中无人之态。此次拳匪酿事，骚扰北方，是否会牵连动摇南方人心耶？而刘总督之忧虑所在，与其说是义和团匪之南下，毋宁说徐老虎之流乘机滋事，以致对外国人之生命、财产造成危害，其后果便是又引发与外国间之交涉。于是，总督接受前任上海海关道蔡钧意见，密令长江水师黄少春仿照清国政府招降黑旗军首领刘永福之例招降徐老虎，即给其一定官职，将其手下党羽编制成一队，令其统率，并不定期给其部队提供费用。就黄、徐交涉状况，有说已经颇有成效，有说徐老虎并不响应招降，其确切情况尚不得而知，他日在探查之基础上再作报告。

另，哥老会成员以长江一带地方为大本营，其人数多达数十万，而散布在其他地方之党羽亦不在少数。上述徐老虎乃在长江一带即会匪大本营进行活动的首领之一，因此其一举一动无不代表着全体会匪的意愿。如果有幸，一如刘总督之计划，他能接受招抚；而

万一其拒绝招抚,无论从刘总督,还是从外国人的角度去看,毋庸置疑此人绝对是非常危险之人物。今后将密切关注徐老虎的动向。

以上为报告内容。敬具

明治33年7月6日　　　驻上海代理总领事　小田切万寿之助(印)

一二四

7月6日　驻上海小田切代理总领事致青木外务大臣函

为报告上海近况事

公信第二一二号,7月10日收

外务大臣子爵青木周藏阁下:

大沽炮战后,出入本港的军舰非常频繁,本地外国人自发组成义勇军以备万一。伴随形势不稳,街巷之间谣言纷起,或又有恶作剧者愚弄人心。为此,来到本地赚钱的中国人中,因心怀恐惧回归故里者日趋增多。每日开往苏、杭、宁波等地的船次也随之增多,旅客多时可超过一万人次。而那些拥有资产、无法立即逃回乡里的人,则尽量卖掉手中的货物,不惜换回少量的金银以备万一。为此,钱庄、银铺的状况非常紧急。上月28日,上海道台余联沅委托铁路大臣盛宣怀向本地的清国银行以及外国银行转达以下意思:无论是中国银行还是外国银行,截至目前所发行的支票均可有效使用,因此不应大量收藏金银以挤压市场。另一方面,其又公开晓谕:各国军舰云集大沽并无他意,不过为镇压匪徒以救出在北京的外国人。且按照刘总督的命令,本官已同驻上海各领事进行过协商,制定了保护人民之法,旨在维护包括上海在内的长江一带的安宁。尤其在本地,针对城内以及租界,华兵和洋兵各守分工,以加强戒备,即便有匪徒,亦不致令彼等酿成事端。因此,一般民众应深体此意,切勿轻信谣言而怀抱疑念。另,通用货币即便是各银行的支票亦可有效使用,切勿一味收藏金银等等。如此,一时间本地居民安心不少,市场亦随之有了景气。这固然是大公司随着民心的安定,又能够继续展开交易的结果;而民心稍安却是在得悉中国官员与外国官员同处一室,彼此毫无成见地会同协商如何防范匪徒事宜后的效应。然而,前日,德国公使之死被正式确认,本地各领事馆以及停泊在港内之军舰均降半旗致哀。民心由此不可避免地再次发生动摇,不过相信在今后一段时间内将逐渐恢复平静。

以上为报告内容。敬具

明治33年7月4日　　　驻上海代理总领事　小田切万寿之助(印)

一二五

7月6日　驻上海小田切代理总领事致青木外务大臣函

为报清江浦附近之状况事

公信第二二〇号,7月12日收

外务大臣子爵青木周藏阁下:

根据淮安东文学堂井原鹤太郎于上月20日发来的关于当地状况的报告,随着北清团匪之凶暴日甚一日,当地耶稣教士均纷纷逃往上海。不过当地民众对于日本人的态度依然如常，并未发生什么意外事件。只是根据两江总督的密令，淮安知府加强警戒，布置了各种防范措施。其后四五日，根据该知府的通知得知，有人在张贴团匪之惑言，官府虽然顺着线索竭力搜查，但至今尚未抓获疑犯。然而，本官看了昨5日之英文报纸，说清江浦附近之形势日趋危急，留在当地之外国人一同乘坐河船将于本日到达上海。当地的清国官员一直以来对于外国人均表达了善意，并竭尽可能给予保护。据说自数日前，北方团匪潜来当地者甚多。以地方官为首，当地居民为防万一，乞求彼等立即退出当地，上述人等遂一同撤出了当地。总之，该地是北清与长江联络之要地，若有从北方潜来之匪徒，必当以此地为落脚点，故相关人士对于此地的防备尤为重视。尽管如此，近来关于匪徒已经潜来的传说盛行，纷纷猜测匪徒在长江一带的起事地点将会是该地区耶。

以上为报告内容。敬具

明治33年7月6日　　　　驻上海代理总领事　小田切万寿之助（印）

一二六

7月11日　驻上海小田切代理总领事致青木外务大臣函

为报告哥老会领袖归顺事

公信第二二九号，7月20日收

外务大臣子爵青木周藏阁下：

正如本月6日发机密第六九号信函，就徐老虎一事所提交的报告，两江总督刘坤一在同长江水师提督黄少春商议后，派人前往恳切劝降。徐老虎最初尚犹豫不决，其后在家住七濠口的胡、唐两位绅士斡旋下，几日前终于前往黄少春处谢罪，表示愿意归顺。黄少春当即应允其可统带三十艘炮艇，并恳嘱其应率领手下人马极力效忠朝廷。之后，徐老虎随同黄少春乘坐该国军舰开济号由镇江前往南京去拜谒两江总督。

以上为报告内容。敬具

明治33年7月11日　　　　驻上海代理总领事　小田切万寿之助（印）

一二七

7月11日　驻汉口濑川领事致青木外务大臣函（电报）

为报告河南及湖北骚乱情况事

7月11日下午9:40发，7月12日下午1:35收　　　　驻汉口领事　濑川

据由河南南阳传送到本地的电报称，基督旧教的传教士为当地暴徒所袭，改宗的清国人多有负伤，现今状况非常危急。另，据由湖北襄阳传送至本地的电报称，属于基督旧教的建筑物均遭暴徒破坏。

一二八

7月18日　驻上海小田切代理总领事致青木外务大臣函（电报）

为报告江西省景德镇教案情况事(一)

7月18日上午10:50发，7月18日下午5:45收　　　　驻上海领事　小田切

第六五号

根据《北清日报》所刊载的江西通信称,景德镇的教堂被破坏,当地的清国人基督教徒遭到虐杀。另,有传教士从饶州及抚州撤回,其地的教堂也遭到破坏。

一二九

7月20日　驻上海小田切代理总领事致青木外务大臣函

为报告江西省景德镇教案情况事(二)

公信第二四六号,7月26日收

外务大臣子爵青木周藏阁下:

关于景德镇情况不稳的情况,之前于18日发的电报中有所陈述,其后并未接到更为详细的报告。据本日发行的清字报纸所刊载的九江通信称,本月11日凌晨3点,有人在当地教堂放火,致其完全焚毁,并殃及某洋货店。另,饶州府内的教堂于同日亦遭遇火灾,其详细情况尚不明了。

以上为报告内容。敬具

明治33年7月20日　　　驻上海代理总领事　小田切万寿之助(印)

一三〇

7月20日　驻汉口领事致青木外务大臣函

为报告上谕关于沿江各地等的暴动以及外国人权益保护事

附件:光绪二十六年六月廿一日上谕誊写件

机密第二七号,7月30日收

外务大臣子爵青木周藏阁下:

山东、直隶两省的义和团骚乱导致支那全国人心动摇。近来,匪徒四处起事,教堂被焚、传教士遭袭之事不胜枚举。本地汉口、武昌两地的英、美、法以及其他国家的传教士以及教堂之数虽不在少,但幸好截至目前尚未发生任何惨事。然而,湖北省内以及与湖北相邻接之河南、湖南以及江西等各地,除开放港口城市外,所有的教堂均濒临万分危急。起初,不过主要袭击外国传教士。但发展到目前,已威胁到支那传教士,其所管理的教堂纷纷遭到焚毁,几乎没有停息下来的样子。关于河南省南阳、湖北省天门以及襄阳、湖南省衡州等地所发生的事件已经提交报告。据昨天听到的消息,江西省景德镇的天主教教堂亦遭到破坏,外国传教士避难至九江。因位于汉口上游新堤的美国教堂有随时遭到破坏的征兆,故本地的美国领事已向张总督请求派兵保护。像本地极有实力的张总督这样,既有一定见识,又能镇抚地方,即便有与其意见相左的顽固官员存在,但若想轻易违背张总督之意采取什么措施也是不太可能。然而最近发生在江西或河南等地之事件,又不能不令人痛感危急之状况已经显现。因上述两省中的一些官员自上月下旬以来,倾向遵奉被传说其实乃端郡王所下发之上谕,施之于地方政治。故据近来传闻,河南省的地方官员中,有人已经发出要放逐外国人(或说为杀戮)的命令。另,江西省地方官员中的一些顽固者,平素非常痛恨那些与外国人往来交际的人员。故在此类人员中,那些怀抱先进主义思想者，抱着不知将遭遇何种下场之恐惧心，已秘密带着家眷迁往他处。总之，目前之支那地方官员，分为亲外派和排外派。排外派墨守端郡王所发之上谕欲实行之，而亲外派则极力反对，因而政令分为左右两端。两派在地方施政方针上难免发生冲突，即在甲地方官员苦心筹谋如何保护外国人，而在乙地方却努力排斥上述做法。由此，教堂遭到破坏、传教士被袭等事件不断在各地发生。此种情形最终会发展成为何种状态，乃最为忧心之处。近来，北京的形势又稍稍起了变化。为此，上月下旬流传甚广的排外主义上谕，在目前来看已甚少有人关注。据本日发至张总督处之清历六月廿一日即四日前的上谕中称，要保护公使馆，要保护传教士，以及要充分保护在通商口岸的外国商人及传教士，尤其宣称要平定土匪。若各省地方官均能遵奉此道上谕，制定施政方针，各地方的骚乱将有望逐渐得到平定。先前，各地方爆发的起义，决不能完全归罪于土匪或乱民，其实应该追究地方官员之责任处甚多。如前述河南及江西省内地方官之所做所为，即是明证。另页附上上谕誊写件一份。以上为报告内容。敬具

明治33年7月20日　　驻汉口领事　瀬川浅之进(印)

(附件)

誊写件

六月二十一日(我7月17日)。内阁奉上谕：此次中外肇衅，起于民教之相闹，嗣因大沽炮台被占，以致激成兵端。朝廷谊重邦交，仍不肯轻于决绝。迭经明降谕旨，保护使馆，并谕各直省保护教士。现在兵事未弭，各国商民在中国者甚多，均应一律保护。着该将军、督抚，查明各国洋商、教士在通商各埠及各府、州、县者，按照条约一体认真保护，不得稍有疏虞。上月日本书记杉山彬被戕，正深骇异，未几复有德国公使被害之事。该公使驻京办理交涉，遽遭伤害，惋惜尤深，应仍严饬勒拿凶手，务获究办。所有此次天津开战后，除因战事外，其因乱无故被害之洋人、教士等及损失物产，着顺天府、直隶总督饬属分别查明，听候汇案合办。至近日各处土匪、乱民焚杀劫掠，扰害良民，实属不成事体。着该督抚及各统兵大员，查明实在情形，相机剿办，以靖乱源。特此通谕知之。钦此。

一三一

7月21日　驻汉口瀬川领事致青木外务大臣函

为报告河南状况以及汉口形势不稳之征兆情况事

送第三五号，8月2日收

外务大臣子爵青木周藏阁下：

在河南省内各地传教的英、美两国传教士以及他们的家眷共计二十名，因此次事变一同撤出当地，并与北京辛迪加(Syndicate)的三名美国工程师一起走汉水，于本日全部到达本地。而上述传教士等所携带的物品，在行至河南省南阳附近一带时为当地民人全部劫掠而去。由此可知，河南省内的地方官对于外国人丝毫没有给予保护。上述一行人中亦有为土民重伤手足者。不过彼等在进入湖北省内后，却受到由张总督派出的兵勇加意保护，一路未再发生任何事情而安全通过。另，根据这一行人谈话中所提到的传闻，河南近来干旱，有发生饥馑之征兆，为此人心颇为不稳，不过省内似乎尚无义和团。在长江上

游的宜昌附近,两三月来久未降雨。正在忧虑人心稍有动摇即会酿成百姓起义之际,大概在一周前降下一场大雨,紧张气氛顿时和缓许多。本地汉口自上月中旬以来商业完全停顿,本地与上海及宜昌间之往返汽船装卸货物遽然减少,造成很多劳动者丧失谋生之道,陷入极端困顿之中。今后两三月中,不景气状态若持续下去,上述劳动者必将处于无法糊口而濒临死亡之状态,担心由此又不知酿成何事者不在少数。先前,在清国内地或居住或旅行的诸多外国人中,很多人为避暑陆陆续续离开自己所居住的地方前往九江附近的庐山(一名山),目前在庐山的这些人又开始陆续离开。昨天(20日),驻本地英国领事对英国人进行明确劝说,希望在本地的妇女及儿童转往上海或其他安全的地方。另,驻长江各口岸的英国领事均发出了同一劝告。目前,在本地附近,除交易市场以及在大冶两三处制铁所的出差人员外,已经没有或居住或游历的本国人。只是本年4月下旬经过本地前往四川省重庆的帝国博物馆学艺委员安村喜当目前在何处尚不明确。关于此人,此前该博物馆的久保田主事曾特别询问过,为此本月20日发电重庆领事馆询问其下落,得知安村已于6月24日离开成都前往长安。故于7月1日向四川总督发电,请求阻止该人继续向北部旅行,并得到回电。随后又向重庆领事代理发电,希望在安村回到重庆后,向其传达由他本人与久保田主事进行联络之意。

以上为报告内容,仅供参考。敬具

明治30年7月21日　　　　驻汉口领事　瀬川浅之进(印)

一三二

7月24日　驻上海小田切代理总领事致青木外务大臣函

为报告沿江状况事

公信第二五三号(抄),7月30日收

外务大臣子爵青木周藏阁下:

(前略)

第二　江西省

关于赣州府景德镇教堂被毁事,在前回的信函中已经提交报告。只是在事变期间,是否有传教士遇害或受伤,以及时至今日是否已被平定等皆不得而知。将在进一步详细探查后提交报告。

第三　湖南省

关于衡州府内的暴动事件,在此前电报中已有所陈述。据说,事变发生之初,有某意大利传教士已经听到风声,立即前去面见当地知府,要求保护。令人意外的是该知府要求传教士应迅速离开当地,而并没有发兵前往镇压。该传教士不得已只能返回教堂,不想事变已经发生。有两名传教士被害,另外两名传教士也生死不明,恐怕已同样遭到杀害。另,同时又有两名妇女被劫掠而去。故该国领事已向清国官员提出以下三个要求:(1)搜出妇女,引渡给意方;(2)搜寻遗体,妥为安葬;(3)抚恤被害的教徒。

第四　河南省

关于南阳府内发生的事变,在此前的电报中已有所陈述。其后并未接到详细报告。今虽欲做进一步陈述,可惜未获得更为详细之情报。另,值今日清国内地人心浮动之际,继而其他地方是否亦会发生事变，实不能预知，当在探明的基础上及时提交报告。

以上为报告内容。敬具

明治33年7月24四日 驻上海代理总领事 小田切万寿之助(印)

(注)前略的部分为南海状况，被归入浙江省条项下，参考第一八九号文书。

一三三

7月27日 驻沙市大杉代理领事致青木外务大臣函(电报)

为报告满洲兵北上情况事

7月27日下午4:20发，7月28日上午10:40收 驻沙市代理领事 大杉

满洲兵一千人由荆州副都统德禄统率，将于明日从本地出发，由陆路经济南挺进黄河。其后将会避开天津，经海路到达营口后再转向北京。据说前后大约将花费二十八天时间。

一三四

7月28日 驻上海小田切代理总领事致青木外务大臣函(电报)

为报告安徽省各地暴动情况事

7月28日下午2:44发，7月28日下午6:55收 驻上海代理总领事 小田切

第九八号

据清字报纸的报道称，安徽省南陵及铜陵两地的哥老会发动暴乱。地方官厅为将其镇压，已派出一队骑兵。另，该省宿松的清国人民与清国人基督教徒间有即将发生冲突之状，地方官厅因缺乏足够的兵力加以镇抚，已提出进一步增派兵员的请求。

一三五

7月28日 驻重庆领事馆代理山崎致青木外务大臣函(电报)

为报告四川省邛州、崇庆、温江及云南璧山暴动情况事

7月28日上午11:30重庆发，7月31日上午11:34上海发，7月31日下午3:00收

驻重庆领事馆代理山崎(驻上海代理总领事小田切转发)

第一一四号

邛州、崇庆及温江各地发生暴动。教堂遭到袭击，大约百名清国人罗马旧教教徒遭到劫掠，其所拥有的物品亦被强抢。不过暴徒被从成都派遣而来的军队所镇抚。璧山也发生了暴乱。有报告称一名法国药剂师遭遇袭击。另，据当地传说，法国兵已经占领了蒙自。

一三六

7月31日 驻汉口濑川领事致青木外务大臣函

为报告清国内地因铁道铺设以及传教所引发的争端以及地方制度的缺陷事

机密第三一号，8月9日收到

外务大臣子爵青木周藏阁下：

先前,中国内地各地方相继有起义爆发。或破坏铁道,或焚烧教堂,或杀害传教士,又有反抗地方官而袭击衙门之事。为便于参考起见,小官特将关于地方一切状况之所闻,与此次骚扰事件相联系,提交以下报告以供阅览。

一、中国人对于铺设铁道一事,不仅仅只是提出猛烈的反对意见。场合不同,或随着人民对于铁道的期望不同,意见往往呈现出分歧。对于他们来说,也知道在交通不便之地铺设铁道,可以促使农工商业的发展,而为当地带来繁荣。只是线路所到之处总要涉及墓地问题。虽然处理起来极为困难,但给予金钱、令其迁坟的方法也不是不能解决。即只要以合适的方法来回应问题,就不至于发生纷乱。然而,居住在铁道线附近的人民,对于铁道施工常常抱有怨情,且多为妇女问题。据说无论是满洲铁道,还是芦汉铁道,多有欧洲人来到当地参与工事。这些欧洲人中不乏素质极为低下者,在线路不断深入内地而倍感寂寞无聊之余,不仅不分轻重与当地妇女发生关系的人不在少数,甚至有人到偏离铁道线的村落(去勾引妇女)。是以地方人民怨声载道,以致喧哗争斗从未间断过。缘此而起的谣言更是繁多。这必然给铁道的整体施工带来不小的影响。此次北方事件发生之初,北京及保定附近的铁道遭到破坏。这固然是无知小民的暴举,然外国人之所作所为毫无疑问令人厌恶。中国民间迷信者甚多,即便是小事端,在种种谣言的渲染下,也终将会酿成大事。尤其在开放口岸以外的地方,人民尚未习见外国人,其危害最深。因此到这样的地方去经营某种事业,若其人选不当,或监督不力,发生意外之事势所难免。这岂不是应该引以为戒处?

一、据说有的传教士在中国传教三十年竟不能得一教徒,由此可见在中国传教之难。难上加难的是,任何地方官对在其辖区内建设新教堂一事上总是设置阻碍。然而,作为条约权利,传教士又可以选择各地方最重要的枢纽之地建设教堂。如果对其采取不当举措,其必定会诉诸外交裁判,要求严厉处分地方官,并弹压百姓。故在中国官民中,不解基督教到底为何物,其传教目的到底为何者,甚多。布道传教固然是美事,但若其手段、方法皆不得宜,将反招致众多愚民的误解,继而遭受不幸的灾难。这难道不应深思耶?

一、中国地方官分别为总督、巡抚、布政使、按察使、知府、知州及知县。知府以上的诸官并不直接与人民接触。故欲观察地方政治的真相,首先要了解知县的修养如何、知县与人民的关系如何、知县的职责如何。然知县仅为七品小官,百事必须服从知府的命令。而在其上尚有总督、巡抚、布政使、按察使及道(均是二三品官员)等,处处要屈身低头。不过来自上层的压力越大,其对下层的压迫也就越强。尤其身为知县,其同时掌管地方的行政权和司法权,赏罚自如。若服从其命令则罢,若欲违背其命令,其有权当即抓捕予以处分。故地方百姓甚畏知县。知府以上的官员经常调任或晋升,而知县却几乎是一终身官职,不过从甲地方调任到乙地方而已。然而即便身为同一省内的知县,根据事务的繁简,其收入有着显著的差异。若二三十年间一直充任知县之职,难免会有不平之气。即知县的年俸定额虽然只有八千两上下,但收入在一万两者有之,甚至收入达到二三万两者亦有之。彼等唯一的希望便是从贫瘠之地调往殷富之地,即转往收入多的地方。结果,中国地方官员中不乏富且贵者。即如谚语所云,“三年为官,三代不愁”。故希望步入仕途者甚多。而每有一官职,则有数名候补者,分别是:即用候补、尽先即用候补、遇缺即选候补。据说补上实缺决不是件容易事,而终其一生仍为候补者亦不在少数。地方状态如此,欲不令其冤枉人民，欲不令其实行苛政，又如何能够耶？唯因袭久，中国人民已司空见惯。然而在外国人眼中，此皆因地方制度不健全，阻碍了国强民富。感慨之余，又痛心其百姓为何竟能安守如此局面。盖中国之弊在于虚多实寡，文胜质乏。故若从其外部观察其国内大小之事，无不整备有序，丝毫不见缝隙；然而若进入其内部仔细咀嚼，则令人长叹处甚多。若有人愿在中国某县居住一段时日，仔细观察其收税、诉讼、监狱及警察等，并知县以及其下属的家居情形，则可深切感受到何为老大帝国之穷途末路也。

以上为报告内容。敬具

明治33年7月31日　　　　驻汉口领事　瀬川浅之进(印)

一三七

8月2日　驻上海小田切代理总领事致青木外务大臣函

为报告江西、安徽教案事

公信第二七五号，8月7日收

外务大臣子爵青木周藏阁下：

江西饶州府内景德镇的教堂为暴民烧毁，教徒中亦有人被杀害，此事在前回报告中已略有陈述。据近日发行的《申报》报道称，该地在发生暴乱之际是否有传教士遇害，目前仍不明确。另，关于安徽省内南陵、铜陵两县所发生的暴乱，在前回的报告中也有所记述。而根据此次报纸报道，潜伏该地方之匪徒蠢蠢欲动，并非一朝一夕之事。此次听闻北清地方发生拳匪骚乱，以为是绝好机会，于是以仇教为名，先是烧毁位于青阳县内某村的教堂，并将彼处骡马器具等劫掠而去。为此，青阳、南陵、铜陵三县知县合力进行围剿。后安庆的援兵赶到，兵力遂大增，在四面合击之下，匪徒之巢穴被捣毁，且抓捕了包括伪元帅及伪皇娘(即伪元帅老婆)在内的二十余名匪徒。然讯问之下，据彼等称，伪皇帝及伪皇后已经逃走。该知县等向上级官员禀请之后，当即将彼等处以死刑。另，据说徽州府婺源县内董门镇的匪徒向教徒发难，似乎尚未被彻底平定。

以上为报告内容。敬具

明治33年8月2日　　　　驻上海代理总领事　小田切万寿之助(印)

一三八

8月3日　驻上海小田切代理总领事致青木外务大臣函

为报告湖北省西北部及浙江省衢州状况事

公信第二八一号，8月17日收

外务大臣子爵青木周藏阁下：

本日发行的英文报纸 *Day News* 刊载了7月16日发自湖北老河口(在襄阳附近)关于湖北省西北部(即靠近河南省的地方)地方状况的报告，以下为报告内容。现在当地确实进入不安定时期。如前周，人心已非常动荡，可以说处于一种风声鹤唳、草木惊心之状态。而当地传教士频频接到或来自欧洲或来自其所属国领事馆的电报，此事乃众所周知。若传教士果然撤出当地，必将引发当地人的惊慌情绪。这已不单单是一两人之意见。另，某些商人(外国人)为能够在发生暴乱后立即携家眷逃离当地,常雇民船以备不测。而当地地方官则竭尽全力安抚民心,并颇有成效。其一是告诉大家,活动于河南边界的匪徒并不像最初所传闻的那样强大;二是为保护襄阳府内老河口的五座新教教堂及一座属于旧教的教堂,官府增添了一百名兵勇。这无疑大大稳定了人心。另,像总督张之洞为维持其辖区的秩序以及保护当地的外国人,可说使用了可以使用的一切手段。当地知县遵奉上述方针,每天派出十五或二十兵勇,加强在各教堂附近以及各市街的巡逻。这类兵勇获得许可,只要怀疑某人欲挑起事端,不论其为何人,皆可将之抓捕。而入夜后,会有其他兵勇前来交接,进行同样的巡逻。另,当地的降雨非常匮乏,此为造成人心甚为不安的原因之一。另,河南省南阳府的罗马教教堂遭到土匪袭击。不过土匪并没有造成别的伤害。他们在离去后,又转入市内,破坏了一处属于该教堂的小屋。另,据两日前传到当地的可靠消息称,匪徒中的十六人现已被拘禁,事件已经告一段落。另,据说该地方已降下大雨。另,该地正是此前由该省北方南下的众多外国人被土匪抢去数辆大车行李的地方。另,据昨夜获得的情报称,属于河南省南阳府以东 Schechiatien(□加店)支那内地会的一座教堂遭到破坏,康伟(コンウェイ)夫妻及一名妇人藏匿在一户与其有亲密关系的邻人家中。另,当地地方官为护送陕西省西安府的一些英国籍传教士前来本地,特派出两组兵力。大家互相议论,由此可想见其地方骚乱有多么严重。

另外,据本日发行的《中外日报》称,河南的土匪窜入湖北襄阳地方,烧毁两座教堂。为此,张总督电令襄阳提督出兵防御,并加以剿讨。另,据说随州、应山两县内亦发生教案。另,本地《苏报》刊登以下报道:浙江省江山县陷落。龙游县被围攻。西安县吴知县与其长子被乡勇同时杀害,其亲属以及幕友、家丁等三十余人亦相继被杀害。其后土匪势力颇为强大,极为猖獗。而常山县刘知县逃走后不见下落,恐怕亦遭土匪杀害。因常山县已经陷落,其邻邑开化县内的乡民等,多受威逼,加入到土匪团伙中,其势力越发强壮。为此,金华府、衢州府以及兰溪等一带的居民,为避难多纷纷来到杭州。昨日尚是腰缠万贯的富翁,今日为逃生竟沦落到乞食的地步。看其在路上哭泣的样子,实在令人生怜。

以上均为从中文、英文两类报纸中译出的内容。其中有关于久无消息的湖北、河南交界地方状况的报道。特粿合在一起以供参考。以上为报告内容。敬具

明治 33 年 8 月 3 日　　　　驻上海代理总领事　小田切万寿之助(印)

一三九

8 月 6 日　驻沙市大杉代理领事致青木外务大臣函

为报告与沙市清国地方官的交涉经过事

附件:光绪二十六年六月二十八日发关于保护外国使臣及商民的清国皇帝上谕誊写件

公第七六号,8 月 25 日收

外务大臣子爵青木周藏阁下:

小官 7 月 24 日起上任。同月 25 日,与前任领事办理了交接事务。此时正逢北京情势越发危机,事态越发不可收拾之际。道台衙门在距离本地日本里程二里半的荆州城内。本地虽设置有洋务局专门处理洋务,但按照惯例,新领事上任后多先去拜访道台,随后当逐一拜访驻扎于同城内的将军、左右都督、知府、知县等。这几乎要花费一日时光。在与

洋务局官员商量拜访日程期间，却得到来自道台方面的提议：因目前城内情势不稳，拜访活动应适当延期。为此目前仅以公文形式将已接管领事馆事务事宜照会中方而已。至本月5日，自道台处又发来将先行前来拜访本官的照会。5日下午，在本馆与道台进行了会见，算是完成初次见面的仪式。在随后的谈话中，道台说道："本月三日接到电报称，重庆的英、美领事以及税关人员等撤离了当地。虽然重庆道台竭尽全力挽留他们，最终还是未能成功。沙市地方的外国人等虽然也都怀着恐惧心理，不过时至今日并未发生任何事件。而以目前局势而言，亦非万分危急。本官保证当竭尽全力加以保护，望能安心居住于本地。并希望能够借助贵领事的力量，来劝说此地的税关人员继续留在本地。今日下午2点，本官将去洋务局与税关人员进行协商，望贵领事能一同出席。"

按道台的意思，本领事馆的去留多少关系着本地方的安定，遂切望本官能够继续留在本地，因而约定了本日下午的会见。

下午2点，本官来到洋务局后，被等候在那里的税务司以及一名补助员引至里间的食堂。道台先是发表了一通此前与本官交换过意见的言辞，即希望大家暂时不要撤出本地等。接着又向大家宣示了清历六月二十八日(即日本7月23日)发的上谕(另页附)。此上谕的主旨与刘坤一等奏所上《相机审势妥筹办法》奏文内向朝廷提出的意见相同，即朝廷原不欲轻开边衅，故已致书各国，并电谕各疆臣，当尽我之所能，保护使臣以及各口岸之商民。(中略)切勿轻信谣言，以致疑虑重重。以六百里加急谕令。钦此。附上该上谕的誊写件，或可从中获得些许宽慰。

虽然多少怀疑是否真有上述上谕存在，不过无论如何这多少起到了安抚中国民心的作用，也表明政府不会轻视对于外国人的保护。有无上述上谕，想必一定会从其他方面得到的报告中得到证实。不过仅从此事可以观察到，本地道台对待外国人，确实采取了有效措施。本地方管辖者张之洞虽然竭力要求地方官镇抚地方，但随着北京情势越发趋于不稳，受此影响，地方镇抚亦逐渐变得不容乐观。近来，本地形势日渐危急，一旦有探查消息者的警报传来，便会引发众人意想不到的惊慌。在如此情势下，实不能仅安心于清国官员的保护。本馆亦必筹划自我保护之策。除与馆员日夜商议各种举措外，尚预先准备了中国河船。至今日，更是加强警戒，增加临时雇用人员，以方便侦探情势。总之，为应付万一之情况，正尽最大之可能，筹划保护之道。现处于非常警戒之状态中。

从前在沙市税关某德国籍雇员处做女佣的一名妇女，此前已经跟随前任领事回国。目前在沙市的本国人，除本馆馆员中村书记、松生平警部、本官以及两名邮电局职员外，还有一名自费留学生，共计六名。另外在宜昌(在本地上游八十五英里处)的农商务省商品陈列所，尚有管理员一名(而外国人，因先前美、法传教士均已撤出，目前只有四名税关雇员以及前往当地出差的一名上海汽船公司瑞记德籍雇员)。除英国领事尚驻留在宜昌外，其他国家的领事均已撤离。关于此次事变，遵从电训，当随时同英领事保持协商。近日，该领事特地向本官申明了同样意思。上述在宜昌的本国人，似应迁至本地。不过本官已向英领事发出请求，在紧要之场合对那名本国人给予保护。

以上报告内容为小官上任以来的大概状况。敬具

明治33年8月6日　　驻沙市领事馆事务代理　外务省书记生　大杉正之(印)

(附件)

誊写件

六月二十八日(我7月24日)奉上谕:刘坤一等奏相机审势妥筹办法一折。朝廷本意原不欲轻开边衅,故曾致书各国,并电谕各疆臣及屡次明降谕旨,总以保护使臣及各口岸商民为尽其在我之实,与该督等意见正复相同。现幸各国使臣除克林德外余均平安无恙。日前并给各使馆蔬果食物,以示体恤。一面将坦怀相与之意宣示各国领事,共筹补救之方,以维大局。不得轻听浮言,致多疑虑,是为至要。将此由六百里各谕令知之等因。钦此。合亟恭录电知,即刊小板印刷多张,遍送城乡绅衿团首人等及河南、四川沿边地方绅民,一体钦遵。仍将遵办情形速复督院江。

一四〇

8月6日　驻重庆领事馆事务代理山崎致青木外务大臣函(电报)

为报告四川动态事

8月6日上午9:00重庆发,8月9日下午4:57上海发,8月9日下午7:30收

驻上海代理总领事　小田切(转)

第一五五号

8月6日上午9时,接到驻重庆领事代理发来的电文,内容如下:

一支属于丁的部下的五营部队,将于两周内抵达本地后,再转往宜昌。其后当由宜昌向北京进发。在这支部队来到本地前,井户川陆军大尉当一直停留在本地。而本官将于明日离开此地,启程前往上海。

请将上述电文也转发给外务大臣。

一四一

8月10日　驻上海小田切代理总领事致青木外务大臣函(电报)

为报告安徽省大通骚扰情况事

8月10日下午9:20发,8月10日下午11:30收　　驻上海代理总领事　小田切

第一六一号

不意传来安徽省大胧(注)发生骚乱的消息。店铺遭到劫掠,电报局被焚烧,有长达五英里的电报线被破坏。此次骚乱究竟是拳匪抑或哥老会所为,将在进一步的访查之上再发出电报。

注:当为"通"之误笔。

一四二

8月12日　驻上海小田切代理总领事致青木外务大臣函(电报)

为报告大通骚扰情况事

8月12日下午1:25发,8月12日下午4:35收　　驻上海代理总领事　小田切

第一六六号

关于本官于电信第一六一号中所提及的大通（在该电中误写为“大胧”），据说有一群暴徒冲进当地的几所基督教堂纵火，并闯入当地的当铺进行抢劫。当地在职的一名武官因不能有力保护上述教堂而自杀。目前尚不能确认该暴徒是否与哥老会有关，以及当地电报局是否已被焚毁。不过可以证实的是，此次骚乱只限于大通城内，并没有波及外地的征兆。

一四三

8月13日　青木外务大臣致驻上海小田切代理总领事函（电报）

关于劝谕大东汽船公司继续苏州航路的训令事

明治33年8月13日起草　　　　大臣

（电信案）

应劝谕我大东汽船公司，无论当地形势如何，该公司仍应继续苏杭间的运行。若出现形势危急而需要保护的情况，可电禀。上述主旨已由通信省发送给该公司。另，上述电文应相继通知驻苏、杭的帝国领事。

（注）发送时间没有记载。

一四四

8月13日　驻汉口濑川领事致青木外务大臣函

为报告汉口状况事

附件：光绪二十六年七月八日发关于保护外国人权益与传教士、教徒的上谕誊写件

送第四三号，8月25日收

外务大臣子爵青木周藏阁下：

本月9日，有数名无赖汉闯入位于汉阳的一家耶稣会教堂，旁若无人地对器什进行破坏。镇台闻听后，立即派人前往镇抚。据说引发此次纷扰的原因是数日前有一批装载书籍用的木箱抬入该教堂。市井便有传闻说上述木箱中装的乃是武器。于是上述无赖闯入教堂，欲见个分晓。但在将所有木箱打开后，并没有发现任何武器，均是为贩卖到中国内地而印制的《圣经》。彼等虽然未发现什么，却依然将屋内手之所及的器什相继砸毁。翌10日，在汉口一家教堂中，一中国传教士正在布道，突然听众中有人喧哗，并在抗议之余投掷石块，以致打坏玻璃窗。正当一场纠纷又要爆发之际，时刻关注此等事态的道台以及地方官等及时来到现场，逮捕了上述两名闹事者，余者则立即解散而去。此前，张总督令人印刷了清历七月八日上谕，于各处张贴。在该上谕中，言及北方教徒有抗拒官军之举，隐含抑制教徒之语气。值此之际张贴此等公示，令人担心会挑唆无知民众起来攻击教徒。故经9日领事会议协商，由领事代表执笔，紧急向张总督发出照会：相信这两日内于汉阳、汉口所发生的纠纷，皆为上述上谕张贴公示之后的结果。

另，本月9日在安徽省大通，匪徒发动暴乱，袭击巨商富豪之家，抢劫财物。为镇抚，省城安庆已派出部队。根据近日到港的大井川丸船长称，该船于本月11日经过该地时，局势已非常平稳。另根据该船长的报告，位于汉口下游大冶附近的黄州地方，民心似乎有

所动摇。

以上为报告内容,并附上一份上谕。敬具

明治 33 年 8 月 13 日　　　　驻汉口领事　濑川浅之进(印)

又及:本地自上月以来一直未降雨。这五六日以来暑气尤为逼人,白天平均在百度,夜里仍有九十四五度的热气,罹患中暑以及热病的人甚多。心念于此,特添书于后。

(附件)

誊写山东袁抚台来电

七月初八日(我 8 月 2 日)上谕。前因中外衅端未弭,各国商民、教堂之在华者,本与兵事无涉,谕令各督抚照常保护。现在京畿大兵云集,各路统兵大员亦当仰体此意,凡洋商、教士均当设法保全,以副朝廷怀柔远人之意。至教民亦国家赤子,本无畛域可分,惟自拳教肇衅以来,该教民等多有盘踞村庄、掘濠、立垒抗拒官军者,此等迹同叛逆,自不能不严行剿办,第念其实系迫于畏罪之心,果能悔过自新,仍可网开一面。昨据宋庆报称,宝坻县夜薄甸教民经该军剀切晓谕,该教士等均愿呈缴军械,平圩填濠,自行解散,各就村屯居住,是该教民等非尽甘心为匪,亦可概见,所有各教民如有感悔投诚者,着该将弁及该地方官一体照此办理,不得概加杀戮,其各处土匪假托义民寻仇劫杀者,即着分别查明,随时惩办,以清乱阶。钦此。

一四五

8 月 15 日　驻上海小田切代理总理领事致青木外务大臣函

为详报大通骚乱状况事

公信第二九九号,8 月 22 日收

外务大臣子爵青木周藏阁下:

有关安徽省大通镇土匪骚乱状况,根据安庆通信员的通信以及本日发行的《申报》报道,整理如下:

大通镇距离安庆府一百八十华里,属于池州府铜陵县管辖。镇对岸的和悦州,为商业繁荣、商贾云集之地,设有厘金、督销等局。前几年,有英、法两国人来到该镇,建设教堂,从事传教,出入该教堂的人不在少数。然七月十五日(我 8 月 9 日)晨,传来安庆匪徒烧毁该镇教堂的消息。随后巡抚王之春即收到该地地方官发来的警报。该巡抚立即命令武卫营的武办带领一哨兵勇乘坐汽船出发前往当地。经过数日,据从和悦州逃难而来的人说,在当月十二、十三日(我 8 月 6、7 日),当地百姓相聚起来烧毁了教堂。大通水上厘金局兼保甲局委员、知府许鼎霖,立即率领其部下局勇抓捕了数名闹事的当地百姓,并严加讯问。翌日有众多当地百姓相聚至该厘金局,乞求宽宥彼等罪过,但未得到许知府同意。这些百姓自恃人众,不仅当场将数名此前被抓铺的百姓劫持而去,还各自手持凶器肆意行凶。为此局内各位官员大为恐慌,纷纷逃走。其后,该百姓等劫掠了一家名叫利和的钱庄,转而又闯入督销局进行抢劫。到十五日(我 8 月 9 日),大通及和悦两岸的各商贾关闭所有店铺,停止商业活动。而王巡抚派去的一哨兵勇,虽于其后到达当地,却因没有民船而无法登陆大通镇。此次挑起事端之徒，多为当地无赖、哥老会匪徒、水师营兵勇、湖北民船水夫等。彼等见被派遣而来的兵勇不能上岸，更是猖獗。及薄暮，又在数处纵火，或扬言九龙山的大盗已经来到此地，或自称是义和团，不分居民、店铺，被彼等劫掠者甚多。所幸众人均已逃往他处。另，据说当地本有水师参将张某驻扎，骚乱初起，张即急忙乘船渡江，命其部下某郡司率兵防御。不料其部下兵丁不仅多不听其指挥，反而脱去号衣，与匪徒公然联合进行抢劫，并将所得赃物藏于炮船之内。该参将见其号令无人服从，于愤慨之余投江而死。据说其后王巡抚又再三接到许知府警电，遂在新募集的武卫楚军中又调拨了五六百名兵勇，令彼等乘坐长龙号炮船，并拖带着小汽船赶往当地。

以上为报告内容。敬具

明治33年8月15日　　　　驻上海代理总领事　小田切万寿之助(印)

一四六

8月16日　驻上海小田切代理总领事致青木外务大臣函(电报)

为报告大通骚乱平定及陕西巡抚为迎驾向直隶省境内出发事

8月16日下午7:40发，8月16日下午11:00收　　　　驻上海代理总领事　小田切

第一八四号

关于本官电信第一六一号所载大通暴动事，据可靠消息，当地地方官依靠援兵，杀戮了百余名暴徒。目前大通及其附近诸市镇已恢复平稳。

有消息称，陕西巡抚为迎接皇帝及西太后两陛下，已向着直隶省境出发。

一四七

8月16日　驻苏州加藤领事致青木外务大臣函

为报告苏州失业织丝工人暴动事

附记：同前件电报

送第六一号，8月25日收

外务大臣子爵青木周藏阁下：

此次事变发生以来，因为北清地方对于本地丝绸织物的订购中断，造成本地织工大量失业。为此本地开放义仓，以大人三十文、小孩十五文的比例发放救济。而就像本官在上月19日发出的送第五六号中所报告的那样，多数应在救济之列者被遗漏。其间组头为己谋私利之现象又不绝。总之多数织工依旧缺衣少食。近日遂有一部分织工组织起来，相聚城内一家饭馆吃饭，然后令丝织作坊为彼等付饭钱。昨日，当彼等又前往府城内元妙观前以及护龙街等处欲行同样之举时，饭馆则紧闭门户，拒绝彼等就餐。当下一千余名织工遂聚集起来发动暴动。地方官随即派兵镇压，抓捕十四名首要闹事者，其余织工悉数散去。虽然此次暴动的根本原因在于织工失业，但其直接原因却是救济不到位。发起骚乱的魁首固然已被抓捕，若能改善发放救济的方法，类似的暴动当不会再次发生。

上述事件只是发生在织工与其雇主间，与外国人在本地的地位并无关系。此时已有何种浮夸之言传播到外界去，尚不得而知。本日先以电报报告其大概情况。

以上为发电说明以及报告内容。敬具

明治33年8月16日　　　　驻苏州领事　加藤本四郎(印)

(附记)

8月16日下午3:25发,8月16下午7:45收　　　　驻苏州领事加藤

昨15日下午,约一千名失去职业的织工针对其作坊主发起暴动。然经官员之手迅速得到镇压。其中十四名魁首被抓捕。无须担心会再次发生此类骚乱。

一四八

8月16日　驻汉口濑川领事致青木外务大臣函

为报告汉口状况事(五)

机密第三四号,8月28日收

外务大臣子爵青木周藏阁下:

汉口为长江区域最为重要的枢纽要地。此地如果发生变乱,其影响定会波及长江沿岸各地。虽然无人怀疑张总督正竭尽全力维持当地的安定局势,然而这并不意味着就不用担心。随着北京形势的发展,南部各地的民心不知是否将受其影响。目前关于联军进入北京之后是否会引起北京城内的大骚乱,公使以及其他滞留人员是否能安全脱险等等之类的疑问,搅得人心十分焦虑。即,担心联军的举动将影响南部中国人产生怎样的对外情绪;继而地方官所拥有的力量又是否能够对其进行弹压?据说连日来张总督每虑及目前联军北进的状况和皇帝及皇太后并诸外国公使的安危,便烦恼不已,几乎不能成眠。

不过,支那人中稍明事理者均知日本军队纪律严明,秋毫无犯。时至今日,日本政府的态度仍然是出兵仅限于救助滞留北京的公使,而并无他意。那些长期受困于团匪的北京城内外的众多良民,反而殷切期盼日本军队能早日前来救援。若错过时机,令由欧洲前来的德国军队抢先赶到,将不知招致怎样的猛烈报复。故人们相互议论,联军中人数最多的日本军队若能先于德国军队一步进入北京,乃为清国不幸中的万幸。

本地人心依然不稳,谣言百出。毕竟北地形势不明,令人们多怀有疑念。若能传来联军顺利到达北京,并诸外国公使皆安然无恙的消息,相信民心自然会归复平稳。

本月14日,英、美传教士及其家眷等十五人,为逃难由山西省来到汉口。据说,彼等一行中的四名妇女,一方面因天气炎热,一方面因遭受山西、河南两地地方官的苛待,不堪痛苦,于途中死亡。而湖北省的地方官却给予彼等恳切的款待。由河南进入湖北后,彼等均燃起再生之希望。故彼等深深感戴张总督之仁德。另,同日英国陆军上尉尤夫·纳皮鲁(ユフ·ナピュル)由威海卫来到本地。在本次事变结束之前,想必不会离开本地。该氏以外,另有一名陆军士官被派往镇江驻守。

先前,与英国领事一同从重庆撤出的当地税关关长,之后接到命令于本月20日左右与税关雇员们一起乘坐比巴以奥尼亚号轮船离开宜昌。而英国领事何时回重庆复任,尚未决定。

以上为报告内容。敬具

明治33年8月16日　　　　驻汉口领事　濑川浅之进(印)

又及：停泊在本地的八重山舰不日将起锚返回上海。该舰抵达上海后，摩耶、高雄两舰中的一艘当前来本地？心念于此，特添笔。

一四九

8 月 20 日　驻上海小田切代理总领事致青木外务大臣函

为报告清国内地盐枭事

公信第三〇二号，8 月 27 日收

外务大臣子爵青木周藏阁下：

昨天本地发行的报纸上刊载了以下报道：

> 在扬州府（江苏省）甘泉县内邵伯镇地方，历来聚集着众多盐枭（贩卖私盐者），经常为害地方。比如彼等时常在船上装载私盐，以暴力方式毫无忌惮地通过厘金局等。官府虽欲将其绳之以法，因彼等多带有枪支等武器，实非易事。无奈之下，就像本官此前所报告的一般，两江总督刘坤一决意招抚其首领。愿受招抚的徐老虎，为表明诚意，杀了其同党中的首领之一蔡金标后，投顺官府。并在提督黄某的陪同下，一同来到南京。刘总督当即赐其“怀礼”之名，又赏予都司之职，并鼓励其好好率领部下建立功勋。如此官府不仅收服以徐老虎为首的三千党徒，尚带回三十艘炮艇。然而此前为徐所杀的蔡金标手下，愤其首领死于非命，欲见机报仇。彼等一千余人，分乘百余艘小船，满载私盐，直往邵伯镇厘金局，欲以暴力强行通过。此一举动令当地住民极为惊恐。营汛者以及知县虑及其力不足以奈何之，立即飞报盐运使。该盐运使随后于我 8 月 13 日将徐所率领之新胜水师招至扬州，并向其面授机宜，令其进军讨伐。然翌 14 日夜，邵伯镇的某典当铺已遭盐匪劫掠。扬州城内人心大震。此时，昔日盐枭大首领、今日新胜水师统领徐老虎，遵照盐运使的命令，往彼地进发。于 15 日在该镇张家庄地方与二十余艘盐船相遇，随即展开攻击。徐亲自潜入水中，登上敌船，并生擒其首领一人及刀刃一人。此大大鼓舞了其手下官兵，遂得一举捕获盐匪男女六人。余匪六七百人见寡不敌众，纷纷弃船逃窜而去。徐将捕获的盐船交付该镇炮船看管，又将生擒者交付盐运使衙门。这是本月 16 日之事。

另，据本日发行的《申报》报道称，松江府南汇县内各乡历来为盐匪出没的地方。该地方盐捕中营官带游击胡某，最近探出有两名奸商在该县湖家渡畔附近贩卖私盐，遂命令其所属各船随时进行稽查。然本月 6 日，当某船经过该地方时，船长王志宾携枪上岸，刚好看见盐匪等正在搬运私盐。因其中似混有当地乡民，故王没有开枪。不料反被盐匪抓住，在一阵刀棍乱击之下，竟当场毙命。船中之兵勇觉察此事后，立即上岸，竭力奋战，最终抓获一位名叫吴阿浦的盐匪，并同时缴获私盐五百余斤。

以上均为根据中文报纸中的报道所译出的关于盐匪的内容。这些盐匪多为无赖之徒，平日以贩卖私盐为业，在通过厘金局时不按规定缴纳税金，以暴力加人多势众强行通过，并常常毫无忌惮地抗拒厘金局或他处的官吏兵勇等。不仅如此，每逢人心不稳之际或遇有地方发生灾害，必会与其他会匪、土匪等勾结起来发动暴乱，扰乱地方，此绝非新鲜之事。可以毫不过分地说此乃清国内患的源泉之一。虽然两江总督刘坤一招抚徐老虎之举,令盐枭们多少减少了一些跋扈,但散居在江苏、安徽一带尚未响应招抚的首领、党羽,依然不在少数,彼等一朝与其他土匪勾结起来发动暴乱,扰害地方,当决不是鲜有之事也。

以上为报告内容。敬具

明治33年8月20日　　　　驻上海代理总领事　小田切万寿之助(印)

一五〇

8月21日　驻上海小田切代理总领事致青木外务大臣函

为报告安徽省各地状况事

公信第三〇三号,8月28日收

外务大臣子爵青木周藏阁下:

关于先前曾报告过的安徽省大通土匪暴动事件,其后态势到底如何,一直在本官之注意中。据本日发行的中文报纸报道称,该地的数名土匪头目或被射杀,或被生擒,且土匪中被官兵射杀者甚多。而遭其劫掠的武器弹药亦被夺回,余匪则向四方逃散而去,地方渐趋安定。目前该地土匪虽已被平定,然今后是否会再起风波,却无法断言。因清国土匪向来会迫于形势一时散去,不过等时机到来,必将再次呼应举事,故绝不敢说不用担心再会有暴举发生。尤其此次被抓捕的大通土匪头目中的一人,在接受官员的审问时自白道:此次我等聚集在白马山(距离南陵县城二十华里处)时商议决定,先占领南陵县城,其后再攻打宣城,冲进太平府抢夺军械粮饷,然后再转攻芜湖。由此观之,该地方土匪之策划颇具规模,与其他山贼、野匪不可同一视之。今日或一时散去,焉知日后彼等不再谋暴动之举耶?据本日发行的《中外日报》所载芜湖友人通信称,我本月16日,芜湖道台衙门接到来自南陵县的急报,土匪正在攻打县城,情况万分危急,请速派兵前来增援。据此推测,大通土匪虽一时散去,彼等或许又在南陵附近重新聚合起来亦未可知,或又是其他匪徒。总之,该地方尚未完全恢复平静似乎却是不容置疑之事。

另据《中外日报》所载九江通信称,本月13日,德化县知县某抓获八名会匪。其中李炳戎、胡少乡、彭世方三匪被处以死刑。其首级被悬挂在城门之上。余匪在经审讯后,也当即被处死。

另据该报所载清江浦通信称,郯城、宿迁地方有一名叫周木兜的土匪大首领,其手下聚集了千余人,且多持有"モーゼル"枪(毛瑟枪),有见机起事之兆。以上报道均译自中文报纸,虽不能确认其叙述中有多少是真相,但长江附近地方近来形势不稳却是事实。尽管清国地方文武官员正在采取各种措施,但今后土匪势力是否依旧会日趋强大,却不得而知。

以上为报告内容。敬具

明治33年8月21日　　　　驻上海代理总领事　小田切万寿之助(印)

一五一

8月22日　驻汉口濑川领事致青木外务大臣函(电报)

为报告逮捕自立会匪嫌疑犯事

8月22日下午1:34发,8月22日下午11:15收　　　　驻汉口领事　濑川

今晨地方官逮捕了具有暴徒嫌疑的二十六名清国人。其中两人已被当即斩首。有消息说在上述嫌疑犯中,有一名被怀疑为康有为党羽的日本人。其详细情况在调查后当立即电禀。

一五二

8月23日　驻上海小田切代理总领事致青木外务大臣函

为报告安徽省内匪徒骚乱事

公信第三〇五号,8月31日收

外务大臣子爵青木周藏阁下:

本日发行的中文报纸《申报》刊载了芜湖通讯员发回的以下关于安徽省大通附近各地匪乱的报道。该省自大通匪徒发动暴乱后,各处匪徒呼应而起,以致地方文武官员请芜湖方面增派援兵的要求接踵而来。即我8月11日,繁昌县佐知县因县内有众多土匪发动骚乱,数次请求增派援兵。芜湖吴道台在向上司禀请之后,遂令由南京派遣而来的卫字营统领王某率领一哨(一百人)人马前往当地。这支部队于我8月16日晨出发。然而翌日南陵方面又有使者到来。据说某日夜,有匪徒手持公文来到城门下,要求立即打开城门。守城兵勇投下一条绳索,令其将公文缚其上。不料将绳索吊上一看,那份类似公文的书函中竟然未书任何文字。再细看城外,人影如蚁,想必为匪徒,当即速报守城武官。该武官命其部下向城外齐射。匪徒见此,知道不敌,遂迅速散去。因有此事,翌日该县城门紧闭,继而向上请求增派援兵。为此吴道台令练军左营某指挥官率领三哨人马(三百人)迅速赶往当地。该指挥官于18日薄暮赶到南陵县。只见其西、南两门已关闭数日,仅东、北两门每日开放两个小时,允许民人出入。其惶恐之状可想而知。另据说在该县内东南两乡,有众多土匪盘踞,令当地乡民供给其饮食,且不时进行抢掠。另在泾县、旌德县等县城内外,亦有会匪等肆意横行。数日前,像是此类匪徒的四人,突然来到泾县衙门说,我等需借银三千两,不然将有不测之祸。署内之人闻听此言,丧胆之下,竟呆若木鸡。而该会匪四人则悠然离去。另在距离旌德县二十余华里处,有刘姓匪首连日纠集土匪,预备闹事。其母某闻知后,唯恐其惹下灭门之祸,故谆谆训之。而该匪不但不听其母劝告,反欲杀害其母。其母大惊之下,奔向县署告发其事。知县某带着兵丁前去抓捕该匪时,其已逃遁而去,仅搜获伪印一个和名簿一册。该名簿上列有五百余人的姓名。其后,又搜出枪、刀、矛等武器。另,同19日,繁昌县佐知县仍继续向吴道台乞求增派援兵。该道台遂命精健右营统领赵某、左营统领李某,各带兵丁一百名前去救援。

以上均译自芜湖通信员发给《申报》的通信。其记事难免会有所夸张,不过仍对了解骚乱状况有所帮助。故在此提交报告。

明治33年8月23日　　　　驻上海代理总领事　小田切万寿之助(印)

一五三

8月23日　驻上海小田切代理总领事致青木外务大臣函

为报告和平维持宣言换文后的南清各地状况事

机密第九六号,8月31日收

外务大臣子爵青木周藏阁下:

6月下旬,两江总督刘坤一、湖广总督张之洞与驻上海各国领事交换了维护长江一带地方和平宣言。不久浙江巡抚刘树堂也声明赞成该宣言。从那时起至今已过去两个月。在此期间,上述各督抚治下一直维持中立立场,与北方的战云密布呈现出相反景象。故此一带地方官员间之来往、贸易经营、船舶航行与平日并无异样,可说实为一大奇观。如以下所列举,自宣言交换至今所发生的种种事情,或出于误解,或出于人们所怀抱的不安情绪。现试图予以概说。

一、关于张总督事。此为上月中旬之事。当时据汉口发来的电讯称,湖北、湖南巡抚无端倾向于端郡王,张总督似无力压制。闻此消息,人心虽一时出现不安,但在知道实际状况后,均舒展愁眉。

一、关于李秉衡事。此前曾传来李秉衡进京后,首参许景澄、袁昶而后杀之,次劾李、刘、张三总督的消息。不仅长江沿岸各省官员个个战战兢兢,如履薄冰,外国人等想到万一总督等人遭到革职或调任,维持至今的半边和平必然会被搅乱,亦忧心忡忡。是以人人非常关注时局发展。不料时至今日,竟无任何事情发生。

一、关于大沽联合舰队现任将校会议事。当大沽联合舰队现任将校在德方的提议下决定对长江一带地方有所行动的消息传来之际,小官感到十分寒心。当时小官尚未接到关于其实施程序的详细情报,故对上述消息有所误解。其后该问题(针对长江一带的行动)被转交给本地各国舰队之首席司令官,即英国司令官处,要求彼等进行密切协商。据此方知在大沽并没有达成最终决议。另,如以往电文所报告的一般,驻本港各国舰队现任将官全体排斥德国提议,决定依然对各督抚采取和平方针。闻听之下,小官之寒心虽属杞人忧天,然此实乃大幸也。

一、关于众多军舰到来及英兵上岸事。随着陆军到达北方,停泊北方之军舰的警备作用降低。故各国舰船相继回航至南部。本地民人因不解其中道理,便妄加猜测,或说明日吴淞口炮台将受到攻击,或说江南机器制造总局将被占领等,于是陆续收拾家当前往内地躲避。为此外国官民想尽办法欲消除彼等之误会。经过数日努力后,彼等方感知将不会出现任何危险,民心遂渐趋平稳。关于英兵上岸之事,即如报告过的一般,中国官员曾试图提出强烈抗议,在未见成效后,终止了抗议。据英方说,中国官员虽于中途撤回抗议,但恐非出于彼等自愿,无疑是悟到若令英国人不快,将对己方不利,方才中止上述举动。而私下里,本地外国人也在担心英兵上岸将给当地中国人留下奇异印象。但事实与此相反,从上岸到今日,并未给人心造成任何影响。此亦谓奇事。

一、关于湖南、浙江、安徽三省土匪事。湖南衡州的意大利传教士及三名外国人被匪徒杀害的电报传至本地。其后并未听说该省又出现其他不稳情况。由此观之,当地民心虽然汹汹,但依然有人在竭力维护和平。在浙江西南部及安徽南部起事的土匪,不在少数。此一带地方处于不稳状态已成不争之事实。若此类匪徒不能迅速剿灭,随着时间的推移,将势必波及江西、福建两省。不过各省督抚全心全意致力于剿灭匪徒之事实,却为中外人士所公认。即一旦接到不稳之报,随即会派出兵力弹压。而被抓获的匪徒,立即会按照军法处置，不会有任何迟疑之处。据此，相信土匪早晚会被平定，地方又会恢复安静。

以上均为自和平宣言交换以来所发生的事情。将来虽然仍会发生相同性质的事情，又给外国人造成不安情绪，但其时只要中外官员处理得当，相信还是不难收到圆满结果。

然而绝不能说长江沿岸各省将会自始至终维持和平。和平可能遭到破坏的原因有二：一是来自外方，一是来自中方。来自外方的原因，莫过于外国今后将持怎样的态度以及制定怎样的方针，在此没有讨论的必要。现仅就中国方面可能发生的问题，稍作观察分析。

第一，哥老会、三合会等匪徒的举动。

在中国有各种秘密组织。其成员人数众多、势力强大者，当推哥老会、三合会。此前于浙江、安徽起事的匪徒，究竟是与上述两股会匪气脉相通，还是其匪徒中便有该两股会匪的成员？对此虽不能作出判断，但可以肯定地说，其骚乱地被限定在一定区域内，而该区域正是上述两股会匪的据点。从广东、湖南、四川之地方状况相对稳定来看，从匪乱发生开始至其后，（在这些地域的匪徒）相互之间确实没有联络。为此上述地区的匪徒很快便被东南各督抚的兵力剿灭。然而哥老会、三合会之徒行事向来多有预谋。彼等同时在各地起事，不独人数众多，且现役军队官兵中亦有遥相呼应而起者，非至酿成大事不罢休。到今日，各国均在预测长江沿岸各省的和平可能会忽然遭到破坏。为此不得不做好充分准备。不过，上述土匪酝酿大事的时机已错过一半。即该土匪若真要举事，其最好时机当选在北方拳匪最为强盛，而东南各督抚的防备尚未整顿完毕之时。到今日，各省已制定出剿灭匪徒的完善举措。而各国又密切注视武器之贩卖，丝毫不敢有所怠慢，以断绝其走私之路。因此预测上述匪徒或能酿成大事者并不多见。虽说不能断言长江沿岸各省和平必不会为上述土匪所破坏，但总有十之六七的把握可以预言将来不会发生打破目前局面的大事。

第二，刘、张两总督的荣辱。

长江沿岸各省和平得以维持至今日，皆仰仗于刘、张两位总督之力。此为中外人士所公认。关于张总督有种种传说。据说此前总督在其上奏中，曾表达长江保护之约定并非出自他本意；又据总督身边亲近之人说，总督向皇帝、皇太后表白，只要此身在世皆当遵奉上谕等。总督的心思之所以如此摇摆不定，大概缘于总督在处世方针与忧国衷情间徘徊难解。盖总督虽深知自身之荣辱与国家之沉浮密切相关，但若为无知大臣之舌锋所伤，再遭顽固御史之弹劾，则必有站不住脚之忧。故以此为戒，总督对于政府，往往采取以虚言敷衍来巩固自己地位的方针，而另一方面则按着自己所坚信的方向逐步加以实施。总督过去的举措即可证实这点。近两年间，总督的名望有所下降，不及刘总督，均由此而起。总督关于此次事件的反应又是如此，即如呈递了前述奏文。而不论总督是否真怀有上述意思，却努力履行维持和平宣言，周到保护外国人性命，以致竟有传教士宣称，凡由他省进入湖北省者，几乎均有重获新生之感受。在汉口，从未听说有哪位外国官员表露过对总督的不信任。张总督既能如此，极力主张维持和平的刘总督，在履行宣言方面当在张总督之上也。照现在情形，将来只要刘、张两位总督的地位没有发生变化，则不会出现什么意外。目前的和平景象，无疑依然会持续下去。

然而，一旦刘、张两位总督的地位发生变化，和平将可能突然被破坏。小官窃思，两总督若为社稷、民生着想,应下定决心继续维护长江沿岸各省的和平,甚至在必要之情况下,不惜违抗上谕,以保全半壁江山。然在与两总督身边亲近者交换意见时,却得到回复说:两总督一旦接到令其调任的上谕,则会立即离开当地;若接到革职的上谕,则将迅速回归故里。失落之情不禁溢于言表。再揣测北京朝廷方面形势,端郡王一派深知两总督正与外国人联络,以维护和平,又愤恨两总督极力主张应剿灭拳匪的举动。彼等早晚会向皇太后施加压力,要求将两总督调离或撤职,另选派彼等同党接替两总督的职位。若此,不用说长江沿岸一带地方将出现战云密布的景象。目前一方面两总督的决心如此薄弱,而另一方面北京朝廷的形势不知将趋向何方,那么所谓长江沿岸各省的和平尚有多少价值耶?

其次,另有威胁和平的特殊原因,即存在两总督不得已转向与外国人对立之立场的情况,在此可列举其一。如果北方有外国军队侮辱皇太后的事件发生,虽然两总督对于皇太后的施政并不是完全心悦臣服,但过去多年来蒙受厚恩,内心对太后充满敬意,一旦得知本国太后受到侮辱,即便出于作为总督的职责,亦不能袖手旁观,何况又加上私情,如此一来,两总督必然会对外国人大动干戈。届时长江沿岸各省的和平自不能维持,此不待智者亦能知之。

以上记述为本官所推测的可能破坏和平的两个原因。其一,两总督的地位发生变化;其二,受特殊事件影响,两总督自身开始敌视外国。而对于在中国发生的事件,不能以常识判断者居多。即除去被认为有可能破坏和平的事件以外,一些看似没有任何影响的微不足道的小事,竟会煽起巨大事变者,也不是没有先例。破坏和平的原因绝不仅限于上述两个方面,而上述两个原因也未必便能破坏和平。惟在于尽可能预测可能破坏长江沿岸各省和平的种种因素,并对此积极防范。

以上为报告内容。敬具

明治33年8月23日　　　驻上海代理总领事　小田切万寿之助(印)

一五四

8月24日　驻上海小田切代理总领事致青木外务大臣函

为报告南清各省派遣军队北上事

公信第三〇八号,8月31日收

外务大臣子爵青木周藏阁下:

按照训令的指示,关于此次北清事件南方各省派遣军队人数及其他方面的情况,已随时电告加藤全权公使。现摘记其概要以供参考。

一、江苏省方面。巡抚鹿传霖自将四营兵力,于7月中旬由苏州出发北上。据驻苏州领事加藤电报称,该巡抚所率领的部队为新招募的两营兵丁,共一千人。此外,还有在镇江招募的五百人。据最新消息称,该巡抚因病暂时停留在山东、直隶交界处。另,江西按察使陈泽霖、湖北提督张春发两人所率领的武卫先锋右军二十营,于6月下旬离开清江浦北上。

一、浙江省方面。李世祥率领瑞字营全军(人数不详),于7月上旬左右出发。另余朝贵率领定胜军前后两营,于同月中旬出发北上,20日过镇江附近京口。据驻杭州领事若松电报称,该省北上兵力有两千人。其中五百人于途中逃走。另当再有两千五百人北上。

不过该部分兵力尚未征集。

一、安徽省方面。吴隆海率领骑兵、步兵共计五营，大概于 8 月 2 日出发北上。

一、江西省方面。王德怀率领威武及刚字营四营兵力，于 7 月 20 日左右出发北上。8 月 1 日左右通过安徽省芜湖。另申提督应率领剩余的威武及刚字营全部兵丁（人数不详），于 7 月下旬北上。其后果出发否不得其详。

一、湖北省方面。统领方友升率领武功军五营，于 7 月 26 日左右出发北上。其后有该省巡抚于荫霖当自将七营兵马北上的消息传来。然之后果出发否不得其详。据驻汉口领事濑川发来的电报称，方统领率领的部队有两千八百人；另荆州将军多少也当引兵北上。其后是否出行，则不得其详。

一、湖南省方面。布政使锡良率领劲字军五营，于 7 月 22 日左右离开湖北北上。据驻汉口领事濑川发来电报称，这同此前所记的该省有两千五百人北上相符合。

一、福建省方面。曹仁祥率领福祥全军（人数不详），于 7 月 26 日左右出发。其后在途中接到剿灭顺德土匪的命令。想必待其事结束后，方能继续北上。

一、广东省方面。刘永福率领福军三千人分别于 8 月 6 日、10 日、14 日等相继出发北上。李鸿章在两广总督任上，有不令刘北上的计划。但随着李总督的离去，此事遂又浮上水面。

一、四川省方面。丁鸿臣率领三千人，当于 8 月初旬出发北上。

在将中文报纸关于此次南方派往北清军队情况的报道彼此相对照后，摘译出上述内容。虽不能说上述兵员人数及派遣日期等均准确无误，但相信与实际情况比较接近。将上记各方兵勇数相加后，总人数有两万九千八百余人。故此次由南方北上的各军总人数应不超过三万人。而能与各国北进联军发生交战者，恐怕仅止于陈泽霖、张春法所率领的武卫先锋右军。另关于此次派兵北上，尤应注意的是，两江总督刘坤一与他省总督、巡抚不同，竟没有派出其属下的任何一支军队。

以上为报告内容。敬具

明治 33 年 8 月 24 日　　　　驻上海代理总领事　小田切万寿之助（印）

一五五

8 月 24 日　驻汉口濑川领事致青木外务大臣函（电报）

为报告在汉口西南方新堤匪徒与官兵交战情况事

8 月 24 日下午 1:20 发，8 月 25 日上午 2:48 收　　　　驻汉口领事　濑川

在汉口上游约五十华里的新堤处，暴徒与羊楼同的人马联合起来，与张之洞的军队发生战斗。据说上述人员与最近在本地被捕的改革派有关联。

一五六

8 月 24 日　驻汉口濑川领事致青木外务大臣函（电报）

为报告自立会匪宣言事

8 月 24 日下午 5:45 发，8 月 25 日下午 4:55 收　　　　驻汉口领事　濑川

以下为中国自立会宣言的要点:

我等早就以为现行满洲政府不再是适合统治中国的政府。改变旧中国而创建新中国,乃吾辈之责任。我等欲力争使光绪陛下复归皇位,以创建立宪帝国。我等之主义,乃志在与列国相协同,镇压狂妄运动,并处罚排外的政权篡夺者。总之,须保护各开放口岸的外国租界、各民族的寺院、教会以及中外基督教徒的生命财产,使其免受扰乱和危害。

一五七

8 月 27 日　驻上海小田切代理总领事致青木外务大臣函(电报)

为报告富有票匪蔓延并弹压情况事

8 月 27 日下午 8:20 发,8 月 28 日上午 2:50 收　　　驻上海代理总领事　小田切

据本地官员所接到的来自张之洞的电报称,富有会员本计划于 8 月 22 日起事,但其主谋唐才常、林述唐、向联生以及其部下十余人均被逮捕,并被斩首。在蒲圻、临湘各地亦有其同党挟持凶器反抗官僚。为镇压彼等,已从湖南及湖北派出海陆部队。据就擒者供认,其同党多数分布于湖南、湖北、安徽、江西、江苏各省。其中以文人居多。

据中文报纸所载报道称,富有会中有位首领叫彭桂生,而另一首领彭国泰,被长江水师提督黄少春抓获;另有消息说,南京兵丁中加入富有会者甚多,然尚未得到证实。据说刘坤一虽欲解散上述不安定团体,然而其同党在上海者依然不少。富有会员某被当地官员抓捕后,据其交待,首领为康有为。联想起上述唐才常乃康有为党徒之事实,富有会似无疑与康有为有密切关系。另,梁启超最近来到日本游历,似乎与富有会所策划的这些骚乱多少有点关系。故对于该氏以及其随行人员的活动进行严密监视,当为紧要之事。本官怀疑此前电告过的大通暴动,似乎起因于中国自立会之煽惑。该会可能与富有会有着密切关系。因张之洞及刘坤一为镇抚上述暴动采取了严厉措施,应不用担心在长江沿岸地方有任何纷扰。不过中国官员非常忧虑广东形势。此后当不敢忽略对此方面的关注。

一五八

8 月 28 日　驻上海小田切代理总领事致青木外务大臣函

为报告沿江富有票匪及自立会匪并与之合作的甲斐靖活动事

机密第九七号,9 月 3 日收

外务大臣子爵青木周藏阁下:

现在,在长江沿岸各省,富有票会匪以及中国自立会的举动引起中外人士的关注。以下列举本官之所见所闻,仅供参考。

汉口富有票会匪唐才常等起事之举被发觉,为湖广总督张之洞所逮捕,进而被处刑。关于此事,相信驻汉口领事已提交详细报告,此处不再赘言。小官手中有一份该总督本月 24 日所发秘密电报的誊写件。因其具有参考价值,故录写如下:

> 富有票会匪谋在汉口作乱,定期廿八日起事。渠魁三人唐才常、林圻(即林述唐)、向联生皆擒获,供认不讳。已将三匪首暨伙党十余名正法;内有真日本人一名,已交领事,另有假冒日本人二名;余匪分路查缉。武汉、安靖、蒲圻、临湘两省交界处,

会匪蠢动。湘鄂两省已派水陆数营会剿，当可扑灭。祈布告勿信匪徒谣传、煽动。惟据供富有票匪甚多，两湖及沿江各省皆有，文人不少，确凿可信。人数虽众，军火尚缺，注意首在劫军械。务请分路严速防范，查拿为要。洞。

如上述电报所记，富有票会匪多分布于沿江各省。像此前所报告，根据长江水师提督黄少春所拿获的小首领彭国泰的口供，两江总督刘坤一获悉了其内部情况，遂命令江苏、安徽、江西三省的文武官员捉拿其首领彭桂生。另据来自南京可信赖的清国官员称，有会匪一人来到南京募集成员，官兵应募者多达数百名，刘总督对此深为关注。又据另一位官员称，该总督将两名应募的炮台兵勇当即抓捕，不料其营中兵勇已有半数入会，听说上述两人将受到处分后，顿时群情激愤，不得已只好先将上述两人送往县署，至深夜方秘密处刑。最近南京地方受到这一事件影响，人心多少有些不稳。另，据说镇江道台长恒及镇江知府向某向治下人民发布告示说：富有钱票乃逆党所为，系图谋不轨，法所不容。一旦破获，身首异处，自家不保，不及噬脐。见此告示后，父诫其子，兄勉其弟，亲友间相互儆戒，安分守业，切勿愚昧购票而致罹大僻。已误购买者，准其自赴地方文武衙内呈缴，绝不拖累。如怙恶不悛，甘心从逆，仍敢买票入会者，一旦查获，或被告发，立时严拿处分等等。盖镇江、扬州、淮安一带地方，历来匪徒出没。购买富有票加入其会者，不在少数。于是有上述告示发布。

据与本地各租界总协调人之间的谈话，本地此前抓获过一名富有票会匪。在审讯时，其曾供认该会会首为康先生。另该协调人还拿出没收的富有票让本官观看，在其纵七寸、横三寸的薄纸正面上，写有富有票第几号及一串文字等；而在其反面有两枚印章，其一似为“日新其德”四字。按照会规，凡交纳一串铜钱者，皆准立即入会，并交付此票。

众所周知，此次在湖北被处死的唐才常，与康有为相交甚密。从唐才常去冬回国后，曾带着梁启超写给本官的介绍信（小官接待过唐才常的两次拜访，在看透其人性格轻浮后，便不再与其会见）来拜会本官一事，以及本地富有票会匪所供认的事实看，不用说此次湖北事件乃出于康有为一派的唆使。而彼等散布富有票之目的究竟何在，虽百思亦不得其解。不过从本地中文报纸所载记事中，似可略知其中情由。报道说：该会广有金银。因其会章内规定，凡入会者，其居家之衣食费用以及外出之旅行费用，均由会里支给。故应募入会者甚众。彼等为将来之谋划，以甜言蜜语诱惑无知兵丁及愚昧匪徒入会，但等时机到来，即可以之为援。

另，中国自立会为最近所发起之组织。虽不明其首倡者为何人，但据小官推测和外间传说，一致认为该会为康有为一党所筹建。之前安徽省大通匪徒起事之际，彼等曾于各处张贴以下所示之自立会主意书：

中国自立会长为讨贼勤王事。照得戊戌政变以来，权臣柄国，逆后当朝，祸变之生，惨无天日。至己亥十二月念四下立嗣伪诏，几欲蔑弃祖制，大逞私谋。更有义和团以扶清灭洋为名，贼臣载漪、刚毅、荣禄等阴助军械，内图篡弑不得，则抗然与中外为难。用敢广集同志，大会江淮，以清君侧而谢万国。传檄远近，咸使闻知宗旨：（一）保全中国自立之权；（二）请皇上复辟；（三）无论何人，凡系有心保全中国者，准书名入会；（四）会中人须当祸福相依，患难相救，且应一律以待会外良民；（五）不准奸淫；（六）不准酗酒逞凶；（七）不准用毒械残待仇敌；（八）凡捉获顽固旧党，应照文明公法办理,不得凶行杀戮;(九)保全善良,革除苛政,以共进文明而成一新政府[①]。

在上述主义书内,既有“逆后当朝”、“立嗣伪诏”等字样,又在贼臣中加入荣禄之名。其显然出自康党之手,不待智者亦能明白。而在该地起事的匪徒并非普通匪徒,其暴动实为唐才常等康党所煽动。目前此事不再止于猜测,已成事实。另据来自汉口的通信称,从唐才常等居住过的房屋中发现前述主义书。盖康党一方面组织富有票会,以笼络无知兵丁和愚昧匪徒;另一方面又以中国自立会名义,纠合略通时势的士子。

自湖北事件发生以来,长江沿岸各省民情颇显不稳之状。但刘、张两总督致力于剿灭匪徒,故未令谋逆事件发生,平稳局面似可继续维持。

据闻,在汉口与唐才常等同住一处并同时遭抓捕之辱者,尚有本国人甲斐靖。因该人列名于东亚同文会,故该会在汉口的其他会员自然遭到怀疑。另张总督将此事电达刘总督后,刘总督便密令侦查南京同文会员的举动。又如已电告,当时在南京的前任上海海关道蔡钧曾寄给小官一封书信,上有会匪的供述,大致说彼等在日本购得二手新式枪,装入石油箱内运回中国。小官遂(向国内)提出请求,在作出调查的基础上,禁止该类货物输出。中国人生性多疑,或出于误解,推测同文会员与富有票会匪相勾结,在其周旋下向中国秘密输送武器。小官曾察觉,一些南京同文书院学生和本国人在受到某种影响后,欲赴南清地方与康、孙等共谋事,便暗中加以阻止,并更加密切注视同文会员的举动,然而还是发生了甲斐靖与唐才常等同谋的事件。张总督已然动了疑心,此刻似又有引发刘总督疑念之状。而刘总督曾满怀热诚,大为赞赏该会所从事的事业。为此小官实在感到无限遗憾。今后该会当向中国派遣一些笃实老成之士,以监督一般会员、学生。此后若再出现不服从管理、且不能对其进行断然处理之情况,再欲拂去刘、张等心中已存之疑虑,则不易也。

以上为报告内容。敬具

明治33年8月28日　　　　驻上海代理总领事　小田切万寿之助(印)

一五九

8月29日　驻上海小田切代理总领事致青木外务大臣函

为续报富有会匪动静事

公信第三一二号,9月3日收

外务大臣子爵青木周藏阁下:

之前,在公信第三〇六号(注)中,就富有会匪事已提交报告,而本日发行之新闻报纸上又刊有以下记事:

长江提督黄少春一直以来统领江胜全军驻扎在镇江,专门缉捕会匪及其他恶汉。如前几日,便抓获了富有会匪小头目彭福泰(与上次报告中之彭国泰应为同一人)及三名大通逃匪。在审问之后,已将其处以死刑。现又听说,该提督获得消息:一名叫魏发魁的富有会头领,在镇江府小市一带纠合党羽,预备起事。其当即令某武官带兵前往当地。在将

---

① 按此处所载个别字与原帖稍有不同。——译者注

彼等捉拿后，又搜出枪刀矛等武器及会匪用暗码所书信件等。常镇道长恒、镇江府知府向万镕及丹徒县(镇江府内)知县某等，共同审讯了魏发魁。在录下口供后，当即命武官将该匪押往北门外练操场斩杀，又令将其首级枭示，以告诫一般民众。

以上为报告内容。敬具

明治33年8月29日　　　　驻上海代理总领事　小田切万寿之助(印)

注：前揭8月24日公信第二一五号文书。

一六〇

8月31日　驻上海小田切代理总领事致青木外务大臣函

为续报富有会匪动静事

公信第三一五号，9月7日收

外务大臣子爵青木周藏阁下：

关于前回报告中提到的安徽省南陵县状况，在本日发行的新闻报纸上有如下记事：

近日，由芜湖派出的练军衡字营并安定、武卫两营及由驻镇江长江水师提督黄少春派出的江胜军等，在抵达该县后，协同作战，已将城乡各处的匪徒抓捕归案。其中数十名案犯已被处以斩刑。因兵力充足，当地民心趋于稳定。唯安定营指挥官李某，因江北和州及无为州地方有匪徒起事，遵照王巡抚命令，当前往该地剿讨。据说已于8月22日离开南陵。

另据该报报道称，8月26日在芜湖道台衙门前面，对大通暴动事件参与者湖北人徐得胜处以斩刑。据说此前在接受审讯时，该匪自称为富有会中人，毫无惧色。又说在抓获该匪时，搜出一些贵重赃物等。吴道台将其悉数赏给出力抓捕该匪的诸人。

上述内容因与前回报告中提过的南陵状况及富有会有关，特为报告。敬具

明治34年8月31日　　　　驻上海代理总领事　小田切万寿之助(印)

一六一

8月31日　驻汉口濑川领事致青木外务大臣函

为报告汉口状况事(六)

送第四七号，9月13日收

外务大臣子爵青木周藏阁下：

随着前天(29日)英国军舰马拉宗(マラゾン)号入港，上月为保卫外国人、停泊在本地的该国军舰皮库(ピーク)号当于近日起锚开往上海。羊楼洞及新堤的骚乱现已被平定。汉口至宜昌之沿江各地恢复平稳。而汉口至上海之沿江各地，先前土匪出没的流言业已平息，目前似乎一切归于平静。但在武昌及汉口两地，以总督衙门为首的各衙门并市街的警戒依然森严，对于土匪的侦查仍颇为严密，故人心尚未完全安逸下来。为避难迁往地方者仍陆续有之。加上商业处于长期停顿状态，导致底层劳动者大量失业。而自上月以来，已有四五十日不曾降雨，令人起干旱之忧。北方之事一日没有着落，善后条约一日不能签订，而如今日般之不景气又一直持续下去，则将来之局势到底会走向何方耶？不为此烦心

者殆无。

又据近来之传说,上月由本地出发前往北方的五千余名湖南、湖北兵,在途经河南地方时为匪徒所袭。其兵器悉数被抢夺,兵丁或加入土匪,或向四方逃散而去,锡良及方友升则下落不明。这两日又传来流言,说此等土匪已闯入河南与湖北交界之处。现在中国内地到处皆是乌合之众。彼等虽欲起事,因缺乏武器而不能有所为。若果如传说有五千余兵器被匪徒尽掠,则此等匪徒于何时何地引发骚乱便不可估量也。此应视为武昌及汉口之警戒不能放松的原因之一。

以上为报告内容。敬具

明治 33 年 8 月 31 日　　　　驻汉口领事　瀬川浅之进(印)

一六二

8 月 31 日　驻沙市领事馆事务代理大杉致青木外务大臣函

为报告沙市附近匪徒状况事

附件:上述情势报告

公第八四号,9 月 20 日收

外务大臣子爵青木周藏阁下:

另页附报告杂件一份,请查阅。以上为报告内容。敬具

明治 33 年 8 月 31 日　　　　驻沙市领事馆事务代理　大杉正之(印)

(附件)

公第八四号附件

海湖党被捕事

前回报告送出后,沙市地方谣言百出,人心浮动,土匪来袭、暴民起事之警报不断传来。甚至有传闻说,汉口的海湖党、哥老会为起事已派其同党混入沙市地方。本月 22 日,驻宜昌英国领事向本馆发来情况危急的电文。一般外国人皆在谈论土匪恐欲加害汉口、沙市、宜昌的外国人。因而本地人人心情忐忑不安。其后传来在汉口有二十余名匪徒被捕的消息。继而又有情报说,在接到总督张之洞电令后,本地道台府县于本月 28 日拿获居留沙市的海湖党头目湖南人张贤臣。该人以商人身份久居沙市,兼以外科医生为业。据说拘捕该人的依据是,其拥有称作飘布及红单等两物。而在此前的匪徒口供中,上述两物为加入海湖党的凭证。

负友党事

本年四五月左右,一个叫"负友党"[1]的组织在汉口地方兴起。目前在沙市亦有其党员分布。最近道台已发出缉捕该党成员之悬赏告示。昨日本地税关长美国人来到本馆,言及上述负友党,说该党与海湖党、哥老会同属一派,以革新派自居,志在成立新政府,清国官员对此大为恐慌。传说也有日本人参与其中。

刘永福北上事

① 疑即富有票党。——译者注

清国各省兵力相继北上。听说广西刘永福率领六营兵力，已到达湖南衡州。就经过沙市地方，本地地方官已承诺将给予最大之方便。本地江陵县知县在市中贴出告示，军队在通过当地购买所需食物、用品等时，当相应付钱，请各自按平日一般交易，勿要惊惶。但根据内部消息，军队在经过沙市时，将会稍作迂回。由当地向导制作的具体路线图已交给该营官。不过据说若不经过沙市，则该部队将自衡州经长沙由藕池口（在沙市下游七八十华里处）直入河南，再经由河南前赴陕西。

四川成都兵事

据说四川成都兵十营离开四川，经宜昌、襄阳后到达樊城。

沙防营事

本地沙防营除之前电报中所提到的左营一营（二百五十人）外，又增加右营一营。据说其统领官为曾任当地知县的现武昌营官朱候补，因（该沙防营）几乎增加到三营兵力，在与海关道奭商议之下，由道台自己担负该营事务。

荆州满洲兵事

先前荆州满洲兵曾接到准备出发北上的命令，以后情况似乎发生变化。据说该将军派往北京的三名委员回到当地，军队北上之议暂缓。

明治33年8月31日　　　　沙市日本领事馆

一六三

9月10日　驻沙市领事馆事务代理大杉致青木外务大臣函（电报）

为报告为镇压改革党匪徒沙市官兵出动事

9月10日下午9:00发，9月10日下午11:00收　　驻沙市领事馆事务代理　大杉

百名沙市官兵为镇压盗匪即改革党，于9月5日被派往本地管辖的、距本地三百六十华里处的朱河。尚未接到其后消息。

一六四

9月11日　驻汉口濑川领事致青木外务大臣函

为报告自立会匪阴谋暴露后对于本国人的猜疑事（六）

机密第三九号，9月20日收

外务大臣子爵青木周藏阁下：

因受上月22日自立党阴谋暴露事件影响，本港日本人处于全体遭受猜疑的状态，随着时日流逝，趋于和缓。在张总督及岑道台发出令大久保离去之命令后，再未对本国其他人表现出猜疑的举止。关于此次如何处理被捕者一事上，属湖北巡抚于荫霖一派的武昌、汉口两地文武官员，与张总督意见不同，坚决要求执行斩首。此次事件发生以来，彼等对于一般日本人越来越抱有憎恶的感情，此已成为无法回避的事实。

一名叫田原源藏的书生，乃大阪府人。自本年五六月以来，其一直居住于汉口市内某中国旅馆。其在研究汉语之余，尚进行一些商业调查。甲斐事件发生以后，地方官府对于日本人的监视颇为严密。该旅馆因不堪困扰，遂表露谢绝其继续住宿的意图。小官为此

专门提供证明,保证田原某绝非应受猜嫌之人。因目前对于田原的监视颇为严密,汉阳协镇、夏口厅、汉口都司及其他两处地方均要求提供担保,故数日前该旅馆主人来到本馆,要去小官五枚名片。另,去年由西京本愿寺留学归来、居住汉口的范思浦,昨日带着由西本愿寺执行武田笃初交付的书信,同其叔父来到本馆。据其说,地方官近日对于自日本归来者的查访颇为严厉,如有万一,请予以保护。小官不由得叹息。此前被捕的自立会党员中,有与张总督关系不浅者,依照总督的意见,欲尽力减轻处分。然而巡抚坚决反对,主张施以严刑。最终其意见被贯彻。结果众多被捕者陆续被处以死刑。于是巡抚势力俄然上升,附和巡抚者有逐渐增加之势。而于巡抚素有顽固家之名,对于张总督计划的新事业常怀不满情绪。比如其对武昌诸学校聘请的日本教师等,平素即极为冷淡,故于学校经营上对于总督的措施常欲加以妨碍。经此次事件,该巡抚的势力俄然上升,相信对全体日本人将极为不利。

小官从未怀疑过张总督对日本怀有最亲密的感情。总督部下人员值此之际,与其说是感叹偏袒总督之人见少,还不如说是痛心赞同顽固的于巡抚者正日见其多。武昌诸学校的假期本已结束,农务学堂、自强学堂及工艺学堂聘请的本国教师也已归来,但三校仍然处于关闭状态。自骚乱以来,由本国教师负责授课的武备学科也一直处于临时停课状态。天气日见转凉,不稳状态正逐日淡去,相信随着教员及学生的逐渐归来,在不远之将来,以上诸学堂亦将逐步开学。

以上为报告内容,仅供参考。敬具

明治 33 年 9 月 11 日　　　　驻汉口领事　瀬川浅之进(印)

一六五

9 月 14 日　驻苏州加藤领事致青木外务大臣函

为报告苏州团练编成事

送第七三号,9 月 21 日收

外务大臣子爵青木周藏阁下:

近来本地官民间一直在商议成立防卫地方团练之事。至本日,终于编成七百名团勇,已发给号衣(即制服),并在本城海防营内给其营舍。原来就上述团练之编成,于去年刚毅奉朝廷命令前来本地视察之际,便以奉有上谕,命令当地加以实施。当时地方官虽表面上作出承诺,却并未认真执行。至本年 6 月,南洋大臣再次以奉有上谕,经江苏巡抚命令本地官员切实加以施行,始有此次之议论,至今日已得以实现。

上述团练属本府中军参将倪志鹏指挥,一切事务由苏州知府濮子潼总办,而隶属于帮办本市七路文武总巡的团练局。其费用当由地方缙董负责向苏州人民筹集。

团勇分为洋枪(即枪)二百人、刀二百人、枪二百人、旗手一百人等。20 日左右,当相应发给武器。其中所需洋枪和刀为本地善后局储存之物,枪和旗需要重新调配。

上述兵丁年龄被限制在二十岁以上、三十岁以下。应募团勇中,除本地人约二百名外,尚有南京人约三百名,余者为其他地方人。本地及南京的应募者,多为此次事变以来失去职业的机械工、玉工等。

团练费包括收入、被服费、杂费在内,团勇每名按月付铜钱六千文,一年需七万二千文，七百人总经费则为五千零四十万文，以现在的汇率计算约合墨银五万五千弗[①]。为筹集这笔费用，当另征收铺捐。就捐额方案，地方官提议：大店铺月征收一千八百文，中等店铺九百文，小店铺三百文。而缙董却以为值此商业不景气之际，上述负担过于沉重，主张过些时日再议，故尚未确定（铺捐为向店铺课税之意，不过那些仅提供劳动比如木匠、理发店等之类的店铺应被免除）。盖地方人民首先认为没有编立团练之必要。因即便有事，团练并不能起到有效作用。兼逢此不景气之际，众人皆不喜再额外捐献。然编立团练一事，又难以违背上面命令。尽管其费用征收方法尚未解决，地方官仍于本日先告成立。而就上述铺捐额，现在缙董等组织董事（即组头），正在商议中。

此类团勇其实并无任何作用，从上述其所携带的武器即可窥其一斑。此举不过仅能起到向失业游民提供职业，以减少引发地方骚乱因素的作用。

以上为报告内容。敬具

明治33年9月14日　　　　驻苏州领事　加藤本四郎（印）

一六六

9月18日　驻上海小田切代理总领事致青木外务大臣函

为报告江西省各地暴动事

公信第三四八号，9月27日收

外务大臣子爵青木周藏阁下：

昨日发行的中文报纸载有发自南昌通信员的报道，内容如下：

8月28日，南城县同志会匪等烧毁当地教堂，且劫掠教民财物，同时受害的商家亦不在少数。当地官兵等虽极力剿讨，奈何兵力不足，匪徒反携武器抵抗，为此只好紧闭城门，民心大为恐慌。松巡抚得到警报后，一面立即嘱知府许、知县等前往当地调查，一面令刚字前营武弁谢某及罗某等协同剿讨。然而不久从南丰、安仁、庐陵、德安、高安、进贤等各县相继传来匪徒烧毁当地教堂、杀戮教民的急报。该巡抚随即令知县向某前往南丰，另派知府沈某去往安仁。然而不久又传来急报称，庐陵土匪已经起事，知县冯某督率其部下奋力剿讨，因匪徒势力强大，不能有所奏效，反而致使面部受伤。

以上报道是否属实尚难确认，不过关于江西省形势不稳之情况已在前回报告中指出，此仅供参考，以上为报告内容。敬具

明治33年9月18日　　　　驻上海代理总领事　小田切万寿之助（印）

一六七

10月9日　驻上海小田切代理总领事致青木外务大臣函

为报告武卫左军统领张春发麾下军队溃散事

公信第三八八号，10月15日收

① “弗”即美元，下文亦有用“仙”代称美分的。——译者注

外务大臣子爵青木周藏阁下：

此次北清事变发生之际，张春发曾统领属李秉衡管下的武卫左军北上。据本日发行之中文报纸所载记事称，张率其部队于9月30日由北方再次回到清江浦(江苏省)。据说张之前于河西务处，与各国联军作战，不幸战败。张决意自尽，因部下谏阻而作罢，在收拾残部后，又回到清江。另，两江总督刘坤一此前已耳闻武卫军各队已溃散，故接到张春发率其部下又回到清江的报告后，密令淮扬镇提督潘万才及淮扬道李某两人前往张军处点查人数，得以确认其部队十之有七尚存。其兵员大半为湖南人，江西人仅占据小半。

以上为报告内容。敬具

明治33年10月9日　　　　驻上海代理总领事　小田切万寿之助(印)

一六八

10月9日　驻上海小田切代理总领事致青木外务大臣函

为报告关于自立会匪张总督、于巡抚联名发出告示事

附件：关于自立会匪告示的誊写件

公信第三九一号，10月15日收

外务大臣子爵青木周藏阁下：

关于自立会匪，张总督、于巡抚联名发出告示。另页附上以供查阅。敬具

明治33年10月9日　　　　驻上海代理总领事　小田切万寿之助(印)

(附件)

(公信第三九一号附件)

摘叙自立会匪逆乱确据示。头品顶戴兵部尚书兼都察院右都御史总督湖北湖南等处地方军务兼理粮饷张、兵部侍郎兼都察院右副都御史巡抚湖北等处地方提督军务于，为晓谕事。照得沿江、沿海一带，现有自立会匪，在上海设立中国国会总会，在汉口设立中国国会分会。其会名曰自立会，其军名曰自立军。仿照哥老会票布办法，在上海石印纸票，名曰富有票，到处散发，勾煽三江两湖哥老会匪，纠众谋逆，定期在武昌、汉口、汉阳同日起事。其时安徽大通、湖南临湘、湖北蒲圻、新堤会匪，已经纷起焚掠，均查出富有票，在汉口李慎德堂及宝顺里内，拿获两湖分会总匪唐才常、匪首林圭、李虎生等二十余名。当时在唐才常寓所，起获军械、火药、伪印、伪札、伪示、富有票多张及入会各匪姓名簿，又购买洋枪、刀械用款，雇募奸细，分往各城、各营、各局充当内应，月支薪水用款招募会匪，自称发饷用款各项账簿，又各省匪党往来逆信，又洋文条规，皆在唐才常屋内搜获，并同时在汉口、汉阳拿获同伙谋逆之哥老会匪首瞿河清、向联升等，发交营务处司道、武昌府江夏县公同审讯。该匪等供认开设自立会、勾结哥老会、散放富有票、同伙谋逆不讳，当即将匪首唐才常等正法示儆。旋在嘉鱼县拿获匪党蒋帼才，搜获富有票、黄旗及各匪口号、名单，暨正会长康有为、副会长梁启超伪谕、伪通饬等件，续据湖南拿获会匪头目李英、谭翥等供称，康有为在上海开富有山，正龙头系康有为、唐才常、梁启超等，唐才常派为上海总粮台，听说康有为、孙汶派人会合大刀会，孙汶已到山东，此事是康有为为总，康有为以唐才常为总，各粮台之钱均是康有为接济等语。查蒋帼才匪单内，系康有为为正龙头，梁启超为副

龙头，并据唐才常供，上海国会总会头目系广东人容闳。此外各处所获哥老会匪供词供出康有为、唐才常为首者不计其数，旋准大学士、直隶爵阁督部堂李电咨，查出康有为、梁启超、唐才常、容闳等勾连会匪，私运外洋军火，图扰乱三江、两湖、两广各省情形，大略相同，并准两江督部堂刘、安徽抚部院王、湖南抚部院俞咨，富有票匪扰乱长江，派兵剿捕，起获匪票、伪示各情形，与鄂省所查皆相符合。查此项自立会匪唐才常等，以康逆死党窟穴上海，设立总会，自为总粮台，往来沿江、沿海各处，广散银钱，购诱会匪，计谋凶狡，党伙纷繁。其匪党往来书信大指，因北方有警，乘机煽动沿江、沿海各省各种会匪同时作乱，其同谋勾结之人，各省皆有其购械募匪之款，查簿内存款计洋银一万五千余元，用去已将及万元，所散放之富有票，就两湖地方查出供出者已有两万余张。事发后数日，尚有人向李慎德堂投递匪党逆信，经税务司、邮政局拿获数起。其伪札有曰指定东南各行省为新造自立之国，其华洋文规条内有曰不认满洲为国家，其伪印文曰“中国国会分会驻汉之印”，又曰“中国国会督办南部各省总会之关防”，又曰“中国国会督办南部各路军务处之关防”，又曰“统带中国国会自立军中、左、右、后等营各关防”，其唐才常身边小箧内搜出规条，有曰焚毁各衙署，劫掠局库，占据城池，焚戮三日，封刀安民，其逆信内有曰沿途亦可劫掠，其开用伪关防札稿内，有曰业经报明沪会篆刻关防一颗，内刊中国国会督办南部各省总会字样，于庚子年七月初八日开用等语，唐才常等到案一一供认不讳，至其平空造言，捏诬狂吠，诋毁两宫，悖逆凶悍，令人发指。该会匪等以自立为名号，以焚戮劫掠为条规，以富有票为引诱，意欲使天下人心同时摇动，天下民生同时糜烂，实为凶毒已极。又查伪札有云，本国会深懔危亡等语，可谓狡诈诞妄，该匪首倡为国会，造此诡辞，冀以诳诱少年躁妄之文士，鼓动昏迷无知之愚民，尤为可恶。方今时势虽棘，上下同心，力图振作，尚可勉筹补救之方，若该会匪各省蜂起，则中国真将有危亡之势矣。该会匪明明乱国而反托名保国，试思该会匪既已自称为新造之国，公然自立，不认国家，是以明言不为我皇上之臣子矣，乃尚敢托保国之名以逞其乱国之谋，不独中国忠义臣民不受其欺，凡各国明理晓事之人恐亦不受其欺也。又查康有为、梁启超会衔通饬，有曰本会长开设自立会，欲图自立，必先自借遵皇权始明言借字，实为可骇，可见康逆所开保皇会不过借名作乱，其狡谋既已自行吐露，若文人、才士尚为所愚，亦大惑可哀之甚矣。近日安徽大通焚劫惨杀之会匪，湖南沅潭焚劫惨杀之会匪，湖北新堤、蒲圻、嘉鱼、监利劫掠之会匪，查其逆信票据皆即系自立会匪之同伙，均经领有富有票者，其合伙约期济械助费、分据地方、安排接应，均系确有实据。查各种会匪向来专以劫掠焚杀为事，今该自立会匪，用为党羽，反使此辈得志，必致各省糜烂，涂炭生灵，中西商民同受其害，试问外国国会乃国家所设下议院之称，岂此等会匪之所可冒充乎。查李慎德堂前门在英租界之内，当日查拿各匪之时，系由英领事签字派巡捕协同往拿，当场眼同起获各种谋逆作乱器械凭据，华洋人等众目共睹，因此各国领事皆深知此辈实系与哥老会合伙，同为盗贼土匪，毫无可疑，必应查拿以免扰害地方，各国领事因予一公同签字之据，如以后查有匪徒藏匿租界，即可往拿，若唐才常等非真系乱匪，安能如此办理乎？除湖北、湖南两省随时密查严拿外，此外沿江、沿海各省皆有分会，其往来于上海者尤多，应由各省自行查拿，已将先后叠次查出供出紧要各匪首姓名、籍贯陆续开单分咨各省，一体严密悬赏查拿，务获惩办，以惩乱逆而安大局。至唐才常供出同会同谋之人甚多，凡系尚未查出实据者，本部堂、本部院概不株连，其军民人等误领富有票者，准其向官司营局团绅首士缴票销毁,即免追究,予以自新,若观望藏匿不缴者,查获匪票,定行重办。诚恐该匪等逆乱实情确据,外间未能周知,合亟摘叙紧要情节出示晓谕,为此示仰士商军民人等一体悉知,已入会者及早悔悟,未入会者永为善良,勿信邪说,勿负国家,勿蒙逆恶之名,勿蹈乱贼之诛,凛之,望之。特示。

光绪二十六年闰八月□日

一六九

10月19日　驻上海小田切代理总领事致青木外务大臣函

为报告富有票会匪及自立会匪姓名事

附件:自立会匪头目姓名报告

机密第一二二号,10月25日收

外务大臣子爵青木周藏阁下:

先前富有票会及中国自立会匪在汉口预备起事。其尚未举事,便为张总督所察觉。除唐才常外,另有十余人被捕。关于此事已提交过报告。其后张总督与刘总督共同在各地竭尽全力抓捕其党羽。上海道台亦向首席领事发出请求,希望协助抓捕另页所记人员。于此,(首席领事)在回复道台的照会中表示,各国领事表示,若确实拥有上述人员图谋不轨之证据,不妨对其进行抓捕。不过同时指出,应在有外国官员出席会审公堂的前提下,方能对其进行审讯。上述党羽中,或有逃往本国者。无论如何,先将另页所附名单送上。以上为报告内容。敬具

明治33年10月19日　　　　驻上海代理总领事　小田切万寿之助(印)

(附件)

(机密第一二二号附件)

自立会匪头目(照汉口搜获逆信、逆簿、逆札内抄录)

沈克诚,别号愚溪,又号渔溪,又名愚公,一名潇湘渔太郎,湖南善化人,湖北候补县丞,伪职统带中国之会自立右军;陈读,即陈敦龙,一名陈鄮,号桃痴,常德县廪生,伪职统带中国之会自立右军;林傑,即林杰,即林邦威,一称杰公,又称杰生,湖南人;谭翥,即漂凤墀,一名翥,岳州人,已拿获;朱茂芸,国会自立右军帮统会员,湖南人;龚超,国会自立右军营务处会员;彭桂生;松阴次郎,一名玉林,常德人;朱启明;屈子原郎;屈开诞,麻城廪生;神山三郎,长沙人;西河圭介;李鉴侯,麻城人;谈子周,孝感武生;胡楚池,孝感监生;硕锡峰,岳州人;谭鳌,岳州人;涂昆,岳州人;李汝德,岳州人;苏麟,岳州人;汪葆初;黄茶蓼;朱楚生;杨昌信;罗勋榕;胡友南;梁骏烈;萧世楠;刘启梅;杨逢年;宋锦城;易云田;何少梅;吕锡璜;陈中浇;项次石;项叔梅;王戬,即王娥,常德人;王慕陶,宜昌生员,捐纳主事;石竹亭,常德人,松阴次郎逆信所言;唐仰公,常德人,松阴次郎逆信所言;何来保,常德人,松阴逆信内有姓无名,只言系常德人,湖南抚部院来函有姓名;谌琪山,松阴次郎逆信所言;赵日升,常德人,松阴信内有姓无名,湖南抚部院来函有姓名;锡翁;力山;大通匪首朱焕记、彭连记,即彭连臣两人均系赴麻城勾煽乱匪者。

查此单内皆是文人,均系头目供出及查出单据自立会匪名目散放富有票诸人及自立

会头勾结作乱之红教各匪名。

王潄芳，即四脚猪，候补游击，并有世职，在沔阳新堤住，正龙头，湘潭人；张鳌，即黄福生，善化县人；龙昌志，号瑞廷；李遇山；王子清；谭树，即谭维正，富有票会匪总堂；徐得，又名青云，汉口办事，富有票匪总堂；朱茂林，国会自立右军帮统会员；龚超，国会自立左军营务处会员；黎贵全，即黎桂铨，又曰笛贤，麻城人，店内办事，又充当礼堂；黄松林，号宏三，店内办事；徐有德，店内办事；李宝珊，店内办事；郭祥林，即长龄，店内办事；彭佐臣，又曰春亭，鹦鹉州内事；董耀堂，又曰晴福，鹦鹉州办事；宋春喜，号聚福，武庄办事；方贞祥，又曰安定，汉口办事；饶正超，又名振起，蒲圻张家嘴人，又红教匪首；胡东山；王东山；王国华；戴炳文；谭玉和，又名桂林；贺乾兴，蒲圻人；贺玉和，蒲圻人；朱焕记、彭连记逆簿内有彭连臣名；王升榜；柳宝臣；杨子元；石清不知姓；陈天叙，临湘生员。

查此单内粗人、文人皆有。

蒋帼才荷包内搜获会匪名单，此单俱按原单式样誊抄。

正龙头：杨子严　唐玉山　李金彪　王连达　陈紫瀛　瞿河清（已正法）　列伝福　朱青楚　张耀庭　周连升（系文人）　宋春元　邱菽园（福建人）

副龙头：王展英　韩金彪　宋焕南　唐才常（已正法）　杨汉章　徐勋　王质甫　王华国　郭尧臣　林圭即林锡圭（已正法）　杨润生　毕永年（系文人，湖南人）

总堂：万楚云　张海棠　王心田　彭佑臣　周鸿　谭树狄平（系文人，广东人）　辜人杰　秦俊杰　易和清　贺桂龄　陈鄘（即陈琥，系文人，秦邮）

座堂：陈保南　江贞元　王秀芳　周义盛　周国宾　杨积仁

陪堂：莫海楼　罗议云　胡金门　李友云　廖松

盟堂：方盛祥　谭翥　柳启宾　萧子云

礼堂：梁桂铨　彭升安　曾东山　王振元

管事：左昌玉　师中吉　袁荣　黄恩立（沔阳州新堤人）

值堂：李鸿宾　郭祥林　郑鹿鸣　李广顺

刑堂：谭子云　张洪山　钟兴尧　董耀堂

盟证：谭兴尧　江松甫　龚炳乾　张尧卿

香长：邓福田　姜守旦（即江守旦）　富有山　天下水　万国春

会办：树义堂，内号日新其德，外号业精于勤，万象除埋打不开，红羊劫运日相催，顶天立地奇男子，要把乾坤扭转来。

副郎：孙兰亭　马春林　任晓亭　李万鹏　陈云谷　易瑞林　陈飞虎　刘文斌　杨海帆　王春林　舒久安　何才学　蔡齐藤

圣贤：范廉　王娥（文人）　李虎士　李少堂　陈沅

当家：杨洪桂　游桂生　谭万顺　龙得芥　王勋臣

管事：黄松林　朱三贵　许先胜　谌得胜　韩春堂

巡风：徐有德　陈得胜　顺八　李渭贤　江口　胡之茂　陈自生　夏先知

十牌：易起兵　大备　刘林

小么：郭菊生　本年四月□日付措接官　谭翥　水字号全堂号片请出事一室，再嘉鱼县讯取匪犯蒋帼才供称四名：李瑶松、刘天保、余老五（余老五，枣阳县人，在

升溪口帮工)、张宏兴(蒲圻县人,在升溪口佣工)

查此单内粗人为哥老会匪,及文人为自立会匪,散富有票者兼而有之,而哥老较多。

一七〇

10月24日　驻上海小田切代理总领事致加藤外务大臣函

为报告河南、陕西省境及安徽省内土匪情况事

公信第四一一号,10月31日收

外务大臣加藤高明阁下:

据今日本地发行之中文报纸所载记事称,近日在河南、陕西两省交界地方有土匪以太行山为巢穴发动起义。

另,某报纸刊载了安徽巡抚王之春发给本地某官员许的一份电报。据称,该省庐州府寿州境内广严塘处有土匪发动骚乱。其纠合十余村村民,窜入四方,或焚烧教堂,或肆意劫掠。王巡抚命寿春镇总兵郭某率领若干马步兵,并省城练军,前往剿讨。因其举措神速,匪魁多被捕获。另,据说因受胁迫加入暴动者尽被解散,该地方已经恢复平静。

以上为报告内容。敬具

明治33年10月24日　　　驻上海代理总领事　小田切万寿之助(印)

一七一

11月27日　成田安辉致加藤外务大臣函

为报告关于四川省军用捐款访问美代理领事要领事

12月4日收

外务大臣加藤高明阁下:

近来报道四川省军用捐款数额巨大的电报极为频繁。由此外间纷纷传闻,四川方面排外之风盛行。而探明其真实与否并非无益之事,遂于本日下午两点,前往四川美以美教会监督兼美国代理领事路易斯氏在上海的寓所进行拜访。该氏在四川与中国人以及外国人拥有广泛联系。以下为访问谈话要领。

军用捐款并非仅从四川募集,而是从各省募集。四川此次募集的巨额捐款不足称奇。以此为据猜测四川有排外倾向,实乃误解。根据该地目前状况报告,四川非常平静,重庆尤为安宁。而来自四川中国人以及外国人的平安报告,均能确认之。此次四川捐款额高出预期募集额,缘于之前刚毅的督促。当时,其他省份已陆陆续续拿出捐款,唯独四川依然顾左右而言他,不提捐款。然本年四川适逢丰年,况目前又是两宫行在所在省份的邻省,故不得已有上述之举,转而招致有排外倾向之非议。特别引人喋喋不休的是,自流井方面(产盐地)对于天主教有挑衅行为。这是今春以来爆发的小纠纷。但至今尚未了结,故更加引人猜测。

该领事已打算于12月8日搭乘德国汽船前往重庆。该领事当与其他两三位传教士等一同启程前往四川。因有联军将开往汉江的说法,该船或许有可能成为德国方面的专用船只。该船迄今尚未发售船票。故将来之事很难预测。据该领事说,倘若列国欲往汉江派遣军队，刘、张势必将敌视列国而进行抵抗，反而将危及该地方之安宁，故相信没有人会作出如此愚蠢决定。该汽船从上海至重庆的运费为一百七十弗，宜昌至重庆的货物运费为一百六十弗。此外，若有往宜昌上游运送货物的必要，大多数的人会雇佣中国船。此乃较佳之选择，唯较为费时。目前在四川的美国人，仅税关所雇医生オスマン・ホール一人。故该领事说：虽然乐于继续待在上海，但作为新领事却急于要返回四川。当初贵君在成都时不知持何种意见。余却不赞成从重庆撤退。日本领事亦持相同看法。唯迫于英领事的处理办法，日本领事山崎氏不得已撤出。至今日再思量一番，余等即便留在四川，到今日仍可安全居住于彼地。故余欲速回四川。重庆宽仁医院医士マカアトネー当于12月初旬由美国归来；美以美教会学校教师マンリー一时将不能回来（在美国）；普连土教会长デビッドソン目前虽然全家居住在上海某一安静处，想必稍后会再回到重庆。

以上就此前在重庆外国人的状况提交报告，仅供参考。谨具

明治33年11月27日　　成田安辉（印）

又及：上述内容的誊写件已投递给在杭州的驻重庆领事山崎。

一七二

12月4日　驻汉口濑川领事致加藤外务大臣函

为报告自立会匪暴露后对日反感情绪逐渐缓和事

机密第五七号，12月14日收

外务大臣加藤高明阁下：

自今夏北清地方发生骚乱以来，中国地方百姓对于一般外国人之感情颇为阻隔。不料8月下旬，本地又发生自立党阴谋暴露之事件，于是本地对于日本人之情感顿然一变。平日素有往来的中国官员开始忌惮与日本人进行交往，双方关系变得颇为微妙。不过时至今日，形势又逐渐恢复，较事变发生前之状况，殆未有不同处。其重要原因有以下几点：

第一，巡抚于荫霖离开本地；

第二，在北清地方的日本军队纪律严明；

第三，基于驻日本公使李盛铎所提出报告的结果。

前巡抚于荫霖经常反对张总督的施政。张欲向右去，于则要往左行，经常妨碍张之前进方向。此事于此前报告每每述及。于在大约一个月之前终于启程，前往新任地河南。现今本地成为张总督独自发挥的舞台。该总督依然持与日本亲善的态度。故其下属目前不再有所忌惮，又与日本人开展亲善往来活动。另，联军在北清地方所实施的暴行，在本地中国人间引起极多愤慨。与此相反，日本军队却纪律严明，秋毫无犯。相较之下，此情令中国人大为感激。相信此事对于我国今后的对清政策将多少带来积极影响。又据传闻说，最近驻东京公使李盛铎就日本现状以及日本对清意见，向张总督处提交详细报告。张总督以及其属下幡然省悟，逐渐又对日本开始产生信赖。

先提出以上报告，仅供参考。敬具

明治33年12月4日　　驻汉口领事　濑川浅之进（印）

(四)南海状况(浙江省)

一七三

6月23日　驻杭州若松领事致青木外务大臣函(电报)

为报告浙江省内平稳事

6月23日下午7:54发,6月23日下午11:00收　　　　驻杭州领事　若松

本地以及本省没有任何异常情况,亦没有爆发事变的征兆。

一七四

6月28日　驻杭州若松领事致青木外务大臣函

为报告本地状况平稳以及浙江巡抚关于剿匪之意向事

机密第六号,7月5日收到

外务大臣子爵青木周藏阁下:

经上海总领事传来贵处电讯得知,应就此次为保护在北清居住之本国人而与各有关国家采取一致行动向天津派兵一事,留意中国地方百姓有何感受、意向以及动态,并随时以电报方式提交报告。据此,在做出种种观察之后可断定,本地以及浙江省并无任何异常变动,且未显现即将有事变爆发的征兆。此事在23日所发电报中,已有所陈述。其后据传闻称,有人前往台州府某天主教传教士的住宅放火。知府徐承礼迅速逮捕该犯罪嫌疑人,并对其进行了处罚。此事件很快得到平息;另宁波人心稍有动摇,外国人颇为警戒;而本地却极为平静,没有出现任何异常情况。前天(26日),虽然在美国"プレスビチリヤン"派传教士"ジャドソン"门前,出现过一张写有于翌日傍晚放火的揭帖,但迄今并未听到杭州当地百姓抱怨外国传教士的言论,以目前颇为平稳的形势来看,此事或许不过是一恶作剧而已。本国人与当地百姓的关系,向来颇为友好。此时尤其没有什么异常情况。此次我国的出兵行动,并没有引起当地人的特别注意。唯关于攻击大沽炮台一事,民众尚未了解真相,故多少抱有不安情绪。

浙江巡抚刘树堂先前向各军营发布命令:应专心致力于操练,以杜绝事变发生。同时命令台州知府等,此时此刻尤应密切注意保护外国人。另据说,又命令知县,自昨日起,于杭州城内特加拨一营兵力(五百人),加强警戒,专门保护外国人。

如前述,本地人心平稳。地方官唯恐其他地方的无赖之徒来到本地制造事端,是以严加防范。根据目前状况,丝毫没有将要发生暴乱的征兆。虽然因有不少传教士进入中国内地,令人感到担忧,但像台州府这样的地方,在前洋务局提调徐承礼知府在任期间,因其处事应对非常得当,故深受称赞。而北清骚乱终究不会持续很长时间。由是,浙江省内发生变乱的可能,微乎其微。另,作为基本编队,本地武备学堂配备了千名兵员。其营舍正在选定中。该部队统领由该堂总办伍元芝(刘树堂的总文案)担任。该堂总教习我斋藤陆

军大尉则被聘为顾问，故以本国人为首的外国人，逢危难之时，当会得到尽心保护。各报纸相继报道，关于此次事件，南清各地总督、巡抚已迅速向北京政府呈上奏文，提出应剿灭匪徒的意见。只是关于刘巡抚持有何种意见、提出何种上奏民间并无传闻。不过据传，刘巡抚亦持有相同意见，已向北京政府派出特使，建议应迅速果断剿灭义和团，并提出申请，浙江省于加强警戒可相机处理。该特使已回到本地。

昨日傍晚，曾与伍元芝进行会谈。其间，其就目前各国军队进入北京状况感到非常担忧，曾问起若各总督、巡抚共同发兵，负责镇压匪徒，各国可有撤兵之可能？

又据传闻，该巡抚已接到北京政府发出的指令，要求其派遣数营兵力北上。对此，巡抚欲遵命令部队北上。然因有人提出反对意见，至昨天，似仍未确定最终是否派兵。

以上为报告内容。敬具

明治 33 年 6 月 28 日　　　　驻杭州领事　若松兔三郎(印)

一七五

7 月 2 日　驻杭州若松领事致青木外务大臣函(电报)

为报告杭州形势不稳事

7 月 2 日下午 5:30 发，7 月 2 日下午 9:05 收　　　　驻杭州领事　若松

本地虽然没有发生骚乱的迹象，但形势极为不稳，浙江巡抚及海关道正在采取应急手段。

一七六

7 月 4 日　驻杭州若松领事致青木外务大臣函

为报告杭州地方状况事(一)

机密第七号，7 月 12 日收

外务大臣子爵青木周藏阁下：

送出前回报告后，虽然本地事实上并未出现丝毫变动迹象，但自上海、苏州前来本地的人不少，带来各种传说。尤其，由于近来商业不景气，造成丝织物、扇子、金箔等行业停产，失业工人随之增多，以致人心颇为动摇。因见局势并未处于完全平稳状态，故于本月 2 日发出以下电报："本地虽然没有发生骚乱的迹象，但形势极为不稳，浙江巡抚及海关道正在采取应急手段。"据探知，徐巡抚曾收到来自北京政府的各类电报。其中，有些内容被传出。据一封 6 月 27 日发的电报称，土匪人数已达到四十万，局面难以控制，出于不得已，欲利用之。另据其他电文称，应加紧训练省内军队，以配合夺回大沽炮台；为控制浙江省内之义和勇，应事先与其取得联络等等。据此，可以想象从北京政府传来的各种训令中多包含排外意识。对此，刘巡抚的方针为，针对目前端郡王已取得政府首脑地位并主张与外国人开战之局势，应在与刘坤一、张之洞进行协商的基础上，采取联合行动，尽量不扩大端郡王的行为，压制匪徒，以确保外国人安全。总之，目前当务之急在于确认地方官的态度。为此，本官于 6 月 29 日，特地向洋务局督办发去照会，询问于此时地方将采取何种措施以保证外国人安全。昨 3 日收到回复，其要旨为，浙江省内各地均有教堂、洋房及贸易

商民,此前早已下发了要求切实加以保护的命令。在接到上述照会后,又再次命令杭州府及仁和、钱塘两县并拱宸桥巡防局会审公堂应极力加以保护。且发布告示,宣明各国派兵之意,严禁传播谣言,以期中外安靖等。昨日虽向巡抚提出会面请求,欲当面详加询问,皆被其托病推辞。总之,本地地方官的态度大致为,依然遵从南洋大臣的方针制定措施。故目前仍维持打击土匪、保护外国人的态度。唯新任按察使(满洲人)及满洲将军的态度尚无法完全确认。若上述地方官所持方针并非完全一致,那么现在虽未出现骚乱迹象,尚不致狼狈不堪,但自联军进入北京之日起,恐形势将会出现变化。而此地距离上海仅一百五十里远,一旦有突变发生,显然将面临巨大危险。为此在接到上月26日发出的电训后,针对本国侨民曾几次发出劝告:一旦危机发生,应迅速撤离。

关于外国领事的态度,本地尚有英国领事馆。而前任领事此前已调任九江,新领事刚刚上任。虽无暇与其进行密切商议,但该领事前夜曾带着本月由上海税务局发给杭州税务局的电报誊写件来访。据其说,现在事情很难办。而该电报的大意为:情况危急,对外国人充满敌意的新政府正掌握着政权,故已雇佣了小蒸汽船一艘送往你处以备用等。另据美国某传教士接到来自上海本部的电报称,于此际美国传教士应全部撤离杭州。于是离开本地的美国传教士家眷不在少数。而本国居民亦有数名前往上海。

本地状况如前所述,假如暴动确实发生,至情况渐趋危机之际,小官自当遵循电训,在与英国领事协商之基础上,向上海撤离。

以上为报告内容。敬具

明治33年7月4日　　驻杭州领事　若松兔三郎(印)

一七七

7月6日　驻杭州若松领事致青木外务大臣函(电报)

为报告接到清官员阻止外国军队登陆杭州之通告事

7月6日上午12:55发,7月6日下午5:50收　　驻杭州领事　若松

接到本地政府以下通告:本地地方政府已采取各种措施保护外国人,希望外国军队不要登陆本地方。

一七八

7月8日　驻杭州若松领事致青木外务大臣函(电报)

为报告请求训令大东汽船公司预留居民避难用汽船事

7月8日下午4:00发,7月8日下午11:00收　　驻杭州领事　若松

为于事变发生之际及时避难起见,请在与递信大臣协商之前提下,迅速命令大东汽船公司经理人预留一艘汽船在本港,以供本地日本官民使用。

一七九

7月10日　驻杭州若松领事致青木外务大臣函(电报)

为禀告浙江省官员之保护外国人措施并本国人避难事

附件:(一)若松领事致时督办照会

(二)时督办照复

(三)时督办致若松领事照会

(四)若松领事照复

机密第八号,7月20日收

外务大臣子爵青木周藏阁下:

如此前所报告,小官向浙江洋务局督办时庆莱发出照会,询问以何种方法保证外国人安全。对此该督办回复道,浙江省正竭尽全力对外国人加以保护;并再次命令杭州府、仁和县、钱塘县并拱宸桥巡防局会审衙门,尽力加以保护;且发出告示,宣明各国发兵保护之意,严禁制造谣言等等(参考另页所附第一号和第二号文件)。继本月4日,时督办接到巡抚刘树堂的命令,向本官发来照会。据其声称,已下发命令,对于浙江省内外国人的生命、财产严加保护,毋庸担心。上海道台已同各国领事官进行过协商,明确指出将自行(对外国人)加以保护,无需外国派兵干预。据此,浙江省亦相应要求各领事,于保护外国人一事,中国地方官员将自行采取措施,无需各国派兵干预(本月6日发电报为其大致内容)。针对此照会,小官作出回复:对于竭尽保护、维持和平之意,深为感动。虽然浙江省内有派兵之说法,但迄今为止,尚未进入议事阶段(参考另页所附第三号和第四号文件)。

先前,南京道台接到南洋大臣指令,来到本地。对巡抚以下各官员,要求应对外国人尽力保护。该氏于本月8日来到本馆,安抚说:地方官将切实对外国人进行保护,请宽心。然本地官员中的按察使(满洲人)及八旗将军到底意向如何却不得而知。又如刘巡抚,将来随着局势的变化,其果能确守今日之方针? 亦难以保证。不过据目前情况,可大致确认地方官仍遵循保护外国人、压制匪徒的方针。唯不能保证者,乃逢急变之际,是否能予以彻底镇压。前述时督办照会中所提到的保护方法于实际场合显然将无力应付。

进入本月,上海彻底恢复平静。由此,本地亦稍稍平稳。尤其自地方官采取严厉措施以来,迄今为止尚未发生任何事情。然北清地方骚乱持久不息,以致商业停滞状态不能得到改善。或有乱民出现,亦未可知。刘巡抚的总文案伍元芝说,若至外国军队进入北京,无法保证本地不会发生意外情况。关于外国人的动态,美国传教士中,前往上海者已过半数。现留在本地者,尚有男子两名、女子两名。英国传教士中,女性多已离开本地,而男性却大多留在本地。

关于本国人的去留,小官在经过深思熟虑后,已向本国侨民发出劝告:没有必须停留在本地之要务者,应选择最佳之方法前往上海或本国避难。到今日,学生或僧侣等因暑期休假,多数已离开本地。不过本馆官员尚未到撤离本地之地步。根据将来情形,亦将尽可能继续留在本地。唯如前述,若确实面临地方官无法保护的局面,将撤离本地。然撤往上海时,必不能依赖于中国戴生昌汽船。而大东汽船公司所拥有的往来于上海至杭州、上海至苏州的八艘小汽船,乃定期航船,非有递信省的命令,不得对其航班进行调整,故杭州目前无一艘备用船只。即前夜到达的班船,于翌日下午便要启航,没有一艘完全停泊于此地的船只,停泊时间仅为每日五小时至十二小时不等。据此,遇危急之场合,实不足以倚重。故于前日(8日)发的电报内,希望在与递信大臣协商之前提下,命令大东汽船公司在上海的负责人调配一艘汽船停泊本港,以备事变之际本地日本官民使用。

其他消息已在前回报告有所陈述。作为武备学堂的基本编队，兵员人数目前已从一千名削减为二百名。

根据先前北京政府向该巡抚发来的出兵命令，本地决定派遣两千士兵北上。数日前，该部队已陆续向镇江方向出发。不知其目前已行进至何处。

另有附件。以上为报告内容。敬具

明治33年7月10日　　　　驻杭州领事　若松兔三郎(印)

(附件一)

若松领事致时督办照会

照　会

大日本钦命驻扎杭州办理通商事务领事官若松为照会事。照得近来京畿一带有义和团匪骚乱，专与各国人为难，其势汹汹，平定之期不知何日。惟此地贵国官民与敝国人交情颇厚，不见龃龉，谅可望相安无事，而贵抚台、贵道、督办以暨各地方官素来留意邦交，必能严密弹压，认真保护，此本领事所深信而居留商民倚赖者也。惟近日上海地方各种谣言纷纷不一，而此地亦时有所闻，况各国政府因保护使馆商民，已派兵前往，诚恐此地愚民人等不解各国派兵真意所在，且听信各种谣言起，与敝国并各国人为难，酿成交涉巨案，彼此有损而无益，相应照会。为此照会贵道、督办，请烦查照即将如何设法弹压保护之处，从速照复，以便电达本国政府并示谕居留民是为至要，须知照会者。

右照会

大清钦加二品顶戴署理杭嘉湖道监督杭州关督办浙江洋务总局时

明治33年6月29日

(附件二)

时督办照复

照　复

大清钦命浙江等处承宣布政使司恽、加二品顶戴署理杭嘉湖道监督杭州关督办浙江洋务总局时为照复事。顷准贵领事照会内开照得近来京畿一带有义和拳扰乱，专与各国人为难，其势汹汹，平定之期不知何日，惟此地贵国官民与敝国人交情颇厚，不见龃龉，谅可望相安无事。惟近日上海地方各种谣言纷纷不一，而此地亦时有所闻，况各国政府因保护使馆商民，已派兵前往，诚恐此地愚民人等不解各国派兵真意所在，且听信各种谣言起，与敝国并各国人为难，酿成交涉巨案，彼此有损而无益，相应照会，请将如何设法弹压保护之处从速照复，以便电达本国政府并示谕居留民是为至要等由过局。准此。查近来北省拳匪滋事，与各国人为难，浙江省各属教堂洋房以及贸易商民所在皆有前经通饬极力保护在案，兹准前由应再分饬杭州府及仁和钱塘县并拱宸桥巡防局会审公堂极力保护，并将各国派兵保护之意宣明出示晓谕，禁造谣言，以期中外安靖。除分行外，合就照复，为此照复贵领事请烦查照施行，须至照复者。

右照会

大日本国钦命驻杭州领事官若松

大清光绪二十六年六月初七日

(附件三)

时督办致若松领事照会

照　会

大清钦命浙江等处承宣布政使司恽、加二品顶戴署理杭嘉湖道监督杭州关督办浙江洋务总局时为照会事。顷奉抚宪刘札开照得北省民教相仇,匪徒扰乱致酿钜衅,东南各省谣言蜂起,现准南洋大臣电会同湖广总督部堂饬上海道与各国领事官商议,自任保护各国,不必派兵干预等因到院。浙省通商口岸各处教堂林立,业经飞饬各属文武会商绅董,将境内洋商教士人命产业认真保护,毋得稍有疏虞,一面严饬造谣滋事匪徒拿获正法以遏乱萌。除分行外,札局立即遵照,会同各国领事官查照办理禀复,事关大局,毋稍延误等因到局。奉此查北地拳匪仇教,滋扰东南各省,谣言蜂起,浙江省通商口岸各处教堂林立,前经本局飞饬各属会同营汛,将境内教堂洋房实力保护,一面严饬地方文武缉拿造谣滋事匪徒获案正法,并出示严禁在案,是浙省各属教堂洋房以及洋商教士人命产业等项既经严饬地方保护,当可无虞。上海一埠既经由道奉饬与各国领事官会议,自任保护,不必派兵干预,浙省保护洋人之事应由地方自任,不必各国派兵干预,以靖人心。兹奉前因除照会外,合就照会,为此照会贵领事请烦查照并希见复以凭转禀,望切施行,须至照会者。

右照会

大日本国钦命驻杭州领事官若松

大清光绪二十六年六月初八日

(附件四)

若松领事照复

照　复

大日本钦命驻扎杭州办理通商事务领事官若松为照复事。照得明治三十三年七月初四日接准来文内开,浙省保护洋人之事应由地方自任,不必各国派兵干预,以靖人心等因准此。查本领事之所最重者是在贸易交通一事,而前与贵道商议此事者不止一,再想凡欲期贸易交通之开发进益,必须地方静谧而邦交亲固,此系无须赘述。今者贵国北边有事而波及南方,浙省亦见人心稍有浮动,如此则贸易交通未必无被支碍,此则本领事日夜忧虑而不已者也,所以前者备文送请贵道查将如何设法弹压保护之处示复,现已接准前因,藉悉贵抚贵道严饬地方文武极力加护保维平和之真意,正合本领事所望,实深感纫。浙省既经如此严饬,极力保护,即可望无虞,而本领事亦稍可宽心,则派兵云云一节,现似不必议及。相应照复。贵道查照并将此意转禀贵抚是荷,须知照会者。

右照会

大清钦命浙江等处承宣布政使司恽、加二品顶戴署理杭嘉湖道监督杭州关督办浙江洋务总局时

明治三十三年七月初五日

一八〇

7月13日　驻上海小田切代理总领事致青木外务大臣函(电报)

为报告南海骚乱情况事(一)(二)(三)

(一)关于宁波的报道

7月13日下午4:20发,7月13日下午6:30收　　　　驻上海代理总领事　小田切

第三九号

据《北清日报》所载报道称,宁波必会有骚乱发生。

(二)关于温州的报道

7月13日下午9:45发,7月14日上午0:25收　　　　驻上海代理总领事　小田切

第四一号

据本地外文报纸所载报道称,暴徒将袭击在温州的外国人。当地外国人已全部登上汽船,准备离开该港。在探明的基础上,另再发送电报。

(三)关于温州、台州、余姚的情报

7月13日下午11:35发,7月14日上午2:00收　　　　驻上海代理总领事　小田切

第四二号

关于本官电报第四一号内容,据英国总领事对本官说,在温州的外国人已全部撤离。为保护上述人等所派遣的英国炮舰已离开本港,前往当地与彼等会合。

据传闻,浙江省台州以及余姚亦有骚乱爆发。尚未得到确切消息。

一八一

7月14日　驻上海小田切代理总领事致青木外务大臣函(电报)

为报告宁波及台州教案状况事

7月14日下午2:07发,7月14日下午5:15收　　　　驻上海总代理领事　小田切

第四三号

清国人放火焚烧在宁波的罗马旧教教堂。另台州的清国人与旧教僧徒发生冲突。驻上海法国总领事否认了上述报道。

一八二

7月14日　驻杭州若松领事致青木外务大臣函(电报)

为报告绍兴府下各县骚乱事

7月14日下午10:00发,7月15日上午7:30收　　　　驻杭州领事　若松

据说,诸暨、新昌两县及嵊县有骚乱发生。其他县亦有同样事情发生。诸暨的英国传教士住宅被烧毁。为恢复秩序,五百人的军队已被派往当地。令人担心的是,目前驻扎于本地的兵力将不足以应付突发事变。

一八三

7月15日　驻上海小田切代理总领事致青木外务大臣函(电报)

为报告浙江省内各地暴徒动态事

7月15日下午7:05发,7月15日下午11:55收　　　　驻上海代理领事　小田切

第四七号

在温州居住的外国人(包含若干名日本人)已离开当地,并于7月14日到达本地。据某报纸通信员的报道称:该地暴徒中,多数为同情义和团之人,且受到近日所发布的充满排外精神之诸谕旨的鼓动,加之地方官对彼等又持优柔寡断之态度。在大约十日前,平阳及其他地方便有改宗基督教之当地人遭到凶器袭击的事件发生,造成若干人死伤。为此,当地外国人撤出温州。相信彼等正向本地进发。另,近来又有关于宁波必将有骚乱发生的报道。不过有看法认为,骚乱并不像最初设想的那样严重。即,由当地出发的恶汉等,为制造混乱的主要参与者,其意在劫掠逃往宁波避难的富人。以反对基督教闻名的台州民众,是其最大的后援。

一八四

7月16日　青木外务大臣致驻上海小田切代理总领事函(电报)

为照会关于居住在温州、宁波地方之本国人之大概人数事

7月16日发　　　　驻上海代理领事　小田切

第三〇号

鉴于在温州、宁波等地或已有骚乱发生,或有发生骚乱之征兆,速电告在上述地区居住之日本人的大概人数。

一八五

7月17日　驻上海小田切代理总领事致青木外务大臣函(电报)

为答复居住在温州、宁波地方之本国人之大概人数事

7月17日下午0:06发,7月17日下午6:25收　　　　驻上海代理领事　小田切

第六一号

关于7月16日发贵电,居住在温州的本国人总计有三名,已全部撤离当地,并于7月14日安全到达本地。另居住在宁波的本国人不会超过三四名。此外,居住在上述两地的台湾人有若干名,其具体数据难以统计。本官已向浙江总督致电,请求对此等日本臣民予以保护。

一八六

7月17日　驻上海小田切代理总领事致青木外务大臣函

为报告浙江省内各地状况情报事

机密第七八号,7月23日收

外务大臣子爵青木周藏阁下:

第一　宁波不稳的传说及原因

本月13日本地发行的《北清日报》刊发号外称,宁波不稳后,随即发出电报。而其传闻的具体情况,已于本月14日所发公信第二三七号中提交详尽报告。然依据翌15日与法领事的面谈内容,该地天主教堂安然无恙,《北清日报》之号外纯属无稽之谈。于是当日

又将上述情况电告。正在查寻为何在当地有如此传闻之际,根据本地发行之清字报纸称,在宁波乐行街从前就有法国天主教堂,一直收养民间弃儿。此次北方发生匪乱,谣言百出,即各地即将发生骚乱的流言广为传播。该教堂所雇用的乳母等,因害怕受到冲击,同时辞去工作,回归乡里。该堂传教士于不得已之际,开始将收养的弃儿遣散。于是引起民众猜疑,流言飞出。四乡闻得传说后,纷纷云集相议。此举引来传教士的大恐慌,彼等立即通过关系请求救助。地方官在获悉后,当即派出兵勇加以镇抚,将数名被怀疑为捏造谣言者予以抓捕,并进行了审讯。因无确凿证据,欲将彼等全部释放之际,不料其中四人却口出狂言,故官府决定将彼等暂时拘留。于是,当地传出宁波不稳的消息。另近来当地周边众多匪徒奔赴宁波,意欲乘机抢掠。此又令骚乱将至之传闻在当地居民间进一步扩散。而实际并无上述事件发生。

第二　台州人支援宁波匪徒的传说及原因

据当地清字报纸所载报道称,去年台州地方应某因受到法国传教士控告,而被处以死刑。至本月11、12日左右,即有传闻说,其子为报父仇,纠集了同党两三千人,意欲袭击宁波,以致人心惶惶。此前便有一些人离开当地前往宁波逃难。迄今,上述逃亡人中,又有为避难复回当地者。据说,其中有一人携带家资逃往北渡(距离宁波八十华里处)。是夜,有强盗数人持枪闯入。听其口音,似均为台州人。而当地乡人闻听有强盗闯入,纷纷鸣锣逐贼。至发觉贼人所发枪弹俱为空弹,更鼓起勇气追踪而下,遂抓获其中两三人,并送交官府。于是便有台州人支援宁波匪徒的谣言传出。此乃传说之起因也。台州地方的耶稣教教民素与当地居民不和。此次将其中葛藤探查一番,以为报告。

第三　关于温州地方之不稳

关于温州不稳事,此前已发送电报呈报。据《北清日报》所载报道称,该地附近自本月初起人心已呈动摇之势。紧接平阳暴徒起事。至7日,形势愈发危急。该地妇女、儿童均前往英国领事馆避难,男子则彻夜警戒,以防万一。至8日,因事态不见缓和,遂劝告妇女、儿童(当然包括传教士)应前往上海避难。两日过后,至11日,即接到凶报称,平阳、瑞安附近一带的匪徒猖狂已极,彼等不仅焚烧教堂,且戕害教徒。

关于上述温州附近所发生的骚乱,地方官的处置可谓怠慢至极。最初,暴徒似有自平阳窜入瑞安之势时,外国人即迅速发出应进行镇剿的劝告。但官府优柔寡断,不能下定决心弹压,仍采取招抚匪首的一贯手段。根据本日发行清字报纸所载记事,说白了就是,清国地方官生怕平阳、瑞安附近一带年少好事之徒乘机酿事,故欲事先设法招抚。首先便是要赏给其首领一徐姓者六品军功;令其制作同党名簿,审查之后,再另行赏赐。

第四　温州外国人撤离之状况

此前,新任驻温州英国领事乘坐招商局汽船普济号前来上任。在看到不稳之状况后,其断然决定撤离。在发出谕告召集所有在温州外国人的同时,其又照会道台应对各外国人的财产加以妥善保护。之后其迅速登上普济号,与其同行者包括本国三东洋行代理者及仆人、会通洋行主三人。该氏等听从英领事劝告,在将家资托付给所雇用之本地人监管后,尽行撤离。英领事最初只是要令各外国人尽快撤出当地。不料是夜,或至翌日朝,频频传来将有三千暴徒前来袭击的消息,故普济号于12日未明之际便离开当地。不久,该船与被派遣前来警备当地的英舰皮库米(ピグミー)号会合。在确认所有温州外国人已乘坐普济号一同撤离后，该舰立即返回。据说当时温州道台王祖光获悉英领事已发出令外国人撤离之谕告，并得知税关也相应发出关闭公告后，深感意外，当即亲自拜访英领事，保证将给予充分保护，希望其暂时留下。但为时已晚，该领事毅然决然离开温州。

第五　绍兴及诸暨地方的骚乱

据清字报纸所载报道称，进入本年以来，绍兴附近地方常有盗匪出没，被盗事件多有发生。地方官虽致力于抓捕盗贼，但收效甚微。据说至本月 4 日，在探知嵊县三界地方有盗贼潜伏后，营统领陆某率领健儿乘夜袭击，在抓获匪徒之余，尚缴获赃物，胜利而归。

另至本月 5 日，诸暨县地方忽有两百余名匪徒起事。彼等侵入耶稣教堂，各教徒纷纷从后门逃出。教堂内之物件尽为匪徒所劫掠，而建筑物亦被完全破坏。该教堂的传教士某在逃往户外时行动稍迟，遂遭到匪徒的暴打，身负重伤。据说诸暨县知县倪某在接到消息后，迅速带兵前往事发地镇压匪徒。在救出传教士后，将其护送至大英广济院。同时，又禀请浙江巡抚，要求派兵增援。

第六　关于浙江省各地不稳的公电与对于浙江巡抚的照会

关于以上各地不稳事，本月 15 日接到盛宣怀发给当地领事团的通知。现译出，内容如下：

浙江省骚乱蔓延，本国人中信仰耶稣教者之房屋多被破坏。刘巡抚为进行镇压，已派出五营兵力。另温州有骚乱发生。予已致电刘抚台，要求向该地派兵，以维持安定。

同日，宁波道台向本地道台致电，要求向领事团转达以下通知：

已收到贵电。宁波教堂被焚烧一事，尚未接到确报。但接到台州知府发来的报告说，该地针对耶稣教有骚乱发生。不过为恢复安宁，已派出兵力捉拿暴徒。

本月 13 日，在听到浙江各地不稳的传说后，小官向浙江巡抚刘树堂发出以下电报，促请其注意：

顷闻宁波地方民情汹汹，恐酿事变，敢恳电饬文武官员严行弹压。

该巡抚针对上述电报发回以下电报：

电悉。已电饬宁道督率地方文武切实严查弹压。

在温州的本国商人均已撤离。不过温州、宁波等地方的台湾人恐尚留在当地，深感有必要提请地方官对彼等加以保护，故向刘巡抚发出以下电报：

闻宁波、温州沿海一带地方，现有台湾籍者多名，往来贸易。此等人民，均系日本国人，自应照约保护。敢恳贵抚军电饬该地方文武官员妥为保护。此为盼切。

针对上述电报该巡抚本日回电，内容如下：

电悉。已电宁道，并转温道查照，分饬办理。

第七　对于将来的意见

浙江省迄今为止的状况即如上述。而关于宁波、绍兴地方的消息均为传闻，根本没有匪徒起事的形迹。惟独在诸暨、新昌附近有暴徒发动暴乱,焚烧杀戮。巡抚以下各地方官虽已极力镇抚,但至今尚未接到完全平息之传报,反而蔓延至附近各地,即陆续接到杭州附近民情动摇的情报。故难以预料将来南清是否也将上演骚乱。值此之际,本官毫不犹豫地断言,帝国政府于此实有必要预先设定方针,以应对万一发生之事变。

以上为报告内容。敬具

明治33年7月17日　　　　驻上海代理总领事　小田切万寿之助(印)

一八七

7月18日　驻上海小田切代理总领事致青木外务大臣函

为报告浙江省台州府附近以及绍兴府诸暨县之情况事

公信第二四二号,7月26日收

外务大臣子爵青木周藏阁下:

在本月17日发机密第七八号中,描述了浙江省不稳之情况。本日发行的《北清日报》,其上刊载了13日由台州地方发回的通信。据称,台州府内外平静,看似非常安全。但该府辖内的黄岩县却动荡不安。本月10日,暴徒聚集在该地附近的路桥,随后捣毁了该地教堂,所幸尚未伤及人命。至翌11日,石桥的教堂于光天化日之下被烧毁。此地在两个月之前便有法国传教士被盗贼袭击的事件发生。另,在海门的教堂里现住有传教士。为此,有清国兵四十名在其处担当警戒任务。黄岩县向来无赖汉众多,盗贼横行。居民为加强防范,于数年前设立了团练。然该团体渐渐演变成会匪模样。去年,台州一位叫应万德的人在遭传教士投诉后被刑戮。当地民人因官府滥杀无辜,为求自卫,自发结成一会。其成员分布于该县内,据说有数千人之多。据传说,该会为复仇,将于未来某时发动暴动。此类谣言甚至流传到宁波,以至于当地更加不敢怠慢警戒。

另,本日发行的清字报纸有关于绍兴府诸暨县情况的报道。据称,本月5日,该县城内的教堂被暴民破坏,传教士一人负伤;而至12日,六十余名乡民闯入该县城内的各教堂纵火焚烧。该县知县立即派兵,将其首领四人捕获。至翌13日,将彼等照军法处斩。此举招致乡民的激愤。有三千余人结党,并打着上书“奉旨保清灭洋”的旗帜,围困县城,喧闹不已。县城门因之紧闭,以防彼等闯入。绍兴府知府在获悉情况后,立即电禀浙江巡抚刘树堂。巡抚于是嘱托前任诸暨县知县沈贵清前往镇压,又将亲兵三百人派往当地(另一传说为五百人)。沈贵清在诸暨县任上之时,颇得民心,故令其担当此任。据说,到14日为止,该地被匪徒烧毁的教堂以及教民的房屋有三十一户之多。

以上为报告内容。敬具

明治33年7月18日　　　　驻上海代理总领事　小田切万寿之助(印)

一八八

7月18日　驻杭州若松领事致青木外务大臣函

为续报杭州地方状况(二)并关于领事馆之去留事

机密第九号,7月26日收

外务大臣子爵青木周藏阁下：

前回提交报告后，浙江省内情况大变。在绍兴府内有外国人居住的地方，匪徒发动暴乱的事件不少。首先是该府辖内诸暨县出现不稳征兆。据说在该地的英国传教士为避难经本地前往上海。然而有人却在其撤离后，悄悄闯入其宅内，偷走了室内家具。据此该地知县将其宅门紧锁，贴上封印，加以保护。又两三日后，一些匪徒云集而来，竟将其宅纵火焚毁。不独该县，绍兴府内新昌、嵊两县亦有匪徒起事之实。关于事件之详细起因，本官尚未获悉。就此咨询于地方官，彼等表面皆装作无事，丝毫不提其实际状况。然根据内部消息称，13 日关于此等地方有暴乱发生的电报，已经到达刘巡抚处。巡抚已于翌日派出五百兵力前往当地镇压。而匪徒之数合三县计有千人左右。或从可靠人处得到的消息称，现在发生骚乱的县已不仅仅是以上三县。东阳、浦江、义乌亦存在同样事实，且诸县匪徒之数计约千人。另据传闻，余姚县也有匪徒起事。而台州匪徒起义之事尚未证实。又上海《北清日报》日日刊载关于宁波起事的报道。但根据小官 13 日的请求，本地英国领事据驻宁波英国领事发回的电报向小官证实该报刊载之内容纯为虚言。

温州尚未出现暴乱。但无论事实与否，该地的外国人无疑已全部撤出。据说发生暴乱的原因，在于当地知府公布了清国政府具有排外意识的上谕。

以上消息均出自本地值得信赖之人。杭州城内以及租界尚未发生任何事件。然失去职业的丝织工人等正积压着怨恨。目前又谣言盛行，不知何时便有变乱发生。说到此，地方官又有何措施？据称在杭州城内有一千七百名士兵，在租界附近有三百名士兵担当警戒任务。但相信该数据与实际在勤人数多少有所差距。加之，听说彼等所持兵器不过为毛瑟枪二百挺（应多为湖北仿造品）、旧式枪五百挺。以此装备镇压少数的匪徒尚不知是否有胜算，若城内两千左右的满洲人也发生骚乱，暴徒再与之呼应，那么可以明确地说，上述武装绝对无法应付这样的局面。

我斋藤大尉担当总教习的本地武备学堂，作为基本编队，有一千名兵员配附于该堂。一直以来，官府均以浙江巡抚的名义，向该堂总办伍元芝发布各种通告。前段日子，已令将其兵员削减至两百名。数日前，又令削去百名。迄今，其实际人数是否有百名，亦很值得怀疑。观察此事可以推算，杭州城内的兵力已相当薄弱。

关于本地重要官员现在的动态，杭嘉湖海关道兼洋务督办时应莱，颇热心于外国人之保护。但其实力有限，却表面上装作无事。前些日子，面对小官，其承诺一旦有骚乱之征兆，定当及时相告。然而不过两三日后，本官即闻得绍兴府内及温州等地发生骚乱之事。为求证事实，便于 14 日以书面形式向其探听实际状况。但到今（18 日）尚未接到其任何答复。据此，倘若待到日后城内有事之日，必然会丧失时机而无法做到万无一失。刘巡抚表面上一再坚持保护外国人的方针，实际上其态度多少有些暧昧，且不能确守一定的立场，即其行为颇易变动。例如，从前上海便风传，浙江巡抚发布了先前排外的上谕。为此小田切代理总领事为求证其事实，特意发来电报，请求查实。当时刘巡抚尚未表露出上述善变形迹，故予在回电中说明上述言论并无事实根据。然后据传闻，当时该巡抚的文案某误将贴出告示之事传达给某统领等，引起南洋大臣等之注意。刘巡抚于仓皇之际取消了张贴公告之事。又，武备学堂基本编队一事亦可证实其善变。从诸如此类的事情中可以看出，该巡抚毕竟年事已高，听力衰退，精神、气力皆不如从前，身边之人的意见又不一致，以至于其主意屡屡变更。布政使恽祖翼原兼任洋务局督弁。但小官自速水前任事务代理,至上任领事官后,从不曾与其会过面。仅凭此事,便可察其志向如何。听说该官此次为挽回商业颓败景象,特向银行、当铺等借贷十万两银。而另一方面,其又百般破坏伍元芝等提出的计划。此等官员行事如此,实不能信赖之。

小官又对清国地方官抱着怀疑的态度。先前,湖广总督、两江总督同上海各领事基本达成协议,即两总督共同维持其辖内各地之秩序,并负责保护外国人。而各领事鉴于两总督确能维持秩序,遂不再讨论外国兵登陆之事。之后上海道台起草了详细条款。据说此条款虽已获得刘总督之首肯,却在尚未获得上海各国领事之共同默认的情形下,本地布政使已将其活字印刷,到处分发。此条款内不知是否有各国领事仍觉不妥之处,却已在内地分发,并作为有效之约章在传播。如此行事,不禁令人联想起清国地方官对现今状况之处理态度,为此不能不感到遗憾。

以上陈述为杭州地方的大概情形。小官认为本地的状况已颇为危险。本地英国传教士等在此久居,已建起教堂,设立医院,进行传教。现今已拥有不少教徒。此等传教士若一旦撤离本地,各教徒则必将恐慌,或许发生不测事件,亦未可知。虽有此等情况,但本官决心在危险迫在眉睫之前绝不离开本地。而英领事也持尽可能留在本地的意向。我侨民中的半数已离开本地。目前留在城内的人,不过九名而已。彼等也将在四五日内出发避难。另有武备学堂所聘三名教师,现正值学堂暑期,实无留在当地的必要,若定要留在当地,将自负冒险之责。而本领事馆为避难,希望将馆地一时迁往拱宸桥附近。然本馆的租赁契约在上年签订。依照契约,若欲解除租赁合同,必须在六个月之前通告,否则无效。而租借临时房屋以及船舶一艘,每月另需支出一百五十日元。又小官此前曾禀请预留小蒸汽船一艘之事,照目前局势越觉有此必要。即便上述暂时迁馆之建议被采纳,也并不意味预留小蒸汽船没有什么特别意义。故请尽可能许可预留小汽船一事。总之,照目前的局势,本馆人员实无必要继续驻留在城内。若一再强调应在危机尚未来临之前继续驻留在城内,那么恐将不可避免受到伤害。据此本官以为临时迁往拱宸桥地方避难,实为必要之举。一旦时局发生变化,本地将危险万分。当然,根据训令,若迁往其他安全之处,亦在所不辞。以上为报告内容及禀请事项。敬具

明治 33 年 7 月 18 日　　　　驻清国杭州日本领事馆领事　若松兔三郎(印)

又及:本文中所禀请内容希望能以电报方式给予回复。

一八九

7 月 24 日　驻上海小田切代理总领事致青木外务大臣函

为续报浙江省不稳状况事

公信第二五三号,7 月 30 日收

外务大臣子爵青木周藏阁下:

第一　浙江省

(一)绍兴府内诸暨县乡民等烧毁教堂并其他施暴行为在前回报告中已有所陈述。谈及该地此次事变发生的原因,听说最初不过是某乡民与某教徒发生纠纷。开始,两人仅为

口舌之争。因不能轻易解决，于是该乡民鼓动起众多村民，以泄其愤，而围观者颇多。该地知县得报，立即带领衙役前往镇压。但到达事发地时，人群多已散去，仅抓住四人。在将彼等带回衙门后，立即进行了审讯。然在尚未详细了解事件发生经过的情况下，即对彼等实施杖刑，且将其四人枷号示众。不料，此四人并非主谋。故乡民中打抱不平者甚多，情绪非常激昂。该地匪徒等见有机可乘，遂火上浇油，一时间聚集起两千余民众。彼等先是烧毁各教堂，之后又闯入县衙，对知县大声疾呼：身为民之父母，竟妄自加罪于无辜。知县大为狼狈，越墙而逃，所幸顺利到达杭州。据此，布政使恽祖翼立即命令知府刘瀚前往事发地调查。而按察使荣铨又命令现任钱塘县知县、诸暨县前任知县沈宝青（深得当地民心）以及候补知县吴某前往当地处理善后事宜。另一方面，巡抚刘树堂为协助镇压，命令都司胡某率领一千兵勇向当地进发。沈、胡两知县于本月 14 日先行出发，而胡都司于翌日开拔。不过据说彼等在到达该地后，为不惊扰一般民众，部队暂时驻扎在城外。以上内容与前回报告多有差异。且其后该地是否完全恢复平稳，并不分明。唯知沈知县后来飞报刘巡抚称，纷扰已轻易得到解决，不会再有事端发生。以后若有续报，当详细报告。

（二）衢州府内清湖地方有土匪起事，乱杀教民并烧毁电报局。而当地地方官无力镇压，已向刘巡抚发出请求，要求派遣兵力。（下略）

明治 33 年 7 月 24 日　驻清国上海总领事馆事务代理[①]　小田切万寿之助（印）

（注）下略部分收入沿江一带状况的文书中，见前揭第一三二号文书。

一九〇

7 月 24 日　驻杭州若松领事致青木外务大臣函

为续报杭州地方状况事（三）

机密第一〇号，8 月 2 日收

外务大臣子爵青木周藏阁下：

前报后，杭州城内各种谣言依然盛行。不时有路人对外国人恶言谩骂的情况发生，颇为放肆。地方官虽采取措施，却收效甚微。不过至今尚未有暴乱发生。

浙江省内诸暨、义乌、新昌、嵊、东阳、余姚诸县所发生的暴动，稍稍归于平息。但据说浦江县尚未平定。此前在金华府有暴徒袭击美国传教士的住宅。所幸该传教士及其家人性命得以保全，并已经本地前往上海。为平定金华所发生的上述暴乱，据说本地现有兵力中的一部已被派往当地。由此令人担忧，本地的武备越加薄弱。

前些日子，据说驻上海英国领事命令所有在内地开放口岸的英国妇女及未成年者立即撤离。据此，杭州城内英国传教士的妻眷已全部离开本地前往上海。现留在城内之外国人，除我国人外，尚有英国代理领事、传教士四名、美国传教士三名及法国天主教传教士数名等。在税关处，备有一艘小蒸汽船，可随时出发。英国代理领事说，若本地情势危急，将一同先撤往租界，在观察时局发展状况后，再决定去留问题。

以上为报告内容。敬具

---

① 原文如此。下同。——译者注

明治 33 年 7 月 24 日　　　驻清国杭州领事馆领事　若松兔三郎(印)

一九一

7 月 26 日　驻杭州若松领事致青木外务大臣函

为续报杭州地方状况事(四)

机密第一一号,8 月 2 日收

外务大臣子爵青木周藏阁下:

前报后,传闻台州有匪徒起事,与官兵交战。另据说衢州府内江山县也有暴徒起事。因不易镇压,该地知县已逃离。又有传闻说,杭州府内富阳县似乎有骚乱发生。富阳在钱塘江边,与本地仅一夜航程。如此,浙江省内发生骚乱的地域已颇为广大。唯时至今日,东北部所幸尚未听说发生任何事件。倘若嘉兴县、石门县等也有暴徒作乱,本地与上海间的航路将直接受阻,交通将变得困难。

为镇压内地发生的骚乱,本地地方官昨日将杭州城内以及租界守军中的七百五十名派往各地。为此杭州城内外的驻军已降至极少。而据说目前驻守城内之武备新军的去留,已变得颇为暧昧。

此次事变发生后,本地地方官或以公文,或以口头形式,屡次强调当极力保护外国人。然观其实际措施,除发布一些禁止传播谣言的公告外,仅令一位叫吴忠选的营官率领五百人的军队由宁波回防杭州保护外国人,以及简派若干兵员前往租界而已。前日派兵之时,在未向外国领事等发出任何通知的情况下,就将上述吴忠选部队派往了内地,且租界附近的驻兵也减少了一半。而随着守军人数的减少,本地危险程度无疑在提升。今后即便将其他地方兵力调来本地,相信亦不足以依赖。目前根据此前北京政府发来的命令,本地必须向北部调送兵力。而其统领,已选定曾前往我国观摩大演习的雷云桂。据说该支部队在行进途中,经常发生士兵三三两两逃离事件。在抵达江阴之时,其人数已削减很多。由此可推测,该部难以发挥作用。

以上为报告内容。敬具

明治 33 年 7 月 26 日　　　驻清国杭州日本领事馆领事　若松兔三郎(印)

一九二

7 月 26 日　青木外务大臣致驻杭州若松领事函(电报)

为回训关于预留居留外国人避难用汽船事

杭州若松:

关于你七月初八的电报,要积极准备寻求庇护,你也要与其他国家的领事们协作,将获得必需的经费。

青木

1900 年 6 月 26 日[①]

① 本篇原文为英文。——译者注

一九三

7 月 27 日　驻杭州若松领事致青木外务大臣函(电报)

为报告暴徒占领衢州府情况事

7 月 27 日上午 11:05 发,7 月 27 日下午 3:40 收　　　　驻杭州领事　若松

据报,暴徒占领了衢州的江山、常山及开化诸县。知县为此逃走。七百五十名清兵为恢复秩序已被派往事发地。

一九四

7 月 27 日　驻上海小田切代理总领事致青木外务大臣函

为续报浙江省内各地土匪状况事

公信第二六〇号,8 月 2 日收

外务大臣子爵青木周藏阁下:

关于南方各地因此次北清事件所受到的影响,在此前已有所陈述。本日发行的清字报纸刊载了关于浙江省内各地状况的记事。现将其译出,内容如下。凡日月部分均标注有阳历。

一、金华府的外国传教士等,因其上游衢州地域爆发了骚乱,恐当地亦会发生暴乱,为免不测,决定去他处避难。据说当地地方官已将彼等护送出县境至江干。钱塘县知县更是派出四名壮丁,将一行人护送至杭州拱宸桥。彼等在该处乘坐小汽船后,已前往上海。

二、其后衢州府的土匪势力越发强大,致江山县陷落。当地知府在接到警报后,立即向浙江巡抚请求紧急增援。该巡抚随即征集了五百名兵勇,同时向船局发出命令,雇佣二十六艘大型民船,不分昼夜赶赴事发地。巡抚又命令衢州道台,应协同其辖区内的驻留武官竭力征讨。该府城目前尚未发生暴乱。前江山县知县周某,曾于清历六月十五日(7 月 11 日)接到一匿名书信。其内称,现在五个山头皆住有大盗,每山均有一千人,合计五千人,已推九龙山为首领,打算在十八、十九日起事等。为不令民心疑惑,该县四处张贴榜文。当地民人中,有不少迁往他处者。然至十八日(我 7 月 14 日),并不见有事件发生。地方官等以为上述书信不过为谣言。岂料随后果真发生了变乱。据传闻,该府龙游县目前也被土匪所包围。

三、清历六月二十三日(7 月 19 日),台州府营弁陈胜珠率兵前往征讨土匪。在赶到太平县内晋岳时,匪首江正发等已逃窜远去,只得空手而归。另一百姓教土匪黄某,将一当铺主人江茂才抓去。在其家人交出洋银三千元赎金后,方将其放回。又,该府知府生怕土匪之祸越演越烈,命缉捕营驻守太平县,以防不测。为此营弁沈俊英,已于二十三日(7 月 19 日)离开府城,并于二十五日(7 月 21 日)到达太平县城。另百姓教匪徒等已窜至温州府辖区,招集匪党,并计划在近期攻打驻守在黄岩县东南乡的官兵。另据说,百姓教匪首中一位叫王普寿的人,于六月二十五日(我 7 月 21 日)在黄岩南乡中庄地方被营勇抓获。

四、据说处州府内丽山县,不知出于何事,有乡民大量聚集县衙,并破坏了县衙大门。或说因当地粮食缺乏,导致该事件发生。详情尚不得而知。

五、现在宁波人心惶惶,大有风声鹤唳之势。为此提督徐某贴出告示,禁止居民在举办婚假丧葬等事期间,或夜间,发射铁炮。又该府鄞县辖区东钱湖一带,近来有土匪出没。该县徐知县为捉拿匪徒,已派出数名差役。

上述内容表明,近来发生在清国内地的土匪骚乱,以浙江省最多。现在清国如不及时迅速加以镇压,待土匪蔓延之时,将苦于征讨。

以上为报告内容。敬具

明治33年7月27日　驻清国上海总领事馆事务代理　小田切万寿之助(印)

一九五

7月28日　驻上海小田切代理总领事致青木外务大臣函

为续报浙江、江西、安徽三省状况事

公信第二六一号,8月4日收

外务大臣子爵青木周藏阁下:

关于浙江省绍兴府内诸暨县骚乱情况,已在前回报告中有所陈述。其后浙江巡抚派出的官员,向当地乡民发出谆谆谕告:处理办法一定让汝等满意。乡民欣喜万分,自发将当日烧毁教堂的数名主谋抓来,交官府依法处置。另又将自存的一些旗帜、兵器等悉数交付官府,并保证以后再不发动暴乱。而该县知县则亲自奔赴各乡,解散余党。又命令若干兵员分驻各地。如此,今后似无再次发生暴乱之忧。

另,浙江省衢州府管下的江山县,匪徒起事,致县城陷落。该府龙游县城亦遭到匪徒围攻。此事在前回报告中已有所陈述。据今日发行的《苏报》报道称,当时该县知县听到匪徒将要来袭的消息后,立即下令紧闭城门。匪徒遂不得进入城内。另据该报纸所载称,浙江巡抚为救援已派出兵力。该支部队应在我7月26日上午到达事发地。

另据本日发行的《中外日报》所载江西通信称,该省饶州府景德镇也发生教堂被暴民烧毁事件。同时有教民被杀伤。为平定骚乱,已有两百名士兵自省城派出。另该省巡抚松寿近日为防止流言传布,特贴出以下告示:

> 照得北方不靖,外间议论纷纭,诚恐地方匪类流言动摇人心。长江一带省份,归我保护安宁,守分不可肇衅,民教切勿相争。江西深处腹地,更可晏然无惊。现已添募兵勇,无非捍卫吾民,并饬团防保甲,严密昼夜梭巡。设有奸徒痞棍揭帖拜会联盟,军民捕获一犯,解送赏五十金,若不愿领银两,给予奖叙荣身,此等造言勾串,讯明立正典刑。劝尔绅商士庶,照常乐业营生,万勿惊慌疑惑,切示其各凛遵。

另据本日发行的《申报》所载芜湖通信员报道称,我7月30日前后,在安徽省南陵、铜陵两县,有会匪起事。彼等以仇教为名,煽动愚民,来势凶猛。为镇压起见,一营马队已被派出。而事发地为铜陵县辖地,距芜湖仅一百华里,更靠近南陵县城。另该省安庆府宿松县,有七八千名乡民聚集起来,欲与教民为难。知县朱某协同营弁,意欲镇抚,但乡民拒不听从。该知县遂向省内大员乞求派兵保护。为此,属安定中营练军的若干兵员,于我7月21日赶赴九江。然据翌日市民传闻说,宿松教堂在援兵到来之前,已被烧毁,多名教徒同时遭到杀害。不过其真实与否,尚不得而知。宿松距离安庆府,陆路为两百余华里,水路为三百华里。清兵等先乘坐汽船前往九江,经九江转往该地,一日内可抵达。

以上为清国内地现今不稳地区之情况，均译自清字报纸所载报道。虽不够详实，但有助于增广见闻，理应提出报告。

以上为报告内容。敬具

明治33年7月28日　驻清国上海总领事馆事务代理　小田切万寿之助(印)

一九六

7月28日　驻杭州若松领事致青木外务大臣函

为报告浙江省内各地骚乱状况事

机密第一二号，8月4日收

外务大臣子爵青木周藏阁下：

前报后，据内部消息称，衢州府内，不仅江山县，常山县以及开化县亦有匪徒起事。官兵失守，知县逃亡。其详细情况不得而知。不过有很多福建人迁入该府城内。福建人平时最不受当地欢迎。故此次事件中此等人想必处境艰难。另听说，该府内西安县知县吴德潇遭暴徒杀害。其真假尚不能分辨。

据说在台州府，官兵取胜，匪徒纷纷逃亡，其中有被抓获者。

诸暨县等已大致归复平静。不过据说一旦驻防兵力撤走，又有死灰复燃之势。

关于浙江省内之骚乱，已屡次提交报告。本地地方官深感兵力薄弱。此次浙江巡抚文案伍元芝，原本已委托我斋藤大尉向我国购入千余挺军用枪支。但本地地方官的态度却一直暧昧，不可深信。本官已向该大尉提出劝告，对于上述委托，应暂时持观望态度。

关于本地武备学堂基本编队一事，已提交过报告。现在，分割兵力以充实基本队一事，实难指望。该堂总办伍元芝已向刘巡抚提出，招募三百名新兵编入基本编队，并得到许可。岂料至昨日，以布政使恽祖翼、按察使荣铨、盐运使世杰之名下发通知，取消了上述许可。此又是上述三官员反对武备学堂总办等计划的事例之一。

以上为报告内容。敬具

明治33年7月28日　　驻清国杭州大日本领事馆领事　若松兔三郎(印)

又及：本月14日所附第一号文书以及本月27日所附第二号文书，均以电报形式报告了内地骚乱的情况，想必均已收到。念及于此，特为添笔叩问。

一九七

7月28日　驻杭州若松领事致青木外务大臣函

为再次禀请预留本国侨民避难用汽船事

机密第一三号，8月4日收

外务大臣子爵青木周藏阁下：

本月8日发电报曾禀申，请在照会递信大臣之前提下，命令大东汽船公司经理人预留一艘汽船在本港，以供本地日本官民于危难之际使用。昨27日接到回电训示：就避难一事，应与外国领事共同筹措。现留在本地的外国领事，仅为英国领事。该领事此时虽未特别筹划避难方法，但同为该国人的本地税关关长，已在税关码头预留一艘小蒸汽船，可随时出发。城内一旦不稳,英国领事将带领留在本地的四名英国传教士,退往租界的税关官舍避难。因此该领事似乎并无与小官协同商量其他避难措施的必要。我方虽然想从清国人处借入一艘小蒸汽船,但此刻并无响应之人。而大东汽船公司的所有船只,均为定期班船,并无一艘停泊于本港。即若无递信省的命令,其所属船只不得在一地长时间停泊。故谈及避难,若非特别紧迫,或可利用定期出港的汽船,或可搭乘税关的小汽船;但若逢万分危急之刻,恐等不及定时出港的汽船,而税关预留的小汽船毕竟太小,到底不能让本国人全部搭乘。若此,本国官民将无法避难。思虑及此,本月 8 日发出上述请求,但却接到应与其他外国领事协同避难的训令,大感困惑。特再次禀申,请就上述实情加以斟酌,为本国官民着想起见,在征得递信省同意的基础上,向大东汽船公司发出特别调拨一艘小汽船来杭备用的命令。敬具

明治 33 年 7 月 28 日　　驻清国杭州大日本领事馆领事　若松兔三郎(印)

一九八

7 月 29 日　驻上海小田切代理总领事致青木外务大臣函(电报)

为报告衢州教案情况事

7 月 29 日下午 8:24 发,7 月 30 日上午 12:25 收　　　驻上海代理领事　小田切

第一〇六号

根据可靠消息称,在浙江省衢州的若干外国传教士被暴徒杀害。

一九九

7 月 29 日　驻上海小田切代理总领事致青木外务大臣函

为续报浙江省衢州府以及处州府状况事

公信第二六五号,8 月 4 日收

外务大臣子爵青木周藏阁下:

浙江省衢州府内江山县城为匪徒所陷落,龙游县城亦遭围攻等消息,在前回报告中已作陈述。根据本日发行报纸所刊载的杭州通信员电报称,龙游县似处于即将被攻破的危急之中。衢州府知府切望援兵迅速到来。但据说援兵仍未到达。而匪徒之势,有向兰溪地方蔓延的迹象。特别说明,兰溪在金华府西北方向五十里处,属兰谿县管辖,位于县城的西南方向。

另根据该报报道称,前回报告中提到的处州府丽水县的骚乱,完全因天灾导致的粮食歉收所引发。当时很多乡民涌向县署及府署,强要粮食。在前回报告中,曾提到丽水县衙门遭到破坏。而根据该报本日所发消息,乡民只是涌向衙门,强要粮食。上述两则消息多少存在差异。若得续报,当及时报闻。

以上为报告内容。敬具

明治 33 年 7 月 29 日　驻清国上海总领事馆事务代理　小田切万寿之助(印)

二〇〇

7月31日　驻上海小田切代理总领事致青木外务大臣函

为续报衢州骚乱事

公信第二六七号,8月7日收

外务大臣子爵青木周藏阁下:

关于当前清国内地各处骚乱状况,已屡次提出报告。根据本日发行报纸所载关于浙江衢州府内事件的报道称,在该府辖区起事的匪徒,起初将属于内地教会(China Inland Mission)[①]的九名传教士杀害。该地地方官率领差役前往事发现场弹压。此举不仅未能起到任何作用,当地其他六处官署以及该府府衙反而一同遭到破坏。另,该府江山县城已被匪徒攻破。而龙游县城亦遭到围攻。此事已在前回报告中提及。根据该报纸的报道称,其后,该府常山县城(在府西八十清里处,距离江山县五十清里)以及开化县城(府西北两百清里处),亦相继陷落。其时恰好有自福建北上的数营官兵途经此地,江山县城遂被夺回。另据说此次在该府起事的匪徒,志在劫掠,其主要意图并不在攻取县城。然知县等官吏闻得匪徒袭来,多立即逃出城去,以致匪徒能轻易入城,肆意抢掠。另据说,由浙江省城杭州通往衢州的电线,其部分线路为匪徒所破坏,造成部分地段联络不通。杭州已派出人员前往修复。

另据该报所载报道称,浙江刘巡抚电咨安徽王巡抚,因目前福建省九牧地方的土匪窜入衢州府内,江山县为其攻陷,常山、开化两县亦相继陷落,为镇压起见,已派出四营兵力前往救援。然安徽省徽州辖内婺源、绩溪等县,均与衢州交界。为防御起见,似应派遣马队及步兵等前往该地,阻止匪徒进入安徽境内,是为最紧要处。据此,王巡抚命令芜湖道台立即将派兵防御一事下达给皖南镇总兵黄某。另一方面,又向徽州、宁国、广德等两府一州合计十三县发出命令,令与营兵协力加强防范。

另根据该报所载报道称,因衢州地方匪势猖獗,金华府内兰谿县县令请求派兵征讨。驻扎在浙江乍浦的新右军统领副将陶某,在接到刘巡抚迅速选派若干兵勇昼夜兼行前往救援的命令后,于清历六月二十八日(我7月24日),作为前营指挥官,率领兵丁五百名,向事发地进发(中略。在已出的第三九号文书中有附记)。

以上译自清字报纸所载关于各地匪徒骚乱的报道。其详细情况虽不能悉知,但作为参考,特于此提交。

以上为报告内容。敬具

明治33年7月31日　驻清国上海总领事馆事务代理　小田切万寿之助(印)

二〇一

7月31日　驻杭州若松领事致青木外务大臣函

为报告浙江省内骚乱情况事

机密第一四号,8月7日收

---

① 按:此处正确译法应为“内地会”,英文译为“中国内地布道会”。——译者注

外务大臣子爵青木周藏阁下:

北清暴动发生以来,关于杭州以及附近地区的情形,已以机密信件的方式发出数回报告。时至今日,民心日益动摇。在本月28日发机密第一二号文书中,曾提及衢州府内西安县有一千余名暴民起事,闯入县衙,将知县吴德潇及其家族屠杀,并借余威袭击了府衙和道台衙门,结果道台和知府亡命而去;另除西安县外,似亦有他县知县同样惨遭杀害,且该地九名传教士也被杀害;到了20日,又传来消息说,绍兴府内再次发生暴民骚乱事件。其真伪虽难于辨认,但亦无任何可以否定上述消息的依据。上述系列事件传播甚广,导致杭州城内民心越发杀气腾腾。针对外国人的谩骂轻侮,动辄有之。故外国人在外行走,逐渐变得危险。而那些平日与外国人素有往来的中国人,则越发不安。其中似有前往日本避难者。

仔细观察本市情况,春夏桑蚕的产量与往年相同。但自北清事变以来,市场趋于停滞。近者如附近之绍兴富阳,远者如温州、宁波、衢州等地,均传来骚乱的消息。据此,富有人家不愿出资,当铺拒绝借贷。前些日子,地方官调集若干资本,暂时维持资金周转。但此仅为一时手段,并不能令金融恢复正常运转而消除市场之停滞。迄今,几乎一半以上的机织者已停业。由此,造成一万余人失业。此外,针对浙江上游地区发售的诸如扇及锡箔等制造品,向来订单很多。但随着上游各地暴民起事的消息不断传来,造成本地商家不能及时发货。加之各地老主顾又相继取消订单,以致本地货物积压。为此,暂停生产者不在少数。而依赖此等制造业生存者,多为贫民,此刻均陷于困顿,衣食无着。结果,无稽之谈油然而起。厌恶外国人之情绪,日胜一日。接着就有传闻说,一些人正秘密筹划,但等时机成熟,便要杀戮外国人。而目前一些稍通时事,又拥有些许资产的中层人士称,像本省刘巡抚及布政使恽、按察使荣这样的守旧派,待满洲人将时局搅乱之时,终究不可能成为扶危济困之人。故一旦和谈破裂,实不能指望依靠此等地方官之力来保护自家生命财产。由此可知,本地已呈现地方官失去信任、民心离散之颓势。此前,当浙江省各府县暴民起事之时,本地驻扎兵丁被相继派往各地。目前,留在城内的兵丁人数甚少,难以确保城内安全。故流言百出,防不胜防。

本国人由城内外前往拱宸桥租界附近时,或乘轿子、马、船不等。不过如果携带行李,则必须乘船。往常,欲雇船,外国人及本国人若愿意多支付一些船费,受雇者多喜而应之。而今日,若雇船者自称外国人或本国人,应者皆无。不得已之下,只好自称中国人,方有人应之。

根据上述情况,小官再三向道台询问目前内地的实际骚乱状况,并追问弹压方法,但没有接到任何回复。根据传闻,鉴于目前情况,布政使提议应令本地外国人暂时撤离,而巡抚亦似表示同意之。此方案的提出,大概基于以下考虑:本地兵力不足,若本地没有外国人,倒不失为防范暴民发动骚乱的良策。

以上为报告内容。敬具

明治33年7月31日　　驻清国杭州大日本领事馆领事　若松兔三郎(印)

二〇二

8月1日　驻杭州若松领事致青木外务大臣函(电报)

为报告衢州教案情况事

8月1日上午10:25发,8月1日下午4:36收　　　驻杭州领事　若松由避难者口中得知，衢州西安县知县及其家人并九名传教士，在其官厅一同被杀害。

二〇三

8月1日　驻杭州若松领事致青木外务大臣函（电报）

为请示将杭州领事馆迁往上海事

8月1日发，8月2日收　　　　驻杭州领事　若松

无号

本地英国领事已作出决定，下周一或周二将留在本地的英国人悉数送往上海，其本人将迁至租界，和税关官员待在一处。因虑及待在租界会引来纷争，故本官欲与馆员一同撤离本市。为此请电训是否应立即迁往上海。

二〇四

8月2日　青木外务大臣致驻杭州若松领事函（电报）

为回训领事馆迁移事

8月2日发　　　　外务大臣　青木

无号

关于8月1日发贵电所陈事宜，贵领事应照此前训令，同英国领事保持行动一致。

二〇五

8月3日　驻杭州若松领事致青木外务大臣函

为详细报告杭州领事馆迁移前后经过事

机密第一五号，8月11日收

外务大臣子爵青木周藏阁下：

正如屡次所报告，由于本地商业不景气，造成诸多制造业停产，以致失业民众日益增多。而另一方面，因地方官未采取严厉措施，各地无赖之徒又大量流入本市。听某官吏说，目前流民人数已逾两万。故本市人心惶惶，流言充斥四方。现有一说，数日前，有两百名匪徒袭击了距城很近的一处寺庙，杀戮僧人，并掠走大量金银。又，本地人中前往我国或上海、苏州等地逃难者甚多。甚至洋务局官员中亦有决心将妻儿送往上海者。而迄今能安定人心的方法少而又少。尽管如此，本地道台依然重申，当极力保护外国人，以安人心。但几乎无人信之。鉴于以上实际状况，一旦浙江巡抚刘树堂的方针发生变化，将加剧不安气氛。又布政使恽祖翼、按察使荣铨一直以来对保护外国人的计划加以种种妨碍。依照上述情况推测，事态将越发恶化。当衢州府西安县知县吴德潇为保护外国人惨遭杀害的消息传到本地时，按察使竟说彼乃康有为之徒，被杀乃理所当然之事。由此，很难推测该员究竟怀何种心思。而依照上述状况，终究不能指望当局官员所作出的承诺：即便丢掉身家性命，也要尽到保护外国人之责。目前，本地兵备薄弱，不足以镇压骚乱。此事地方官心知肚明。前日，在与道台时庆莱会面时，彼曾谈及官府欲重新募集两营新兵。又从其他渠道得知，巡抚本已发出命令，从宁波调一营兵力前来本地。然随后却得知，该营兵

员中有大量哥老会成员,遂取消了上述命令。不料为时已晚,无可奈何之下,又欲更换该营首领,仍不能成行。最后只得命令该营在抵达杭州后,不得进入城内,只可驻扎城外。又据传闻说,前述道台所说两营新兵,尚未开始招募。根据上述实际状况,小官可以断言,即便是通晓事理、富有见识的武备学堂总办伍元芝,于此间也是无能为力。小官私下揣度地方官的意图,相信彼等希望外国人撤离本地之说可能近于真实。唯从前一再强调保护,此时很难启齿,故处于犹豫不决之状态。

本地情况已十分危急。此不独为小官之见,英国代理领事以及长期居住在本地、熟知本地情况的传教士等亦如此认为。就像此前电报中所陈述,英国代理领事已决定下周一(6日)或周二(7日)将滞留在城内的所有英国人送往上海。同时,其本人则暂时迁往租界。至形势万分危急时,再撤往上海。现在,除本馆馆员外,留在城内的我国人尚有斋藤大尉及下士官两名以及浙江蚕学馆教师前岛次郎。因正值暑期,我国人何时撤离均无关紧要。本官已作出决定,与英国代理领事同日撤出城内。一旦有外国人从城内撤出之迹象,坊间定会传出外国人要撤离的消息。而本官欲在租界租住新屋、筹借船只以备逃离的态度,与英国领事准备单独移住税关官员宿舍的决定大同小异。此举将引人瞩目,唯恐会随时引发暴乱。即便在租界内不会有任何骚乱爆发,然由该地撤往上海途中,须经过嘉兴、石门、嘉善等运河河道狭窄且人烟密集地段,若遭受攻击,将面临巨大危险。小官目前不仅带领着多位馆员,本地邮电局局长因其辞呈尚未得到批准,其亦须与小官共进退,故小官深思熟虑后,又于前日发出电报,请求准许我等在撤出城内之后直接前往上海。现因接到应与英领事保持行动一致的训令,当与该领事同日迁往租界。其后之进退,亦将在与其协商之基础上保持一致。

以上为报告内容。敬具

明治33年8月3日　　驻清国杭州日本领事馆领事　若松兔三郎(印)

二〇六

8月4日　大东汽船会长田边致山县递信管船局长函

为答辩关于停泊杭州港船只费用事

附件:上述预算书

答辩书

关于为准备清国杭州地方避难在杭州预留船只所需费用,奉阁下询问之旨,已在前7月12日作出回答。当时因南清地方形势并不十分危急,故未深加考虑,只就当时实际情形作出预算后给予了答复。其后在审查形势并推测可能会出现的情况时,发现此前所提出的预算书与所将面临的实际情况存在巨大差异。即如果危机波及南清,杭州情况不稳,不仅船舶的筹办费用将急剧上升,保险费亦将随之提高。如遭遇上述情况,恐清国人将无人前来应募船员。而若暂以日本人充当,以往雇用日本人之费用就不似支那人那样低廉,此时无疑需支付更多费用。故如另页所附,在重新修正预算书后再次提出。

明治33年8月4日　　东京市京桥区本八丁堀二丁目一番地

大东汽船株式会社　董事长　田边为三郎

（附件）

预算书

金五百圆　　一艘汽船一月之租赁费
金三百圆　　两艘客船一月之租赁费
金一百圆　　汽船及客船之保险费
金五百二十圆　　两艘客船船员一月之薪水
金三百圆　　煤费
金五十圆　　油费及其他耗材费
计金两千零九十圆　　一个月费用
一日计金六十九圆六十六钱六厘
以上

备考：

1. 支付汽船船员所需费用为：船长金一百二十圆，司机金一百圆，余者六人平均为金五十圆。

2. 支付客船船员所需费用为：金三十圆四人，金二十圆二人（此为一艘费用）。

3. 煤费预算为每日每吨金十圆。

4. 因虑及应急时一艘客船不安全，故计划两艘。

（注）关于上述文书的附信

拜启。适逢烈日炎炎，身体是否安康？关于杭州避难用船舶事，尚需管船局长提出处理意见。此次仅以所附另页提交预算，以供参考。草草敬具

8月4日　汤河元亟　畑老台侍史

二〇七

8月6日　驻杭州若松领事致青木外务大臣函（电报）

为报告领事馆迁至租界内事

8月6日上午11:30发，8月6日下午6:35收　　　　驻杭州领事　若松

随着城内形势日趋危急，8月6日小官同英国领事一起，带领馆员迁入租界内。

二〇八

8月7日　驻上海小田切代理总领事致青木外务大臣函（电报）

为呈送浙江巡抚关于衢州暴动所发通告事

8月7日上午7:00发，8月7日上午8:35收　　　　驻上海代理总领事　小田切

第一五一号

8月2日，浙江巡抚经上海海关道向驻上海各国领事发出以下通告：

衢州江山及其他诸县落入暴徒之手，九名外国人被杀害。为救援而赶往事发地之吴知县亦遭戕害。因统兵及兵备道未采取必要措施，巡抚已将彼等罢免。同时，巡抚任命了署理者。已派出密使招募镇压骚乱所需之兵员。

关于上述事件,本日发行的《チアイナ、ガゼット》刊载了以下记事:

驻本地英国领事接到浙江巡抚发来的以下通告:"五名英国人在浙江衢州突然遇袭,并被杀害。在衢州以及严州,未发现其他传教士的踪迹。故在衢州遇害者,相信应仅止于上述五名外国人。"

据英国领事相告,上述记事完全真实。

二〇九

8月8日　驻上海小田切代理总领事致青木外务大臣函(电报)

为报告关于浙江巡抚请求驻杭州领事归任事

8月8日发,8月8日收　　　　驻上海代理总领事　小田切

第一五三号

浙江巡抚向本官发来电报称,日本领事馆迁至租界后,在清国人间引发不安。故其热切希望日本领事能回到杭州城内。该巡抚委托本官将上述意见以电报告知阁下。

二一〇

8月8日　驻杭州若松领事致青木外务大臣函

为报告杭州领事馆迁至城外前后经过事

公第五一号,8月25日收

外务大臣子爵青木周藏阁下:

如通报,6日下午,与馆员一同离开杭州城内,迁至租界。配备给本馆的物品,除国旗、天皇画像及重要文书等随身携带保管外,余者因搬运困难,只能集中堆放在馆内的两三间房屋内,将房门封印后,嘱房主雇人看守。又嘱通译生村山携小官致洋务局督办请求保护的公文前往该局。村山在同提督会面后,递交了上述公文,并以口头形式恳切要求给予保护。

以上为报告内容。敬具

明治33年8月8日　　　　驻清国杭州日本领事馆领事　若松兔三郎(印)

二一一

8月9日　驻上海小田切代理总领事致青木外务大臣函

为报告关于衢州暴动的报纸报道事(一)

公信第二八三号,8月17日收

外务大臣子爵青木周藏阁下:

本月6日发行的《中外日报》上有以下记事:

浙江省内衢州、绍兴、温州、台州等地,相继有土匪起事。刘巡抚派出防军加以镇抚。因需求大量军械,其已派员前来上海采办。另,刘巡抚因其治下各地屡屡发生教案,已向各地方官员发出严厉命令:必须对其辖区内的教堂加强保护,防止事件再次发生。以后倘再有此类事件发生,地方官将担负全部责任。另一方面,刘巡抚又向外国领事发来电报,

表达慰问，并承诺将赔偿外国人所蒙受的一切损失。又因驻扎衢州的金衢严（金华、衢州、严州）道台鲍祖龄办事不力，已将其撤职，决定由道台徐子霖署理，不日将对外公布。又，衢州府知府洪思亮亦因办事不力被撤职，其职由候补知府传泽鸿署理。而开化县知县一职则由钟守镕署理。又据本月7日该报所刊发的杭州通信称，在官兵的努力下，衢州之围已解。江山、常山、开化等县亦被相继克复。其后，土匪等欲窜入安徽境内。然彼等由衢州进入安徽徽州境内必须翻越大镛岭，而在该岭前驻有一队官兵，且岭下有某武举人带领的门徒及乡民两千余人。在官民的共同迎击下，彼等不能前进，转而向遂安（浙江省）、玉山（江西省）等县窜去。又一说称，衢州土匪欲窜入安徽境内，是想进入徽州府婺源、屯溪等著名的富饶之地肆意抢掠。不料在大镛岭遭遇官兵及某武举人的阻击，遂不能如其愿等等。

以上为报告内容。敬具

明治33年8月9日　驻清国上海总领事馆事务代理　小田切万寿之助（印）

二一二

8月15日　驻上海小田切代理总领事致青木外务大臣函

为报告关于衢州暴动的报纸报道事（二）

公信第二九八号，8月22日收

外务大臣子爵青木周藏阁下：

在浙江省衢州附近起事的匪徒，本欲窜入安徽省徽州府境内。在未能如愿后，遂向江西省玉山、浙江省遂安等地逃窜而去。此事在前回报告中已有所陈述。据本日发行的《中外日报》所载记事称，该地土匪等在无法窜入徽州境内后，随即转向江西省边界一带，出没无常。其状殆如流寇，即见有官兵来到，便迅速逃走；不见官兵前来，则又聚合一处。又一说称，此前已经克复的开化县城，目前复被匪徒围攻，形势似乎非常危急。

又据其他清字报纸所载记事称，接到浙江巡抚命令后，驻台州、宁波等地的述武新军（人数不详）在其统领姚桂林率领下，乘坐超武号兵船，至乍浦后，转乘民船赶赴杭州，并在到达后火速前往金华府、衢州府方面。

根据以上记事观察，可以明确得知，衢州附近的匪徒尚未完全平定，今后或许会更加猖狂，亦未可知。

以上为报告内容。敬具

明治33年8月15日　驻清国上海总领事馆事务代理　小田切万寿之助（印）

二一三

8月15日　驻杭州若松领事致青木外务大臣函

为报告从城内撤出后之情况事

机密第一六号，8月25日收

外务大臣子爵青木周藏阁下：

如所通报，6日下午3点，本馆馆员同英国代理领事同时从城内撤出。不过我国人陆军步兵大尉斋藤季治郎,及四名外国人天主教传教士仍留在城内。近来,人心依然动摇,谣言四处流行,所幸尚未发生意外之事。然12日夜,杭州城南门外江干发生火灾,据说起火原因为故意纵火,百余户人家被殃及烧毁。不过外国人没有受到丝毫影响。总之,截至今日,尚无意外事情发生。与城内不同,租界附近非常平静。现在滞留于此的外国人,除我国官民合计十六人及英国代理领事外,尚有税关及租界警察等十余人。

针对小官撤离之事,布政使、按察使等表现出似乎满足的态度。但浙江巡抚面对其他总督、巡抚,因事涉体面,显得颇为狼狈。于是10日派其文案伍元芝为特使前来本馆,与小官和英国代理领事会面。其声称,城内较租界更为安全,力请我等尽快迁回城内领事馆。于此,小官回复,目前我国人基本居住在租界附近,为办公着想,自然于此地较为方便。待日后城内恢复平静,我国人复往来于城内外,小官自然返回城内。伍元芝其人,如此前所通报,乃武备学堂总办,本地最通晓内外事情之人,一直同小官保持着亲密关系。除上述显见的理由外,以城内目前现状,到底不能令外国人安心居住。相谈间,伍元芝本人亦持相同意见。会谈之余,除公函外,另又以私函欲向巡抚详细说明情况。巡抚在回函中表达了感谢之意。作为目前行之有效的措施,伍元芝首先希望调换省防统领。现任统领系布政使推荐之人。此举可削弱布政使的势力;其二,伍元芝计划另亲率两营一百名亲兵。上述两事得以实现的条件是,现设于布政使衙门的营务所及防军局能够并入巡抚衙门内,即巡抚衙门如能直接处理兵器、粮食等事务,上述计划方有可能得以实施。而今则难以预言该计划能否获得实施。即浙江巡抚若不改历来的暧昧态度,采取果断措施,维持秩序,以确保外国人安全,则(译者按:外国领事)返城一事不易实现。加之,目前租界又比较安全,并无骚乱的征兆。故小官充分考虑之下,以为不如继续待在租界,以静观城内动静。同时,尚可随时观察各国军队进入北京将对本地造成何种影响。

为平定浙江省内衢州地方的骚乱,本地派出两营兵力。而闽浙总督亦派出四营兵力。暴徒在上述两军的两面夹击下,迄今已被镇压。该地方已大体恢复平静。不过此前浙江巡抚曾通知英国领事,有五名传教士被杀害,而另外五名则行踪不明。据数日前发行《エコー、ド、シヌ》所载记事称,在被害的九名外国人中,有八名是妇女、儿童和少年。

台州地方是唯一令外国人撤离之地。又因五百名士兵已被派往海门,故该地目前无大规模骚乱。但其地形势似乎日趋不稳。

石门嘉奥、嘉善地方同其他各地一样,生丝及其他商品的买卖萧条。养蚕业基本处于停滞状态。虽然谣言四起,所幸并无特别不稳之迹象。往来于上海、杭州间的大东汽船会社航船,在经过上述地方时,尚未遭到任何人为的阻碍。

本地目前大致状况即如上所述。随着本地形势的发展,各地情形不免会相应出现变动。就上海与本地之间商业以及交通上的紧密关系而言,上海发生的事件,很大程度会波及本地。此前,当听说很多英国军舰齐集上海时,本地官民颇为震惊。此次,英国三千士兵登陆上海的事实想必更是惊动人心。此等事件对于内地的影响实为重大,(外国人在此的)危险度亦相应增加。望阁下能多多体察本地的事态。

以上为报告内容。敬具

明治33年8月15日　　　驻清国杭州大日本领事馆领事　若松兔三郎(印)

二一四

8月16日　驻福州丰岛领事致青木外务大臣函(电报)

为报告衢州状况事

8月16日下午4:40发,8月16日下午9:58收　　　　驻福州领事　丰岛

第一七号

有消息称,衢州叛乱匪徒日益猖獗,有地方官被杀害,该州总兵自杀。

又接到电报称,闽浙总督向该州派遣军队,在敖总兵率领下,到达福建、浙江交界处的白鹤岭时,遭到叛乱匪徒的包围,急需援兵,但增派军队似乎较为困难。

二一五

8月24日　驻上海小田切代理总领事致青木外务大臣函

为报告关于衢州土匪及富有会匪的报纸报道事(二)

公信第三〇六号,8月31日收到

外务大臣子爵青木周藏阁下:

本日发行的报纸上关于衢州土匪状况刊有如下记事:

浙江省衢州府内土匪蜂起,两三县城陷落。其后官兵又将其克复。此事于前回报告内已有所陈述。据近闻,此次派往当地的军队人数仅两千余名,故驻扎在该府江山、龙游、开化、常山等诸县以及金华府兰豁县等的兵丁人数并不多。其有效防御能力尚且不足,又怎能对余匪展开讨伐。为此,匪徒头领谢家材等在福建及安徽交界处的清胡、硖口、草萍等山中地带召集溃散余匪,进行抢掠,并强迫当地愚昧乡民与彼等再次起事。据此,驻衢州武官黎天才在与该府知府商议后,将新军两营派往各地办理剿匪。一方面,虑及逢万一之时兵力不足,又向巡抚请求再派遣若干援兵前来。

根据以上记事观察,前回报告中记述的衢州府匪徒迄今仍很猖獗,其地显然尚未完全恢复平静。

又据该报所载记事称,现在有一个称作"富有会"的秘密会组织。其创会者颇为富有。其会规之一为,凡入会者,非但日常衣食起居,即便旅行所需费用等,亦一并提供。为此,该会迅速壮大。据说在南清地方,其总首领乃一名叫彭桂生之人。数日前,其部下一名叫彭国泰的小头目被长江提督黄少春抓捕。该提督将审讯后的结果上报给了刘总督。该总督此前曾接到来自山东省大员的公文,内述对该会之事有所耳闻,正密切关注事态发展。刘总督遂立即向三省(江南、江西、江苏)文武官员发出缉捕令,抓捕彭桂生。又,虽然刘总督命令严加搜捕富有会匪头领,并加以严厉处罚,但另一方面却决定,对受惑入会的会员,如其改过自新,向地方官交出所藏票布(作为会员的凭证),则可豁免其罪。又,营勇中有误入会者,若将其所携带之票布向所属统领交出,亦可不问其罪。该决定于近日当公示。

以上为报告内容。敬具

明治33年8月24日　驻清国上海总领事馆事务代理　小田切万寿之助(印)

二一六

8月28日　驻上海小田切代理总领事致青木外务大臣函

为报告浙江省温州及台州状况事

公信第三一一号,9月3日收

外务大臣子爵青木周藏阁下:

前日发行的《中外日报》刊有关于浙江省温州及台州土匪状况的如下记事:

(栏外记注)8月14日,温州府乐清、永嘉两县,有匪徒四百三十人聚集在佛岭。翌日早,彼等经黄岩秀岭,前往太平县(台州府),一路纠集匪徒多达千余人。又是日下午,四百余匪徒身着镶边号衣,且有各自手拿小口径毛瑟枪者八人以及骑马者四人在前作向导,来到台州府黄岩县南乡蓍家凹地方,令各天主教信徒人家向彼等供应饭菜,至傍晚进入黄茅山,分三处驻扎,似乎在等待其他同党到来后再举事。又同16日,有六百余匪徒,多手持新式毛瑟枪,半数人马身着号衣,半数人马身穿洋式服装,以千人为一队,且每队人马均配有挑夫、工匠等,颇为整齐,聚集在黄岩县西乡水斗门地方。据消息说,因知县韩某误解了邱昌言的所作所为,正试图以悬赏方式将其捉拿。于是,其不得已纠集党徒以决雌雄。又据说,营办陈某正调集两百余兵勇,欲围击彼等。为此,远近各处人等颇为惶恐。

又据说临海县(台州府)张家地方有一千余匪徒聚合一处,肆行抢掠。此等匪徒为乐清(温州府)、太平(台州府)两县匪徒的合股。又同18日,水斗门土匪袭击该地的哨兵。彼等将哨兵所居房屋点燃,哨兵见火起后,往四处逃走,匪徒则埋伏在暗处,以枪射击,结果全哨殆覆灭。所幸武办陈某率领兵丁前来,并乘着大雾,从后面攻击匪徒,杀戮其数人。匪徒等见此,遂向海涂地方逃窜而去。又此夜,匪徒二百七十人由斜凹经桐屿进入黄茅山,一路并未对地方造成伤害。又是夜,统领张某由杭州归来,带回刘巡抚命令:针对土匪,宜力劝其解散,若进击之,必将激成大乱。此旨立时传达至各营。而水斗门及黄茅山等各处土匪,均打出白底加赤绿的旗帜,上书"除教安民"四个大字,且其旁书有"顺天行事"四个小字。又据说,同25日,黄岩县衙差役与两名亲兵一同来到该县东乡下陈地方,土匪疑彼等为前来侦探者,将其绑于某桥栏杆之上,欲杀之。该地士子施某恰好路过,为避免地方受累,代为辩解,令彼等逃脱杀戮。然两名亲兵已遭到匪徒痛殴,蒙受重伤。又据说,此日,韩知县方到达被称作"洋甫庙"的地方,便接到担豆地方尚有匪徒聚合的消息,遂由路桥返回。

该报本日刊载以下记事:

聚集在黄茅山的匪徒,日日令蓍家凹及螺洋两地的天主教信徒供应彼等饭食。匪首李某又将自己的名片四处散发,以召集同党。其意似在与水斗门匪徒相联络。照上述情形,台州府匪势颇为猖獗。而该地驻防营勇仅三千余人。其中有不少兵丁已派往他处。据说,实际可以征调者仅六七百人。其中可与水斗门匪徒交战者,仅百七八十人而已。其兵力确实薄弱。

如前所述,以上均译自《中外日报》所载关于温州、台州府匪徒状况记事。虽难保均为事实,但无疑有助于了解该地方土匪状况,故在此写入报告。如果前述记事中所言及的刘巡抚向统领张某发出的力在促使土匪解散而不应进击的训令果为事实,那么希望温州、台州地方的土匪骚乱能迅速得以平息的想法，则只能是空想也。

以上为报告内容。敬具

明治33年8月28日　驻清国上海总领事馆事务代理　小田切万寿之助(印)

(栏外记注)依据此报告，此等匪徒有日趋猖獗之征兆。作为领事，更应加以注意，并提出报告。关键在于查明此类行为之目的究竟在于排外，抑或在于内政改革。　德则

二一七

8月29日　驻上海小田切代理总领事致青木外务大臣函

为报告关于衢州土匪及富有会匪的报纸报道事(三)

公信第三一三号，9月3日收

外务大臣子爵青木周藏阁下：

浙江省衢州府的匪徒在无法窜入安徽省徽州府内后，于江西省边界一带出没无常。此事在前回报告中已有所陈述。据今日发行报纸所载记事称，该府江山、常山两县的前任知县至今仍下落不明，新任知县尚未到达任地。而驻扎该地的防军兵力薄弱，无法进行有效剿讨，以致匪徒仍不时出没，肆行抢掠。为此，此前被刘巡抚召回杭州的述武新军(人数不详)统领姚桂林复率其部下赶往该地。

据以上记事观察，前回报告中所提及的衢州附近匪徒等显然尚未平定。

以上为报告内容。敬具

明治33年8月29日　驻清国上海总领事馆事务代理　小田切万寿之助(印)

二一八

8月31日　驻杭州领事馆山崎事务代理致青木外务大臣函(电报)

为报告浙江巡抚要求浙江省内外国人避难事

8月31日杭州发，9月1日下午10:20上海发，9月2日上午2:30收

驻上海领事　小田切(转)

第二三〇号

驻杭州领事馆事务代理发来以下电报：

海关道根据浙江巡抚之令，向本官发来以下通告："近来衢州发生暴乱，无法提供完全保护。浙江巡抚希望在本省居住的外国人均暂时离开其住所(根据远近上的方便)，迁入省城或宁波。"于此，本官向海关道提出请求，望浙江巡抚能确保大东汽船会社航船所途经地方无发生暴乱之忧。又，就所谓省城是否包括拱宸桥地方一事，在得到该巡抚确认后，本官等现今已回到城内。

二一九

9月2日　驻杭州领事馆山崎事务代理致青木外务大臣函(电报)

为报告杭州领事馆迁回城内事

公第五三号，9月13日收

外务大臣子爵青木周藏阁下：

此前，城内形势越发不稳，在确认情况已十分危急之后，若松领事在与英国领事协商后，暂时由城内迁入城外租界内，静观时局恢复平静。其后形势渐渐恢复，照目前情况可以判断，似再无意外危险。故本官及馆员于8月30日一同迁回城内领事馆内，继续开展日常事务。于此特别申告。敬具

明治33年9月2日　　　　驻杭州领事馆事务代理　山崎桂(印)

二二〇

9月3日　驻杭州领事馆山崎事务代理致青木外务大臣函(电报)

为报告领事馆迁回城内之前后经过以及入城后之情况事

机密第一七号，9月13日收

外务大臣子爵青木周藏阁下：

在确认杭州城内人心浮动将给外国人的生命、财产带来危险后，若松领事8月6日在与英国代理领事协商的基础上，带领馆员一同撤出城内，迁至租界内，开展领馆事务。此事经过已由该领事作出申告。上月19日，小官接到经由驻上海领事转达的另页甲号抄件所示电训后，出任杭州领事馆事务代理，随即将领事馆迁回城内。嗣后，又接到应将重庆领事馆所属文书、物件寄存在上海总领事馆的电令。奉前电，与被调任至杭州的富田书记生及内田警部于8月26日一同离开上海，于27日夜到达杭州城外拱宸桥。翌28日，在该地与若松领事办理了交接手续，并着手准备返回城内。然若松领事由城内撤出，是与英国代理领事商议后的结果。目前，该代理领事依然居住在城外税关长的官舍内。小官于此若突然改变若松领事与英领事及税关长间所达成的始终保持一致的协议，丢开英领事，独自带领馆员返回城内，无疑将令对方产生疑虑，于双方感情不会带来良好结果。据此，小官为继续与英领事间保持融洽关系，借口通知小官已接任若松领事一事，拜访了该领事。其间，小官以协商的口吻，谈到返回城内一事。其理由为，与杭州城内清国商人有生意往来的众多居沪日本人，听说杭州城内现在很平稳，于是纷纷劝本官返回城内；而本官在到达此地的翌日，为观察事态曾亲自进城，并未发现什么异常之处；另本馆大多数馆员及家人目前均借住在清国人船内，非常不便；且英国领事是轻装简从，与其说是避难，不如说是借税关寓所避暑，与日本方面的情况迥然不同等等。总之，再三强调说，在入城之后，定当随时相告城内动静，希望此举不会给双方感情造成伤害，况且小官一旦入城，便是保全了浙江巡抚的颜面，该巡抚定会满心欢悦等等。

于是8月31日与馆员一同返回城内领事馆。翌9月1日，开始正常处理事务。城内人心虽一时不稳，但目前基本恢复常态。因北地骚乱造成丝绸及其他制造业市场的衰退，众多失业织工一旦躁动，便有引发事端之忧。除此之外，可以说并无异样。

有观点认为，此次若松领事从城内撤出一事，与武备学堂招募二百名基本编队新兵有着颇为紧密的关系。负责此事的武备学堂总办伍元芝与该学堂总教习斋藤大尉相互甚为信赖。此前，领事馆撤离时，该大尉依然坚持与伍氏一同留守该学堂内。巡抚担心日、英领事撤离后，在面对南洋大臣及其他大员时，将有失体面，故一再希望外国领事返回城内。伍元芝藉此与斋藤大尉商议，可以重提此前遭到布政使等反对而被取消的基本编队一事。

其基本理由可视为，如果没有一支经过严格训练的新兵队伍，外国人将无法在城内安心居住。即值此之际，招募、训练基本编队，不仅可以加强本地防卫，尚能使外国人安心于地方官的保护之下。加之，日本领事若再向巡抚表示，该基本队一旦获许成立，将立即返回城内。其后，当巡抚所派特使劝请日、英领事回城之时，若松领事则按照与斋藤大尉的事先商议，向其承诺：只要基本编队成立，便立即回城。此举旨在为伍元芝的提议推波助澜，基本编队招募有望得到实施。要之，上述伍元芝乃刘巡抚总文案，即秘书长，身兼武备学堂总办之职。斋藤大尉与其朝夕相处，不仅于了解巡抚衙门之动静无比便利，尚可藉此巩固相互关系之策。小官考虑，今后仍将努力与其亲交，并鼓励斋藤大尉与之保持最亲密之交往。又，上述武备学堂迄今为止一直处于暑假。从今日起，课程始恢复。

为告知小官之赴任今日去与巡抚会面。如先前所传闻，巡抚一副默然无为之态。相见之时，窥其殆无生气，对时局缺乏一定见识，对其部下似乎又无督率之威，实不能凭借经验轻易对其性格及所持态度作出判断。今后，随着与其交往的逐步深入，在详细观察的基础上，将再提交报告。

以上为报告内容。敬具

明治33年9月3日　　　　驻杭州领事馆事务代理　山崎桂(印)

二二一

9月3日　驻杭州领事馆山崎事务代理致青木外务大臣函(电报)

为申告关于请求浙江省内外国人避难之前后经过事

附件：领事馆山崎事务代理致洋务局时督办书函

机密第一八号，9月13日收

外务大臣子爵青木周藏阁下：

此前，衢州府地方民众起事、杀害外国人时，浙江巡抚并未将驻扎本城的军队派去镇压。此乃虑及各地人心慌乱，而兵备却相对薄弱，对于保护外国人不能不怀有顾此失彼之虑。至城内民心颇为动摇时，外国领事均撤往城外租界。此举对浙江巡抚刘树堂而言，在一些县府，尤其巡抚驻地即全省首府，未能尽到保护外国人之责的事实一旦暴露，必将大为狼狈。故(译者按：巡抚)或以文书，或以口头形式，向日、英领事表明，已采取有力措施，杭州城内十分安全，请速返回城内。其后在致若松领事的照会中称，关于保护各国商民，各地方官无不尽心竭力，乃不料衢州府发生戕害教士事件，(译者按：本部院)深感歉疚。查浙江省实力最强、足以保全商民、教士之处，首推杭州城垣，次为宁波，故拟请查明逗留上述两城以外的各地外国人，其寓居之地距宁波近者，请暂行移寓宁波；距省城近者，请暂行移寓省城。其所有财产、房屋以及不便搬移之物件，可点交各该地方官代为收管。俟地方回复平安，再商请各回原处。本件同时照会驻上海总领事，并传达各地方官一体遵照办理。如另页所抄录之前段部分(时道台发来之照会在此答复文中之前段部分已全文记载，于此略之)，乃清历八月初二日洋务局督办时庆来所发来之照会。想此前衢州府一带民众发动骚乱以来，(译者按：本地官员)必接到各地外国人尽可能避往上海或其他地区的消息。目前地方官如果仍然不为所动，终不能挽回局面。要之，此举可视为欲令日、英领事迅速返城的手段。杭州、宁波两地以外，恐终百密一疏；居于内地的外国人，可将其财产托付地方官,以便轻装避难。于此可见事情甚为重大。换言之,大东汽船航路涉及沪杭间沿河各地,不能不担心有保护不周之处;省城两字,从狭义上解释,仅指杭州城内,而在其城外数里处之我专管租界一带,似在其可完全保护范围之外。小官上任后立即照复时道台,除担心杭州、上海间汽船航路所经各地方果无安全之忧外,又相询拱宸桥地方的居住者是否亦应相应移住省城?请确查速复。如所附另页,上月 30 日已向时道台送出照复。窃思对方对于本件的答复,不仅将反映本地民心的状况,尚可作为进一步商议帝国居民及航路保护的开端之举。故于上月 31 日经上海领事先电禀其情况概要。嗣后,本地官员行动迟缓,至今尚未见任何答复。于是,前日面谒巡抚时,就上述事情再次相询,得到回复说,杭州拱宸桥一带与省城一样会得到保护,不日当以文书正式回复。附上另页。敬具

明治 33 年 9 月 5 日　　　　驻杭州领事馆事务代理　山崎桂(印)

(附件)

照　复

大日本钦命驻扎杭州办理通商事务代理领事山崎为照复事。明治三十三年八月二十七日接准来文内开为照会事。本年七月二十六日奉刘巡抚札开案照浙江省自联合东南诸省与各国在沪定立新约以后,于保护各国商民教士无不竭尽心力,乃不料衢州府城竟有戕害教士之案,本部院寔深歉疚。查全省势力最厚足以保安商民教士之处首推省垣,次则宁波,此外温台衢处等属地方官虽亦认真保护,百密终恐一疏,本部院再四筹维,力求妥善,拟请贵总领事查明寄寓省城及宁波以外各府所属商民教士,其寓所之地距宁波近者暂行移寓宁波,距省城近者暂行移寓省城,所有财产房屋不便搬移之件点交各该地方官代为收管,即由地方官妥派兵役护送前往各移居之地,一俟风谣略定,地方平安,再随时商请各回旧处。此系本部院慎益加慎之意,寔于彼此均有裨益,想贵总领事当以为然也。除照会驻沪总领事并分行外札道立即照会各领事官知照并飞饬地方官一体遵照办理等因奉此,除札饬各属遵办外,合亟照会,烦请查明施行等由准此,均已阅悉。查自北地扰乱以来,贵抚并贵道尽心保护外人以期地方安靖,寔深感激。今展诵来文,称全省势力最厚足以保安商民教士之处首推省垣,次则宁波等语,及请贵总领事查明寄寓省城及宁波以外各府所商民教士,其寓所之地距宁波近者暂行移寓宁波,距省城近者暂行移寓省城等语,查现今弊国官商住在本领事馆管下者多皆在于拱宸桥左近一带之地,殊如大东汽船公司向系承办本国邮务,日有船只来往沪杭之间,万一有碍行船,关系匪浅,若专以省城为安全之区,拱宸桥亦难期十全乎?沪杭之间亦以为难保无事乎?防祸以未发偏以察机微为要,此本领事所以欲预悉各节情形以讲有备无虞之法而免致累于贵国诸官也。应请贵督办查照即将所有由杭至沪轮船应过浙江省各地方果否为有保护不到之虞,暨拱宸桥地方住户亦在暂行移寓省城之列否之处禀请贵抚院确查速覆,不堪盼切之至,为此照复,须至照复者。

右照会

明治三十三年八月三十日

浙江洋务总局时

二二二

9月9日　驻杭州若松领事致青木外务大臣函(于东京)

为具报杭州领事馆迁移城外事

外务大臣子爵青木周藏阁下:

现将杭州领事馆迁至该地城外理由向阁下作如下详细汇报:

北清事变发生以后,起初杭州及浙江全省均平稳无事,未见丝毫骚乱迹象。其后随着事件的发展,尤其是大沽炮台被占,人心受到极大刺激。而北清商业的停滞,对杭州制造业直接造成影响,致使大量织工失业。至此,形势始渐发生变化。当时南清各省总督、巡抚确立了在其治内维护秩序以保护外国人的方针,并晓谕百姓周知。故其属下官员以及治内人民均行事有章,地方遂得以平安无事。然浙江巡抚刘树堂,起初既未晓谕将采取何种方针,稍后虽加入驻上海各国领事与两江、湖广总督达成的和平协议,但另一方面却又有命其部下、统领等发布排外上谕之举。此事因引起各总督、巡抚的注意,而迫使其仓皇取消。总之,彼举动颇为暧昧。即以浙江省所处位置,该巡抚不得不顺应各总督、巡抚,因之表面上虽口头保证保护外国人,但行动上却丝毫未见其更进一步讲求维护秩序、保护外国人的方法。另,杭湖嘉道兼洋务局督办时庆莱颇为人称道。其平素不抱排外思想,虽年事已高,但却能应对纷繁局面。然其在地方并无强大势力,故其发布的措施,多被拖延,而不足以倚恃。然其毕竟为浙江外交方面的当局者,因此在6月末本官向其发出照会,询问值此之际当采取何种方法以保护外国人。但过去多日后,方接到其照复,且不得要领。其时,在绍兴府诸暨县便有匪徒起事,焚烧英国传教士住宅。而该府东阳、义乌、浦江、嵊、余姚等诸县,亦有匪徒起事。绍兴府与杭州府邻接,两地素来相互影响。7月2日,上海税务司电告杭州税务司,称鉴于北清事情危急,已雇小汽船一艘,以供贵领事使用,该汽船随后将至。又同日,杭州某美国传教士接到上海美国传教士的电报,力请全部撤离。同日夜,英国领事经德瑞拜访小官,认为此次事件非同小可,应十分警戒。而当时日本人殆无撤离者,均以为形势尚未危急至此,大多依然安居乐业。于此,小官对我国侨民发出劝告:此时此际应密切注意事态的细微变化,并尽量避免与清国人发生争端。

尔后危机旷日持久,地方官依然未制定严厉、有效的保护方针。而由上海、苏州窜入本市的无赖则掀起排外高潮。于是,英国代理领事命令该国所有的妇女、儿童立即撤离杭州。至此,城内传教士的家眷,包括大多数英、美传教士等,均避往上海。而我国人中,无特别需要留在杭州城者,自行选择避难之地,或回日本,或前往上海。此前,杭州城的日本人除领事馆馆员外,尚有武备学堂教师三名、东西本愿寺僧人八九名以及农商务省实业练习生坂本菊吉及家人。东西本愿寺自各自成立学校以来,专事教育。7月中旬恰逢暑期。既为避暑,又可避难,故其人员均返回日本。而坂本某至7月下旬亦将其家人送回日本,自己则由上海前往苏州。其后,留在城内者,除本领事馆馆员外,另有武备学堂教师斋藤大尉及下士两名。而英美方面,留在城中的传教士尚有二十余名。其大部分人或将避往上海,或将避往本国。至7月下旬以后,城内仅剩美国传教士三名、英国传教士两名及英国代理领事。其中,已在杭州居住三十年、拥有众多信徒的英国传教士"モール",唯恐一旦离开本地,将在中国信徒间造成恐慌,而其本人又享有相当于中国区英国教会监督之地位,其一举一动无不对其他传教士起着示范作用,故不得不尽可能采取极为谨慎的态度。而另一名传教士,兼任医师,拥有一家规模庞大的医院。另三名美国传教士,则分属南北长老会,各自代表各属教会,留守在此。英国代理领事并小官及斋藤大尉等,则一同希望,非情况万分危急,将继续滞留城内。而此刻,上海已有不少外国人开始关注浙江外国人的去留。即像《北清日报》(英字报纸),原本始终不关注杭州官民的去留,在舆论的压力下,亦开始劝导在杭外国人:能撤离者,应尽早撤离。到7月下旬,那些犹豫不决者也下定决心撤离。于是没有出现遭遇狼狈之人。

至7月下旬,衢州府江山县被匪徒占领的消息传来。随后又接到该府常山、开化两县被占领的消息。最后又有消息说,该府西安县知县吴德潇(平素对日本人甚为友好)及其家人被杀害,另有九名传教士(后来据说为五人)亦遭杀戮。衢州位于钱塘江上游,属要害之地。杭州在其下游,由前者至后者的航程,不出三四日。故衢州若陷落,匪徒顺钱塘江而下,可一举推进至省城杭州。此乃地理所造就的必然形势也。彼等若效仿长发匪之乱,杭州的陷落即将如上述方式来临。从7月下旬至8月初,衢州府城被匪徒重重包围,该地的道台、知府等生死不明,杭衢两地地方官的联络完全中断。虽然已派出军队镇压暴徒,但没有人相信该地可轻易平定。

再看杭州情况,兵备薄弱,一旦悍匪发动骚乱,官府显然将无法进行有效镇压。而在权衡地方官中真正对外国人持有善意者,即在危急时刻能及时将真实情况相告、以便我等相机躲过危难之人后,小官向道台时庆莱发出了请求。小官称,杭州外国人难以得知地方发生的具体情况,故若危险临近,望能及时相告。其欣然承诺。然绍兴府发生事变之后,就该事件是否将直接影响在杭州日本人的安全,小官向其发函,望其将详细真实情况相告时,却不见其有任何回复。继而,就衢州所发生之事件,小官再次要求其相告细节时,亦不得其答复。作为道台兼洋务局督办,其不再似往日一般,其于事变发生后的言行举止,无一处可令人信赖。浙江巡抚之对外方针一向暧昧,亦不承诺尽快见面。加之,令目前局势继续恶化的事件再次发生。即新任按察使荣铨,乃满洲人,其对外国人素抱恶感,决不视义和团为匪徒。据说,当西安县知县为保护外国人而毙命时,其非但不惋惜,还直呼快哉!布政使恽祖翼,自兼任洋务局总办以来,对于小官等外国领事,从未承诺会面,守旧至此。巡抚的幕僚等一旦提出保护外国人的建议,便会遭到上述两位大员的抵制。即如今日,殆无一项令外国人满意的措施。

唯武备学堂总办兼刘巡抚文案伍元芝,不仅通晓杭州大体情况,尚能了解中外形势,深感必须确立保护外国人方针,并积极筹划种种措施。然其官职不过为候补知府。长期以来,其一直为巡抚的幕僚,颇受巡抚信赖。巡抚对其所提建议,并非全不采纳。只是在施行时,往往需要得到布政使同意。故伍之筹划,殆无成效。例如,其建议应对其所主管的武备学堂一千名士兵加以训练,用以维持地方秩序以及保护外国人。若此建议得以实施,对日本人素来抱有好感的伍不仅将亲率之,尚可聘我斋藤大尉为其顾问官,本地日本人的安全由此便可获得完全保障。浙江巡抚本已接受上述建议,并以公文发布了许可命令。然至最后,该建议却被取消。伍犹坚持上述建议,仅获准可为武备学堂配备二百名兵力规模之基本编队。其后,其基本编队的规模被缩减为一百名。再后,被完全取消,落得无一兵一卒之地步。伍深感时局艰难,遂递上辞呈,不再往巡抚衙门当差,暂时回归故里南京。据说，关于武备学堂配备兵力一事，因伍对该主张热心过度，最后招致顽固的布政使不快。其同按察使一道，曾当面训斥伍。

当时工商业停滞已久，丝绸、扇、团绣、箔等制造业的工人纷纷失业，多达两万人以上。坊间不平之气渐渐增长，加上北京政府发布的种种上谕又大大刺激了人心，其后随着二十余艘英国军舰齐集上海的消息传来，官民均产生不安之念。于是，谣言四起，排外情绪顿时高涨，最后发展到外国人在街面行走已变得极为危险的地步。此时，城内兵力不少被派往绍兴府、衢州府，导致城内外的兵员不足千名，而实际人数更少，绝不足以依赖。而又无其他加强城内安全的措施。总之，虽未至刀光剑影的局面，但一旦危险来临，则毫无办法保证生命安全。当时，除尽早撤离外别无他策的想法，不仅为有所顾虑的中国人所认可，亦受到外国人的赞同。故英国领事决定，在五名英美传教士于 8 月 6 日撤出城内的同时，自身亦将迁往租界。该领事在撤离前数日通知了小官。

小官接到上述通知后，遂深思此时此刻的去留问题。依照 6 月中旬我国外务省发来训令，其旨意为，在绝对必要之情况下，应带领馆员撤往最为安全的地方避难；对日本侨民，可实施同样劝告，并注意与外国领事保持一致行动。但如前述，当时尚未听到炮声，即尚未处在极度危险之中。尔后，伍元芝虽不曾向斋藤大尉明言不能保证外国人安全，但洋务局翻译官张世昌却向本馆馆员暗示应立即撤离，并对斋藤大尉于立即撤离一事犹豫不决感到困惑。彼曾在我国接受教育，对我国素有好感，其言应可信。况其已将家人送往上海，并劝告其他清国亲友立即撤离。而又有数个清国人家庭前来表示欲避往我国。在距离杭州城外租界附近即大东汽船始发点两里余处，为大片民宅，一家毗邻一家。与此相对，杭州城为高墙所环绕，城门由满洲兵把守，入夜以后的防守则更为严密。城内一旦有事，仅靠七名日本人进行防御，显然不可能。即无论如何奋力，也逃脱不了杀戮之祸。故就上述状况，至炮火冲天、血流成河之际，犹能保证留守城内的大多数日本人全身而退，在杭州究竟是件不可行的事情。在小官等苦守期间，开馆以来所雇佣的佣人，均请假而离去。而在城内，以日本人名义，已无法租到船只。倘若再延缓数日撤离，恐怕连雇佣轿夫都将成为问题。如此，又将采取何种措施保护以及搬运领事馆内的重要文书？除馆员自身携往城外，实在别无他法。以当时情形，撤出城内实乃不得已之举。小官扪心自问，相信于职责上并无处理不当之处。

加之，在此前接到的历次训令中，均反复强调应与外国领事协同行动。以当时情形，若执意留守城内，则将伤害杭州城内唯一同僚英国领事的感情，并招致该领事的猜忌。不用说，此又将极大影响此地日英两国官民间的关系。自事变发生以来，小官一直确守与英国领事保持行动一致的方针，彼此信赖。故双方关系极为融洽。若于撤离一事上发生争议，历来融洽的关系将发生变化，而此为本官极欲避免发生之事。果要立时撤离，当尽可能在同一日进行。而当英国领事既已撤去，并不欲至死坚守任地，仅为拖延两三日，至最后方才撤离之类的行为，小官实不愿为。

毋庸置疑，当时向城外转移时，并未虑及日本人所将蒙受的利益损失。当时留在城内的斋藤大尉，也以为武备学堂配备基本编队一事难以实现，小官等若撤往城外，并同时下达应立时撤离的命令，想必将无日本人留在城内。

据此，小官决心于 8 月 6 日撤出城内。然于当日，并未通知清国官员。英国领事事先曾请求小官,如将立时撤离之事通知清国人,恐于撤离途中会遭受袭击,故于撤离当日最好不要泄漏消息。为此,即便对日本人抱有好感的中国人,亦未向其通知撤离之事。此又为不得已之举。

小官等向城外转移后,因无合适的房屋可作馆舍,只得租借民船一艘,并同时将帝国邮电局的一部分作为馆舍使用。

如前所述,斋藤大尉虽已决定暂时撤离,但至撤离前日,又打算独自留在城内。其事情原委如下:小官等撤往城外之事对巡抚究竟产生何种影响,实乃一疑问。关于此次事变,巡抚的主张向来软弱,时常动摇。故不明其心中对于小官此次之处理办法究竟持何种意见。或由此又对小官等生出轻视之念等,无法猜测。或因撤离之事,遭受极大刺激,而幡然醒悟,转而确定保护外国人的方针,亦未可知。若果能至此,乘此机会,令武备学堂配备兵力一事最终得以实现,则并非没有希望。念及于此,斋藤大尉甘冒风险,欲独自一人留在城内,观望事态进展。小官等转移当日,其悄然迁入伍元芝宅内。两名下士则于同日撤往城外租界避难。

小官等转移后,巡抚幡然醒悟,决心确立保护外国人方针。其以伍元芝为特使,令伍前往租界,诚恳请求小官及英国领事回城(8月9日)。另,巡抚根据小官提出的忠告,对伍和斋藤所希望的由武备学堂总办亲自统率部队一事予以认可,并定其员额为一千二百人,其中含小官撤离前已隶属伍指挥的五百人。此外,根据伍元芝的建议,免去此前由布政使推荐并任用的驻城内统领,改由伍所推荐的某接任。若此,小官等撤往城外后,形势大变。当然,此乃伍和斋藤在其中尽力斡旋的结果。但领事馆的迁移行动,无疑起到了推波助澜的作用。总之,巡抚确定方针后,使得省内权力集于己身,开始切实注意保护外国人之事。与此同时,随着联军在北方不断取得胜利,此地浮浪之辈不敢再轻举妄动。据此,城内逐渐恢复平稳。然武备学堂总办所辖兵力,若完全充实,尚需时日。另小官抱着与外国领事一致行动的精神,以为返回城内一事当取得英国领事的同意。但英国领事仍然认为此时回城为时过早。正值此际,接到令本官回国的命令。然至8月20日,余就实际状况仍觉尚不能立即返回城内。不过,依照当时情形,显然可于不久之将来迎来返城之日。而小官亦在急切等待返城之日的到来。

窃思杭州城内情势尤为特殊。即便住在租界附近之人,亦难以对杭州城内的危险程度作出准确判断。因租界与城内其时情况迥然不同。小官当初由城内撤往城外进入租界时,两地的状况便大为不同,可说迥然相异。故在上海抑或日本之人,对于小官的处理办法所作出的批评,无一允当。相信阁下于此点已有所察知。

以上为报告内容。敬具

明治33年9月9日　　　　领事　若松兔三郎(印)

二二三

9月10日　驻上海小田切代理总领事致青木外务大臣函

为报告关于衢州土匪之报道事(四)

公信第三三三号,9月19日收

外务大臣子爵青木周藏阁下:

据昨日发行之某清字报纸所载关于衢州府江山县匪徒状况之来自绍兴通信称，江山县土匪首领刘家福历来横行乡里，纠集党徒为非作歹。乡里百姓颇忌惮之，曾再三求告于官府。然地方官一味姑息。为此，其势力日渐壮大，至率领两千余民众发动暴乱的地步。常山、江山等诸县城相继沦陷。其后，匪徒受到由福建北上之官军攻击。在退出县城后，该匪窜至各地，继续为害地方。然据今日消息称，该匪被衢州镇署理敖统领的部下抓获，并被就地处决，其首级被传至江山、常山、开化等各县示众。又据说，该余匪窜入江西省广信府排山地方，为江西阳营指挥官申提督所痛剿。其势似已寥落不振。以上报道不知果为事实否。

然据同日(9日)发行之某报所载来自江西友人的通信称，该省吉安、赣州两府广丰、石城、弋阳等县，土匪发动骚乱。其中，弋阳地方最为严重。8月初，由省城派出的威武、新军两营行至河口时，因匪徒人数众多，其武器并兵丁等竟被俘获。为此，该军统领申提督亲自率领一营人马，于8月16日前往救援。不料，仍为土匪所围攻。苦战之余，该统领之足部受伤。据说省城接获此报后，迅速令副统领蒋某再率一营人马前去救援。是否奏效，尚未获确报。上述报道无论真实与否，均可想见该地土匪势力颇为强盛。俟有后报，当详报之。

以上为报告内容。敬具

明治33年9月10日　　　　驻上海代理总领事　小田切万寿之助(印)

二二四

9月15日　驻杭州领事馆山崎事务代理致青木外务大臣函(电报)

为报告关于杭州城外日本专管租界附近安全事

9月15日杭州发，9月15日下午9:14上海发，9月16日上午12:20收

驻上海领事　小田切(转)

第二五七号

驻杭州领事馆事务代理发来以下电报：

关于8月31日本官所发电报，据来自浙江巡抚的通告称，拱宸桥一带外国人非常安全，可以继续居住；又上海、杭州间航路所经各处，业已安排炮舰加以保护，毋须担忧。

本地目前形势平稳。自前回报告以来，商业呈现好转局势。然生丝每一百两降价八美元，丝绸每一尺降价二十美分后，似仍无人购买。

二二五

9月22日　驻杭州领事馆山崎事务代理致青木外务大臣函

为报告洋务局督办回复关于日本专管租界附近安全事

附件一：9月15日发领事馆山崎事务代理电报抄件

附件二：9月14日洋务局时督办所来书函抄件

机密第一九号，10月4日收

外务大臣子爵青木周藏阁下：

关于本件，其原委于本月5日发机密第一八号文书中已有详报。其后，地方官稍显狼狈。于如何答复，拖延时日。其间，有营官吴忠选前来拜访小官。其首先传达，于拱宸桥

地方已增派兵力严加防范,请勿挂念,并浙省全境正迅速恢复平静等语之余,又表达极力保护照料之意,声称其本人已接受巡抚委派,负责我领事馆及城外外国人之保护。其表示,已令二十名兵丁驻守在我领事馆对面的寺庙内,专门负责我等的防卫。至本月14日,如另页所附抄件,作为杭州通商埠头的拱宸桥,防守十分严密,外国人可安心居住;又杭州、上海间的汽船往来,事关行商贸易,其沿途地方有炮船停泊,专事保护外国船只。由此,我等可从悬念中解脱开来。关于入城后的一般情况,不仅城内,包括浙省境内的其他地方,均恢复平稳。前述汽船航路所经诸县,其状态也与平日丝毫无异。其中,如沿途所经石门县,现在该县署理知县李氏颇通事理,更被视为有意与我国人交谊的人物。于此际,其治内将实施更为严密的措施。而随着北清和谈形势的日趋明朗,一般官员深知其大势所趋,为确保地位,于今似无不尽力于保护外国人。即便有挑起事端者,欲令平地起风浪,相信其目的亦不能轻易达到。如前述清国内河的炮船,一旦发生事变,其现有装备并不足以担当防卫任务。若沿河地方人心浮动,以此薄弱防备加以警戒,实不能令人满意。而实际上,沿路一带情形极为稳定,并不存在任何应受指责之处。照目前的局势,关于本件的交涉可告一段落。

观察本地市面情况,不仅殆无恢复的征兆,且近一个月以来越发衰退。自前回报告以来,生丝、丝绸价格一路急剧下滑。据说,此乃北清一带停止交易所带来的结果。如丝绸,天气逐渐进入冷秋,尽管本省已处于购置冬季衣料的季节,但其销售仍不见好转。由此可知,各地人民尚未完全安定下来。总之,相信上述情况可为我商家提供参考。15日,洋务局根据巡抚训令,对小官作出回复,其概要已在电文(另页附抄件)中有所陈述。于此,呈上原文。敬具

明治33年9月22日　　　　驻杭州领事馆事务代理　山崎桂(印)

(附件一)

甲号抄件:驻杭州领事馆山崎事务代理致青木外务大臣电报抄件

上海领事致外务大臣函译文　　　　　　　　杭州　1900年9月15日

关于我8月31日的电报,浙江巡抚解释说拱宸桥地区的外国人非常安全,上海与杭州间的航道由驻守各处的中国炮船保护,也是安全的,他认为毋需担心。

一切平静。商业依旧萧条。生丝每百两降价8元,丝绸每尺降价20分,自上次报告以来,市场需求依然没有起色。[①]

山崎

(附件二)

乙号抄件:洋务局时督办致驻杭州领事馆山崎事务代理书函抄件

照　会

大清钦命浙江等处承宣布政使司恽、加二品顶戴署杭嘉湖道监督杭州关督办浙江洋务总局时为照会事。案照本年自北省扰乱以来,各处谣咏纷乘,东南诸省自相联合,与各国领事在沪订立新约,保护教士教堂,以期各处相安,不致事生意外。乃浙省衢州府城竟有戕害教士之案,原以各属离省较远地处山虽于扼要之区派兵驻守,而百密难免一疏,致

① 此篇原文为英文。——译者注

有不测之虞，是以抚宪虑及于此，即经札饬照会，请查明寄寓省城及宁波以外各府属教士商民，距宁波近者暂行移寓宁波，距省城近者暂行移寓省城，所有房屋器具点交各该地方官代为收管，正以省城宁波两处兵力最厚，足可恃无他虑，此系抚宪慎益加慎之意，实于彼此均有裨益。至于拱宸桥本系杭州通商埠市，早已添兵驻守，布置周详，并饬地方官严密防维，不稍疏懈，各国商民教士固可居处相安，即杭沪一带轮舶往来尤关行商贸易，沿途地方均有炮船停泊，专为保护各国船只，似亦不必过虑。兹准照会以杭沪轮船有无保护不到、拱宸桥住户应否移寓省城等语，本局遵照抚宪谕，将保护情形明白剖示，想贵领事亦可释然无疑也。为此照会贵领事，请烦查照施行。烦至照会者。

右照会

大日本钦命驻杭领事官山崎

大清光绪二十六年八月二十一日(我9月14日)

二二六

10月2日　驻杭州领事馆山崎事务代理致青木外务大臣函

为报告杭州近况情报事

机密第二〇号，10月11日收

外务大臣子爵青木周藏阁下：

自衢州地方暴乱平定以来，浙江省内恢复平静。虽无值得特别报告的事件，然就本地官场所传出的消息以及其他方面的情况，稍得二三要闻。以下逐一陈明：

一、浙江巡抚刘树堂氏以为，日后若与列国达成和议，各省首先面临分担对列国之赔偿。况以今日国库空虚、财政紊乱的局面，或实施迁都之议，或御驾返回北京，中央政府所需费用必将由各省督抚为之筹备。故为预先准备起见，应着手裁减诸项费用。其一，便是对浙江省常备兵力进行裁减。就目前之五十七营，凡年龄三十五岁以上及未满二十岁者，均将被解除军籍。其结果为，保留五十营兵力，裁去七营兵员。数日前，此项裁军已在着手进行。而首当其冲者，为武备学堂总办伍元芝所辖护军左营。其一百五十名营兵，已于上月24日接到离队命令。依据该国裁撤兵勇规定，被裁者原本可获半月抑或一月的饷银，并返回原籍所需的路费。然该营营官马某，仅发给每名兵丁洋银二十仙(每名兵丁的月收入为银四两二钱)。上述被解除军籍的一百五十名兵丁认为，以如此微薄之遣散费，无法解决今后之生计，势必很快将为饥寒所迫。故为获取适当的抚恤费，彼等发起请愿，于翌25日聚集在武备学堂门前。不过此次请愿并非恃众强请，而是摆出极为哀怨的态度。其后在护军统领伍元芝的说合下，每人又补发二两，方无事收场。据本件足可证明，杭州民心已稍安。若浙江省各镇营相继裁撤冗兵，各营官等为中饱私囊，采取如上述不合理的处理办法，被解除军籍的士兵或因不满，最终酿成事端，亦未可知。

二、前天津陆师学堂总办、现候补道张云逵(安徽省合肥人)自就任省防统领以来，与本地武备学堂伍总办往来密切，并十分注意了解该学堂教官斋藤大尉的训练模式。又闻，目前正在进行的城墙及城门的修缮工程，亦属张统领监管。而该统领日前贴出告示，正力查哥老会及富有票会等党徒的踪迹。

三、上月末上海某清字报纸刊出报道称，署理江苏巡抚聂缉椝将升任浙江巡抚，而现任浙江巡抚刘树堂已接到飞驰行在伺候的上谕。自此以来,本地坊间传闻亦称,无人怀疑刘巡抚接到北上命令的消息。推其原因,该巡抚长子刘廷钧氏,在此次事变发生前,已进入荣禄幕府,担任武卫军营务所文案,依照荣禄的推荐,刘巡抚入京后,可望升任军机大臣。又据说,因刘巡抚在本地威望欠佳,讥其迟钝无能的呼声颇高;反之,现署理江苏巡抚聂氏,其才干胆识俱在刘氏之上,故盼其早日前来就任者,不在少数。据传闻称,清历十一月,刘、聂两氏可望办理交接。然刘氏其实并未奉到上述上谕。目前巡抚衙门及刘氏幕僚并其派内之人,均未呈现动摇态势。想必上海报纸所载报道,偏离事实,乃基于道听途说所撰,无非记述种种坊间猜测而已。关于本件,小官当于近日内前往拜见巡抚,以便直接确认该传闻真实与否。因近两三日传闻不断,故加以陈述。

刘巡抚或可说禀性迟钝,或可说年老昏聩。根据与其接触其所作出的反应而言,坊间对该氏的讥讽乃属理所当然。有鉴于此,小官更希望其他敏捷明达者能尽早前来接任巡抚一职。然伴随刘的离任,武备学堂总办伍元芝亦必将离职。此乃关系到该学堂我斋藤大尉及以下日本人教官聘用的问题。因不知后任巡抚的倾向,想必会带来不小影响。

四、现在本省官员对哥老会及富有票党徒深怀戒备之心,其于新募兵勇之际,严密防范会匪混入。此前,长江沿岸一带,对于会匪的搜查异常严厉。结果,彼等近来渐渐窜入本省各地。有消息称,有两名哥老会头目已混入绍兴府内。地方官正协同带兵官严密搜查、缉捕。

以上为报告内容。敬具

明治33年10月2日　　　　驻杭州领事馆事务代理　山崎桂(印)

二二七

10月30日　驻杭州领事馆山崎事务代理致加藤外务大臣函

为报告杭州近况(二)并任地英领事之举动事

机密第二六号,11月8日收

途外务大臣加藤高明阁下:

驻本地英国代理领事经德瑞氏(H. King)本月初前往上海。当时,其通知小官说要作短期旅行,然却在未向洋务局发出任何通告的情况下即离开本地。据闻,该领事在抵达上海后,立即致函本地刘巡抚,声称关于本年7月中旬衢州府地方传教士被害事件中的抓捕人犯一事,地方官查办不力,应加以严厉督促。嗣后,双方书函往来数回,彼此间的口气似渐趋强硬。本月28日发行之《中外日报》刊有以下两节文字,颇能揭示其真相。故抄录于此,以供参考。

昨日浙抚电致本埠英领事云:衢州府江、常(江山县、常山县)两县地方,前次焚毁教堂、仇杀教士之首犯俞三羊,已饬该县勒限严拿,并将该县记过在案,如再违限当即撤任,请贵领事勿庸催促等因,闻英领事已照会浙抚,云:此案耽搁已久,其耽搁之故贵部院不得辞其咎。

又探得本埠某领事昨接得瑞安郡教士来电云:该处有斋匪蠢动,将与教民为难。某领事即电请浙抚转饬该处地方火速派兵保护,所有教士、教民身家、性命、财产如有疏虞,即惟浙抚是问。

上述第二项所言及某领事即英领事。对此，巡抚在发给英领事的照会中称，斋匪、教民良莠不齐，且均为中国之民，本抚院一律遵照中国法律实施惩处，其宽严迟速处不敢受贵领事掣肘，若贵领事等欲干涉我清国统治权，教唆教民作乱，其责宜皆归贵国政府等等。至今日仍如此。

8月中旬，因地方不安，刘巡抚担心再次发生外国人被杀事件，遂向各外国领事发出照会，要求外国人暂时移寓杭州或宁波。此事在9月5日发机密第一八号文件中已有所陈述。然如此前《中外日报》所载报道，瑞安附近的传教士依然不愿迁移。另一方面，就已发生的案件，英方针对巡抚，或说地方官只知相互指责，或说贵部院不得辞其咎，或说身家性命财产如有疏虞即唯浙抚是问等等。由此观察，或英国在上海已预先调集足可应对事变的军队。唯虑随今后形势的发展，难以猜测英方的态度将如何变化。又昨日听说，驻本地英领事或将更换。

自前月以来，随着谷米丰收及商业状况逐渐恢复，本地民心呈缓和态势。然北清形势未定，且近来广东地方发生骚乱，政府各官员因此加紧防范。于是，在民间渐次又有风声鹤唳之状。诸如驻防旗营之满人，于往年长发贼乱之际，曾遭受极为惨烈的伤害，此刻即怀有巨大的恐惧心。依据本府属钱塘县知县的告示，沿江口岸地带有奸匪出没，分售富有票。其内称，凡持此票者，可无偿乘坐汽船。此举无疑旨在诱惑民人入会，欲图谋不轨。浙省乃开港地，该票匪等藏匿其间，煽惑愚民，岂非贻害地方？又近来有人出售北方战阵图（草图之类），藉以诓骗钱财，渔利惑众，宜速严禁，以安民心等。且据此前到过嘉兴府地方的石原警部报告称，有消息说不少盐匪已潜入杭州府石门县地方，而该县知县却将彼等放行。可见一般民众多对排外分子持宽容之心。又本月25日夜9时，城内距我领事馆不远处之肃仪巷举人张大昌家，有盗匪闯入，凡价值千元之银货或物品，均被洗劫。另有其他两处人家，亦出现盗匪。本城内有强盗出没，乃十数年来绝无仅有之事。故巡抚限知县于四日内必须将罪犯抓捕归案。而城内警察则加强警戒，各城门于日落时同时关闭。此事多少引起一般民众的关注，又有以上事实，以致坊间又生出些许令民心不安的流言。

本日招待浙江省防统领张云逵、护军统领兼武备学堂总办伍元芝、候补道刘廷钧及洋务局张、陈两翻译官小酌，以探听官场内消息。闲谈间并未发现异常情况。唯洋务局督办即海关道并该局提督等，常抱怨身体病弱而怠于政务，巡抚受困于此而百般督责之。又，刘巡抚以下抚辕派人物依然对帝国抱有几分幻想，即对北方情势采观望态度，姑息度日之外，并无任何举措。又，关于前述富有票事件，巡抚衙门内有种秘密说法，即在长江一带通航的英、德等外国汽船概不认可该票可充作船票使用，而唯独日本汽船承认富有票的有效性等。想必因传说唐才常一派与我国人保持密切关系，才生出上述无稽之谈。又，近来上海四家清国银行破产一事，给本地金融业造成重大影响。目前各银行所发行的有价证券，其价值已跌至面额的半额以下，金融界面临大恐慌。因武备学堂斋藤大尉热衷于训练，故本地地方官对斋藤大尉等我国教官信赖有加。目前，教官仅斋藤大尉及以下特务曹长、曹长等三人，而训练事务繁多，只能轮流分担测地、筑城等课目。为此，斋藤大尉请求再延聘两名下士官。地方官虽则认可了该请求，但仅同意再延聘一名。关于人选，该大尉已向有关人员提出招聘事项（斋藤大尉当初向伍元芝提出再延聘士官，然限于目前无法筹措到聘请高级教官的经费，故决定改聘下士）。

由东本愿寺设立的本地日父学堂，于本年夏季本地情况不稳时，借口暑假暂时关闭。随该学堂校长伊藤贤道最近由我国回到杭州，该校开始通知此前回到内地的学生，学校决定于11月6日开学。

以上为报告内容。敬具

明治33年10月30日　　　　驻杭州帝国领事馆事务代理　山崎桂(印)

二二八

11月16日　驻杭州领事馆山崎事务代理致加藤外务大臣函(电报)

为报告英国驻上海总领事追究浙江巡抚之责任事

11月16日杭州发，11月17日下午2:09上海发，11月18日上午7:30收

驻上海领事　小田切(转)

第三一〇号

驻杭州领事发来如下电报：

浙江巡抚接到驻上海英国总领事发来如下信函，指巡抚为晚近事变教唆者之一，且于上海事务方面，威胁将来不对该巡抚给予保护。巡抚颇为不安，担心继言词强硬后，英方会开展实际行动。为与英国上海总领事进行商议起见，特派委员于本周内将前往上海。就衢州事件的处罚以及赔偿，该委员接到应与盛宣怀协同处理的命令。

二二九

11月17日　驻上海小田切代理总领事致加藤外务大臣函(电报)

为报告英国驻上海总领事追究衢州教案责任者之谈话事

11月17日下午7:10发，11月18日下午1:25收　　　驻上海领事　小田切

第三一二号

关于本官电信第三一〇号，驻本地英国总领事就该事件向本官作如下说明：虽然不以为浙江巡抚负有个人责任，但鉴于当时该巡抚怠于保护传教士的生命，正督促浙江巡抚应立即采取严厉措施，对当事地方官进行处罚。

二三〇

11月20日　驻杭州领事馆山崎事务代理致加藤外务大臣函

为报告关于英国态度浙江巡抚之警戒并关于教案善后策对巡抚提出之建议事

附件一：浙江巡抚致驻上海总领事照会抄件

附件二：驻温州英国领事致浙江巡抚照会抄件

机密第二八号，11月28日收

外务大臣加藤高明阁下：

关于衢州及其他地方教案，英领事屡次以强硬口气严催其处罚方案。为此，浙江巡抚刘树堂氏不知英领事居心何在而颇生疑念，决定派委员与驻上海英国总领事就该案匪犯及损害赔偿一切事宜进行面议。此事在16日发经由上海领事转发电报中有所陈述(另页

所附甲号抄件)。嗣后,刘巡抚派前署理秀水县知县周廷祚携带由巡抚致英总领事照会(另页所附乙号抄件)前往上海。另,因听说英总领事似派出委员,前往本省内教案事发地实际调查损害情况,昨日巡抚以公文命令布政使,以布政使名义,即刻飞饬滋事各地方之州县官,限五日内,将各自辖内烧毁房屋几间、教民住宅若干、损失衣物器皿若干、其损失估价若干并有无教士留寓其境内及民教间之情形等,详细具报。又,早先驻温州英领事致刘巡抚照会,为参考用,特进呈(另页所附丙号抄件)。

此前有消息说,英国将占据长江一带,沿岸各督抚颇为警戒。本省海岸被视为要害之地,其中镇海炮台或于何时便有军舰来袭,亦不可计。万一守军轻易开炮应战,无疑将于本省重演大沽之役。虑及于此,地方官秘密指示该营守备长官,决不能向外国军舰开炮。尤其像浙江省此前的骚乱,英人乘机以其所遭受之损害,逞种种之要挟。虑及刘巡抚即便有如此周密之处置,亦不免有失。前几日,两江及两湖方面在致巡抚的电报中,即有"我不出兵,则彼必派兵"之语。听说刘巡抚于忧虑之余,作为英人被害事件的善后策,决定亲自巡视钱塘江上游滋事地方,不日将带领护军二营(可能二营各拨六成兵丁,即合计六百人上下)出发。小官以为,于此际实有必要获取巡抚衙门内部情报。为此,想方设法谋求与巡抚接触的机会。然小官与巡抚间若进行公文往来,必将留下政府记录,由此或将招惹一般中外人士的关注,而此为近来力求避免之事。无奈之余,与斋藤大尉相谈,欲再以武备学堂总办即巡抚总文案伍元芝为中介,探听其内情。因听说巡抚一直以来颇心烦于教案,故与斋藤大尉商量,秘密会见伍氏,向刘巡抚提出五条建议:第一,速遴派妥员议结赔款一事;第二,速严办滋事地方的文武官员,并督责地方严加稽查,以防匪焰再燃,而举惩前毖后之实;第三,常与荣中堂及刘、张两制军通气,详报现住浙省内英国人情形,使得刘、张两总督事先知晓刘巡抚于外国人保护一事尽心尽责,英人不应误解刘巡抚;第四,振兴浙省练军事务,令中外人等咸知其足可信赖;第五,关于此前教案,应由巡抚向省内发布告示,表达痛恨之意,并严戒将来之再发等。前述第二项中所提及之地方稽查事宜,就其方法,力劝其应改革历来的保甲及团练旧制,转而实施外国警察制度;继而提出,其初始应于杭州城内先延聘外国警官(人员依照情况可聘用五十名乃至百名),起示范作用;而我帝国警务精整,无以伦比,若巡抚愿聘用之,本官当尽力效劳。又第四项中练军事宜,即期待现有武备学堂能扩大规模。伍氏即日去见巡抚,将各项建议一并向其陈述。因各项俱切中要害,故巡抚对小官深怀好感。练军事宜,现当尽可能扩大规模,其范围当逐日扩展;警务改革之必要性,虽获得认同,然此事有待于与英国领事之交涉达成协议后,方可商议;而其他各节,似乎亦在着手进行。当然,关于实施新警察制度一事,一般官员皆认为,此举有碍时局。故巡抚于此际不会轻易展开,不过窃思今日之举,可为他日见机再议预埋伏笔。关于该提议,于另页内附有抄件,以为报告。敬具

明治33年11月20日　　　驻杭州帝国领事馆事务代理　山崎桂(印)

(附件一)

另页乙号

清历九月二十五日发

抚　札

照得本部院照会英总领事。现在办理衢州西安县教士被害情形已粗有眉目,所有访

获戕害教士各犯应如何重办,即请英总领事查照见覆,以凭办理,亟需委员赍投照会,带同翻译前诣英总领事处商酌办理,查有洋务局委员前署秀水县知县周令廷祚,堪以札委,除另饬札遵并札布、按二司暨杭州府知照外,合亟札知。札到该局,即便转饬遵照勿违,特札计粘抄照会。

委员所携带由巡抚致英总领事照会抄件

为照会事。查衢州一案,始因匪乱,祸及贵国教士两名,本部院实深惋悼。现此案办法已粗有眉目,敬将详细情形为贵总领事述之。查此案先因江山匪乱,百姓遂有聚众之事,因聚众而有害及贵教士之事,西安县吴令德潇因护教士亦被乱民所戕,并及其幕友眷属多人,此城内贵国教士被害之实情也;城外教士之被害者系为土匪所戕,此时西安县城已闭,江山、常山均为匪据,郊外之地皆匪往来,良民多避入城,官军则尚未到,贵教士适经其地,猝遇土匪被害,经委员一再往查,佥称实系土匪所为,此城外贵国教士被戕之实情也。现在衢属各城均已收复,土匪阵斩并擒获正法者,据报已数千人,但其中有无戕害教士之匪无从查证。惟有严拿余党,有匪必获,以谢被害各人而已。城内害教士之匪即戕西安县吴令之匪,二案祇是一案,现此案首要各犯已由衢州镇拿获,讯供有案已经正法者已有数名,经贵领事指拿及由地方官陆续访拿解者,讯有确供者亦有十数人,尚有续经访闻及获犯供出已饬拿解来者仍有数名,各事渐有头绪。按照中国律例,为首者拟凌迟,为从者拟骈诛。此但论其戕害官长之罪也,但各犯俱身犯二罪,并有戕害贵教士之案,应如何加重办法,应请贵领事查照见覆,以凭办理。至各教士万里远来劝人为善而反身罹不测,言之实深惋叹,自当优加抚恤。兹特遴委洋务局委员周令带同翻译前来贵领事衙门商酌办理。为此照会贵领事请烦查照施行。须知照会者。

(附件二)

另页丙号

英国驻温额领事照会内开合将温州情形等特为详述。前因该地方甚不平安,故通知各教士速行逃难,乃临去时已有匪徒前来攻击,仓促出走,仅以身免,而财产物件遗失甚多。尤为可虑者,教士走后,教民大受其害,地方官全然不管,并不弹压,滋事地方各官员,贵大臣亦未参处。查贵大臣既与东南各督抚共定保护之约,而衢州仍有杀害教士之案,平阳、瑞安、温州等处数日内甚不平静,匪首金宗材、僧景雪虽已获案,亦未严办,教民三百余家房屋烧掠、田禾拔割,平阳、瑞安两县如孙黄许顷胡王等族合同把持官府,温州胡中府范统领皆系不肯弹压匪徒之员,仍令居官,肆虐时势,如此极为危险。照查照希将如何办法,俾温州平静后,为通商口岸之处,先行示后是为至要。计送匪徒名单一纸。

瑞安拳匪武举:林星南、李阿高、胡钦木、倪阿连、丁阿木、钱起田父子三人、林阿连、林新义、林银贤、扬阿连、徐银班、扬守真、邓全求、邓星伦、金阿奈、林守芝、邓阿芝。平阳拳匪生员:扬文显、王守境。计 23 人。

二三一

11 月 22 日　驻杭州领事馆山崎事务代理致加藤外务大臣函(电报)

为报告浙江巡抚前往兰豁县处理衢州教案事

11 月 22 日杭州发,11 月 22 日下午 2:15 上海发,11 月 22 日下午 8:40 收

驻上海领事　小田切(转)

第三一八号

驻杭州帝国领事发来如下电报:

浙江巡抚为处理衢州教案,率领五百余名兵丁,将于 11 月 23 日离开本地,前往兰谿县。

二三二

11 月 24 日　驻杭州领事馆山崎事务代理致加藤外务大臣函

为报告浙江巡抚中止巡视兰谿地方事

机密第二九号,12 月 3 日收

外务大臣加藤高明阁下:

为解决衢州事件,刘巡抚欲率领五百余名兵丁,前往兰谿地方。此事于本月 22 日经由上海领事电告。但于出发前夜,布政使、按察使等却极力劝阻。至翌日,城内文武各官一同来到抚辕,要求巡抚取消行程。巡抚不得已暂时中止行程。藩臬两司以下各官阻止此事的理由如下:第一,恐令城内人等惊慌。第二,英领事的要求,仅限于追究衢州之乱当时在任的金衢严道(金华府、衢州、严州等处兵备道台)各官员的责任。而鲍道台已甘于承担此责。此时前往衢州,即便再多拿罪犯,亦于事无益。第三,巡抚外出,万一洋兵忽然来杭,恐调度不及等。前记鲍道台早先以来一直留在当地,但突然于本月 20 日,不知逃往何处。昨日巡抚似已令六名委员,分别率领捕快前往上海、苏州、常州、嘉兴、湖州及清江浦严密捉拿。又,虽然鲍愿承担责任,但衢州徐道台亦因办事迟缓而遭到撤职处分,候补道郭民新将接任金衢严道台。鲍道台出走前后的两三日,衢州城内相传将有英兵来袭,或许该道台出于恐惧而惶然出走。

介于绍兴府与宁波间的大岚山,约千名匪徒在其深山处筑堡寨自据。其山麓所跨越之上虞、余姚、慈谿、宁波、奉化、新昌、嵊县等七县,颇苦于应付。现在,土匪趁各地方富豪本年秋收丰厚,四处抢掠。前几日,即将上虞境内某富豪洗劫,掠去银合计十余万两。该县知县为报告情况,来到省城。据闻,贼徒多穿号衣,且手持后膛枪。巡抚于此际为防止再有针对外国人的事件发生,迅速组织剿平上述山贼的人马,已命令由宁波调派两营兵力,前往大岚山地方。

以上为报告内容。敬具

明治 33 年 11 月 24 日　　　　驻杭州领事馆事务代理　山崎桂(印)

二三三

12 月 4 日　驻杭州领事馆山崎事务代理致加藤外务大臣函

为报告于杭州设置团练及巡勇事

公第七六号,12 月 14 日收

外务大臣加藤高明阁下:

北清骚乱以来，本地民心自然不免有所动摇。清历五月中，本地绅士高士恒等主张募集一千名团勇，以求自卫。然因经费支出方法以及统领人选等问题，仅停留于协议状态。至八月(清历)，始着手组织。即将委员派往本省金华府义乌县，募来五百名团勇，称之为浙省防军，隶属于省防统领张云逵统带，由仁和县知县陈希贤率之，扎营于本城清波门内进行训练。其兵器虽皆为旧式小枪及刀叉等，然士气却颇为壮大；团勇每人月佣金为六日元，据说其经费将来自各店铺的捐赠，因协议尚未有果，先由仁和县知县暂时垫付；其人数，虽对外号称有千名，但现从亲见之状况看，其一组为十人，不过有五十组而已。

又清历七月中，根据本城绅商等提议，经候补知府刘瀚、东防同知刘颂年、候补知府何荫栴等上报，于八月廿七日由布政使令钱塘、仁和两县知县向民众贴出以下告示。即于九月中，募集巡勇一千名，分为两营，每名月支付六日元，待局势平稳后当废之；其经费，经商议决定，由本城店铺经营者分担。其中，有每月须负担一百四十名费用者，有每月须负担一百名费用者，其他各户按照实力，多者分担四五名，少者分担一两名，或两户分担一名等；在祐圣观巷同善堂内，设巡防总局，置委员，在与县署协商后，切实执行。然就其经费，诉苦者如预料甚多。故无足够经费招募预期中的一千名，仅于本城内募集到一百八十名团勇。其中，上城、中城、下城三区各分配六十名，每区内又分为六段，每段配备十名。此外，艮山门外机织、染织、当铺等有力商家每年十月朔日起均组织称为“冬防”的冬季防卫措施。即募集巡勇二十名，由城外总巡监管。今年则另增二十名，募集有四十名巡勇，分置于彭埠、下菩萨、新塘、河岸上等四处。其费用为，每人每月六日元。目前仍在商议各商铺每月捐出一百余日元的可行方法，其他事项则尚未商定。

以上所述，为省防及自卫方法。另一方面，早先被从省城各兵营解散的兵勇，却混迹街巷，结党成群，时有不安分之举动。故地方官已严命省防统领及武备学堂总办等所属各营加强访查，并加以驱逐。针对游兵散勇，官府又贴出告示，令彼等速速回乡。

以上为报告内容。敬具

明治33年12月4日　　　　驻杭州领事馆事务代理　山崎桂(印)

(五)南海状况(福建省)

二三四

6月19日　青木外务大臣致驻福州丰岛领事函(电报)

为训令报告任地状况事

6月19日发，外务大臣青木

电送第四〇四号

应电告福州状况。

二三五

6 月 20 日　驻福州丰岛领事致青木外务大臣函(电报)

为报告福州状况事

6 月 20 日上午 10:50 发,6 月 20 日下午 2:23 收　　　　驻福州领事　丰岛

第二号

福州状况一如往常,非常平稳。然在本地民人间存在种种传说。将邮送其细节。

二三六

6 月 24 日　驻厦门上野领事致青木外务大臣函(电报)

为报告清政府命令闽浙总督筹集四十万两银事

6 月 24 日上午 11:00 发,6 月 24 日下午 1:15 收　　　　驻厦门领事　上野

有消息称,闽浙总督接到清国政府如下命令:筹集银四十万两送至北京,不得有误。据可靠方面传来的消息称,现今本省并无能够筹集如此巨额资金的财源。

二三七

6 月 26 日　驻厦门上野领事致青木外务大臣函(电报)

为报告厦门情况平稳事

6 月 26 日上午 9:00 发,6 月 26 日下午 12:50 收　　　　驻厦门领事　上野

目前本地并无发生骚乱的任何征兆,但因清国人最近接连接到来自北清地方的消息,遂传出种种谣言。又富豪中多有将其家眷送往内地者。根据本官从可靠方面得来的消息,有五百名湖南籍解役兵丁散居在厦门各地。而乱事之秋,彼等常被视为易制造危害者。

二三八

6 月 27 日　驻福州丰岛领事致青木外务大臣函(电报)

为报告北京命令闽浙总督速派援兵及军费事

6 月 27 日下午 2:25 发,6 月 27 日下午 6:30 收　　　　驻福州领事　丰岛

第四号

闽浙总督接到北京经由德州发来的电旨,即匪徒猖獗至极,帝国形势危在旦夕,着速发送三千人军队及巨额军费来京。

泉州钟将军昨日率领一千人军队,到达本地。然因福州状况尚平稳,清国民众对于外国人的态度,一如往常温和。

二三九

6 月 27 日　驻福州丰岛领事致青木外务大臣函

为报告福州现状事

附件:丰岛领事电报第三号抄件

外机第一六号,7月10日收

外务大臣子爵青木周藏阁下:

本月19日,接到关于电告福州状况的电训(另页第一号抄件)。就本地状况,曾于本月18日以外机第一八号进行过报告,并无异常情况,一如另页所附第二号抄件及回电(栏外记注)。

福州与其说是平和,不如说是缺乏生气。自古以来,概无蒙受匪害抑或兵灾之事发生。此乃本地一特色也。伴随此次义和团事件,唯有谣言流布,而城内百余名英、美男女传教士仍一如既往从事传教。联军舰队占领大沽炮台时,因不明真相,本地地方官颇存戒心,曾在前记外机第一四号文件中有所陈述。现将自总督及将军衙门之幕僚即本馆所雇之清国人书记处得来的内部情况进行呈报。

一、将军20日对部下发出密令,本地长门炮台进入防御状态,将亲自前往视察。本件乃属一般性防御,非对外国有敌对意图。其后,将军暂时中止视察事务。当时,如另页所附第三号抄件,曾电禀。

二、许总督年事已高,且非常顽固。据本地舆论,在本地历任总督中,如许总督一样不明事理之总督,绝无仅有(关于本件将另提交报告)。此次大沽被占领时,总督似发出命令,在本地长门炮台安放水雷,以防范各国军舰进入。于此,本地布政使极力主张不可,力争即便欲实施如此强硬之手段,宜先与各国领事进行商议。因有上谕向清国各省总督并其他各府县官等通报,此次各国军舰与清兵交火,绝非针对清国政府,而是为剿灭义和团,以保护各国在华居住者。各国司令官亦经由驻上海法国总领事向本地法国代理领事发来电报。该领事依照其宗旨,向许总督发出照会。总督遂取消上述命令。

三、本月27日,总督接到经由山东省德州转发的北京政府如下电令:会匪法高,神州失守。谕许总督集兵三千,饷数万,即日进发("会匪法高"是说义和团魔法高超;"神州失守"是指清国或北京)。

关于上述电令,本地并无相应的漕运船只。若由陆路至北京,行程将费时一个半月,到底不能应急。据此,总督以何种方法运兵于当下实属疑问。

又,福建陆军提督钟紫云于本月27日(拙官电文中之26日乃27日之误写)率领七百余名陆兵由泉州行军四日后到达本地。此乃一般防御之举,并无他意。上述两件如另页所附第四号电文抄件已提交报告。

四、总督将由孙统领所统管的练军中抽调五十名兵丁,派往外国人居住区,以保护外国人。去年发生焚毁英国教堂事件的建宁府,派出数百名兵丁,加强警戒,以防不测。本地洋务局长杨文鼎特别历访本地各国领事,传话说,总督将充分保护本地外国人,请安心。

五、驻本地美国领事三番五次以公、私文书形式向本地首席领事俄国领事提出建议,为预防万一,各国领事实有进行合议的必要。然俄国领事以为,本地极为平安,且总督充分把握清国政府之意,于保护外国人上尽心尽责,此时各国领事若要采取合议之举动,恐引致人心不安,故拒绝之。为此,两领事颇为不合,在遇到其他领事时常彼此抱怨。各国领事每晚多聚集在俱乐部,对美、俄两领事之意见,均不公开表示赞同某一方。要之,一般外国人于此际实有必要保持缄默与平静。若提出各国军舰入港的要求,反而令本地民人相信正在流布的各种谣言。各国领事持如此看法，本官亦同意上述看法。尤其对我国人而言，更应持慎重言论。在本地民人间流传的种种谣言中，关于本国的说辞最多。或说日、英、德、俄不久将向本地派出军舰，或说日本政府将向本地派遣三千人军队，以防止福建被其他外国占领，抑或为占领福建。本地清国官员中，亦有向本官探问其消息真实与否者，甚至本日英国领事馆书记生也来到本馆相询。即有消息称，近来许总督为防御福州，已请求日本政府帮助，日本政府于日内将派遣七千兵力前来本地，不知可有其事耶？上述谣言，或出于本地民人，或出于本地外国人之口。由此可见，中外人士均以为福建与吾国间存在特别关系。故于此际，我国人尤有必要采取极为谨慎的态度。

除上述之外，本地目前最为引人注目的话题，乃米价攀升之事。义和团事件爆发前，本地上等米价仅五弗，现在已涨至六弗。地方官员中有建议可否发放义仓米者。

以上为报告内容。敬具

明治 33 年 6 月 27 日　　　　驻福州领事　丰岛舍松(印)

(栏外注记)一四号为清舰行动。

(注)另页第三号外均略之。

(附件)

第三号：福州将军长门炮台防御件

1900 年 6 月 21 日发

致青木外务大臣：

据可靠密报，6 月 20 日将军密令其属下准备保卫长门炮台，他本人数天内也要到那里。[①]

二四〇

6 月 30 日　驻厦门上野领事致青木外务大臣函

为报告厦门现状事(一)

机密第二十二号，7 月 16 日收

外务大臣子爵青木周藏阁下：

厦门杂录　第一

北京事变传至本地后，不仅于人员杂居之地，在浮夸之徒间，亦不断传出各种谣言，以致人心极易动摇，有风声鹤唳之状。而其间种种传说，虽毫不可信，但此等谣言足以证明本地人心的状态，因谣言往往起于某些既成事实。以下即为近来事实加谣言的一些情况，特为申告。今后仍将时时注意，并提交相应报告。敬请谅知。

一、本月 21 日，我和泉舰同厦门炮台间，相互鸣二十一发皇家礼炮。

二、本月 22 日，据闻支那政府电令闽浙总督，由福建省急送银四十万两至京。然据说依照福建省现在的财政状况，无法筹集如此款项。此乃本地道台衙门传出的消息。

三、23 日，厦门本地岛民间传出谣言，称是夜三更将袭击外国人。人心稍稍不安，据

---

① 此文原为英文。——译者注

说此乃匪类所散播。

四、是日,和泉舰长斋藤大佐带领数名将官与本官一同前去拜访厦门提督杨岐珍,并道台延年。提督等几位款待了我等。其间流露出此次北清事变实给国家带来损害之意,甚为感慨。尤其道台,于此日招待我等午餐,谈话持续长达两小时。席间其相告,此时正苦于如何安抚民心,并向本官提出,希望我军舰于本港尽可能多停泊几日。

五、同日下午,本地各国领事相聚于俱乐部,谈论外国人保护之事(详细内容载于另页所附机密第二十一号)。注:参考后第八八二号文书。

六、25 日,作为答礼,杨提督回访和泉舰,小官亦出席,相谈两小时有余。提督尤为赞赏我海军之进步。因每有军舰到达本港,其舰长必殷切拜访提督。对此厚谊,提督特表达谢意。

七、25 日,由淡水出航的淡水丸来到厦门。多数民人至海岸观望。盖前日有消息说,将有我国三千兵力由台湾调来本地。关于其目的,或说将攻击厦门,或说为保护厦门租界等,坊间传说纷纭。大概众人均在猜测此船内必载有日兵,以致纷纷前去港口,观看该船进港。

八、各国居住于本港附近区域者,依照由其领事不断发出之劝告,纷纷撤回至本港。我国人依照本官发出之劝告,同安县四名(井上甚太郎为栽棉所雇佣之人)、漳州三名(除东本愿寺分教堂教师外之两名)、崇武两名(铁田组、久米组各一名,因割石材滞留当地)人员,已撤回本港。泉州东本愿寺分教堂的水谷某(目前在病中),若回到本地,将无人留在外地。

九、厦门富豪人家中,为防万一,不断有往内地避难者。如林维源,已将其家中妇人及孩童并贵重物品转移至漳州白石,但其本人尚留在厦门。

十、本地绅士陈耀秋、林鼇云,商人傅孚伯、杨砚农,向道台请愿于市内组建三百人团防(保护团队)。该要求得到许可,目前正在组织中。但据道台称,因无法筹集经费,于近期恐难以实施。

十一、有檄文称,在漳州府某地,于下月 3 日将虐杀耶稣教徒及外国人。据说此乃某类匪徒所为。目前尚未获得该檄文原件。

十二、据某报告称,在清国人学校,最近其教师向学生提出如下问题。其大概为"台湾能否在吾辈手中收回耶?"然学生答曰:不能收回。如此不断相问,四月有余后,学生答曰:可以收回。此举虽如同儿戏,然由此可见,台湾割让是如何深深刻印在彼等冥顽头脑中也。在本地大有梦想收复台湾的痴汉,每有机会,则必然大力提倡收复二字。此亦为一笑话也。姑且于此一记。

十三、原属厦门水师提督麾下、已陆续被解除军籍的五百余名湖南籍无产兵勇,仍徘徊滞留于本地。因担心彼等乘有事之时发动暴乱,上述林维源等向道台禀请,目前尤为紧要者,应助彼等解决生计,以维系其心。其具体建议为,每月向彼等发放三到四日元,令彼等为官府当差;否则即应向彼等提供必要的旅费,令其回归故里。道台颇为赞同,于是向提督提出建议。然提督以于此际难以筹集资金为由,予以拒绝。日后一旦有变,其散勇中必有变为匪类者,转致祸端。目前,对彼等究竟如何处理,尚在议论中。

十四、28 日,有谣言说,是夜四更,匪徒将起事。

十五、29 日,又有谣言说,是夜三更,匪徒将起事。

十六、29 日下午,两艘搭载士兵的法舰 Vauban 号和 Caravane 号进入本港,购买储存于本地的福州产煤炭。Vauban 号需二百吨，Caravane 号需一百吨，目前正装载中。满载后，两舰当立即向大沽出发。

以上为报告内容。敬具

明治 33 年 6 月 29 日　　　　驻厦门领事　上野专一（印）

二四一

7 月 3 日　驻福州丰岛领事致青木外务大臣函（电报）

为报告关于闽浙总督请求阻止外国军舰入港事

7 月 3 日下午 5:50 发，7 月 3 日下午 10:55 收　　　　驻福州领事丰岛

第五号

本地总督为切实保护外国人，采取诸措施。故福州状况，尤为平稳。又，7 月 2 日，总督向各国领事发来照会称，若外国军舰进入本港，担心清国人将情绪激昂，故请求各领事要求各司令官暂时不要进入本港。本官已将上述建议通知驻上海及厦门领事。

二四二

7 月 5 日　驻厦门上野领事致青木外务大臣函

为报告厦门现状事（二）

机密第二三号，7 月 16 日收

外务大臣子爵青木周藏阁下：

厦门杂录　第二

一、7 月 1 日，法国运输船 Eridan 号，搭载若干法兵，于北上途中，宿泊本港。

二、昨 30 日，厦门道台虑及本地民心，为使人人安居乐业，贴出以下告示：

> 为出示晓谕以安民心事。照得前阅申报，知附近京师地方有匪类聚众滋事，然本道衙门未见诸公牍，因闻好事之徒藉以造言惑众，人心惶惶，业经由道邀集绅董举办团练，以期固结人心，保护地方。兹本道接到京友来信，得悉前项匪徒现已一律肃清，京师平安无事，而厦地居民，因见近日时有兵轮船进口，以致互相惊疑，论说多端，骇人听闻。查厦门系属通商口岸，时有各国兵舰游历近岸，或装煤炭而来，或购食物而至，本属常有之事，何足为怪，诚恐民间尚复惑于谣言，疑团莫释，合行出示晓谕，为此示布，全厦诸色人等知悉，自示以后，尔等务各安居乐业，照常生理，切勿再信浮言，为人愚弄，自取其害，各宜遵照毋违。特示。

三、2 日，法国军舰 Vauban 号和 Caravane 号及运输船 Eridan 号等三艘船只，一同向大沽进发。

四、日前报告中言及的团练（或团防），如道台告示中所述，已成立。本日先募集团勇二百名，隶属武官管理。即由总带官一名、正副哨官各一名指挥，营所设在厦门黄厝保同安公馆内，进行速成训练，以担当市内警戒。据说，每名团勇月佣金为五日元。

五、据北清来客称，如下示之义和拳咒语，传来本地。但尚未见有何种影响。

> 梅花数点照花名，前渡刘郎今又来。万里长城如电过，江南明日半点开。（三）

[二]百余年属大清,重定天地起刀兵。三三不见三三六,几段青烟透太清。黄旗几面留西京,一点红旗照眼明。八面威风追鬼叫,一身铁(路)[胆]闻西京。

虽读此咒语未能解其真义,但却能读出其中欲废除三百年大清而创立汉人新政府之含意。

六、4日,据闻,驻泉州福建陆军提督钟及驻漳州总兵曹克忠,接到总督令其火速前来福州的命令。该提督等当率若干兵力火速前来。查闽浙总督似正专心策划福州之防御。故各路驻兵正多往福州集中。

七、同日,泉州东本愿寺分教堂水谷某回到本地。如此,我国人再无一人居住在本城外附近区域。又据该氏称,在泉州除大谷派本愿寺教堂外,尚有英国人管辖的耶稣教堂及西班牙人管辖的天主教堂。然近来民众情绪浮动,有谣言说将烧毁上述三教堂。

以上为报告内容。敬具

明治33年7月5日　　　　驻门领事　上野专一(印)

二四三

7月9日　驻厦门上野领事致青木外务大臣函

为报告厦门现状事(三)

机密第二四号,7月24日收

外务大臣子爵青木周藏阁下:

厦门杂录　第三

从本地清国电报局线人处得到密报称,前机密第二三号所报告之泉州提督钟及漳州总兵曹克忠被征调福州的缘由,乃为闽浙总督虑及以今日之兵力不能防范他国对其治内各海口通商港之进攻,不如放弃对海港之防御,欲举全力固守省城要地,遂有密令该提督及总兵前来福州之举。又据本地有见识的支那人称,前述建议并非总督一人之见,支那沿岸总督亦持相同意见。

一、如所报告,本地附近的各国传教士,在其领事的劝告下,已退回本地。与此同时,听信上述传教士的支那教徒,惑于种种谣言,纷纷由内地前来厦门避难。据西班牙领事说,西班牙天主教传教士,向来穿着支那服,其衣食住行多与当地支那民人雷同,深入内地居住,此类传教士中,于此际依然有不少留在其地与当地民人同住者。窃思彼等不愿像其他传教士一般前来厦门的理由,盖居住在内地于经济上更为节省。

二、鉴于目前清国形势,帝国军舰停泊于本港对本地外国人之重要性,于前回报告中已有所陈述。目前,驻京各国公使已遭虐杀的流言四处传播。外国人恐慌之余,当地支那民人亦随之动摇,一时间更是谣言纷出,大为蛊惑人心。4日,我筑紫舰望澎湖岛方向起锚出港,本地外国人甚为关注;7日,我和泉舰因思及于停泊地清扫机罐颇为不便,故欲起锚驶往鼓浪屿北端进行作业,当看见该舰两烟筒冒出黑烟时,视者均以为该舰有出港之意,英领事、西班牙领事急派人查看究竟,并希望该舰能长泊本地。由此可见,外国人是何等关注我军舰之去留。

三、奸商等利用此次事变左右米价,以期牟取暴利。道台获悉情况后,于近日贴出告示。其内称,凡米商须依市价买卖;若有妄图涨价者,当严惩不贷。

四、据居于厦门市的台湾留学生某说，四五日前，似有二十人为一队的兵勇进入四邻的支那富商人家。察其举动，像是征收钱物。当去彼等家中相询是否有其事时，均露出惶恐之色，且言语模棱两可。依照此前闽浙总督接获由北京发来的征收四千万两银之命令，于此际未必没有此类事情发生。稍后若有详报，当再禀告。

以上为报告内容。敬具

明治 33 年 7 月 9 日　　　　驻厦门领事　上野专一(印)

二四四

7 月 10 日　驻厦门上野领事致青木外务大臣函

为报告厦门现状事(四)

机密第二五号，7 月 27 日收

外务大臣子爵青木周藏阁下：

厦门杂录　第四

一、驻泉州参将张贵得近日因公来厦，住在史巷悦来旅馆。其接到泉州总兵曹克忠电训，令其速率部下急赴福州。坊间议论纷纷，或说该氏将被派往北清地方，或说该氏将同曹总兵一同北征。总之，领兵进发福州乃为事实。

曹总兵在福建已有十七年。明治 17 年中法战争期间，其曾在福州省城统领数营军队，且经历过此前对长发贼、捻匪的征讨，可谓支那一员宿将。

二、8 日，本地有谣言说，漳州地方各教堂被一并烧毁，匪徒横行，居民四散等。因事关紧要，故极欲确认其真实与否。然昨日得到证实，其乃流言。查南清较之北清，性稍强悍，因并未蒙受 27、28 年战争①的直接打击，故行事多浅薄。即十分畏惧日本兵力者殆无。此次各国联军于北京、天津间遭遇拳匪阻挠之消息传来，本地人中一向仇视外国人者，顿生轻侮外国人之念。其结果或是谣言四起，或是民心浮动。若非各国联军相继取得重大胜利消息传来，此等谣言相信决不会平息。

三、九龙山为脍炙人口之地。该山位于福建省东北，与江西、浙江交界，于高峰峻岭间有平川数十里。此地且富藏矿产。长久以来，又为福建、江西、浙江三省逃犯聚集之地。彼等于无事之时，相聚一处，常常抢掠行人或附近人家。彼等此次数千人与附近哥老会勾结举事，成为三省一大患。目前，督抚时常商讨安抚之法。该地富藏铜、锡、铅、银等诸矿。截至目前，已陆续得到开发。

以上为报告内容。敬具

明治 33 年 7 月 10 日　　　　驻厦门领事　上野专一(印)

二四五

7 月 10 日　驻福州丰岛领事致青木外务大臣函

为报告福州现状并闽江洪水事(二)

① 即甲午中日战争。——译者注

附件一:7 月 3 日丰岛领事致洋务局总办杨照会抄件

附件二:7 月 6 日丰岛领事致青木外务大臣电报抄件

附件三:7 月 3 日丰岛领事致青木外务大臣电报抄件

附件四:7 月 6 日福州将军及闽浙总督告示抄件

外机第一八号,7 月 20 日收

外务大臣子爵青木周藏阁下:

关于福州,继本年 6 月 27 日外机密第一六号文件后,再次提出报告。其后,本港以及周边各府县仍未出现任何不稳状况。甚至,谣言亦不再传播。唯上月 26、27 日左右,本地闽江之水渐涨,至 30 日凌晨 2 点左右,洪水俄然泛滥于市街。南台税关附近,水深达到七八尺。往城南门外望去,均没入一片浊水之中。又倾降豪雨,造成同日及本月 1 日至 2 日电线线路不通。而万寿石桥被淹水中。该桥已数处遭到破坏。现在,南台及支那街仅靠渡船维持交通。城垣内外,有百余户民人房屋被冲毁,溺死者多达三百余名。而通往地方各官署的道路,均被倒塌房屋所掩埋,以致无法往来。道路间多有溺死者的手足露出,臭气扑鼻,极为悲惨。其他附近村落,家屋毁坏、住民死亡、民船损坏者,不计其数。据此可预见,本年大米产量将减少三到四成,实为 1877 年以来之最大洪灾。从当时本港中外人士的谈话中看,洪水泛滥一时间将所有关于北方骚乱的话题悉数打消。于此际,最为可怕之事乃洪水造成贫民人数迅猛增加,彼等或将采取何等不稳举动,难以预测。本港外国人正积极筹划募集洪灾救助金。各国领事自五十美元到一百美元不等,进行捐赠;而本地之我国人也各自多捐赠至一百美元。两三日间,捐赠金额即高达四千余美元。洪水泛滥时,地方官及清国绅士,派出兵员乘坐小船,或救助即将溺死之落水者,或发放米粥和钱两,以为救济。尤其是总督于前日命令布政使购买十万弗大米,以平价于市中贩卖。

如前所述,本地虽有此等不平常之洪灾,但局势却很平稳,并未听说有骚乱发生,实乃大幸。

一、本年 7 月 3 日,本地洋务局长杨向各领事发来照会称,此次北方义和团事变,各外国派兵前来清国,平定该匪乱,是为保护各在华本国人。而福州素来极为平稳,且地方官极力加强对外国人的保护。目前因各国军舰在港口外游弋,不免引起本地民人疑虑,望各领事能将上述情况通知各水师提督。该照会从其内容看,本地总督或以为各国军舰云集本港是为窥伺福建省。于此,小官相信总督尤其对我帝国抱有疑念(许总督对日本疑虑最深,此层意思曾向美领事透露过,小官从与该领事直接谈话中得知);从表面看,上述照会有其申告理由。即各国军舰于此际在港口外游弋,已不太适宜;若进一步提出进入港内,则更勉为其难。于是,在征求各领事意见之基础上,回复说已将上述情况(如另页所附第一号抄件所示)通知给本国海军。另又将此情(另页所附第二号抄件)向阁下电禀。

二、本地马尾造船厂法国人自北京事变以来相继送其家人归国。上月 26 日,驻"パコタ"英国副领事,以书面形式通知本地英国领事,有两艘法国军舰当于 27 日入港。接英国领事消息后,本官向法国领事求证。该领事却回复说,上述两舰今日已南下马尾,并将派人前往马尾调查。故上述英国副领事之通知,乃纯属误解。然本江出海口之马租澳近海地方,有三四艘法国军舰,不断来回巡视。按一般评论,尤其据我国人说,至少其中的两艘外国军舰停泊在出海口。况且本港唯一一家法国酒店也已撤离。其形迹颇为可疑。其后，向法国领事征询，回复说该造船厂法国人家眷中的大部分确实已回国，目前仅有两名妇人留在本地，近日也将撤离本港。而上述人等离开本地，主要是为避暑。本官私下委托本馆所雇清国人，前去向将军衙门的属僚探听情况。得到消息说，该造船厂所雇正监督以及四名人员，虽至光绪二十八年二月方才合约期满，然其余的十三四名人员，在今后八个月内将合约期满，现因北方发生骚乱，其临届期满者，均要求尽早回国。而法国人雇员对于清国员工均善待有加，其员工等对法国人多信服，故期盼法国人能继续留在该厂。另据内部消息称，以正监督为首的法国人，虽多次向清国员工表达回国之意，但仍未正式向清国相关人员提出上述请求。

继前述报告，关于此次义和团事件，遇万一之情形，法国未尝不会首先派出军舰占领该造船厂。故小官以为，于此际帝国政府实有必要预先抢占先机，以防不测。另页所附第三号抄件是为电告内容。

另，将军及总督衙门的属僚带来以下两则内部消息

1. 继本年 5 月外机第一〇号文件后，再次提交报告。依据传到本地的上谕，马尾造船厂应交由总督管理。该上谕签有清国皇帝御名。本月 11 日，将军已将该厂所有官印等移交至总督。

2. 继本年 6 月 27 日外机第一六号文件后，再次呈交报告。目前，总督命令本地陆军提督钟率兵北上。然该提督以不堪重任，固辞。于是，总督转而向驻扎在本地的漳州曹总兵发出命令。该总兵慨然领命。该总兵将率领两营约一千人部队，由陆路出发，先与刘、张两总督的兵马会合后，再共同北上，讨伐义和团。目前，许总督已向上述两总督发电，核实出发时间。

除上述外尚有：

1. 本月 2 日听说，本地总督同其他总督一样接到上谕，关于此次北京事变，凡福建、浙江之事务，不论大小，无须等待中央政府的训令，一切听凭总督全权处理。即宛然一国王也。

2. 本月 4 日，长门炮台接到布设水雷以防不测的命令。兵士遂展开清除旧水雷的作业。其中一水雷的螺旋固定钉无法拆卸，兵士便以数个钉锤击打，不料俄然引爆，致十二名士兵当场死亡，另造成众多受伤者。

3. 如另页所附第四号抄件，将军、总督联名贴出告示。其内称，各国向清国派兵，全为征讨义和团，以保护各在华外国人，此外并无他意。清国政府与各国政府间依然保持友谊。本地官民决不可危害外国人安全等。此告示文理明白，可谓处置适当。

4. 总督为保护南台外国人，再增兵五十名，共计达到二百名。

如此，本地各国领事非常赞赏该总督的举措。相信上述措施主要出自将军、布政使、按察使等人的主张。许总督毕竟无法想出如此周到的处理方案。要之，本地的平稳，无疑全仰仗于地方官的适当处理。其中的主要原因，即如前报告所述，本地人原本性格温和，而较为柔弱。

以上为报告内容。敬具

明治 33 年 7 月 10 日　　　　驻福州领事　丰岛舍松（印）

(附件一)

大日本钦命驻扎福州办理通商事务兼管三都等处领事官丰岛为照复事。照得明治三十三年七月初三日准贵道台照会,北方拳匪滋事,各国调兵来华保护弹压,福州地方素极平安,诚恐不法匪徒造谣生事,已奉督宪派拨兵营专驻仓前山一带,随时严密保护,城内外教堂处所责成文武官办多派兵役昼夜巡防,并通饬各府州县一体切实遵办,可保无虞。惟查福州口常有各国兵船往来游历,现在谣言甚多,民心惶惑,倘各国有兵船进口,人心即不免惊疑,匪徒乘机滋事,不可不虑。本道前与各国领事面谈,业已声明此意,应再照会贵领事,烦为转达贵国水师提督,此时福州甚为安静,中国地方官深愿竭力保护各国,兵船现时暂勿进口,以免民心疑虑,俟北方匪乱平靖,民心安定,再行照常往来可也等因。准此。足见贵道台先事预防镇靖民心至意,既能随时严密保护,本领事等欣慰殊深。除将来意转达敝国海军提督外,合就照复贵道台靖烦查照施行。须至照复者。

右照复

大清钦命二品顶戴兼办福建全省洋务事宜盐法道杨

明治三十三年七月初三日照复

(附件二)

1900 年 7 月 3 日发

致青木外务大臣:

总督为保护这里的外国人采取的每一项措施均令人满意,福州仍然安定,他 7 月 13 日致函领事要求海军上将停止向本港派遣战舰,以免因此引起本地人的骚乱。

我将上述内容电告上海领事馆一等领事和厦门领使馆一等领事。[①]

(附件三)

1900 年 7 月 6 日发

致青木外务大臣:

马尾造船厂的法国雇员家属几乎已全部离开本港,这部分是由于华北的骚乱,部分是因为除了监督和其他四位雇员还有一年多合同到期外,余者之聘用期再有几个月就到期了。谣传多疑的法国人一有机会就会占领马尾造船厂。[②]

(附件四)

钦命福州等处将军善、闽浙总督部堂许为出示晓谕事。照得前准各国领事照会。现因北方拳匪滋事,是以各国调兵来华专为保护弹压,并无他意等因。查福州地方民情向称安静,各国商民在此多年,极力和好。本将军、部堂现与各国领事商明,所有各国寄寓福州官商教士人等身家产业必当竭力保护,以期中外相安。业经分派弁兵严密巡查,责成地方文武各官切实遵办。倘有无知匪徒胆敢乱造谣言,希图谣惑民心,乘机滋事,即行查拿从重办罪,决不姑容为此示。仰阖省军人等一体知悉,尔等须知中外和好,绝无别意,切勿造谣生事,自取罪戾,其各懔遵,毋违特示。

① 此篇原文为英文。——译者注

② 此篇原文为英文。——译者注

光绪二十六年六月初十日(我7月6日)给

告示

二四六

7月11日　驻福州丰岛领事致青木外务大臣函

为报告福州现状事(三)

外机第一九号,7月26日收

外务大臣子爵青木周藏阁下:

其后,本地继续保持平稳状态。本月10日,本地布政使张接到其叔父张之洞如下电报:“京师万危,后逃九隆,告善、许二公,迅速筹画。”

本月11日,善将军分别接到来自刘、张及李各总督的六封电报。其中四封为极密件。将军亲自将其译出,并亲手交到张布政使衙门。余下两封中的一封,为张之洞所发关于列国士兵已离开天津、向北京进发的电函;另一封,为刘坤一所发关于讲究福建防御策的电函。

于本年6月28日发外机第十七号(注:已省略)中曾经提到,就停止清国科举考试的上谕,本地相关地方官于此际为安抚民心起见,决定暂不停止本年科考。

至此,将军与总督间的不和,越加明显。如将军,在此次事件中,凡由他处所接收的电报,不论公私,均不通知总督;又如本年4月初以来,滞留北京的本地前洋务局总办陈同书,因擅长洋务,受总督上奏举荐,已北上京师,然将军到达本地后,即秘密上奏西太后,提出反对意见,为此陈同书至今尚未获得引见资格。

本地其他重要官员,皆责难总督贪欲无能。如张布政使、周按察使亦在施政上屡屡反对总督。本月11日,总督曾亲自前往布政使衙门发布命令,鉴于此次事变,应增加军费开支。张布政使举此次水灾说明难以照办的理由,并极力主张为保证福建的安宁,当务之急乃为救助本地贫民,即应先下令将用于购买米谷的十万元送往张之洞处,而不是扩增军费。争论之余,总督大为愤怒,掷席上茶碗,拂袖而去。

以上为报告内容。敬具

明治33年7月11日　　　驻福州领事　丰岛舍松(印)

二四七

7月12日　驻厦门上野领事致青木外务大臣函

为报告厦门状况事(五)

机密第二八号,7月24日收

外务大臣子爵青木周藏阁下:

厦门杂录　第五

一、就厦门驻扎之清国军队数量,调查如下。厦门提督所辖军队,由被称作“水师提标”的水兵及被称作“福建军”的陆兵组成。其中,水师提标有左、右、前、后四营,每营兵丁一百八十二名,四营合计七百二十八名,兵丁月佣金约二两有余。又四营配备小快艇及大舰船两种船只,每营拥有三艘小快艇,每艘小快艇配有十余名兵丁(像舵手之类的人),三艘合计四十余名兵丁;大舰船则四营共用,计五艘,每艘配有四十名兵丁(像舵手之类的人),五艘合计二百名兵丁。然此二百名中,有部分兵丁或被分派前往内外番兵屯所,或供各衙门差役使用,平时留在船中的人员,不过一百六十名。原本,该水师提标有中、左、右、前、后五营,每营有兵丁五百名。过去,左宗棠任闽浙总督期间,以精简兵员为名,将每营兵员削减至一半即二百五十名,如此维持了很长时间。然去年再次裁军,又废去中营。至今日,每营兵丁竟仅有一百八十二名。福建军则分中、左、右、前、后五营,每营兵勇三百七十余名(含军夫),合计一千八百余名,每营设有中、左、右三哨,每名兵勇月佣金为四两二钱。若举其驻扎处,中营驻扎城内,为亲卫军;右营驻扎五口炮台;其他各营或分扎厦门要所,或分扎外边各岛屿。据说炮台处另设被称作炮勇的炮兵。湖里山炮台驻有三百名,其他如磐石、白石头、屿仔尾等炮台,各驻有一百余名。

二、8日,厦门地保某(地保负责收取土地税,目前厦门市街被分成十八保)在街头发现一揭帖。上曰:厦门哥老会将破坏各教堂,誓与外国人争斗。该地保撕下该揭帖,立即赶赴海防分府厅报案。海防厅迅速奔赴团练大本营,与本地重要的几位绅董进行商议。议者皆以为,凡哥老会成员,本地人仅占少数,多为外省流落本地人员,故于此际若要镇压哥老会,其稽查对象首为由外省进入厦门者。即除携带家眷在此安居乐业者,或虽尚未有家眷却在此从事某项职业者以外,余者均不许在本地继续居留,旅店或烟馆(为吸食鸦片者所提供的住宿处)当严禁上述人等留宿,令此类闲散人员自行散去。据说目前正在办理中。

三、数日前,水师营参将苏桂森,乘坐清国官船靖远号,带着两哨约二百名练军出港而去。其时传说,上述练军内有不平党成员,似有爆发迹象,因此以分驻海门岛为名,将彼等带离厦门。不过这种传闻仅在外国人圈内传播。根据本官从提督衙门处得到的消息,上述传闻全不属实。事实是,因莆田县、福清县交界处有盗贼横行,为镇压起见,上述部队正往南日岛方向行进。

四、人心日趋动摇。为此,本地道台贴出如下告示,加以晓谕。

为特再出示晓谕事。照得前因拳匪在京师附近地方搴旌滋事,谣言四起,百姓惊疑,业经本道出示晓谕在案。兹于六月初六日接奉督宪牌开,顷接法国驻扎福州杜领事照会,接奉法国上海总领事电请,择送各国水师提督会议用兵,专为弹压援救起见,公同知会沿海、河口官员,公文照请转饬各属知照见复等因前来,本部堂查核于各国水师提督知会原文,中外自属如常和好,亟应扎饬地方文武咸悉此意,各无猜疑,在地各国商民仍当照章保护,以敦睦谊,除照复转达知照外,合行饬遵,为此牌布,该道即速遵照移饬沿海所属地方文武,一体遵照,无违须牌等因奉此。本道复查各国与中国素敦睦谊,绝无猜疑,此次各国水师提督会议用兵,系专为弹压拳匪,救援各国官民起见,并无仇视中国百姓及与官场为难,除扎饬所属一体知照外,合再出示晓谕,为此示布,阖厦绅民诸色人等知悉,尔等各有身家,务宜照常安分营生,均勿轻信谣言,妄生疑虑,其各凛遵无违。特示。

以上为报告内容。敬具

明治33年7月12日　　　　驻厦门领事　上野专一(印)

二四八

7 月 13 日　驻厦门上野领事致青木外务大臣函

为报告厦门状况事(六)

机密第二九号,7 月 24 日收

外务大臣子爵青木周藏阁下:

厦门杂录　第六

一、此前,曾就募集团防事宜作过记述。目前,已募集到三百名团勇。但实际上,其中有一百余名并未达到成为团勇的条件。不过此次在郎中陈纲、举人陈宗超两人的倡议下,嘉禾里各乡欲募集团勇八百名以负责各地方的防卫。目前此事正在筹办中。

二、顷者,与由汕头归来的岭南同文学院山下某相谈之后,得知汕头亦同样人心浮动。有三名外国传教士遭到当地无赖汉的殴打。目前,虽然各教堂尚平安无事,然毕竟处于行将遭到破坏的气氛之下。

三、本地清国人间所日日称道者,乃各省皆出兵开赴北京事。现在如李秉衡、刘坤一、张之洞等人,亦有派兵举动。其他各省也相继出兵。其数已达三十万有余。而福建省因缺乏带兵之人,尚未派兵。据说,近日内将有任命泉州提督钟或漳州总兵曹为统带官的命令发布。

四、前回报告中曾提及,为打击哥老会,在海防厅的谕令下,本地正在开展调查,禁止在无职业者或无眷属者在本地投宿。据今日所闻,其首要措施乃为,此后欲在本地投宿者,在报上姓名之余,须于记录簿上进行详细登记,并查核其所携带的物品;而未办理上述手续者,则严禁其投宿。

五、此前,在《厦门杂录第三》的报告中曾提及,西班牙天主教传教士中,依然有与当地百姓同居者。本日在访问西班牙领事之时,从与其谈话中得知,今晨道台发来劝告称,彼等传教士居住内地,虽属自由,然万一有变,于保护上非常不便,故可否移来厦门居住等,望该领事能将此意图迅速传达给各传教士。

以上为报告内容。敬具

明治 33 年 7 月 13 日　　　　驻厦门领事　上野专一(印)

二四九

7 月 18 日　驻厦门上野领事致青木外务大臣函

为报告厦门状况事(七)

机密第三〇号,7 月 30 日收

外务大臣子爵青木周藏阁下:

厦门杂录　第七

一、顷者,厦门街上出现揭帖。其言曰:正在传授义和拳,有愿入会者,可到厦门八保曾厝按地方来乞教等。查本地如之前所报告,有北方来客传授一二拳术之事。然其后拳术并未流行开来,甚至拳匪流入本地的行迹亦未曾有所见。故上述揭帖,或是土匪等假借拳匪之名(在其揭帖之上下部位处盖有“扶清灭洋”四字的走色红色印章)而自为之。为此,不得不担心此帖会令一些浮浪之徒心动。于是,厦门道台于17日发布告示,悬赏缉拿该类匪徒。即凡有告发编造该项谣言匪徒之行踪者,赏银二十两;而有抓获其本人者,赏银四十两。其告示如下:

遵奉督部堂许制军(闽浙总督许应骙)扎,饬晓谕遐迩军民人等知悉,因此回省城水灾,有游勇四布谣言,假冒义和团名目,在各属妖言惑众,私涂揭帖,以冀乘间发动,大肆劫夺,于地方大有关碍,非严行究治不足以儆元恶而安民心。谕命军民人等,如有能查出该造谣匪徒踪迹,赏银二十两,能擒获一妖言惑众匪徒,赏银四十两,且言拳匪,系在北边,与南边无涉,众居民务须如常买卖,安堵无虞,各通商口岸、华洋杂处之区,一切洋商、教堂、医院,当实心加倍保护,无相猜疑,致贻伊戚云云。

二、近来,风闻厦门近海处有海盗横行。此前曾有向日南道派遣靖远号之事,现又闻听漳州府海澄县之东屿及泉州府同安县之黄亭地方,均有劫掠事件发生。而该地方属水师营海浜汛管辖,由千总杨某负责,但杨千总因惧怕责罚,隐瞒事实,未向提督报告,遂遭受免职处分。其后任已出发。

三、厦门海防分府,因去年租界事件,方祖荫引咎辞职以来,由同知李钟鲤署理其职。而李自就任以来,荒于政务,故民间对其评价不佳。据传闻称,近日内李将调离,其职由前税厘总办张文治代为署理。厦门海防分府历来掌管本地所有行政裁判事务,兼处理外国交涉事件。故在该职任上之官员,其人品如何关系着当地的施政状况。此次不知最终将调选何人充之。

四,据闻,厦门海防分府或将改称为华洋分府。

以上为报告内容。敬具

明治33年7月18日　　　　驻厦门领事　上野专一(印)

二五〇

7月18日　驻福州丰岛领事致青木外务大臣函(电报)

为报告福建省北部古田县菜匪发动暴乱情况事

7月18日下午5:40发,7月19日上午2:30收　　　　驻福州领事　丰岛

第一〇号

据可靠消息称,7月13日左右,被称作“菜匪”的暴徒,在古田地方发动暴乱,杀死三名法国基督教教徒,所幸当地外国人于之前已全部撤离。此事对福州并未产生影响。闽浙总督为镇压上述暴徒,已向当地派出若干部队。本官已将此事电告驻厦门领事。

又据报,官船伏波号本已准备向北方进发,而为迎接李鸿章,于7月15日离开本地,转向香港。

二五一

7月20日　驻福州丰岛领事致青木外务大臣函(电报)

为报告菜匪情况无根据事

7月20日下午5:03发,7月21日上午0:30收　　　　驻福州领事　丰岛

第一一号

关于本官第一〇号电报，得到确报称，古田骚乱毫无根据。又，有议论说，福州为清国目前最为安全之地方。

二五二

7月20日　驻厦门上野领事致青木外务大臣函（电报）

为报告义和团檄文及海关道告示事

7月20日下午2:20发，7月20日下午5:45收　　　　驻厦门领事　上野

数日来，在厦门及鼓浪屿等数处地方相继发现所谓义和团檄文。其意在煽动人民为难外国人。目前虽未有暴动迹象，但外国居民终究怀有不安情绪。海关道针对该檄文，已发布紧急告示。

二五三

7月21日　驻福州丰岛领事致青木外务大臣函

为报告古田县菜匪事件经过事

外机第二一号，7月30日收

外务大臣子爵青木周藏阁下：

福州府所辖古田县之人，素以彪悍著称。其中，被称作“菜匪”的无赖汉党徒，平日吃素食，是为佛教一门派，洋人称之为“vegetarian”（素食主义者）。此类菜匪屡屡与耶稣教教徒为难。去年即明治29年所谓古田虐杀事件，即该类土匪所为。本月18日，本官在与本地洋务分局长高庆诠谈话之后得知，本月13日左右，该菜匪再次发动骚乱，杀死当地三名耶稣教教徒。因驻扎该地的一百余名兵勇不足以镇压之，总督又添兵前往等。本官一边据此以一号抄件所示发出电报，一边派人调查此事。当时中外尚未获悉此等传闻，其真实与否，颇难猜测。于是，本官又于本月20日特前往杨洋务局长处询问究竟。据该局长回答说，近来古田地方的天主教教徒与新教教徒间时常有冲突。此次三名天主教教徒被杀之流言，即系天主教教徒捏造。其主谋已被抓捕。目前，该地极为平稳。所谓菜匪发动暴乱、杀害三人之说，纯属无中生有之事。其实此前福建内地各处的传教士在接到该局长的劝告后，早在北清骚乱初期已悉数撤离。目前，无一位外国籍传教士留在内地，并且各地亦无任何教案事件发生。可以说，福建乃十八行省中最为完全之地。现在，福州的确没有令人产生悬念之事。前报多有失误，按照另页所附第二号抄件，又再发送电报。

据本港马尾造船所沈提调说，两广总督李鸿章决定北上。为此，停泊本港之伏波号炮舰，驶往广东。为提供参考，特以电报传送。

以上为报告内容。敬具

明治33年7月21日　　　　领事　丰岛舍松（印）

二五四

7月24日　驻福州丰岛领事致青木外务大臣函

为报告福州现状事(四)

外机第二二号,8月2日收

外务大臣子爵青木周藏阁下:

继本月21日发出报告以后,本地虽依然平稳,但由于北方骚乱尚未平定,故本地时有无赖之徒,藉义和团之名,张贴檄文。或书于某月某日将杀死许总督,或书将于旧历七月一日屠杀外国人等,蛊惑人心。又听说,此前在福州城内外,有操山东口音者,曾两次试图进行排外演说。与檄文事件一样,其被地方官迅速制止。故未至人心被煽动的地步。地方官虽力图缉拿上述制造谣言、蛊惑人心者,然至今尚未抓获一人。只是听说,于城内外仍间或有张贴檄文之事。又,本地外国人在与地方官所达成的约章上署名后,多保持谨慎态度。而传教士间却多少有些恐慌。近来,多有随航班离开福州者。然就目前形势而言,尚无突然爆发叛乱的迹象。另,前日(23日),台湾总督府陆军参谋长中村少将带领一名参谋士官,乘坐英船海澄号经厦门秘密来到本港。在本馆留宿一夜后,于昨日(23日)归台。

一、此前于报告中提及的漳州总兵曹,终于在本月21日率领一千二百名士兵,由陆路经浙江省衢州府北上。此事于昨日(23日)如另页所附抄件电告。上述曹总兵北上后,其在漳州的家眷将移居本地。为此,供其家眷乘坐的炮舰靖远号,于本月21日驶离马尾,往漳州而去。

二、炮舰元凯号,往来于泉州与本地之间,从事军火运输。此次,为加强厦门附近炮台的防备,马尾造船所内的三门十二珊知速射炮、两门五十七米速射炮被调用。

首先报告上述要事,而后当继续呈报。敬具

明治33年7月24日　　　　领事　丰岛舍松(印)

二五五

7月24日　驻厦门上野领事致青木外务大臣函(电报)

为报告厦门提督强化防御计划之情报事

7月24日下午10:00发,7月25日上午1:40收　　　　驻厦门领事　上野

据可靠消息称,为加强厦门防备,厦门提督经许总督同意,在目前四营兵力的基础上,计划再增募四营防勇。

二五六

7月24日　驻厦门上野领事致青木外务大臣函

为报告厦门状况事(八)

机密第三三号,8月7日收

外务大臣子爵青木周藏阁下:

厦门杂录　第八

一、应闽浙总督之召,漳州总兵曹克忠引兵北上之事,在前回报告中已有记述。最近,据本地清国人说,曹总兵近日领兵北上,其现职当就近于武官中挑选一人署理。驻扎金门

的谢遇奇将署理漳州镇营，而水师副将朱必成则署理金门协营。

二、此前，来厦门的清国军舰（被称为宁口运输船者）元凯号，接到闽浙总督的命令，应立即返航福州。该舰正在作返航准备。不过，听说厦门道台延年为防本地万一有变，认为该舰实有必要继续暂泊厦门，遂电禀总督，希允之。但似乎尚未收到总督回电。

三、顷者，本地有一种不可思议的流言在传播。其言曰：简大狮的残党于此际正在筹划阴谋。其策乃为，由台湾经厦门前往天津地方，招募拳匪南下，鼓动大众潜回台湾，与岛内残党里应外合发动暴乱。日本虽于台湾各处设有官衙，驻有军队，但目前日本军队之大部多远在天津，于台湾防备事务上必有疏忽，而由天津援救台湾，毕竟远水不及近火，故或能以破竹之势破我守兵，恢复台湾唾手可得等。此事固为一种匪类的异想天开，殆无听取之价值，有如万犬虚吠，权当笑柄而已。

以上为报告内容。敬具

明治 33 年 7 月 24 日　　　　驻厦门领事　上野专一（印）

二五七

7 月 25 日　驻厦门上野领事致青木外务大臣函

为报告厦门加强防备状况事

机密第三四号，8 月 7 日收

外务大臣子爵青木周藏阁下：

关于厦门提督所属兵力，于《厦门杂录第五》中有所记述。据提督衙门泄漏的消息称，提督于此际以进一步加强、巩固厦门防备为目的，计划在现有水师提督四营（勇弁）外，另增设四营防勇。该计划在向闽浙总督提出后，获得认可，目前正在着手筹办。查上述增设四营之事，究竟依何种办法进行，尚未有头绪，恐费用较难筹集。据以往经验，以及参照与道台间的谈话，本地兵饷以及其他衙门、地方所需的一切办公费用，皆由本地所征厘金支付。以本地厘金局一年收入约在十二万两银为例，其中之八至九万两须充当兵饷，其他三至四万两须用于支付各衙门及地方办公费用，余者所剩无几。现在又将增设四营兵力，其所增兵饷与目前兵饷相当，此笔费用再由上述厘金局承担，殆无可能。此项兵饷势必将以其他方式解决。而清国地方制度，除部分外，大都属于自治方式。其地方经费由其地所征厘金支撑事，想必阁下早有所知。目前，清国各地一样，军费之来源皆依赖地方解决，恐已成万难之局势。是否有其他良策，已成分外引人注目之事。说到目前，已获许可而正在着手的扩军计划究竟以何种方法进行？或先在四营名下增设一二营，余者再逐渐展开？又，提督为何欲进一步加强厦门之防御，乃为必须注意的事项。总之，今后当于其增设之目的、方法及进行程度加以仔细侦查，并作出呈报。今日先在 24 日电之基础上，再次提出报告。

以上为报告内容。敬具

明治 33 年 7 月 25 日　　　　驻厦门领事　上野专一（印）

二五八

7月29日　驻厦门上野领事致青木外务大臣函

为报告漳州及泉州防备状况事

机密第三五号,8月9日收

外务大臣子爵青木周藏阁下:

被称作厦门左右翼之漳州及泉州之驻兵数量,经侦查后已结果分明,即漳州、泉州共有练营五营(左、右、中、前、后)及标营五营(左、右、中、前、后)。其中,练营兵数为每营三百名,共计一千五百名;标营兵数为每营一百二十名,共计六百名。故此地兵员总数为两千一百名。据闻,原来上述两地的练营五营兵数为每营一千人,标营五营每营兵数亦为一千人,此外尚有守城兵一营,兵数一千人,该地方合计有一万一千名兵员。及左宗棠任闽浙总督,始将练营、标营、守城营兵数削减至七百人,合计七千七百人。其后,及吴光亮任漳州总兵,罗大春任泉州提督,再将各营兵数削减至五百人,合计五千五百人。至去年光绪二十五年,守城营被完全裁撤,再加其他削减,兵数竟仅剩目前人数。

以上为报告内容。敬具

明治33年7月29日　　　　驻厦门领事　上野专一(印)

二五九

7月30日　驻厦门上野领事致青木外务大臣函

为报告厦门状况事(九)

机密第三六号,8月9日收

外务大臣子爵青木周藏阁下:

厦门杂录　第九

一、先是于厦门设置团练,续有于嘉禾里全岛(厦门全岛)设置团练之计划,即由郎中陈纲、绅士陈宗超发起并已着手筹办之情况,于《厦门杂录第六》中已提交报告。此次嘉禾里团练总局设在江头社,已募集一百五十名丁勇,由前闽安营署理守备陈玮岩出任总带官,日夜加以训练。若经费问题得到解决,此后人数当逐渐增加。目前,正在谋划筹集经费之法。

二、日前,福州涉嫌啸集的匪徒有二三十名逃来厦门。福州善后局向本地道台发来书函,要求抓捕上述犯人。为此,道台积极着手,于26日左右派出五六十名团练兵勇侦查此事。本地市民听到消息后,以为匪徒将袭击本地,故骚动不安。官府于27日抓捕五名左右犯人,余者尚未归案。或藏匿于鼓浪屿,亦未可知。此情令人十分担忧。

以上为报告内容。敬具

明治33年7月30日　　　　驻厦门领事　上野专一(印)

二六〇

8月1日　驻福州丰岛领事致青木外务大臣函

为报告福州现状事(五)

附件:杨洋务局长7月29日书函抄件

外机第二三号,8月17日收

外务大臣子爵青木周藏阁下:

上月24日发送外机第二二号报告后,无异常情况发生,局面颇为平稳。地方官为维护百万民心,多方设法,于省城内外派驻大量兵勇,密切访查无赖汉等煽动闹事之迹象,以确保万无一失。又,上月29日杨洋务局长,如另页所附,向本地各国领事照会,声明倘有聚众滋事,或强盗强抢,兵勇可格杀勿论等。又,保护租界的兵勇新增三十名,变为二百四十名。而洋务局另新募巡查一百六十名,将其布防于租界内外,以加强警戒。故近来省城内外绝无散布谣言者。至于先前曾有张贴檄文者出现,地方官向民众贴出告示,凡能拿获张贴檄文者,当奖给五百弗赏金。为此,本地民众尤为注意贴出上述檄文者。尔后,再无张贴檄文情状出现。于此,将其后情形并洋务局来信抄件一并呈上,以供查阅。敬具

明治33年8月1日　　　　领事　丰岛舍松(印)

(附件)

径启者,照得南台仓前山一带,为中外商民聚集之所,且有各国领事官署,最关紧要。现在中国地方官,力任保护之责,饬派营勇,分段驻扎,并由洋务局添设捕勇,昼夜梭巡,以期地面安静。倘有匪徒聚众滋事以及盗贼强抢、强窃等项,已饬令各兵勇,立即开枪射击,格杀勿论,使之闻风畏惧,不敢生心。应请贵领事,转告各洋商教士人等知悉,如遇有兵勇拿获匪徒之事,无论白日黑夜,各宜在家,切不可出外到街市观看,恐防枪弹误伤,是为至要。本道为保护周密起见,合行函达贵领事,希即查照见复为荷。顺颂

升祺　　　　各文均为七月初四日(阳历7月29日)

二六一

8月1日　驻福州丰岛领事致青木外务大臣函

为报告福州现状事(六)

外机第二四号,8月17日收

外务大臣子爵青木周藏阁下:

此次,本地总督经由山东巡抚接到清历本年六月十六日发如下上谕:

> 现在中外开衅,各直省军务倥偬,所有本年恩科、乡试,如果展缓数月,未始不可举行,第恐天气渐寒,各士子倍形劳苦,且远省放榜过迟,于军事亦多窒碍。着即展缓至明年三月初八日乡试,八月初八日会试,以示体恤。已放正副考官,着回京供职,至庚子正科乡试及次年会试,并着按年份以次迟推,礼部饬遵。钦此。

一、此前曾电告,漳州总兵曹志忠率陆军一千二百名经由陆路北上。该支部队于上月21、22日左右抵达本地闽江上游一名叫水口之地时,忽有百余名新募兵勇(一千二百名兵勇中,有一半是湖南籍兵勇)企图逃走。彼等当下被抓捕。为稳定军心,其中七名被枭首。然本月1日,该总兵在发给总督的电报中说,总兵目前已抵达江西省某地方,其部队的三分之一人员已在途中逃走。当初,总督在该总兵出发之际,曾命令必须在二十四天之内抵

达北京。如此,该部队每天至少行军一百六十华里。时下正值酷暑,士兵毕竟不堪忍受,遂有上述逃走事件。

二、北清事件尚未平定,且因洪水泛滥,米价高涨,以致贫民数量增加,福建各府县之人心自然变得不安。在建宁府浦城县,不仅其食盐仓库遭到民人破坏,厘金局亦受到威迫;在延年府沙县、汀州府宁化县、永春府太田县及福州府古田县,贫民发动骚乱,肆意破坏米店等。据说,上述骚乱非土匪所发动之暴乱,故迅速遭到镇压。目前,上述府县的米价,一斤上涨六七仙,已至八十仙。

三、在大约一周前,邵武府有暴民发动骚乱,烧毁当地数处教会及耶稣教会医院。当时上述各场所已无人居住。外国传教士在约三个月之前便撤出当地,所幸无人死伤。据说,暴民之目的仅为抢掠家财。关于本件,乃经由传教士上报给美国领事。一般外国人均信其为事实。

四、本月28日,于本地城外一名叫"下道"的街市,一无赖汉至当地民人耶稣教徒所有之杂货铺购买花生,因琐事引发口角,一时间有数百名无赖汉云集而来,欲破坏位于该店铺附近的耶稣会教堂。当地海防厅长接到密报后,亲自带领二百余名兵勇前往事发地,将彼等镇压,首倡者亦由地保缚捕送官,所幸未酿成大事。另,有众多无赖汉聚集于本城西门外豹头山。官兵前去将彼等驱散后,彼等又相聚于别处。此情令地方官颇为烦恼。

上述即为人心稍稍不稳之情形。如本月1日发外机第二三号文件所述,地方官对此颇为关注,采取果断措施,设法保护中外人士,故尚未发生意外事件,外国人均能在此安心居住。本地素来重视商业,又被广东人所把持,不受欢迎的总督即为广东人,时常倾向于同乡,为此本地人将广东人视为传教士一类,一同加以敌视。据本地富有经验者称,本地一旦有暴徒发动骚乱的迹象,本地人首先会中断与广东人的茶叶交易。然若并无骚乱发生,本地很快又会恢复平静。

以上为报告内容。敬具

明治33年八8月2日　　　　领事　丰岛舍松(印)

二六二

8月4日　驻厦门上野领事致青木外务大臣函

为报告匪徒檄文事

附件一:厦门匪徒贴出檄文抄件

附件二:同上

机密第四〇号,8月17日收

外务大臣子爵青木周藏阁下:

此前,本地匪徒假借义和拳匪名义,在厦门各要所张贴盖有"服清灭洋"朱印的檄文。又散布招贴说,于厦门曾厝按地方传授拳法。此事收录于《厦门杂录第七》。其后又在上月20日发机密第三一号文件中提到,匪徒复在厦门鼓浪屿贴出檄文,藉拳匪之名,欲烧毁教堂,强行驱逐外国人等,其意在威吓外国人。上述檄文种类繁多,另页所附两份抄件,乃张贴最多者,故抄出以供参考。敬具

明治33年8月4日　　　　驻厦门领事　上野专一(印)

（附件一）

抄

本帅所统神兵，不日由京到宁。先将教堂烧去，次将电线毁尽。邮政报房学堂，自当一律扫净。兵到南京之后，平民不要虚惊。神兵逐尽洋人，从此天下安宁。兵丁一切食用，买卖亦须公平。衙署洋关不毁，依然缴税征重。平民不遵约束，立时明正典刑。

（附件二）

抄

盖闻厦岛番奴以及入教之人甚多。我今会中壹拾式（入）[人]，到厦岛招集义和会，倘有华民若要入我教会人等，到嘉禾山曾厝按藏名。倘有入会之人，式拾时为满。我令会中之人，壹概不上式拾时，遇神仙异人传授，刀剑不能伤。倘有不信者，来我教会便知。我义和会到厦以来，灭尽洋人以及入耶稣教之人，与尔华民无干。钦此。晓谕。

庚子式拾六年六月十七日　　　　晓谕　　服清灭洋[①]　给

二六三

8月6日　驻福州丰岛领事致青木外务大臣函（电报）

为报告湖广、两广总督关于强化福州防御之来电情报事

8月6日下午8:00发，8月7日上午3:00收　　　　驻福州领事　丰岛

第一三号

湖广总督于8月2日向本地周布政使发来如下电文：

> 团匪虽靖，形势仍呈绝望之状。在京外国公使的来报，虽是近况安然无事的佐证，然联合各国若阻止我军在北部行动时，上述公使将最终采取如何举动，难以预料，或开战终不可免。为此，已向许将军、善将军咨文，外国兵或将侵入东南诸省，当加强练兵，立即开展其边境的防御。

又两广总督于8月3日向闽浙总督发来如下电文：

> 天津已被占领，帝都形势危急。为阻止我官兵，联合列国正向长江一带进兵，战端弥开。于此，我等当竭尽本分，不惜胜败，决一死战，望速筹沿岸防御措施。

二六四

8月7日　驻厦门上野领事致青木外务大臣函

为报告厦门状况事（十）

机密第四一号，8月17日收

外务大臣子爵青木周藏阁下：

厦门杂录　第十

① 原文如此。——译者注

一、在厦门经营的票号,即山西银行,无法得到本地北郊途(厦门商会由十郊途组成,其中北郊途专门从事与天津、牛庄、芝罘等北清地方的交易)各商铺派往天津打理业务的各掌柜等是否安好的消息,且又无从天津返回本地者,是以大为焦虑。近日,北郊途中凡派有雇员前往天津的商铺,汇集一处,在上述银行的倡议下,协商查寻及救济相关人员的方案。即先由该银行代表各商铺,负责查寻各位雇员的下落,可判明行踪者,当支付其返回厦门的所需旅费等。针对北部各地交易所,该银行决定以汇票方式为每一名雇员提供一百元旅费。然罹难者根本无法领取上述经费由其地返回厦门,故近日该银行之声誉为人所不齿。

二、厦门西北寒上渡、茶山渡的渡船,于本月 4 日搭载客人和货物由厦门回航时,行至高崎下处,遭遇数艘伪装成渔船的海盗船。渡船被团团包围,船上货物尽被劫掠而去。近海一带,素来有匪类横行,此时似又有所增多。据闻,此类匪徒多潜居于厦门大石湖、宝岛屿及义人山一带。

以上为报告内容。敬具

明治 33 年 8 月 7 日　　　　驻厦门领事　上野专一(印)

二六五

8 月 9 日　驻厦门上野领事致青木外务大臣函

为报告厦门道台关于保护外国人及镇压匪徒之告示事

机密第四四号,8 月 24 日收

外务大臣子爵青木周藏阁下:

关于保护各外国人及镇压匪徒事,本地提督及道台向其辖区内贴出告示,此事之前已有所报告。此次,在接到下列上谕后,延道台于 6 日再次向辖区贴出公告,如另页所附。据此,特呈上抄件,以供参考。敬具

明治 33 年 8 月 9 日　　　　驻厦门领事　上野专一(印)

(附件)

抄件

钦命布政使衔本任福建延建邵道调署兴泉永海防兵备道延为出示晓谕事。本年七月初十日,奉总督部堂许四百里派单牌开案准山东抚部院来电,本月二十八日奉上谕,刘坤一等奏神机审势妥筹办法一折,朝廷本意原不欲轻开边衅,故曾致书各国并电饬各疆臣及屡次明降谕旨,以保护使臣、各口岸商民,为尽其在我之实,于该督等意见正欲相同等因,钦此。查前因北方拳匪滋事扰乱,诚恐匪乘机造言生事,当经札饬地方文武,务将各处教堂、医馆及外国官商教士人等,妥为保护,并添派防练各军,分驻弹压在案。钦奉前因,处分行外,合函饬遵为此牌。仰该道即速转饬所属各府厅州县一体知照,务须恪遵谕旨,并按照本部堂与各国领事议定各条,所有境内教堂、医馆及外国官商教士人等,应即实力防护,务保万全。一面出示居民安分营生,毋得所信谣言,稍怀疑虑。倘有不法之徒,仍以仇教为名,鼓惑人心,企图滋事,即由该管营县严拿究办,如敢恃众拒捕,准照土匪例,格杀勿论,以遏乱萌,该管文武员弁,如敢因循玩泄,致滋贻误,必当从严参办,决不姑宽,毋得视

为具文,致干未便,且速凛遵须牌等因,奉此。查外洋各国,此次兴兵,系为剿灭匪类,并不与中国官民为难,是以迭奉谕旨,饬将境内教堂、医馆及外国官商教士人等,认真保护在案,兹复奉牌饬前因,并闻厦门天主堂临近地方,竟为不法之徒,辱骂教堂,实属肆无顾忌,本应拿办示儆,姑念愚民无知,不忍不教,除会营派兵查办外,合函出示晓谕为此示。仰厦门诸色人等知悉,尔等当知外洋各国,与中国官民仍复和好如常,务各安分守法,切勿妄听谣言,寻衅滋事,倘敢故违,一经访闻,定即严拿到案,从重严办,决不姑贷,其各凛遵,毋违。特示。

右谕通知

光绪二十六年七月十二日(我 8 月 6 日)给

二六六

8 月 9 日　驻福州丰岛领事致青木外务大臣函

为报告福州现状事(七)

附件一:许总督诽谤书抄件

附件二:洋务局长杨 8 月 3 日书函抄件

附件三:丰岛领事 8 月 7 日发第 14 号电报抄件

附件四:丰岛领事 8 月 8 日发第 15 号电报抄件

附件五:洋务局长杨 8 月 5 日书函抄件

外机第二五号,8 月 22 日收

外务大臣子爵青木周藏阁下:

本月 2 日外机第二四号文件发出后,本地方并无异常情况发生。然许总督依然于官民间毫无威望。前日,在该总督寝室内,竟出现一封如另页所附抄件之留言。总督大为震怒,悬赏三千弗搜查疑犯。现今仍未侦查出此乃何人所为。与其相反,善将军、张布政使、周按察使,在官民间颇有声望。如周按察使,为抚慰民心,每周一次于深夜微服前往城外,巡视布防于租界内外担当巡查任务的兵丁等是否怠于执勤,直至天明方才回城。为此,兵丁于巡查等颇为用心,慎守其职责。

一、本月 3 日,杨洋务局长发来另页所附第二号抄件之书函,特呈上以供阅览。

二、本月 2 日,周按察使接到湖广总督如下电文:

> 拳匪虽靖,大局已去,各国公使虽有信息,究竟如何,尚未测,现各国有阻我师北上者,此事恐有决裂之日,请告许、善二君,速练劲旅,以守疆土,若东南半壁得保完全则幸甚。

另,许总督于 3 日接到两江总督如下电文:

> 津城失陷,神京危迫,各强又欲兵压长江,阻我勤王之众,倘真决裂,唯有背城借一,各尽臣节而已,致成败非所计也。请饬海防。

故本月 6 日以另页所附第三号抄件电告之。

三、前 7 日上午 9 时,周按察使突然到访。询其来意,原来该氏于前夜即 6 日夜 11 时微服出城,终夜于城外四处巡视,直至天明,小睡之后,因思许久不曾拜访本官,故特来馆叙谈,闲谈至下午2时方才回城。据称,为从北京救出在京外国公使,袁世凯的部队已经开赴北京城外数华里处,而后等待命令。上述袁兵意在将公使护送至济南府。若送往天津方面,恐与联军发生冲突。故北京方面以为,送往济南府乃最为安全。据该氏说,袁巡抚治内贴出告示,凡杀拳匪一人者,可得赏银二百两,故当地局势极为平稳。此事已于本月7日电告,如另页所附第一四号电报抄件。不料同日下午6时左右,又收到杨洋务局长来函,为护送在京公使,已令荣中堂掌管文武官员的调用。此事已电告,如另页所附附件五抄件。据此可知,当时在清国大员心中,似有将在京各国公使护送出京之意。但究竟以何种方式救出,却无一确定方针。

四、其时,曹总兵滞留于浙江省衢州府常山县。先前,衢州府内土匪四起,管内四县接连失守。故小官以为,曹总兵滞留当地乃为镇压上述土匪。

五、三四日前,闽江上游洪山桥地方的乡民,将两处米店捣毁。此仅为乡民发动的骚乱,并未酿成大祸。官兵已将其镇抚。

六、先前,邵武府有土匪发动骚乱,捣毁一所教堂,已被当地官兵迅速镇压。邵武府知府管元善及参将均因不能保地方安宁被免职。

关于其后情况,仍当提出报告。敬具

明治33年8月9日　　　　领事　丰岛舍松(印)

(附件一)

老许老许,老而不死。误国殃民,实为祸始。袒庇同乡,暗结党羽。暮夜苞苴,钻营不已。卖官鬻爵,贪婪无耻。有弟十四,同不肖子。办米谋盐,舞弊可鄙。七十龟龄,大开寿宇。文武庆贺,金玉积贮。可道奉承,一双珠杵。老贼摩挲,私心窃喜。一界乃妇,一界秀女。李公市政,幛用呢羽。意嫌菲薄,却之不取。继作阴寿,辱及祖宗。骄奢淫逸,比比若此。上天震怒,酿成洪水。四顾茫茫,墙倾屋圮。饿殍盈途,浮尸千里。惨目伤心,凄风苦雨。司道奔走,彼竟安处。水尚未平,演戏饮酒。是诚何心,是诚何理。喷水船听,邀妾避暑。有灾不捍,有患不御。议赈议捐,不过虚语。钱店无钱,米铺无米。开仓官粜,价还高起。市景不堪,当店将止。佥同请帑,斩而不予。种种恶迹,实难枚举。下负生民,上欺天子。欲达宸聪,惜无御史。大局攸关,义旗共举。凡我士民,齐赴督署。驱逐豺狼,保固桑梓。岂好事哉,势难已耳。为民请命,不得不已。倘不痛惩,祸伊胡底。言出法随,势不饶尔。

(附件二)

径启者,案奉督宪发下本月初八日辰刻接山东袁抚台来电,内云:烟台英领事电称,接奥水师提督函开,各使均有信息,独奥使无信,请代索信云。是在京各使已与津通信矣,请酌告等因。查各公使在京平安,深为忻慰,相应照录函达,即希贵领事查照。专此。顺颂升祺

另具名　七月初九日

（附件三）

1900 年 8 月 7 日

周按察使告诉我，为了护送所有外国公使到济南府——据说那里相当安全，袁世凯的三千名士兵已经到达北京城外，该部在等待政府的进一步指令。①

（附件四）

闽浙总督正式通知我，说他收到了袁世凯的一份电报，电文如下：

八月二日奉上谕，大意为总理衙门现已安排护送各国公使去天津，为此，已命令荣禄挑选文武官员率领可信赖的士兵提供适当保护，各国公使做好离京准备后，在离开总理衙门之前，总理衙门大臣将立即电告各国政府，说明情况。②

（附件五）

径启者，刻奉督宪谕发，本日接山东抚台袁来电，七月初八日钦奉上谕，前因近畿民教滋事，激成中外战端，各国使臣在京理应一律保护。经总理衙门王大臣致函各国，并以京城人心未靖，防范难周，与各国使臣商议，派兵护送前往天津暂避，以免惊恐，即着大学士荣禄预行遴派妥实文武大员，带同得力兵弁，俟该使臣定期何日出京，沿途妥为护送，倘有匪徒窥伺，抢掠寻事，即行剿击，不得稍有疏虞。各使臣未出京以前，如有通信各国之处，但系明电，即由总理各国事务衙门速为办理，毋得延搁，用示朝廷怀柔远人坦怀相与之至意。钦此。足见中国朝廷保护各使实系真心竭力，贵领事闻之，当亦同为忻慰也。为此函达。顺颂升祺

名另具　七月十三日

二六七

8 月 10 日　驻厦门上野领事致青木外务大臣函

为报告厦门状况事（十一）

机密第四三号，8 月 24 日收

外务大臣子爵青木周藏阁下：

厦门杂录　第十一

一、在前回报告中曾提及，4 日厦门西北之高崎海面，有两艘渡船被海贼所劫，货物尽被掠夺。为探明情况，本地提督于 7 日派出管下一艘名叫“利济”的小蒸汽船。该船行至该海面之大石潮附近时，忽有四五艘八槽式渔船（八梁船为民人所禁造，其运行轻捷，故民人一见有驾驶者，便知其为海贼）出现，向利济号驶来。该船随即发炮，试图将其驱走。不料，贼船以所载枪炮进行还击。不敌之下，该船只得逃回厦门。据此，本地提督为抓捕上述海贼，于翌 8 日令两千余名兵勇乘坐该船，开赴高崎地方海面（高崎与泉州同安县寻尾社相向，为厦门枢要渡口，海贼经常出没于此一带海面）。

二、在前回报告中曾提及，提议查寻、救济北路一线各商铺派往天津雇员的厦门山西

① 原文为英文。——译者注

② 原文为英文。——译者注

银行,在与各商铺协议之基础上,已开始着手进行救援。昨日,北路一线之安记、源隆等店铺雇员一同安全撤到山东德州(距离天津十日路程,乃前往济南府所经之地),并在该地暂时停留。根据该雇员等传来的消息,目前局势似已基本平稳。

三、厦门提督为加强本地防备,正计划增添四营兵勇。该提督已将该计划上报,其理由为,以目前兵力不足以保护居住在本地的外国人。而此一营军(标营兵)增添方案,实乃在闽浙总督的要求下进行,此事曾经报告过。然就增兵一事,据提督衙门中官方负责人说,以目前财政状况,难以筹集增添四营兵力的经费,故此举最终是否能实现,目前很难预测。

以上为报告内容。敬具

明治33年8月10日　　　　驻厦门领事　上野专一(印)

二六八

8月18日　驻厦门上野领事致青木外务大臣函(电报)

为报告汀州府及龙岩州教案情况事

8月18日下午12:20发,8月18日下午7:50收　　　　驻厦门领事　上野

据传至本地的内部消息称,汀州府及龙岩州的数个基督教教堂被暴徒破坏。上述暴动可能会蔓延至漳州地方。不过目前外国传教士中无一人滞留在内地。

二六九

8月18日　驻厦门上野领事致青木外务大臣函

为报告厦门状况事(十二)

机密第四八号,8月30日收

外务大臣子爵青木周藏阁下:

厦门杂录　第十二

其后教堂附近地方之状况如下:

一、福建南部汀州府的数个耶稣教堂,被当地民人破坏。教堂内诸器具,亦被洗劫一空。继之,龙岩州的耶稣教堂遭到同样破坏。各教徒据此猜测,对教堂的破坏狂潮或会进一步扩大。南部一带正处于危险之中。

二、漳州府自溪、浦南,漳平县华封,龙溪山山兜、新墟等地方,其教堂已处于万分危险之中。

三、顷者,漳浦县山城地方的二十四个乡社联合起来,欲破坏当地的教堂。该地教徒迅速将此消息通报漳州道台。为镇压起见,道台派出二百名兵勇前往当地。漳浦县知县却以为,兵勇不宜与二十四乡社的民人发生冲突。故其一边阻止该部兵勇继续前进,一边同乡民进行协商。结果,官府答应暂时封禁教堂,方令乡民散去。

四、据说,漳州管下绍安县的天主教堂,于4日有当地民人闯入,殴打看守教堂的当地清国牧师,致其眼睛受伤。

五、如前回报告,目前居住在内地各处之外国传教士已悉数撤离当地,并无一人滞留。

以上为报告内容。敬具

明治 33 年 8 月 18 日　　　　驻厦门领事　上野专一(印)

二七〇

8 月 20 日　驻厦门上野领事致青木外务大臣函(电报)

为报告漳州一带发生暴乱事

8 月 20 日上午 9:30 发,8 月 20 日下午 12:25 收　　　　驻厦门领事　上野

有传至本地的消息称,漳州府浦南及白溪的数个基督教教堂被暴徒破坏。其附近改宗的百姓有十余户家屋被焚毁。

二七一

8 月 20 日　驻福州丰岛领事致青木外务大臣函

为报告福州现状事(八)

附件:8 月 16 日丰岛领事电报第一号抄件

外机第二七号,8 月 31 日收

外务大臣子爵青木周藏阁下:

本地依然未发生令人产生疑虑之事。最近,福州将军接到张之洞如下电文:"直督裕制台已殉于军,陈桂生星使亦罹惨祸。"

之后,依据探闻称:

浙江衢州府,土匪猖獗,县官被戕,衢州镇台服毒身故。督宪闻报,复委建宁镇台敖天印赴任,及至浙江界白鹤岭,即被土匪围困,甚危。现已电禀乞援,督宪尚未定何人去。

上述敖天印之来电,大约是在本月 14 日左右。另,该总兵乃湖南人。先前古田县发生虐杀外国传教士事件时,其曾率兵前往当地进行镇压。而此次建宁府蒲城县土匪发动骚乱,该总兵又接到领兵赶赴该县的命令,并将其首领刘某斩首,使当地恢复平静。此次被调往浙江镇压匪徒,但行至浦城县与浙江间之白鹤岭时,即遭遇土匪围困。

据此,如另页所附已发电文呈报。

一、天津陷落后,本月 8 日,本地周按察使突然至本馆倾谈(事后听说,该日为清历七月十三日,乃周氏之生日。该氏为官清廉,为避其同僚及下属前来送礼,故来本馆消磨一日)。又有民间名绅陈宝琛氏,前来拜访驻本地之我国海陆武官。另,联军进入北京城的电报发送至本地后,本月 19 日,本地福胜军教习崔祥奎(早年曾远渡日本)也来到本馆拜访。谈话间,其一再表示本地非常平静,若万一有暴徒起事,可先将本地日本人悉数召集到领事馆,然后通知该教习立即领兵前来本馆,给予充分保护,故请放宽心等。然应牢记的是,清国人一向变化莫测。

二、将军、总督接到李鸿章、张之洞来电。李以为,清国皇帝及皇太后前往他处,为不可之举,而张则主张,可迁都陕西省。两氏意见因此产生分歧。李鸿章目前在上海,进退两难。故向本地总督发来电函。

三、本日,据英国领事馆书记生透露,夏普派克(シャープピーク)英国军舰理查德(リザ

ート)舰长,于8月18日前往长门炮台参观(或说是前去与炮台守备长官会面)时,该处炮台士兵将其团团围住,并对其冷言冷语。该舰长大为愤怒,当即中断参观,并将上述事宜通报英国领事馆。为此,英国领事正在与本地总督进行交涉。明天(21日),前述书记生将前往该炮台,要求炮台守备长官向该舰长道歉。上述参观活动,曾事先通知该守备长官,不知为何会发生本月18日之事。另,该炮台附近各村庄的百姓,纷纷传言战争即将开始。这种传言又向四处散播,以致引起人心骚动。据推测,此种风声鹤唳的现象,其起因大约为我国及英国军舰暂时入港,遂造成无知百姓骚动不安。前记舰长与士兵间所发生的不愉快之真正原因,似由之而起。

以上为报告内容。敬具

明治33年8月20日　　　　领事　丰岛舍松(印)

(附件)

1900年8月16日递送

致青木外务大臣:

17.据报道,衢州匪徒愈发猖獗,县官被戕,衢州总兵引咎自杀。闽浙总督收到奉命前往该处镇压的敖总兵发来电报:官兵刚行至福建与浙江交界地区的白鹤岭就遭到匪徒包围,急需增援。但闽浙总督似乎很难再增派军队了。①

二七二

9月4日　驻福州丰岛领事致青木外务大臣函(电报)

为报告漳州及龙溪暴动激化事

9月4日下午2:20发,9月4日下午7:40收　　　　驻福州领事丰岛

第二一号

据本官所得确切消息,在漳州及龙溪,针对基督教徒的暴动愈演愈烈,其附近六地方的衙署悉数关闭。同地荣道台因失去民望,遭到免职处分。陈道台已受命将取而代之。待厦门纷扰靖定后,其当前往漳州赴任。又据闽浙总督最近接到电文称,黑龙江将军阵亡;由各省发往清国政府的一切公函,将经由山东巡抚袁世凯转送。另,本地将军接到湖广总督如下电文:

一、清国于黑龙江兵败。据此,辽东当最早脱离清国。

二、端郡王在离京之前,或将屠杀京中多数高官,其叛迹已明了,征讨该叛逆者之檄文已在其省内广为传播。

二七三

9月10日　驻福州丰岛领事致青木外务大臣函(电报)

为报告漳州暴动被镇压事

9月10日下午2:05发,9月10日下午7:20收　　　　驻福州领事丰岛

---

① 原文为英文。——译者注

第二三号

漳州暴动殆被镇压，福建省复归平稳。据目前情况观察，任何外国军舰亦可如从前前来福州。

二七四

9月10日　驻福州丰岛领事致青木外务大臣函

为报告福州现状事(九)

附件一：青木大臣9月6日电令抄件

附件二：丰岛领事9月9日致青木大臣电报

外机第三二号，9月20日收

外务大臣子爵青木周藏阁下：

本地依然保持平静。尤其近来，关于义和团的谣言以及排外思想有如烟消云散，人民似乎已将北清事件忘却。此前，唯恐本港发生骚乱而前往他处避暑的传教士，亦似逐渐归来。只是耶稣教会所设立的学校，尚未复校。

一、漳州及龙溪一带民风素来较本地彪悍，多有无赖之徒，平日无事之时，尚不能免于滋事，于是有先前在漳州、龙溪煽动百姓破坏教堂之举，极为猖獗。其附近六县城，因惧怕暴动波及于己，均关闭城门，切断与城外的交通联系。总督在接到该地方官员发来的电文后，将该地方道台免职。同时，陈同书接到命令，令其结束厦门事件后，前往漳州署理道台，处理善后事务。目前，陈已离开本地。另，闽浙总督接到电报称，黑龙江将军阵亡，及清政府向各省发布命令，今后一切公文悉经由袁世凯传送。而福州将军亦接到湖广总督来电称，清兵于黑龙江败北，辽东地方恐难保，而端郡王于离京之际，欲杀戮大臣，其叛逆形迹已日益败露，各省应贴出告示，若其逃遁而来，当共鸣鼓击之等。探闻之余，于9月4日如另页所附第一号，已电告。其后听说，漳州暴乱全部肃清。遂于另页所附第四号内电告。

二、9月6日接到另页所附第二号电令后，与洋务局长杨进行会面，就本国军舰为补充煤炭将不定期进入马尾港一事，向其预先通知，并取得谅解。杨道台就军舰入港一事特来拜访之诚意，表示感谢。其表示目前局势平稳，军舰入港对本地安宁已不再造成影响。例如此前德国军舰修瓦尔具(シュワルベ)于本月8日驶入马尾并未在民间引起恐慌等。言语之间，一幅安然自若状。窃思，尔后一般军舰入港将不会受到阻扰。此事于另页所附第三号内已电告。

以上为报告内容。敬具

明治33年9月12日　　　　领事　丰岛舍松(印)

(注)另页第一、四号，于前有记载，于此省略。

(附件一)

1900年9月6日收

日本战舰有必要经常访问马尾，去那里的煤场加煤。该煤场为吉田顺藏在上海开办的顺泰洋行所有。你将此事通知中国地方当局,以免引起误会。①

(附件二)

1900 年 9 月 9 日发

根据您 9 月 6 日的指示,我已将日本战舰到罗星塔(Pagoda)加煤一事通知中国地方当局。一艘德国战舰停泊在罗星塔,据说数日内离开此地。②

二七五③

9 月 25 日　驻福州丰岛领事致青木外务大臣函(电报)

为报告闽浙总督接到洋式练兵全部北上之上谕事

9 月 25 日下午 2:03 发,9 月 25 日下午 5:35 收　　　驻福州领事丰岛

第二六号

9 月 20 日,闽浙总督接到向各省发送的暗码电谕。其内容为:应各将洋式练兵秘密向北部派遣。总督为此与将军进行了商议。尚不知其结果如何。

① 原文为英文。——译者注

② 原文为英文。——译者注

③ 以下第二七六至二九一条略。——译者注

事项二
对匪协同行动及各国之态度

二九二

4月5日　驻北京森中佐致伊东军令部长函

驻清英、美、德、法公使就团匪侵入京津事请求清国镇抚之件

4月5日下午5:45发,6日上午10:30收　　　　北京　森中佐

义和团党侵入天津、北京,英国公使、美国公使、德国公使、法国公使各自召集军舰至大沽,强迫总理衙门在此后两个月以内加以镇抚。时安危难料,各国应联合以武力镇抚之,此强硬谈判尚未开始,意大利亦当命军舰回航。

二九三

4月7日　驻清国西特命全权公使致青木外务大臣函(电报)

报告各国公使就山东暴乱与清国交涉及各国警备舰集合于大沽之件

本机第二六号

外务大臣子爵青木周藏阁下:

山东各地蜂起之义和团视各国传教士为仇敌,不久前不止杀害英国传教士卜克斯[①],且危害各国传教士及教徒。故英、美、法、德、意五国联合向总理衙门提出平定该团之意,此前已报告之。其后,该团蔓延至直隶各地,于天津、北京地方张贴揭帖,显示出对教堂、传教士等敌视与威吓之意。近日,风闻彼等数人正筹谋潜入北京市内。故英、美、德、法各国召集船舶至大沽,试图与总理衙门进行强硬谈判。即,英国为使总理衙门就杀害卜克斯事件承诺赔偿九千两,并接受英国政府提出之其他要求,当下已有两艘炮舰泊于大沽进行示威;法国此前送法国公使自广州湾至大沽之一艘军舰,目下仍泊于大沽(有传言说该舰近日将驶离大沽赴长崎);德国于胶州湾预备军舰,随时待命起航;美国亦自上海召来一艘军舰;云云。

又有风传,义和团或与在河南、山东之大刀会匪徒联合,故蔓延区域颇广,不易扑灭。该团无确定方针,不过所谓土匪之类,因此当不至成大事。

---

① 卜克斯为中文译名,原名为S. M. Brooks。——译者注

以上为报告内容。敬具

明治33年4月7日　　　　特命全权公使男爵　西德二郎(印)

二九四

4月9日　青木外务大臣致驻清国西公使函(电报)

询问各国公使联合请求镇压匪徒之事真实与否之件

4月9日发　　　　青木外务大臣

第一九号

报称义和团党徒侵入北京及天津,英、美、德、法四国公使联合请求总理衙门迅速镇压匪徒。真实否?请紧急回电。

二九五

4月10日　驻清国西公使致青木外务大臣函(电报)

报告团匪侵入京津并回答各国公使联合之件

4月10日下午5:50发,同日下午10:35收　　　　驻清全权公使　西

第一五号

关于贵电第一九号,若干叛乱之徒北来,于天津及北京张贴揭帖,然并无特别之骚乱发生。英、法、德、意、美各国公使共同提议之结果,上周六清国政府允诺,不仅采取镇压措施,并经直隶总督及山东巡抚发布诏敕。对此各国公使亦感到满意。上述报告已于三日前邮寄出。

二九六

4月27日　青木外务大臣致驻清国西公使函(电报)

训令与列国公使协同举措之件

4月27日发　　　　青木外务大臣

第二二号

关于贵电第一八号(注),若列国公使就此事件如前次一样采取联合措施,切望阁下亦与之共同行动。

(注)前揭第三文书,安庆骚乱之报告。

二九七

4月28日　驻清国西公使致青木外务大臣函(电报)

回答列国公使联合情况之件

4月28日下午2:20发,同日下午7:40收　　　　驻清全权公使　西

第一九号

关于贵电第二二号,列国公使似无联合采取措施之意。

二九八

4 月 28 日　驻清国西公使致青木外务大臣函

清政府对义和团之态度及各国公使联合情况之报告

本机第三五号,5 月 11 日收

外务大臣子爵青木周藏阁下：

对于贵电第二二号关于该国山东省义和团暴行之询问,以第一九号回电,内容如阁下所知,并非特别之事。贵电末段所望之若诸大国联合向该国政府施压则我亦加入之事,乃为他日预作准备之旨趣。为便于了解本件事情,将其大略概述如下：

闻山东之义和团原以反对耶稣教为主,系对其宗旨有同感者之集合。其暴行旨在伤害该地方人民中信奉耶稣教者,并加害于其布教者即外国传教士。近来英国卜克斯遇害,英国遂干涉之,亦渐知其始末。义和团之势力不断扩大,清国政府阳则似尽力镇压,阴则为优柔寡断之处置。虑其将扩散于该地,加害于诸传教士之身,近来相关诸国即英、德、美、法、意逐渐联合,强迫总理衙门镇压之。又,关于此次之事件,据闻,蒙受其暴行之村庄中无他国传教士,且其事已平息,故并无各国欲再次商谈联合提出要求之消息。然难料此等暴行还会出现几次,彼时各国亦有可能商议联合。此皆基于宗教上之利害关系,与前年清兵于当地附近对外国人普遍施以暴行,呈现不稳之状态不同,于我为全无利害关系之问题,介入其中,只会徒然伤害该国之感情。且察此义和团骚乱亦被民间传闻言过其实,实于该国政府而言,若真欲扫除之,其事甚易。闻由爱国主义视之,义和团之心情当亦可怜,因之当避免行严酷之处分,而取镇抚之手段。其事当无发展至重大事端之忧虑,然其人数众多,已离开山东,分散进入直隶,故今后种种之传闻流言当犹不断。

以上为报告内容。

明治 33 年 4 月 28 日　　　特命全权公使　西德二郎男爵(印)

二九九

5 月 3 日　青木外务大臣致驻清国西公使函

列国对匪协同行动之训令

5 月 3 日发　　　青木外务大臣

机密送第一一号

关于清国山东各地蜂起之义和团之事,已于上月 7 日所发本机第二六号了解其要。我国人与欧美人虽宗教不同,然义和团及其他土匪有扰乱社会秩序、危及租界外国人之虞时,阁下当与欧美诸国之代表采取同一行动。此训令。　敬具

三〇〇

5 月 21 日　驻清国西公使致青木外务大臣函(电报)

列国公使决议请求清国镇压团匪之报告

5 月 21 日上午 10:35 发,同日下午 2:00 收　　　驻清全权公使　西

第二六号

法国传教士向驻清法国公使请愿,因匪徒来袭,危及普通外国人,故请召海军前来。对此,外国使臣昨日召开会议,决议共同劝告总理衙门迅速采取防御措施,并促其尽快答复。

三〇一

5月22日　驻清国西公使致青木外务大臣函(电报)

参加列国对匪协同行动之件

5月22日收　　　驻清全权公使　西

第二七号

本官第二六号电报所报告之加入共同劝告一事,仅意在防患于未然。要言之,此番事件之性质尚未如此严重。不过,若总理衙门对于共同劝告发出拒绝之复牒,或出现复杂之局面。

三〇二

5月24日　驻北京柴中佐致大山参谋总长函

列国公使联合请求镇压团匪及各公使态度之报告

秘报第二二三号

5月24日于清国北京　　　陆军炮兵中佐　柴五郎　报告

外国公使联合要求清国政府镇压义和团

关于义和国①,如迄今随时之报告,山东北部及直隶东南部天主教民与当地居民之间常有小冲突,多少有所死伤(偶尔有死伤七八十名之类流言,似无如此严重)。又,此地方有若干外国教民赴北京、天津等地避难确为事实。而京津地方无稽之流言甚为盛行,如近来无雨,庶民不能播种,为洋教作祟;前日瘟疫盛行,乃因外国人投毒于井河之中;或计划以某日为期,义和团来袭,杀尽外国人之谋已定,云云。此等荒唐之消息不时贴于各处。此等事情渐渐影响愚昧之人心,难免助长排外思想。故而令外国人中妇女、儿童特别不安,亦非必然之事乎?且近来京津间无赖少年之中极为流行一种类似日本柔术、称为拳法之武技,言其秘法极得神通之力,外夷刀枪皆不足怕,此皆神授义和团之秘法。故该团之名声益发高涨。除上述之外,丝毫未见其他关于义和团之事实。且官府亦已禁止拳法,捉拿数十名演练者,其有渐次衰落之象。如此,具常识之人似未对该团之事非常重视。

然五六日前,当地颇有势力之某法国天主教传教士向法国公使证明(?),义和团杀尽外国人之计划开始成为事实,其他危险将相继迫近,请求召法国海军前来以求保护。因此,19日召开诸公使会议,起草《预防取缔义和团法》,如禁止荒唐之揭帖、逮捕造谣之人等六七条。诸公使联合向清政府提出,眼下先待其答复。而法公使信心十足地说,若清政府不听,则直呼海军前来。

① 原文如此,当为"团"之误。——译者注

如上，各公使一方面称忧虑义和团之危险，云应联合进行郑重之谈判，若有偏差，召集护卫队前来；另一方面，各公使馆员均忙于在西山之寺院，或北戴河之海边，或北京之近郊，选定夏日之避暑场所，此可谓奇观矣。

闻清政府亦收到前述之联合提议，极为狼狈，眼下诸大臣正于某些地方举行秘密会议。据察，义和团或因近来基督教民恃外国人之保护而逐渐得势，招致当地居民之嫌恶而起；另一方面，现今在朝之守旧官员之所作所为亦多足以煽动愚民之排外妄想。又京津一带荒诞无稽之语流行，人心渐渐浮动，加之附近一带去岁秋季因旱灾未能播种麦种，今春又旱，诸谷之种遂失播种之期，因而惶恐遍生。（完）

三〇三

5月25日　青木外务大臣致驻清国西公使函（电报）

就涞水教案后各国海军登陆一事与列国协同行动之训令

(30).爱宕舰长发来电报，言被派遣前去镇压义和团之七十五名士兵，在涞水县被杀，主要列强之海军将离开军舰登陆。

望君继续观察事件进展，勿失与列强代表协同行动之机会。[①]

（注）郑领事有关涞水教案之报告，参看前揭第七文书。

三〇四

5月26日　驻清国西公使致青木外务大臣函（电报）

就再次请求镇压团匪而召开公使会议之件

5月26日下午10:20发，27日上午9:50收　　　　驻清全权公使　西

第二九号

因不满总理衙门之答复，各国公使于5月26日召开第二次会议，然其意见不相一致。法国公使认为匪徒之危害已十分紧迫，而清国政府无平定之力，主张为自卫之故，当召集公使馆护卫队。德国公使则陈述反对之意见。其结果为，互相让步，决定向总理衙门再送一书，诘问清国政府是否同意执行各国公使所劝告之处理措施，并促其立即答复。我等同僚当于5月27日再次集会。

三〇五

5月27日　驻清国西公使致青木外务大臣函（电报）

关于清国对再次请求镇压团匪一事所做保证之公使会议之件

5月27日下午9:35发，28日上午9:10收　　　　驻清全权公使　西

第三〇号

各国公使本日集会，因总理衙门已口头保证将严格执行先前所提议之处理办法，尚应有书面之回答，我等同僚决定明日再会，评议对上述复牒是否应表示满意。总理衙门之决

---

① 此篇原文为英文。——译者注

意稍稍减轻了目前之忧虑,故积极主张召集护卫队者放弃其主张。

三〇六

5月28日　驻清国西公使致青木外务大臣函(电报)

北京、保定间匪徒蜂起及各国公使召集护卫队之通告并禀请帝国派兵之件

5月28日下午10:15发,29日上午11:30收　　　　驻清全权公使　西

第三一号

今晨发生意外事变。北京、保定间数个火车站为匪徒所烧毁,数名外国人(其中有一名法国技师)受袭负伤。事态因之一变,各国公使决定召集护卫队,由首席公使向总理衙门通告其意。法、英、俄诸国护卫队各五十名至一百名,两三日可到达;美、德两国之护卫队亦可随后到来。爱宕舰长应在先到之外国护卫队到达同时,派遣尽可能多的海军士兵。事态虽无进一步紧迫之虞,但依本官之见,为与列国保持均衡,派遣一更大之军舰至大沽当为上策。本官已训令驻天津之帝国领事,告知当为我护卫队进发预作准备。

三〇七

5月30日　驻天津郑领事致青木外务大臣函(电报)

天津领事会关于公使馆护卫队向北京进发之决议之件

5月30日下午9:40发,31日上午10:10收　　　　驻天津领事　郑

根据各国领事会议之决定,首席领事即驻天津法国领事向直隶总督送去公文,要求总理衙门于5月31日上午6时之前复牒同意公使馆护卫队乘火车前往北京。若不同意前述要求,则将有至少五百名海军士兵强行前进。为决定将来之方策,明日当再次召开领事会议。

三〇八

5月30日　驻天津郑领事致青木外务大臣函

清宫拒绝列国之北京分遣队乘车之件

5月30日下午8:00发,31日上午1:15收　　　　驻天津领事　郑

清国官府训令塘沽火车站站长拒绝公使馆护卫队乘车。然昨夜,美国士兵共一百二十五名(其中有十名军官及二十五名海军士兵)携一门伽茨塔林库炮乘驳船到达天津;一百零八名俄国护卫队当于今晚携两门野战炮、两门伽茨塔林库炮到达;又法国海军士兵一百名当于明早到。眼下大沽所停靠之各国军舰如下:

俄国:古莱米阿斯基、基米特里・冬斯考伊、西岑伊柏里奇
　　咖伊达玛茨克、乌萨道尼茨克

法国:休尔布里斯、戴卡特

英国:阿尔兹林

意国:巡洋舰一艘

三〇九

5 月 30 日　驻清国西公使致青木外务大臣函(电报)

各国公使拒绝清国勿召集护卫队之要求之件(一)(二)

(一)

5 月 30 日下午 8:05 发,31 日上午 11:00 收　　　驻清全权公使　西

第三三号

对本官第三一号电报中所提及首席公使之通牒,总理衙门回答,因已为恢复秩序采取了有力之措施,故请求勿召集护卫队。而与此同时,有报道称,(总理衙门)因担心不能阻止外国军队强行向北京前进,已向天津方向派遣一队士兵。

今晨各国公使会议决定,以三名公使为代表,至总理衙门告知其拒绝无效之意。

各国公使今晚当再次召开会议。

(二)

5 月 30 日下午 8:54 发,31 日上午 10:00 收　　　驻清全权公使　西

第三四号

关于本官第三三号电报,总理衙门对各国公使代表表示不能应允其请求。因相信明日可应允,故今晚会议未达成其他任何决议。

三一〇

5 月 30 日　驻清国西公使致青木外务大臣函

各国公使就镇压匪徒及召集护卫队之事与清政府交涉始末之报告

附件:(一)镇压匪徒之上谕

(二)步军统领衙门告示

(三)五城御史告示

(四)5 月 21 日首席公使照会

(五)5 月 24 日总署回答

(六)5 月 28 日首席公使照会

本机第四一号,6 月 11 日收

外务大臣子爵青木周藏阁下:

(贴纸)就义和团事件以外交官会议决定为基础对清国政府之请求及义和团匪徒情况之报告

义和团蔓延至北京附近,加害于外国教教徒。法国公使接到提供保护之请求,并据此向首席公使请求召开外交官会议。因此,本月 20 日第一次各国公使会议召开,其议定之结果为,由首席公使作为各国之代表,要求清政府镇压义和团。其意已于 21 日发第二六号电报中报告。25 日,清国政府将对各国之书面回答送至首席公使。翌 26 日,第二次各国公使会议召开,各国公使认为清国政府之回答不得要领,其中法国公使主张以空言强迫清政府实属无益,有必要召集各国护卫队。德、意公使则反对,认为即使危险迫近,极少数之护卫队亦无防御之实效。美国对法国之意见表示同意,英、俄对德国之意见表示同意,

各国各执其词。各国公使议论渐激,法国遂主张各国自由行动,事态呈现胶着之态。本官最初希望各国采取共同举措,故不出一言,至此便起身立于其间,提议将是否召集各国护卫队之议延至明日,此期间再次照会总理衙门,并确定是否同意各国要求,其后再决定处理办法。各国公使对之皆表示同意,决定由首席公使再次照会清国政府,遂散会。其意于第二九号电报中报告。翌27日,第三次公使会议上,因经庆亲王口头答复,总理衙门同意各国全部要求,将按照各条要求行事;又实际已有如另页之步军统领衙门及五城御史告示发布、严格要求各处取缔之事实,故各国公使略感满意,亦中止召集护卫队之议,决定等待总理衙门之公开复照,遂散会。其意于第三〇号电报中报告。

各方本以为义和团事件至此结束,然不料翌28日早间,有消息传来,义和团暴徒突然袭击距本地五里许之北京、保定间长辛店①火车站,焚毁车站及房屋,破坏一座桥梁。又赴保定府方向,放火破坏琉璃河火车站,且于距本地三里许,位于天津、北京间之一火车站丰台站,一名法国建筑师受暴民攻击而受伤。闻之物议哗然。虽总理衙门对前日照会已有回答,但该日下午第四次公使会议召开,局面一变。各国公使皆情绪激昂,决议召集护卫队前来,首席公使代表各国照会清政府护卫队入京之事。因各国公使召各自在近海之军舰令水兵登陆,本官立即电告泊于塘沽之帝国军舰爱宕号舰长,训令该舰将尽可能多的水兵派至天津。同时,将上述之意电传至天津郑领事,训令其将一部分海军士兵留在当地担当护卫,其余则与各国领事协商派遣方法后派至本地。此大略已于第三一号电报中详细报告,并因各国所召之军舰大都相当巨大,故请求帝国亦派遣更大之军舰,以与各国保持均衡。实际本馆之护卫队不过名义上与各国协同,今仅爱宕舰之海军士兵已足够。然难料还将有何事发生,故今派一艘来大沽仍为必要。28日夜,暴徒又袭击丰台火车站,焚烧火车站及仓库车辆,后渐次散去。北京、保定间铁路因本日晨长辛店、琉璃厂火车站被破坏而交通中断。北京、天津间虽28日夜间有丰台之被焚毁,但29日上午天津火车从当地出发,到达北京。北京火车站亦于下午开始运营,恢复平常进出站情况。又,清国政府于29日发布如另页之镇压义和团之上谕,并派军队至各公使馆附近,严加警备,加强城内外之守备。市民普遍安定,与平常无异。又向长辛店、琉璃河派遣荣禄部下董福祥之军队,该地亦归于无事。要言之,义和团确乎并未抱政治上之意见,只不过为憎恶外国教之念驱使之与白莲教、大刀会等迷信者同样之乌合之众,相信即使引起一些骚乱,也不至危害大局矣。彼传教士等一味恐惧慌张,难免多少有夸大事实之处。使匪徒生出如此之骚乱,毕竟居清国政府要职之顽固守旧派重臣等视义和团为爱国良民,并非无阳言惩戒、阴为放纵之倾向,因此增长暴民等之气焰,此为事实。彼守旧派之愚毋庸置言,然于此次之事件,以为清国政府无镇压土匪实力之臆断实为谬误。将来之事虽固难言,然于今日之状况,清国政府似渐渐觉醒,最终着手镇压匪徒,如此一来事态将逐渐平息。唯因外国士兵入京不会起意外之冲突乎?既出兵,何国不会起野心乘机谋利乎?对此,眼下仍有疑问。卑职将注意不使任何国家独占其利益。

法国天主教教务司之请愿书,法国公使要求召开公使会议之要求书,以及首席公使第一次致清国政府之照会书面稿及清国政府第一次之复照书,又首席公使第二次之照会及

① 原文误作“张辛店”,下同。——译者注

清国政府第二次之复照，及首席公使最后关于各国护卫队入京之照会，按第一、二、三、四、五、六、七号附另页。谨此报告。

明治 33 年 5 月 30 日　　　　特命全权公使　西德二郎男爵（印）

（贴纸）

总理衙门第二次照复，即另页第六号未由首席公使递交来，容后抄写报上。

（附件一）

光绪二十六年五月初二日（我 5 月 29 日）上谕：迩来近畿一带乡民练习拳勇，良莠错出，深恐别滋事端，迭经谕令京外各衙门严行禁止。近闻拳会中多有游勇会匪混迹其间藉端肆扰，甚至戕杀武员，烧毁电杆铁路。似此愍不畏法，其与乱民何异。着派出之统兵大员及地方文武，迅即严拿首要、解散胁从；倘敢列仗抗拒，应即相机剿办，以昭炯戒。现在人心浮动，遇事生风，凡有教堂教民地方均应实力保护，俾获安全而弭祸变。钦此。

（附件二）

步军统领衙门告示

剀切晓谕严行禁止事于光绪二十六年正月二十日钦奉上谕：各国事务衙门奏请饬严禁拳会一折，上年据山东巡抚电称各属义和拳会，曾以仇教为名到处滋扰并及直隶南境一带，叠经谕令直隶山东督抚派兵弹压。此种私立会名聚众生事，若不严行禁止，恐无知愚民被其煽惑蔓延日广。迨酿成巨案，不得不用兵剿办，所伤寔多，朝廷不忍不教而诛。着直隶山东各督抚剀切出示晓谕严行禁止，俾百姓咸知私立会名，皆属违禁犯法，务宜革除恶习勉为良民。倘仍有执迷不悟复蹈故辙，即行从严惩办勿稍宽纵。至民教同是编氓，凡遇词讼案件，该地方官务当秉公审断，但分曲直不分民教，不得稍有偏倚，用副朝廷一视同仁之至意等因。钦此。当经遵奉遵旨饬派官兵，严密访查在案。除由本衙门再行派员严密访查办理外，合亟出示晓谕。为此仰京城内外官民人等一体知悉，务当各安本分，不准聚众立会，滋生事端。倘有无知之人设立拳场、煽惑滋事、诱人入会习拳，责成各该地面官兵等认真严拿，解赴本衙门从重惩办，懔之慎之，毋违特示。

光绪二十六年四月初二日

（附件三）

巡视五城察院告示

照得义和团会　拳法延及京师　奸民借此名目
符咒煽动无知　聚众通衢僻巷　各教年少健儿
更有张贴揭帖　惑人越出越奇　此等扰害地面
科断何止杖笞　急应迅速筹办　毋使邪术潜滋
严饬司坊局委　轻则解散为宜　情节重者拿办
惧罪后悔已迟　派勇昼夜梭缉　专查形迹可疑
责成甲捕牌长　防范在乎先时　逐段传谕禁止
清查五日为期　父兄容纵子弟　邻佑瞻徇亲私
发觉一律惩责　戒勿伊戚自贻　前曾示禁在案
须悉言出法随　总思消患未然　因而告诫无遗

本院再行晓谕　故违重治懔之

(此布告无月日)

(附件四)

5月21日首席公使照会

为照会事。得于光绪二十六年四月二十二日(阳历5月20日)各国驻京大臣聚商事务。本大臣现将议明各节照会贵王大臣如左。查前经奉有谕旨将义和拳会一律禁止,故此各国驻京大臣索请各条开列于后:一,凡有练习拳会之术,暨或于街市唆衅,或刷印张贴传送恫喝外洋揭帖者,务须刻即弋获;二,凡有拳党于庙寺僻处等地内聚党,亦应将该寺等业主及看管之人并行缉拿,与拳匪一律科其附合犯法挑唆之罪;三,凡在官员役有废弛应弹压之责以及串通等之弊,务须治罪;四,凡有攻击情形以致焚毁折掠而毙人命等事案内各凶犯必应正法;五,凡有于目下扰乱情事,或以财资匪或引诱为恶者,均应正法;六,以上所拟各节,务须逐条载入告示,剀切出示于京师内外及直隶与北方各省,一体通饬遍行张贴,以俾各处人民周知。本年久大臣又准各国大臣面请代为声明于最近之限,深望贵王大臣照允,速为见覆可也,须至照会者。

光绪二十六年四月二十三日(阳历5月21日)

(附件五)

5月24日总署回答

大清钦命总理各国事务王大臣照复事。光绪二十六年四月二十三日准。照称二十二日各国驻京大臣聚商义和拳会事务,现将议明各节照会如左,深望速为见覆等因,本衙门均已阅悉,具见各国驻京大臣关切之意。查此事于未接来照之先,已于本月十九日奉旨饬下步军统领衙门、顺天府、五城,妥议章程严行禁止。现在所拟办法亦与来照之意大略相同,本衙门现又请旨饬令直隶总督及京城各该管衙门,迅速切实筹办,不准空言搪塞,想该拳会自可速行解散,不至再有滋事。相应照复贵大臣查照,即希转达各国驻京大臣可也。须至照会者。

光绪二十六年四月二十六日(阳历5月24日)

(附件六)

5月28日首席公使照会

为照会事,照得于五月初一日(阳历5月28日)各国驻京大臣聚会,而德、英、奥、美、法、义、日本、俄八国大臣定议,将调护卫兵立即至京。现本领衔大臣将此定议达知贵衙门。本领衔大臣因各国同寅所托,代请贵署立即札饬在塘沽随时预为备办轮车,缘该护卫兵等一到,即行登车而抵北京。虽然各国所定之议而自然在中国亦不能不筹最末之办法,且此办法乃各国大臣许久之请,以遏乱萌,而遏乱之责归咎中国。若此乱末除,仍然续生,则贵国所担之情形更形加重矣。

光绪二十六年五月初一日(阳历5月28日)

三一一

5月31日　驻天津郑领事致青木外务大臣函

各国派往北京士兵数目之报告

5 月 31 日下午 7:50 发,6 月 1 日上午 9:05 收　　　　驻天津领事　郑

5 月 31 日下午 4 时 30 分,下列各国所派士兵乘火车从当地向北京出发:

美国五十二名,英国七十五名,法国七十五名,日本二十四名,意国四十名,俄国七十五名。

直隶总督迄其出发之时,拒绝其乘车。后又让步。又,现时驻屯天津之各国所派士兵,美国七十三名,英国七十四名,法国二十五名,俄国骑兵三十名,海军三十三名。

德国所派五十名明早到塘沽,当直接乘火车去北京。又,驻屯天津之士兵当于其后到达。

三一二

5 月 31 日　驻清国西公使致青木外务大臣函(电报)

清国同意公使馆护卫队北上之件

5 月 31 日下午 1:10 发,同日下午 11:00 收　　　　驻清全权公使　西

第三五号

总理衙门对于外国分遣队之士兵,最终与前次同样,通告同意其乘火车前行。因此各国公使今晨召开会议,决定各国各召集不多于五十名之士兵。

眼下天津领事馆有三名军官及二十四名海军士兵,因笠置舰近日将到达,故本官训令驻天津领事,将上述兵员悉数与其他各国护卫队一起派至北京,本日当乘火车到达。

三一三

5 月 31 日　驻清国西公使致青木外务大臣函(电报)

报告日本护卫队到达北京之件

5 月 31 日下午 10:35 发,6 月 1 日上午 10:00 收　　　　驻清全权公使　西

第三六号

日本护卫队军官一名、海军二十四名顺利到达。

三一四

6 月 1 日　驻清国西全权公使致青木外务大臣函(电报)

报告我在北京护卫队暂停增加之情况之件

6 月 1 日下午 3:20 北京发,6 月 1 日晚 11:15 收

(39).如本官电报中所报,我军三十六名士兵已经足够应付当前状况。又因天气炎热,无足够空间可容纳更多士兵。因此,若无突发事件,不打算从笠置舰上调集更多士兵。[1]

---

① 此篇原文为英文。——译者注

三一五

6月2日　青木外务大臣致驻清国西全权公使函(电报)

训令增加我在北京护卫队之件

(33).关于来电,帝国政府之意见为,我士兵不得少于其他列强,以保持威望。笠置舰到后,你可再调集一支军队。①

三一六

6月4日　驻天津郑领事致青木外务大臣函(电报)

哥萨克士兵被派至保定及黄村火车站被烧毁之报告

6月4日下午5:10发,5日上午10:35收　　　　驻天津领事　郑

三十三名哥萨克士兵于6月2日出发,以搜寻在保定失踪之外国人。行四十英里后与暴徒发生冲突,昨夜返回,其中两名士官负伤。

位于天津、北京间之黄村火车站遭遇火灾,其附近一桥为暴徒破坏。今日上午7时30分,从天津出发之列车顺利到达北京。上述事件发生于该列车通过之后,铁路交通中断。

三一七

6月4日　驻清国西全权公使致青木外务大臣函(电报)

外国人遇难之件

6月4日北京发,同日收

(39).本官了解,天津领事已电告您外国人在去天津途中于保定所发生之事故。据说至少七人失踪,并未继续抵抗。失踪人员中有三名法国人,一名意大利人,其余为比利时人与瑞士人。②

(注)西公使来电三九号为重号。

三一八

6月4日　驻清国西公使致青木外务大臣函(电报)

北京骚乱情况及列国公使会议决议之报告

6月4日下午5:45发,5日上午10:00收　　　　驻清全权公使　西

第四〇号

昨日一名英国传教士在北京、天津间被杀害,另尚有一人被虏。又,因昨夜匪徒烧毁自北京之第二座火车站,铁路交通因而中断。但上述情况两日间当可恢复。各国公使本

---

① 此篇原文为英文。——译者注

② 此篇原文为英文。——译者注

日召开会议，为防备突然变故，决议如下：

于清国海面驻有舰队之各国，其公使要求，若北京因电报及铁路中断而被封锁，且如现今所担心，匪徒最终占据优势，则各国政府应当委任联合舰队司令长官以下列职责，即采取一切必要之措施以应付事变，解救北京。

三一九

6月4日　驻清国西公使致青木外务大臣函（电报）

俄国公使说明派遣哥萨克士兵至保定一事之件

6月4日下午8:05发，5日上午10:00收　　　　驻清全权公使　西

第四一号

俄国驻清国公使于今日会议之际，说明本官第三九号电报中所提及为搜索失踪人员而自天津派出哥萨克士兵之事。据其所言，上述派遣之事完全只是出于博爱之目的，且应比利时驻清国公使之请求耳。哥萨克兵仅到达从保定出发之外国人遇袭之处，然哥萨克兵却受到暴徒袭击，其中有人负伤。彼士兵于昨夜全部回到天津。因此该公使希望，不将该出兵看作是进一步向内地派遣军队之先例，勿以博爱以外之目的解释之。各国公使皆对其上述说明表示谅解。

三二〇

6月7日　青木外务大臣致驻清国西全权公使函（电报）

训令详细报告义和团实情之件

6月7日发　　　　青木外务大臣

第三七号

请来电详细告知义和团之主义、目的、其成员数量，以及与清国宫廷之关系、清国政府对彼等之态度等。

三二一

6月7日　驻清国西公使致青木外务大臣函（电报）

关于清政府对匪徒态度之件

6月7日上午11:40发，同日下午8:20收　　　　驻清全权公使　西

第四三号

北京之外部有骚乱，其内部怀有忧虑者亦多。此未必是由于政府之无能为力，不如说是因其对匪徒之态度迟缓之故。从虽有严责义和团之敕令，然官军接到不准对该匪徒开枪之内部命令一事，即不难推测之。

6月6日各国公使召开会议，其目的是讨论请求谒见清国皇帝及西太后，以亲自说明事态真相为上策。然总理衙门接此报道大骇，称四十八小时内将恢复安定，并立即派聂士成军队保障北京、天津间交通，而恳请中止上述决议。因此，各国公使为视其结果，决定延期至周六。另外，为供阁下之参考，顺告列国公使正在专心研究应对事变自卫之策，无一

人欲乘此时机采取政治上之行动。英、法、俄三国公使在与本官会谈中均言及相信无论如何也不可能对清国进行瓜分。

三二二

6月7日　驻意大山公使致青木外务大臣函(电报)

意国外交大臣关于训令驻清公使与各国协同行动之谈话及列国间就处罚暴徒内部讨论情报之件

附记:6月9日青木外务大臣电报第六号

6月7日上午12:30发,9日下午8:40收　　　　驻意全权公使　大山

第一〇号

关于清国之排外骚乱,据6月6日意国外交大臣所告知本官之内容,该大臣已训令驻清国之意国公使,命其为保护在清外国人而采取的一切措施,当与其他各国共同行动。依本官所见,欧洲各国政府多数认为清国政府秘密援护义和团,当互相联合为保护外国人而采取有效之措施。且上述各国间似有使清国政府公布惩罚义和团之意之协议。

望电告北京当前之状况。

(附记)

6月9日青木外务大臣电报第六号

6月9日发　　　　青木外务大臣

第六号

关于贵官第一〇号电报,驻清公使已接到训令,为保护在清国外国人及恢复安定秩序所采取之措施,当与列国公使共同行动。

三二三

6月8日　青木外务大臣致驻俄小村公使及驻欧美各国公使函(电报)

京津及保定附近匪徒状况及北京公使团决议召集护卫队之通知

(38).自去年4月初,起于山东省、自称"义和团"之清国匪徒,就在北京、天津一带对外国人及本土基督教徒表现较为严重的敌意。一名英国传教士以及六十名左右土国教徒先后被其杀害;而被派往捉拿匪首之一名清国军官与数名士兵,在保定被杀。芦汉铁路工程职员及其家属共三十七人遂逃往天津,途中遭义和团攻击。

其中三十人安全到达天津,然其余七人,含三名法国人、一名意大利人及数名瑞士人与比利时人,其下落仍不明。又有一名英国传教士被杀,另一人被擒。

北京、天津间火车站与电报线数次被烧或被毁,故通讯屡中断。

其间,在清国之外国公使数次召开会议,请求清政府迅速采取措施镇压匪徒,并要求其同意召集外国护卫队以保护各自在北京之公使馆。对后一要求,清国政府于5月31日勉强表示让步。同日,主要列强从军舰上派出之军队离开天津赴北京,各约五十人。6月3日,外国公使又通过决议,其内容如下:"于清国海面驻有舰队之列强,其公使要求,若北京因电报、铁路中断而被困,或者正如所担心的那样,局势为匪徒控制,则各国政府将委托

联合军队之司令官，采取任何可能之必要措施以应付局势，并最终解救北京。”

请周知欧美各公使馆。[①]

三二四

6月8日　驻清西全权公使致青木外务大臣函（电报）

禀请增派军舰之件

6月8日发，9日收　　　　驻清全权公使　西

第四四号

帝国驻天津领事报告，天津之地位日趋危险，并希望增派军舰。因当地将来之形势难以预料，且人心益发不稳，故本官赞同上述意见，于必要之场合，增派能使三百名水兵登陆之数艘巡洋舰。

三二五

6月8日　驻清西公使致青木外务大臣函（电报）

义和团实情及清政府态度之报告

6月8日下午9:45发，9日下午6:15收　　　　驻清全权公使　西

第四五号

关于贵电第三七号，义和团当初之目的在于排斥基督教，然无赖、游民渐次加入，其人员及势力渐强。如已屡屡电告之言，其暴动范围遂扩大，以至排斥一般外国人。然该匪徒运动与其说是政治性的，莫如说是社会性的，目前似无确定政治上之目的。匪徒总数不详，或云达八万至十一万，或云真诚之义和团员甚少，余皆无赖之人。匪徒分散，没有一定之根据地。至于其与宫廷之关系，虽未有确切消息，但总归无对抗之情形，甚至有言义和团之首领为皇族溥字辈之一人。又政府之态度与宫廷相同，甚为迟缓。即使在诏敕中亦未言义和团为有害之事，仅在结尾处表示将处罚附和义和团之逆民。顽固之守旧派占据优势，压倒王大臣及其他稍稍进步之一派，因此，王大臣等因外国威胁而所施行符合时宜之正当措施，也似将为该守旧派所阻碍。

三二六

6月8日　驻清西公使致青木外务大臣函（电报）

就英国公使向列国提议镇压匪徒办法之事请求训令之件

6月8日下午10:00发，9日上午9:15收　　　　驻清全权公使　西

第四六号

英国驻清公使提议，请求谒见皇帝及西太后，奏闻若清国政府不能迅速镇压义和团，恢复安定秩序，列国将不得不亲自承担其任。此举一出，难保不生出复杂之结果，故各国

---

① 此篇原文为英文。——译者注

公使多数均电告本国,询问可否赞同上述要求。本官亦仰赖是否加入之贵电训。若加入,望预先做好一切应对事变之准备。

靠近北京城外之一俄国小教堂今朝为义和团所烧毁。

三二七

6月9日　青木外务大臣致驻清西公使函(电报)

赞同英国所提议镇压匪徒办法之回训

6月9日发　　　　青木外务大臣

第三八号

关于贵电第四六号,贵官可同意英国驻清公使所提议之措施。

须磨舰当于6月11日到达大沽。

三二八

6月9日　青木外务大臣致驻清西公使函(电报)

询问英国公使提议之内容

6月9日发

第三九号

关于本官第三八号电报,尽管如贵电第四三号所报决定延期至周六,但如贵电第四六号所报,驻清英国公使更有提议。帝国政府欲了解其中原由,望将情况电告之。

三二九

6月9日　青木外务大臣致驻英松井临时代理公使函(电报)

训令探问在任国对清国暴乱之措施之件

6月9日发　　　　青木外务大臣

第一三号

清国之骚乱日渐危险。请务必确认,若此际清国不能恢复安定秩序并保护居留外国人,则贵官所在国政府将如何处置。关于此问题,贵官可面见其外交大臣,探闻后回电。

可将上述内容电转驻德公使及驻美临时代理公使。

(栏外注记)“此电,在6月11日发电中,又训令转电驻法及驻俄公使。”

三三〇

6月9日　驻美锅岛临时代理公使致青木外务大臣函(电报)

关于美国对清措施与国务卿谈话之报告

6月9日上12:50发,10日下午4:40收　　　　驻美临时代理公使　锅岛

第二〇号

接到关于清国暴动之贵电后,即会见国务卿。据该长官之言,合众国固守不干涉之国策,对清国内政一切不干涉之,同时将来当亦不干涉。已训令美国驻清公使独立于其他国

家，仅保护其在清国之利益。然该公使认为共同行动为宜之时，不妨与其他各国公使联合。

三三一

6月10日　驻清西公使致青木外务大臣函（电报）

英国公使提议镇压匪徒办法之理由及派遣联合舰队救援北京步骤之报告

6月10日上午2:50发，10日上午10:50到　　　　驻清全权公使　西

第四七号

清国政府未履行本官第四三号电报中所报告之承诺，事态越发不利。因此，在本日之会面中，各国公使认定谒见无用，决议向在大沽各国舰队之各司令长官发电，告知因北京几乎处于封锁状态，故执行本官第四〇号电报中所载之命令之时机已经到来。然至6月10日下午2时，可放心之事出现，故上述电报未发出。

关于贵电第三九号，总理衙门无力且不能履行其承诺一事，于6月8日晨已明确之。

三三二

6月10日　天津郑领事致青木外务大臣函（电报）

各国分遣队出发赴北京之报告（一）（二）

（一）

6月10日上午11:40发，11日下午3:25收　　　　驻天津领事　郑

英、美、意三国第一派遣队于上午9时30分乘坐第一列车出发，法、德、奥、比四国分遣队于同日10时45分乘坐第二列车出发。据报第二列车滞于杨村。六百名外国水兵为保卫天津已由大沽到达。

（二）

6月10日下午7:00发，11日上午9:45收

前往北京之列国分遣队总计一千名士兵，载建筑用车辆、材料及工人，分乘两列火车于6月10日上午自本地出发。第一列车安全到达杨村，正午自该地出发，尚未接到其后之报告，不详上述列车已行进至何地。应从本地出发之日本五十名派遣兵及应驻天津之三十八名水兵于下午3时到达。北京、天津间电报目前不通。又，派遣至笠置舰之清国公使馆三等书记官，因至北京之铁道不通而滞留于天津。

三三三

6月10日　驻法栗野公使致青木外务大臣函（电报）

关于对暴乱各国协同方针之报告

6月10日下午1:15发，11日上午9:10收　　　　驻法全权公使　栗野

第二六号

望阁下对本官第二五号电报（注）回电。欧洲列国为在清国恢复安定秩序，似欲一致行动。尤其法国，与其他政策相比，更盼望此联合；英国则与俄国相同，似欲行果断之措

施。现今欧洲各国间无丝毫分裂之兆,我国若独立行动,则无论现在或将来,当皆不利于我。

(注)省略。询问清国暴乱状况之电报。

三三四

6月11日　驻俄小村公使致青木外务大臣函(电报)

禀请通知暴乱状况及清国政府与北京公使团动向之件

6月11日下午10:15彼得堡发,13日上午3:50收

(45).虑及清国之形势日趋严重,本官有必要尽量了解彼国事态之进展。禀请能时常电告暴乱之状况、清国政府对之态度及驻京外国公使之举措。①

三三五

6月11日　驻上海小田切代理总领事致青木外务大臣函(电报)

禀请通报北清骚乱情况之件

6月14日下午4:48上海发,6月14日下午7:20收

上海之地位已使北方无序状态对其政治、经济俱有影响。本官曾请驻清公使及驻天津领事告知骚乱每一重要进展,但迄今为止,仅在本官发电请求后不久收到彼二人电报各一。

故可否请将你所收到来自彼二人之相关电报通知本官?请考虑妥否。②

(栏外注记)"告之事情概况、出兵出舰之数目。"

三三六

6月11日　驻英松井临时代理公使致青木外务大臣函(电报)

亲手向英国当局递交询问对暴乱方针之意见书及英国报纸关于各国协同之论调之件

6月11日下午7:20发,13日上午3:40收　　驻英临时代理公使　松井

第二〇号

因索尔兹伯里侯爵在市外,故本官与伯蒂会面,将贵电第一三号(注)稍作文字变更后之誊本亲手递交。伯蒂迅速将电报之复件转达给索尔兹伯里侯爵,请求其答复。此答复大概将于6月13日到达。

该国各报纸对于相关各国采取共同一致之行动、一国不得单独行动而在清国独占优势此点上,几乎异口同声。

(注)6月9日青木外务大臣发电。

---

① 此篇原文为英文。——译者注

② 此篇原文为英文。——译者注

三三七

6月11日 驻美锅岛临时代理公使致青木外务大臣函(电报)

与国务卿关于同列国协同方针之谈话报告及马尼拉舰队回航大沽之情报

机密公第二一号,7月3日收

外务大臣子爵青木周藏阁下:

此前9日下午3时,接到经由英国公使馆转发之电训,令向国务卿了解美国政府对清国义和团蜂起、事态复杂之情况将采取何种行动之意向,并电告之。随即去国务院,与长官海约翰会面,并立即于第二〇号电报中报告其情况。关于本问题,美国政府之方针为只要于其本国无不便之处,将尽可能与列国共同行动,但当列国间发生纷争、有被卷入之虞时,能保留持中立态度之余地。但清国贸易门户开放之事,美国自身为其提议者,亦有向列强照会之事。值此事变,当尽力维护清国之完整。更令在马尼拉舰队之司令长官,使茅诺卡西、纳西比二舰回航大沽。此种种之迹象,表明其极为重视此事。此电为此前所发电报之补充。 敬具

明治33年6月11日 驻美临时代理公使 锅岛桂次郎(印)

又及,昨10日收到6月8日经由俄京所发关于义和团初起以来状况之贵电。

三三八

6月11日 驻德井上公使致青木外务大臣函

关于对匪方针与德国当局谈话之报告

附记:6月12日井上公使电报第27号

机密第一五号,6月20日收

外务大臣子爵青木周藏阁下:

关于该国政府对清国骚乱事件之态度之件

昨10日夜,关于清国骚乱事件之长电,经由帝国驻俄公使馆到达本馆。贵电中所示事实,本使大都由本地报纸等略有了解。而接阁下之公报,则对其事实有更正确之认识,令本使颇为满意。此前9日夜,贵电由帝国驻英国公使馆转到,言清国骚乱事件益发严重,当了解于此形势中万一清国政府不能恢复秩序与和平、保护在清外国人,则所在国政府将采取何种措施,令本使就此询问所在国外交大臣之意见,并电告之。昨日为周日,无法会见所在国外交大臣。因此,预定周一(即本日)访问外交大臣。昨夜恰收到前述长电,则直接将此电报之概要写出,本日上午携此抄件访问外交大臣。然不巧该大臣须出席帝国议会,与会面冲突,故由外交副大臣里赫特霍亨与本使会面。本使将上述之抄件示于该副大臣,论及清国此次之骚乱形势,询问万一清国政府不能平定骚乱,则该国政府将采取何种措施。该男爵所言之大意为,德国在清国有利害关系之处主要在山东省,而该省目前并未出现特别之骚乱迹象,因此可以认为德国之利益尚未受到威胁。目前在骚乱中心直隶省,各国中尚有比德国有重大利害关系者。因此,对于此次之骚乱,德国政府自身没有立于主动地位而采取某种措施之意,然以灵活有效之方法,迅速平定清国骚乱,乃德国政府一向之主张。故此时欲与他国共同采取平定骚乱之完全措施,已依德国驻清公使之电

请,训令德国东洋舰队司令官“当与他国舰队司令官协商,共同为保护生命、财产安全而采取必要且适当之措施”。据德国政府最近得到之报告,各国舰队司令官商议之结果,决议再派大量士兵登陆,令其向天津及北京进军。(与上述谈话要旨相同之内容,已经在8日发行的《柏林新报》上登载)该国在清国有利害关系者如报告所说集中于山东省。该国政府目前专心经营胶州湾及其附近,无暇旁骛。故此次清国骚乱,其范围扩张,不致侵害该国在山东省之利益。因此,目前该国政府之态度大概无出外交副大臣谈话之外者。上述谈话以第二七号电报上报,请确认。　敬具

明治33年6月11日　　　　驻德特命全权公使　井上胜之助(印)

又及,已决定派遣该国军舰戴格尔号至东洋。闻因此次之事件其已受命即刻出发。此事一并添加至本电报中。

(附记)

6月12日井上公使电报第二七号

6月12日下午0:55发,13日下午6:15收　　　　驻德全权公使　井上

第二七号

关于经由驻英国临时代理公使所转送之贵电,本官与该国外交副大臣所会谈之大要如下:

德意志之利害关系专在山东省,而该地方平静,目下无因直隶省之暴乱而蒙受危害之虞。在直隶地方,其他各国却比德意志有更重大之利害关系。德意志虽认为迅速以有效方法恢复安定秩序为必要之事,然于此番事变,无率先担当其事之理由,唯欲与其他各国共同行动。支那海之德意志舰队司令已接到训令,当与其他各国司令官协商采取保护生命及财产安全必要之适当的联合行动。而此协商之结果,系将众多士兵派遣至北京。据闻,德意志军舰戴格尔已受命即刻向支那海进发。

三三九

6月12日　天津郑领事致青木外务大臣函

为商讨向北京派遣护卫队而召开之领事会议始末之报告

附件:6月11日郑领事交西公使之报告抄件

机密第一〇号,6月26日收

外务大臣子爵青木周藏阁下:

京津间形势日益告急,事态不稳。故本月9日,各国陆战队指挥官共同出席在法国领事馆召开之领事会议。翌10日上午9时半,各国联合陆战队约千人遂向北京出发。此事已电告之。关于该领事会议之情况,如另页北机密信第二号抄件,已特别详细报告于北京之西公使。作为参考,以另页抄写上报,敬请查阅。又,关于前后详细之情况,请容本官在义和团匪徒暴乱事件第二次报告书中上报。　敬具

明治33年6月12日　　　　驻天津领事　郑永昌(印)

(附件)

6月11日郑领事送西公使之报告抄件,北机密第二号抄件

为商议应对眼下迫切事态之方法而在法国总领事馆所召开之领事会议之决议之件，及作为其结果各国士兵向北京进发之件

此前9日下午8时，收到首席领事、法国总领事杜士兰之通牒，言事态益发紧迫，因此，为火速议定应对方法，请各国领事及护卫队指挥官一同于晚9时半于法国总领事馆集合。下官在森海军中佐、野村海军大尉及滞留本地之丸毛公使馆书记官陪同下前往。此夜之问题系英国领事卡尔斯提出，即各国领事馆有必要迅速向北京派遣补充护卫队，故明早当与直隶总督交涉，请求该总督准备特别火车，以供运送该军队之用。英国领事诵读该国驻北京公使之来电，言北京形势日益危急，又报告铁路之状态，说明尚有行进之希望，建议各国人士不可不迅速巩固北京之护卫，因此用特别火车运送军队，以遇被毁之桥梁则架之、逢被毁之铁轨则补之、不达目的决不罢休之决心，踏上前进之道路。同时，首席领事陈述了请求总督准备此特别火车之希望。法国总领事则道破，至北京之铁路已遭损坏而不通，于此时请求让特别火车出发，于事无益，英国领事之提议形同儿戏。但结论是，以首席领事的资格，理所当然应该执行领事团体之决议。俄国陆军上校乌霍伽利提出，前日从北京来天津一清国人亲口说道，铁路之损坏并非微不足道，匪徒之聚集亦非稀少，今仅以数百之兵上路，相信将困难障碍百出，不易奏其效。他还详细说明了铁路破坏之地点及情况、匪徒之人数及行动。随后，英、法、俄之间出现颇为激烈之议论，美、德亦稍置喙，然终不过言辞之争。英国领事宣称，若总督不肯提供火车，则英国即使以武力加以强迫，也必须开始前进。法国总领事则表明，如此之事非自己所受之命，且决不能独断为之。关于此点，其他各员皆持与法国总领事相同之意见。下官质问，依法、俄两国所言，如何才是处理此问题的适当手段？难道可拱手任由清国政府为所欲为乎？乌霍伽利答曰，否，以少数士兵明日出发，只是非常冒险之行为；以多数士兵做充分之准备后再行，则彼亦可同意。然最终决议按英国领事所提议照会总督。在当即欲使用该总领事馆中所备之话机接通总督之际，总领事将此任务交付本官，下官应之并接通总督。总督秘书官者答曰，欲知各国派遣士兵之数目。领事皆主张当由总督直接应答，遂请求总督亲自到话机旁，然彼最终未有回答，乃决定由首席领事以书面形式照会，遂散会。其时已过半夜。归途中应英国领事之请，下官及随同各员赴其领事馆，美、意各领事及指挥官亦前往，约定若总督不同意提供火车，则不论其他国家如何进退，会于该处之四国兵员将一同踏上进发之途。由于此前阁下已请求笠置舰补充护卫队兵员，又电告下官英国士兵从陆路出发至北京之时，我补充士兵亦当与之共同由陆路出发，故下官认为，迅速派兵至北京为最紧要之事。翌10日上午8时半，首席领事以传阅文件的方式将总督之答复通知下官，其大意为，已了解领事团所请求准备火车一事，目下清国铁道主管官厅正调查铁路损坏情况，进行修理恢复，将于明日9时半准备好特别火车。因此，我补充护卫队指挥官立即与五十一名士兵一起整理行李到达火车站，于10时半向北京进发。北京公使馆森海军中佐及桥口陆军大尉同时出发。此日前往北京之他国士兵，据说英、俄、美、法、德、意、奥一共有一千余名。据今晨森中佐来电，铁路之损坏严重，我补充队在距天津约三十英里之落垡附近过夜。

特此报告。　敬具

明治33年6月11日　　　天津领事　郑永昌

三四〇

6月12日　天津郑领事致青木外务大臣函(电报)

俄国向北京出兵数目及英人希望增派陆军之报告

6月12日发,13日收　　　　驻天津领事　郑

第二号

据可靠报告,俄国兵一千七百四十六名,携马匹二百七十四、大炮二十四门,于今夜在塘沽登陆,向北京行进。又,军舰阿道米拉尔(アドミラール)、考尔尼柯夫(コルニーコフ)及贝特罗巴布洛斯克号(ベルロバズロスク)搭载军队、马匹,今晨到达大沽,其兵马数目尚不能确知。俄国此次根据需要可派三千士兵登陆,其行动十分活跃。英人若不以陆军士兵代替已经派出的海军陆战队和水兵,恐在大沽的英国舰队无应对事变之能力,因其几乎将能够登陆之海军陆战队及水兵已经全部派出。外国海军陆战队及水兵总数目前为两千三百名。唰山危急,钦道尔①(清国铁道技师长)请求保护,英国海军陆战队六十名昨日已经被派至该地。

三四一

6月13日　天津郑领事致青木外务大臣函(电报)

报告各国军队运送状况及俄军准备向北京出发之件

6月13日发,14日收　　　　驻天津领事　郑

第三号

法国驻天津领事6月10日送公文至直隶总督,宣告若将来铁道官厅拒绝提供必要列车以运送海军陆战队及粮食,则至少法、俄两国将根据必要随时没收列车。有报,德、意海军陆战队6月11日到达塘沽之际,德、意火车机车工人以武力夺取了机车及列车,得以运送上述海军陆战队至天津。察英国投资北清铁路,且该铁路任用英国机车工人及司机,故英国在运输上享受诸多便利,因此俄、法、德诸国似颇嫉恨。

俄国士兵一千二百名昨夜由塘沽到达,尚有五百名哥萨克士兵及二百七十四马匹将于今晚到达。彼等将于6月14日携带三日之粮食从陆路自本地向北京出发。与分遣队共同自天津出发之桥口陆军大尉今早乘火车返回本地。据该大尉报告,列国分遣队到达廊坊,发现铁道损毁十分严重,各分遣队一切正常,昼夜致力于修缮工作,但尚不知何时能到达其目的地。廊坊附近百姓已逃走,该地方完全呈荒废状态。

三四二

6月13日　青木外务大臣致驻上海小田切代理总领事函(电报)

通知暴乱状况及北京公使团召集护卫队等件

(11).北清之暴乱已导致各方面之严重后果,暴徒时常侵入北京、天津附近城镇村庄,

① 据キンドル音译。——译者注

使得此两地间铁路与电报往来中断。据报，数名外国人与清国教徒已被暴徒杀害。

北京外交使团决议召集公使馆护卫队，清国政府最终同意。主要列强第一批各派出五十名左右士兵，于5月31日离开天津赴北京。第二批共约一千人，于6月10日出发。但据报，后者因道路被毁而被延误在落垡附近。爱宕、笠置、须磨及阳炎在大沽，丰桥已出发，将加入其中。天津之外国居民由主要列强之联军保护。将上述情况转告驻汉口领事、驻福州领事、驻厦门领事及驻香港领事。[①]

三四三

6月13日　驻英松井临时代理公使致青木外务大臣函（电报）

外交副大臣关于英国对匪协同方针之答复及英、法、德准备出兵之报告

6月13日下午7:35发，14日上午3:40收　　　驻英临时代理公使　松井

第二一号

外交副大臣向本官口述索尔兹伯里侯爵对贵电第一三号之答复，其意如下：

由大沽之列国军舰登陆之士兵现正向北京行进，无法预言其到北京之后将发生何等事态。英国公使及司令部拥有职权，可任意决定采取彼所认为最适当之手段。英国政府希望，日本国及其他相关诸国共同行动。云云。

该副大臣又回答本官之质问，言明列国完全协同一致，又英国政府并未接到俄国根据列国间之商议，已着手准备，于必要之情形向北京派遣六千军队之报道，希望此等纷扰止于内部，勿生出任何国际上之纠纷。

报纸频频批评索尔兹伯里侯爵对清国所采取政策颇无主见，认为有必要采取坚定不移的态度。然本官思之，南非战争尚未完全结束，英国政府采取如此政策，颇为难事。

根据《泰晤士报》所登载之报道，英国九百名陆军可随时向大沽进发，六百名法国海军陆战队士兵被从西贡派往支那海，替换胶州湾守军之六百名德国陆军不日当到达胶州。

三四四

6月13日　驻德井上公使致青木外务大臣函（电报）

关于德国报纸希望各国协同行动之论调之报告

6月13日下午1:35发，15日上午1:10收　　　驻德全权公使　井上

第二九号

因清国事态益发危急，该国诸报纸称，各国当互相联合，以有效之措施，平定清国目前之骚乱，去除对列国人民生命之危害，此为列国为文明而当尽之义务。

三四五

6月13日　驻法栗野公使致青木外务大臣函（电报）

---

① 此篇原文为英文。——译者注

就法国外长对匪协同方针谈话之报告

6月13日下午8:05发,14日下午2:55收　　　　驻法全权公使　栗野

法国外长6月13日与本官会面之际,重复其6月11日在议会上所宣布之相同主张,即法国为保护其国民,希望与相关各国共同行动。若清国不能保护外国人民,则列国将自行肩负起其保护之责。因此,授予法国驻清公使以随机应变任意处理之权力。法国诸报纸几乎全部支持该外长于6月11日所作之宣言。又,欧洲诸报纸似认为日本国之态度倾向于慎重且独立。请电告我之行动方针,以便了解。

三四六

6月13日　驻意大山公使致青木外务大臣函(电报)

就意国外交大臣对匪协同方针谈话之报告

6月13日下午1:36发,15日下午7:25收　　　　驻意全权公使　大山

第一一号

6月13日本官由意国外交大臣处得到之报告中有下列数项内容:

由于新任命四名以排斥外国人而著称之总理衙门大臣、日本公使馆书记生被杀害、英国公使避暑官邸被烧毁等事,意国政府认为清国事态已颇严重,派遣军舰一艘,并当另有增派。迄今为止,列国(包括日本国)为保护在清国之外国人已协同一致。只要列国之利害关系相同,意国政府亦将与诸国采取联合措施。

三四七

6月14日　驻清西公使致青木外务大臣函(电报)

事态紧迫禀请派遣舰队之件

6月14日下午0:47自天津发,下午5:40收　　　　驻清全权公使　西

第四八号

本电报由特使送至天津。

以守旧而闻名之端郡王6月10日被任命为总理衙门首席大臣,又有同属一派之三名满洲人被任命为总理衙门大臣。

北京、天津间电报于6月10日、恰克图线于6月11日不通。接到通知,约七百五十名各国分遣队士兵乘建筑用列车于6月10日上午10时从天津出发,因此本官在第四七号电报(注)中报告之向在大沽各司令发电之决议被撤回。上述分遣队尚未到达,众人无不翘首以待。事态益发危急,日本驻清公使馆之杉山书记生,于6月11日赴火车站途中,为董福祥所属之骑兵抓捕,多半已被杀害。

请立即派遣强大之舰队。

注:即6月9日西公使之电报,见第三三一文书。

三四八

6月14日　驻奥牧野公使致青木外务大臣函(电报)

奥外交大臣关于训令驻清公使对匪协同行动之谈话

6 月 14 日下午 6:00 发,16 日下午 3:30 收　　　　驻奥全权公使　牧野

第一一号

奥匈国外交大臣告知本官,因清国事态日趋危急,已训令在北京之奥国公使与其他列国,尤其是与德、意两国共同行动。

三四九

6 月 15 日　驻上海小田切代理总领事致青木外务大臣函(电报)

报告各国公使对清发出最后通牒说、美国出兵并裕总督上奏镇压匪徒及其他之件

6 月 15 日下午 9:50 发,16 日上午 0:15 收　　　　驻上海领事　小田切

有传闻称,在京外国公使向清国政府发出最后通牒,请电报告知是否确实。又有消息称,总数七千名之美国陆军士兵不日将自马尼拉出发至直隶。直隶总督裕禄与刘坤一、张之洞一同上书皇帝,恳切进言镇压义和团民为必要。盛宣怀告知本官,刘坤一受命拒绝英国舰队驶入长江之报道并无根据。

三五〇

6 月 15 日　天津郑领事致青木外务大臣函(电报)

清国同意各国向北京增兵及俄国强行增兵之报告

6 月 15 日发,16 日收　　　　驻天津领事　郑

第八号(抄)

总理衙门最终同意各国公使召集一千二百名之追加分遣队至北京。此分遣队目下正乘火车前进。

俄国步兵一千二百名、五百名哥萨克兵,带二十四门大炮、两门八厘米克虏伯野战炮,携四日之粮食,不顾直隶总督之强烈抗议,决定向北京出发。若此举得以坚决执行,则其必然与清军及义和团发生冲突。

三五一

6 月 15 日　驻俄小村公使致青木外务大臣函(电报)

就清国对暴乱之暧昧态度及俄国外交大臣协同方针之谈话

6 月 15 日下午 9:20 发,17 日上午 11:40 收　　　　驻俄全权公使　小村

第四六号

穆拉维约夫伯爵 6 月 13 日就清国之形势告知本官如下之大意:

西太后为清国政府中最英明之人物,故西太后鼓吹匪徒活动之事不可信。清国政府之所以未采取果断措施,大概主要是因为害怕伤害普通百姓排外思想之股肱等怯懦无能。外国兵驻扎北京而使西太后及其股肱放心,则使清国政府得以执行镇压匪徒之灵活行动,云云。

又,6 月 15 日与穆拉维约夫伯爵会面时,该伯爵表明必须迅速镇压匪徒之意,且为北

京之安全并保持北京、天津间交通故，在京各国公使应采取措施，以充分达到其希望之目的。

由眼下之形势观之，俄国与其他各国共同行动，仅限于执行单纯自卫之手段。然而，若出现进一步进行干涉之问题，则俄国似欲避开联合行动。

三五二

6月15日　青木外务大臣致天津郑领事函(电报)

关于与各国领事协同之训令

6月15日发　　　青木外务大臣

无号

帝国政府近日向天津派出一千人以上之陆军。根据情况，可继续派出同样数量之士兵。请以最快捷之手段将此情况告知本国驻清公使。

事态渐趋危急，贵官之责任极其重大。因此期望贵官深思熟虑，使诸事无所遗憾。望与驻当地之各国领事，特别是英国领事始终一致处理一切事务。当然，勿因与英国领事保持一致而与其他各国领事产生不良之感情。

三五三

6月15日　青木外务大臣致驻俄小村公使及驻欧美各国公使函(电报)

向天津增派陆军及列国共同行动之件

6月15日发　　　青木外务大臣

第四〇号

北清形势日渐危急，因此帝国政府决定在已向大沽派遣之舰队之外，向天津派遣陆军一千名，以为本国驻清公使之后援。该公使与各国公使完全采取共同行动。可将上述内容电转至欧美各公使馆。

三五四

6月15日　驻德井上公使致青木外务大臣函(电报)

驻胶州湾德军推迟回国之报告

6月15日下午7:50发，16日下午2:40收　　　驻德全权公使　井上

第三二号

据半官方报纸报道，德国皇帝向应从胶州湾归国之德国军队发布命令，令其仍驻扎当地。

三五五

6月19日　青木外务大臣致驻俄小村公使函(电报)

探问俄国对暴乱之对策之训令

6月16日发　　　青木外务大臣

第四二号

贵官应已经驻英临时代理公使，接收到本官6月9日电报（注），训令探知俄对清国骚乱之态度并电告之。尔后形势渐危，且帝国政府欲俄国与其他相关诸国共同行动，速回电。

注：第三二九文书。

三五六

6月17日　青木外务大臣致加藤特命全权公使函

特派天津须知之训示

6月17日发　　　　外务大臣

机密送第六号

因本次清国之事变，特派贵官赴天津，有下列须知：

一、不管将来之局面如何变动，于目下之状况中，帝国政府采取与列国共同一致行动之方针。故贵官应依此意而行动。

一、在天津有帝国领事，故表面上与清国及诸外国相应官员之交涉均由该领事承担。然眼下天津与北京之间交通断绝，领事不便向驻北京之帝国公使请训。因此期望贵官辅佐领事，共同迅速谋划各项措施，使其尽可能周到，勿有遗漏。

一、目下与诸外国舰船之士兵同时驻扎、互相来往之际，间或意思未能疏通，难保万一相互冲突，此乃当前时局中最为担心之事。因此，贵官当遵第一项之主旨，主要尽力融洽彼此士兵之感情，务求满意，勿使隔阂。假令偶尔生出事故，亦极力预防其酿成大事。

一、第二项之情况，因贵官为政府特派者，应避免公开明显之行动。

三五七

6月17日　青木外务大臣致天津郑领事函

协助加藤特派公使之训令

明治33年6月17日发　　　　外务大臣

机密送第九号

此次清国之事变已甚复杂，当注意其趋势及列国对之态度。此际，为辅佐贵官充分应对此局面，特派特命全权公使加藤增雄至其地。已向其另发文训示须知。特告知原委。诸事当与此人以方便，协力无憾，竭尽全力。此训示。

（添加另页）

注：另页为与前文致加藤公使之训示相同内容。

三五八

6月18日　驻俄小村公使致青木外务大臣函（电报）

俄国向天津出兵数目及该国协同态度之情报

附记：6月30日俄国公使亲手交青木外务大臣之备忘录

6月18日发,20日收　　　　驻俄全权公使　小村

第四八号

6月17日,穆拉维约夫伯爵通知驻俄清国公使,俄国政府已决定向天津派遣与列国协议之四千登陆部队。尚不详是否也包含据说已在大沽登陆之一千七百名俄国士兵。

关于俄国对清国事变之态度,英国驻俄公使告于本官,没有看到俄国有意突破目前列国间现有之一致行动的迹象。

清国发布命令,拒绝追加外国士兵进入北京或在大沽登陆之消息确实乎?

(附记)

(译文)

6月30日俄国公使亲手交来致青木外务大臣

关于俄国对清出兵之备忘录

清国事变初发之时,帝国政府虑及民心动摇之结果危险莫测,故督促清国诸大臣给予最周密之注意,并全心致力于使总理衙门意识到有必要为恢复安定而采取果断措施。不幸,驻北京俄国及其他各国代表之友情劝告未能奏效,拳匪所酿成之骚乱日益蔓延,其势猖獗,诸外国臣民之生命财产蒙受损害。及近日,道路被破坏,电线被割断,以致各国政府遂失去与在北京公使馆直接通信之渠道。采取保卫帝国公使馆、保护居留清国之俄国臣民之所有适当措施,实为燃眉之急务。为达此目的,皇帝陛下派遣四千人之军队,命其听从俄国在北京公使之指挥而行动。眼下形势危急为人人所普遍认识,大不列颠国代表就排除此番困难询问我公使馆,帝国政府将尽力至何种程度;又,格尔斯同僚中有数位恳求,将其本国臣民亦交由帝国公使馆保护,此等事情足以证之。临时派遣俄国军队之意图,首先在于保护帝国公使馆及居留北清之俄国臣民之安全,并非向我近邻友邦清国表示敌意,此毋须解释。已命令该军队与其他各国登陆军队共同行动,而对北京政府,就对清国利益来说亦为必要之恢复安定方面,给予充分之援助。

三五九

6月19日　青木外务大臣致驻俄小村公使函(电报)

报告各国态度舆论等之训令

6月19日发　　　　青木外务大臣

第四五号

北清形势一变,各国必将相互交换意见。为不使帝国被排除于列国联合之外,故贵官当尽力探知所在国政府之意见,随时报告。其舆论之趋势亦当电报之。

将上述内容电转我国驻法、意、奥各国全权公使,及驻英临时代理公使。

三六〇

6月19日　驻韩国林公使致青木外务大臣函(电报)

俄国从旅顺向北清出兵数目之报告

6月19日下午2:40发,同日下午8:15收　　　　驻韩全权公使　林

第一二六号

据可靠方面之消息，俄国能从旅顺口向北清派遣之陆军约一万人。特将此情况电禀贵大臣知晓。

三六一

6 月 19 日　驻英松井临时代理公使致青木外务大臣函(电报)

与英国当局关于对匪措施谈话之报告

附件:布罗德里克在英国下院演说之概要

机密第一八号,7 月 24 日收

外务大臣子爵青木周藏阁下:

关于清国暴徒之件

关于本问题，上月下旬本地诸报纸中陆续散见报道，称清国人组织团体，排斥基督教信徒，结果使外国人遭受虐待。本月 1 日，因其他公务而赴外交部访问外交副大臣助理巴基之际，询问其对本问题之意见，其预料将致特别重大之结果。此是否代表该国外交大臣索尔兹伯里侯爵之意见，本官有所怀疑。前番已在第一八号电报中报告南非事件，可为参考。然其后清国暴徒日益猖獗、外国人生命财产极其危险之报道日日载于当地诸报纸。又诸报纸均对之加以评论，均认为其形势复杂。在欲探知该国政府对此之意向及今后将采取何种态度之时，本月 9 日，接贵电第一三号之训令，言清国暴徒事件日趋严重，令向该国外交大臣探听:若清国政府不能在该国恢复秩序，且不能保护在该国之外国人，则英国政府对此情况今后将采取怎样态度。然本月初索尔兹伯里侯爵正巧休假，在郊外别墅中休养。因此，本官 11 日访问外交副大臣助理巴基时，将如另页甲号之贵电改写示于该人，请其询问索尔兹伯里侯爵之预见，且询问能够就英国政府之态度得知哪些问题。其言曰，英国政府将与各国共同进退，此外无其他态度，且对于帝国政府所询问之事，听到索尔兹伯里侯爵之意见后即可多少回答，而索尔兹伯里侯爵之回答当于 13 日收到。本官将贵电改写稿交于此人之后，即返回使馆。以上之事，如另页乙号抄件，在第二〇号电报中禀报。其后 13 日上午，因未接到外交部任何回答，故于当日再次前往外交部，要求与巴基会面。然不巧，其人因病缺勤，遂与另外一名外交副大臣助理毕拉斯见面，催促答复，恰逢侯爵之答复送到，遂口头陈述其回答之宗旨，即前番以第二一号电报迅速报告之内容，如另页丙号抄件。据其回答，由大沽之各国军舰向北京所派出之军队仍在途中，此军队到达北京之时，该地形势将如何，目前尚难预料。英国政府已授予其驻清公使及舰队司令长官采取最为适当的处理手段之充分行动自由。英国政府希望，与日本及与此事相关之其他列强共同恢复清国之秩序。毕拉斯叙述此答复后，又回答本官之提问，言关于此次之事件，各国专取共同态度，而英国政府并未接到在各国的协议基础上，如果必要，俄国应该会向北京派遣六千士兵之公报。彼表示，希望将此次之事件仅限于一地，勿招致各国之乱。

清国之问题，自前几年占领胶州湾继而租借旅顺、大连以来，常常引起英国人注意。感叹近来俄、德诸国在清国势力大大扩张而相比之下英国对诸帝国权威不振之一派人，认为索尔兹伯里侯爵历来对清国所采取之政策太软弱，有必要采取强硬政策。对于此次之骚乱事件，有人认为，应以坚定之决心，一面促成清国内政改革，一面使俄国等利用此机会之野心无法得逞。南非战争尚未有结局,南非军队至少还将抵抗两三月,因此,不认为英国政府在其他方面能不顾他国之意向而断然采取措施。此旨已添加于第二一号电报末尾。要言之,该国政府对此尚无甚好之方法。另一方面,值此战争仍在继续之时,可以推测其在骚乱尚未扩大之前,在与各国共同恢复秩序之外,尚无其他考虑。但其他国家是否有同样考虑,共同行动将能达到何种程度,现在难以立刻断定。报纸上称,今日列国之义务在于保护各国人之生命财产,应为所谓之仁义与文明而共同行动。其他报纸也附和之,言有必要共同行动。或云若一国趁此机会达成其希望,此为列国所不能允许之事。这表明,英国处于无法有大动作之地位,也说明其担心俄国等单独获得在清国之优势地位。关于本问题,在14日该国之下院,对约瑟夫·沃尔顿之质问,政府委员布罗德里克在说明英国政府迄今为止所采取之态度及现在之状态外,提到英国政府向英国驻清公使发出训令,令其作为英国驻清公使与俄国驻清公使间就如何辅助官府,以维持清国法律与秩序进行协商,且俄国亦采取同样之方法。此演讲之摘要附于另页,供参考。

特呈上此段电报说明。敬具

明治33年6月19日　　驻英临时代理公使　松井庆四郎(印)

(附件)

布罗德里克在英国下院之演说概要

中　国

亨利·坎贝尔-班内南爵士——我不得不问一下财政大臣,他是否能向议院提供一些关于中国事态状况的消息?

贝尔福先生——我想,最便利的议程大概是由我尊敬的朋友,外交副大臣发表一个关于这一问题的讲话。

约瑟夫·沃尔顿先生(约克,W. R.巴恩斯利)——在这位尊敬的先生发表讲话之前,我想问他一个问题,这个问题我曾私下问过他。英国政府是否将竭力与其他列强采取一致行动,以废黜西太后,恢复光绪皇帝的帝位?英国政府是否已经在天津—北京铁路和天津—山海关铁路沿线部署军队,从而为这两条铁路提供保护?英国政府是否将不再延误片刻,在长江和西部上游署足够数量的适宜炮舰来保护英国贸易?还有,英国政府是否正在采取每一必需的步骤,以阻止惩罚那些为英国特权提供了帮助的中国人?

布罗德里克先生(萨里,吉尔福德)——关于这位尊敬的先生和尊敬的巴恩斯利议员的问题,我想,有必要对议院简单陈述一下最近发生在北京的事情。自从5月12日"义和团"攻击和平的信徒,并破坏了距北京约九十英里的三个村庄之后,在北京的英国公使一直在不停地与清政府交涉。5月18日,克劳德·麦克唐纳爵士[①]提醒总理衙门,他在过去的六个月间,一直在不停地警告,警告他们不采取适当措施镇压"义和团"将会带来危险。结果清政府终于发布了一道圣旨。5月20日,外交使团召开会议,一致通过决议,要求衙门采取更为严厉的措施。于是他们认为没有必要召集护卫军队到北京,但驻扎在天津、已经接到撤离命令的英国海军仍然留在了原地。两艘英国军舰被派往大沽。总理衙门没有

① 中国文献一般作"窦讷乐"。——译者注

采取特别措施，外交使团5月26日再次开会，并决定，如果从总理衙门得不到令人满意的回答，就将召集护卫军队。28日，这一决议被通过，立即有一支由七十八名士兵携带一挺机枪所组成的军队被派往北京，一百零四名士兵被派往天津。又有四艘英国舰艇被从威海卫召往大沽。随后收到消息，罗宾逊先生遇害，诺曼先生被抓。直至6月5日，英国公使持续向总理衙门强烈施压，要求他们必须立即采取有效措施，惩罚杀害罗宾逊先生的凶手，确保诺曼先生获释，恢复秩序；并告知他们，英国政府将追究清政府的责任，因其罪恶的冷漠态度，导致事态发展至此不堪地步。（好！说得对！）这些抗议都没有收到效果，北京及其附近地区的情况都变得更加危险。6月6日，英国政府电令英国公使和舰队司令西摩，与其他列强共同采取他们所能考虑到的任何步骤，而在作出这些判断的时候，他们是完全自由的。（好！说得对！）他们也许会觉得应当保护北京的外国公使馆，或者保护在那里、在天津以及在周边地区的英国国民。与俄国代表在北京开过会之后，英国公使被授权，可以支持任何能够维持法律秩序，或能够达到这一目的的措施的中国政权；俄国公使也被授予了同样的权力。香港与英属海峡殖民地的将官得到命令，如果舰队司令需要军队赴北京，就从他所辖的军队中派出任何能派出的，而他的军队也将得到补充。由于"义和团"进行了更多的破坏活动，舰队司令西摩又召集了三艘舰艇，并立即在9日经过与各国指挥官的协商，决定让一支武装力量登陆，向北京进军。紧接着，10日，他与一千零七十八名士兵一起向北京进军，其中六百五十人为英军。在随后的增援当中，这支武装力量扩充到了两千三百人，由七个列强舰艇上所派出的军队组成，其中大约九百人为英军。舰队司令在紧接下来的11日前进了三十英里，那天，他遇到了"义和团"，击毙了其中三十五人。铁路被严重破坏，因此在接下来的二十四小时中只前进了三英里，但没有再发生战斗。已有九百五十名士兵从香港派出，可怖号也已离开香港前往大沽。此外俄国又派了一千七百名士兵登陆。6月11日，克劳德·麦克唐纳爵士报告说，北京出现了混乱，位于山区之中、原本由中国政府看管的英国公使馆避暑官邸被烧毁了。目前在大沽有九艘英国舰艇，外国军舰应该有二十五艘。我们已经采取步骤，在长江上增加兵力，以保卫生命与财产安全。（好！说得对！）对于舰队司令所采取的行动，列强一致同意。（欢呼）

麦克林先生（卡迪夫）——阁下提到了与俄国公使进行协商。这是否是要让我们认为，在英国政府与俄国政府之间，存在着一种比与其他列强政府之间更紧密的关系呢？

布罗德里克先生——不，先生。我完全没有那样的意思。①

三六二

6月20日　驻上海小田切代理总领事致青木外务大臣函（电报）

西摩军队到达北京及公使馆安全说之报告

6月20日下午6:06发，同日下午9:05收　　　　驻上海领事　小田切

有报告称，英国海军将军已到达北京，公使馆均已安全。但还未得到确切报告。

① 此篇原文英文。——译者注

三六三

6月20日　驻德井上公使致青木外务大臣函(电报)

德国准备派遣援兵之报告

6月20日下午3:07发,22日上午1:15收　　　　驻德全权公使　井上

第三五号

由于其他各国频繁向清国派遣援兵,故德国亦在做不可落后之准备。据本官所闻,装甲巡洋舰俾斯麦公爵号已接到6月末出发去清国之命令,海军陆战队二大队亦接到同时出发之命令。军舰齐格尔号已起锚。

日本人心激昂之报道陆续传到本地,该国诸报纸均热心关注我国之态度。

三六四

6月21日　驻芝罘田结领事致青木外务大臣函(电报)

西摩中将就派遣联合陆战队之目的致沿江各督抚之声明

6月21日下午12:00芝罘发,同日下午7:30收

自出羽、吉田舰告海军省。20日,列强指挥官协议如下:“联合之在华各列强,其舰队司令与高级海军官员决议告知中国沿海、沿江各省督抚,他们将只对阻碍他们去北京解救其国民的义和团与其他人行使武力。”①

三六五

6月21日　驻芝罘田结领事致青木外务大臣函(电报)

关于在旅顺之俄人态度

6月21日下午2:30发,同日下午7:50收　　　　驻芝罘领事　田结

二十名帝国臣民今晨自旅顺口归来,言俄国人对我国人抱有强烈怀疑,虐待之,又(不清楚)囚禁之,并严格搜查其房屋。

在当地之俄国士兵甚少。

三六六

6月21日　驻意大山公使致青木外务大臣函(电报)

关于各国联合对匪之意国情报

附记:6月24日大山公使电报第一六号,上件之续报

6月21日下午12:10发,23日下午3:40收　　　　驻意全权公使　大山

第一五号

意国内阁于6月18日辞职,新内阁尚未组成。

---

① 此篇原文为英文。——译者注

关于北京之报道颇多彼此矛盾之处。当地(不清楚)担心,匪徒之势猖獗时,列国或将继续联合,然镇压暴乱后,列国之分裂将随之而起。

(附记)

6月24日大山公使电报第一六号

6月24日上午2:05发,26日上午6:05收　　　　驻意全权公使　大山

第一六号

该国之舆论希望意大利亦能加入各国在清国之行动,但其语气并非极其热心。

三六七

6月22日　驻俄小村公使致青木外务大臣函(电报)

就俄国出兵数、保全清国以及日俄协同与俄陆军大臣之谈话

6月22日上午1:00发,24日下午8:40收　　　　驻俄全权公使　小村

第五五号

6月21日会谈之际,俄国陆军大臣告知如下内容:

俄国已决定在已经登陆清国之一千七百名士兵外,派出总计六千人之军队。俄国派出上述士兵之唯一目的在于保护外国公使馆及侨民,并且认为以六千人可充分达此目的。当然,俄国欲避免伤害保全清国或其独立之行为。又,以本人之见,日、俄两国为清国之安定及保全计,采取完全一致之共同行动,当为紧要之事。

估计陆军大臣于6月20日夜间曾在财政大臣府邸与穆拉维约夫伯爵会面,必定商议过清国形势。

穆拉维约夫伯爵之死是因为中风。

三六八

6月23日　驻法栗野公使致青木外务大臣函(电报)

法国派遣舰艇及增派士兵之情况

6月23日上午1:50发,25日下午4:50收　　　　驻法全权公使　栗野

第二八号

法国当于6月24日、29日分别派遣巡洋舰格西恩(ギシエン)号、阿道米拉尔(アドミラール)、夏尔尼(ミヤルンエー)号与弗里安(フリアーン)号出发赴清国。又,一艘海运船不久当载一大队第三追加分遣兵出海。

三六九

6月23日　驻英松井临时代理公使致青木外务大臣函(电报)

英国报纸关于派遣香港士兵、印度士兵之报道情况

6月23日下午8:05发,24日上午11:55收　　　　驻英临时代理公使　松井

第二六号

6月18日之贵电(注1)于22日收到,19日之贵电(注2)于23日收到。各报纸反复

辩言,各国眼下必须抛却一切私利与欲望,为恢复和平而共同采取一致行动,且各国之外交不得不暂时依靠更加强硬之手段,并均支持英国政府从香港派出能召集到的士兵,又从印度派遣总计七千至八千士兵之措施(上述印度士兵第一部队当于6月23日从加尔各答出发)。然而因得不到关于北京形势之准确消息,故不能就将来之办法发表任何意见,仅从理论上称道,必不容如此之暴乱再度发生。

至今日,列国态度异变之报道尚未到达本地。

本官将设法会见索尔兹伯里侯爵,并电告彼之意见。

(注1)第六六五文书。

(注2)第三五九文书。

三七〇

6月24日　驻德井上公使致青木外务大臣函(电报)

与德外交大臣关于希望各国协同之谈话、德国报纸报道以及派遣德舰说之报告

6月24日下午6:55发,25日下午10:20收　　　　驻德全权公使　井上

第三七号

6月23日在基尔与德外交大臣谈话之际,该大臣明确表示,关于清国之事件,德国之态度及政策在于,与欧洲各国及日本一起(讲到"与日本一起"时语气加重)采取一致行动,尽可能迅速平定骚乱,恢复秩序。德国切望,为实现此共同目的,各国均应采取忠实之措施,勿趁现今之纷扰另有所谋。

德国诸报纸亦赞成此意见,表明维持各国间之联合为紧要之事,且阐述根据文明主义,各国之行动不能因有猜疑而停止。

据闻,德国巡洋舰伽茨埃莱号、炮舰鲁奇号以及一队工兵已接到立刻出发赴清国之命令。请电告日本所采取态度之大概,以便本官了解。

三七一

6月25日　驻法栗野公使致青木外务大臣函(电报)

关于对清措施之法国舆论之情报

6月25日下午1:35发,28日上午11:00收　　　　驻法全权公使　栗野

第二九号

本官素与相关官员及各国公使深交,各人皆以为眼下事态极其严重,清国政府之行为让人难以理解,故难以想象将来如何解决这一重大问题。法国报纸大多均支持外交部长之意见,要之,各国相互协调一致,若一国欲实现其欲望,则当调和之。6月24日发行之《辩论日报》在赞同法国外交部长之意见同时,亦论及如此事变之结果,但不过是仅仅主张维持现状与门户开放政策,为对法国最有利之事。

三七二

6 月 25 日　驻俄小村公使致青木外务大臣函(电报)

俄国厌倦与各国协同行动之情况之件

6 月 25 日下午 11:30 发,27 日下午 4:25 收　　　　驻俄全权公使　小村

第六一号

本官努力探知俄国政府之明确态度,现将其结果报告如下:

俄国之真意在于迅速恢复清国之安定秩序,而目下之事态已持续较长时间,担心引发纷争,此亦与其他各国无异。该国为达此目的虽不辞与其他各国采取共同行动,然同时就处理清国问题,避免采取(如果可能)与欧洲各国协同之政策。且该国认为有必要避免与日本冲突,故对于在清国之兵力上唯一能与俄国抗衡之强国日本,似欲专取调和态度。对照俄国近年对清国所采取之策略,考虑其财政上之困难以及太平洋与辽东半岛海陆军之不完备,本官确信,俄国出于其利益上及战略上之考虑,当采取前述之态度。

日本将来之行动当完全依照列国之态度而行事,此自不待言。然依本官所见,做好出现各种变故均能应对之准备,乃最紧要之事。本官相信,因此目的,在事态最终解决之际,为不被排除于欧洲合作之外,日本之兵力及在清国陆海军之行动,必须至少始终保持在与最强国相等之位置。

对于贵电第四八号之回答,将在与拉姆斯道尔夫伯爵会面后尽快发送。

三七三

6 月 26 日　驻法栗野公使致青木外务大臣函(电报)

就向清国派兵计划与法外交部长谈话之报告

6 月 26 日下午 1:50 发,28 日下午 11:30 收　　　　驻法全权公使　栗野

第三〇号

根据法国外交部长之言,法国决定在克莱修尔司令官所指挥之六百名士兵之外,从东京派遣三大队步兵及海军炮兵三中队,从法国派遣相同数量之步兵及炮兵。尤其后者,当初本应前往东京,现根据情况直接派往清国。因此,法国在清国当有六千至八千军队。在上述措施之外,目前尚无计划。

三七四

6 月 26 日　驻德井上公使致青木外务大臣函(电报)

就对清方针与德外交大臣谈话之报告

机密第一八号,8 月 6 日收

外务大臣子爵青木周藏阁下:

关于该国政府对清国骚乱事件之态度及该国诸报纸对此事之论调,已于本月 11 日发机密第一五号信及 14 日发机密第一六号信上报,当已阅悉。

然至本月 23 日,因闲院宫殿下为与该国皇帝见面,动身赴基尔军港,本官为扈从随同,

将从本馆出发之际,接贵训电,曰"今北清形势一变,因此诸大国必将继续相互交换意见,因此贵使务必探知该国政府之态度,随时电报之"以及"该国舆论之论调当一并电报之"。

盖关于清国之事件,接贵大臣之电报时,该国报纸上亦已有诸多报道。帝国在清公使馆员为清兵所虐杀,帝国军队加入联军向北京进军,又帝国军舰与联合舰队共同进攻大沽炮台,等等,关于此类重要事项,至今未接到阁下任何消息。此次贵电中亦仅有北清形势一变之简单消息,而无形势如何发生变动之详细情况。本使于事实之探究上颇感困难,又为探知该国政府态度而与其相关方面人士会谈时,处于颇为不利之地位。此事相信阁下亦能有同感。

然所幸因该国外交大臣在基尔停留,本官随闲院宫殿下到达该地,立即与其会面,首先感谢该国宫廷及政府对殿下之欢迎,随后话题即转至清国事件,提及该国形势日益危险之今日,德国政府将对之采取何种方针。该大臣恳切表示:"对清国目前之形势,德国政府之方针在于与欧洲各大国及日本(言及日本时特别加重语气)共同一致,尽快平定骚乱,恢复秩序。而为达此目的,德国政府所尤为希望者,各国当以忠诚行事,不得包藏乘此机会而实行幕后政策以占有利益之野心。"

盖于眼下之形势之中,各国均如该外交大臣之意见,除采取迅速恢复秩序、保护各国使臣及人民之必要手段之外,不应有制定独立方针而与他国利益冲突之举动。本国采取退避主义而由其他强国品尝胜果之事,亦非各国所喜。因此,目前鼓吹列国为文明开化而共同一致之说,同时预先防止其他国家取得超群之声名;另一方面,列国各自对形势之变化做好准备,全力争取于万一之场合不致落后。德国政府之意思亦为此目的,已在第三五号电报中禀报。又,德国已决定迅速向东洋派遣海军二大队、两艘巡洋舰及两艘炮舰。

该国舆论之论调亦与前记之意见无异,鼓吹诸大国有必要采取共同一致行动,主张为了文明,互相不应有猜疑之情。

上文之要领已于前24日第三七号电报中禀报,可予以确认。　敬具

明治33年6月26日　　　　驻德特命全权公使　井上胜之助(印)

三七五

6月27日　驻海参崴贸易事务馆野村事务代理致青木外务大臣函

海参崴状况及俄国出兵情况之报告

附件:海参崴状况及俄国动员军队状况之报告

机密第四号,7月5日收

外务大臣子爵青木周藏阁下:

关于清国直隶省暴动之件

清国直隶省蜂起之暴乱传至本港以来,当地俄国军队之行动将于另页分别禀报。然其军队行动颇为秘密,所闻恐难免有误传。本月25日,发布预备兵召集令及军马征发令,随即应预备兵召集而在该市聚集者颇多,征发之军马并立于市中,令人感到一片混乱。预备兵及其他下等俄国人与28年还辽事件之际相比,对我国人,对居留中国人之举动非常不妥当,打骂行人颇甚,至有死亡。市中中国商人晚间早早锁门,于危惧间进行商业贸易。又,在海参崴市内及附近居留之中国人当有三万余,无知之劳动者占其九成以上。有传言

曰，因事情或难保有意外之变，故对中国人、未持护照或其他可疑者，均命其离境。俄国此次出兵之举，不必说固以镇压清国暴乱为目的；而中层俄国人间之风传，因征召如此众多之士兵，恐最终清国暴乱事件将演变为日俄两国间交涉事件。特此禀报。　敬具

明治 33 年 6 月 27 日　　驻海参崴贸易事务馆事务代理　野村基信(印)

（附件）

（另页）

记　事

一、6 月 18 日凌晨，东清铁道轮船公司之轮船达里尼・乌奥斯托克号（两千二百六十六吨）搭载一百名哈萨克士兵，在前日入港之俄国军舰乌拉基米尔・茅诺马夫号之护卫下出航；鲍西埃茨托号搭载停留于东西伯利亚线之列第七联队士兵共一千四百人、大炮及其他物品于 19 日晚出发，目的地不明，推测可能为旅顺或大沽。一说达里尼・乌奥斯托克号留下少数装载不下之士兵。请将本件以暗号发送至海军军令部。

一、6 月 23 日送至本地镇守府司令官之电报译文如下：清人于大沽先行发炮开战。鲍布尔、柯莱茨、基里雅库三艘炮舰加入战斗。登陆士兵占领炮台，海军大尉布拉柯夫战死，达达柯夫、奇托夫、鲍古达诺夫三位大尉负伤。达达柯夫伤最重，奇托夫略重，鲍古达诺夫轻伤。士兵战死十六名，负伤六十七名。占领大沽炮台时，前述西伯利亚舰队之外，太平洋舰队军舰并外国军舰，及太平洋舰队军舰登陆兵亦参加战斗。

一、据说为修理北京、天津间铁道，本地乌苏里铁道大队已派一中队前去。

一、据说满洲铁道附近清人情况不稳，该铁道已辞退所雇工人中之支那人。

一、6 月 25 日，发布预备兵召集令，同时发布军马征集令。当日以来，预备兵及军马集中到该市者颇多。又，尼科利斯克—乌苏里斯基、诺乌奥克艾斯克、斯乌茨扬、巴拉巴西各地亦与海参崴同样征集预备兵。全体预备兵之数目达四千。

一、6 月 24 日里约利库号军舰自横滨入港（前已电报之），轮船阿里尤尔号（于 25 日作为义勇舰队船空船入港）、俄罗斯号（俄国船，一千五百零一吨）、基阿纳号、卡阿奇雅号（以上两艘为德国船，听说为临时雇用）将搭乘士兵，今明日当向大沽出发。里约利库号及今明日将入港之乌拉基米尔茅诺纳尔号护送上述船只。又，同时当有四艘水雷艇出发去大沽。里约利库号今早出港。或为搭载兵员，鲍希埃茨托未驶往他地。亦闻英国船只普林库・布尔托号将用于搭载士兵，不详。

一、据闻，前述阿里尤尔号及以外三只轮船所搭载、至今日已集中或应当集中于该港口之士兵如下：

驻尼科利斯克—乌苏里斯基　狙击第二联队
驻尼科利斯克—乌苏里斯基　哈萨克骑兵二中队
驻尼科利斯克—乌苏里斯基　轻炮兵二中队
驻哈巴罗夫斯克　工兵大队
以上已到达该港口。
驻尼科利斯克—乌苏里斯基　狙击第二联队（但本队一部分已经到达该港口）
驻尼科利斯克—乌苏里斯基　哈萨克二中队
驻尼科利斯克—乌苏里斯基　炮兵一中队

以上正准备出发。

一、据传,从该地出发之士兵数目共当达到一万两三千人。

以上为至今日(6月27日下午2时)所闻知之事。

三七六

6月28日　驻上海小田切代理总领事致青木外务大臣函(电报)

发布诏敕保护各国公使馆之说的报告

6月28日下午4:17发,同日下午6:10收　　　　驻上海领事　小田切

根据盛宣怀刚刚接到其在保定府之部下之电报,称6月25日所发布诏敕命令某官衙,云因各公使馆处于危险境地,当保护之。由此观之,各公使馆至该日似仍安全。

三七七

6月28日　驻芝罘田结领事致青木外务大臣函(电报)

关于各国公使因清国之请求而离开北京一说的天津之情况通报

6月28日到　　　　驻芝罘领事　田结

6月25日,天津之驻清国公使馆三等书记官丸毛报告如下:

根据最近来自北京之报告,各国公使于6月19日接到总理衙门之通告,要求二十四小时内离开北京。故于20日从北京出发。

三七八

6月28日　青木外务大臣致驻芝罘田结领事函(电报)

询问在清公使是否已到达天津之件

6月28日发　　　　青木外务大臣

海军大臣接到电报,言我国驻清国公使已到达天津,贵官就此问题是否有所耳闻,可速回电。

三七九

6月28日及29日　驻芝罘田结领事致青木外务大臣函(电报)

关于驻清公使到达天津之说之回报(一)(二)(三)

(一)

6月28日下午3:10发,29日上午11:50收　　　　驻芝罘领事　田结

无可靠证据表明各国公使已到天津,请通报海军大臣。

(二)

6月29日下午6:20发,30日上午0:36收　　　　驻芝罘领事　田结

关于贵电所问列国公使到达天津之事,今日有所耳闻。列国公使或许仍留在北京,因有报告云公使等拒绝离开北京。

（三）

6月30日收　　　　驻芝罘领事　田结

6月25日，大沽、天津间联系恢复。6月26日下午接报，言列国公使历经困难后到达天洋[①]。上述关于列国公使之报道尚可疑。

有报道称青州之教会遭焚毁。

三八〇

6月29日　驻芝罘田结领事致青木外务大臣函（电报）

关于列国公使所在地之说及我临时派遣队登陆之报告

6月29日收　　　　驻芝罘领事　田结

未有来自在北京者之任何报告。由此思之，列国公使及公使馆护卫兵与西摩中将同行之报告当不真实。

一千名日本兵于6月26日登陆，又有两千人于27日正在登陆中。

又有报称列国公使今尚在北京。

三八一

6月29日　驻仁川伊集院领事致青木外务大臣函（电报）

各国公使离开北京之说及西摩军队返回天津之情报

6月29日下午5:00　　　　驻仁川领事　伊集院

第四号

据来自北京之最新消息，前19日，各国公使接总理衙门通告，要求二十四小时内离开北京。其后未接到任何消息。本月11日接到报告，前往北京之舰队司令西摩之军队两千三百名折返至天津附近（不清楚）几英里之地，亦遭勇猛清军之阻击，无法返回。故约两千士兵于昨夜1时（不清楚）从天津出发以救护之。有传闻称各国公使与舰队司令西摩之军队同行。估计舰队司令西摩今日可进入天津，祈愿我公使一行能与之一同安全到达。

三八二

6月29日　驻上海小田切代理总领事致青木外务大臣函（电报）

驻北京各国公使安否之件

附记：同前件机密第五八号

6月29日下午5:17发，同日下午10:35收　　　　驻上海领事　小田切

有传言称，驻北京列国公使于6月26日由清兵护卫，自北京取道保定府向天津进发。然未接到确切消息，探闻后再上报。

---

① 似有误，应为“津”字。——译者注

(附记)

驻北京各国公使安否之件

机密第五八号,7月5日收

外务大臣子爵青木周藏阁下:

昨日下午面见盛宣怀,彼面告曰,接到驻保定府电报局委员之电报,言前五月二十九日(我6月25日),关于保护各国公使馆之上谕发布。据此无疑至当日之时,北京各国公使馆尚平安无事。相信此事为帝国政府所最焦虑之事,故急电告之,使有所了解。盖北京之各国公使与他处断绝通信已有十余日,其间谣言百出,有十国公使被杀之消息,有德国公使遇害之消息,而若探寻其由来,则全无凭据。独昨日盛宣怀所接之报告与彼相异,其出处颇为明白,虽不能直接证明各国公使均平安无事,但为最准确之情况,足见其大半安然无恙。据闻,目前北京城内团匪横行,各处放火,其危险不可名状。故该日以后之状况仍然不明。毋庸置言,尚无法凭此一报告而立刻安心。今日本地有报,称北京之各国公使在清国政府护卫之下出城,经保定府往天津。但其出处不明,仍需再调查。

特此禀报。　敬具

明治33年6月29日　　　　驻上海代理总领事　小田切万寿之助(印)

三八三

6月29日　驻俄小村公使致青木外务大臣函(电报)

禀请通报北清情况之件

1900年6月29日上午0:20彼得堡发,30日下午11:10收

(63).由于清国之状况日趋严重,本官不得不再次请求贵官,尽可能持续告知当前局势及日本军队之动向。否则,在与俄政府交涉时,本官将处于极其不利之地位。与同行交流亦如此,同行以为,本官对事态之无知实为故意有所保留。①

三八四

6月29日　青木外务大臣致驻芝罘田结领事函(电报)

将报告事变实情之训令转达加藤公使之件

6月29日发　　　　青木外务大臣

请以最便捷之方式将下列电文大意转达给与福岛陆军少将在一起之加藤大使:

为决定各项措施,本大臣有必要确切知晓事态真相。故请贵官每日将形势之实情、重要事件及贵官对此之意见,以最便捷之方式一并报告。

三八五

6月30日　驻天津郑领事致青木外务大臣函(电报)

各国公使拒绝离开北京之请求及驻天津各国领事决议对清通告之件

① 此篇原文为英文。——译者注

6 月 30 日下午 1:39 发，同日下午 6:40 收（经由芝罘）　　　　郑领事

在北京之列国公使于 6 月 19 日接总理衙门之二十四小时内离开北京之通牒。彼等以旅途中有生命危险之理由拒绝。驻天津各国领事决定建议其政府通牒清国政府："若有任何人加害于各公使之身体，则联军当破坏清国皇室之陵寝。"请我国政府训示关于本件之决议。

三八六

6 月 30 日　青木外务大臣致驻天津郑领事函（电报）

同意驻天津各国领事对清通告及与各国领事协同行动之回训

6 月 30 日发　　　　青木外务大臣

无号

经芝罘而收讫之贵电中所载天津列国领事会议决议，同意采取遵照此决议之措施。又，今后遇紧急情况，亦不妨直接执行列国领事会议中多数决定之一切事项。

三八七

6 月 30 日　大沽驻清国特派加藤公使致青木外务大臣函（电报）

禀报各国公使拒绝离开北京之请求及联军救援北京之件

6 月 30 日芝罘发，7 月 2 日收　　　　在大沽全权公使　加藤

收讫 6 月 29 日所发之贵电。6 月 28 日本官电告列国公使已到达天津，然此为无根据之流言。据说列国公使 6 月 19 日接到总理衙门要求离开北京之通牒并拒绝。此外没有任何其他消息。

联军士兵总计约一万五千人。其中俄国五千八百人，日军三千人，英军三千人，其他各国士兵若干。而列国似仍不断增加其士兵数目。

6 月 29 日，日军一大队向天津行进。同日，俄国司令长官阿历克谢耶夫自旅顺口乘布托洛巴库巴库斯克号抵达大沽。尚不清楚该长官之进退，但推测恐将于西摩之上担任联军总指挥官。

联军甚为激昂，正等待足够援兵，制定作战计划，欲自北京救出列国公使。（此处数字不明）联军欲以天津为根据地袭击北京（此处数字不明），然有结果将反而使列国公使陷入更加危险境地之虞，故有使用何种方法进行交涉、救助列国公使之议（此处数字不明）。然本官对照今日之事，认为此亦无成功之希望。

三八八

6 月 30 日　驻俄小村公使致青木外务大臣函（电报）

俄财政大臣关于保全清国领土及日俄协同行动意见之报告

6 月 30 日发，7 月 2 日收　　　　驻俄全权公使　小村

第六五号

6 月 29 日得到机会与财政大臣会面之时，该大臣在谈话中提及清国问题。该大臣告

知本官,彼向俄国政府所提之意见,为由于维持清国现状为俄国利益上最需要之事,俄国政府宜尽力避免妨碍其现状之行动,且不论恢复和平与否,皆应与列国军队同时撤回其军队。

该大臣还表示,俄国毫无危害清国保全之意,可以明确地说,其于清国之行动除恢复和平外,无其他目的。为达此目的,日、俄两国当与其他各国采取共同行动。然因两国领土接近清国之事实,在清国拥有最重大之利害关系,因而对于清国之保全及安康,比仅有少许关系之其他各国,必须维持优势地位,此为务必常记于心之事。上述财政大臣之意见,与本官已在第五五号及第五八号电报中报告之陆军大臣所见略同。而此两位大臣目前在俄国政府中最有实力,且占据最显要之位置。

三八九

7月1日　驻芝罘田结领事致青木外务大臣函(电报)

列国公使馆遭难事态危急、禀请速派援军之件

7月1日下午2:00发,3日上午7:30收　　　　驻芝罘领事　田结

哈托之特使上周一从北京出发,于6月29日到达天津。在北京,除英、德、意三国之外,其他公使馆均被破坏。避难于英国公使馆之列国外交官、传教士等受到严重枪击。而对准公使馆放置之大炮尚未使用。事态极其危急。

事已如此,必须将足够之军队留于天津、大沽两地(即使因此可能对列国公使造成更大危难)后,立即举大军进攻北京,并希望加速派遣更多军队。根据美国海军士官之说,救助北京至少需要五万士兵。

三九〇

7月1日　青木外务大臣致驻俄小村公使函(电报)

随时探报俄国出兵数量之训令

7月1日发　　　　青木外务大臣

第五一号

为使帝国政府行动与列国保持一致,要进行各种准备,务必知获俄国已经向清国派遣以及将要派遣士兵之确切数目。因此,贵官探求相关信息,可随时电告。又,贵官在探求时,可告知对方,我政府对俄国驻日公使亦始终给予此等报告。

三九一

7月1日　驻德井上公使致青木外务大臣函(电报)

就山东教案向胶州总督发训之件

7月1日发,4日上午8:50收　　　　驻德全权公使　井上

第四七号

据本官刚刚所闻,因担心危及在山东之基督教堂,胶州总督接到训令,当与清国地方官府协议后迅速采取预防措施。

德国政府预料德国在山东省之利益不会受到危害，迄今为止其态度颇为沉着。故认为上述报道值得注意，特报告之。

三九二

7月2日　驻意大山公使致青木外务大臣函（电报）

关于法国占领北京意向之情况之件

7月2日上午0:10发，5日下午9:00收　　　　驻意全权公使　大山

第一九号

7月1日，驻意法国大使告知本官，法国政府有意为恢复清国从前之状态以武力占领北京。

三九三

7月2日　驻比本野公使致青木外务大臣函（电报）

关于法国占领北京意向之情报

7月2日上午0:16发，6日上午8:15收　　　　驻比全权公使　本野

第一六号

法国驻比利时公使曾驻清国，前此被召回巴黎，今归任当地。据彼所言，似乎法国政府希望，如果有可能，在北京恢复西太后之政权，而对分割清国无任何准备，故对之极为忧虑。

三九四

7月2日　驻法栗野公使致青木外务大臣函

法国对清国暴乱态度之报告

机密第二〇号，8月10日收

外务大臣子爵青木周藏阁下：

义和团，即欧美报纸上一般称为“boxer”之一群叛民，其蜂起于清国山东省地方，向北京及天津附近扩展，企图对外国人施以暴行。上月中旬以后，其消息时时于报纸之东洋来电中有所散见。但该国官民俱未深留意之，以为如先前之草民贼寇乌合之众，不足为惧，付之一笑而去。至上月末，其势益发猖獗，所到之处，侵害外国人之生命财产，支那官兵亦难镇压之。在北京之各国使臣陆续发来形势日趋危急之电报，始觉事件之重大。前5月28日内阁会议上，该国外交部长报告中国骚乱之形势，陈述以后当多加注意，不可怠懈。该国政府暗中将其通知各报社。在报纸上亦更多注意，中国问题遂成为重要主题。然对于清国政府与义和团暗中串通之事，该国舆论界中多少亦抱有怀疑，对清国骚乱之性质尚未有准确认识，故未提出对之应采取何种措施。彼平素最关注外国事变而被誉为舆论界泰斗之《时报》亦于该月30日及上月1日所发行之报纸上刊登关于中国骚乱之社论，只不过后悔召回距今四年前北京骚乱之际，各国舰队登陆之海军陆战队之事，认为各国行动失当。阐述于此次之变乱，各国固不可执行完全不干涉之政策，但亦不可不避免列国执行干

涉方针而刺激各国之私欲、导致其利益相互冲突之事。其后,关于清国变乱之东洋来电及相关传言尘嚣日上,不用说报纸上文章,外交界中话题大抵与义和团骚乱有关。获知事情真相,并了解支那政府之态度,对于本官在当地尽外交上之职务极为重要,因此在前6月4日所发第二五号电信中,询问清国变乱状况及清国政府对之态度如何。

而后义和团运动益发严重之电报陆续刊登于欧洲报纸上,有电报称直隶湾之各国舰队海军陆战队若干名已登陆,向北京进发。该国报纸等亦纷纷发表多少明确之意见。《时报》连续在报纸上发表社论,大力主张目下应当救助濒临危难之在清外国人,继续推行门户开放主义,为此,各国必须共同一致行动。《论辩报》亦论述,平定清国祸乱,恢复从前情形,维持其现状(status quo),法国政策只要依此方针,则不论其他任何国家皆将赞成法国。以《费加罗报》、《高卢人报》等为首,该国报纸不分其政治派别,大抵皆赞同此说。本官及公使馆馆员等平素互相往来之该国人士等,亦透露出同样意见。又,伦敦《泰晤士报》主张,此时有必要由英、俄协商进行果断处置,向清国表明欧洲各国绝不分离之态度。其他欧洲各强国舆论之趋势亦认为各国有必要共同一致。于此之时,唯独我国似仍采取单独方针之消息自东洋传来。由欧洲各国报纸上所登载诸电报等来看,列国舆论似对之颇为叹惜。若我果独不加入列国协商之行列而独自采取行动,则将来在解决中国问题时自然对我不利,自不待言。故杞忧之余,在此前11日所发第二六号电报中,具体呈报对该国及欧洲各国态度之预料时,亦略陈本人之鄙见。

又上月8日来电中告知义和团骚乱现状,6月4日在北京各国使臣间决议之内容。此来电于11日接到,然并不明确我国使臣是否亦加入各决议。如前所述,恰好有人对我国态度有所怀疑,且清国之变乱对我国有最重要之利害关系,因此本官对该国等相关意见做了极为仔细之研究,切望我国在该问题上切勿落后。而凡打听彼之意见之时,多半亦不得不通告我方意见。因本官对我国政策完全不了解,毋庸置言于应对上自然极其困难,缺少外交上之“坦诚”(其程度自当有所斟酌)而不能博得彼充分之信任。尤其对于如本次事变之重大事件,了解帝国政府之方针,对于本官行使职务极为重要,因此在上月11日所发第二七号电报中,再次询问帝国政府对此次事变之方针。

阁下此前9日所发电报与本官所发电报错过,于此前11日到达本馆,接到阁下之训令,命探知在北京政府不能自行镇压叛乱时,法国政府将采取何种处理措施,并上报之。恰好当天该外交部长于下院回答右翼党一领袖高显之质问,进行一番关于中国问题之演说。外交部长简略陈述义和团蜂起之始末后,继续讲到,灾难危及列国全体,因此各国有必要采取共同一致行动。以往在中国问题的解决上相关各国是否有不一致的地方,本部长不知道也不想知道,但在目下燃眉之际,显然各国共同一致行动最符合各自利益。如果列国间不能共同一致而为中国人所乘,则将给列国带来不幸。因此,已训令在北京之法国公使,应常与列国使臣交涉商议,法国东洋舰队全部兵力自然也任其指挥,其他兵力亦应该公使之请求而协调准备出发。所幸,今日列国使臣间保持一致,未有松弛。彼等向支那政府发出最后照会,强烈要求其迅速杜绝祸患根源。若该照会不能奏效,列国将以己之力保护本国利益,同时保护西方文明,此外无他。如在此等情况下,列国间出现竞争,也不过是某国最先准备完毕并拥有达到其目的之必要手段此类问题。(此段用词不明,当日在议院对其不明白之人亦不少。因有该局职员之谈话,其大意应为部长希望各国彼此之间心无二意，争先平定祸患）又驻云南之法国领事弗朗索瓦在上月7日夜所发电报中报告，当地形势相当不稳，该省巡抚亦明言不能保证外国人之安全，因此要求官吏、传教士等均返回东京。对此，外交部长一方面直接向支那政府发出严重照会，另一方面回电告知该领事，于认为必要之场合可直接派遣军队。加上“于认为必要之场合”一语之理由为，没有人比该领事更了解云南地方现状，且亦担心派遣军队一事会刺激支那民心，危及外国人生命。法国在支那南部地方并无吞并土地之野心，但在为实现根据条约得到之建立各种经济企业之必要场合，则将毫不犹豫采取十分强硬的措施。法国从一般政策方针考虑，决不能使其势力散乱于各处，而必须将之置于本国的控制之中，此应为在座各位所熟知。

外交部长上述演说在下院博得广泛热烈喝彩，舆论界亦无不表示赞成其主旨。偶有王党或右翼党派报纸慷慨陈词，言法国在今日支那占据最大优势，未能顾及他国而采取断然之行动，此为外交之萎靡、共和政治之恶果；又非难道，政府未能预防支那之骚乱，现在陷于灾难之中，当问外长怠慢之罪，等等。但此均不为有识之士所关注。

从该外交部长之演说，可充分了解该国政府对清国变乱之方针。然本官仍于13日面见该部长，认真询问法国政府对清国变乱之方针。其回答完全与在议院所演说内容相符合，即重申在北京之法国公使当经常与各国使臣协商，对清国政府采取共同一致行动；此行动归于无效时，各国以己之力保护本国利益；并给予在北京之法国公使随机处理召集海军等事宜之权力。该部长补充说，在目前情况下，法国除感到各国当共同一致以镇压中国叛乱之外，无任何其他想法。其又在闲谈中说起，曾接到关于在北京之日本公使馆书记生被杀之公报，以及对于日俄在朝鲜的关系，在必要的情况下，将不吝进行十分友好的斡旋。可以推测，原本法国从其在远东之利益关系出发而论，亦通常采取防止日俄之间发生冲突之方针。此事当可供帝国政府考虑。

上述该国政府对清国变乱方针之要旨，已于13日所发第二七号电报中报告。同时欧洲报纸上仍然认为日本态度为孤立政策，为提请注意特禀告之。

其后迫于清国变乱形势益发危急，该国舆论界亦更加激昂，劝政府增派援兵之说渐多。《时报》、《论辩报》等与政府内部有关系之大报频频论及，列国应共同强迫北京政府迅速平定祸乱。并建议于强迫北京政府时，如1884年变乱之际，以各国舰队封锁直隶湾，当最为有效。其他诸报中，有不少论及平定祸乱之任务应由俄国承担（《费加罗报》、《高卢人报》等）。21日，该外交部长又于下院发表一场关于中国问题之演说，先陈述派遣援兵之计划，随后讲到法国有余地今后根据必要增派援兵。彼表示，与俄国密切联合之法国，今日以其兵力坚决与列国共同一致救助人命，明日足可充分保护外国人之生命、财产，从事建设清国政府之共同事业。其又曰，关于北京及其他附近地方之现状，法国政府与列国政府同样未接到任何确切消息，只祈望诸外国人能安全无事。关于云南地方情况，有一应报告之事情。驻云南之法国领事本可以于7日与诸外国人一起从该地出发，然根据该领事14日发自该地、18日到达巴黎之电报，该省巡抚以武力阻止其出发，又乱民施暴，使领事馆之档案材料，更勿庸言细软等物品皆被掠去，完全陷入俘虏之状态中。对此，外交部长采取临时非常手段，在与北京电报通讯断绝之今日，召见驻本地之中国公使，督促该公使电告云南巡抚，以该巡抚之生命担保驻当地之法国领事及法国人民之生命（该巡抚若使法国人失去生命，则法国将夺去该巡抚生命），而且若有必要，法国必能夺去该巡抚之生命。

勿庸置言,此为违例之处理,然了解中国情况者皆承认,此为不得已之举。根据方才所接获之法国领事来电,该巡抚其后帮助该领事出发。由此亦可见,上述非常手段并非无效。又说到祝贺列国合作协商依然坚固,云云。对于此外交部长对中国公使裕庚之言行,有评论认为其于外交上颇不稳妥,然议员及其他一般舆论均表示欢迎其果断态度,对之完全赞成。

上述外交部长演说中关于援兵部分之大意,于23日所发第二八号电报中已详细呈报(该国援兵之情况将于后文详述,故此处不赘述)。19日东京所发电报训令曰,北清形势一变,列国无疑将就处理办法交换意见,故我国不可被排除在列国协商之外,当时时电告所在国之态度。此训令于23日接获。本官常常与该国政府负责外交之人及驻该地之各国使臣等相往来,尤其对北清问题多方关注与研究。目前本问题之事态十分重大,而北京政府之态度亦因交通中断而不清楚。可以看出,对于此问题将如何解决,目前似无人能有定见。而回过头来看,若分析该国舆论界之趋势,皆着眼于平定祸乱之急务,而几乎无人论及将来整理之方法。独24日所发行之《论辩报》,刊登一篇与现任外交部长、内阁各成员有日常往来,署名"洛贝尔·道·奇"之题为《中国之难题》之社论,引起有识之士之注意。其大意曰,迫于北清之形势日趋危急,各国联合军队想要进入北京,可谓尚需时日。清国各地方之排外情绪非常激昂,义和团在山东地方发动暴乱,远在数月之前。又如《北华捷报》,亦于上月15日将义和团之秘密组织及清国政府与之暗中勾通之确切证据向世人披露。由于列国政府未直接采取适当处理办法,遂致生出今日之悲惨结果,难以预料今后还将演出如何之惨状。然中国问题之困难并非目前之祸乱,而是平定之后列国间所产生之政治问题,即假若用某种手段平定目前之祸乱,则可以想象,列国必定向清国政府要求巨额赔偿及严厉惩罚。如此,则无非是对今日已极度虚弱之北京政府再予打击,破坏该政府之基础,将整个支那帝国带入混乱之中。俄国因在北京朝廷拥有一种特殊势力,故削弱当今皇室之实权非俄国之所好。英国之利益与之相反,已经表示希望支那朝廷回到被认为是自己势力范围的长江一带。又进一步假定,北京政府实力虚弱,不足以平定目前之祸乱,以致列国不得不于支那帝国之内各自划分某一区域,自行平定祸乱。而划定其地域时,将如何能不破坏列国之一致而实行之?退一步说,若考虑法国在支那问题上之利益,其政策显然如外长德尔卡塞在议院中多次公开所说,用一切手段维持支那帝国之存在,对其政府实行某种国际监督,渐渐注入泰西文明,尤其防止某一国以其单独力量改革中国军制等,以此为其统治提供工具之事发生。换言之,法国对支那之政策当为保守,不外乎缓和牵制其同盟国之政策。尽管法国如何希望能够维持支那帝国之现状,这虽非其意,但他也必然会根据今后事态发展对支那政策的延续性进行解释,这是很难预测的。在这种情况下,当归入法国版图中的应是云南、广东、广西、贵州四省(其面积不可不说广大,但土地贫瘠,山川过多,不足以供养支那全部人口之十五分之一。此亦法国不欲分割支那而常常赞成门户开放主义之原因)。而亦难以预料列国可得到比此更加优越广大之版图而占据优势。与法国利益相反,法国希望,大多数可能成为分割者之日、美、意等,相互保持势力均等,产生间接牵制英国在长江一带优势之结果。前述各事,均为十分不幸之想象,虽如此,支那祸乱之现状,使得各国政治家不能不考虑继承支那之问题。云云。根据所刊载之报纸与该国外交部之关系、笔者与外交负责人之私交以及该国政府一向之举动而推测,可以认为该社论已描绘出该国部分政策。因此，关于清国变乱该国外交界之情况以及上述社论之要旨，已于25日所发第二九号电报中禀报。

又，23日东京所发电报中，对于大沽舰队司令请求紧急增派军队一事，阁下召见英、俄、德、法、意、奥诸公使，亲手递交备忘录，言迫于目前北清之形势危急，帝国政府希望所采取之处理方法能与列国之处理方法相协调，欲了解列国将采取何种直接措施（电文多少有不详之处，故理解为以上含义）。就此，亦电训本官认真探察该国政府现在所采取之措施及正在研究中之策略，并详细呈报之。该电25日夜收到，翌26日即速与该国外交部长会面，就支那问题转入私下谈话，恳言曰，北清形势一变，不知今日法国政府将对之采取何种紧急措施。该部长曰，现今北清地区之法军不过库尔乔尔少将此前所率之六百人，前日已从印度支那殖民地派遣三大队及三炮队至北清地区，大概将于明日或后日到达。上述兵员有三千人左右，与贵国目前之兵员大体相等。又，为补充上述三大队及三炮队，将从法国派遣三大队及三炮队至印度支那地区，大概将在三周内到达。根据今后情况，此军队亦可转派至北清地区，则北清地区之法国军队总数可达六千人至八千人。除此之外，法国政府目前并无其他任何计划。云云。其大意已于前26日第三〇号电报中详细呈报。

前述诸报道概而言之，法国现时于北清之兵力为库尔乔尔少将原来所带六百名登陆士兵，昨日或今日当已到达当地之三大队及三炮队为：八千吨之丹托尔卡斯托、四千吨之简・巴尔、四千吨之戴卡尔特、四千吨之巴斯卡尔、四千吨之布罗塔，此外还有炮舰四艘及通信舰一艘。而自法国新近增派之三大队及三炮队，目前已收到命令将赴印度支那；亦可能因今后事变之情况而奔赴北清地区。又，该国所新派之军舰为八千三百吨之格香、四千七百五十吨之阿米拉尔・夏尔尼约及三千七百之阿里安三艘。

该国海军部长针对增派上述军队及军舰之事，请求追加三百零五万三千法郎之预算。然政府此次所决定之军队数量，仍不足以在北清地区竭力完成与法国大国地位相当之任务，并保护法国在印度支那及中国南方之权益，因此应当再增派兵力之议论颇不少，政府亦在装备四千五百吨之斯伐库斯。

该国下院之殖民党（Groupe Colonial）、右翼中央党以及左翼党中同样热心于殖民扩张之议员等团体，在下院活动室召开大会，总理埃奇恩奈（多次担任殖民事务总长及下院副议长，被称为最精通外国事务之人）就支那问题发表一场演说。彼先详细叙述西太后之生平，然后言及法国对支那之政策曰，虽抱有在支那北方加强俄国之势力，在南方巩固本国地位、扩张版图之希望，然而出于其属地印度支那防御上之必要，在云南、广西、广东三省及四川省，需要占据无人可争之优势。且法国将尽力防止中国分裂，并仔细研究废黜西太后一事是否会陷入英国计谋之中。云云。随后，下院右翼党领袖之一高向主张，法国应在直隶湾拥有一港口之利益。又，前殖民部长休坦等发表演说。该党决定由总理埃奇恩奈将该党之意见向外交部长详细陈述，遂散会。现任外交部长德尔卡塞原来亦为殖民党之一员。上述埃奇恩奈之演说当与该国外交方针有所联系，故一并详细呈报。

义和团事件发生以来，该国报纸、杂志等众说纷纭，而政界人士亦有种种意见。然其意见所一致者，在于下列两项：

一、法国当尽力防止支那分裂；

二、支那问题的困境将在平定祸乱之后出现。

盖反观法国对外政策究竟将如何对待支那问题,以该国外交部长迄今与本官之谈话及其在议院所发表之演说、外交及政界人士之观察等为主,并考察报纸、杂志等所议论者,正如之前该国外交部长及殖民部长等屡屡于议院中所演说者一般,实际上法国现在所拥有之殖民地过于巨大,而法国人天性不好迁移,故其各殖民地并未发展繁荣,依然处于荒芜、遗弃之现状。该国政府制定方针,停止扩张殖民地面积,而巩固其防御,开发其资源,以增进其繁荣。因此,在远东问题上,本官根据与该国前任外交部长阿诺托以来各外交负责人之谈话而观察,完全是在执行上述方针。前年胶州湾事件发生之时,当时内阁成员中亦有人提议,法国应扩大在支那北方之势力。然由于外交部长阿诺托等之驳斥,完全未着手于支那北方,决定只采取措施巩固其在印度支那殖民地之地位(毋庸置言,可以想象,在支那北方,当法国感到必要时,不亦得以使用俄国之旅顺港乎?)。因此,清国目前之祸乱被平定后,法国之方针亦无非决不希望分割支那帝国。法国在支那之利益毕竟属商业方面(在印度支那殖民地之防御上,于地理上接壤之地区实施相当之设备,此种考虑亦属当然),故其宁愿赞同所谓门户开放主义,乃基于欲在支那帝国全境扩张法国商业利益之精神矣。

盖俄国对远东之将来包藏何种野心,不在本官所论究之范围内。然如前所述,法国有维持支那帝国领土完整、希望远东和平之倾向,故万一俄国有危及远东和平之举动,可推知法国将采取缓和其锐气之态度。根据现任外交部长德尔卡塞与本官之私下谈话中所透露之意向,亦可明确作此考虑。故为永久维持远东和平,帝国政府当重视与该国政府之关系,且亦当与舆论界保持相当联系,从而奠定基础,将来某一时刻也可利用。此实为紧要之事。本官确信,上述内容可有助于我国制定在欧洲之一大外交政策。除上述意见外,并详细呈报该国对清国事变之态度。　敬具

明治 33 年 7 月 2 日　　　驻法特命全权公使　栗野慎一郎(印)

三九五

7 月 2 日　驻悉尼永泷领事致青木外务大臣

自澳洲向清国派遣军舰之件

公第四七号,8 月 7 日收

外务大臣子爵青木周藏阁下:

对于清国此次之事件,英国政府认为有必要向该国增派军舰。而从英国本国出发,则需要航行六七周时间,而从澳洲则仅需三周便可到达香港,于紧急之时方便不少。故殖民大臣张伯伦向澳洲各政府发电,请求迅速从澳洲舰队中派遣三艘适于在长江及其他江河中航行之舰船。各政府立即回电表示同意。随后,前日下午,英国政府电令舰队司令长官迅速挑选舰船派出。司令长官遂选中于该洲沿岸演习之 Wallaroo 号(三等钢制巡洋舰,两千五百七十五吨)以及眼下正泊于奥克兰港之 Mohawk 号(三等巡洋舰,一千七百七十吨)与 Ligard 号(一等炮舰,七百一十五吨)三艘舰船,命其迅速出发。Mohawk 号与 Ligard 号于昨日凌晨自奥克兰港、Wallaroo 号于今日自达比斯湾(该港以南八十英里)均向香港航行。

此情况已于上月 30 日及本日之电报中禀报,特在此详细报告。又有传言曰,上述殖

民大臣关于派遣舰船之电报为秘密之事，然被维多利亚州内阁总理泄露，故其他州内阁成员中有感到愤慨之人。此事一同禀报。　敬具

明治33年7月2日　　　　驻悉尼领事　永泷久吉(印)

又及，关于上月30日电报中所禀报该州及维多利亚州提议出兵一事，殖民大臣回电中讲到目前英国政府正在讨论之中。若英国政府需要该州派兵，则维多利亚州应当可派遣二百名海军陆战队士兵，该州应当可派遣数百名义勇军。至彼时，其他州当各自派遣军队。

此仅供参考。

三九六

7月3日　驻德国井上公使致青木外务大臣函(电报)

德国皇帝对赴清国派遣军之敕语及舰队预定出航之报告

7月3日下午2:30发，4日上午7:25收　　　　驻德全权公使　井上

第四九号

二大队海军即将向清国出发之际，德国皇帝昨日幸临威廉港，对之发表恳切之敕语。先谈及德国国旗受污辱、德意志帝国遭羞侮，故今日需速行征伐复仇之事。又告之曰，派遣此军队，乃为惩罚无道之罪，皇帝当使德国国旗与其他列国国旗一起飘扬于北京城墙之上，不使清国签城下之盟则不罢休。

又据闻，第一舰队第一部队已接到命令，立即向清国进发。

三九七

7月3日　在大沽特派驻清国加藤公使致青木外务大臣函(电报)

俄军抵津、德公使遇难、李鸿章进京之情报

7月3日下午2:40芝罘发，4日上午3:40收　　　　在大沽全权公使　加藤

7月1日，俄军共一千人乘义勇舰队轮船奥里埃尔号到达。6月30日，阿历克谢耶夫司令长官拜谢东乡中将，告知俄国已经最早派出所有能调动之军队，现在除了让日本增派军队之外，没有其他办法。德国驻清公使在北京被杀害之报道已得到驻天津领事馆之确认，故6月30日，各舰应德国司令官之请求而降半旗。6月30日，出没于新城附近之清国侦察兵与俄国兵之间发生冲突。关于李鸿章之北上，本官与东乡中将协商，尽可能对之给予方便。本官相信，不论李鸿章能否到达北京，又不论其任务是否能成功，此际尽量予其方便，当为必要之事。东乡中将当与各司令官协商。驻天津各国领事之决议不过弥缝一时，以暴易暴，与人道相背，如此提议不值得列国政府采纳。本官到达天津后，将再进行调查，并电告之。

三九八

7月4日　驻法国栗野公使致青木外务大臣函(电报)

法国外长关于对清措施、方针及各国间协调之议会演说之报告

7月4日下午2:40发,8日下午2:00收　　　　驻法全权公使　栗野

第三二号

法国外交部长于7月3日在议院宣称,法国无意同清国开战,但将保护本国国民,其他各国使其国民得到之保障,法国亦坚持不怠于追求其实现之职责。法国殷切希望维持列国间在远东之完全均衡,密切关注防止破坏此均衡而给法国带来不利影响。又,法国没有任何阴谋企图,本官不相信有任何国家抱有单独之目的。本官所见,列国因共同之危难而欲达到共同之目的,此均已为各国所熟知。法国常尽力巩固列国间之协同一致,维系保护国际联合,未敢怠慢。本官与数名公使面谈,皆承认事态极其重大,然无一国有任何对清措施之提议。又,除列国联合之问题外,未交换任何其他意见。

三九九

7月4日　驻德国井上公使致青木外务大臣函(电报)

德国报纸关于德国出兵报道之报告

7月4日下午2:40发,8日下午12:30收　　　　驻德全权公使　井上

第二〇号

清国事态益发迫切,故命令以陆军志愿兵组成混成一旅团之远征队。

德国皇帝最近之敕语激起诸多时评,至目前为止,一般似以温和之意义对之进行解释。该国报纸根据该敕语,不认为与清国之国际关系已破裂,主张新近增派援军乃仅为迅速恢复清国秩序,与其他各国共同行动。

四〇〇

7月4日　驻俄国小村公使致青木外务大臣函(电报)

与俄外交大臣关于俄国增派军队意向及派兵数目之谈话

7月4日下午9:40发,6日下午9:10收　　　　驻俄全权公使　小村

第六七号

7月4日会见拉姆斯多夫伯爵。该伯爵告知本官,眼下当务之急在于救援在北京之列国公使,将之转移至安全地区。然天津及大沽之列国军队不过两万人,不足以达此目的。故有必要再增加援军。目前在清国之俄国士兵总共有一万人。

四〇一

7月5日　驻俄国小村公使致青木外务大臣函(电报)

关于俄国增兵人数之报告

7月5日下午2:37发,7日下午4:30收　　　　驻俄小村全权公使

关于贵电第五一号,本官以电报第五五号报告,俄国已决定该国在清国之兵力总计为六千人,想必贵大臣已知。其后情况变化,使俄国生增兵之意。本官以电报第六二号报告,目下该事一任在旅顺口之阿历克谢耶夫海军中将意见,今后增遣之俄军确切人数难以事先知之。请贵大臣将给予日本国驻俄国公使之通报亦全部电告本官。

四〇二

7月6日　驻福州丰岛领事致青木外务大臣函

马尾船政局所雇法人离去并传法国占领该局之情报

7月6日下午4:20发,7日上午3:20收　　　　驻福州丰岛领事

马尾船政局雇佣之法国人,除其任期尚有一年以上之骨干及其他四人外,其余均使其家属从本港出发离去。此应因北清暴动且其雇佣期限在数月内终了之故。

据传,疑法国一旦有机会,将随时占领该船政局。

四〇三

7月6日　驻俄公使馆武官致参谋总长函(电报)

俄陆军大臣就联军向北京进军及日俄军队合作必要之谈话并西伯利亚俄军出发之报告

彼得堡7月6日上午2:00发,7月12日上午2:40收

(70).驻俄公使馆陆军武官致参谋总长

陆军大臣7月5日对我说,从军事角度出发,联军挺进北京是绝对必要的。如果他们迟疑,则情况将变得更为严重。但是,为达此目的,必须大大加强兵力,而且维持俄国与日本之间的协调合作也是重要事项之一。第一旅及第二旅在阿历克谢耶夫上将指挥下从东西伯利亚出发,阿历克谢耶夫具有单独指挥一支军队的能力。第七兵团已抵达大沽,现支那境内已有约一万名俄国士兵,包括海军。

小村(转达)[①]

四〇四

7月7日　英国公使致青木外务大臣函

英国外交大臣向驻英清国公使请求救援各国公使之通知

附件:英国外交大臣请求之抄件

附记:7月5日驻英松井临时代理公使第五二号公信

同前件及英国政府委员就清国事变在下院演说之摘要

东京,1900年7月7日

第三五号

大臣阁下:

我收到索尔兹伯里侯爵的电报指示,我荣幸地通知阁下,外交部昨日已与清国驻伦敦公使会谈,备忘录如下:

国王陛下政府要求清国公使通过电报传递消息,以保证北京政府能够收到信息,通知他们若在北京之外国人受伤,他们将因此承担罪行并被关押。

① 此篇原文为英文。——译者注

我借此机会向您进行报告。

J. B. 怀特海德
H. B. M. 临时代理公使[①]

(附记)

7月5日驻英松井临时代理公使第五二号公信

同前件及英国政府委员就清国事变在下院演说之摘要

公第五二号

外务大臣子爵青木周藏阁下:

本日之加页印刷备忘刊载,英国政府请求清国驻英公使,英国政府已要求务必电告北京政府,在北京之欧洲公使馆员及外国人士若遭受伤害,可认定北京政府负有直接罪责。该国政府将此备忘用另页抄写为1号,通牒于我。故迅速电告此事。如另页中所言,备忘之主旨已电告在东京之英国临时代理公使,并令其告知帝国政府。故迅速禀报此事,使阁下可以与英国代理公使之电报详细比较。特此附上另页禀报。又,今日其政府委员于该国下院中发表与本件相关之演说,即另页之剪报。特此一并禀报,以供参考。　敬具

明治33年7月5日　　　　驻英临时代理公使　松井庆四郎(印)

(另页)

外务省,1900年7月5日

索尔兹伯里侯爵向日本外务大臣致敬,并荣幸地附上一份今天交给中国公使的照会抄件。照会内容已电送英国驻东京代理公使,并指示代理公使告之于日本政府。

送中国公使之照会

英国政府要求中国公使以电报形式确保以下信息可送达北京政府:声明,若在北京的欧洲公使馆成员或其他外国人士受到伤害,北京政府将负有直接罪责。

外交部　　　1900年7月5日[②]

○报纸关于英国政府委员在下院演说之剪报

英国政府委员就清国事变在下院演说之摘要:

中国的危机

H·坎贝尔—班内南爵士,尊敬的外交副大臣是否有什么来自中国的消息?布罗德里克先生(Surrey Guildford),我们进行了沟通,但并没有书面证据可证明欧洲报纸上出现的关于大屠杀的传言。关于下一步行动的问题,指挥官们认为,除非增派军队,否则无法开展进一步的行动。关于这一点,我们在随时等待日本政府的答复,今天下午我们与他们进行了沟通。(好!说得对!)英国政府向中国公使宣布,若在北京的欧洲公使馆成员或其他外国人士被杀害或受到伤害,北京政府将负有直接罪责。我们要求公使要用可以确保送达至北京政权的方式来传递此信息,并将其主旨告知中国各总督。(好!说得对!)[③]

---

① 此篇原文为英文。——译者注

② 此篇原文为英文。——译者注

③ 此篇原文为英文。——译者注

四〇五

7月7日　驻德国井上公使致青木外务大臣函(电报)

德国报纸关于德国对清政策报道之报告

7月7日下午4:00发,8日下午3:40收　　　　驻德全权公使　井上

第五二号

本日发行之《北德意志汇报》登载鼓吹当局看法之如下社论:

至目前为止,在东亚事务上,德国之外交政策常与俄国气脉相通,将来亦将如此。对英国之态度亦不会有所改变。同样,德国不轻视日本及合众国等其他相关各国之利益,不怠慢于极力谋求列国之亲睦。然此并不意味着德国政策因此而将其在清国之事业委托于外国,或者将特别利益之保护及国家之责任、义务一任他国处置。德国之外交政策在于,以所有可允许之手段,在清国骚乱地方恢复秩序,无论如何尽可能努力避免永久破坏清帝国基础之事。

四〇六

7月7日　驻德国井上公使致青木外务大臣函(电报)

报告德国皇帝关于表彰对在北京外国人士进行救护者之宣言之件

7月7日发,10日上午8:55收　　　　驻德全权公使　井上

第五四号

昨日德国皇帝向驻远东德国舰队司令官、胶州总督、山东省巡抚及南京、武昌总督发去电报,以其名义宣告,当迅速尽力救护目前在北京之外国人士,给予送交德国或其他外国官厅者,每援助一人,包括必要费用在内赏金共一千两。

四〇七

7月8日　驻法国栗野公使致青木外务大臣函(电报)

法当局对议员质询日本态度之答辩情况之报告

7月8日下午10:40发,12日上午11:20收　　　　驻法全权公使　栗野

第三三号

法国下院担心日本国之态度,于7月7日提出质询。外交部长对之作答曰,日本国始终与列国保持一致。而此宣言在议院内外俱赢得喝彩。

四〇八

7月9日　驻德国井上公使致青木外务大臣函(电报)

德国皇帝"表彰对外国人士进行救护者"宣言通牒之报告

7月9日发,10日上午11:55收　　　　驻德全权公使　井上

第五八号

关于本官第五四号电报,德国外交大臣就该件向本官发来公开通牒,通知已委任德国

驻清国领事可支付该金额。又根据此通牒,前电报所载之必要费用非为送交之费用,而为将该宣言之主旨推广于北京之费用。

四〇九

7月9日　青木外务大臣致清国公使李盛铎函

请求保护在北京之外国人士之件

迳启者。凡现驻北京各国钦差暨各国民人如有被害伤损等事则,大清国政府必须自认其责,承担赔罪。此系我国政府索请贵国政府一节,即望贵大臣速将此意务须设法妥确电达贵国政府。是为至盼。耑此顺颂

时祉

明治33年7月9日　　　　大日本国外务大臣　子爵青木周藏

四一〇

7月10日　意国公使致青木外务大臣函

遣清舰队已编成及派兵数目之通牒[①]

(前文译文)

半公信

外务大臣阁下:

维斯孔蒂·韦诺斯塔侯爵刚刚电报通知我,在中国的王家舰队由六艘舰船组成,并配以增援部队,以使得至少五百人登陆。另外,二千人的军队将在远征中与他们会合。敬具

意国代理公使　科比安基　1900年7月10日于东京

四一一

7月10日　青木外务大臣致意国公使函

就遣清舰队已编成及派兵数目通牒之回答

亲爱的先生:

今日收到你的来信,得知维斯孔蒂·韦诺斯塔侯爵电报通知你在中国的王家海军舰队数量及装备,以及将要参加远征的王家军队数量。对于你的告知我不胜感激。

请接受我最诚挚的敬意。

签字:子爵青木

科比安基阁下

意大利代理公使[②]

---

① 原文为法文,略。——译者注

② 此篇原文为法文。——译者注

四一二

7月11日　驻法国栗野公使致青木外务大臣函(电报)

就清国状况、出兵费及派兵数目等与法外长谈话之报告

7月11日发,15日下午6:00收　　　　驻法全权公使　栗野

第三四号

根据法国外交部长对本官所说,该部长于本日正午接到驻广东法国领事电报,李鸿章从北京接到开始解散清国暴徒之通知。法国议院先前已同意为出兵清国增加四千零五万三千法郎,又通过临时支出一千四百五十万法郎之文件。其后,会议延期至7月10日。所派遣士兵数及舰船数,本馆陆海军武官将一一报告。

四一三

7月11日　驻德国井上公使致青木外务大臣函(电报)

德国舰队出发及命令赴美国方向之舰艇开往清国之件

7月11日发,14日上午11:00收　　　　驻德全权公使　井上

第六〇号

本官第四九号电报所载之德国舰队于7月10日向清国出发。又,在美国之巡洋舰嘎伊埃鲁及在澳洲之巡洋舰赛卡道莱尔以及本国之水雷艇五艘,受命立刻向清国前进。

德国皇帝因清国事件被推迟之夏季诺威之行,于7月10日乘游船出发。

四一四

7月12日　驻美国锅岛临时代理公使致青木外务大臣函(电报)

就美国派兵数目与国务卿谈话之件

7月12日下午10:15发,13日下午1:10收　　　　驻美临时代理公使　锅岛

第二八号

根据国务卿对本官所说,美国政府又命由马尼拉向清国派出二大队(?),在清国之美国士兵总计约五千人云。不过根据其他可靠消息,海军司令官克姆普电告,对于目前之事态,至少需要两万五千人。因此,美国政府尚在陆续派遣更多士兵,其在清国之士兵数总计当有约一万人以上。

四一五

7月12日　驻法国栗野公使致青木外务大臣函

法国对清国变乱之态度

机密第二二号,8月21日收

外务大臣子爵青木周藏阁下:

法国政府关于清国骚乱之政策及舆论之趋势等,至2日之情况,已于当日之机密第二〇号电报中详细呈报。其后,该国外交部长于3日在该国下院回答一议员之质询,再次说

明该国对清国骚乱之政策。其大意曰:法国毫无对清国开战之意愿,然保护在清之法国人民,使彼等在清国之内得有与法国在自己版图内所给予诸外国人士之担保相同之担保,此为不可逃避之责任。法国迄今对清国所采取之派兵等措施,完全是竭力为此义务而行,毫无其他缘故。毋庸置言,在远东及世界其他部分,法国同样关注维持列国权力之平衡。为使此平衡不会反过来破坏法国之利益,而需万般留意,不可懈怠。虽如此,法国在远东并无任何秘密计划,本部长不惮于明言之。今日之形势,依本部长所见,任何一国也无在列国协同一致之外欲实行或能够实行特别之意见或计划。列国均面临共同之危险,故深感有必要尽力协同一致。清国骚乱自开始至今日,此点并无丝毫变化。值此列国今日之困境,此实为可安慰吾人之心之一现象矣。法国迄今已帮助列国间互相接近,此后亦将更加尽力推动列国间所存在之共同责任思想,不敢懈怠。盖对于支那问题,即使假令列国之间多少有分离之诱因,共同责任之观念亦可使彼等自我抑制,防止其分离矣。

又,本官一方面向该国政府部门内及政治、社会人士探察该国对支那问题之意向。同时,因上月23日接到电报,训令列国间当有意见交换,故随时电告其详细情形。因此另一方面努力向驻本地之列国使节询问其所见情况。近来,与俄、美、德等诸公使屡屡互访。尤其是英国大使,刚刚来访本馆,再次谈论支那问题。依彼等所见,皆认为支那问题极为重大危急。列强之中,各国对支那将来之善后处分问题皆未有任何交涉之倾向。夫世间所盛传列国间交换意见,各国政府间达成公开协议之迹象皆无,毋宁说,各国仅于实际行动之中,努力于共同一致之精神而已。因此,为参考故,已在4日所发第三二号电报中,详细呈报前外交部长之宣言要领及诸大使之所见大意。(前电文中,至"增强各国联合关系"为法外交部长之宣言;"我已与数位大使会谈"以下为本官之陈述。恐行文导致误解,故此说明)

其后,6日接到阁下第二〇号电报,要求本官向所在国政府确认北清形势,曰日来其困难程度不断增加,依帝国政府所见,清国变乱之根本,远甚于世人所想象(此处电文有一字不明),又其影响极其广大。因此,帝国政府一方面强烈支持列国共同一致之行动,另一方面,准备增派援军至北清地区。又,为进入北京自不待言,为维持天津及大沽之策源地,需要远比现今已到达之士兵,加上在途中之士兵更多之军队。尤其不能被北清地区季节变换、自然、地区、气候等给军队造成之困难所打败。故此,本官认为,列国此时正应该相互诚恳交换意见,探讨对支那问题当采取之方法手段。因此,训令本官电禀与所在国政府交涉之结果,本官即日面见其外交部长,恳谈数刻,根据贵电之大意,充分说明帝国政府之意向。该部长答复本官谈话时,首先告于本官曰:关于法国政府对支那问题之意见,已于两三日前电训阿尔曼,令其通告日本政府,其大意为法国始终坚持与列国共同一致行动之政策,亦希望日本常与列国共同行动,勿有分离。法国希望各国联合军队进入北京,竭力行使救助外国人士之仁慈责任,明确得到对清国将来之充分担保,并维持清国版图之现状。而依今日与贵公使之谈话,日本政府之意在于与列国采取共同一致之行动,决不欲单独行动。此完全与法国政府之意见吻合,此为本部长所最欣喜之事。故本官更告于彼曰,本官此番从帝国政府所接受之训令,其内容不仅为询问贵国政府对北清变乱之方针。如今之状况已极度危急,目前在清之军队实在太少,此外诸种自然之大困难亦几乎难以超越,因此认为,为解燃眉之急,各国有必要迅速互相协商,协定救治之方法。我在外使臣接到训令，询问各自在任之国之意向。对于上述各国迅速开始协商之事，阁下之意见如何？该外交部长答曰，关于列国将来对支那问题所应采取的方法、手段等，法国政府最希望由各国共同商谈。因此，在这一点上，贵国政府与我国政府之意见彼此一致。法国为在救助在清外国人士之仁慈行动中承担起相当之任务，将尽可能迅速派出尽可能多之援军。然正如阁下所知，法国版图内之形势使得法国难以派出大量军队。贵国派出二万人以上之大军，当非难事。然不必说，此与在北清与各国协同尽仁慈之职并无异。各国均派出相同数量之军队，此事难于实行。如意、奥国，与其他各国派出相同数量之军队，到底不免空话而已。因此，各国派遣军队，其数量多寡自当根据各国情况而定。因此，邻近北清地区之诸国较其他各国派出更多之军队，亦属自然。据本部长所见，目前最紧急且重要之问题，非列国各自派遣军队数量多寡之比例，而在于安全进入北京所必要之军队数量，明定其总数。各国大略决定其所承担之数目，并非难事。对于上述进入北京所必要之军队总数，本部长广泛征集意见，未能得到明白之答复。或曰六万人当足矣，即以三万人组成进攻北京之军队，其余三万人足以守备海上及交通道路。有人主张需八万人。又依日本某海军军官之意见，需十万人。关于此事，贵公使若有确切消息，盼望相告。本官答复曰，此事完全在本官智识之外。该部长曰，欧洲诸国政府对北清地区之情况不甚了解，对此紧要问题难以进行明确之计算。若贵公使能探知贵政府军务部门内之意见并告知本部长，实为幸事。若能确定上述之进入北京所必要之军队总数，法国及其他诸国可大略估计各自所派遣之数目，事态便可顺利。又希望可同时询问贵国可派遣多少士兵，此问题本部长亦已询问各国政府。云云。本官故答应该部长之请求，稍作闲谈后返回公使馆。将此对话之大意立即由马耳他线发电禀告。

本月初以来，欧洲各国报纸上间或有传言，曰英国政府完全将平定清国叛乱之事业交付于我国。因此该国舆论界有不少人认为此举将危及列国间共同一致而人心动摇。5日，外交副大臣布罗德里克于英国下院所作说明中，明言英国政府就此事与我国政府有所交涉之情况。故7日(即本官与该国外交部长会见之翌日)，右翼党中一有力之议员毕乌在下院质询政府对我国之态度，表示若英国政府将此次平定北清叛乱之任务托付于日本之传言果真属实，则不仅将危及列国间之共同一致，而且，由与中国人关系最深，且其性易动，功名心重，令吾人担忧日本人平定支那之骚乱，为对远东之将来最为危险之事。平定当前之祸乱，反而因之招致将来之祸根。外交大臣答复曰，英国欲从列国共同一致中分离之事，完全不可想象。又日本与列国共同一致行动，常常表明，一切事情愿相互提携。法国亦已通告日本，乐于看到日本与列国共同一致行动，云云。该宣言发表于该国人士对日本在清国变乱上之态度感到忧虑之时，故无论议院内外，一般人士均喝彩欢迎。此大意已于八日所发第三三号电报中禀报。

又6日发第二一号电报来示，如阁下于前第二〇号电报中所述，为应对紧急情况，帝国政府决定立即向北清地区派遣一混合师团，该地之我国士兵总数为两万两千人。本官将此告知于该国外交部长，该部长表明谢意。

此前，该国议院就派遣援兵，通过四百零五万三千法郎(注)追加预算，此情况已于机密第二〇号电报中奏报。该议院在昨日闭会之前，又全票通过政府所提出之追加一千四百五十万法郎预算。其军队编成之详细情况，由本馆陆海军军官电报禀告，在此略之。上述决议之大意已于昨日所发第三四号电报中呈报。

据欧洲各国尤其是英国报纸近日之报道,英国率先怂恿各国由日本单独承担平定北清祸乱之事,而日本亦非完全无此意,唯因某些邦国反对,故尚未决定耳。日本应其他国家之请求而承担平定北清祸乱之任务,当为极其危险之事。列国是否确实可担保其报酬并确定无疑实现之,恐为需要考虑之问题。此为第一。本官相信,日后这将成为招致中国不满之源泉,对于将来实为下策,不胜忧虑。恰好昨日与该国外交部长会面,提及上述英国怂恿各国之传言。据该部长私下之言,至少法国并未接到如此之协议,此事大概不过是英国政府单方面之希望。此事是否的确存在,从我国外交政策之施行而言,有必要由帝国政府速密告我等在外使臣,使我等详知其事。本官以为,不仅没有此事,而且根据上述外交部长之谈话,此传言为英国报纸等所捏造,无事实根据。

特此禀报。　敬具

明治33年7月12日　　　　驻法特命全权公使　栗野慎一郎(印)

(注)最初所请求之预算为三百零五万三千法郎。

四一六

7月13日　法国公使致青木外务大臣函

司令官任命之通知

法兰西共和国驻日本公使馆　　1900年7月13日,东京

亲爱的子爵阁下:

据我刚刚收到的非正式的电报,我荣幸地通知阁下,华伦少将被任命为在清法国军队的总指挥,他自1899年任少将。

弗赖将军和巴尤将军为其下属。

在清法国海军的指挥权授予海军少将索捷,他自1898年10月11日任海军少将。

请接受我最真挚崇高之敬意。

附言:我已经通过电报通知我们的海军司令有关寺内将军的派遣任务,他将给予最热忱的接待。[①]

四一七

7月13日　希鲍尔特男爵致青木外务大臣函(电报)

俄国对我国占领韩国及对清出兵表示疑惧之通讯

7月13日下午5:45发,15日下午10:00收(据17日下午1:15所收电报订正)

驻德全权公使　井上(转达)

第六一号

根据希鲍尔特(シーボルト):

政治通信社发出被认为确受俄国鼓吹影响之两项报道:第一,路透社通讯报道,日本

① 此篇原文为法文。——译者注

国主张作为对其军功之补偿，占领韩国，并期待列国对此事之同意。从俄国方面来看，此事无论如何不允许作任何探究。第二，关于俄国想要保全清国之政策，俄国不希望将清国置于日本支配之下。又，事先究明日本今后将对其军功所提出之要求，推荐其军队领导者，此为新闻记者等之谬误。仅将外国士兵进入北京作为临时之举措而执行，这一主张为列国事先所承认，与其抛弃此政治上一大原则，招致将来对全盘形势危险之结果，莫如牺牲在北京外国人士之生命为优。

四一八

7月13日　驻孟买野间领事致青木外务大臣函

印度军队准备出发及其他之报告

附件：上文之报告书

公第九〇号，8月10日收

外务大臣子爵青木周藏阁下：

印度因清国事变而出兵之事，已于上月27日所发第八〇号电报禀报。其后之情形，于另页报告，以备查阅。特此禀报。　敬具

明治33年7月13日　　　　驻孟买　领事　野间政一(印)

(附件)

印度海事局接到紧急全速出兵之命令。本日[①]2日以来，当局者费尽苦心进行出兵之准备。每日驱役数千之人夫，装卸兵粮及最困难之供应马匹及运输等，众人为取得最好之结果，皆主动勇猛从事之，故事事均有意外之迅速进展。据称，自加尔各答出海之运输船虽不免有些许变化，但于本月16、17日悉数完了。关于出兵，一般均士气高昂，勇气勃发。例如，据云驻赛康德拉巴兹托之马德拉斯第三联队于本月7日自该地出发赴孟买港时，乌奥道豪斯将军亲自发表一场演说以鼓舞军队，其曰：马德拉斯联队扬名于天下在此一举，此次与清国之战争为正义战争，乃为征讨无知蒙昧、残忍冷酷之野蛮民族而进行。且印度士兵与欧洲各国军队及日本军队并肩作战，此为历史上未曾有过之罕事，因此必须奋勇当先。遂于拍手喝彩之中盛大出行。据闻，本次印度出兵之费用、薪饷及运送衣食等，需约九十一万英镑已预付，今后每月尚需三十四万九千镑，皆系本国政府出资。然此金额中不包含新式大炮之费用及骑兵、炮兵之杂费，而在清国所需穿着之毛类服装，已分别向香港、加拿大及俄国等订购。

全军以二百二十三名英国军官、三百三十三名下士官等为首，包括土著士兵、野战卫生队、传令兵等，从军人数合计一万七千人；马匹则骡两千头，小马五百匹，加上军马合计三千五百头。由曾因进攻坎大哈而闻名之鲁萨、阿尔弗雷泽、伽斯利将军指挥全军，已于本月4日乘济本伽号从加尔各答起锚。而弹药情况，步兵每人七百五十发，骑兵、工兵等各四百发，又每一联队供给一门三〇三马克沁机枪及两万发弹药。额外准备一千一百发，于船中训练射击之术。前次报告之后，其军队派遣顺序更正如下：

---

① 似应为本月。——译者注

兵　种	船　名	出港日期
第七孟加拉联队	奈尔布古号	6月25日
第七孟加拉联队	巴拉姆高塔号	6月29日
第十二野战炮兵队	阿伊钦达号	7月1日
第二十四旁遮普联队	纳伊隆古号	7月2日
总督部以下	基本伽号	7月4日
第二十四旁遮普联队	奈达号	7月4日
第一孟加拉枪兵队	乌干达号	7月6日
第一锡克联队	纳乌布号	7月6日
第一孟加拉枪兵队	乌姆达号	7月6日
第一孟加拉枪兵队	阿伊塔乌拉号	7月6日
第一锡克联队	布洛拉号	7月6日
第二十二孟买联队	巴西阿拉号	7月9日
第二十二孟买联队	瓦尔达号	7月9日
第一马德拉斯工兵队	巴达拉号	7月10日
第四孟加拉工伕队	奈巴萨号	7月12日
第三马德拉斯工伕队(摄像部及其他)	希尔萨号	7月13日
骡	乌尔拉纳号	7月15日
野战卫生队之剩余部分	玛奇阿纳号	7月16日
第一马德拉斯工兵队	蓬塔高塔号	7月17日

以上部队自加尔各答出发。自孟买港出发之部队为:

兵　种	船　名	出港日期
第三马德拉斯联队	巴拉拉托号	7月8日
第二十六孟买联队(11日自卡拉奇港出发)	瓦伊拉瓦号	7月8日
第二十六孟买联队(11日自卡拉奇港出发)	玖库、奥布、鲍托兰道号	7月8日
第二部孟买工伕队	坎宁古号	7月12日
人伕	阿伊兰古号	7月14日
参谋部、伽尔卡斯兵等	纳乌西埃拉、卡塞基号	7月15日

等等。萨玛尼阿号、拉瓦达号与古拉伊布号,以及工伕运送船犹巴塔号、犹拉号与南昆号,此六艘船之出发日期尚未确定。

当局还将派出大量军队,然至本日,未接到任何确切消息。

特此禀报。

明治33年7月13日　　　　驻孟买帝国领事馆

四一九

7月14日　特派驻清国加藤公使、驻天津郑领事致青木外务大臣函(电报)

荣禄向各国公使馆提供粮食之情况之件

7 月 14 日下午 2:05 收　　　　驻天津全权公使加藤,郑领事

近来有关于列国公使之报道自北京传来,其必需之粮食由荣禄提供。

四二〇

7 月 14 日　驻德国井上公使致青木外务大臣函(电报)

德议会关于对清政策及方针说明之报告

7 月 14 日下午 3:30 发,15 日下午 1:40 收　　　　驻德全权公使　井上

第六二号

德意志联邦议院外交委员宣布,完全赞成德国政府对清国近期事变所采取之政策。又,德国外交大臣于 7 月 11 日向联邦各政府发出回牒,首先叙述清国事件之梗概,并报告德国政府对之已经采取之措施,随后叙述如下:

我国在军事上所采取之措施,应当可使我国获得在清国采取军事行动之地位。而考虑到德意志帝国在政治上之重要地位,列国皆承认此举之必要。德国于东亚之传教及通商事业以及目前在山东即将发展之经济企业,均因清国事件而蒙受危险。我国不得不倾全力保护此等有形及无形之利益。我国希望达到之目的,乃在于谋求在清之德国臣民身体、财产及事业之安全,救护在北京身处围困中之外国人士(此处不明),恢复并保持清国之安定秩序。我国将来之政策亦将首先从此考虑出发而制定。

驻卢森堡之德国公使被任命为驻清国公使。

四二一

7 月 15 日　青木外务大臣致驻芝罘田结领事函(电报)

训令驻牛庄领事与各国领事共同行动之件

7 月 15 日发　　　　青木外务大臣

无号

请以最便捷之方法将下述内容转告驻牛庄领事:

贵电经驻芝罘领事转到。关于其中所说牛庄之形势,贵官可如本大臣 6 月 27 日所发电训中所示,若不能与所有驻当地之列国领事共同行动,则与其中多数在各方面共同行动。

四二二

7 月 16 日　驻牛庄田边领事致青木外务大臣函(电报)

就可否撤回领事馆一事请训之报告

机密第一一号,7 月 31 日收

明治 33 年 7 月 16 日　　　　驻牛庄领事　田边熊三郎

(前略)此前就小官之进退经芝罘领事请训,然未接到任何回训。上述请训中提出,帝国军舰舰长中有人主张,眼下当地大多数日本商民已经撤回,如无应该保护之我国利益,

则将领事馆亦撤回如何。只要情况允许,又只要帝国军舰停泊在此,小官准备留在本地,保护今后之帝国利益。

特此禀报。　敬具

四二三

7月18日　驻德国井上公使致青木外务大臣函(电报)

德国检查驻德清国公使与本国来往电报之件

7月18日下午10:00发,19日下午2:00收　　　　驻德全权公使　井上

第六八号

德国政府于7月18日告知清国驻德国全权公使,至今后再送发通告止,该公使不得发送密码电报,即使使用明文,亦须事先提交德国外交大臣,得到其认可。

四二四

7月20日　驻法国栗野公使致青木外务大臣函(电报)

英国人米特福德等诽谤日本之件

7月20日下午7:00发,22日下午2:00收　　　　驻德全权公使　井上

米特福德于7月20日向《泰晤士报》寄一书信,言日本之文明不过是浅薄之外表,日本人之粗野险恶与清国人无异,且非难日本在清国之势力。《泰晤士报》以此人为最精通日本事务之人,评论其意见为重要之指示。《晨导报》报亦有相同含义之书信。目下法国报纸对之进行评价,对我国政治上所执方针进行臆测。本官努力以最慎重之手段排除上述臆想,然对此种虚伪之观念进行批驳之唯一方法,乃我国在清国采取正当措施。

四二五

7月20日　驻上海小田切代理总领事致青木外务大臣函(电报)

北京情况之件

1900年7月20日下午7:52上海发,21日上午12:20收

(72).关于本官第七一号电报,公使之电报欲送交美国国务院。此电报已自上海海关道发送至清国驻美公使,以送交国务院。电报用外交密码写成,美国驻上海之总领事因此无法翻译,因彼所知密码乃用于领事。贵官可否电告在美公使探知其电报内容,并电告本官。①

(注)小田切领事第七一号电报,见前7月20日第五一文稿。

四二六

7月21日　青木外务大臣致驻清西公使函(电报)

① 此篇原文为英文。——译者注

训令于北京坚持之件

7月21日发　　　　青木外务大臣

第四一号

天皇陛下对贵官及其他目下处于包围中各员之安全，圣心甚虑。本大臣切望贵官忍耐坚持至援军到达。

四二七

7月21日　青木外务大臣致驻美锅岛临时代理公使函(电报)

将北京情况照会美国当局之训令

7月21日发　　　　青木外务大臣

第二八号

近日接到消息，美国驻清国公使经由清国官吏向国务院发送一密电。此时北京之消息受到普遍关注，请贵官要求国务卿在方便之情况下透露其内容。请回电。

四二八

7月21日　驻上海小田切代理总领事致青木外务大臣函(电报)

保护外国公使之上谕发布情况之报告

7月21日下午6:46发，同日下午10:45收　　　　驻上海领事　小田切

第七九号

7月18日所发布诏敕袁世凯将其转达给上海。该诏敕中明确发布如下之意，即，给在北京之列国公使以充分保护，除德国公使之外，所幸均安全。然此诏敕乃对南部总督及巡抚上书不可不尽量保护外国公使之建议而发布。[①]

四二九

7月22日　驻美锅岛临时代理公使致青木外务大臣函(电报)

驻清美国公使告知北京危急之报告

7月22日上午12:55发，下午4:40收　　　　驻美临时代理公使　锅岛

第二九号

关于贵电第二八号，国务卿海约翰于7月11日请求清国驻美国公使用各种手段向驻清国公使发送密电。至7月20日，经该公使接到下列密电。未标明日期，推测当于7月18日起草：

在英国公使馆。不断遭受清国军队炮击，若无迅速之救援，则将不免被全部虐杀。

海约翰确信此为对彼电报之回答，且自己承认以上文字并非其全部文本，但不肯将之公布，其电报往返使用之方法亦保密。

① 此篇原文为英文。——译者注

四三〇

7月22日　驻上海小田切代理总领事致青木外务大臣函(电报)

在北京美国公使告知北京危急之报告

7月22日下午0:40发,同日下午5:35收　　　　驻上海领事　小田切

第七七号

关于本官电报第七二号,驻本地之美国总领事从其本国得知如下内容:

美国驻清国公使在其发往国务院之电报中,讲到在英国公使馆内,清兵枪弹及榴弹不绝,为避免被杀(一语不明),援兵颇为必要。

此电报之日期不明确,而美国总领事被告知,疑为7月18日。

四三一

7月22日　美国公使致青木外务大臣函

询问我方就与北京各国公使馆联络消息之意向之件

第二二四号,1900年7月22日

尊敬的外务大臣青木子爵先生:

我很荣幸地在此附上一封来自华盛顿国务卿的电报,内容如下:

"我今天通过山东巡抚和清国公使收到来自美国公使康格的一封密电。这封电报于18日从北京发出,用急件送到。电报表明他在英国公使馆内,处于不间断的炮击之中,极度危险。请将此电报转交外务大臣,请他提出建议,以利用友好的清国官员,得到更多消息,并与公使馆人员取得联系。"公使馆书记在接到此电报后已立即以非正式方式将上述消息告知阁下,现在我很荣幸地来正式通知您。

期待您告知任何能想到的建议,以得到更多消息,并与公使馆人员取得联系。

在此,再次向阁下表达我最高的敬意。

A. E. 巴克[①]

四三二

7月22日　清国公使致青木外务大臣

转达刘总督关于救护各国公使之电报之件

两江总督刘来电

廿二日(我7月18日)谕旨除德使被乱民戕害现在严行查办外其余各使朝廷苦心保护幸各无恙等因坤有(廿五日,我7月21日)

原注:"7月22日由李公使亲手递交,立即交大臣查阅(小林)"

① 此篇原文为英文。——译者注

四三三

7 月 22 日　驻香港上野领事致青木外务大臣函(电报)

李鸿章试探列国态度之件

7 月 22 日下午 0:55 发,同日下午 4:46 收　　　　驻香港领事　上野

据本官私下得知,李鸿章近日会见香港总督之际,询问若在北京之外国公使皆被杀害,则列国将采取何种举措。由此可知李鸿章未从北京得到任何警报,官吏中有抱有疑惧之念者。

四三四

7 月 22 日　驻上海小田切代理总领事致青木外务大臣函(电报)

关于保护各国公使之清帝诏敕之件

7 月 22 日上午 0:30 发,同日上午 5:20 收　　　　驻上海领事　小田切

第八二号

关于本官第七九号电报,7 月 18 日(清六月廿二日)所发布诏敕之英译如下:

袁世凯代表各总督及巡抚上奏,恳请保护列国公使之事。惟不问事情如何,保护外国使臣之身家性命,乃春秋大义。我兵民向各国人(公使等)泄其怒气,乃不可取。德国公使为叛民所杀,故今全力捉拿其凶手。其余各国公使一个月以来,全部得到尽力保护,所幸皆无恙。

四三五

7 月 23 日　驻上海小田切代理总领事致青木外务大臣函(电报)

转达北京消息之件

7 月 23 日下午 9:12 发,24 日下午 12:40 收　　　　驻上海领事　小田切

第八六号

盛宣怀接到袁世凯 7 月 23 日自济南所发之下列电报:

收到在北京之友人于 7 月 19 日夜所书写之信函。根据其文字,7 月 13 日,某公使馆之杂役传送公使馆书信之时,为武营中军所逮捕。荣禄上奏,令该杂役向各国公使转达慰问之敕语。执行之后,英国公使答复曰,列国公使皆安全,共同祈求恢复安定。其后总理衙门大臣文瑞访问公使馆,会见各国公使。又于 7 月 19 日奏闻皇上,得到向公使馆提供粮食之敕许。以孙万林及其部下军队为护卫,护送列国公使至天津,当以后再次讨论。御河桥以南为外国士兵所防守,董福祥之军队守其北方,战斗亦停止。荣禄调停时常处于极度困难之境地。

四三六

7 月 24 日　清国公使致青木外务大臣函

转达盛宣怀关于清国保护各国公使并提供粮食之电报之件

铁路大臣盛来电

慰帅接廿二京信总署派文瑞往见各使未损一人荣相拟先送食物再派队伍送赴津御河桥南洋兵守北匪与兵守彼此均停枪炮宣沁(六月廿七日,我7月23日)

(原注)7月24日李公使示以电报原文,乞而抄之。(小林)

四三七

7月24日　驻俄国小村公使致青木外务大臣函(电报)

关于俄国计划向远东派遣军队之报告(一)(二)

(一)

7月24日下午2:00发,25日下午1:15收　　　　全权公使　小村

第九二号

俄国决定将从俄国欧洲部分撤回之五旅团炮兵十五队、工兵及铁道队各一大队派往辽东。其中基辅工兵队第三旅团及铁道队一大队,由西伯利亚铁路向哈巴罗夫斯克进发。其他从奥德萨由海路运送。此等军队未有动员,且无马匹。向满洲哈尔滨进军途中之尼柯里斯克、森伽里及鲁钦斯克三支军队于目下所在之地组成约十个步兵大队。

驻俄公使馆陆军武官委托将此消息告知参谋总长。

(二)

7月24日下午6:05发,25日下午6:45收　　　　驻俄全权公使　小村

第九三号

满洲之排俄运动意外迅速蔓延,此地之铁道处于相对无防备之状态,促使俄国紧急从其欧洲部分调遣大量军队。此事本官第九二号电报中已禀报。然因筹集运输船存在困难,此大批军队之全部出发被严重延迟。不容置疑,俄国当下之目的在于保持上述铁路之安全,然出于此目的而用兵,其结果可使俄国永久对满洲实行完全之管制。

四三八

7月24日　驻奥国牧野公使致青木外务大臣函(电报)

奥匈国向东方增派两艘巡洋舰之件

附记:奥国公使致青木外务大臣之书信

7月24日发,25日自俄都发,26日上午9:20收　　　　驻奥全权公使　牧野

第二五号

奥匈国向东方增派埃穆弗雷茨·埃里扎亥茨托号(四百三十一吨)及阿斯培隆号(二百四十吨)两艘巡洋舰。

(注)此报之前奥匈国军舰玛丽亚·特雷西亚号回航之消息。

(附记)

(日期不明)

奥国公使信函

玛丽亚·特雷西亚号巡洋舰急航及奥国政府表明希望各国共同一致之件[①]

（编者附言）"本稿无发送及收到日期，不得已将之置于此处。"

（机密）

拜启陈者。余本日接到所期盼之回电，其大意为，装甲巡洋舰玛丽亚·特雷西亚号（九千吨）接到迅速驶往中国之命令，已经向该地出发。奥匈政府值此之际，发表其希望曰，考虑到公使馆及外国人士之安全，恢复清国秩序为当前之急务。若各国完全联合一致，则其目的可实现。向阁下表达崇高之敬意。　敬具

四三九

7月25日　驻俄国小村公使致青木外务大臣函（电报）

俄外交大臣询问我出兵北清数量等谈话之报告

7月25日发，26日下午8:40收　　　驻俄全权公使　小村

第九五号（二）

拉姆斯多夫伯爵于7月25日回答本官之询问曰，从欧洲临时派遣之大批军队确已完成准备工作，然究竟是否将其全部派出，则取决于形势如何。而彼又告以希望此形势可迅速缓和之意，询问我国目前在北清之军队数量，以及是否如报纸所言将增派军队。本官望得到贵示，我混成师团是否已经登陆，又帝国政府是否正计划增派军队。

四四〇

7月26日　青木外务大臣致美国公使函

对关于联络北京公使馆之通牒之回答

明治33年7月26日发　　　外务大臣

送第二八号

以信函启上陈者。据此次所收贵国国务卿之电报，驻北京贵国公使康格托信使自北京所发出之密电，经山东巡抚送抵驻华盛顿之清国公使，该公使并转交美国国务卿。贵国国务卿将康格所发电报内容通报于阁下之电文大意，阁下已于本月22日贵函第二二四号中告知本大臣。对于贵国务卿之期望，本大臣已将所提醒之事通过贵公使馆书记官告知阁下。贵国政府将驻北京公使所发电报之大意通告于本大臣，又让本大臣对今后来自北京之消息以及当地各公使馆通信之途径提出建议。在此唯向阁下对此好意表示感谢，同时请阁下转达对贵国国务卿感谢之意。本大臣在此再次向阁下表示敬意。　敬具

四四一

7月26日　驻法国栗野公使致青木外务大臣函（电报）

欧洲舆论对日猜疑倾向之报告

① 此件原文为德文，因此下有其日译文，故从略。——译者注

7月26日下午1:05发,29日上午9:15收　　　驻法全权公使　栗野

第四〇号

目下欧洲舆论之倾向,认为日本最终将声援清国,并热烈讨论黄祸问题。本官担心,若不采取适当戒备,则在处理清国问题一事上,上述想法将可能伤及我等权利或(一语不明)要求。宣布日本士兵在天津受到热情招待之事以及清国皇帝送交日本皇帝陛下之亲笔书之语调,一般会被看作是两国之间存在特别关系之证据。因此甚望,为避免各种猜疑,我国应常在发表报道时加以慎重。

四四二

7月26日　驻意国大山公使致青木外务大臣函

意国军队从那波里[①]出发之报告

公第五四号,9月4日收

外务大臣子爵青木周藏阁下:

意国向清国派遣军队之讨论,此前已经成为该国朝野之问题,最终决定先派遣两个大队,在从各地选出之步兵及狙击兵各一大队外增加工兵及医院,从那波里港乘船。

国王陛下为远征队送行,于18日夜幸临那波里港,19日早,由陆海军大臣陪同,检阅军队,并赐敕语如下:

士官、准士官、下士及士兵们:

今卿等将乘船之际,朕与祖国一起为卿等送行,望武运长久。卿等之行,不为征服,仅为防止神圣之人权、人道、仁慈之废弃堕落而向彼遥远之地进发。而意国之国旗正在彼地蒙受暴凌。

尔等完成使命之时,与诸强国同胞合作之机会将颇多。朕深望卿等成为彼之好伙伴,益益发扬意国军队之威望及祖国之名声。

今之出行当充满信心而行。朕之心意常与卿等共在,神必将赐福于卿等之事业。云云。

19日夜,全体士兵全部登船完毕,三艘运输船立即起锚,向墨西拿海峡出发。

为此出行送行之那波里港,自然全体奔走为其壮行。然反对派之报纸中亦有种种异议。有人主张,应根据时机再增派两个大队,使在清国之意国兵力总数达到五千人。

国王陛下20日晨4时返回。同日下午,依惯例与王后陛下一起,起身赴北方避暑地蒙扎村。

特此禀报。　敬具

明治33年7月26日　　　驻意特命全权公使　大山纲介(印)

此军队出发据本馆武官迫水大佐发来之电文,本官另以电报具体奏报。

---

① 即那不勒斯港。——译者注

四四三

7 月 27 日　驻上海小田切代理总领事致青木外务大臣函(电报)

袁世凯来电告知保护各国公使供给粮食之诏敕已发布以及各国公使安全之件

附记:7 月 28 日小田切领事电报第一〇一号

7 月 27 日上午 10:17 发,同日下午 1:45 收　　　　驻上海领事　小田切

第九三号

根据袁世凯所发电报,云彼接 7 月 24 日(清六月廿八日)所颁布诏敕,其中记载,除驻清德国公使外,外国公使皆安全。粮食已依敕命送至公使馆。袁世凯并附言,据此诏敕认定列国公使之安全已确定无疑。

(附记)

7 月 28 日小田切领事电报第一〇一号

7 月 28 日下午 7:42 发,同日下午 11:30 收　　　　驻上海领事　小田切

第一〇一号

关于本官第九三号电报,7 月 24 日所颁布诏敕之大意如下:

朕阅刘坤一之上书,言若有机会,当平稳举拨乱反正之实,谅其筹策。无妥当之理由即与外国开衅,非朕之真意。今为履行朕所肩负之重任,一面请与海外列国调停,一面屡屡命总督、巡抚保护在帝国之外国公使、传教士及商民。由是可观,朕照乎局外中立之态度,与刘坤一等其他臣僚并不相悖。又,朕为表示我等之友谊,已赠外国公使馆以粮食、蔬菜,而列国公使除德国公使外,皆安全。

尔等公告各国领事,朕诚望以坦荡之胸怀举相互之国交,且为保洪谟,始终与各领事妥协。尤不可听信民间之流言蜚语,勿有顾虑。

(注)此当为送交袁世凯之谕旨。然比照后文和议之项中一三八二文,小田切代理总领事第二六一号公函,则字句有少许差异,当为电传时之讹误。

四四四

7 月 28 日　清国公使致青木外务大臣函

转达盛宣怀关于保护各国公使并供给粮食之电报之件

附记:8 月 1 日田结领事公函第六三号,报告 7 月 24 日(清六月廿八日)之上谕

盛大臣来电

廿八日(我 7 月 24 日)谕旨现幸各使除克林德外均平安无恙目前并送给各使蔬果各食物以示体恤宣冬(七月二日,我 7 月 27 日)

(注)本稿于 7 月 28 日下午由李公使亲手递交。

(附记)

8 月 1 日田结领事第六三号公函

公第六三号,8 月 8 日收

外务大臣子爵青木周藏阁下:

前7月24日上谕之大意,已于同月27日由山东巡抚袁世凯电达,并作禀报。今得到下列全文,特抄写于后,以备查阅。　敬具

明治33年8月1日　　　　驻芝罘领事　田结铆三郎(印)

(另页)

清历六月廿八日(我7月24日)上谕

刘坤一等奏相机审势妥筹办法一折,朝廷本意原不欲轻开边衅,前曾致书各国,并电谕各疆臣,及屡次明降谕旨,总以保护使臣及各口岸商民,为尽其在我之实,与诸督等意见正复相同。现幸各国使臣,除克林徐外,余均平安无恙。日前并结各使馆蔬果食物,以示体恤,总不欲兵衅自我而开,一面将坦怀相与之意,宣示各国领事共筹补救之方,以维大局,不得轻信浮言,致多疑虑,是为至要。将此由六百里,各谕令知之。钦此。

四四五

7月28日　驻法国栗野公使致青木外务大臣函

英国人米特福德诽谤日本文章之报告

附件:(一)伦敦《泰晤士报》所刊登米特福德文

　　(二)英国各报纸对米特福德文之评论

机第二五号,9月10日收

外务大臣子爵青木周藏阁下:

清国义和团蜂起以来,本官对法国上下之意向,尤其是舆论界之讨论常给予充分注意,未有怠慢。义和团猖獗之报接踵而至,见其镇压并非易事,法国遂倡导各国当同心协力,定镇压之策。外交部长于议院中发表演说,表明此主张,院内外以喝彩迎之。未尝对日本有只言片语之是非之论。

然米特福德于本月12日向伦敦《泰晤士报》投一书信,分析日本。《泰晤士报》对之加以评论,表露赞成之意(另页甲号、乙号一之译文)。随后,英国《观察家报》及《晨导报》与之相同,以夸张之语言,痛陈日本将来之可怕。其影响波及法国舆论界,怀疑日本行为、鼓吹日本危险之声四下响起,无片纸之反对,无沉默不语者,形成攻击日本之情景。如另页乙号二(注:报纸剪报已省略)中《时报》、《辩论报》、《高卢人报》、《巴托里报》(パトリー)其他多数报纸虽言辞各异,但大体皆认为,日本早晚将统治支那,号令四亿人民,灌输其固有之尚武精神,而反对欧洲。由此必将酿成大事,终不免成为欧洲之强敌。因此不得不尽力避免让日本利用此次之机会,在支那独占优势。又政客中不断有人向报纸投稿,喋喋不休于黄祸(Yellow Peril),鼓吹抑制日本之说。平素沉默之人亦对上述议论表示首肯。故其反响意外强烈,本官深表遗憾。

盖米特福德于明治元年前后,在驻日本英国公使馆中担任二等书记官而在东京,以日本通自诩。世人亦在远东问题上重视其人之言论。然其人离开日本已三十余年矣,对日本之现状并不十分了解。然欧洲对日本之情况普遍不熟悉,而伦敦《泰晤士报》对此次之投稿加以评论,表露与之有同感之意,因此产生如此结果。此乃颇为可悲之事。

如此谬论益重于世,附和雷同而成欧洲之舆论。今后,各国讨论处理支那问题时,日

本之将来将不堪杞忧有之。欲打破此谬论，则日本在支那问题上始终与欧美各国共进退，其所持态度公正与否，乃极重要之事。因此本月20日所发电报中大体报告上述情况，以为参考。

时《费加罗报》记者、新闻记者中最重要之 Valfrey（待命之特命全权公使）化名惠斯特，发表一篇社论，大放厥词，言不仅给予日本独占优势之机会为极度危险，即使是在清国共事也已属过分。对此等议论，本官无论如何难以保持沉默。因此将另页丙号中所见之反驳文章交于该报经理兼记者、与本官有特别交情之罗迪，以引起其注意。因该人不在，其秘书答复曰，将文章交于巴尔弗莱。同时，本官将此反驳文章送与数名与本官有交情之新闻记者。又，前外交部长阿诺托常常在报纸上发表关于远东问题之论文，故以为有必要将文章示于此人，因此亦送与此人。众皆表示赞同之意，尤其阿诺托，答复曰，反驳文章主旨颇为正当，分析透彻，其反驳之效果无疑将极重大。故难料上述主旨之驳论是否能出现在报纸上，然日清联合乃最为可怕之事为欧洲之普遍感情，已有充分表露。今后需致力于驳斥对日本之攻击。

大略禀报如上，以为将来参考。

又，《泰晤士报》于本月上旬之社论中曰，为了欧洲利益，应当利用新加入文明同盟之新兵即日本。又，报纸上有传闻曰，日本计划将福建、浙江、江苏三省纳入其势力范围，《泰晤士报》立即驳斥曰，江苏省位于长江之入口，浙江省去年为意国所请求时，日、英共同表示并无异议，无日本今欲将之纳入其范围之内之理。日本决不会采取伤害英国感情之行为。以此推之，可知在中国扩大日本势力之事，英国亦同样反对。此虽属本官所驻国之外之事，然略与本件相关，故一并呈报。　敬具

明治33年7月28日　　　　驻法特命全权公使　栗野慎一郎（印）

（附件一）

另页甲号

米特福德致《泰晤士报》记者之书信

记者阁下：

关于此次中国事件，日本政府之态度虽一直值得称赞，然其表面上蛊惑人心，暗地称赞积蓄不折不挠之勇气此人民，对之表示同情，因而贻误吾人同胞，使彼为所欲为，而酿成对英国之危害。呜呼！此不危险乎？

盖留意远东问题，任何人均不会怀疑，满洲及北清地区早晚将落入日俄两国其中一方手中。吾人希望可落入日本手中。不应忘记，日本在仅仅二十五年之前，与中国同样野蛮狂暴、残忍无情，残杀外国人士。近年来日本虽以泰西文明为外衣，然其内部果真亦能迅速豹变乎？大名、武士、浪人之词语已经不存在乎？大和魂亦不留踪迹乎？火山之爆发为一时之事抑或永久之事乎？此为政治观察者一难解之问题。日本国民之性格最为活跃，富于侵略之非分之想，该国之政治家三十年前认定，日本跻身于世界强国之列，由13世纪之封建黑暗时代一跃而为19世纪之立宪盛时，完全在于采用西方之学术文明。然一见武备充实，即托事于朝鲜问题，与清国相争，以试验其最新之武力。其结果为吾人所熟知。彼获大捷，而且称霸于日、清、满之广大同盟，或欲使其成为一大国国民。此大野心因欧洲外交而成为泡影，而眼下之事再次给日本以良机，可完全满足其巨大之野心。

今日日本被称为救援北京之重要力量,盖因其距离北京最近。然正如记者阁下亦屡屡明言,持续六周之雨季之时,命令大批军队涉大沽、北京间之泥塘,为难以想象之事。此六周之间,欧洲相关诸国或自印度或自黑龙江各自派兵,其事比平素更难。日本果如人们所信及日本自身所信那样,应占据枢要地位乎?无论如何,完全看不到丝毫应给予日本首要位置之理由。将同盟军置于日本总指挥官手下之申请,不会为有责任之政治家所重视,相信吾等略知东洋情况之人均有同感。

若我等英国人欲得未来之和平,将北清之开拓交于日本,不如求于俄国。北清之变革已无法停止,北京变为俄国一城市,决不可复为中国之首都。英国决无在中国土地之利益,与吾人所相关者在于商业。俄国于商业之上决非侵略国家。任何人均无法否认,在俄国都城或者敖德萨,商人生命、财产之安全比在中国、日本更加稳固。即使俄国为侵略国家,吾等重要之处在于南方及长江沿岸,不会在北方引起俄国猜疑。放逐亚洲所憎恶之白人,为亚洲各人种之梦想。对于此一点,日本不足惧,中国不足忧。然若两国联合之时,果将如何?纵令有眼下之急,试想各国六年前阻挡日本略取远东之事,若一旦使日本踏上亚洲大陆,则必将自行指挥无数之鞑靼人与中国人(最好之战争要素),用其不可思议之组织力与彼尚武之本性,鞭挞之,训练之。其结果将超过德国皇帝梦中所预言,共同形成黄祸(Yellow Terror)之形势。阁下一定不希望存在一支可以席卷全世界或至少能改变亚洲地图之大军存在。若不得不以日本为救援北京之先导者,则我等必须担当监督者,注意有无不当之要求。

A. B. 福里曼·米特福德,7 月 11 日

(附件二)

另页乙号一

7 月 12 日《泰晤士报》要点译文

(前略) 关于日本问题,论证所言之可靠无与伦比者之米特福德将此封重要书信寄与本报,就此际给予日本重要地位之必然结果,唤起世人注意。肩负处理国家政治重任之政治家,平素与其有同感者,在欧洲诸国中岂止一二。彼等当恳请俄国政治家。然尽管如米特福德所论,俄国之所以不拒绝使用日本大兵之原因,于将来应颇为注意。然目下之紧急情况已无讨论之余地,若同意日本大军在中国登陆,将使我等不断冒极度之危险,此已不容置疑。或者不幸遇此情况,各国应当采取何种处置办法才可化险为夷?米特福德对旧日本做详细之观察,使其无法不对今日新日本之性质及其目的有所怀疑。无论如何,当前燃眉之急实无时间进行深思熟虑。

7 月 13 日《时报》要点译文

(前略) 所幸外交家知其危险,仍不辞辛苦对其抵制。如委任状口头同意采纳之者无一人,事情寿终正寝。不独如此。有人认为,与日本合作乃自然而然不可避免之事。然其合作,在精通东洋问题者中引起极度恐惧。如米特福德,即以一人之力,寄一有力之书信于《泰晤士报》,论证应当担心日本在中国独占优势之理由。

(中略) (此处翻译米特福德之书信大意)

此言语自英人口中说出,乃是最值得玩味之事。

7月13日《辩论报》要点

米特福德表示怀疑，将导致排欧局面之日清同盟难道不会成立乎？因此希望，与其让日本占领北京，不如让俄国占领。而彼所担心者，日本之势力不会向中国退让一步，此与二十五年前之情形毫无差异。

相比于1900年之日本，米特福德对1850至1860年之日本更为了解，故其不免夸大日本之危险。然其书信之所以值得熟读者，正在于此为精通东洋事情之外交家所言。

四四六

7月28日　驻德国井上公使致青木外务大臣函（电报）

德国皇帝对东亚远征军之敕语

7月28日下午4:05发，29日上午10:05收　　驻德全权公使　井上

第七九号

德国皇帝7月26日自北方地区旅行回来，在不来梅港对即将乘船之东亚远征军再次发表敕语。其中讲到：

> 汝等肩负重大任务，汝等对我所蒙受之残暴行为不可不报复，汝等遇敌之时，不可有丝毫宽恕之心，不可为俘虏。发扬锐气，使未来千年之内，清国人不敢再蔑视德国人。一举开启文明之路，勿贻后忧。

该远征军之先头部队已于7月24日从宰诺阿出发。

四四七

7月29日　特派驻清国加藤公使、驻天津郑领事致青木外务大臣函（电报）

拒绝清国将外国人士护送至天津之提议情况

7月29日上午7:00自天津发，30日下午4:30自芝罘发，31日上午11:45收

在天津全权公使加藤，郑领事

英国驻清国公使于7月21日向驻天津之该国领事发出如下通牒：

清政府目前征求赫德意见，提议将外国人士护送至天津。此提议已被拒绝，请迅速救援。

四四八

7月29日　驻清国西公使致青木外务大臣函

各国公使共同与清交涉及德国公使遇难之件

机密第四五号，8月29日收

外务大臣子爵青木周藏阁下：

驻当地之各国公使于6月9日会议上达成预备决议，向集于大沽之联合舰队司令官发电报，当日已电告此事。翌6月10日，再次召开会议，重新考虑此预备决议。当日晨，接到来自天津之电报，言补充之护卫兵约二千人已于当日从天津出发。因此决定将一切事宜推迟至此援军到达之后，遂散会。由此日正午，电报不通。在等待其修复及援军到达

之中之15日,得到加入援军之我陆战队森海军中佐之消息,曰廊坊以北铁路破坏严重,行进甚为困难。又有团匪之袭击,已击退之,然会合仍属期盼。

17、18两日,总理衙门数位大臣至英、俄、美诸公使馆,报终于着手镇压叛党,请求暂时不要让新到达之各国士兵入京。然为时已晚,只能拒绝。至19日下午4时,总理衙门意外发出如下照会,曰:各国舰长交付大沽炮台之请求,于该国而言,已为宣战事实。且叛党极难制服,当地极度危险。因此从现在开始二十四小时之内请撤到天津,不过途中将用兵护送。因此各公使立即会面进行讨论,认为答应此要求将有危险。首席公使书面回答曰:时间太过急迫,因此请求延至四十八小时,并询问撤退之交通方式等。又另以信函告知,各公使将始终以友好为本进行谈判,于次日即20日上午10时一同赴总理衙门。翌20日,各公使集合,准备去总署等待对前一日信件之回信。将近出发之时仍未有任何答复,因此有人提议以书面形式表达其意。德国公使克林德男爵主张,自己另外要求本日会面,以个人取代众人前往,因此离开。(其实有人认为危险而阻止。彼开始同意只派翻译一人,然最终表示自己前去)然不久德国公使于途中为清兵所杀,翻译负重伤消息传来。众皆大惊,立即会面。一方面以书面形式询问总理衙门,德国公使作为我等众人之代表,去往彼处,其现在何处,在做什么,请马上答复。又决定由首席公使另写信函照会,告知我等在援军到来之前,不应离开此处。援军仅为保护我等之目的而来,因此亦可停于城外。又大沽炮台之事,相信只是临时之处理办法,待我等离开之后,必将奉还。另一方面,事已至此,只能下定决心进行防御。英国公使窦讷乐爵士为武官出身,因而将防御方面大体事宜委任于彼。该公使又提出,英国公使馆内场地宽敞,且其构造适于最后防御,因此外国人士当一起搬入其馆中。当日开始,妇女、儿童即搬入。数日后,清兵攻击猛烈,以各公使为首之军务人员皆渐渐起居于该馆内。同日即20日,总署仅对前日之照会作答,其大意为:已知延期离开之请求,以友好为本进行谈判为我所望。唯诸公使前往总理衙门之事颇为危险,故应采取其他方法。而对其他书面文件均无任何答复。不仅如此,四面开始攻击,形成交战之势,外务交涉之途径暂时中断。6月20日,即德国公使被杀当日,总理衙门下午向德国公使馆送交私信格式之信函,言得报今日上午一名德国人被杀。该公使馆书记官答复曰,此遇害之人即德国公使。仅仅如此而已。

至7月14日,收到庆亲王及其他诸大臣交英国公使之半公函(由此前英公使派往天津、为清兵所俘虏之密使送来)。其大意曰:知各公使仍平安,甚为欣喜。各公使居留馆内,十分危险,因此可暂时搬往总理衙门。到时将给予周到之保护。因此可携带武器,一次十人前来。对此信之出处多少有疑惑,然终究是试探通信之途径。英国公使于翌15日对之作答,言向各国公使射击,违背万国公法。知其意之各国公使认为,搬往总理衙门,不如留守此处安全。友好交涉皆为所好,因此使臣可举白旗前来。

7月16日袭击停止。至下午,使者又持与前次相同格式之书信前来。其大意曰,若各国公使不愿搬往总署,则将增加监督乱民之士兵,勿向其兵射击。对此,当晚公使会议认为,无论怎样,有必要拖延时日,遂决定作出答复,先对其信表示满意,希望其实行,若彼方不再发射枪弹及新修工事,则我方决不开枪。此日,美国总统送交美国公使之简短电报“可由送信者进行通信”经驻华盛顿之清国公使转至总理衙门,总署将之送来。美国公使经总理衙门发出回电,言援军若不尽快到达,则居留于此之外国人士将被杀害。7月18

日我方使者(6 月 29 日由当地所派者)自天津归来,知当地之情形及援军到达、出发之日期等。此日下午,总理衙门一总办前来,各公使列席与之会面,未谈及更深之事,只表示希望能为妇女、儿童提供蔬菜。随后,就杉山书记生尸体处理情况向下官表示歉意,又转达德国公使尸体已入殓之情况。俄国公使托付其转送密电,对此表示可试探商量,并持电报而返。随后回答曰,战争状态仍在继续,无法满足此需要,又解释道,仅为美国公使转送一次电报,此乃因发送来电时即有约定。

7 月 19 日,以公文形式向美、英、俄、法各公使送来清国皇帝致其本国君主、总统之电报抄件。电报内详言国家困难之情况,请求各国君主等体谅,云云。但各国公使互未明言之。另有送英国公使之半公函,大略讲道,此次事件本因国民憎恶耶稣教民而起,其与散兵游勇相结合,难于制服。焚毁各公使馆等,其势甚危险,因此望暂时撤至天津。翌 20 日,各公使之会议决定答复曰,各公使不离开此地,此为表示友好、对于双方皆可之行动。同日,总督奉西太后之旨意,为各公使送来西瓜及其他蔬菜。

7 月 22 日,总督使者向英国公使送来半公函,曰本日欲送冰块前来,运送途中因乱民干扰,未遂其意,颇为遗憾,云云。25 日又有信函,云天津方面安全,且河水运输方便,途中将进行充分保护,因此可以撤退。26 日,各公使会议认为,无论如何只能假以时日,等待援军之到来,当日并未作答。至翌 27 日,因此地伤者及病人亦多,故决定先反问运送彼等之方法。又总督之来信中表示,可转送与军务无关之和平电报。对此亦回答曰:若非密码,则接信者当疑其真伪,故不能以平信发电报。

7 月 27 日,向各公使赠送蔬菜及一袋面粉。28 日,送来前之反问回答,曰至通州准备用轿车,通州至天津乘船。途中令总兵荣禄以其军队护送,于出发前数日,通知其日期,云云。又另以书信,言因教民多寄居于各使馆,或有缺少粮食者,故目下向何方向放出该等人亦为担心之事。对此,翌 29 日之会议决定,对于第一封信一两日内暂不作答,对于第二封信不作回答。以上为前一封电报之后,各国公使与总署交涉之大概情况。特此禀报。 敬具

明治 33 年 7 月 29 日　　驻北京特命全权公使　男爵西德二郎

四四九

7 月 30 日　驻英国林公使致青木外务大臣函

英国对清国暴动之态度及舆论之报告

机密第二三号,9 月 4 日收

外务大臣子爵青木周藏阁下:

英国舆论对清国事件之倾向已于本月 5 日机密第二一号电报中报告。其结论为,将救援驻北京各国公使馆之大事完全托付于日本,妨害此事者将负有重大责任。帝国政府当时决定立即派遣一师团之军队。该国报纸一般对此报道表示欢迎,翘首以待救援在北京外国人士之日。然根据数日后到达当地之报道,驻北京之公使馆人员及诸外国人士皆于英国公使馆避难,日日炮击严重,且我方之弹药已尽,因此已经不能长久坚持。诸外国人士于 7 月 4 日从英国公使馆冲出,全部死去。因此国中普遍服丧,一面哀悼战死者,主张应当进行适当报复;同时宣称,欧洲各国对日本抱有猜忌之心,因此阻挠日本立即向清国派遣救援军,最后竟在世界文明上留下此一大瑕疵。认为若俄国对日本出兵不持异议,

较快对其表示同意,如此之灾难当能避免,乃将其归咎于列国之不信任与猜疑,同时谴责俄国之态度。目前无从确知各国公使馆之命运,而各国亦并无不同意见。帝国政府立即派遣大军,以救北京之难,此为一现实问题。现在无从判断其可否。该国人普遍认定,因列国尤其是俄国之猜疑反对而推迟日本出兵,遂招致今日之危急。因此有人认为,若北京之外国人士悉数为中国士兵所惨杀,其责任应归于妨碍日本出兵一事。故而驻东京之英国临时代理公使本月 8 日递交阁下之备忘录第一条,表露"推迟救援之时,重大责任在于帝国政府"之意。报纸方面,所幸本官未发现不同声音。其后,来自袁世凯、盛宣怀等方面之消息称,除德国公使外,诸外国公使皆无事。本月 24 日彼等仍安全,清国政府正尽力给予保护。又,根据驻清美国公使经袁世凯向本国政府所发送之密电以及驻清英国公使派特别信使所发之急报,7 月 4 日,各国公使虽日日遭受清军炮击,然犹活命。该国普遍以为,此仅一线之希望,希望迅速救援之。各国派遣之军队尚未到达清国,已经登陆之士兵遭遇清军之顽强抵抗,仅将保护天津之清军驱逐至附近。如所希望救助彼等之事为一大难题,加之进军时有地理方面之困难,即使将各种军队汇合,也缺乏统一命令,难于找到适当之司令官等,向北京进军决非易事。而且,满洲地区与西伯利亚边界上清、俄军正发生冲突,长江地区又是人心惶惶之状态,横于列国面前之难题将达到何种状态,此时尚无法预测。因此两三周以来,该国诸报纸均未提出其他方案、意见,仅就北京公使馆之安危对清国政府方面之报道进行批评而已。该国普遍等待自印度派出之军队全部到达清国,另一方面帝国政府再派一师团之消息频繁到达该国。有称,至此两军到达清国后,向北京进军当翘首可待。预想到内乱将来蔓延至整个清国,列国间发生纠葛,则认为清国问题之范围将极大,因此任何报纸均无任何计划。

北京之外国公使馆命运未定,清国皇帝向以我天皇陛下为首之各国君主诉苦,请求执此事调停之劳,均被同样之口吻所拒绝,此为列国均满意之事。尤其是清国皇帝送我天皇陛下之电报,暗示日清两国可结成同盟以对抗泰西各国。天皇陛下断然拒绝,答复曰:清国当先对列国尽义务,镇压暴徒,保护外国人士。该国对此普遍表示满意。米特福德(曾游历日本,著有《昔话日本》一书)、前任驻清俄国公使喀西尼集伯爵之流,担心日本在清国树立势力,最终将组成黄色民族联盟,与白色人种角逐。此等迷梦为我天皇陛下之回答所击破。至少,以人种问题为口实妨害帝国目的之一派政客,面对上述回答,目前已丧失不断重复其论调之余地。然部分英国人认为,因人种、宗教相异等故,黄色人种终究不会与白色人种共事,有此守旧思想者颇不少。因此如米特福德之流,其议论时时出现于报端。此事已禀报于大臣。英国犹如此,欧洲大陆诸国抱有如此观念者,毋庸置疑亦颇多。在天津之战斗中,我军确实有卓越之行动,而各国尤其是法国、德国等报纸,故意避免提及此事。有如《费加罗》报者,将我日本加入欧洲共同行动之事,看作欧洲给予之一恩惠。如此因人种、宗教之异同而产生之感想,于帝国政府而言,需认真考虑。使欧美诸国了解我海陆军行动之事,亦已于第三十八号电报中禀报于阁下。而帝国政府告知全世界将诚实与各国共同行动,其本意在于使列国认识到,在恢复清国和平与秩序一事上,帝国出力颇多,因此有权利获得相当之回报。

要而言之,迄今之情况,首先无从确知在北京外国人士之安危。虽清国驻欧美各国公使根据袁世凯、盛宣怀、刘坤一等人之消息,言外国公使馆安全,然该国政府对此并不相信，该国人则一般处于半信半疑之间阅读这类报道。此时对李中堂之北上未抱特别希望。遗憾的是，除放弃北京公使馆、只等待各国军队进军北京之外，无任何其他意见。索尔兹伯里侯爵更无定见。对于帝国政府到目前为止对此事所采取之措施，以该国政府为首，其国民皆表示满意。对帝国军队之行动，该国报纸亦异于大陆报纸，普遍对之表示称赞。

以上为对该国国民之观察，特此禀报，以为参考。　敬具

明治33年7月30日　　　　驻英特命全权公使　男爵林董(印)

四五〇

7月31日　英国外交大臣致英国临时代理公使函

驻北京英国公使消息之件

英国首相兼外交大臣索尔兹伯里侯爵致

驻东京英国临时代理公使霍华德海茨杜之电报

7月31日

(译文)

布鲁斯海军少将来电，称接到驻北京英国公使7月21日所发之如下信件：

英国公使馆自6月20日至7月16日之间，屡屡为清军自四面以枪炮攻击。7月16日以后虽休战，但彼此仍均顽强维持哨兵战。清军之堡垒距离各公使馆所修筑之堡垒甚近，妇女、儿童俱在英国公使馆。我方粮食仍可持续两周，然颇缺弹药。至今我方死伤六十二名，其中陆军大尉一名。又病者及伤者数名在医院。虽如此，我公使馆员除两名见习翻译官战死外，其余皆健在。伤者中有一名陆军大尉。

援军接近北京时，当迅速进军，此为极其重要之事。不然，清军退去时，有进攻公使馆之虞。昨日又要求我等离开北京前往天津，我等拒绝。

伽塞里陆军中将计划立即进军，希望联军各军队在所有问题上可与自己保持一致。

(注)此电报于8月4日送至青木外务大臣。

四五一

7月31日　特派清国加藤公使、驻天津郑领事致青木外务大臣函(电报)

北京希望救援之消息

7月31日上午7:00天津发，8月3日下午0:30芝罘发，4日上午0:40收

在天津全权公使加藤，郑领事

7月21日北京发出、由莫理松医生及美国指挥官送往本地之书信中，有以下内容，但仅报告于帝国政府，不应公开。

清国皇帝请英国国王调停，美国总统亦收到相同请求。昨日同意休战。初，荣禄送书信至英国公使，请求停战，以清国人不得再前进为条件而表示同意。炮击停止，目下已平静，只期待救援。由于警备、战斗、修筑防御工事、开挖战壕等日夜不停之工作，各人均已疲惫。除英国外，其他各公使馆皆为炮弹所破坏，奥、意、比、英亦多损伤。粮食渐渐恢复供给。眼下之危险在于陷于奸诈之计谋，切望迅速救援。

四五二

8月1日　清国公使致青木外务大臣函

转达李鸿章关于护送各国公使至天津通牒之电报

附记:(一)8月2日小田切领事情报

(二)同上田结领事情报

李傅相来电(李鸿章致公使李盛铎之来电)

顷接保定六月二十三日傅电军机处,传本日奉旨:李鸿章等吁恳救护各国使臣折已悉。现在各国使臣均平安无恙,着李鸿章电致杨儒等转告各国外部勿念钦此。保定转电过迟,昨又会奏请护送各使出京或先准其通函电于本国,俟奉旨再电知,希即遵旨转告。鸿鱼(清七月六日,我7月31日)

(原注)"8月1日下午5时,李公使亲手递交,以供大臣查阅。"

(附记一)

8月2日小田切领事情报(一)(二)

(一)

8月2日下午7:35发,3日上午1:30收　　　驻上海领事　小田切

第一三〇号

总理衙门7月30日自北京所发电报,交盛宣怀手,以转达于清国驻外之诸公使。该电中记载,驻北京之各国公使平安无事,粮食每日送到公使馆,而清国政府将就上述公使暂时离开北京之事,开始谈判。以上皆属秘密。

(二)

8月2日下午9:21发,3日上午1:35收　　　驻上海领事　小田切

第一三一号

据李鸿章接庆亲王7月28日自北京所发电报,该亲王认为将外国公使全部送出北京最为妥当,然与他人协商时有反对派之异议,故此计划大概难以成功实施。以上属于秘密。

(附记二)

8月2日田结领事情报

8月2日下午5:55发,3日上午8:55收　　　驻芝罘领事　田结

驻当地之各国领事收到袁世凯8月2日正午自济南所发电报,电文如下:

刚刚收到总理衙门7月30日所发信函,曰:北京之列国公使及德国公使馆其他人等皆平安无事,已数次送去粮食。彼我关系和睦。为暂时避难,目前正就护送外国公使赴天津之方法进行谈判,将速有结果。望贵官将本件转达于贵国政府。

四五三

8月2日　驻上海小田切代理总领事致青木外务大臣函(电报)

列国公使安全及匪徒状况之情报

8月2日上午11:05发,同日下午9:08收　　　　驻上海领事　小田切

第一二八号

有报道称,董福祥之分遣队逼近山东,与袁世凯军队交战。以电报询问其真实与否。袁世凯回电曰,此报道全无根据,并附言,据7月27日北京所发急信,列国公使尚无事,官兵与义和团员以及义和团员相互之间正处于交战中。

四五四

8月2日　驻德国井上公使致青木外务大臣函(电报)

德国出兵真实意图之情报

8月2日下午10:10发,4日上午3:38收　　　　驻德全权公使　井上

第八三号

眼下正向远东行进之德国海陆军队到达清国之时,派遣此军队之主要原因即救援北京,若无意外情况发生,当即由联军实行。此推测应当正确。如此,德国面对大好时机,而利用其在清国现有之大军而要求回报、占领领土,亦未可知。况今各国公使中,遇害者唯德国公使,加之德国海军内部纷纷表示德国应当在南清获得煤矿。本官虽至今未看到任何值得怀疑之特别理由,但仍认为,周密注意德国舰队于远东之行动当为上策。

四五五

8月3日　驻德国井上公使致青木外务大臣函(电报)

德国皇帝祈祷对清出兵之件

8月3日发,5日下午8:05收　　　　驻德全权公使　井上

第八四号

德国皇帝7月29日于御船霍亨索伦号上进行讲道时,做如下祈祷:

> 我祈祷神保佑,仅动用数队士兵,即能弃龙旗于尘芥之中,树十字架于壁上。此祈祷将成为保护神圣使命之坚固盾甲。

四五六

8月3日　驻悉尼永泷领事致青木外务大臣函

澳洲向清国派遣士兵及舰船之件

公第五四号,9月10日收

外务大臣子爵青木周藏阁下:

对于清国事件,英国澳洲舰队中之三艘紧急驶向支那海,并电禀本国政府自该州及维多利亚州派遣士兵。此事已于上月1日公第四七号电报中呈报。其后,两州政府与本国政府之间又有数次电报往来,最终决定由维多利亚州派遣志愿海军陆战队士兵二百名,又该州政府本周得议会赞成,派遣志愿海军水兵、士官合计二百六十名。为运送上述士兵,该国政府雇佣停泊于该港之阿伯丁航线撒拉米斯号(四千五百零八吨)。该船于前28日自该港向墨尔本港出发,于彼港装载维多利亚州士兵,再返回该港,装载该州士兵。预定

7日向香港直航。又,南澳洲向支那海派遣本州警备炮舰布罗泰古塔号(九百二十吨,速度十四英里),近日当从弗里曼特尔港出发。昆士兰、塔斯马尼亚等州认为目前尚无必要另外派遣士兵。

又英国政府为从新西兰州运送用作东洋舰队之煤炭,已雇佣临时船只。而德国政府为购买运输派往清国士兵所用马匹,已特地派官员赴该州。

特此呈报。　敬具

明治33年8月3日　　　　驻悉尼领事　永泷久吉(印)

四五七

8月3日　美国公使致青木外务大臣函

美国对李鸿章关于护送各国公使至天津请求之回答之通报

(译文)

1900年8月3日,驻东京合众国公使馆

今晨到达之电报如下:

1900年8月1日自华盛顿,合众国国务卿海约翰

李鸿章提出,各国若能约定不进军北京,则可护送各国公使安全撤往天津。因此,国务卿于7月13日回答如下:

> 若本政府与合众国公使康格间不能恢复自由通信,则拒绝对各国公使馆之处理作任何约定。保护各公使馆员之责,为清政府所承担。该政府若果有实力将各国公使撤退至天津,则亦必有实力保护公使馆员且开通通讯。此为合众国政府向来所主张之事。

此回复于7月30日由古茨托纳夫传至李鸿章。此时李总督问曰,若开通各国公使与其本国政府间通信之便,则各国可否承诺商议不向北京进军?对此讯问,8月1日送去如下回答:

> 余以为,不便向各国提出李总督之提议。开通与驻北京各国代表间之通信,非作为对我等之恩惠向清国政府提出,而为当然之权利要求。我等认为清国政府已经具备开通其通信之实力,而尚未开通,此即对各国友谊之破坏。故清国政府若不开通各国代表与其本国政府间自由、完全通信之便,完全消除对其生命及人身自由之一切危险,便不可进行商议。我等劝告李总督,由李总督恳切禀告清国政府,当开通与各国之友好通信,并协助救援之军队。清国政府若不作此等处理,则其责任益发重大。

应将上述情况告知外务大臣。

四五八

8月4日　清国公使致青木外务大臣函

转达护送各国公使至天津及各公使与本国间平信电报往来解禁之来报(一)(二)

附记:8月5日清国公使转达

（一）上海道余来电（上海道余联沅致公使李盛铎）

总署歌电：（清七月五日，我 7 月 30 日）驻京各使均一律平安无恙，近日致送蔬果、食物。次往来甚好，现正商议保护各使赴津暂避，将有就绪。惟天津现已开战，不便准发密电，已告各领事转报本国，希先达外部云。除分电外，合照转沅。齐（七月八日，我 8 月 2 日）

（原注）8 月 4 日下午，李公使亲手递交，供大臣查阅。

（二）铁路大臣盛来电

署因津战，发还寄各使密电，改用明码再寄。宣

（原注）8 月 4 日下午，李公使亲手递交，供大臣查阅。

（附记）

8 月 5 日清国公使转达

李傅相、刘制台、盛大臣来电

鸿坤会奏，送使赴津。初八日（我 8 月 2 日）奉谕旨：前因民教滋事激成兵端，各使臣在京理应保护，迭经总理衙门致辞函慰问，并以京城未靖、防范难周，与各使商议，派兵护送往天津暂避，以免惊恐。即着荣禄预派妥实文武大员，随带得力队。俟该使臣定期何日出京，沿途护送，倘有匪徒窥伺抢掠寻事，即行剿击，不得稍有疏虞。该使未出京以前，如有通信本国之处，但系明电，即由总署速办，毋稍延搁，用示朝廷坦怀相与之意。钦此。鸿，坤，宣，卦（十日，我 8 月 4 日）

（原注）8 月 5 日夜，李公使亲手递交，以通报于大臣阁下。

四五九

8 月 5 日　驻上海小田切代理总领事致青木外务大臣函（电报）

护送列国公使至天津之消息（一）（二）（三）

（一）

8 月 5 日上午 1:30 发，同日上午 7:00 收　　　驻上海领事　小田切

第一四三号

据盛宣怀对本官所说，8 月 2 日已发表诏敕，命荣禄派可信之文武官员，将列国公使全部从北京护送至天津。此诏敕中载，允许列国公使与其所代表政府之间经总理衙门进行普通通信。又，此诏敕乃对李鸿章、刘坤一及盛宣怀等上书而发，故可期待列国公使最早近日到达天津。

（二）

8 月 5 日上午 11:55 发，同日下午 5:00 收

第一四四号

关于本官第一四三号电报，8 月 2 日所发布诏敕全文如下：

初八日（我 8 月 2 日）奉谕旨，前因民教滋事，激成兵端，各使臣在京理应保护之。迭经总理衙门致辞函慰问，并以京城未靖，防范难周，与各使商议，派兵护送往天津暂避，以免惊恐。即着荣禄预派妥实文武大员，随带得力队，俟该使臣决定日期出京，沿

途护送。倘有匪徒窥伺抢掠寻事,即行剿击,不得稍有疏虞。该使未出京以前,如与本国通信,但系明电,即由总署速办,毋稍延搁,以示朝廷坦怀相与之意。

(三)

8月5日下午2:48发,同日下午7:00收

第一四六号

关于本官第一四三号及一四四号电报,因本官尚未与盛宣怀会面,故不知此诏敕由何处发往当地,但相信大概为通常之途径,即经袁世凯之手而送达。毋庸多言,列国公使是否一同在清军护送下离开北京,完全取决于公使等之判断。在北京清国人其态度之所以俄然一变,外国军队在天津获胜及列国劝告其保护公使等皆有作用,阁下经驻日本清国公使送交清国政府之恳切提议以及李鸿章、刘坤一等人主张为外国公使安全计有必要护送其离开北京之上奏尤其如此。又,本官已将送交日本驻清国公使之普通信件电报交袁世凯,要求经总理衙门将该信件传达于我公使,并请求经该衙门将该公使之回复送交本官。

四六〇

8月5日　青木外务大臣致驻清国西公使函(电报)

对清国请求撤往天津一事与各公使共同行动之训令

余获知清国政府向外国公使提议,可在荣禄所选文武官员之护送下,将公使送往天津。若其他列强公使接受此提议,则阁下可与彼等共同行动。[①]

(原注)8月5日托清国驻本国公使以平信发送。

四六一

8月5日　清国公使致青木外务大臣函

转达李鸿章请求阻止联合军队北上之来电

李傅相来电

初八日(我8月2日)谕旨,杏荪已电达,此是真实凭证。祈商外务,请言饬前敌将帅止兵勿进,以待商办。鸿真(十一日,我8月5日)

(原注)8月5日夜7时,李公使亲手递交,以供大臣查阅并答复。

(注)杏荪即盛宣怀。

四六二

8月8日　英国临时代理公使致青木外务大臣函

英国关于救援公使、沿江防备、反对瓜分清国及其他方针之通报

附件:英国外交大臣电报抄件[②]

英国临时代理公使　J.B.怀特海德,1900年8月8日,东京

① 此篇原文为英文。——译者注

② 此件原文为英文,因与以下日文同,此处译略。——译者注

第三九号

以信函致启上陈者:本月2日,政府代表于英国众议院发表演说,叙述英国政府对清方针。我外交大臣电告此演说之要领。将其电文抄件附于后。

阁下当已经从其他方面了解到该演说之大意,然索尔兹伯里侯爵正式发给本使之电文内容,或有可供阁下参考之价值。

本使在此再次向阁下表达敬意。敬具

(附件)[①]

索尔兹伯里侯爵致怀特海德之电报

1900年8月4日下午5:22发,5日下午5:50收

8月2日政府代表在众议院作关于英国政府对华政策之演说如下:

英国将与其他诸国保持一致,致力于救援驻北京之各公使馆,并认为很有必要让清国知晓公使之神圣,以及欧洲对之采取保护和谋求复仇之道的实力。

至于长江沿岸和邻近地带,已向各总督保证英国船只与军队将尽量与他们一起镇压暴乱、恢复秩序。而为适当履行这一保证,眼下正采取必要措施。

英国国王陛下之政府反对瓜分中国,并相信这一宣言与其他诸国之意向如出一辙。又将来清国之政治,无论是在北京进行统治,还是采取地方分权之制,都必将是清国人所组织之政府。以欧洲人所组织之政府取而代之,为英国政府所难以同意之事。

英国政府认为,在外国军官指挥下组织军队之计划,在列国之利益上,需要对该计划深思熟虑,深加警惕。

对于本次骚乱,清国需要对其结果进行补偿。

四六三

8月8日　清国公使致青木外务大臣函

驻清国之各公使与本国间密电往来解禁之件

附记:(一)田结领事同上之电报

(二)8月9日小田切领事电报

(三)同上8月10日公信第二五八号

李傅相来电

顷总署蒸电(十日,我8月4日),各使馆往来电报已有旨准其代寄代交,本日即有八国发电,知注特闻。又东抚电刻,接总署十一日函,现奉旨准令各使与其本国往来平安密电希分电各处,查照前次发还各电。如各领事尚托代递,仍可转发云。希查照转告。鸿寒(十四日,我8月8日)

(原注)8月8日夜,李公使亲手递交,供大臣查阅。

---

① 此篇原文为英文,因与以下日文同,这里译略。——译者注

(附记一)
8月8日发,10日收　　　　驻芝罘领事　田结

无号

袁世凯向各国领事发如下电报:

据所接总理衙门8月5日电报,清国政府允许列国公使用和平密电与其本国政府通信。列国公使向其本国政府发电时,经海关道发电后,当将其原文送交该领事,以为参考。

(附记二)
8月9日下午6:16发,下午9:20收　　　　驻上海领事　小田切

第一五六号

总理衙门8月5日告袁世凯,有诏敕发布,可接受并转送列国公使之密电。

(附记三)
8月10日小田切代理总领事公信第二八五号

关于驻北京公使与本国政府间使用密电之件

公第二八五号,8月17日收

8月7日济南府来电,该月5日收到总理衙门之书信。据前日盛宣怀所通知,此次清国政府同意转递各国公使馆与其本国政府间往来之密电。5日,已接受八国公使所发电报,并承诺:若各领事托为递送,均应处理。因此,虽此事之前已用电报禀报,在此仍将其抄件以另页附上。　敬具

明治33年8月10日　　　　驻清国上海代理总领事　小田切万寿之助(印)

(另页)
抄件
(公信第二八五号附)

启者。本日接准济南府十三日电报,接得总理衙门十一日函,开现奉旨各使馆与其本国往来密电准其代寄代交,本日即有八国发电。希分电各处,查照前次发还各电。如各领事尚请代递,仍可转发等语。除分电出使各国大臣外,相应函知贵总领事查照可也。此颂日祺

七月十四日(8月8日)

四六四

8月9日　青木外务大臣致驻清国西公使函(电报)

训令留守北京及询问清政府将袁昶与许景澄斩首是否属实之件

8月9日发　　　　青木外务大臣

接8月4日之贵电(注)并熟读之。本官对于贵官等人共同陷于极度困苦之中深表同情,切望至从天津向北京进发之救援军到达之前,贵官等可以最大之忍耐自行支持。袁昶及许景澄斩首之事是否属实?

(注)8月9日小田切领事转电第一五四号,前载第八〇文书。

四六五

8月9日　清国公使致青木外务大臣函

转达上海道台请求各国公使离开北京之来电

上海道余来电(致李公使)

接慰师盐电(十四日),内开转杨大臣等公电悉各使,安电已于初十一律代计。十国送津暂避一节,早经商及,窦使主之并言不愿出京,兹又函称须发电请示外部方敢离京。似此推延,设有不测,咎将谁任。祈与各外部详切言之,速催各使赴津暂避。是为至要,望诸公并转复文云。除分转外,谨闻沅(余联沅)。愿(十四日,我8月8日)[①]

(原注)8月9日下午,李公使来外务省与大臣面谈,亲手递交。

四六六

8月9日　驻清国西公使致青木外务大臣函(电报)

决定滞留北京及期待救援到达之件

(一)

1900年9月8日上午1:30收

第一三七二号

青木,东京

情况未有变化。公使团决定等待救援军。清国政府仍然要求暂避于天津。[②]

(二)

8月9日下午1:00上海道台衙门发,下午9:00驻日本清国公使馆收

驻清国全权公使　西

总理衙门告列国公使,其本国政府已频频要求清国公使,在切实护卫之下,将本官等撤离北京,并要求本官等决定出发之日期与条件。本官等答复曰,此事已向本国政府禀报,正等候其训令。未有训令,则不可离开任职之地。

在此,本官等必须告知阁下,为安全撤离计,列国军队务必来到北京,且务必有足以护送八百名外国人(其中妇女、儿童二百名,伤者五十名)及三千余名清人基督教徒之能力。难忍将此清人基督教徒弃之当地,令其遭到虐杀。不可何事均依赖清国之护卫兵。

本电报由各国公使共同送交其本国政府。本官等所希望者,在阁下之训令到达之前,救援军已奏其功,则不再需要阁下之训令。

四六七

8月10日　英国公使致青木外务大臣函

---

① 此篇原文为中文。——译者注

② 此篇原文为英文。——译者注

询问我关于救援公使及外国人之意见之件

8月10日收

索尔兹伯里侯爵致怀特海德先生:

对于各国公使向其本国政府所发电报中所言在北京外国人士之形势,应该采取何等措施。试探知日本政府对此之意见。[①]

(原注)33年8月10日鲍莱托书记官带来。10日向在外帝国公使发电,就休战提议(注:后第一三八五文书)作出答复。

四六八

8月10日　美国公使致青木外务大臣函

抄送对请求各国公使撤往天津一事之回电之件

附件:美国国务卿致驻日美国公使之电报抄译

(译文)

第二二八号　　　　美国公使艾·伊·巴茨古

以书翰致启上陈者:今晨收到国务卿之电报,此电与本月3日交阁下之电报抄件所载内容相同,详述我政府对北京形势所持之意见。特此呈上该电文之抄件,以供参考。在此再次向阁下表达敬意。　敬具

1900年8月10日,东京

(附件)

(译文)

1900年8月10日收到之电报抄件

美国代理国务卿　艾迪,1900年8月10日自华盛顿

对于李鸿章、刘坤一所提将诸外国公使护送至天津之建议,清国皇帝于8月2日发布诏敕。本日,清国公使将此诏敕公开通牒于本官,内容如下:

向因基督教之传教而起骚乱,致启战端,故有必要保护驻北京之各国公使。总理衙门屡屡发函问候,而未见北京秩序恢复平静,虽加警戒,仍难料安危。故商议以卫兵送各国公使暂赴天津避难,则无危惧。兹命荣禄选任可信之文武大员带领有力可信之卫兵,于外国公使所定之日期,护送其从北京前往天津。若途中有匪徒对公使等施加暴行,或企图劫掠等异状出现,此文武大员必剿击之,不得疏虞。外国公使等于离开北京之前,若欲向其本国政府发信,或不用密码,则总理衙门不得有丝毫耽误接转,以表明帝国政府最为深厚之友谊。

伍公使亦将彼于本月8日上午从上海道台余联沅处所接之下列电报通牒于本官:

巡抚袁世凯来电,8月5日有报,总理衙门接诏敕,允许各外国公使以密码与其本国政府自由通信。

作为回答,本官将下列备忘录署名后,于本日傍晚交于清国公使:

① 此篇原文为英文。——译者注

本月5日诏敕允许各外国公使与其本国政府间以密码自由通信。本国政府乘此机会向公使康格发电，等待其回电。该公使本月7日所到之简短电报中报告，官兵日日炮击驻北京公使馆。我政府要求，迅速制止官兵对公使馆之攻击，清国政府当尽全力保护诸公使馆及在公使馆内工作之外国人士。又，康格公使于前电报中报告，考虑到官兵目前炮击公使馆之事实，外国公使若依照8月2日诏敕离开北京，则必死无疑。而比照8月2日诏敕中所提及贵国政府难以预料恢复秩序与充分安定之事实，则康格所云确有根据。无论如何贵国政府若不能保护我驻北京之公使，必可推测，在从北京出发至海岸途中，亦不能保护之。是故，我政府恳切劝告贵国政府，贵国政府应当实现本年7月23日合众国总统致贵国皇帝陛下电报之第三项内容，与救援队通信，与之共同救助公使馆，完成保护外国人士及恢复秩序之事。贵国政府果能如此行动，则足见贵国政府抱有希望达成前述目的之友谊与希望。

将本电报告知外务大臣，以为参考。

四六九

8月10日　驻比国本野公使致青木外务大臣函

报告比利时义勇队组织实情之件

公第四一号，9月16日收

外务大臣子爵青木周藏阁下：

该国布鲁塞尔等其他二三市长提议，为支援北清地区之联军，尽救护同胞之责任，欲再招募两大队左右之义勇军。此提议得到朝野之同情，应征者颇多，近日之内可完成一大队。至于义勇军指挥官，已基本确定推举陆军中校巴特尔斯。此派遣义勇军之举，其性质上不过为市民之自发举动，而该国政府在中立条规及宪法所允许之范围内，亦给予充分方便。

特此禀报。　敬具

明治33年8月10日　　　　驻比国特命全权公使　本野一郎（印）

四七〇

8月11日　驻俄国小村公使致青木外务大臣函（电报）

训令俄国驻清公使就请求各公使撤往天津一事对清措施之件

8月11日下午4:40发，12日下午1:35收　　　　驻俄全权公使　小村

第一一五号

8月9日，俄国政府接到该国驻清国公使之电报，言清国政府主张外国公使离开北京，然其安全无充分保障，公使等因此答复无各自国家政府之命令，不能离开北京。据此命令俄国驻清国公使，清国皇帝及政府确实保障该公使、馆员及护卫兵旅行之安全，（一语不明）则该公使可去天津。

四七一

8月12日　驻英国林公使致青木外务大臣函(电报)

英国驻清公使致英外交大臣希望北京救援军前进之报告

8月12日下午4:50发,14日下午3:15收　　　　驻英全权公使　林

第四九号

8月12日,英国政府接获该国驻清国公使于8月8日所发电报。据此电文,该公使表明李鸿章被任命为讲和全权大使,然不论谈判如何,切望救援军之前进勿有迟延。

本官今日无法面见索尔兹伯里侯爵。

四七二

8月13日　驻英国林公使致青木外务大臣函(电报)

就请求各国公使离开北京一事对清国驻英公使之回答,以及就英军是否有于上海登陆之意向与英外交大臣谈话之报告

附记:英外交大臣致英国驻日代理公使之电报抄件

8月13日下午7:00发,15日上午9:30收　　　　驻英全权公使　林

第五〇号

清国政府送交英国政府之提议,言以清国高官陪同并清国人之护卫,将列国公使及欧洲人撤离北京。对此提议,索尔兹伯里侯爵于8月12日通告清国驻英国公使,清国政府应当请求联军,使列国护卫兵完全行至北京(一语不明)门,进入北京城,接到所有外国人,将之护送往天津;且清国政府应当向列国公使馆提供必要之粮食。又训令英国驻日本临时代理公使将此通牒全文送交阁下。艾·杰·巴尔佛阿认为此足以作为对日本政府之答复。关于贵电第二六号之提议,则训令该临时代理公使回答阁下:英国政府若非迫于危急之情况,无意让军队在上海登陆;且该政府在经济上或领土上均不抱任何企图,不过希望保持其在上海之利益。此事于8月13日从巴尔基处得知。

(附记)

8月17日由英国代理公使亲手递交大臣索尔兹伯里侯爵之电报(8月13日)[①]

本大臣昨夜将下列信件送交清国公使,委托其转达北京政府:

清国驻圣彼得堡公使提议,各国公使、公使馆员及其他外国人士在清国将官所率领卫兵之陪伴下,离开北京。其同行者为足以保障公使等安全之数名清国高官。本大臣不能估计所提议之安全上之价值。然北京政府若果欲安全转移诸公使等人,而无法提供公使等人所认可之护卫,则应当请求各国联军,得到相当数量之卫兵。但此护卫兵不会进入北京城内,而将举休战旗行至城门外,迎接被困外国人士,护送其去天津。

为表明诚意,在各公使等被解救之前,清国政府需要向各公使馆提供公使等所需

① 此篇原文为英文。——译者注

要之粮食。

公使等人若不能立刻被从今日之悲惨状况中解救出来，则英国政府对清国政府之态度将改变。将把皇帝诸大臣以及与各国公使及其他所有外国人士在北京及去天津途中所受各种伤害相关各人，看作负有直接责任者。

四七三

8月13日　驻法国栗野公使致青木外务大臣函(电报)

与法国外长就各国公使离开北京问题及休战与议和之谈话

8月13日下午5:00发，15日上午9:50收　　　　驻法全权公使　栗野

第五〇号

面见法国外长时，其所言要点如下：

进军北京之唯一目的在于将列国公使及外国人士从危急之中解救出来。为达此目的，尽管清国政府提议将列国公使护送至天津，若此提议中未有极其确定之安全，则不能同意。若在清国政府言行之中，不能看出其诚意，又若清国政府如新提议所云，有能力使其军队及匪徒撤退一定距离，则几乎无法理解，何故此时出此举证明其诚实。

又该外长尚未接到休战及讲和之提议。不过昨日得知已到外交部，就此，该外长表态如下：

无论至天津(一语不明)如何，仅依赖不确定之保障，即不能改变一贯以来之意见。其间列国驻北京公使若遭灾厄，则清国政府当负全部责任。

该外长表示，尚未与其他阁僚商议休战条件，因此以上不过仅为其个人看法。以本官所见，眼下欧洲人中对清国政府缺乏信任，任何人对清国之(一语不明)似抱有疑惧。欧洲之普遍意向如此，故清国不自行证明其诚实，而仅提出建议，将不会有任何效果。

四七四

8月14日　驻上海小田切代理总领事致青木外务大臣函(电报)

德国公使馆书记官拒绝离开北京之请求之情况

8月14日下午11:00发，15日上午1:20收　　　　驻上海领事　小田切

第一七七号

据德国驻上海总领事所告知，该国驻北京公使馆书记官向该国驻芝罘领事发送如下电报，但无日期：

7月21日以来形势无变化。清国政府请求我等为安全计，撤离北京。然我等因一旦离开帝国都城后，有立即被杀之虞，故至救援军到达之前，拒绝离开北京。粮食短缺。

当地海关道告知，前日由日本驻清公使向贵大臣转送密电。该信中之最新情况，希望速来电报告之。

四七五

8月14日　驻清国西公使致青木外务大臣函

各国公使共同与清交涉之续报

机密第四七号,9月7日收

外务大臣子爵青木周藏阁下:

各国共同交涉之大略　其二(注)

总理衙门一方面催促在沿途保护下撤退,另一方面新建堡垒,加强攻击。尤其28、29日时,可听到攻击北堂(法国天主教堂所在地,法兵三十人、意兵十人、传教士等其他西洋人五六十人、耶稣教民八百余人坚守此处,开战后消息不通,然而今日或言其仍维持坚固防御)之激烈炮声。故于7月30日向衙门送书信,诘问于此友好交涉中如此作为,不解其意。8月1日衙门答复曰:此为双方误会,毕竟为教民等先开衅,故已加以取缔;又,闻听各公使有意撤离,而为教民等所挽留。对此,当深思熟虑,决定撤离日期,希望三日内给予答复。故8月2日开会,判断其误会云云之事并非实情,此方未发一枪一弹,清军却仍在攻击。此时若撤离,途中如何保证不受到攻击?

3日衙门来信,言据本日敕令,将护卫之事委任于荣禄,其本人负有责任,照料撤退之事;故今勿有踌躇,尽早告知出发之详情。又,向英国公使送来由清国驻英公使转送之英国外交大臣之电码电报(询问在何处、情况如何等,日期不明),并向同僚表示,如果发送友好之意之回电,则可转送。故自当日至翌日,各公使亦纷纷委托向其政府发送电码电报。

4日,衙门又来信,言各公使之电报已转发,关于撤离之事虽未答复,然曰我驻外公使已向各国政府表明希望护送各国公使离开北京之事,且与各自政府之间已可通信,望早定出发日期并告之。故立即召开会议,认为已到明言我决意之时,决定依照我等未接到本国政府直接命令,则不能离开此地之意,送去转送之另页电报。各公使草拟同样电报。翌5日正式由首席公使发出照会(至此均为私人信件形式,由英国公使转交)。此间未等到一直期盼之援军之报,不知其是否已经从天津出发,故无从预知其到达之日。然粮食渐缺,欲做最后准备,于8日召开会议,决定平均分配粮食,且当尽量节约。此外,数日前清国驻伦敦公使发来电报,知意国国王去世,报于意国公使,表示慰问;昨日又同样向英国公使发慰问电,通知艾金布鲁达公爵去世。故利用此机会由该公使向总理衙门送去悼词,并送书信,言若欲表明友好,则不得攻击公使馆并断其粮路,试图开购买粮食之路。此日,有照会称李鸿章被任命为全权公使,将与各国商议。入夜,攻击愈烈。9日亦在此攻击中渡过。至10日,此间柴中佐派往援军之密使持福岛少将8日之书信自蔡村还,报5日、6日与美军占领北仓及杨村,与英军、俄军会合,本日出发来此处;若无特别反抗,13日、14日可到达北京。内外人等愁眉俱展,一任援军将官等自由行动,此方亦未疏于警备。至11日,荣禄遣人来,言将筹办购买物品,并附书信。故除粮食之外,亦购买蔬菜。只是对方仍然猛烈攻击,故我方亦不得不应对,此事依旧。至12日,庆亲王等向英国公使送来半官方信函,言我方曾云停留此处乃为和谈故,请确定此谈判之时间。故定于翌13日上午11时回答。翌13日商定时刻之前,各国公使集合议事。对方送来拒绝信函,其大意为昨夜此方单方面加以攻击,致一名士官战死,二十六名士兵死伤,因此贵君等并无和谈之意,故不前来。其实援军已近，知事已迟矣。当晚，远远听得援军之炮声。大小炮声之下，历两月之久之北京之围终于本日下午得以解除。

特此禀报。　敬具

明治33年8月14日　　　　驻北京特命全权公使　男爵西德次郎(印)

(注)7月29日西公使机密第四五号信，为前载第四四七文书之续报。

四七六

8月15日　驻意国大山公使致青木外务大臣函(电报)

就各国要求清国救护各国公使一事与意国外交大臣之谈话

8月15日下午7:10发，16日上午10:10收　　　　驻意全权公使　大山

第三三号

据8月15日意国外交大臣告知本官，意国政府经该国驻英国公使，向清国驻该国公使提出与阁下相同之提议。俄、法、德三国政府亦为将公使馆员从北京救出，而向清国政府提出大略相同之提议。然德、法(?)两国之意向眼下尚不明确。又，该外交大臣提到，意国驻清国公使收到总理衙门通知，李鸿章被任命为特命全权大臣。

四七七

8月15日　俄国公使致青木外务大臣函

俄国对请求各国公使离开北京之意见之通报(8月15日俄国公使亲手交青木外务大臣)

(译文)

7月29日(8月11日)

我国驻北京公使格尔斯发来密电报告，战争状态仍持续，被围者极难得到必要之粮食。又报告，清国政府向诸外国代表提议暂时退至天津，外国公使因其安全无确实保障，故拒绝此提议。

接此电报后，本大臣依据皇帝陛下之命，委托俄国驻清国公使电告总理衙门：俄国政府难以忍受今日之状态；公使驻北京期间，应给予充分方便；俄国外交官及俄国臣民不可侵犯之权力受到任何侵犯，清国皇帝及亲王将负有重大责任。

关于驻北京各国公使并与公使同处于重围中之众多外国人撤出北京问题，俄国政府的意见是，对转移到天津途中一切难以预料事件，若清国政府没有采取保护外国人之充分必要方法，不能承诺之。

在转移到天津之时，各国公使是依照清国政府请求作出撤出首都之决定的，应该认识到对外国公使之不可侵犯权之侵害是各国政府最不可原谅、最不容辩解之事。

同时，有必要向总理衙门提出，要求其详细告知该衙门考虑依据何种方法，充分保障外国代表从北京到天津途中之安全。若各国政府认为此种方法不充分，各国应在协商基础上向清国政府提议，向北京派遣一支特别联合军队，携带白旗或其他约定徽章，其目的仅仅为切实护卫各国代表。

四七八

8 月 15 日　清国公使致青木外务大臣函

通报李鸿章关于请求联合军队停止向北京前进之来电

李傅相来电

闻联合军将至通州,已奏请朝廷派使就近与前敌各军商办停战,鸿亦不日赴京。各国既深知两宫为难,务请电知陆军,至通州为止,兵勿入京,以免两宫受惊,万民涂炭,致亏大清元气而伤天下臣民之心,则中国亿兆人民莫不感激。望将此电速送外部,请入奏并电复。鸿个(七月廿一日,我 8 月 15 日)

(原注)8 月 15 日夜 9 时由李公使递交小林翻译官。

四七九

8 月 16 日　驻法国栗野公使致青木外务大臣函

法国对各国公使撤出北京建议回答情况之报告

8 月 16 日发,17 日上午 11:20 收　　驻法全权公使　栗野

第五三号

法国政府就列国公使撤出北京一事,8 月 11 日经法国驻清国公使发送答复要旨如下:因阻碍以将列国公使救出北京险境为唯一目的之联合军队通路,命清国兵及匪徒退去,使其进路安全,是清国政府之责任。

四八〇

8 月 17 日　驻美国高平公使致青木外务大臣函(电报)

美国对停止进军北京之请求致李鸿章之回答

8 月 17 日上午 1:35 发,下午 3:15 收　　驻美全权公使　高平

第四二号

本日代理国务卿通知如下:

关于李鸿章停止进军北京之请求(是亦必送达帝国政府),国务院 8 月 16 日回答如下:若继续攻击公使馆,则进军不能停止。其攻击停止时,应依遵 8 月 14 日给予恰夫基指挥官之训令。该训令的趣旨是,若清国政府有意引渡列国公使人等,该指挥官在与其他指挥官协商基础上,对其进行必要准备,采取或行进至公使馆,又或在内门,或在外门接受引渡之临机处置。

四八一

8 月 18 日　驻清国西公使致青木外务大臣(电报)

救援军到达北京

8 月 18 日北京发,20 日上午 2:00 天津发,21 日下午 7:10 芝罘发,22 日下午 2:15 收

驻天津领事　郑

驻清公使8月18日委托转送如下电报：

“援军8月14日到达，全部获救。”

四八二

8月19日　青木外务大臣致驻清国西公使函（电报）

祝贺救援成功及询问暴乱实况及将来措施之件

田结，芝罘（经由）

速将下列电文以最快捷之方式转交驻清公使：

闻知一直所期盼之解救北京一事终得实现，天皇陛下极为高兴。我与内阁中其他诸位同仁特此表示祝贺，祝贺贵官及其他人在经历如此漫长且严酷之困难与危险后成功获救。盼望贵官尽快来信告知事态真实情况以及贵官对如何处理当前问题之看法。

列国政府均期待公使之意见，以决定将来之行动。

青木，1900年8月19日[①]

四八三

8月20日　驻法国栗野公使致青木外务大臣函（电报）

北清远征军出航之际法国总统演说之报告

附件：法国总统演说译稿

公第四九号

外务大臣子爵青木周藏阁下：

关于此次北清事件，法国任命瓦冯将军为在华全部法军之总督，决定新增派一由总统武官长拜娄少将所指挥之混合旅团远征军。此远征军自马港出发之日，即12日，总统赴马港，为全体远征军举行授五面（本次出发之军队两面，已经向中国进发之海军陆战队三面）军旗之仪式，向瓦冯将军以下之军官、士兵等发表另页之演说。随信附上此演说之原文摘要（注：省略）及翻译。特此禀报。　敬具

明治33年8月20日　　　　驻法特命全权公使　栗野慎一郎（印）

（附件）

（译文）

法国总统演说译稿

将军：

予代表共和国向卿授予远征军队之军旗。卿忠实爱国之至情实为所以被委以此等军旗之原因，予亦完全相信卿。

名誉及国家即此等军旗之铭。于侵害我权利、蹂躏我正当利益之中国，野蛮袭击代表文明与进步之一切事物，因此卿乃不得已而起。此役之名当留于此等军旗之上。

---

① 此篇原文为英文。——译者注

诸将士:

自今以后,此等军旗于卿等而言,神圣不可侵犯。卿等于此军旗之下应牢记:法兰西国相信卿等勇武而赋予重大使命。此使命为何?即对于所有破坏文明国必要法规之国家,要求处罚其责任者,对过去要求充分赔偿,对未来确立必要保障。见此等军旗,则当勉力,不可使卿等祖先遗留于卿等之名誉至卿等之时受到损减。与保卫文明之联合军队为伍,期待身穿法国军服之诸位,于军纪,于忍耐,又于勇气诸方面均不落于人后。此等军旗告知卿等,国家之卫士当临危奋起,抛家舍子,断绝一切朋友故旧之情绪以殉国。此等军旗同时立于卿等之中,当表彰卿等所伤之苦、所忧之危。予祈祷卿等不久后即可归还本国,吾人以非常之忍耐,期待卿等毫无悬念凯旋之日。卿等将全部加入鲍奇埃提督舰队之下,向卿等之同胞表达吾人满足与感谢之意。

四八四

8月25日　驻比国本野公使致青木外务大臣函

中止向清国派遣义勇队之报告

附记:11月22日本野公使报告比国外交大臣关于中止义勇队计划之议会演说之件

机密第一八号,10月4日收

外务大臣子爵青木周藏阁下:

为声援北清地区之列国联合军队,尽救护同胞之任务,该国臣民中有派遣义勇军之计划。此已于前公第四一号电报中禀报。此举措素来不过该国臣民之自发行动,而终付诸实践。因该国处局外中立之故,有必要得到诸国及目前出兵北清地区各国之承认。因此,该国政府前几日完成此程序,除一两国之外,列国政府已经答复对之给予承认。而各种准备已基本完成,招募到六百名义勇军,预计于9月下旬出发。至本月24日,发起委员会再三讨论之结果,突然中止此事。而公开发表之表面理由为,北京之近况及该国在清国所拥有之商业利益,使得目前没有派遣义勇军之必要。对此,据本使从可靠方面所闻,其起因似乎完全在于德国政府之答复。列国政府基本给予承认之答复,不料德国政府回复曰,认为目下之时机不适合于派遣义勇军。本行动自始至终为该国臣民花费数万所热心计划之事,上述中止之命令一出,普遍极度失望遗憾,非议频生。过几日再开议会时,必将提出关于此事之质疑,则事件之真相可清楚矣。

特此禀报。　敬具

明治33年8月25日　　　　驻比利时特命全权公使　本野一郎(印)

(附记)

11月22日本野公使报告

比国外交大臣就中止义勇军计划一事之议会演说

公第五一号,34年1月8日收

外务大臣子爵青木周藏阁下:

关于本年8月25日机密第一八号电报所禀报向清国派遣若干名该国义勇军之计划被中止一事,本月13日,该国议院开会,议员戴坎在元老院就此事提出质询,当天至翌14

日，进行长时间讨论。外交大臣答辩之大意为：北京陷落、公使馆员安全之事实，为派遣义勇军之主要目的。故与诸位发起人协商之结果，决定中止其实行，此并非他国干涉之结果。特别是列国回答基本都对此计划表示赞同，唯英国政府回答不能对此行动表示赞成与否，德国政府回答对此举深表同情，同时提出至今后必要之场合，中止派遣义勇军如何？该大臣又就比利时驻北京公使馆员得保安全一事，真诚感谢日、英、奥其他各国之保护。

翌14日之议会上，议员高布莱·达尔毕拉伯爵提出质询，比利时政府此次与法国政府协商之结果，计划重新向清国派遣军队（参见明治33年11月3日机密第二二号电报（注：省略），此事是否属实？外交大臣答曰，此事没有任何根据。该伯爵又质问，比利时政府是否计划欲在清国获得土地之让与？外交大臣答曰，比利时国现的确计划在清国开放口岸内获得与列国相同之租界；又，前年以来，比、清两国间正协商之在汉口获得租界之事，目前仍在继续之中；总之，关系到可以发展本国工商业之办法时，比利时政府不会等闲处之。此外，另页详细附上元老院讨论记录，以备查阅。特此禀报。　敬具

明治33年11月22日　　　　驻比特命全权公使　本野一郎（印）

（注）所附之元老院讨论记录省略。

四八五

8月27日　青木外务大臣致驻清国西公使函（电报）

询问各国对北京善后措施意向之件

田结，芝罘（经由）

急

以最快方式将下列电文转交驻清公使：

收到你处关于北京一带警戒之回电，然并非我急于想从贵官处所了解之信息。日本方面一直以来都竭尽全力维持清国稳定，因此我希望知道你及其他驻北京外国公使关于平定目前局势的看法。我需要尽快得知这一看法，你也需要保持与这些公使们的不间断之联系并不时报告他们的态度以及事态的进展。关于能用英语发报的电报员，我将尽快派遣到位。但是，只要是在天津领事馆或大沽炮台给东京发报，你仍要由特殊信使送达加密之电文。

青木

1900年8月27日[①]

四八六

8月29日　驻德国井上公使致青木外务大臣函（电报）

德国就是否出兵清国对比国回答之情报

8月29日下午4:12发，30日上午10:25收　　驻德全权公使　井上

第一一四号

① 此篇原文为英文。——译者注

《晨报》刊登了德国皇帝否认比利时国派遣清国远征队之旨。该国外交副大臣对本官之询问回答曰，比国就本件询问德国意见之时，德国回答其意见是由列国已派遣及不日派遣之兵力足以恢复清国秩序。

该副大臣及冯·布洛夫8月28日突然回到柏林。该大臣同日午后长时间访问驻德之俄国大使。德国皇帝8月27日以后在波茨坦。

四八七

8月29日　驻奥国牧野公使致青木外务大臣函

奥皇慰问驻清公使诏敕要领之报告

公第八二号　　　　10月25日收

外务大臣子爵青木周藏阁下：

驻北京各国使臣与其本国政府通信之途开始之际，欧洲列国君主多慰问其使臣安否。奥匈两国皇帝亦在其时命外交大臣慰问驻北京奥匈国临时代理公使以下人等安否，其要领如下：

朕命卿致电驻北京奥匈国代表及馆员人等，尽管数旬被围之辛苦困难，彼等终能忍耐防御至今日。朕赞赏彼等忠实于国家，尽职尽责。

以上报告。　　敬具

明治33年8月29日　　驻奥特命全权公使　牧野伸显(印)

四八八

8月31日　驻芝罘田结领事致青木外务大臣函(电报)

传德国向芝罘派兵之报告

8月31日下午8:30发，9月2日下午2:30收　　　　驻芝罘领事　田结

本地传闻，德国向芝罘派遣军队，本官正密切关注。

四八九

9月1日　德国代理公使致青木外务大臣函

德国检查驻德清国公使与本国间往返电报之通知[①]

(前文译文)

德国代理公使冯·维戴尔伯爵

以书翰致启上候陈：本国政府通告清国驻柏林公使馆，该公使馆暂时不得发送符号或密码电报；又，虽可发送普通电报，但在其发送前当提交于德外交大臣，以得到许可。根据本国政府之训令，将此通告告知阁下。本人在此再次向阁下表示崇高之敬意。　敬具

1900年9月1日于东京

① 原文为德文，略。——译者注

四九〇

9 月 5 日　驻德国井上公使致青木外务大臣函(电报)

报告德国报纸主张保全清国领土及门户开放之件

9 月 5 日下午 11:20 发,7 日上午 9:50 收　　　驻德全权公使　井上

第一二四号

9 月 4 日所发行之《科隆日报》登载关于德国在清策略之评论,否认外国报纸上所刊载之报道,即德国向清国派出大批援军,除已公开表示之欲恢复和平秩序之外,还包藏其他密谋。云德国拒绝任何瓜分政策,其赔偿之目的在于巩固经济关系,扩展通商航海;又德国之利益在于清国之独立,其对于门户开放政策,不仅从理论上给予承认,且不可不实行之。

四九一

9 月 6 日　青木外务大臣致德国代理公使函

收到检阅驻德清国公使所发信函之通牒之件

9 月 6 日发

送第四七号　　　青木外务大臣

以书翰致启上候陈者:已收到并拜读本月 1 日之贵函,内称贵国政府训令,禁止清国公使馆发送符号或者密码电报,虽可以发送明语电报,但发送前须得到德外交大臣许可,且该旨已通告清国公使馆。本大臣在此再次向阁下表示崇高之敬意。　敬具

四九二

9 月 7 日　驻德国井上公使致青木外务大臣函(电报)

译报德国皇帝关于对清出兵措施之敕语

9 月 7 日发,8 日上午 11:40 俄都发,9 日下午 12:50 收　　　驻德全权公使　井上

第一二六号

德国皇帝本日幸临斯奇茨钦之际,对关于清国之奏报给予如下敕语:

> 朕确信,德国军队定能在远东恢复牢固之国际关系,由此充分保护在该地之德国商民,使其免受危害侵扰。朕对于将来无任何忧虑,毫无疑问,我政策当获成功。

四九三

9 月 11 日　比国公使致青木外务大臣函

请求允许比利时向清国派遣义勇军之件[①]

8 月 15 日俄国公使亲手交青木外务大臣

(上文译文)

---

① 原文为法文,略。——译者注

比利时公使以书翰致启上候陈:根据我至尊皇帝陛下之政府之训令,特此通知:已在比利时政府内设置义勇军组织委员,此义勇军将与在清国之联军协同行动。该义勇军可迅速编成,可于9月中或月末之间在安特卫普乘船。军队总数为六百名,必要军需品及附属部队亦准备完毕。此义勇军由优秀之比利时臣民及休假之陆军将校士兵组成,携带比利时国旗,得到政府认可。此义勇军完成之任务,在比利时看来,同样不用说也在相关国家看来,无疑与比利时在公法上所处地位并不相抵触。

比利时政府希望向日本天皇陛下之政府承诺,比利时义勇军将与目前在清国行动之联军一起,遵守国际法与国际惯例,共同行动。毋庸多言,此义勇军当隶属于总管军务之司令官指挥。

比利时政府相信,日本政府将对上述计划表示同意。且本件为极其紧要之事,将迅速实行,故望尽快告知列国之意向。本使在此再次向阁下表达敬意。　敬具

1900年9月11日于东京

四九四

9月18日　驻法国栗野公使致青木外务大臣函(电报)

法国报纸对日好感论调之报告

9月18日下午1:10发,21日下午2:00收　　　驻法全权公使　栗野

第七〇号

法国报纸自7月20日即本官发出第四〇号电报以来,对日本之论调普遍出现极其良好之变化,令人不胜欣喜。对于我将来之态度,引发欧洲猜疑或者嫌恶之评论记载等已经绝迹。日本加入欧洲远东会议已成事实。对于我军队有效且始终友好之共同行动,法国公报及新闻报纸所发表之文章称赞我国之行动极其谦逊且决不失威严,引发有益之结果。阿诺托9月8日发表同情日本之评论,其中称赞日本人不似清国人,有坚持不变之可信品质。此种良好改变并非由于某人之努力,而完全是由于日本所保持之公平无私态度,加之我军队值得赞誉之勇敢刚毅行为,尤其是使法国公众感到不跟随英国势力之我国行动。若我国无显著变故,以上述状态达到最终之结局时,则我国可在文明列国中博得高度之信用与尊敬。

四九五

11月14日　驻德国井上公使致加藤外务大臣函(电报)

译报德国皇帝于议会发表各国协同对清行动之敕语

11月14日下午5:00发,19日上午7:00收　　　驻德全权公使　井上

第一七六号

本日议会开会时,德国皇帝在其敕语中对清国事变作如下论述:

> 北京朝廷之粗暴臣子煽动狂妄之厌恶情绪及迷信,驱使愚蠢之清国民众,做出反对西洋文明及基督教和平先驱之野蛮行径,使我公使毙于刺客之毒手。列国为解燃眉之急,对此等空前攻击联合一致且是(似有脱字)而战。今列国国旗首尾相接,飘扬于该国。同时,列国政府一致希望在尽快恢复和平秩序,并处罚元凶之后,防止将来再次出现如此扰乱世界和平之事件,并以此为基础专门集中精力反复讨论。

事项三

维持南清秩序协定

四九六

6 月 25 日　驻上海小田切代理总领事致青木外务大臣函(电报)

刘、张两总督提议与各国领事商讨维持秩序协定一事始末,以及就法国领事提议使两总督辖区中立之事请训之件

附记:本省对上文之意见

6 月 25 日下午 8:32 发,26 日上午 1:35 收　　　　驻上海领事　小田切

清国形势日趋危急,故本官认为,此时避免外国人与清国士兵及人民(?)间之冲突为紧要之事,私下向刘坤一及张之洞发电报,要求为维持目前友好,两人迅速任命委员,令其与各国驻当地领事协商,以免相互误解。二人均同意本官之提议,以电报任命盛宣怀及上海海关道为特别委员,并将于 26 日召开此委员与各国领事间之会议。

6 月 25 日,领事会议于本地召开。法国总领事提议,若盛宣怀及海关道从刘、张两总督处得到全权,又列国领事亦皆有采取同样措施之权能,则列国领事当于该会议上提出,两总督管辖内诸省全部为中立地区。对此,本官认为可给我国带来极大利益,故赞成之。英国领事亦不反对,并提议福建、浙江、广东、广西、云南及四川亦当为中立地区。若法国领事之提议被接受,则本官将详细电告,以供阁下考虑。虽如此,仍请求可紧急对其大体内容先行发训令。

(附记)

本省对上文之意见

目下无从了解清国中央政府之态度。虽如此,若该政府认为无维持和平之必要,而表示敌意,则对清国国土可完全遵从交战国之例待之。然抛开主权所在之政府,接受其政府下一地方官之提议,对其于地方官权限内所委托全权者,以我政府授予适当委托权之委员与之协商,不仅不能平衡彼此之权限,且就其事实而论,不无将南清一带地方总督视为傀儡之嫌。况其提议中约定,在维持南清地区和平期间,协商各政府之军队决不登陆。然既然向其主权中央政府宣战,则必须拥有占有其国土自由,或不论其国土任何地方,于战略上对我有利时,可于任何时间登陆或利用之自由。故我政府之意向,断然不可使相互对等委员共行商议,维持和平为彼当然之责任。故首先表示我方意向,若他国不同意,而皆视南清为实际政府,与之缔约,则我亦不得已遵从共同一致之方针,对之表示同意。

四九七

6月28日　驻比国本野公使致青木外务大臣函(电报)

就中清、南清中立问题与比国外交大臣谈话之件

6月28日发　　　驻比全权公使　本野

第一五号(抄件)

据该大臣(比国外交大臣)6月23日接比利时驻上海领事电报,盛宣怀告知此领事,将汉口、广东省、南京等其他华南、华中诸省作为中立地区,并保护外国人士之安全。又,李鸿章为组织临时政府而前来上海。

四九八

6月26日　驻比国本野公使致青木外务大臣函

就保护侨民、维护南清秩序及各国态度等与比国外交大臣谈话之件

6月28日发,8月10日收

机密第一四号

外务大臣子爵青木周藏阁下:

关于清国近日之事变,近来数次得到贵电指示。接本月23日之贵电,称对于天津租界被包围之情况,我驻大沽之舰队司令请求增派陆军,因此阁下于6月23日向各强国代表询问,此时各国政府采取何种措施,则帝国政府亦采取同样方针;训令本使就此事询问在任国政府之意向,并立即以电报禀告。因此,即刻前去拜访该国外交大臣,陈述贵训令之大意。答复之要旨如下:如阁下所知,该国因特殊之国情,政府不能主动采取任何特别措施,保护在清臣民之事,已经完全托付于担保该国中立之英俄德法奥五强国,同样希望帝国政府可相机对居留清国之比利时臣民给予必要保护。此事已于本月25日第一五号电报中禀报。

本使又询问,关于近日之情况,难道未曾从该国驻清国官吏处获得任何特殊报告?该大臣答曰,同日接比国驻上海领事来电,盛宣怀之谈话中,南京、汉口、广东等其他中部及南部各省总督有意于此际宣布中立,保护外国人士之安全;又李鸿章不日可能因组织临时政府而来上海。此消息固然令人难以相信,然无论如何,盛之谈话自然可为阁下作一参考乎?谨将该国政府之意向一并电告之。又,外交大臣谈到,关于在北京各国公使馆之事,英国都城相关方面向该国皇帝发来电报,至本月19日,确切告知平安无事。此事阁下已知,于25日电报中禀报。

关于事变善后之政策,该国政府或许亦多少了解各国政府之意向,故委婉询问外交大臣之意见。该大臣谈到其个人看法,言据该国政府目前所得到诸报告,欧洲列强似均希望维护清国事变前之状态。此亦可作为阁下之参考,故在同一电报中禀报。

特此禀报。　敬具

明治33年6月26日　　　驻比特命全权公使　本野一郎(印)

四九九

6 月 26 日　青木外务大臣致驻上海小田切代理总领事函(电报)

对使刘、张两总督辖区中立之提议之回训

6 月 26 日发　　　　青木外务大臣

关于 6 月 25 日之贵电,目下列国军队仅限于从事镇压匪徒、恢复秩序及保护各自侨民之事,清国与列国间尚未形成交战状态。因此,帝国政府以为,法国总领事关于将一定省份作为中立地区之提议,其时机未到。故贵官当如从前一样,专心致力于与刘、张两总督等清国地方官吏合作,保持当前之友好交往,避免外国侨民与清国军队及人民间发生任何冲突。

五〇〇

6 月 26 日　驻上海小田切代理总领事致青木外务大臣函(电报)

与清官府商讨维持秩序协定以及南洋大臣请求各国暂缓向长江沿岸出兵之件

6 月 26 日下午 9:52 发,27 日上午 4:20 收　　　　驻上海领事　小田切

关于本官 6 月 25 日发之电报,于同月 26 日所举行之与清国官吏会面上,清国官吏之提议未得到本官等同僚之同意,故未达成任何确切协议。仅决定为维持长江沿岸之安宁秩序,今后本官等当与清国官吏共同努力。

据英国驻上海总领事所接之袁世凯电报,驻北京之外国公使至 6 月 26 日尚平安无事。

清国商船公司之轮船中,有以英国国旗取代本国国旗者。6 月 25 日,上海海关道以公函向本官说明,接到南洋大臣训令,通告日本政府,将如下内容告知本官:

> 长江沿岸各地皆平稳。南洋通商大臣及湖广总督负其责任,锐意努力于保护该地之外国人士及传教士。因此无劳外国政府派遣其军队,其反而有招致清人误会酿成纠纷之虞。

五〇一

6 月 27 日　驻上海小田切代理总领事致青木外务大臣函(电报)

领事会议解释维持南清秩序协定之决议之报告

6 月 27 日下午 10:04 发,28 日上午 1:15 收　　　　驻上海领事　小田切

关于本官 6 月 26 日之电报,同月 27 日于各国领事召开之会议上,达成决议,对同日清国官吏与各国领事所达成之协议,作如下解释:

> 两江总督及湖广总督由其特派代表同意,在其辖区维持秩序。本官等同意,若总督可维持秩序,则不对之进行干涉。

五〇二

6 月 29 日　驻上海小田切代理总领事致青木外务大臣函

刘、张两总督与各国领事商讨维持南清秩序协定始末之报告

附件:(一)小田切代理总领事与刘、张两总督往来之电报(一)(二)(三)(四)

(二)上海长江内地通共章程(草案)

(三)致上海道台余之书信(抄件)

机密第六二号

外务大臣子爵青木周藏阁下:

前番占领大沽炮台之报告到达南部以来,该国当局者有增加吴淞及本地制造局附近兵力之倾向。不久,又有北洋水师军舰六艘,首尾相接,进入港口。因此,居留当地之外国人人心惶惶。该国当局者听闻外国军舰大量来港之报,相信彼将占领制造局之谣言,加强警戒。外国官民与该国官吏间抱有如此心情,采取如此举动,对全体利益而言,不仅为极度厌恶之事,且相互猜疑担心之情达到极点之时,极易酿成重大事态。鉴于此明显之事理,小官与盛宣怀秘密商议,于本月 24 日向两江总督刘坤一、湖广总督张之洞发去大意如下之电报:

> 拳匪滋事,骚扰京津,公使之生死仍无消息,令人痛恨。而长江一带有赖阁下之周密布置,得保无事,实可庆幸。密查驻上海各国领事之意,亦在于维持和平,保全大局,决无他意。所独担心者,两处消息不通,互抱猜疑之念,驯致事变。因此阁下可派遣稳妥之人,与上海之各国领事会面,以保局面。若迟,则无济于事。愚见若可用,当速发电至上海首席领事之葡萄牙总领事。(参见另页抄件第一号、第二号)

小官之所以发电,无他,小官之前已与刘、张二总督有较深之交往,因此相信小官所陈述之事,不难博得些许信用。翌 25 日,张总督回复如下大意之电报:

> 接到电报,甚为感动。拳匪扰害,可恨之极。保护长江上下一带各国商民之生命财产,予与刘总督当尽力任之。已电令上海道余联沅及盛宣怀,与上海之各国领事妥为商议。又已向葡萄牙总领事发电报。已派道员陶森甲赴上海,但余联沅、盛宣怀速为商议,亦不必俟陶到来为要。(参见另页第三号)

又,同日,刘总督回复如下大意之电报:

> 本大臣与张总督当尽力承担在长江一带捉拿土匪,保护商民、教士之任。关于保护上海租界之办法,已命上海道余联沅与各国领事稳妥筹办一切办法。下略。(参见另页第四号)

如上述内容,张总督直接向葡萄牙总领事发电报;又,刘总督命上海道。为将其意通知该领事,25 日午后,紧急召开领事会议,首先决定翌日与盛宣怀、余联沅会谈。随后,法国总领事提议,与彼等之会谈若有结果,则将两总督辖区作为中立地区;若情况允许,浙江、福建、广东、广西、云南、四川等地亦作为中立地区,实行临时措施。(此处所提“中立”二字并无严格含义,仅指在该国及外国态度明朗之前,在指定地区避免战斗)小官相信此政策于本国有利,故赞成之;英国领事亦无异议。因此此提议得以立即通过。故小官于当晚发送另页抄件第五号之电报,等候训令。

翌 26 日,各国领事与盛宣怀、余联沅于会审衙门内会面,余道告各国领事曰:

> 眼下该国南北消息不通，朝廷之意旨亦不明确。然刘、张两总督不论北方之情形如何，仍将承担保护长江一带地方外国人士生命、财产之责。尤为防止相互误会，特派我等与各国领事会谈，协商一章程。此章程一旦得到各国政府同意，则于各国领事所商定停止期间，两总督在任，则无论朝廷旨意如何，亦敢不从之，以恪守章程，维护和平。

对此，各国领事之答复如出一辙，即如所曾照会，各国于北部使用兵力，乃为镇压团匪及妨害军队前进之人，决无他意。若长江一带平静无事，各国均断言，将无异常举动。至于章程，若未一览其草案，则不能明言其可否之议论居多。故余、盛两人提出另页抄件第六号之内容，以供各国领事阅览。然见此章程为会谈前匆忙拟订，多数意见认为不妥之处颇多，无论如何不能以此为议题立即召开会议。故决定日后视机会再议论本问题，遂散会。事既如此，故前日所通过之法国领事提议未及于当日提出。然当日之会面得以大大明了双方意思，互相扫除胸中芥蒂，故亦可断言，其在大体上可产生良好结果。

翌27日召开领事会议，对前日与清朝官吏会谈之结果规定如下须知：

> 两江总督及湖广总督所委托者向各国领事表示，同意在两总督管辖区域内维持秩序；又，各国领事对委托者表示同意，在两总督维持秩序期间，不进行干涉。（本件于前27日已电告之）

又决定对两总督之好意，交余一书信，并将其抄件送交盛。书信之大意如下：

> 阁下向各国领事声明，刘、张两总督将在各管辖地域内维护和平，保护生命、财产安全，且对因暴动内乱而产生之一切损害负责。各国领事对两总督之厚意表示感谢。
>
> 各国领事希望阁下禀报两总督，各国联合舰队用兵之目的在于镇压团匪及北京各地妨害救助外国人士之人。
>
> 又，各国领事希望阁下向两总督声明，各国政府在两总督遵守国际条约、维护外国人士权利期间，无意派军队在长江沿岸登陆。（参照另页第七号）

以上为此事发生以来至今之经过。盛、余两人拟订之章程草案，未轻易得各国领事通过，彼等当颇遗憾。然一次面谈及最后所发之书面信函，显然令彼等安心，此为小官所乐于报告者。又盛已经向两总督发电报，余亦采取相同手续，此际两总督之决定当比之前更加坚定。盖不难推测，只要今日之状态一直持续，且两总督在任，则无论北方之骚乱如何严重，其对南部不会有太大影响。故居住于长江一带地区之外国人士，可免于战火蔓延之惨状矣。然毋庸置言，至北方之骚乱完全平定之前，外国人士仍需有万一发生事变之准备。

如前所记，前日各领事与该国官吏会谈之滥觞，完全在于小官与盛宣怀之协议。故小官不得不对整个事件承担道义上之责任。即便在今后，仍将努力辨别事态性质，或与刘、张二总督协商，或与盛宣怀、余联沅面谈，以保全局面。特此报告。　敬具

明治33年6月29日　　　　驻上海代理总领事　小田切万寿之助

（附件一）

小田切代理总领事与刘、张两总督间往来电报

(一)致湖广总督张之洞之电报

6月24日下午7:00发

鄂督署张制军密鉴:

拳匪滋事,京津骚扰,钦差生死,仍无消息,可恨之至。长江一带,仰赖阁下及刘制军布置周密,以保无事,洵深庆幸。窃查驻沪各国领事之意,亦在维持平和、保全大局,并无别情。惟恐两处消息不灵,互抱疑念,驯致事变。祈即由尊处,急派妥员来沪,与各国领事会议,以保局面,迟无济事。刍言倘为可用,乞即电告驻沪大西洋国总领事,此人即领班领事也。电告之时,勿用贱名,已电岘帅。切,叩。

(二)致南洋大臣刘坤一之电报

6月24日下午7:00发

两江督署刘大臣密鉴:

拳匪滋事,京津骚扰,钦差生死,仍无消息,可恨之至。东南一带地方,仰赖贵大臣布置周密,以保无事,洵深庆幸。窃查驻沪各国领事之意,亦冀维持平和、保全大局,并无别情。惟恐两处消息不灵,互抱疑念,驯致事变。祈即由贵大臣急饬妥员,与各国领事会议,以保局面,迟无济事。刍言倘为可用,乞即电告驻沪大西洋国总领事,此人即领袖领事也。电告之时,勿用贱名,已电香帅。小田切万寿之助,叩。

(三)张总督之回电

6月25日上午9:00收

日本总领事小田切:

本日电悉,感甚!拳匪扰害,可恨已极。保护长江上下游一带,各国商民性命物业,鄙人与刘岘帅当力任之。顷已电嘱上海道及盛京堂,速与沪上各领事妥议。大西洋总领事已电至矣,如需别派员,当即派道员陶森甲往。但已嘱沪道盛京堂速议,不必候陶。鄂督署 张 廿八日

(四)刘大臣之回电

6月25日上午11:00收

小田切代理总领事大人鉴:

电悉。长江一带,本大臣与张香帅力任任?拿土匪,保护商教,至上海租界如何保护,已饬余道与各国领事,妥筹一切办法,本大臣唯力是视,即由余道知会大西洋总领事官。前廿四日苏报馆,得北京西电,云,各国公使署均为平择?等语,知念并闻。南洋大臣 刘

(注)另页第五号省略,为前载第四九六文书。

(附件二)

另页第六号

保护上海长江内地通共章程(草案)

一、上海道台余现奉南洋大臣刘、两湖督宪张电示,与各国驻沪领事官,会商办法。上海租界归各国共同保护,长江及苏杭内地均归各督抚保护,两不相扰,以保全中外商民人命商业为主。

二、上海租界共同保护章程已另列条款。

三、长江及苏杭内地各国商民教士产业，均归南洋大臣刘、两湖督宪张允认切实保护，并移知各省督抚，及严饬各该文武官员，一体认真保护。现已出示禁止谣言，严拿匪徒。

四、长江内地，中国兵力已足，使地方安静。各口岸已有各国兵轮者，仍照常停泊，惟需约束水手人等不可登岸。

五、各国以后，如不待中国督抚商允，竟自多派兵轮，驶入长江等处，以致百姓怀疑，藉端启衅，毁坏洋商教士人命产业，事后中国不认赔偿。

六、吴淞及长江各炮台，各国兵轮切不可近台停泊，及系对炮台之处；兵轮水手亦不可在炮台附近地方掺练。彼此免致误犯。

七、上海制造局火药局一带，各国允兵轮勿往游弋驻泊及派洋兵巡捕前往，以期各不相扰。此局军火专为防剿长江内地土匪、保护中外商民之用，设有督抚提用，各国勿庸惊疑。

八、内地如有各国洋教士及游历各洋人，遇偏僻未经设防地方，切勿冒险前往。

九、凡租界内一切设法防护之事，均须安静办理，切勿张皇以摇人心。

（附件三）

另页第七号

致上海道台余之书信（抄件）

上海，1900 年 6 月 27 日

上海道台余阁下：

我受同僚之委托，向你们表示，昨天我们很高兴听到阁下与盛大人阁下转达武昌的总督张之洞阁下、南京的总督刘坤一阁下的保证，即他们许诺在他们所辖省份之内维护和平，保护生命、财产安全，并对一切因骚乱而导致的破坏负责。我们衷心感谢他们两位阁下，并对他们的良好意愿表示最高的肯定。

我们希望你转告他们两位阁下，大沽的联合舰队海军上将已公开声明，他们只与拳匪以及在北京和其他地区阻止他们营救身处险境外国人士的人作战。我们希望你向两位阁下保证，只要他们在其所辖省份内能够并确实保证与中国政府所签订之条约内所规定外国人士的权利，那么，无论是单独还是联合，我们的政府过去无意，现在也无意采取任何措施，或是派遣任何军队在长江沿岸登陆。[①]

五〇三

7 月 1 日　驻上海小田切代理总领事致青木外务大臣函（电报）

李、刘、张三总督同意维持秩序协定以及就盛宣怀请求交换此协定公文而请训之件

7 月 1 日下午 7:15 发，同日下午 10:20 收　　　驻上海领事　小田切

盛宣怀将其从李鸿章、刘坤一及张之洞处所收到之数封电报交于本官查阅。据上述电报，该总督等云，完全承认各国领事及清国官吏间关于应在南部维持秩序、与列国保持友好关系之协定，且该总督等宣布，无论北部之骚乱出现何种变化，均当遵守该协定。

① 此篇原文为英文。——译者注

对此,盛宣怀请求本官及英、美两国驻上海总领事,若各国领事从其本国政府处获得适当授权,则希望我等领事与该总督等所派代表之间交换公文。该公文中应当有两条规定:第一,无论北部发生任何事情,各总督在其辖区内维持秩序,并对外国人士根据条约所享有之权利给予保护;第二,只要各总督可履行第一条之规定,则列国政府不派遣军队登陆。

本官相信,此协定若成立,对我国将有不少利益,因此希望帝国政府授予本官交换上述公文之权限。英、美两国总领事已向其本国发电,就此事请示,且彼等对此事似均无任何异议。

五〇四

7月2日　驻上海小田切代理总领事致青木外务大臣函(电报)

请求交换维持南清秩序协定公文之件

7月2日上午11:36发,同日下午2:50收　　驻上海领事　小田切

第一号(抄件)

(前略,参见后载第一〇七七文书)

有传言称清国官吏接到数道敕状,本官相信其说。因此,为达到帮助总督等抗拒所有与宣言相反之诏敕之目的,希望可尽快交换本官7月1日电报中所提及、可担保将来措施之公文。由此,首先可对总督等扶植我方政治势力;而在其管辖诸省内维持安定秩序,可为我带来商业上之利益。

五〇五

7月2日　青木外务大臣致驻上海小田切代理总领事函(电报)

关于缔结维持南清秩序协定时间之回训

7月2日发　　青木外务大臣

对于7月1日发第一号贵电,帝国政府对此协定草案无异议。然眼下列国共同一致行动,故有必要在清国官吏与全部相关列国领事间缔结此协定。因此,贵官当等待至上述相关列国领事均得到其本国政府同意,可采取同样措施之时,再缔结之。

又,将来有紧急变故之时,直接执行列国驻上海领事中多数所决定之事项无妨。

五〇六

7月2日　驻上海小田切代理总领事致青木外务大臣函(电报)

维持南清秩序协定公文之报告

7月2日下午2:54发,同日下午5:00收　　驻上海领事　小田切

第二号

关于7月2日本官第一号电报,6月26日在上海召开之各国领事及清国官吏协议会议决定,本官等向上海海关道送交文书:

经阁下已了解到两江总督及湖广总督保证,在其各自管辖地方维护和平,保护生命、

财产，对因发生暴乱而导致之损害负责。（此处插入大沽之联合军队司令官所发布之告示）因此，本官等希望阁下向上述两总督保证，正如与清国政府所签订之条约中规定，只要上述两总督有能力在其管辖地区内保护外国人士权利并确实给予保护，则我等各政府无论是单独或者联合，无论是过去或者现在，均无意在长江沿岸采取任何措施或派遣军队登陆。

此书信于6月27日送达上海海关道。而据英国总领事所言，其后英国政府已承认该书信。

盛宣怀请求与本官等交换之公文，与上述书信事实上为同一文件。所相异之处在于，盛宣怀希望将上述公文在得到正式授权之各国领事与清国官吏之间进行交换，而6月27日所发送之书信不过是本官等之责任。其他相异之处在于，6月27日之书信专从应对眼下事态之目的出发，另外之公文则无论北部形势如何，欲对将来之相互行动进行规定。

五〇七

7月3日　驻上海小田切代理总领事致青木外务大臣函（电报）

刘总督对维持南清秩序协定之回答之件

7月3日下午5:41发，同日下午8:55收　　驻上海领事　小田切

第九号

关于本官第二号电报，上海海关道于6月27日对本官等之书信作出答复，称将从刘坤一处收到之电报送交本官等。

该电报提到，刘坤一未接到政府任何关于宣战之命令；又，该总督未尝参与北部之事件，故该协定原草案文字无任何变更或修正，并与湖广总督一起承担其全部责任。

五〇八

7月3日　青木外务大臣致驻上海小田切代理总领事函（电报）

与各国领事斡旋共同处理维持南清秩序协定之训令

7月3日发　　青木外务大臣

关于本大臣7月2日电报，贵官不独有必要与两三国之领事，更需要与所有相关各国领事采取共同行动，此点望贵官注意。又，相信其他各国领事亦将欣然同意此协议，故令盛宣怀等其他清国官吏勿如贵电所察，仅与贵官及英、美两国领事交涉，可由贵官斡旋，与其他列国领事交涉。

五〇九

7月3日　驻沙市二口领事致青木外务大臣函（电报）

请训当如何处理张总督因事变而提出会见要求之件

7月3日下午4:15发，5日上午6:00收　　驻沙市领事　二口

湖广总督张之洞为与其属僚就北清骚乱召开秘密会议，已召集驻本地之海关道。海关道今晨已由本地向武昌出发。

其出发前告知本官,秘密会议之结果,张之洞或请求与本官面议。对此,考虑首先应有机会了解该会议之结果,并得商量清国问题之便。故望给予若该总督请求,则可与之会面之允诺。

五一〇

7月5日　青木外务大臣致驻沙市二口领事函(电报)

可以与张总督会面之件

7月5日发　　　青木外务大臣

关于7月3日之贵电,对于张之洞之请求,贵官可与之会面无妨。

五一一

7月6日　驻上海小田切代理总领事致青木外务大臣函

禀请给予与清国官员协商诸事之权限之件

7月6日下午9:50发,7日上午3:00收　　　驻上海领事　小田切

第二一号

目下在上海,列国领事与两江、湖广两总督及浙江巡抚等特派清国官员之间正进行交涉。因此,希望可给予本官与其他各国领事就一定问题与清国官吏进行协商相同之一般权限。然若此,有我国驻清国其他口岸领事提出管辖权问题之虞。协议事项涉及地方问题,可随时与我国驻本地领事商谈。请阁下将此许可之情况电告我国驻长江沿岸及华南诸口岸之领事。

五一二

7月6日　驻上海小田切代理总领事致青木外务大臣函

盛宣怀请求与各领事协商暂缓各国向长江沿岸出兵以及就此领事会议情况之报告

附件:(一)上海道台余照会英译(一)(二)

(二)上海长江内地通共章程草案英译(一)(二)

机密第七〇号,7月12日收

外务大臣子爵青木周藏阁下:

向者拙信机密第六二号,已报告两江、湖广总督派盛宣怀、余联沅与各国领事会谈之始末。其后,盛宣怀来访,请求如下:

> 上月27日,首席外国领事送余道之文书(即机密第六二号电报所附第七号),已转送于两江总督、湖广总督。然此为各国领事自负其责所发送之文书,比之于奉各国政府之命令而由领事所发送者,其性质自无分量。因此,为巩固此文书之内容,应当于受各国政府委托之领事与受各总督委托之当事人之间,再次交换文书。一方面规定,各省总督不论将来北方发生何种变故,均当遵奉条约,恪守文书内容;另一方面规定,只要各省总督恪守文书内容,则各国不派陆军于缔盟总督之省内登陆。以此完全置南方各省于战火之外如何?对于此事,亦当与英、美两国领事协商。

盛又出示上月 28 日，刘总督、张总督、李总督所发送之三封电报：

刘总督来电

敝处并未奉有宣战谕旨，无论北事如何，总当与香帅一力担承，仍照所议办理，断不更易。（香帅指张总督）

张总督来电

此间并未奉到宣战谕旨，无论北事如何，敝处与刘岘帅一力担承，仍照原议办理，断不更易。

李总督来电

各督抚本奉旨保守疆土，联络一气，北方纵有战事，东南彼此互保之议，仍应照办。

右电文中"所议"、"原议"、"东南彼此互保之议"等名，指拙信机密第六二号所附第七号中所约定内容。由此观之，可证明三总督保全南部和平之意颇为坚定，因此，各国领事获政府许可，交换更加确定之文书，以维持南方秩序一事，对本邦可谓绝非不利措施。故与盛约定将向帝国政府请求训令，直接发电请训。

其后闻听盛拜访英、美两领事，小官故自行拜访两领事，询问其意向。美领事告知已得到该国政府对上月 27 日文书之事后承诺，故已向刘总督发电报；又英领事亦告知，已接到该国政府同样训示，于必要之场合可通知清国当局者。又，对盛宣怀所交涉之交换文书一节，表露并无不能交换之理由之意。同时，似无采取自己主动积极措施活动于同僚间之意，故小官亦决定由领事会自然决定此事。

然至前两日，余联沅向首席领事送交另页第二号之文书，其中抄记刘总督之电报，大意如下：

无论将来状况（似指北方）如何，外国政府当保证遵守不派军队于长江沿岸登陆之宣言，又刘、张二总督誓约于其管辖区域内遵守条约规定，保护外国人士生命、财产。就此，清国当局者与各国领事间当进一步约定。

刘总督此电报之意与盛宣怀向下官及英、美领事交涉事项相同。关于此事，昨 5 日召开之领事会议上，意见百出。其中德国领事表明，尚未得到该国政府就 6 月 27 日所发送文书之明确训令，故对此次刘总督之请求不能采取任何措施。因此，当日领事会议决定，仅简单答复余道台，上海各国领事将遵守 6 月 27 日所发送文书之内容。遂散会。

此事经过如此，乃因眼下南方一带地方比较平稳，故该国官吏与各国领事间难以达成稳定约定。然不难预料，交换更加完整且稳定协定之时机早晚将到来。至彼时，小官自将依照本月 3 日贵电训之意进退。

兹将与此事相关之余联沅送首席领事之照会英译文两件（另页抄件第一号及第二号）及上月 26 日会谈时盛、余两人所提出议案之英译文两件（即另页抄件第三号及第四号，但第三号为机密第六二号电报所附第六号之英译文）一并呈上，以供查阅。

特此禀报。　敬具

明治 33 年 7 月 6 日　　　　驻上海代理总领事　小田切万寿之助（印）

(附件一)

上海道台余照会英译抄件(一)(二)

(一)第一号

抄件

上海道台致首席领事华德师

先生:

南京之刘总督大人及湖广总督张大人已表示,不仅将负责保护上海地区,而且将负责保护整个长江流域及内河口岸城市,还将负责保护商业与外国公使馆。我已决定达成一协议,其内容已送交刘大人与张大人审阅。他们对协议表示赞同,并要求我将之翻译成外国文字,送交领事团,以得到他们的同意。

阁下要求我向二位大人保证,只要二位大人能够并确实在其所辖省份内确保外国人士根据与中国政府签订条约中所规定之权利,那么,无论单独或联合,外国政府过去无意,现在也无意采取任何行动,或是派遣任何军队在长江沿岸登陆。我已将此信息告知二位总督大人,并告知江苏巡抚李大人。

南京总督刘大人现在给我发来如下电报:

我未收到政府任何宣战谕旨,且我与北方事态无关。因此,我不得不与湖广张总督一起承担起所拟订协议中的全部责任,不做任何变更或修改。

我想我应当把这封电报告诉您,并希望您转告其他同僚。

急件

1900年7月1日[①]

(注)对上述照会之回答,为7月13日第五二四号文书,小田切代理总领事机密第七十四号附一。

(二)第二号

抄件

上海道台余致首席领事华德师

我荣幸地告诉您,我收到了您6月27日的来信。

(随即记述上述首席领事信件之内容。)

我注意到了信件的内容,并立即将它转发给刘、张二位总督大人。

刘大人现在给我发来他的如下回答:

"不论结果如何,我与张总督已经对我们答应过的内容承担起全部责任,不做任何变更或修改。"

昨天我已经告知您这一情况。

将您的信件转发至南京后,我从刘总督处收到如下电报:

"正如所期望的,我注意到了首席领事华德师的信件,并对已经进行的商议表示感谢。但鉴于双方没有确定今后所采取的方式,考虑到华中与华南的中国人因北方军事行动而

① 此篇原文为英文。——译者注

产生的恐怖情绪，我认为，我们与领事团之间进一步就下列协议达成一致，这将是明智的。

无论将来情况如何，在上海、长江口岸、江苏、浙江及其相关内陆地区，外国政府遵守其声明，即：他们过去无意，现在也无意派遣军队在长江沿岸登陆；刘总督与张总督则作出让步，按照与西方政府所签订的条约，向其所辖区域内外国人士的生命、财产提供完全保护。

望转告其他领事，并给我一个答复，以便我将此答复转告刘大人与张大人，使他们能通知其他省份之巡抚、总督等，命令其管辖区域内各地方官员及人员遵守协议。

7 月 2 日[①]

（附件二）

上海长江内地通共章程草案英译抄件（一）（二）

（一）第三号

抄件

保护上海长江及内地之通共章程草案

一、上海余道台受南洋大臣刘及湖广总督张之电令，与驻上海之各国领事进行商议。

上海租界将由各国共同保护，而总督、巡抚等将保护长江流域、苏州、杭州及内地，双方互不干扰，主要目的在于对生命、财产提供有效保护。

二、对上海租界之联合保护，将另制定特殊办法施行。

三、苏州、杭州及长江沿岸之外国商人、传教士及其财产，由南京之刘总督与湖广张总督保护。两总督郑重表明对保护之事负责，并告知其他各省督抚同样照办。还将命令各文武官员认真执行，以提供保护。

已发布声明，严禁散布谣言，捉拿游民。

四、长江沿岸及内地之中国兵力足以维护当地秩序，各口岸之外国军舰应停留原地，其水手须受管制，不得上岸。

五、今后各国若不向中国督抚请求并获得许可，而向长江及其他地区派遣大量士兵，致使百姓产生恐慌，并以此为借口制造混乱，并伤害外国商人及传教士之生命、财产，则中国政府不对此负责。

六、紧急要求列国军舰不得停靠于接近或正对吴淞炮台及长江其他炮台处。水手及士兵不得在炮台附近地面练习，以免误会或冲突。

七、至于上海制造局火药局，外国军舰不得在其附近巡游或停泊，亦不得派外国士兵及警察至其地巡查，以避免误会。

制造局火药局内军火专为镇压长江沿岸及内地骚乱、保护中外商民用，若督抚有令提用，列国无须紧张。

八、传教士及外国商人在内地时，不得游历偏远地区或无士兵保卫之地，以避免危险。

九、租界内所有防范措施均应安静进行，不可引起百姓紧张。[②]

（注）上文为 6 月 29 日小田切领事报告机密第六二号附二之英译文，参见前五〇二号

---

① 此篇原文为英文。——译者注

② 此篇原文为英文。——译者注

文书。

(二)第四号

保护上海及租界章程草案

一、租界内中国百姓及其财产由列国保护照料,租界外传教士、女修士及其礼拜堂由中国官府保护照料。若有任何骚乱发生,双方应立即相互通告,并采取适当措施予以镇压。

二、地方无赖、暴民若在租界内外聚集滋事,或抢掠民众物品,当予抓捕并交地方官府以严惩。

三、北方贸易中断,致使苦力、贫民等失业。故建议地方官府在新扩展租界内兴办道路拓宽工程,在当地城市内兴办挖掘排水沟工程。道台大人并将进一步挑选壮丁,加强防卫。如此,则百姓皆有生计,骚乱亦或得以预防。

四、为支付在新扩展租界内拓宽道路、挖掘排水沟以及补充卫兵等事之费用,中外官员共同制定规则后,举办募捐活动。

五、上海之贸易主要依赖于当地银行,而当地银行又需要向外国银行贷款。当垫款可能导致本地货币市场停顿,而导致贸易各分支受阻时,外国银行应当停止平常时期之垫款,或紧急收回已垫付之款项。贸易一旦瘫痪,百姓便会恐慌。建议中国银行家在紧急状态下相互咨询、相互支持并相互帮助,从而使本地银行稳定,而安全渡过危机。

六、货币流通仍如前。道台仅须与各国领事一起发布声明,表明并未收回(已支付给本地银行)之垫款,本地银行(向公众)付款时,应当支付一定数额之外国银行货币。

七、租界内大小剧院,将被告知继续平日之演出,以不引起百姓紧张。

八、租界内消防局最为高效。租界外各地,包括浦东地区,应当采取增加消防设备等灭火措施,则有火灾时,附近百姓不致惊慌失措。而消防队将迅速前往救援,警察、卫兵则保护财产、维持秩序。应当尽快发布包含上述内容之声明。

九、租界内应当增加警力,日夜不断在大街小巷进行巡查。增加上海内外、城南商业区与弄堂之卫兵、军官,以彻底巡查并保卫。

十、找出进出租界以及周边和内部所有重要地区之主要街道,由地方官府设置大量警力,并建立观察站,使警察可居住其中并持续警戒。

若无赖、暴民等自他处聚集来扰乱百姓,则当响警报,警察当出动,制止暴民前进。租界之外,中国官员亦将设置中国卫兵,并安置被褥帐篷,使其可居住其中并持续警戒,不让暴民聚集,冲入租界内。①

五一三

7月7日　驻上海小田切代理总领事致青木外务大臣函(电报)

刘总督对排外诏敕之焦虑以及该总督希望批准维持秩序协定及各国暂缓向沿岸派遣军舰等之报告

---

①　此篇原文为英文。——译者注

7月7日下午10:34发,8日下午3:10收　　　　驻上海领事　小田切
第二三号

盛宣怀自南京返回,其告知本官,第一,刘坤一数日前接到与从前排外诏敕相同之诏敕,极度焦虑;第二,关于6月27日各国驻本地领事与刘坤一、张之洞所派代表之间缔结之协定之批准,刘坤一希望经领事得到相关各国政府正式通牒;第三,希望进入长江之军舰尽量少。

盛宣怀又谈及其中第二项,言刘坤一及张之洞虽信任与领事间之协定,然妨碍此协定者,乃两总督所属文武官员见该协定,则强烈认定外国不许清国人进行防备以应对事件,而有意乘机派遣军队登陆。清国人如此独有之想法,必须讲求一扫其妄想之策(此处不明)。盛宣怀新提出交换文书之事未得本地各国领事同意,加之本官等已送交上海海关道。关于相关各国对公文之认可,因德国总领事被禁止采取越权之措施,故无法通告于清国官吏。因此,7月7日于本地所召开之领事会议决定,对于海关道第二封书信,本官等仅以6月27日之公文(此处不明)答复之。

五一四

7月7日　驻上海小田切代理总领事致青木外务大臣函

禀请上海领事权限之件

机密第七二号,7月14日收

外务大臣子爵青木周藏阁下:

如昨日拙电第二一号(注)之禀请,上月以来,北京成为匪徒之巢窟,各国公使生死亦不明,缺乏国际交涉之机构,因此本地之各国总领事暂时居于本国驻各地领事之首位,就南清全部之措施专门在本地与两江总督、湖广总督、闽浙总督及两广总督等所派代表进行会商协议。本地近来已成为南清政治中心。关于维护南方和平之事,已大略商定之内容,已于前面电报及书信中报告。因本港之地位如此,故作为此总领事会之一员,小官当遵守领事会议之决议,处于不得不将两江、湖广、闽浙、两广各省相关事宜一并处理之境况。其中长江一带及江苏、浙江,不时有些许变故,则不免有所牵涉,难免与派驻于此等地方之帝国领事之间出现管辖权问题。关于此事,之前已有电训。不难预见,将来事态益发复杂,需要本地领事会办理之事件将层出不穷。对此情况,请求明确小官此际之权限,并冒昧希望电训相关各地之帝国领事对该地加以注意。对于特别事件,自然应当由此地帝国领事处理;而超过该领事会范围之事件,有必要与其他地区领事商议时,当首先与彼领事电商后,再做考虑。特此禀报。　敬具

明治33年7月7日　　　　驻上海代理总领事　小田切万寿之助(印)

(注)小田切领事第二一号电报为第五一一文书。

五一五

7月7日　青木外务大臣致驻上海小田切代理总领事函(电报)

关于上海领事权限之回训

7月7日发　　　　青木外务大臣

无号

同意贵电第二一号禀请之事。只是达成重要决议时,务必先得到本大臣之认可,且当与其他列国领事共同行动。可将下列电报作为本大臣之训令,转发至除驻天津、芝罘及牛庄之外我国其他驻清领事:

> 目下,上海成为列国领事为维护中部及南部安定秩序,并保护外国居民而与清国地方官员交涉之地。因此,授予我国驻上海代理总领事与其他列国领事共同就贵官任地事宜与清国地方官员进行协商之权限。因此,关于上述事项,贵官暂时可依照代理总领事之照会行动。

五一六

7月9日　驻上海小田切代理总领事致青木外务大臣函(电报)

可否承认维持秩序协定中暂缓向长江沿岸出兵之请训

7月9日下午7:15发,10日上午0:30分收　　　　驻上海领事　小田切

第二七号

关于6月29日本官机密第六二号电报,可否将该信所附第七号得到帝国政府承认之事通知清国官吏?

关于此事,各国领事所采取之措施不尽相同。驻本口岸之英、美两国总领事已电告刘坤一得到其各自政府承认之事。本官现请求将帝国政府承认之事告知清国官吏。而本官未看到不可通告之理由,等待训令。

五一七

7月9日　驻苏州加藤领事致青木外务大臣函(电报)

询问刘、张两总督与各国驻上海领事所达成之维持秩序协定是否适用于沙市、汉口及苏州领事管辖地域内之件

附件:(一)7月4日小田切代理总领事电报抄件

　　(二)7月8日同上

机密第八号,7月20日收

外务大臣子爵青木周藏阁下:

本月4日,驻上海小田切代理总领事发来另页甲号电报,告知在上海各国领事与两江总督及湖广总督所派代表之间,就此次事变缔结约定:"此两位总督将在其管辖诸省内充分保持秩序,又,各国领事在此诸省内将不派遣军队登陆。"然此约定未虑及沙市、汉口、苏州等并非上海总领事馆管辖范围,小田切代理总领事亦未做任何保留而赞同该协定,颇有越权之象。故于同月5日询问,此是否为依阁下训令而行事,又或该领事是否自行承担其责任,未得到任何回答。昨夜接到经上海转来另页乙号中贵电训。然此电训中亦只回溯小田切领事赞同另页甲号电报之约定一事,并未明言是否认可。然此约定,根据其解释,未对我等带来明显不便,且尔后经过数日,阁下亦未特地发来否认其之通知,故小官亦推

测当受此约定之约束。万一不然，请电告之。关于此事，若未收到阁下其他来电，则按前述办法处理。

特此禀报。　敬具

明治 33 年 7 月 9 日　　　　驻苏州领事　加藤本四郎(印)

(附件一)

甲号

7 月 4 日小田切代理总领事电报抄件

1900 年 7 月 4 日下午 9:30 收　(上海，1900 年 7 月 4 日下午 5:40)

苏州领事：

前几日，上海之外国领事与两江总督、湖广总督委派之清国官员进行会谈，并达成协议。此协议之主要内容如下：

两江总督与湖广总督由其所派代表表示同意，在其所辖省份内维持秩序，上海之领事同意，在其维持秩序期间，不派军队登陆。

小田切①

(附件二)

乙号

7 月 8 日小田切代理总领事电报抄件

1900 年 7 月 8 日下午 3:15 收　(上海，1900 年 7 月 8 日下午 1:10)

苏州领事：

我受外务大臣命令将下列指示转交于你："考虑到目前上海已经成为外国领事与中国地方官员商讨在华中及华南地区维持和平与秩序、保护外国居民之地点，驻清国上海之代理总领事被授权同其他列国领事一起与中国官员进行谈判，即使谈判内容为你所在港口之事宜。因此你也被授权，在这些事情上，目前按照他所告知之内容而行动。"

小田切②

五一八

7 月 9 日　驻上海小田切代理总领事致青木外务大臣函

闽浙总督、浙江巡抚及山东巡抚请求加入维持秩序协定之报告

附件：(一)浙江巡抚电报抄件(译文)

(二)闽浙总督书信抄件(译文)

机密第七三号，10 月 16 日收

外务大臣子爵青木周藏阁下：

3 日领事会开会时，美、法两国领事报告，在浙江之传教士告知，该省巡抚公布端郡王政府颁布之上谕。领事会认为，该省距本地不远，故此时应给予充分注意，决定将此事电

① 此篇原文为英文。——译者注

② 此篇原文为英文。——译者注

告在大沽之联合舰队。然领事会散会后,小官拜访盛宣怀时,被当面告知,接到浙江巡抚电报,同意刘、张二总督所派代表与各国驻本地领事所交换文书之内容,应当将浙江省置于与长江沿岸各省同样之地位。又接到闽浙总督电报,言在福州当与各国领事采取相同之措施。立即劝告盛将浙江巡抚来电抄件通知首席领事。关于此事,本月 3 日第十(九?)号及 4 日第一三号电报已请鉴阅。

经盛宣怀提出,山东巡抚袁世凯亦有意将山东省置于与长江沿岸各省同样之地位,与各国领事协商之际,上海较方便哉,或芝罘更适当乎?欲了解本地外国领事对此之意向。对此,领事会一致决定,如此重要事件,与其在芝罘这一各国领事数量较少之地点,莫如在本地进行协商;并将此决议直接通知盛宣怀。然山东省之德国教堂被破坏,而法国传教士亦因不能受到地方官适当保护而陆续离开该省。因此,即使袁巡抚提出上述请求,本地领事会恐亦不能表示同意。

附上另页抄件两件。特此报告。敬具

明治 33 年 7 月 9 日　　　　驻上海代理总领事　小田切万寿之助(印)

(附件一)

(译文)

浙江巡抚电报抄件

草稿

抄件

领事团总领事阁下:

上海,1900 年 7 月 3 日

领事团很高兴地了解到,浙江巡抚大人决定加入各领事与中国官员之间所达成之协议;并迅速宣布:列国领事将上述协议扩大至浙江巡抚。

很荣幸

等等

首席领事致　盛道台①

(注)对此照会之回答,见 7 月 13 日第五二四文书小田切代理总领事机密第七四号附二。

(附件二)

(译文)

闽浙总督书信抄件

抄件

盛道台致首席领事:

我于 3 日收到浙江刘巡抚下列信件:

我相信最好的办法就是向领事馆和租界提供保护,以避免任何麻烦。

我已向所有军队及地方官员明确发布紧急命令,不得有不安表现,同时尽一切努力维

① 此篇原文为英文。——译者注

护和平，并保护领事馆和租界。我同意你们的意见，避免冲突是最明智的做法。同日，我收到浙江刘巡抚来电，表示已收到我的电报，并请求列国不要派军队在浙江登陆，因为他将加入协定，同时请求加入相互保护之协议。

已要求浙江巡抚在其省份内印发声明，告知地方官员维持秩序。我亦向余道台发送书信，请他尽快通知您。

我希望您能将这封信的内容告知同僚，使他们可以电告其外交大臣。

我期盼您的答复，以转发给浙江巡抚。①

五一九

7月10日　青木外务大臣致驻上海小田切代理总领事函（电报）

可否同意暂缓向沿江出兵之请求之回训

7月10日发　　　青木外务大臣

无号

关于贵电第二十七号，本大臣请贵官务必注意本大臣7月2日及7月3日之电报（注），并希望即使有少数同意者，贵官此时应依照多数领事之行动而行动。

（注）第五〇五及五〇七文书。

五二〇

7月10日　驻重庆山崎领事馆事务代理致青木外务大臣函

收到授予驻上海领事与清官员协商诸事权限之件

附件：小田切代理总领事电报抄件

机密第一七号，8月2日收

外务大臣子爵青木周藏阁下：

本月8日，经上海收到贵电训，言：眼下上海处于外国领事与清国官员之间就维持支那中部及南部治安、保护外国人士而进行协商之地位。对此，小田切领事被授予与其他各国领事一起，就上述一切相关事宜与清国官吏进行协商之权限，有关本港之事项亦当暂时按照该代理总领事之通牒而处理。为此以另页附上电文抄件禀报。　敬具

明治33年7月10日　　　驻重庆领事馆事务代理　山崎桂（印）

（附件）

小田切代理总领事电报抄件

重庆领事：

我受外务大臣命令将下列指示转交于你：

“考虑到目前上海已经成为外国领事与中国地方官员商讨在华中及华南地区维持和平与秩序、保护外国居民之地点，驻清国上海之代理总领事被授权同其他列国领事一起与中国官员进行谈判，即使谈判内容为你所在港口之事宜。因此你也被授权，在这些事情

① 此篇原文为英文。——译者注

上,目前按照他所告知之内容而行动。”

小田切

1900年7月8日4:00收[①]

五二一

7月11日　驻上海小田切代理总领事致青木外务大臣函(电报)

福建及浙江两省包含在沿江诸省维护秩序协定内之通牒之报告

7月11日下午9:30发,12日上午0:00收　　　　驻上海领事　小田切

第三五号

上海海关道应闽浙总督之要求,于7月9日向各国驻上海领事公开通牒,言福建及浙江与长江沿岸诸省包含于同一协定之内。

五二二

7月11日　驻福州丰岛领事致青木外务大臣函(电报)

可否在闽浙总督所提出之维持秩序协定书上签字之请训

7月11日下午0:30发,同日下午4:50收　　　　驻福州领事　丰岛

第八号

将军及闽浙总督提出协定书,无论他省出现何种骚乱,在福建全省内保护外国人士生命、财产及维持秩序。本官可否在此协定书上签字?云该协定书与两江总督同各国驻上海领事所达成之协定相同。各国驻福州领事对此协定书进行讨论,修改其中一条款,均表示同意,不日将签字。等待电训。

五二三

7月13日　青木外务大臣致驻福州丰岛领事函(电报)

关于在福建省维持秩序协定书上签字之回训

7月13日发　　　　青木外务大臣

无号

关于贵电第八号,若列国驻当地领事共同约定签字,则贵官亦可签字。

又将来有紧急情况时,若驻当地之领事不能全部同意,则可直接执行其多数所作之决议无妨。

五二四

7月13日　驻上海小田切代理总领事致青木外务大臣函

闽浙总督及浙江巡抚请求加入维持秩序协定始末之报告

---

① 此篇原文为英文。——译者注

附件：(一)致上海道台答复抄件
　　(二)致浙江巡抚答复抄件

机密第七四号，10 月 20 日收

外务大臣子爵青木周藏阁下：

两江总督、湖广总督任命委员与各国领事会谈之续报

前番拙信机密第七〇号报告，对本月 2 日上海道余联沅照会，决定仅简单回答将遵守 6 月 27 日所发送文书之内容。谨于本文书另页抄件第一号中禀报该回答。前几日，浙江巡抚又经由上海海关道照会，将浙江省置于与长江沿岸各省相同之地位。对此，首席总领事作另页第二号之复照。

闽浙总督许应骙告知欲将福建省置于与长江沿岸各省相同地位之意，此事已于前番电报中禀报。然其后，该总督采取直接与各国驻福州领事商议之办法，且将先前在本地被拒绝之保护章程(拙信机密第六二号所附第六号)作为议案提出，此事由驻福州丰岛领事之电报可想象。因此，小官与各国领事商议后电告该领事，此章程未在本地达成协定，且此事不仅与福建省相关，务必与本地领事一同在本地协商为要。闽浙总督见与各国驻福州领事不能达成协议，于本月 9 日经由上海海关道照会通知本地首席领事，希望将福建、浙江两省与长江沿岸各省同样置于和平圈内。由此，拙信机密第六二号所附第七号文书之应用区域已互相扩大至湖南、湖北、江西、安徽、江苏、浙江、福建七省。

特此禀报。　敬具

明治 33 年 7 月 13 日　　　　驻上海代理总领事　小田切万寿之助(印)

(附件一)

另页抄件第一号

致上海道台答复抄件

抄件　第一四七五号

上海，1900 年 7 月 7 日

先生：

我受同僚之要求，告知您我们已收到您于 7 月 2 日所发送之书信。作为答复，请您参看我在 6 月 27 日所发送的上一封信件。

很荣幸

您忠实的仆人

J. T. 华德师，葡萄牙总领事，首席领事　　　　致余大人，上海道台[①]

(附件二)

另页抄件第二号

致浙江巡抚答复抄件

抄件

上海，1900 年 7 月 8 日

① 此篇原文为英文。——译者注

先生：

我受同僚之要求，告知您我们已收到您于7月6日所发送之书信，通知我们，浙江巡抚已决定加入领事与中国官员之间所达成的协定。

很荣幸

您忠实的仆人

J. T. 华德师，葡萄牙总领事，首席领事　　　　致余大人，上海道台①

五二五

7月14日　驻福州丰岛领事致青木外务大臣函(电报)

签订福建省维持秩序协定之报告

7月14日下午8:10发，同日下午10:50收　　　　驻福州领事　丰岛

第九号

根据阁下训令，本官于7月14日与各国领事一同在协定书上签字。唯德国代理领事为商人，无权限在此文书上签字，故未加入。闽浙总督及将军并其他地方官员皆列席，双方互表友好之意。

五二六

7月14日　驻福州丰岛领事致青木外务大臣函

同前件之详报

外机第二〇号，7月26日收

外务大臣子爵青木周藏阁下：

本月13日，本地总督自上海接到如下电报：

> 圣意转圜，命李相：速遵前旨北上，并电寄英俄日国三道，请三国执牛耳解纷。至俄书言，密约最亲；英书言，商务利益；日书言，唇齿相依。盛邀各领事商议，一天津停战，二保送各公使到沪议和。法、日先允电商本国。此事甚机密。新济回述，马玉昆军与洋兵，终日开炮乱轰租界华界大毁。(本文中新济为招商局之船名)

本月6日，本地将军及总督向驻本地各领事表示，为保护滞留本港外国人士身体、财产，依两江、湖广、两广总督等之例，缔结一契约，并将该约书草稿送来。各国领事因此再次集会，修改其中个别不妥当之条款。本月14日上午9时，各领事及各地方官员于位于中外杂处地区之广东会馆集会，在协约上签字(未盖章)。当时，自总督、将军至布政使、按察使及各道台并府县各大小地方官员悉数出席，供应茶点，内外人士进行极为亲密之谈话。尤其是将军、布政使极力谴责清国此次事件之恶劣，表明谢罪之意。故守城之当地居民见之，自然安心，眼下平稳如常。此次各领事与总督以下地方官员会面，实为确保地方平稳之适当方法。

---

① 此篇原文为英文。——译者注

唯修正后约书之文本，由地方官员保留一份，首席领事保留一份。地方官员于会谈时持其稿而归，未向各领事送交其抄件。故待其追送后，再详细禀报其签订经过。

特此禀报。　敬具

明治33年7月14日　　　　驻福州领事　丰岛舍松(印)

五二七

7月22日　驻上海小田切代理总领事致青木外务大臣函(电报)

转达重庆代理领事关于四川总督态度之件

7月22日下午2:32发，同日下午4:10收　　　　驻上海领事　小田切

第八四号

重庆代理领事之电报如下：

四川总督与两江总督及湖广总督采取共同措施一事确为事实，并发布宣言表明此意，恳切勉励当地地方官员保护外国人士。

五二八

7月30日　驻福州丰岛领事致青木外务大臣函

闽浙总督与各国领事缔结保护外国人士协定始末之报告

附件：(一)互相保护协约草案(中英文)

(二)前文稿文

公第四一号，8月17日收

外务大臣子爵青木周藏阁下：

保护在福州外国人士生命、财产以及与地方官员缔结条约之件

根据本地将军、总督之提议，就保护本地外国人士生命、财产一事，与各国领事之间缔结一条约。此事已于本年7月14日外机第二〇号中禀报。对于此事，驻留各国领事于本月6日召开第一次会议，各国领事均未给予重视，俄、法、德领事之意见为，仅以公文答复表示赞成，不必另外与地方官员交换约定。尤其暂缓一切军舰入港一条，颇欠稳妥。各领事意见相同。当日未作评议，仅决定各自向上海总领事发电询问，之后再开会议。然其后，英国领事游说下官及美国领事，言此条约缔结与否并不重要，不如缔结之，以安慰两地方长官，如何？下官与美国领事回答，完全删除暂缓一切军舰入港一条，并作适当修改，则当然同意缔结。英国领事故自行向杨洋务局长提出要求，改正其文字。随后，本月10日，再次召开领事会议。各领事皆同意签字。因此，以另页第一号(注一)之电报请训，接到另页第二号(注二)之回训。故本月14日，各领事及地方官员即悉数于广东会馆集会签字。此事已于当日外机第二〇号中禀报，即另页第三号(注三)之电报。然唯德国领事身为商人而任领事，故完全无此签名权限，而须受该国驻厦门领事指令，因此亦未出席本月14日之会谈。随后，等至今日，无任何理由，仍不能签字。故本月29日，地方官员(14日会谈时，地方官员为盖章而将此条约文本带回)将该条约文本经首席俄国领事送至其他领事。故直接抄写呈上。

另页第四号中英文抄本即修正后之条约正文,第五号为原稿。

本条约以中、英、法三种文字写成,俄、法两领事在法文本上签字,其他领事在英文本上签字。

本条约中第四条无准确英文译文。且中文本八条,英、法文本各七条。有此不同,但其意思均无大差别。故各国领事依然签字。

特此禀报。 敬具

明治33年7月30日 驻福州领事 丰岛舍松(印)

(注)一、二、三分别为已列出之往返电报,见第五二二、五二三、五三五文书。

(附件一)

另页第四号

今将本将军、部堂与各国领事议定互相保护约章八条,开列于后。

计开:

一、现在两江、两湖、两广、安徽各督抚,与驻扎上海各国领事商定,彼此互相保护办法,业经各国领事电达外部照允,立约签字。今福建省亦照此议,与两江等省一律办理;

一、寄寓福建各国官商,以及传教洋人,所有身命财产,中国地方官情愿竭力保护,不使有损。厦门一体照办;

一、福建地方,倘有匪徒造谣意欲伤害洋人,中国地方官,即行认真拿办,决不纵容;

一、此次立约,系为互相保护中外人民商务产业,各无相扰起见。应声明以后不论北方如何变乱,福建地方均守此约办理;

一、福州地方,甚为安静。中国地方官,如能力任保护,则各国领事官,自应均允,详请各本国水师提督,现在不必派兵船进口,以免民心惊疑,滋生事端。至寻常游历兵船,暂时来往,仍可照例办理;

一、所议各款应请各国领事,电达本国外部存案,以昭慎重;

一、此次约款,应缮华文、英法文各两纸,本将军本部堂与各国领事签字后,领袖领事署存一份,洋务局存一份;

一、约款字义如有未明晰之处,应以华文为准。

大清钦命署理福州等处将军、兼管闽海关税务、兼理船政、兼总理各国事务大臣善 签名

大清钦命兵部尚书、闽浙总督部堂、兼管福建巡抚事、兼总理各国事务大臣许 签名

大清钦命福建等处承宣布政使司布政使加十级记录十次张 签名

大清钦命二品衔福建等处提刑按察使司按察使统辖全省驿传事务周 签名

大清钦命福建分巡宁福海防督粮兵备道纪录二十二次启 签名

大清钦命二品顶戴、兼办福建全省洋务事宜盐法道杨 签名

大俄钦命驻扎福州、兼办丹国通商事务总领事官宝 签名

大美钦命驻扎福州管理通商事务正领事官葛 签名

大日本钦命驻扎福州办理兼管三都等处领事官丰岛 签名

大英钦命驻扎福州管理本国通商事务领事官佩 签名

大法钦命驻扎福州管理台厦各口通商事务署领事官杜 签名

大荷国领事官高　　签名

大德钦命驻扎福州兼办瑞国通商事务代理领事官温　　无签名

大清光绪二十六年六月十八日

西历一九〇〇年七月十四日[①]

（附件二）

另页第五号

计开章程八条

一、现在两江、两湖、两广、安徽各督抚，与驻扎上海各国领事商定彼此互相保护办法，业经各国领事电达外部照允，立约签字。今福建省亦照此议，与两江等省一律办理；

一、寄寓福建各国官商以及传教洋人，所有身命财产，中国地方官情愿竭力保护，不使有损。厦门一体照办；

一、福建地方，倘有匪徒造谣，意欲伤害洋人，中国地方官即行认真拿办，决不纵容；

一、此次立约，系为互相保护中外人民商务产业各无相扰起见，应声明不论他处如何变乱，彼此均当遵守；

一、福州地方甚为安静，中国地方官力任保护。所有各国兵船现在均不必进口，以免人民惊疑，滋生事端；

一、所议各款应请各国领事电达本国外部存案，以昭慎重；

一、此次约款，应缮华文、法文各两纸，本将军本部堂与各国领事签字后，总领事署存一份，洋务局存一份；

一、约款字义如有未明晰之处，应以华文为准。

大清光绪二十六年□月□日，西历一九〇〇年□月□日

立于福州

五二九

8月2日　驻厦门上野领事致青木外务大臣函

呈报任职地清国官员公布与各国领事缔结维持秩序及保护外国人士协定之布告抄件

附件：（一）7月27日（清历七月初二日）杨提督告示抄件

（二）7月30日（清历七月初五日）延道台告示抄件

机密第三九号，8月10日收

外务大臣子爵青木周藏阁下：

闽浙总督通牒，称今次与各国领事进行协议后，达成协定，对福建省内外国人士进行与长江沿岸一带相同之保护。本地水师提督杨于上月27日将此事布告于其管内。本地道台延亦承其旨，于上月30日发布相同内容之告示。现将其告示内容抄件于另页两份中呈报，以供参考。敬具

明治33年8月2日　　驻厦门　领事　上野专一（印）

① 以下为前文之英译，略。——译者注

(附件一)

抄件

钦命尚书衔头品顶戴提督、福建全省水师军门裴凌阿巴图鲁杨为出示晓谕事。照得现准闽浙总督部堂许咨开:各国寄寓闽省官商教士人等身家产业,已经本部堂与各国领事商明竭力保护。无论北事如何,闽浙仍照长江一律,各不相扰,以敦睦谊,等因准此。查厦门地方,各国官商,寓居于此,历有年所,素敦和好。此次北地拳民肇衅,各国调兵来华,专为保护弹压起见,可知中外敦睦,各无猜疑。惟念人烟稠密,品类不齐,诚恐外来匪徒,溷迹此间,希图煽惑愚民,造谣生事,必须严拿究办,庶足以示惩儆而资保卫。本军门忝膺专阃,惟期人民乐业,商旅又安,此心倦倦莫释。所有各国教士商民,身家财产,自应竭力保护,以重邦交。除严饬所辖水陆标防各营,严密查访,遇有造谣匪徒,立即拿办外,合行出示晓谕。为此仰合属军民人等,一体知悉。尔等各宜自安,毋得妄生事端,致于罪戾。其各凛遵,毋违。特示。

右谕通知

光绪二十六年七月初二日

(附件二)

抄件

钦命布政使衔本任福建延建邵道调署分巡兴泉永海防兵备道延为出示晓谕事。本年六月廿四日奉军督宪会衔,四百里排单,牌开,照得前准各国领事照会,现因北方拳匪滋事,是以各国调兵来华,专为保护弹压,并非别意,等因。查闽省地方民情向称安静,各国商民在此多年,极为和好。本署将军部堂现与各国领事商明,所有各国寄寓闽官商教士人等,身家产业,必当竭力保护,以期中外相安。业经分派办严密巡查,责成地方文武各官,切寔遵办。倘有无知匪徒,胆敢乱造谣言,希图摇惑民心,乘机滋事,即行查拿,从重办罪,决不姑容。除给示十道,饬发洋务局晓谕外,合行饰遵。为此牌仰该道,即速遵照,一体出示晓谕。所属军民人等,一体知悉,须知中外和好,决无别意。切勿造谣生事,自取罪戾。仍发贴过处所,报查,毋违须牌,等因奉此。除分行外,合行出示晓谕,为此示仰所属军民人等知悉。尔等须知中外和好,决无别意,切勿造谣生事,自取罪戾。各宜凛遵,毋违。特示。

光绪二十六年七月初五　　　　日给

事项四
北清警备及日本出兵

五三〇

5 月 29 日　驻天津郑领事致青木外务大臣函(电报)

关于向各国公使馆派遣护卫兵情况及我国派兵数之禀报

5 月 29 日下午 8:35 发,30 日上午 12:10 收　　　　驻天津领事　郑

今晨二十二名水兵以及两名士官乘爱宕舰抵达,各国领事召开会议决定同时派遣各公使馆护卫兵,清政府应为士兵的通行提供到北京的特别列车。各国护卫兵的人数为一百人左右。美国水兵本日下午登陆,英、法、俄各国的海军陆战队最晚将于明天下午登陆,其他各国水兵也会陆续到达。因爱宕舰无让二十二名以上水兵登陆之能力,故不足以充任北京和天津两地的防务自不待言,因此为与其他各国保持均等,有必要迅速派遣能够搭载百名水兵以上的巡洋舰。本官接到驻清公使训令:除留十名水兵保护天津之外,派遣尽可能多之士兵。

5 月 28 日,丰台车站以及工厂被匪徒烧抢,北京、天津间的交通虽恢复,但天津的情况依然不稳定。

五三一

5 月 30 日　青木外务大臣致驻天津郑领事函(电报)

关于派遣笠置舰以及准备拖船等事项之训令

附记:(一)5 月 29 日山本海军大臣来函,关于笠置舰的任务对东乡常备舰队长官的训令

(二)5 月 30 日山本海军大臣来函,派遣笠置舰到大沽之通报

5 月 30 日发　　　　　　　青木外务大臣

笠置舰本日从横须贺起锚,预计 6 月 4 日正午到达大沽,请做好安排拖船等必要之准备。

(附记一)

5 月 29 日山本海军大臣来函

关于笠置舰的任务对东乡常备舰队司令官之训令

海总机密第一三号之三

5月30日收

外务大臣子爵青木周藏阁下:

另页为对常备舰队司令长官的训令以及相关通牒。

明治33年5月29日　　海军大臣　山本权兵卫(印)

(另页)

关于为保护居留帝国臣民而向清国派遣军舰笠置号之事,除明治22年10月内阁第二六〇九号训令之外,向该舰长传达如下事项:

明治33年5月29日

海军大臣　山本权兵卫

常备舰队司令长官　东乡平八郎

一、急航至大沽海面,至得到命令为止,停泊在附近与天津交通方便之处,注意保持与本省及驻在该国之我外交官和领事官之联络。

二、如公使馆或领事馆请求军队登陆,在认为必要之情况下可应允。

三、慎密关注清国之匪徒状况以及其他各国对其态度等,在情况允许下,直接向海军大臣报告之。

(附记二)

5月30日山本海军大臣来函

关于向大沽派遣笠置舰之通报

海总第二二四号之三

外务大臣子爵青木周藏阁下:

为保护在清国之本国侨民立即派遣军舰笠置号一事,该军舰本日午后4点从横须贺启程向大沽出发。

明治33年5月30日　　海军大臣　山本权兵卫

五三二

5月31日　青木外务大臣致驻清国西公使函(电报)

笠置舰到达大沽日期之通报

5月31日发　　青木外务大臣

第三二号

笠置舰5月30日从横须贺起锚,预计6月4日到达大沽。

五三三

6月5日　驻天津郑领事致青木外务大臣函(电报)

笠置舰登陆士兵数之报告

6月5日下午4:45发,同日下午10:50收　　驻天津领事　郑

6月5日下午3时士官五名以及水兵六十九名由笠置舰到达天津。

五三四

6月6日　驻天津郑领事致青木外务大臣函(电报)

增派军舰之请求以及英国传教士遇难之报告

6月6日上午11:45发,同日下午4:30收　　　　驻天津领事　郑

各国舰队逐日增加,且事态复杂,因此增派我国军舰非常必要。上周星期五(或曰星期六)两名英国传教士在永清被杀害。

五三五

6月7日　驻天津郑领事致青木外务大臣函(电报)

各国追加护卫兵数以及与保护天津租界有关之各领事决议和现在天津各国护卫兵数量之报告

6月7日上午7:05发,同日下午7:45收　　　　驻天津领事　郑

6月6日,各国向北京追加之分遣兵到达数量如下:

英　国　75名

法　国　75名

意大利　40名

俄　国　50名

以上分遣兵因铁路不通滞留当地,特别是英国海军陆战队由于铁路交通至6月7日尚未恢复,决定经由通州乘船前往北京。

据驻天津法国领事所言,法国将另外增派江巴尔、里昂、帕斯卡尔号。

聂将军为防卫匪徒和恢复秩序,率领军队沿铁路沿线行进。

6月6日,在和各国司令官妥协的基础上,领事会议决定和各国海军陆战队联合起来保护天津的外国人租界,并于同日晚8点开始实行。英、德、美三国的海军陆战队保护英、德租界,又由于很多日本人居住在法国租界,日本水兵和俄、法两国的水兵共同保护法国的租界。

现在天津的外国护卫兵人数如下:

法　国　62名

英　国　150名

德　国　105名

美　国　100名

日　本　38名

俄　国　80名

本官已向笠置舰请求增派分遣兵。

五三六

6月8日　驻天津郑领事致青木外务大臣函(电报)

驻屯天津各国兵数之报告

6月8日下午11:55发,9日下午11:55收　　　　驻天津领事　郑

到目前为止驻屯在天津的海军陆战队以及哥萨克兵的数量如下:

德　国	95名
法　国	163名
美　国	130名
英　国	233名
俄　国	160名
奥匈帝国	75名
意大利	40名
日　本	61名
总计	970名(957名?)

另外德国兵二百五十名、法国兵三十七名将于一两日内到达。各国舰队逐日增加,泰里普尔号近日将抵达大沽。

五三七

6月12日　青木外务大臣致驻天津郑领事函(电报)

丰桥舰向天津出航之通知

6月12日发　　　　青木外务大臣

作为笠置舰之辅助,丰桥舰搭载三百人已从佐世保启航向天津出发,以上内容可通知驻清国本国公使。

五三八

6月14日　驻天津郑领事致青木外务大臣函(电报)

须磨舰抵达天津以及水兵登陆之报告

6月14日下午6:20收　　　　驻天津领事　郑

须磨舰于6月11日到港,水兵七十一名、士官五名6月12日下午6点抵达天津。

五三九

6月15日　青木外务大臣致上海小田切领事函(电报)

向天津增派陆军之通报

6月16日发　　　青木外务大臣

为保护在北清之帝国臣民并与相关各国之军队联合行动,近日将在北京以及天津之水兵之外,增派约一千人,请贵官密切注意清国人之动静,如有异常情况可电报之。另外如对此次事变有任何耳闻目睹之事,可将其通报给来港之我帝国军舰舰长。

以上内容可向除香港和天津之外驻清各领事转发。

五四〇

6月16日　驻芝罘田结领事致外务省函(电报)

向大沽和芝罘增派军舰之禀请(一)(二)

(一)

6月16日下午5:30发,同日下午10:00收　　　　驻芝罘领事　田结

据本官所知,天津以及北京之形势非常危急,望再向大沽增派军舰为盼。

(二)

6月17日上午11:45发,同日下午5:45收　　　　驻芝罘领事　田结

数日前,义和团匪徒侵入当地之传闻渐盛,虽目下尚无遭受实际危害之虞,但为事先做好防备,防止天津至芝罘间之电报中断,望派遣一艘军舰以用于通信。另外6月11日发第五〇号(注)信已阅览,以上内容也已向海军次官进行通报。

(注)第一五文书。

五四一

6月18日　青木外务大臣致驻俄国小村公使函(电报)

我向天津派兵数之通报

6月18日发　　　　青木外务大臣

第四四号

因清国官兵抗拒外国分遣队在大沽登陆,帝国政府决定继续向天津增派陆军。据此我派遣军之总数约三千人以上。以上内容可转发给驻欧美之我国公使。

五四二

6月18日　青木外务大臣致驻芝罘田结领事函(电报)

关于天津现状以及第二分遣队所在等情报之训令

6月18日发　　　　青木外务大臣

请贵官火速将所知悉之天津现状、第二分遣队之所在等情报电报告之。

五四三

6月18日　山本海军大臣致青木外务大臣函

派遣警备舰之通知

海总机密第五八号之三

外务大臣子爵青木周藏阁下:

另页为经海军军令部长上奏并获得批准之通知。

明治33年6月18日　　　　海军大臣　山本权兵卫(印)

(另页)

常备舰队

军舰　　浅间号
军舰　八重山号
军舰　千代田号
军舰　　千岁号
军舰　　明石号
军舰　　宫古号
军舰　　摩耶号

以上军舰在清国及韩国沿岸巡航。

竹敷要港部第二水雷艇队

水雷艇　隼号

以上舰艇作为警备特在清国以及韩国北岸巡航。

五四四

6月19日　驻芝罘田结领事致青木外务大臣函(电报)

可否派遣舰艇及可否雇佣通信船之询问

6月19日下午3:25发,同日下午11:00收　　　　驻芝罘领事　田结

如此前电报所禀,为保护我居留臣民与确保大沽、芝罘间通讯,可否增派军舰一艘。另外目下通信极为不便,可否临时雇佣泊于本港之日向丸号(一百六十六吨)。

五四五

6月19日　桂陆军大臣致青木外务大臣函

临时派遣队出发之通报

陆军省送达,临密发第五八号

外务大臣子爵青木周藏阁下:

派往北清地区之第一批临时派遣队已于18日完成编组,并于同日以及19日乘船出发。此乃送达之文书。

明治33年6月19日　　　　陆军大臣子爵　桂太郎(印)

五四六

6月20日　驻牛庄田边领事致青木外务大臣函(电报)

向牛庄港急派炮舰之禀请

附记:(一)青木外务大臣函询

(二)山本海军大臣回答

6月20日发(经京城中转),21日收　　　　驻牛庄领事　田边

目下本地虽无迫在眉睫之危险,但仍希望尽快派遣炮舰一艘。

(附记一)

6月22日青木外务大臣函询

明治33年6月22日发
机密发送第一〇〇号　　　　青木外务大臣

致山本海军大臣

21日接驻牛庄田边领事之来电称，清国牛庄地区目下虽无迫在眉睫之危险，但请尽快派遣炮舰一艘。请阅览相关回复及电报译文定夺。

（附记二）
6月23日山本海军大臣之回答
海总机密第一〇八号之二，6月23日收
外务大臣子爵青木周藏阁下：

关于向清国牛庄地区派遣炮舰一艘一事，已通过第一〇〇号文件了解相关情况。目下此事须根据具体情况来进行安排，是否能如请获得批准请等候通知，特此回答。

明治33年6月23日　　海军大臣　　山本权兵卫（印）

五四七

6月21日　驻芝罘田结领事致外务大臣函（电报）
大沽和天津状况之情报（一）（二）

（一）

6月21日下午5:00发，同日下午8:40收　　　　驻芝罘领事　田结

目下七千人军队在大沽。英国兵九百名从香港出发，二百名（清国）兵一两日内从威海卫到达同地。俄国亦在增加兵员。各国海军司令官都希望兵员多多益善。

（二）

6月21日下午9:00发，22日下午4:15收　　　　驻芝罘领事　田结

西摩中将回到大沽。云一百五十名外国人在天津被杀害。

五四八

6月22日　出羽常备舰队司令官致山本海军大臣函（电报）
就天津联军危难一事希望急派军队之电禀（一）（二）

（一）

6月22日下午0:30芝罘发，同日下午4:10东京收　　　　大沽　出羽

天津自17日被围以来，遭猛烈炮击，情况危急。大沽联军之一部在进军途中，联络困难。为守备大沽，请速增派陆军。

（二）

6月22日下午3:20佐世保镇守府传送　　　　出羽常备舰队司令官

当务之急乃派遣陆军，千人左右实为较少。天津与北京之联系自不必说，天津与大沽之联系亦中断。大沽炮台及其附近约有联军八百五十人，我军二百七十余人。俄陆军今晨正在登陆，其人数不详，大概千人左右。英国陆军亦在登陆之中，其数量不详。我陆军

之登陆准备,需要日本驳船。又陆上与舰船联系极为不便,请速增加水雷艇和陆军之数量。

五四九

6月23日　驻芝罘田结领事致青木外务大臣函

秋津洲号军舰担任芝罘警备及雇佣通信用汽船之禀请

机密信第五号,7月5日收

外务大臣子爵青木周藏阁下:

为保护本地国民及作为大沽与本地之通信船,此前已以电报申请派遣军舰一艘。21日常盘、高砂、秋津洲三艘军舰抵达本港。由于常盘、秋津洲两舰泊于海上,于是本官拜访高砂号舰长,告知当地情势。该舰长与常盘舰上之司令长官面谈,结果秋津洲舰据该长官之命令,作为警备泊于本港。就此,侨民均大为安心。该舰长同本官就万一之情形下陆战队登陆等防御方法进行协商。目下,应与泊于本港之美国军舰约克塔兰托号采取一致行动。关于本地之情况,本官会随时电报汇报。因混乱,现商业基本停顿,或商家闭店出逃,有收集银元以防万一者。传炮台每日与各国军舰交战。数日前本港东西炮台或增加大炮(云西炮台夜间新增四门大炮),或增加士兵,人心更加不稳。现今当地驻扎两营(一千人)兵力,昨日以来更从宁海州增兵。近来炮台何时开始炮击不详,今日传闻各国军舰要求租借炮台或清兵撤出,由彼先开炮。此说较为稳妥。如上情况概略今日当电告之。炮台置之不理,极其危险,须迅速处置。已利用今晨出海之隼艇,向出羽司令官通报此旨。

此前申请雇佣日向丸作为大沽与本港间通信用一事,昨夜之贵电已经应允。该船昨夜经旅顺赴大东沟,不日归港。届时可具体商议。闻该船一日约二百元[①]左右。特此报告。敬具

明治33年6月23日　驻芝罘领事　田结铆三郎(印)

五五〇

6月23日　英国临时代理公使致青木外务大臣函

关于日本出兵意向之询问

(译文)

备忘录

驻日本英国临时代理公使接到索尔兹伯里侯爵之训令,就救护北京各国公使馆之各国军队情况危急一事,询问日本政府是否有意为救援他们派遣更多士兵。迅速行动必要且迫切,日本在此事件上具有地理上之优势,英国非常重视日本之意向。

英国政府已训令印度派遣大军。

---

① 日元。——译者注

五五一

6月23日　驻牛庄田边领事致青木外务大臣函

关于向牛庄港派遣军舰时间之询问

6月23日下午6:02发,24日上午2:10收　　　　驻牛庄领事　田边

昨天接到6月19日发之贵电,汽船在当地如平时一般装卸货物,然特别是清国商人闻近日大沽之战事,感到惶恐不安。若此际港口停泊一两艘日本军舰,必有良好效果。居留之各国居民自不必说,清国商人亦日日翘首盼其到来,经韩国有电报询问我国军舰之派出时间。

五五二

6月23日　青木外务大臣致各国公使函

就联军危急询问各国应急措施之备忘录[①]

(栏外注记)33年6月22日,将法、美、奥、俄四国公使以及德、意、英三国代理公使召至本省,出示出羽舰队司令之两封来电,且请求询问本国政府之意见,特向这七位公使付与此备忘录。[②]

(上文译文)

备忘录

清国形势危急,帝国政府意识到在大沽以及天津的联军面临日益迫近的危险,希望我国与列国政府协同一致,望有关各国之代表告之其本国政府目前将采取何种必要之应对措施。

1900年6月23日于东京

五五三

6月23日　青木外务大臣致驻俄国小村公使并驻欧美公使及代理公使函(电报)

就联军危急探知所在国应急措施之训令

6月23日发　　　　青木外务大臣

第四八号

天津自6月17日以来处于包围之中,受到猛烈炮击。虽联合分遣队正在前往天津途中,但其联络颇为困难,故在大沽之帝国舰队司令官来电报要求尽快增派陆军。因此,本大臣于6月23日召集俄、英、德、法、意、美及奥国公使,递交如下之备忘录:

> 清国形势危急,帝国政府意识到在大沽以及天津的联军面临日益迫近的危险,希望我国与列国政府协同一致,望有关各国之代表告之其本国政府目前将采取何种必要之应对措施。

---

① 原文为法文,略。——译者注

② 以下为上文英译文,略。——译者注

(贵官可对驻在国政府陈述以上内容,探知该国现在所采取之措施及将来将采取之措施,速电报告之)

可将以上全文转发给我国驻英国临时代理公使,驻德、法、意、奥全权公使及驻美国临时代理公使。另外,将末段()内内容改为“报告贵官之心得”后可转发给我驻欧洲各国公使。

五五四

6月25日　驻上海小田切代理总领事致青木外务大臣函(电报)

关于希望我国出兵之任职地舆论报告

6月25日下午9:55发,26日上午0:20收　　上海领事　小田切

从北部地区得到之消息均表明事态不会轻易平复,当地一般之人心倾向于日本,认为救难之手段乃日本速派大军前来。6月25日发行之《北清日报》社论中有如下一条:“为阻止排斥文明、逞剽掠之凶浪潮,吾等除依赖日本之外别无他法。”

五五五

6月25日　美国公使致青木外务大臣函

收到日本政府备忘录之回复

备忘录

美国国务卿非常荣幸能够收到日本外务大臣发出之备忘录,该备忘录表明天皇政府鉴于在塘沽与天津联合力量所面临之严峻形势,有必要把其行动方针转而针对其他有兴趣的力量上。为了应对面对多方力量时之实际需要,天皇政府需要被告知这些相互独立之力量将会采取之措施。我们还要通知阁下,为了获得调查信息,天皇政府之请求已电达华盛顿,如有回应,我们会很快与阁下政府联系。

1900年6月25日[①]

五五六

6月26日　青木外务大臣致驻俄国小村公使函(电报)

决定动员一个师团之通知

6月26日发　　青木外务大臣

第四九号

由于北清形势日益危殆,帝国政府决定动员一个师团以备不时之需。帝国政府无意改变此次事变发生以来与其他各国联合行动之方针。请报告贵官对此之意见。

以上内容应向我驻欧洲各国公使及我驻北美合众国公使转发。

① 此篇原文为英文。——译者注

五五七

6 月 26 日　驻美国锅岛临时代理公使致青木外务大臣函(电报)

国务卿就联军危急之应急措施及清国请求暂缓出兵沿江谈话之报告

6 月 26 日上午 6:40 发,27 日上午 3:00 收　　　　　青木外务大臣

第二二号

接到 6 月 23 日所发之贵电(注),本官于 25 日会见国务卿。该长官云,美国目前之目的为恢复北京、天津间之交通,保护其国民与利益,在已派遣之海军陆战队及水兵之外,又命令在马尼拉之步兵第九联队向大沽进发,美国军队总计为两千三百人。又该长官面露忧色,因 6 月 14 日任何国家政府均未直接收到来自北京之通报,故对驻北京各国公使安危抱有疑问。两江总督以及湖广总督使驻美国清国公使向该官提出请求,称能够保护长江地区外国人之安全,故希望美国暂缓向上述沿岸派遣军舰。北京、天津间距离不过七十英里,无不能用某种方法将书信托付清国人使者送达天津或大沽之理。由此观之,清国之中央政府早已成立亦未可知。因此本官暗示,列国均担心在目下事变(一词不明)采取措施而招致猜疑,不敢果断行动,唯美国为保持世界之和平,成为诸国之主动者而丝毫不会受到他国之嫉妒。该长官答曰,至今日,列国中尚未有向美国提出如此请求者。

(注)参见第五五三、七三八以及七八八文书。

五五八

6 月 26 日　驻英国临时代理公使致青木外务大臣函(电报)

英国外交大臣关于英国不可能出兵以及希望日本出兵等私下谈话之报告

6 月 26 日上午 3:45 发,27 日上午 2:15 收　　　　　驻英代理公使　松井

第二七号

就 6 月 19 日所发贵电,本官 25 日会见索尔兹伯里侯爵。本官首先告之,该侯爵为日本国之最好朋友,私下询问列国间交换了何种意见。该侯爵答曰,各国目下除救助各自之公使馆与国民外,别无他意。为达此目的,各国正尽快发送所能派遣之军队,英国亦从印度派遣约一万人,然恐其到达现场尚需时日。本官进一步告知该侯爵,欲确知英国政府对此次事变行动之程度。列国军队进入北京须克服巨大障碍,且有报道说西太后已密诏北洋通商大臣阻止列国军队登陆,若果真如此,清兵亦将顽强抵抗之。又,对该侯爵之问本官答曰,曩者日清战争之际,据陆军内部意见,当时占领北京并维持与根据地之交通,至少需十万军队,问道,如英国政府现派遣之军队无法充分应付事态,是否增派军队。该侯爵云,即使不得不出此举,至南非战役结束前(或在一月以内结束),英国政府无法向清国派遣大量军队。日本国受北京现状变化影响至大,且处于短时间向清国派遣大量军队之最有利地位,故该侯爵表示希望听到日本国政府之意见。本官答曰,日本国切望与列国采取共同一致措施,此外尚未接到本国政府任何通报,且独力镇压暴动并非易事,况我国派遣大量士兵,或会招致俄国之异议。该侯爵云,届时日、俄两国可签订协定。对此本官告知其事之实际困难,且坦言,列国似皆袖手旁观,由一国镇压匪徒,等事成之后坐享其成。该侯爵云,俄国目下虽未示何等异图,然最终欲合并满洲以北清全部,法国亦同样欲占领其

南部与？唯英国除考虑通商方面利益外,别无他意。该侯爵又曰,与驻英国清国公使会面时,该公使希望李鸿章应任此次事件之交涉,当然李氏首先镇压暴动,且请求英国政府暂缓向清国派遣军队。该侯爵告之,虽确信李氏成功,但不能不做必要之准备。

要之,英国政府以其他各国政府目下几乎不知其所为,至今日为止,其交换之意见似不过重复保证协同一致。

五五九

6月26日　驻英国松井临时代理公使致青木外务大臣函(电报)

英国报纸对匪政策论调之报告

6月26日下午1:50发,29日上午9:25收　　驻英国临时代理公使　松井

第二八号

针对清国事变,英国6月25日发行之《每日电讯》有如下社论:

> 今列国一致采取果断措施之时机已到。(此处不明)可托日、俄两国,或独立行动,或联合,举其能动用之兵员承担其事。

又,6月26日发行之《泰晤士报》有如下论述:

> 纵令日本能独力在短时间内承担目下最紧急之事业,又有意进入文明国家之列尽其职责,但如无确实之邀请,自己主动担当此重任恐非所望。盖如此不仅受到他国之感谢甚少,且日本在政治上另有自己不得不顾虑之处。特别是畴昔在与清国之战争中其应获取之适当报酬被掠夺,今抱有疑惑不肯主动亦不足为怪。

五六〇

6月27日　驻美国锅岛临时代理公使致青木外务大臣函(电报)

国务卿关于我国出兵答复之报告

6月27日下午7:50发,28日上午11:30收　　驻美临时代理公使　锅岛

第二三号

关于本官第二二号电报,国务卿今早以半公信作如下通报:

关于向清国增派日本军队之议,总统认为要取得其他列国同意方可。本政府对以上举措没有任何异议,特此说明。

以上内容为与总统协商后所作之通报。

五六一

6月27日　驻奥牧野公使致青木外务大臣函(电报)

任职国对我国出兵意向之报告

6月27日正午发,28日上午6:50收　　驻奥全权公使　牧野

第一五号

虽清国形势日益危急,但奥国在清国没有重大利益,无意采取更为特别之举措。日本

为恢复清国之秩序立于主导者之地位，对此奥国欣然之。纵令将镇压匪徒之事全部委托于日本，列国中有异议者，奥国亦毫不反对。然该国外交副大臣所恐者，俄国一旦不怿，德国亦将支持之。其他各国除法国外，对如上提议未表同意。

五六二

6月27日　驻英国松井临时代理公使致青木外务大臣函（电报）

英国派兵数及英国当局关于我出兵数之谈话

6月26日下午1:10发，28日下午9:30收　　驻英临时代理公使　松井

第二九号

6月23日所发贵电在本官25日会见索尔兹伯里侯爵后到达，有关内容伯蒂氏26日告于本官，英国政府决定，在此前派往清国之一旅之外，更增派一旅，如此英国出兵总计达一万人。此旨已向日本国驻英国临时代理公使作过回答。又据该人所述，英国政府是据日本希望再派遣七八千人之军队而作出以上决定的。

五六三

6月27日　驻德国井上公使致青木外务大臣函（电报）

就联军危急之应急措施德国当局回答情况之报告

6月27日下午6:05发，29日上午10:00收　　驻德全权大使　井上

第四二号

对于6月23日所发贵电，本官已于27日面见德国外交副大臣，询问其意见。贵电发出后，据传天津最早获得救援，清国形势为之一变，且德国政府在得到据称已撤离北京之各国公使馆员安全与否之确切消息前，尚不能决定采取何种措施。

据该副大臣称，阁下交各国公使之备忘录在诸大国间成为意见交换之基础，云意见交换于最近开始。

又，在收到阁下进一步通牒前，将继续探知确切之意见。

五六四

6月29日　驻俄国小村公使致青木外务大臣函（电报）

就联军危难应急措施与俄外交大臣谈话之报告

6月29日上午6:20发，7月1日上午11:45收　　驻俄全权公使　小村

第六二号

对于第四八号贵电，本官于6月28日获得与拉姆斯多夫伯爵会见之机会。该伯爵在说明已通过日本驻俄国公使送交对日本政府答复主旨后表示，俄国政府依然维持6月24日公报宣布之态度，阿历克谢耶夫中将已被委以根据事态变化采取适当措施之职权，故难以明言今后将采取何种行动。又，该伯爵认为，此次事变之目的不独在排外，且是对抗皇室，故事态有终将达到极纷乱境地之虞。此际各国必须对清国暴徒加以断然打击，粉碎其抵抗力。又曰长江沿岸各省总督等之态度为希望将骚乱控制在局部而不扩散至全局。

据本官所见,欧洲列国对此次清国事变,似均不过奔命于应对目下之危急,尚未能决定确实有效之举措。英国司令官6月26日到达天津之报道,更增加了对北京公使馆安否及联军能否恢复北京、天津间联络之忧虑。据此,本官认为,为本国与有关列国利益计,日本应迅速采取强硬措施,以防止将来之危难。

五六五

6月30日　俄国公使致青木外务大臣函

交付承认我自由行动之备忘录[①]

附记:6月27日俄国外交大臣之电报抄件

(上文译文)

备忘录

俄国公使1900年6月30日访问外务大臣,告之如下:

对于清国事变,日本国天皇陛下之政府所采取之全部措施以及与有关列国协同一致之确切政策,深受俄国皇帝陛下政府之赞赏,故俄国政府不妨碍日本政府之自由行动。

(附记)

6月27日俄国外交大臣致俄国公使电报抄件

(译文)

青木子爵基于友谊之宣言与对清国事变之正确意见,特别是日本政府与有利害关系之列国协同一致处理事变之意向,受到各国赞扬,故俄国丝毫不会妨碍日本政府之行动自由。俄国之意已于近日公开通告中登载,同时俄国命令海军中将阿历克谢耶夫可根据清国事变发展情况处置。

1900年6月27日

五六六

6月30日　驻上海小田切代理总领事致青木外务大臣函

送交《北清日报》关于事变相关内容摘编之件

附件:6月25日《北清日报》记事

公信第二〇四号,7月5日收

外务大臣子爵青木周藏阁下:

本地本月25日发行之《北清日报》在其社论中论及,救目下北清事变之危急,只有依靠日本。又本地一般外国人亦表现出同样之意向,此点已于25日电报中报告。作为参考,已将该报摘编于另页,以供查阅。

明治33年6月30日　　驻上海代理总领事　小田切万寿之助(印)

---

① 原文为英文,略。——译者注

（附件）

危　机

对外国人而言，目前中国与西方的关系在现代史上最为严峻。尽管我们身在上海，仍然感觉到危机的来临。自从1898年外国列强接受慈禧太后的政变以来，首都的魅力就让北京的外国代表目眩，然而政府对外国人的反感完全让人震惊。即使最具有中国情结的人也无法否认，满人的目标就是把所有的外国人驱逐出中国，废除过去六十年外国人强迫或劝诱中国签订的不平等条约。满人生活在首都，无知地认为他们可以把时钟拨回一个周期。毫无疑问，外国列强的弱点和缺乏远见也是造成目前严峻情形的原因之一。昨天，焦虑的官员到处散播传闻，然后忧心忡忡地将当前局势的危险性尽量降到最低，北京的公使馆还是安全的，总理衙门准备好护送他们到海岸；然而，能够给予这类报道的信心微乎其微，李鸿章在广州向法国领事明确声明董福祥和他勇猛的甘军已经投向义和拳并且加入对公使馆的围攻。如果总理衙门按照承诺将公使馆的人送到海边，例如天津，在那里迎接他们的将是什么呢？最不祥的事情就是，无论海军上将西摩、公使馆的人、海关、代表团还是新闻记者，都好多天没有接到去天津的消息了。

对于久居中国的人而言，这样的情况令人难以置信。他们认为派遣到天津和北京的军队已经足够打退所有的反对力量。他们对义和拳的看法正如李鸿章所言，是狂热的乌合之众，只要少数坚毅果断的外国人就可以把成千上万的他们打散。他们对普通中国人的勇敢看法并不很高。不幸的是，义和拳的人对自己刀枪不入的信念深信不疑，他们会径直朝外国人的枪口走去；现在抗击外国人的聂将军和董将军的士兵们在我们的错误建议下已经用现代武器全副武装，并且接受外国的训练方式。五年前，这些人会被日本人轻易击溃，因为他们的心和他们的将领都不在战场上。现在明显不同了；狂热迷信比爱国更有力量。抗击日本人也没有战利品，而成功袭击天津似乎有数量令人满意的战利品。

五年前日本获胜之时，三股势力联合起来让他们放弃部分胜利的果实。讽刺的是，这三股势力和其他一些当时没有加入他们的势力现在都要倚赖日本挽救局势。俄国本应在东北集聚最大的武装力量，但是它既没能派遣足够的兵力缓解北京和天津的压力，也不能指望它把自己的警备降低到危险的境地。另一股欧洲势力和美国势力都要数周后才能集聚兵力到现场，因此我们转而指望日本，想依靠他们的力量阻止对文明的掠夺和反叛。据估计，未来的两三天内会有一支五六千人包含各兵种的日本军队聚集在大沽，与之前派遣的依附于国家的小分队不同，这支军队由骑马跨越了西伯利亚的英雄福岛少将指挥，没有哪个官员比他更了解将要横越的这个国家。其他的援军也将陆续跟进，相信不用多久外国人的旗帜就可以真正地在北京门户上飘扬。

身处华中的我们很幸运，因为长江流域的两位总督刘坤一和张之洞的十分忠诚。他们对义和拳没有任何怜悯，他们一贯主张镇压这些狂热迷信的人。因此，当知道为安全起见南下上海的北洋舰队船只听命于刘坤一时，我们真是欣喜万分。完全没有必要让他们出海，他们将为刘坤一所用，帮他维持其辖区内的秩序。然而当北京的序幕拉开，将会发现慈禧太后和可怜的光绪皇帝已经不见了，新皇帝继位，醇亲王摄政。新一轮反对外国势力的布告颁布。不难想象，即使最忠诚于外国人的官员也将面临严峻考验。我们现在不需要详述这些问题，读者自然会了解。我们在大沽的海军上将和海军部队指挥官们已经发表严厉声明:他们是在与义和拳和支持义和拳的人作战,而不是与中国作战。但是要划清敌人和朋友的界限非常困难,虽然这些困难并不像在其他国家那样严重,因为中国已经成为一个各省联盟的国家,而不是一个团结统一的帝国。当我们的部队抵达的时候,对于站在我们一方的总督,我们要公正对待。如果我们允许它继续存在,我们就不能离开北京,没有切实的安全保障,无论谁是皇帝,我们都将下决心粉碎所有的煽动排外情绪的行动。当问题解决的时候,那些对外国人友好、尽力从灾难中挽救他们的人是不会被遗忘的。像梅将军和沧州的地方官员一定会被铭记和酬谢,中国各地一定还有类似的事例。外国人的朋友不应该因为他们的友谊受到任何责难,而敌人应该感到悔恨,为他们的敌对行为付出代价。

我们接到的最新消息是 R. N. 布鲁斯上将传达给我们总领事霍必兰先生的讯息。在周六从大沽发出的讯息中,他说:"希望联军今天就能缓解天津的局势。他们已经被连续轰炸七天。据说天津已成废墟。自 13 日就再也没有西摩上将和他两千士兵的消息。"[①]

五六七

7 月 1 日　驻德国井上公使致青木外务大臣函

就联军危难所采取应急措施德国外交大臣回答情况之报告

7 月 1 日下午 0:05 发,同日下午 7:00 收　　　　驻德全权公使　井上

第四六号

关于 6 月 23 日所发之贵电,本官 6 月 30 日与德国外交大臣会谈时,该大臣对阁下 6 月 23 日所发之备忘录作如下回答:

> 本大臣以德国政府之名义,回答日本外务大臣之备忘录。德国政府认为维持有关列国之联合,不仅为恢复清国之秩序,且为保持世界和平之最有效之手段,故对认为能够确保列国行动一致之举措,均欣然支持。

据本官所察认为,德国政府此际不肯给予较上述更确切之答复,然若日本政府根据该旨采取某种措施时,能得到有关各国之同意,德国政府亦不会犹豫作出与之相同之举。

五六八

7 月 2 日　驻牛庄田边领事致青木外务大臣函(电报)

再次禀请派遣军舰及可否为应急准备而雇佣汽船之询问

7 月 2 日下午 7:50 发,3 日上午 3:50 收　　　　驻牛庄　田边领事

接到经上海代理总领事传达之最近之贵电,本地日本侨民望数艘炮舰泊于本港,以防止暴动之扩散,故再次恳请速派遣军舰一艘。据奉天府发至本地之电报称,昨日义和团一队及正规士兵破坏当地数个教会,清国人教徒遭其袭击。事态至此,而本港之日本汽船数量逐渐减少,故本官与汽船公司协商,为急变时能立即搭载日本侨民,在本港常备一艘汽船。然是否办理手续,恭候电训。

---

① 此篇原文为英文,载 1900 年 6 月 25 日《字林西报》。——译者注

五六九

7月3日　青木外务大臣致驻牛庄田边领事函(电报)

关于雇佣汽船费用之询问

7月3日发　　　　青木外务大臣

请电告7月2日来电中所说日本汽船签约所需之费用概算数额。

五七〇

7月3日　青木外务大臣致驻牛庄田边领事函(电报)

派遣军舰事宜之通报

附记:(一)青木外务大臣照会

(二)山本海军大臣回答

7月3日发　　　　青木外务大臣

关于7月2日所发之贵电,在大沽之帝国舰队司令官收到向该地派遣军舰一艘之训令。在该军舰到达前如发生急变,可随机应变处置无妨。

(附记一)

青木外务大臣之照会

7月3日发　　　　青木外务大臣

机密第一一二号

致山本海军大臣

今日驻牛庄田边领事电禀,清国牛庄地区之状况日益危急,该地之我国侨民再次恳请火速派遣帝国军舰一艘。电报译文呈阅。此际为保护上述侨民,请火速商议派遣军舰一艘前往牛庄为盼。

(附记二)

山本海军大臣之回答

外务大臣子爵青木周藏阁下:

另页为对常备舰队司令长官的训令及通牒。

33年7月3日　　　　海军大臣　山本权兵卫(印)

(另页)

电　训

7月3日　　　　　　海军大臣

第一三五号

致东乡常备舰队司令长官

令龙田号返航牛庄,在一周之内报告归队情况,并对该舰长训令如下:

到达牛庄后与驻该地之我帝国领事会面,告之因任务等原因军舰无法长期停留在该地,如果当地情况危急可前往龙田舰避难。

五七一

7月3日　驻天津郑领事致青木外务大臣函(电报)

关于北京危急速派救援军之禀请

7月3日收　　　　驻天津领事　郑

在6月29日举行之各国领事会议上,英、德两国司令官宣布,以天津现有之外国军队,无论如何不能向北京派遣救援军。因此,为应对目前的危机,帝国政府再派遣大量军队极为必要。

五七二

7月3日　驻芝罘田结领事致青木外务大臣函(电报)

北京危急及急派救援军之禀请

7月3日　　　　驻芝罘领事　田结

上周一从北京出发之哈特特使于6月29日到达天津。除英、德、意外,北京列国公使馆悉遭破坏,指向公使馆之大炮尚未使用,事态非常危急。请派遣足够之军队来天津、大沽两地(虽然此举有致公使馆更加危难之虞),相信举大军袭击北京不容延迟,故望派遣更多军队。据美国海军士官云,要援助北京至少需要五万兵员。

五七三

7月3日　驻上海小田切代理总领事致青木外务大臣函(电报)

内示我国对北京危局之措施及方针之禀请

7月3日上午10:20发,同日下午1:45收　　　　驻上海领事　小田切

第四号

上海位于南清和海外列国之间交通之中心位置,然本官却未收到帝国政府对北清危局所采取之措施及关于其他情况之重要通报。从清国人或外国人处得知此种报道,本官甚为遗憾。因此,本官切望阁下将有关现时危急认为适当之一切报告电告之。

五七四

7月3日　英国临时代理公使致青木外务大臣函

就日本政府之措施送交之照会备忘录(一)(二)

(一)[①]

(前文译文)

备忘录

据在天津之英国海军中将6月29日收到之由清国使者携来之北京发出之通信,德国公使惨死一事属实,事态危急,外国人皆处于极困难之境地,时刻盼望救援到来,清国大军

① 原文为英文,略。——译者注

在向天津前进途中。

在大沽之布鲁斯海军少将与俄国将军熟议后，认定至今日已登陆与将到达之联军，全部仅不过两万余人，能占守大沽、天津间之根据地，或恐包括北戴河，而不能向天津以北前进。

状况如此，英国国王陛下之政府希望得知日本政府在此事上将采取何种措施。

1900 年 7 月 3 日于东京

（二）

1900 年 7 月 13 日上午 9:15

尊敬的青木周藏大臣：

自下午见过阁下以后，我已收到若干封电报，我非常高兴有机会把电报念给您听。我是否有幸明早与您会面，地点随阁下方便，在您家或者外交部都可以。

您最真诚的朋友

J. B. 怀特

又及，我也收到了 6 月 24 日下午 4 时发自天津的信息，致“任何欧洲军队指挥官：在北京的外国使团被围困在英国使馆内。情况十分危急，速行动。”①

五七五

驻英国松井临时代理公使致青木外务大臣函（电报）

英国报纸希望我国出兵论调之报告及随时通知我军战功之禀请

7 月 3 日发，7 日上午 6:20 收　　　　驻英临时代理公使　松井

第三一号

关于该国之态度，6 月 26 日艾·兹·巴尔弗奥阿在下院陈述曰，任何强国如因其军队接近现场而为镇压北清之骚乱立即出兵，英国对此表示欢迎。一般舆论赞同以上态度。《泰晤士报》维持本官第二八号电中陈述之同一意见，曰无论任何邦国用何种方法或理由妨碍日本人，均必须负重大责任，并附言此乃为共同之利益。《每日电讯》响应上述意见，认为如果日本没有得到文明的委托，又如果其他诸强国不能通过其他方法断然处理此危机，那么重大之责任必然归之于联合各国。《标准报》虽未论及其同业者所说文明之委托，但评论曰，俄国若企图将此共同行动之结果用于占有自己之利益，英国自不待言，日本及合众国均不会漠视之。

关于占领大沽炮台之际日本水兵参加一事，到达本地之报道互相矛盾，或记述为勇猛之行动，或完全没有论及。为让该国人对我行为产生好感，希望电告今后我陆海军队所处位置及真正事实。驻清德国公使被杀及日本公使馆被焚看来属实。请在以上报告到达后马上电报告之。

五七六

7 月 4 日　桂陆军大臣致青木外务大臣函

① 该文原文为英文。——译者注

给第五师团长等命令之内部通报

附件:(一)给第五师团长之命令抄件

(二)给福岛少将之命令抄件

陆军省送达,临密发第一五四号

外务大臣子爵青木周藏阁下:

另页为相关命令及内部通报。

明治 33 年 7 月 4 日　　　　陆军大臣子爵　桂太郎(印)

(附件一)

给第五师团长之命令

一、步兵第十一联队本部及第一、第三大队,野战炮兵第五联队第六中队并兵站司令部两个,由第十一联队长指挥,立刻派遣到清国,姑且可归入临时派遣队司令官福岛少将令下。

二、乘船事宜可与宇品运输通信支部长商议。

明治 33 年 7 月 4 日　　　　陆军大臣子爵　桂太郎

(附件二)

给福岛少将之命令

一、将步兵第十一联队本部及第一、第三大队,野战炮兵第五联队第六中队和兵站司令部两个派遣清国,属贵官指挥。

二、此部队预定 6 日从宇品出发。

明治 33 年 7 月 4 日　　　　陆军大臣子爵 桂太郎

五七七

7 月 4 日　青木外务大臣致驻英国松井临时代理公使函(电报)

决定增派军队之通知并请求针对协同措施交换意见之训令

7 月 4 日发

第一七号　　　　青木外务大臣

驻日本英国临时代理公使于 7 月 3 日向本大臣递交以下备忘录:

(插入英国公使 1900 年 7 月 3 日的备忘录)

帝国政府亦接到可证实之报道,得知北清事态危急,认为此次事变之本质远比其外表更深刻且关系重大。帝国政府对于协同一致行动当尽其全力,据当下之需要,决定在已派遣兵员之外,增派若干军队。然如上述备忘录所述,深感已登陆或目下在派遣途中之军队不足以守护大沽、天津间之根据地。向北京进军必然需要更多之兵力,且该地之地势及气候(特别是在某些季节)存在几乎无法克服之困难。帝国政府认为,此刻迫切需要与有关各国就解救目前危急及应付将来事变而应采取之措施交换意见。贵官可根据上述旨趣与英国政府交涉并立即电告结果。

五七八

7 月 4 日　青木外务大臣致驻欧美各国我国公使函(电报)

我国决定增派军队之通知并关于向所在国政府请求就协同措施交换意见之训令

7 月 4 日发　　　　青木外务大臣

俄国(五三号)、法国(二〇号)、德国(二七号)、奥国(五号)、意国(七号)、美国(二三号)

贵官所在国政府已知北清形势之危急。帝国政府认为此次事变之本质远比其外表更深刻且关系重大。帝国政府对于协同一致的行动当尽其全力,据当下之需要,决定在已派遣兵员之外,增派若干军队。然深感已登陆或目下在派遣途中之军队不足以守护大沽、天津间之根据地。向北京进军必然需要更多之兵力,且该地之地势及气候(特别是在某些季节)存在几乎无法克服之困难。帝国政府认为,此刻迫切需要与有关各国就解救目前危急及应付将来事变而应采取之措施交换意见。贵官可根据上述旨趣与英国政府交涉并立即电告结果。

五七九

7 月 4 日　驻英国松井临时代理公使致青木外务大臣函(电报)

希望我国出兵之英国当局之议会答辩并英国报纸赞同意见之报告

7 月 4 日发(皮达斯布尔库中转),8 日下午 6:15 收　　　　驻英临时代理公使　松井

第三二号

7 月 3 日,对下院中为何委日本以镇压清国暴动之任之诘问,英外交副大臣答曰,英国政府已经明确通告日本,希望大幅增加其已经登陆之分遣队。该官附言,据其所见,任何国家都不会阻碍日本承担恢复秩序之重任。重要报纸评论上述演说时云,日本是唯一拥有应对这次事变能力之邦国,但同时称日本得到充分保障为止,鉴于明治 28 年之教训而犹豫踌躇亦无可非难。又《泰晤士报》评论曰,各国联合委以救援之任,则无猜疑之虞,日本亦不踌躇于接受。列国皆直接采取与现时英国相同之态度,此外并无何求。《每日邮报》(虽不如《泰晤士报》有名,但拥有最多读者)提倡,列国不应顾虑俄国之感情,委托日本之时,应给予日本补偿军资之消费与人员之损失之保障。

五八〇

7 月 4 日　驻美国锅岛临时代理公使致青木外务大臣函(电报)

就我国对俄疑念驻日美国公使致本国之电报并美国舆论欢迎我出兵之报告

7 月 4 日下午 9:10 发,5 日下午 12:00 收　　　　驻美临时代理公使　锅岛

第二五号

驻日本美国公使向美国政府发送电报称,“日本对俄国怀有疑念”。美国舆论对日本向清国派遣大军之提议表示欢迎。

五八一

7月5日　青木外务大臣致驻美国锅岛临时代理公使函(电报)

就无根据之我对俄之疑念并我派遣大军提议之回答

7月5日发　　　青木外务大臣

第二四号

关于第二五号贵电,驻我国美国公使相信未发该电报,又日本国未作出可向清国派遣大军之提议。贵官当通过间接方法纠正以上报道。

五八二

7月5日　驻上海小田切代理总领事致青木外务大臣函(电报)

留守上海外国新闻记者之北清危急通讯之情报

7月5日下午7:42发,6日上午2:30收　　　驻上海领事　小田切

第一六号

某留守上海之可信赖之外国新闻通讯社向伦敦中央通信有限公司发送如下电报:

有理由相信,欧美诸国并不了解当今事态已极度危急。必须立即派遣军队,妨碍日本出兵北清之国际猜忌此时丝毫不应存在。若不迅速平定此次骚乱,解散天津及北京之军队,则该军队将取道大运河南下,蹂躏清国全国,满洲分子及其他不平分子纷纷加入,骚乱有蔓延至长江两岸之危险。宜让世界了解骚乱之现状,此乃满人压迫清国二百五十六年之结果。

五八三

7月5日　英国临时代理公使致青木外务大臣函

期待日本措施之件[①]

附件:6月30日西摩中将致英国首相之电报

(上文译文)

拜启陈者。刚告别阁下返回本馆,就收到索尔兹伯里侯爵发来之电报,该电报如附件所载,转载了西摩海军中将所发之电报,并训令本官"据此电报,事态颇为重大,请速向阁下通报",并称除日本外,无其他国家能够向天津派出援兵,欧洲列国中对日本派出援兵无反对者。

据此电报推测,索尔兹伯里侯爵至今仍认为救援各公使馆之途径并未完全断绝,并希望日本为此尽力。敬具

明治33年7月5日　　　则毕·霍瓦伊特·怀特

① 原文为英文,略。——译者注

(附件)[①]

(译文)

刚刚接到天津6月30日发西摩中将之如下电报：

支那人急使从北京到来，带来6月24日发，记有当地现状危殆、请求立即救援之简短书函。经询问，该急使陈述，除英、法、德及俄之一部分外，其他各国公使馆均被破坏，集合于英国公使馆之欧洲人虽有粮食，但缺乏弹药。在英国公使馆附近之一处城门，欧洲人以从清国人处缴获之几门大炮守卫之。五名海军陆战队士兵战死，一名军官负伤。目前尚无太多病人。

小官认为，如海军在长江或其他地方没有必须完成之任务，应留守天津。海军中将阿历克谢耶夫当来天津，到达后应成为本地各国海军军官之首席。清国人昨日以大运河水泛滥于当地附近地区，其目的应是针对南方防御该市。

吾等未蒙伤害，一般健康状况良好。

因军队及辎重不足，一致认为近几日无法向北京进发。

五八四

7月5日　驻英国松井临时代理公使致青木外务大臣函

就联军应急措施并我出兵问题与英国外交大臣之会谈

附件：(一)6月25日之谈话要领

　　(二)7月5日之谈话要领

机密第二〇号，8月10日收

外务大臣子爵青木周藏阁下：

该国政府对清国事件之态度及该国舆论之倾向，已于上月19日第一八号机密报告之。其后各国舰队和大沽炮台之间交战，随之天津外国人租界受到清国人炮击。该国政府之意见产生分歧，且舆论亦出现不同之声音。此等情况已随时电报之。19日电训要求详细报告情况，然不知何故，阁下经由俄国之电报极为延迟，上月23日才到达本使馆。本官马上要求拜会索尔兹伯里侯爵，同月25日下午5时接到可以接见之通知，立刻赴该国外交部拜访索尔兹伯里侯爵。会谈经过如另页甲号所示。各国政府均因北京、天津之间的通信被切断，无法得知该地区确切情况，故不能确定对此问题之意见。当前各国之目的是平息北京公使馆危机，保护各国人民之生命。为达此目的，目前除各国协同一致，从最近之地方尽可能向大沽调派兵力之外，别无他法。又，平息北京危机需要大量兵力，而且能够向这一地区派遣大军者，除日本和俄国别无他者。从各方通信常常可见如此报道：若让俄国派遣大军，从而对北京发号施令，引起其他国家不满，不如让日本担当此大任。对于如此重任，若没有充分之报酬很难轻易接受，但对于应该给予何等报酬，有人认为可事先约定，但目下情况危急，待时局平定之后再履行之。然如此不仅让人产生疑虑，且可能还有其他时间和地点需要我国使用兵力。索尔兹伯里侯爵坦诚相告云，日本透露出派遣

① 原文为英文，略。——译者注

军队镇压清国骚乱之意,但又强调此任务之艰巨,显示日本欲表明没有被各国之奉承所迷惑,不愿陷入其笼络之中。侯爵将此理解为,虽将英国称为最亲密之友邦,对之寄以同情,但又不轻易回应其希望。各国如遭遇同一危难,一起贡献相同之力量,来解决该难题,是最正确之方法。应该抛弃那种自己不出力,而希望分配他人所得利益之狡猾想法。当日与索尔兹伯里侯爵之谈话,可以看出该国政府之态度,亦足以知道列国政府没有其他更好办法。为了避免冗赘,我当夜已将谈话内容通过第二七号电报进行报告。

当日与索尔兹伯里侯爵会谈结束后回到使馆,收到阁下6月23日所发电报。我舰队司令官电报称,天津与大沽之联系被切断,天津经常处于清国人炮击之下,故目前当务之急乃迅速派出陆军。对此,阁下命召集相关各国之使节,交付彼等一备忘录,询问各国政府将要采取之措施。我亦收到询问该国政府措施的训令。然当日已6时半左右,前往该国外交部难以会见相关人士,且当日之谈话已明确该国政府之态度,故以第二七号电报将上述谈话内容报告之。翌日(26日)下午,本官面会外交副大臣助理巴基氏,将附纸乙号所示之经修改之阁下6月23日所发电报示以该官。该官云,通过昨日与索尔兹伯里侯爵之谈话,当已知道英国政府之态度,驻日本之英国临时代理公使亦发来同样电报,已经回电。英国政府最初准备从印度派遣一个旅兵力。在帝国政府询问后,认识到清国形势并非容易之事,于是决定再增派一个旅,即一个师约一万人军队。其中部分补充香港守备而驻留在该地,大部分派往大沽。虽然日本是最适合镇压此次骚乱之国家,然因日本怀疑俄国本意,以至认为还不到大量派兵之时。在英国政府派出一万军力情况下,日本亦如所希望的,在已派之兵外再派遣七八千军队,兵力加倍。日本政府怀疑俄国之真意但又未说明。近来,俄国半官方报纸《奥夫维夏尔·麦森加》(ヲフヰシヤル·メセンジヤー)称,俄国对清国绝无敌意,虽有必要镇压清国暴徒,但当彻底与清国维持亲善关系。此实为肆意而为之言。各国目前面临同一困境,处于同一条船上。如此宣言,不能不说是一种背信行为。另外,清国政府此次之措施实无视国交,不尊重外国使臣,为世界历史上所罕见。本官对该官员云,如昨日向索尔兹伯里侯爵所说,日本很难单独完成镇压清国骚乱之任务,该官对此应已有耳闻。无论如何,对于此次事变,若各国均感到利害相同,则应把解决本问题作为紧要事务。俄国某报纸称,清国人排斥外国人乃因外国向该国派去传教士,或者是强行向该国贩卖鸦片,对俄国不抱任何怨恨。此等说法极其任意而为。寒暄后告辞回使馆,本官立即将上述谈话内容要点以第二九号电报报告之。

尔后本官尽量观察清国之动向。义和团日益猖獗,德国公使被暴徒杀害,各国公使馆难以持久坚持。传闻该国政府或从印度增兵。今日晨接到阁下第一七号电报,立即向该国外交部提交要求会见索尔兹伯里侯爵之文书。同日下午6时过后,该侯爵秘书发来回复,云虽不能确定当时来外交部能否引见,但前来外交部如何。本官立即前往。索尔兹伯里侯爵正与美国大使会谈,稍等待后面会。其谈话要旨当夜以第三三号电报报告之,详细内容请查阅另页乙号。要之,该国政府无其他意见,亦无增兵之讨论,多为希望日本增兵平定骚乱之议。本官则重申历来之观点,主张该任务很难完成,决不能依赖各国政府补偿军费之保证。英国、美国与我帝国利害相同,均无并吞清国领土之意,且如从印度和菲律宾派遣军队,有实力与我共同行动。若得到这些国家之同情,至少将来对我不利之国家联合起来,或日后发生什么事情,可少后顾之忧。另外,该国诸报纸纷纷主张,日、英、美三国一起处理清国问题为上策。关于此考虑，侯爵透露出其意见之一端，云利益归一则可以共同进退。本官附言曰，今日之问题，解救北京公使馆比平素更为紧要，然此外尚有可称为清国问题之大问题摆在眼前，必须有解决之觉悟。然侯爵默然，未作任何回答。对此本官比平素更为感到遗憾。如上电报并添加另页报告之。敬具

明治 33 年 7 月 5 日　　　　驻英国临时代理公使 松井庆四郎(印)

（附件一）

另页甲号

关于清国事变 6 月 25 日在英国外交部与索尔兹伯里侯爵谈话之要领

外交政务副大臣布罗德里克氏列席。

松井：本官今日拜访侯爵之目的，如书面申请所云，是接到帝国政府关于清国事变之训令之故。关于若清国政府不能镇压暴徒并恢复和平与秩序，英国政府将会采取何等措施问题，此前经伯蒂氏询问过侯爵之意见，并立即向帝国政府发电报告之。然其后清国形势更加恶化，大沽炮台与列国舰队互相炮击。各国海军陆战队虽勇敢战斗，最终占领该炮台，但现据报纸报道称，天津之外国人租界正处于清国人的炮击之下。其虚实仓促间很难判断，恐非事实，但列国政府认为事态严重，相信正在相互交换意见。本官得知近来各国大使纷纷拜访侯爵。如侯爵所知，清国乃我近邻之邦国，若有改变该国状态之内部讨论，我帝国绝不会默视。本官相信，英国乃我帝国最亲善之友邦，故诉诸侯爵之好意，秘密询问各国间进行之内部讨论。

索尔兹伯里侯爵：同贵国政府一样，各国政府均因北京至天津间之交通被切断，无法提出有价值之意见。目下专注于解救北京、天津之危急，无暇他顾。近来，德国将从本土派遣两大队海军，法国亦同样将从本土派遣若干军队，俄国正从旅顺向大沽派出若干军队，具体数量已记不清。其他诸如奥匈帝国、意大利也会派遣军舰。我英国决定从印度派遣大约一万人左右的兵力。此等行动均需要一定时日，恐目下急迫之际，不足以应付其急需。贵国离清国最近，对清国发生之变动亦较他国感受更多，故在判断其程度和利害关系方面只能依靠贵国。无论如何，能在最短时间内向清国派出大量军队之国家是贵国，故希望听取贵国之意见。

松井：侯爵之意见非常正确。据本官迄今接到之电报，帝国政府诚实地与各国一起应对此次事变，此外不知道任何其他意见。然进入清国镇压骚乱并非易事，想必侯爵有所耳闻。北清地区没有可称为道路之路，原野上皆为比人还高之高粱，最适合狙击。且目下清国气候酷热，路途干燥，车马过后，灰土遮空，不见后方。解渴之饮用水缺乏，小河内所流之水皆为泥水，若非支那人不能饮之。而一至雨期，骤雨倾盆，忽小河泛滥，田野变成沼泽。故率大军进发北京乃至难之事。殊闻西太后谕旨北洋通商大臣，阻止外国军队登陆，结果大沽炮台与各国舰队之间交战。此应看作直隶地区之清国军队炮击各国军队。据本官所闻之报道，清国拥有新式枪炮并受正规训练之军队凡五万五千人，此外虽训练不充分但拥有精锐武器之兵一万有余，总计共有七万八千人之清国军队先与各国对抗。若果如此，以两三万人之军队欲进入北京，维持大沽与天津间之联系，在兵力上是不可能的。（本官提出上述地理上之困难与兵力上之数量，一是推测侯爵不精通清国形势，故强调军队之困难，同时亦欲了解英国政府，虽其以此前之认识，决定从印度派出一万兵力，然有无决心，今后

遇到何等困难,将派遣必要之军队数量,镇压清国骚乱,因此本官不顾稍稍冗长说明之)

索尔兹伯里侯爵:前几年贵国同清国交战时,贵国准备以多少兵力进军北京?

松井:据我所知,我陆军部内部计划至少动用十万兵力。(此时索尔兹伯里侯爵和布罗德里克氏皆颇为惊愕)若一面对付前述之天然屏障,打击清军之抵抗,一面进军,救援北京并不如该国一般民众想象那样简单。且清国自古有虚报事实、夸大己方胜利之风,可亦推测,虽为炮击天津外国人租界,与各国军队交战,清国人中当有煽动人心,吹嘘灭数万夷狄者。果然如此,彼等会更加趁势暴动。贵国派出一万兵力能否达到目的尚难断言,若万一一万兵力不足应对需要,贵国犹能派出多少必要之兵力?

索尔兹伯里侯爵:除派必要之兵力外当别无他策。然如您所知,目下在南非之战争未完全结束,如所希望那样出兵极为困难。布尔人虽不过苟延残喘,然何时投降尚难确定,内部预测或一个月之内投降。目下将南非军队派往清国甚难。而贵国相反,最便于出兵。解救现时之危机,贵国之外,无他国能担当之。

松井:如前所陈,镇压清国暴徒并非易事,一国担之尤为困难。虽我帝国在出兵上十分便利,然我军队并非是为镇压他国内乱而组训,承担防卫本国之大任。且目下若由我国向清国派遣大军,俄国对此是否会有异议,又俄国派遣大军,我帝国或妨碍之,尚难预计。

索尔兹伯里侯爵:如此,贵国可与俄国进行会谈。

松井:预计会谈不会成功。且根据情况,如此会谈贵国不可能不参与。恕我直言,各国均不想承担镇压骚乱之大任,而是对他国单独承担袖手旁观,希望在局势平定后分享其利益。(此时索尔兹伯里侯爵和布罗德里克氏均微笑起来)

索尔兹伯里侯爵:目下俄国决无他意。本次事件之结果,也许其占领满洲及北清一带地区,法国亦占领南清各省,然现今尚未泄露如此意向。我英国无任何吞并领土之念,除保护我商业利益之外,没有考虑。

松井:要之,若目前各国利害关系一致,面临同一危难,则各国派出同样数量之军队,一起镇压骚乱乃最恰当之做法。

索尔兹伯里侯爵:贵说诚公平,然各国距离各不相同,为解救目下之危难,在短时间内派出相同数量之军队,无论如何很难实现。

以上谈话有一时停止之态,本官认为有必要将阁下训令中关于各国政府交换意见之事暂时放下,先进行询问。

松井:经与侯爵之谈话,对与各国政府内部讨论之情况大体了解。可否以各国政府虽相互交换意见,然无确定意见向帝国政府复电?

索尔兹伯里侯爵:以各国政府正在尽快将能够使用之军队派往清国复电更为恰当。

松井:云驻英国清国公使奉李中堂之电命,向侯爵有所提议。若能闻其情况,本官将非常荣幸。

索尔兹伯里侯爵:据罗丰禄云,李中堂接到西太后急命,最近将北上。李中堂电命罗氏,询问英国是否会对清国开战,若不会,李中堂将亲自镇压骚乱,并就英国军队不从大沽登陆开始谈判。据罗氏云,李中堂誓镇压骚乱,并无疑能成功。然其对于救助我公使馆、保护我同胞之事,一日也未付诸行动,且英国是否会向清国开战问题,没有回答之必要,故向清国公使言明此旨。

松井:得闻种种诚恳谈话,获不少参考资料。本官不顾侯爵百忙之中,如此长时间打扰,乃因毕竟事关与我国利害关系密切之邻邦,欲知列国政府之意见,不欲各国政府未与我帝国商议,随意达成协议,如 1895 年数个国家对我国提出友好劝告之事再次发生之故。本官视英国为我最亲密之友邦,恃侯爵之厚谊,提出事关机密之询问,幸运的是,侯爵坦诚相见赐教,本官深表感谢。

索尔兹伯里侯爵:当时我国对于三国协同一致无能为力,非常遗憾。

松井:今后我国政府有何新报告,随时请您参阅,也希望侯爵给予本官随时接见赐教之光荣。

索尔兹伯里侯爵:欣然同意,期待经常见到贵官。

(附件二)

另页乙号

关于清国事变 7 月 5 日在英国外交部与索尔兹伯里侯爵谈话之要领

外交政务副大臣布罗德里克氏列席。

松井:此前与侯爵面谈后,立即向我政府发出电报。此次又接到我国政府之电训。本官欲将训令示予侯爵,然因会面时间紧急,不及译成英文,故以口头陈述。驻东京贵国代理公使 3 日面见我外务大臣,向该大臣提交基于贵国舰队司令报告之备忘录,询问我政府欲采取之措施。其经过如侯爵所知,不再缕陈。我国政府认为形势极为复杂,且此次清国骚乱比预想根源更深,范围更广。故我政府欲与列国协同一致,充分完成我国政府之任务。然向北京行进并维持与根据地之联系,以目下已经登陆和正在派遣之军队实现之极为困难,且途中地理上之障碍极大。帝国政府希望知道贵国政府欲采取之手段。依余所见,不管是称为"清国暴徒",还是称为"国民",一般均反对外国人,若清国兵与彼等合流,炮击外国人,恐贵国此前派遣之一万军队不足以达到其目的。可否就侯爵所知,得闻贵国是否准备增派军队,列国将采取何等措施。

索尔兹伯里侯爵:我政府亦认识到清国形势日益紧急,然如此前所说,因南非之战争尚未完全结束,向清国增兵极为困难。因德国公使被暴徒杀害,该国皇帝发表愤慨之演讲,该国国民群情激奋。该国政府除已经派出两大队海军陆战队外,将再派遣八千名陆军,此外还将派遣义勇军,据称将派遣合计达一万五千人。据余之计算,无论如何也得不出这个数字,但派遣八千人之陆军是确实的。法国亦会多少增派军队,当初计算当派出五千余人之军队,今稍增加,合计可至七千人。俄国现登陆大沽之兵力或曰四千人,或曰五千人,具体数目不详。据云在此基础上再派遣一万左右兵力并不困难,然因给养不续,派遣实际难行。果准备派出军队几许,难以熟知。要之,数周之后,各国之兵尽数在大沽登陆,总计将达四五万人。以此兵力向北京进发,当能击退暴徒。然其时已延误时机,恐在各国公使馆陷落之后。据近日从该国发来之电报,目前形势非常危急,不允许一日犹豫。所幸粮食尚充裕,但弹药缺乏,故难以持久。此次清国政府之所为如猫抓老鼠一般,不立即杀之,而是玩弄至半死不活之状态。今能解救之者独贵国之兵。

松井:贵说虽有道理,然如前回谈话之际所述,镇压骚乱并非易事。今在大沽之贵国舰队司令与俄国陆军司令亦认为,以两万兵力仅能守住大沽与天津之间,很难继续前进。故很难承诺以我国一国担当此大任。虽如侯爵所云,待各国军队尽数到达清国后将向北京前进,但不待其到达,以我国召集之一个师团兵力单独前进,乃多少有心之军官所不敢为者。据最近报纸报道,俄国不同意日本向清国派遣大军,侯爵是否闻之此事?

索尔兹伯里侯爵:否。与此相反,俄国欢迎日本派大军解救北京之难。俄国代理外务大臣对我国大使明言此意。又纽约报纸刊登,余对美国大使云俄国反对日本派遣大军,然余未曾发表如此言论。今美国大使亦明言之。

松井:余亦相信俄国不会提出异议,然余恐派大军之后产生纷争。

索尔兹伯里侯爵:目下列国决不会对日本派兵提出反对意见。

松井:此次北京之危急,不独是日本,亦是各国共同之危难。故各国派出几乎同样数量之军队,共同应对理所当然。有报纸称,让日本救北京之急,平定清国之骚乱,各国应诚实赞助日本,当保证所需费用与生命之补偿。然余恐此事情不仅难以实行,且迫于燃眉之急不得已而为之,至日后不履行如此约定保证。若列国互相信任,共同遵守约定,使其利害关系相同,则余希望各国保持利害关系一致并共进退。

索尔兹伯里侯爵没有回答。

松井:美国有何措施,是否有增兵之提议?

索尔兹伯里侯爵:美国已命令派出三个联队,尚有继续增兵的计划,然无法详知其兵力数目。要之,虽如贵官所云,各国将派出一万上下的军队,然因途中需要不少时日,恐来不及解救北京之危急。

松井:北京之危急固然必须解救,然目前横在各国面前者不仅是该问题,实际上还存在巨大之清国问题。难以预料将来会发生什么事件。故各国必须把此等事件考虑在内,做好相应之准备。

索尔兹伯里侯爵没有回答。

松井:明日我新任公使林男爵到达本地,到达后当立即通知侯爵,希望尽快接见该男爵。

索尔兹伯里侯爵:余非常高兴能够接见该男爵。

五八五

7月5日　驻英国松井临时代理公使致青木外务大臣函

英国舆论有关我国出兵意愿之报告

机密第二一号,8月14日收

外务大臣子爵青木周藏阁下:

对于清国事变,该国政府之态度已以第二〇号机密信件报告。又该国之舆论,自第一八号机密信件报告以来,至接到阁下6月19日所发电报为止,没有特别变化。据横滨、维也纳、纽约之电报,帝国政府有意召开关于清国事变之列国会议,或列国委托日本镇压清国骚乱,或该计划尚未得到各国承认等报道不断传到该国。各报纸均认为,列国应暂时放弃各自野心,坦诚一致,解救公使馆与保护外国人之生命,从而完成文明和仁义之任务,除此之外没有主张其他新方案者。因得不到来自北京之真实可信报道,故很难决定意见。该国人一般不知晓清国形势,故均无勇气对如此大问题发表意见。即使一直以舆论指导者自居,在各种问题上均先于他人发表意见之《泰晤士报》,亦没有提出关于此问题之方策。然西摩提督率领之救援队从天津出发后，在至北京途中无法继续前进，运送粮食之火车亦中途返回。天津和救援队之间交通遂断绝，大沽与天津之间亦陷入不稳定状态。该国一般愈发认为事之不易，议会每日质问政府委员有无新报。各报纸均以痛心之语调叙述事变之经过。当此之时，关于镇压骚乱，比其他报纸更进一步，以极大决心公开发表新意见者，是《每日电讯》。前月 25 日，该报率先批判曰，列国不详清国情势，极为轻视，仅以两千人之海军陆战队向北京进发，与英国最初误判南非兵力即开战完全是同样之失败。该报断言，列国如英国最终决定派遣大军到南非那样，向清国派出大军之时刻已到来，并最后论及，若能向清国派遣大军者仅俄国与日本，则应将镇压骚乱之大任委托于此两国或其中一国，为共同利益，坚决放弃各自之野心。翌日(26 日)，《泰晤士报》比《每日电讯》之意见前进一步，指出，日本在运送装备方面远在俄国之上，担当此大任者非日本莫属。虽日本有与其他文明诸国协同一致，在清国问题上充分行动之意，但当年日本与清国之战争结束之际，受到来自欧洲强国之难以忍受之对待，故日本不欲主动承担之亦不足为怪。《泰晤士报》此评论与此前本官与索尔兹伯里侯爵谈话内容完全相同。本官与侯爵谈话中本官称，如列国不与日本商议，自行处理清国问题，帝国政府决不能袖手旁观，最后本官提及明治 28 年三国干涉之事。该报完全照搬本官之意。本官推测，或当时谈话之际，列席之布罗德里克氏奉索尔兹伯里侯爵之旨，将上述谈话内容透露给《泰晤士报》记者，使之发表于报纸上，试探该国之舆论倾向。因此本官将《泰晤士报》与《每日电讯》两报纸社论之要点以第二八号电报之，供阁下参考。

上月 28 日，索尔兹伯里侯爵在该国议会上院云，虽尚未接到正式报告，但西摩被成功救出，关于驻北京各国使节之位置尚没有任何消息，目下各方面均在尽可能派兵前往。又，26 日，巴尔法氏在下院针对萨・泽・克劳姆氏关于“日本乃唯一能够派出相当陆军镇压清国骚乱之国家，英国政府与日本进行何等协商”之质问，答曰：“不希望就目前或应进行之谈判性质进行陈述，然英国政府对任何国家因在其附近拥有兵力之故，能立即派出军队镇压清国骚乱表示欢迎”，会场上以喝彩表示对此宣言之欢迎。各报纸均认可该国政府此态度。至此时为止，已两周不通音信之西摩救援队未能完成目标，在返回途中屡次与清国人交战，被阻滞在天津以北十英里之处，被由大沽派出之第二救援队救助。此消息传至该国，该国认识到清国人之抵抗并不简单，同时亦意识到事情复杂，如不派遣大军难以解救北京之危急。该国一般人士之沉痛心情加剧。遂有《泰晤士报》于上月 29 日称，在目下危急之际，以任何理由妨碍日本为共同利益所采取之手段或方法之国家，将负重大之责任，暗中主张列国应允许日本自由行动。然《泰晤士报》此意见并未得到其他报纸之赞同。同日《标准报》评论云，俄国趁英国陷入南非战争之机，利用此次事变，在清国另有所图，日本有扩充军备以备不时之需之用意，美国亦不允许他国单独获取在清国之不当利益，决不会让俄国之野心得逞。此外无附和《泰晤士报》意见者，故需进一步观察舆论之倾向。亦无提出新方案之报纸。2 日，《泰晤士报》以东京来信报道称，保全清国与维持门户开放乃日本之希望，永久性解决东洋问题实在此时，然因英国政府执行无为政策，日本亦无由主动进行英明之决断，遂将失去大好机会。又同日之《每日新闻》长文刊登阁下并山县首相之谈话。虽帝国政府希望以和平主义维持东洋之现状，然若列国中万一有采取割让政策者，帝国政府不得已当采取果断措施之意见发表后，对此尚无任何反应。然 6 月 24 日之急报3日到达本地,称驻清德国公使被暴徒杀害,各国公使馆大体均被破坏,大家到英国公使馆避难,即使一心防卫,粮食与弹药缺乏,难以持久。《泰晤士报》更重复前日之论,称独日本能承担镇压清国骚乱之大任,目下解救北京之危急,救助几百生命之任务,除日本外,不能奢求他国。各国因嫉妒与猜疑,妨碍日本之干涉,以至给北京带来重大灾难,此乃我文明之巨大耻辱。《每日电讯》附和之,云列国或将此重任委托日本,或因找不到好方法,未能解救目下之危急而背上重大的责任。其他如《标准报》,没有发表意见,然上述两报纸之评论可作为参考。对照数日前之舆论主旨,本官于3日以第三一号电报报告之。同日该国议会进行了一场关于清国问题之讨论,或云应与列国协同一致,于清国建摄政政府,助李鸿章恢复秩序;或云应与长江地区之总督、巡抚进行协商,以保护外国人之生命安全;或质问英国政府何故未与日本协商,使其镇压骚乱。就此政府委员、外交副大臣布罗德里克氏起身作一长篇演说,叙述事变之经过,称已告知日本政府,英国政府欢迎日本向清国派出大军镇压骚乱,且对于日本担当此重任,未闻列国提出异议,然因地理、气候上之障碍,任何国家向北京进发均非易事,说明目下英国为解救危机,将尽一切可能采取必要之手段。当日之讨论成为当晚与次日各报纸评论之对象。各报均承数日来《泰晤士报》、《每日电讯》所倡导之意见,云日本虽鉴于明治28年之教训,不欲担当解救北京、恢复秩序之重任,然除此国外,无能完成此事业者。《泰晤士报》进一步称,若列国采取与英国相同之态度,委托日本(以平定骚乱之重任),日本亦不会犹豫踌躇。此外,该国与《泰晤士报》风格不同之其他报纸中,读者最多之《每日邮报》比《泰晤士报》更进一步称,若俄国有妨碍日本之意,英、法、德、意、美各强国应撇开俄国,支持日本,保证补偿日本因担当此重任所带来之金钱与生命损失。可以认为,该国一般舆论可归结到数日来《泰晤士报》与《每日电讯》所主张之观点,其要领于4日以第三二号电报报告之。

如前所述,该国舆论之倾向,在解救北京危急这一点上均认为只有依靠我帝国。然至于此后维持清国整体之和平,预防此类骚乱再次发生之大问题,皆如彷徨于五里雾中,未提出任何方策。据最近之报道,西太后携皇帝出逃,端郡王拥立幼主号令四方,更加煽动起义和团匪徒。北京之形势如同无政府状态,针对所谓清国问题未发表任何意见。要之,今后形势尚不明朗。故本官认为,帝国政府万万不可轻易应各国委托向清国派遣大军。在此特将该国舆论之倾向向阁下报告,不辞冗长,数回电报均附上该国报纸评论之摘要及议会讨论之笔记,以供参考。敬具

明治33年7月5日　　　　驻英临时代理公使　松井庆四郎(印)

五八六

7月6日　驻上海小田切代理总领事致青木外务大臣函(电报)

舆论希望我国出兵之报告

7月6日下午3:45发,同日下午11:10收　　　　驻上海领事　小田切

第一八号

上海舆论认为,为人道主义应迅速向北部派遣大军,解救北京及附近地区之外国人生命,日本国处于担当之地位,而为达此目的,需在如军费及国际问题等方面作出牺牲。此观念不仅存在于当地外国人之中,有权势之清国人亦均赞同。

应刘坤一之请求，盛宣怀于7月5日乘坐特别汽船从本地出发前往南京。在盛宣怀向本官出示之刘坤一电报中，唯急求与盛宣怀会见，此外无他。疑盛宣怀突然离开是因北部发生某种重大事件之故。

五八七

7月6日　驻上海小田切代理总领事致青木外务大臣函

希望内示我国关于清国事件之措施及方针之禀请

机密第六七号，7月12日收

外务大臣子爵青木周藏阁下：

驻北京各国公使之消息断绝已久，且已达到该国政府与各国公使之间不能处理外交事务之地步。上海于不知不觉中已经成为南清政治上之中心。关于南清之全部举措，专由驻当地各国总领事与各总督会商妥定，故此际各国总领事知悉本国政府对事变之态度与各种准备情况是按照本国意向随机应变处理问题之最必要条件。小官曩者以电报禀请告之上述有关训示及情况，但从其后电示可知，小官之要求并未得到满足。现小官无法得知帝国政府和有关诸国之态度及各种准备情况，备感不便，特列举如下几点：

在探知该国官吏与外国官吏之意向或各地情况时，无可依据之标准；

在行使职务时，恐因无可遵循之方针而贻误时机；

与该国官吏及外国官吏等会谈时，彼等开诚恳谈本国或本人之意向，而我无有关此等应谈内容之确切依据，不胜惭愧。

因不知道帝国政府及各国政府之态度与各种准备情况而不便者不止上述三点。其中小官尤感为难者，不仅是在探知情况时，没有可与对方交换之材料，且往往由外国官吏或该国官吏转告我国情况。如欲探知正确之情况（当局者之手段外），无非出于二途，或以金钱与相关者保持密切关系，或彼我交换情报。小官无利用金钱之余力，目下可采取者仅交换情报一途。然于我无可交换之材料，偶尔有之亦为陈旧之事情，故于执行职务上享有裨益之事不多。此乃小官最为遗憾者。

现时之不便尚且如此，将来时局愈发复杂，不便之程度亦愈增加。因此请谅解此间小官之苦衷，帝国政府之态度及各方面准备现状自不待言，现在与将来获悉之有关诸国之态度、方针等，不胜希望时时详细电示之。小官确信，如此不仅可消除执行职务时之不便，且可在不危害帝国政略的范围内公开一些情况，提供换取知悉对方真实意向之材料，从而得将确切灵活情报呈阁下鉴览之便。故此禀请。　敬具

明治33年7月6日　　　　驻上海代理总领事　小田切万寿之助（印）

五八八

7月6日　驻俄国小村公使致青木外务大臣函（电报）

各国希望我出兵并俄国出兵数之报告

7月6日上午2:05发，7日下午10:00收　　　　驻俄全权公使　小村

第六九号

有报道称,德驻清国公使被杀害,其他在北京列国公使亦处于悲凉境地之中。此报道令人疑虑列国公使之安危,且担心危局愈趋严重。社会上一般相信,日本有应付这类事态之能力,故均于焦虑中注视事件动向。如本官于第六七号电报中报告之拉姆斯多夫伯爵陈述以及7月5日村田陆军大佐致参谋总长之电报一样,据该国陆军大臣对该大佐所说,俄国毫无疑问会尽可能迅速增派援军,虽然不知道实际上会增派多少援军,但本官确信俄国在清国军队总数不久将达两万人以上。现今是向清国派出大军之最好时机,且有必要维持与列国兵力上之均衡,故本官毫不犹豫劝告已经接到动员令的师团迅速出动。

五八九

7月6日　驻英国松井临时代理公使致青木外务大臣函(电报)

通知我增派军队并就协同措施交换意见与英国外交大臣之会谈

7月6日上午1:30发,7日上午2:35收

第三三号

7月5日,本官会见索尔兹伯里侯爵,向其陈述贵电第一七号之要领,并询问,英国政府向清国派遣之一万人军队当不足以应付当前之事态,该国政府是否增派军队,且其他各国政府将采取何等措施。该侯爵答曰,英国政府因南非战争无法派遣更多军队;德国除两大队海军陆战队外,将再派遣八千人之兵力;法国也会增派少量军队,总计将达七千人;俄国虽欲增派一万人,但因粮运不济,仅止于设想,目下尚难得知派遣多少军队。以上军队尽数到达后,联军兵力将达到四万或五万人。虽以此兵力可向北京进发,然救援公使馆之时机已错过。本官又询问有关俄国反对日本向清国派遣大军报道之真伪。该侯爵答曰,否,毋宁说俄国当很高兴日本能有此举。俄国代理外交大臣告之英国驻俄国大使,俄国欢迎日本之举措。且该侯爵称,希望日本政府担当此任。本官对此答曰,虽日本切望与各国一起行动,然依本官所见,列国面临共同危难时,均无独力完成大任之意,故列国宜坦诚合作,为达到共同之目的,派出相同数量之军队。本官又云,闻有提议称既然各国把征讨任务委托日本,那么就应在军资和兵员损失上对日本作出补偿,然本官认为在此危急时刻,纸上之保证将来未必能兑现,唯相同之利害关系乃将列国联合在一起之唯一的动机,故有共同关系及目的之邦国宜联合行动。索尔兹伯里侯爵曰,列国确实如贵官所说行动,然军队无论如何不能按期到达。本官答曰,若欲解决如此重大问题,应不仅顾虑时局之危急,且必须深入考虑将来事态之变迁。

驻英临时代理公使　松井

五九〇

7月6日　驻美国锅岛临时代理公使致青木外务大臣函(电报)

就我出兵国务卿谈话之报告

7月6日下午11:55发,7日下午11:25收　　　　驻美临时代理公使　锅岛

第二七号

接7月6日贵电第二三号。美国国务卿称,美国政府对当前事态之意见已于7月3

日通过电报向驻日美国公使详细说明，并训令其向帝国政府通告，今在此之外并无补充。该官又云，美国及其他各国均对日本此时向清国派遣大军、解救危急状态而感到高兴。关于美国之出兵能力，其称目前国内已经没有可供使用之军队，可从马尼拉及玖玛派出之军队不可能是已经派出之军队数量之一倍，故合计为五千人。关于日俄两国之间存在猜疑一事，由于舆论纷繁复杂所以无法了解。(似有脱语)与英国均希望日本派遣大军解救当下急迫之危难。

五九一

7月6日　驻德国井上公使致青木外务大臣函(电报)

就我完成出兵通知及协同措施交换意见与德当局谈话之件

7月6日下午6:10发，8日下午1:35收　　　驻德全权公使　井上

第五一号

关于第二七号贵电，本官今日不能与德国外交大臣会面，故将贵电内容通告外交副大臣，该副大臣应允近日作出正式回答。然本官通过该副大臣得知列国间已交换意见，其主旨是尽可能向清国派遣大量军队。作为该官之一个意见，其附言曰，据在清国沿岸之德国舰队来电，雨季已经开始，目下在北清采取行动极为困难。

五九二

7月6日　内阁会议决定

关于出动第五师团之内阁决议(各大臣画押)

此前内阁会议对北清事变所作决议之要旨为：虽我国所肩负之责任重大，然因财源不继，军资匮乏，故先照会英国及其他各国，再决定方针。尔后报形势日益危急，不容犹豫。经深思熟虑，认为列国援军不会立即到达，北清形势日益告急，列国共同之命运几乎完全系于我之决意。故我国宜速定方针，或助各国长驱直入北京，或止于解救天津联军之急，使其脱覆亡之灾，两者须选其一。今清国军队意欲从北京及芦台方向合击天津，其相距已不远。而天津之各国联军以不足两万之兵力据守客地，壁垒不坚，粮食不足，当不能持久坚守。虽英国从印度，法国从安南东京欲各自派兵救之，然其在本月下旬或8月上旬前很难到达大沽。德国军队最早9月上旬才能到达。如此荏苒弥久，外救援不至，内大沽至天津道路被切断，粮秣弹药逐渐耗尽，天津遂不免陷落。若天津陷落，大沽亦不能守，或至不幸全军覆没也未可知。若不幸遭此失败，四方之匪徒竞相而起，蔓延至西南地区，则以各地总督之力量不能制之，全清国将化为无政府之境域。彼时虽有列国大军，亦不复易镇压之。故从战略上云，我国宜先发两个乃至三个师团之兵救援天津，与列国军队分道突入北京，膺惩清国政府，举拨乱反正之实。若旷日持久，至结冰期渐近再行出兵，则北京之攻略无望，且祸乱渐大，征服愈发困难。

又，从政略上观之，英、法、德皆远，无法派遣大量军队；俄国虽与其接壤，然隔西伯利亚，无法急送大军；便于向北清派出大军者独我国。今各国公使在北京，情况危急，孤军仅守天津，不能赴援。况敌军优势临之，人心惶惶，日日盼望救援。我国有地理之便，拥数十

万陆军,虽各国或促之,然仅发兵数千,未敢迅速赴援,在内难免受到国民舆论对政府怠慢当然职责之谴责,在外列国遂怀疑我另有所图,且恐为报数年前之仇,猜忌永不得解,怨恨又来。今列国援军未到,天津大沽之军苦于应敌之时,若能速以大军赴之,解彼地之重围,进而平定北京之叛乱,拨乱之功劳概归于我,各国亦永久感谢于我。且北清之祸乱久不治,南清亦受其害,我国民经济将损失过半,财政亦不免受其累。要之,在战略上,在政略上,我国迅速出师有利。内阁认为,此际有必要先迅速派遣已动员之第一师团。

明治33年7月6日　内阁会议　　　　(总理大臣签字)

五九三

7月6日　青木外务大臣致俄国公使函

我出兵之通知

东京,1900年7月6日

尊敬的公使先生:

日本政府刚刚决定向中国增兵,届时在中国之日本部队大约为两万两千人。

在此请您回复昨日本人在公文中提及之内容。

致以崇高的敬意!

青木外务大臣[①]

五九四

7月6日　青木外务大臣致驻欧美我国各公使函(电报)

决定出动一个混编师团之通知

电报,7月6日

驻俄国	小村全权公使	第五六号	(*第五三号)
驻英国	松井临时	第一八号	(*第一七号)
驻法国	栗野全权	第二一号	(*第二〇号)
驻德国	井上	第二八号	(*第二七号)
驻奥国	牧野	第六号	(*第五号)
驻意国	大山	第八号	(*第七号)
驻美国	锅岛	第二六号	(*第二三号)

如本大臣第*号电报所述,为应对紧急情况,帝国政府决定立即派遣一个混编师团,如此派往清国之帝国军队总计可以达到两万两千人以上。

(注)带*号电报分别参见前载第五七七及五七八文书。

五九五

7月6日　青木外务大臣致上海小田切代理总领事函(电报)

① 此篇原文为英文。——译者注

我出兵之通知

为中国之迫切需要，天皇政府决定立即派遣一支混合部队，这样在中国之日本部队将达到两万两千人。

以上消息告予你知。

将这一消息通知驻香港之领事和除牛庄以外所有驻中国之领事。[①]

五九六

7月7日　青木外务大臣致上海小田切代理总领事函(电报)

向刘、张两总督传达我国出兵之决定并详细报告北京实情之训令(一)(二)

(一)

7月7日发　　青木外务大臣

无号

可向张之洞与刘坤一传达关于本国派遣军队之7月6日发本大臣电报主旨。

(二)

7月7日发　　青木外务大臣

无号

天皇陛下深望详知北京之实情，可用一切方法获知可信之最新报道并立刻电告之。

五九七

7月7日　驻法国栗野公使致青木外务大臣函(电报)

法国对清之措施、方针以及赞同我出兵和询问出兵数的法国外长之谈话

7月7日上午7:50发，8日下午7:00收　　驻法国公使　栗野

7月6日本官面见该国外交部长，该部长(此处不明)称，法国之政策在于采取确实之共同行动，希望日本始终与所有有关各国联合行动，此主旨已经日本驻法国公使向阁下通牒。又称，法国之目的在于救援在北京之外国人，寻求将来之保护，并维持清国之现状。本官向其详细说明昨日下午收到之阁下电报之主旨，该长官表示，对日本政府之意见和法国政府完全一致感到极为欣喜，法国认为，其所采取之措施宜符合各国协同一致之方针，故法国很高兴派遣军队，但难以派遣和日本同样数量之大军。实际上各国都派遣同样数量之兵力甚难，盖各国之利益与情况存在很大差异。且为到达北京应派遣多少军队需要事先知道，而此事对欧洲各国而言并不容易。故希望得知就此问题我陆军部内部之意见，同时并希望阁下能够告之日本国政府预定派遣多少兵力。该长官附言，对该问题，为确定各国政府之意见，目下正在与列国交涉之中。

请电复。

五九八

7月7日　希伯尔特男爵致青木外务大臣函(电报)

---

① 此篇原文为英文。——译者注

俄国承认我出兵以及德国报纸论调之报告

7月7日下午4:00发,8日下午2:30收　　　　驻德全权公使　井上

第五五号

希伯尔特所说如下:

据政治通讯社来自伦敦之通报,俄国对于为北清之救援,日本进一步扩大行动没有异议。另据今日俄国电报通讯社报道,因日本宣布始终采取与列国协同一致之措施,6月27日俄国政府表示对日本派遣军队给予充分之行动自由。对英国报纸上欧洲各国应委托日本进行救援之主张,德国报纸多不赞同。

五九九

7月7日　驻德国井上公使致青木外务大臣函(电报)

关于德国当局承认我出兵之回答情况之报告

7月7日下午4:45发,8日下午1:50收　　　　驻德全权公使　井上

第五六号

关于本官第五一号电报,德国外交副大臣将德国政府之正式答复送交本官,内容如下:

德国政府认为,在如此事态下,维持该联合极为重要,因此德国政府对没有招致其他方面异议之所有措施表示同意。

阁下据本官第五二号电信似无法了解德国政府对远东事件之政策如何,通过上述答复之内容应自然明了。

六〇〇

7月7日　驻意大山公使致青木外务大臣函(电报)

就我完成出兵通知并协同措施意大利外交大臣回答情况之报告

7月7日下7:30发,10日上午3:40收　　　　驻意全权公使　大山

第二一号

7月6日接贵电第七号,7月7日本官面见意国外交大臣,该大臣就本官向其传达之贵电之要旨答曰,意大利对日本希望就采取共同措施应对清国事变交换意见之考虑表示同情,若在此问题上列国一致,该大臣将与之相同,并进一步说道:

列国皆希望共同行动,日本国参加拯救危难、恢复秩序之事业,任何国家均没有异议。然将镇抚清国事变之任务全部委于日本,肯定会遭到某个国家反对,且尚无任何国家认为已经进入战争状态。本大臣作为日本之好朋友,为日本计,相信暂不提出版图及补偿问题为好。日本国参加各国共同行动,并采取灵活措施,必获得道义上之支持。

六〇一

7月8日　青木外务大臣致驻上海小田切代理总领事函(电报)

劝告袁世凯日清军队共同讨匪之件

7月8日发　　　　青木外务大臣

无号

清国官兵参加镇压骚乱之事实必定会对列国产生良好影响，故贵官可通过盛宣怀、张之洞、刘坤一等，尽力劝说袁世凯，使其及部下与日本军合作，镇压义和团及救助他们之清国士兵。

六〇二

7月8日　驻仁川伊集院领事致青木外务大臣函（电报）

丰桥舰舰长关于联合舰队希望日本派出援兵之谈话

7月8日下午0:05发，同日下午10:45收　　　　驻仁川领事　伊集院

第五号

丰桥舰为通信需要，本月5日从大沽出发，7日下午10时入港。从该舰长谈话得知，该舰因恐芝罘与本国间的电报混杂延迟，故急航至本港。5日各国联合舰队前任官会议作出如下决议：各国各派出一艘军舰组成舰队，与他国士官一起，对前来支那之本国商船进行临检，检查是否有武器、谷物。西摩已通知各国联合舰队之前任官，由于天津尚处于危险之中，请派来援兵，但由于舰队已派出所有能够调用之兵力，无力派出更多军队，故决议向日本政府请求派出援军。又据该舰长所说，俄国没有加入天津之总攻行动，且建议仅采取对峙措施。北京之消息仍不明朗，加藤公使似本月4日在士兵之掩护下向天津出发，5日尚未到达。该舰准备根据日本是否派出援军的确切回答急航至大沽。丰桥舰长已向海军省发电。本官将从该舰长处所闻情况电报之，供参考。

六〇三

7月8日　驻德国井上公使致青木外务大臣函（电报）

就德国回复我出兵一事德国报纸表示赞同之件

7月8日下午4:05发，9日上午9:10收　　　　驻德国全权公使　井上

第五七号

关于本官第五六号电报，德国政府7日晚于数家报纸上全文刊载其对日本政府作出之回答。本市各家报纸一般支持发表以上答复之德国政府之态度，但认为日本需要欧洲列国之委托，同时希望就其功劳日后受到何种待遇进行明确协商。如此报道渐渐博得信任。本官认为，此种报道可能属实，若不然，虚构之观念应该被取消之。

六〇四

7月8日　驻俄国小村公使致青木外务大臣函（电报）

就我出兵之英国情报之询问

7月8日上午0:39发，9日下午1:00收　　　　驻俄国全权公使　小村

第七一号

据来自伦敦之报道，英国外交副大臣在下院称，英国非常高兴日本向大沽大量派兵，

此乃英国政府给予日本政府之保障,且任何国家对日本此举均无异议,但由于目下正处于交涉之中,所以尚不能就此给予说明。以上报告是否属实?若属实,请通报帝国政府对此将作出何种决定。

为避免一切将会改变现时列国对日本的友好态度之措施,且为维持行动之自由,日本增派军队一事应是与列国完成交涉之结果,唯此帝国政府自由行动可得到便利。

六〇五

7 月 8 日　英国临时代理公使致青木外务大臣函

关于希望我国出兵并补助军费之备忘录[①]

(上文译文)

备忘录

英国临时代理公使收到索尔兹伯里侯爵 7 月 6 日下午 3 时 30 分发出之电报。据该侯爵在电报中云,日本是唯一能成功完成救援在北京外国公使馆这一行动之国家,如日本政府行动迟滞,将不得不负重大之责任。

目下除以当地之英国军队支援外,英国政府同意根据需要提供财政上之补助。如在此问题上与列国不断重复交涉,有失去不可再来之时机之虞,故英国政府担保上述财政上之责任。

英国政府明确区分为实现救援各国公使馆这一目的之应急行动与应今后决定之行动,属于后者之诸问题应以后研究。

1900 年 7 月 8 日,于东京英国公使馆

六〇六

7 月 8 日　青木外务大臣致桂陆军大臣函

对我国出兵兵力之询问

附记:(一)7 月 8 日陆军大臣回答

(二)7 月 10 日青木外务大臣再询问

7 月 8 日发　　青木外务大臣

拜启陈者。关于此前送交之驻法国栗野公使 7 月 7 日所发电报之最后一项,需要回答该公使,请阁下尽快告之意见。　敬具

(附记一)

7 月 8 日对上述问题之回答

拜启。对驻法国栗野公使的电报最后一项之回答如下:

目下正在向天津派遣之兵力凡两万两千人,马匹五千余匹。

桂陆军大臣,7 月 8 日

① 原文为英文,略。——译者注

（附记二）

7 月 10 日青木外务大臣再询问

7 月 10 日起草，同日发　　　　　青木外务大臣

已收到对驻法国栗野公使本月 7 日所发电报之回复。然法国外交部长谈话的主旨是希望知道能够先派多少军队抵达北京，此事在欧洲难以确切知道，故欲了解我陆军内部之意见。同时又询问日本国政府之意是派遣多少军队。因此，再次烦请您对以上问题给予回答和指示。

六〇七

7 月 9 日　驻英国林公使致青木外务大臣函（电报）

对英国保障我出兵一事虚实之询问

7 月 9 日下午 2:10 发，10 日上午 8:40 收　　　　　驻英国全权公使　林

第三五号

7 月 6 日英国外交副大臣在下院报告云，英国欢迎日本国向大沽急派大军，此乃英国政府给予日本政府之保障，且欧洲列国对此举措均无异议。日本政府是否接到如上所说之保障，如接到，如何给予答复。

六〇八

7 月 9 日　青木外务大臣致英国临时代理公使函

对英国财政补助我国出兵之备忘录之回答

帝国政府对英国政府为在财政上进行帮助而承担责任之厚意深表感谢，同时，希望英国政府告之将通过哪些条件实现上述之帮助。

六〇九

7 月 9 日　驻奥牧野公使致青木外务大臣函

奥国当局就联军危急状况之应急措施并我出兵之谈话

机奥第一一号，8 月 14 日收

外务大臣子爵青木周藏阁下：

据 6 月 23 日（经由俄国）电训之主旨，本官立即于 6 月 26 日面见该国外交副大臣（外交大臣不在），说明支那北部状况日益危急，此后形势尚不可测，虽贵国政府认为没有必要与列国一起采取临机之手段以应对事变，然日本已与列国一起为镇压暴动采取共同手段，今后亦坚决与列国共同应对之，希望贵国与列国沟通消息，采取必要之措施。副大臣就此称，前日亦接到驻东京公使所发内容大体相同之电报，该电报称事态危急，并请示善后之策。我国政府将其视为重要之报告，立刻电告驻各国之奥匈帝国使臣，要求他们询问当地政府对此事的意见，目前尚未接到回答。奥匈政府未接到使臣之回复，尚不能提出成熟意见。于是约定次日再次会面。翌日（27 日），本官再次来到外交部，询问昨日以来之进展。该副大臣答曰，目前尚未获知各国情况，俄国的外交主事者不在，柏林亦相同，故尚未接到

驻各国使臣之回复。然奥匈帝国此时无意主动作出进一步应变之策,认为已派遣之两艘巡洋舰应足以保护我国利益。众所周知,奥匈帝国在支那之利益并非特别巨大。依己之见,从地理关系上来看,相信此时能最迅速有效镇压暴徒之国家只有日本。奥匈帝国对日本与列国一起尽最大努力深表同情。若列国协议将镇压重任全部委于日本,奥匈帝国当以好意赞成之。本官问,是否可将贵官之语作为奥匈帝国政府之意见向我政府报告。答曰,作为大臣之意无妨。

上月下旬左右,报纸以及流言频传列国委托日本担负镇压支那暴徒之重任,《泰晤士报》之通信员亦认为其似事实。本官询问该副大臣传言之根据。该副大臣答曰,未闻列国内阁之间有如此协议。本官认为,各国政府之间没有正式协议,盖如该副大臣所言,然列国政要将其作为临机之策加以考虑乃无可争辩之事实。之所以未成为正式议题,乃因任何人均推测俄国政府不会轻易应允。若果然如此,柏林内阁显然亦持相同态度,终由有关渠道将其透露出来。愚以为,据该副大臣所言,此事实亦无误。

此日面见驻当地之英国大使,询问英国是否已通知各国增派一个师之事。该大使答曰尚不知此事。该大使又改容续语曰,北支那之现状实已到危急至极之地步,各国人士生命、财产之安全迫在眉睫,必须尽早派遣军队(多少不限)。今非各国互相猜疑,寻求势力平衡之时。若顾虑其他国家,则在文明国家之妇女、儿童悲惨赴死之际,尽管决心将其救出,但时光荏苒,失去时机,以至于见死不救。此非20世纪以文明自夸之各强国所应为。今晨亦与德国大使交谈,该大使亦表同感,称若让余坦率发表个人之意见,则劝告日本政府当以英国为贵政府之后盾,尽早派出救援军队,救出各国不幸之人。或有云此举将招致第三国之不快者,然亦有视日本为恩人者。世界公论将表对日本之同情,此乃不容置疑之事。此固余之私见,望予理解。[①] 云云。大使当时而露焦急之态。

28日(此日接动员一个师团之贵电),希欧布伦宫举行市民自发之皇帝七十诞辰祝贺会。席间,法国大使特意来到本官之席,云得到日本再派遣一个师团之报,列国均对此举颇感欣喜。在表露称赞之意后,该大使又就认为有必要将动员一个师团之事通知本国外长问题称,其事传来之前,已预想到日本当作此决断,此乃理所当然之举。

关于该国政府之态度,相信通过上述副大臣谈话及该国首相在议会上之答辩(电信第一二号)可大体明了。又,本地外交界中传如下之一段插曲。驻北京奥国公使上月初回国休假。其到达之日,恰好是义和团骚乱消息频频传来之时。公使因为出发时未察觉到潜伏着如此阴谋而离任,颇忧自己失职,提出可否立即返回任职地。大臣答曰,四十日前不可能预见今日之爆发,不必过于自责。当今情况下,贵官单身返回无任何益处。若欲做事,贵官至少可率一联队赴任。然奥匈帝国之国是不允许如此。外交界认为此问答能体现出该国之态度。

特此报告。敬具

明治33年7月9日　　　　驻奥特命全权公使　牧野伸显(印)

① 原文如此。——译者注

六一〇

7月10日　桂陆军大臣致青木外务大臣函

第五师团动员之通报

附记:关于出兵之伊藤、山县协定案

动发第二号

外务大臣子爵青木周藏阁下:

动员令

发布第五师团甲号第十三动员令,动员第一日为7月11日。

特此通报。

明治33年7月10日下午4:00　　陆军大臣子爵　桂太郎(印)

(附记)

关于出兵之伊藤、山县协定案

此案于33年7月9日由伊藤侯爵在山县首相官邸写成。

帝国政府对北清事变,在与列强协同一致之范围内,根据紧急态势,已向天津地区派遣五千人以上兵力,加之目下派遣中之一万五千人,合计达两万两千人。且帝国政府决定,根据需要,准备增派一至两个师团。帝国政府虑北清情况急迫,力求在与各国协同一致之范围内,尽可能救助危急,唯大沽登陆至难,又因风浪等原因,往往不免迟缓,深为遗憾。

明治33年7月9日

六一一

7月11日　桂陆军大臣致青木外务大臣函

对救援北京所需兵力之回答

附件:对栗野公使之所需兵力回答案

青木外相:

拜启。对驻法国栗野公使来电之回答案见另页,收到后请妥善处理。

请对方确认上述概要。敬具

7月11日　　太郎

(附件)

因北清情况尚未充分判明,故我陆军难以确切说明需要派遣多少兵力才能够完成此次目标,若定要推断,在直隶平原清国兵半数以上约六七万人可看作与匪徒相同之敌对者,而为击攘之,需要能在统一命令下行动之兵员五万以上承担之。

六一二

7月11日　驻英国林公使致青木外务大臣函(电报)

英国国王对我出兵表示满意之件

7月11日发(经皮达斯布尔库中转),13日上午9:30收　　驻英国全权公使　林

第三六号

7月10日,本官有幸拜见该国国王,该国王称,闻天皇陛下为救援目下之危局,命向清国速派军队,深感喜悦,并表达了满意之情。

六一三

7月11日　驻上海小田切代理总领事致青木外务大臣函(电报)

对日清合力讨伐匪徒之劝告盛宣怀之意见

7月11日下午12:10发,同日下午3:10收　　　　青木外务大臣

第三二号

关于7月8日所发有关袁世凯的贵电(注),本官已会见盛宣怀。盛云,为本官着想,应以电报告之刘坤一和张之洞,并陈述其意见曰,感谢帝国政府给予之良好劝告,但该计划如得不到皇帝之密诏,难以实行。特此电禀。

(注)前载之第六〇一文书。

六一四

7月12日　驻奥牧野公使致青木外务大臣函(电报)

奥国报纸赞同我出兵一事

7月12日发(由皮达斯布尔库中转),16日下午2:56收　　驻奥匈帝国全权公使　牧野

第二〇号

本地有影响之报纸对因欧洲之猜疑而使日本的行动延迟表示遗憾,同时称纵令救助在北京外国人时机有延误之虞,但对于多数之日本兵登上救援之途表示满意。

六一五

7月12日　驻俄国小村公使致青木外务大臣函(电报)

报告俄国外交大臣就日俄军协同之谈话并对应急措施之意见

7月12日上午12:55发,13日上午11:40收　　　　驻俄国全权公使　小村

第七五号

本官7月11日会见拉姆斯多夫伯爵,该伯爵就清国事件陈述了大体如下之内容:

来自上海之报道称,西太后收回了端郡王暗中夺去之权力。如消息确实,则从危难中解救各国公使之希望更大。此时向北京进军无疑有利于帮助皇室派,但天津之外国军队数量不足,故不能即刻采取此种行动。俄国目前手边没有可供调用之军队,援军之到达尚需时日。又,向北京进军,列国间协调一致至关紧要,且因日、俄两国在清国有最重大之利害关系,故特别希望两国能够始终采取协调一致之行动。

会见结束之时,该伯爵称以上意见并非个人私见,且是皇帝之圣虑。

本官认为,以俄国为首之欧洲列国就处理刻下急务,均发表其所见,日本若能够乘此良机,以与各国共同行动之诚恳精神,采取灵活有效之切实措施,相信定可发扬日本的国威,并能制约欧洲在解决清国问题时之联合优势。

另外，如本官第七一号电信所请求，请通报日本作出何种决定，或若决定火速派兵，其兵力数量。

六一六

7月13日　青木外务大臣致驻法国栗野公使函（电报）

就我出兵兵力之回复

小村，彼得堡（中转）

就你7月6日未标号之电报，军方之看法是，因为还不知道华中地区之准确情况，目前很难说具体需要多少兵力来完成既定目标；但是假设直隶省内一半中国军队，大约六万到七万加入义和团，那么指挥官至少应率领一支五万人的军队才能打败他们。

你可以按照上面的意思回答法国外交部长。

青木，1900年7月13日[①]

六一七

7月13日　青木外务大臣致驻英国林公使、驻俄国小村公使函（电报）

内部通报希望我出兵并予以财政补助之英国政府备忘录

7月13日发　　　青木外务大臣

第一九号

关于第三五号贵电，驻我国英国代理公使7月8日按照本国政府的训令，亲自将备忘录交给本大臣，此乃事实。备忘录主要内容如下：

第一，索尔兹伯里侯爵曰，有望成功救援在北京各国公使馆者只有日本，故日本政府若犹豫不决，将负重大之责任；第二，英国政府不拒绝根据需要提供财政上之补助，英国政府之所以承担财政上之责任，是因为若就此问题国际上不断交涉，恐将失去不可再得之时机；第三，英国政府在刻下救援公使馆可执行之措施与今后可决定之措施之间进行明确划分，而属于后者之问题可以后再行研究。

以上备忘录可认为是在关于派遣一个师团之报道传至伦敦之前发出的，且据其他理由，帝国政府尚未对此备忘录作出回答。

请秘密报告关于以上内容之心得。

可将此电报作为我对驻俄国公使第七一号电报之回答，转发给该公使。

六一八

7月14日　英国临时代理公使致青木外务大臣函

再次送交财政上补助日本出兵之备忘录

机密

---

① 此篇原文为英文。——译者注

备忘录

索尔兹伯里侯爵已经通过电报通知大英帝国相关负责人,如果日本政府立即增派两万军队到中国,与山口将军麾下之混合部队一起解救在北京之公使馆,女王政府愿意在财政上支持日本政府一百万英镑。

东京,1900 年 7 月 14 日[①]

(栏外注记)对于这一事件,在和山县首相协商之后,当天下午 7 时已将以下回答交给代理公使电告本国:"日本此次出兵,是根据寺内中将在天津和西摩中将以及其他各国指挥官协商之结果而决定的。"

六一九

7 月 14 日　浅田外务总务长官致清国公使函

希望清国政府尽力扫荡匪徒并送交答复我出兵目的之国书

(栏外注记)"此文书乃浅田外务总务长官 7 月 14 日携至清国公使馆,并当面交付李公使之国书。(内田康哉印)"

大日本国大皇帝复大清国大皇帝:杉山书记生被戕之事,前已传闻,未得确耗可据。顷接国电,始悉其事,的确良深悲叹。迩来北方团匪日益猖獗,妄动乱举无所不至。现驻北京各国钦差暨各署员等,被其烧围攻击,并闻某国使臣已被击杀而贵国所派官兵不能救护使臣,又不能弹压匪徒。殊不知公法有言,外交官之身尊而不可犯之理,如于使臣之身稍加冒失已违公法,况于杀害使臣乎。当此时贵国政府如果实力剿平匪徒,救护现存各使臣,则余事自应易办,此乃大皇帝目下对中外应尽之责,断不可踌躇。自上月以来,各国将大兵派往天津,日本亦不得不调派兵员该地。此系专为弹压匪类、救护使臣起见,并无他意。是以贵国政府如能趁早将各国使臣救出围绕之中,则足见贵国政府不愿与各国开衅之据,自应减少贵国祸端。日本政府与贵国政府素敦睦谊,如有实为紧要时,日本亦不敢辞其效劳。因而贵国政府如迅速力为弹压,以表救护实据,则日后与各国商议之际,日本自应从中出力拥护贵国利益也。兹特具专电肃复,惟大皇帝鉴之。

明治三十三年七月十三日[②]

六二〇

7 月 14 日　驻英国林公使致青木外务大臣函(电报)

禀请通报与在日英国公使往来书信并在清国日本官员之报告等

7 月 14 日下午 4:02 发,16 日下午 8:58 收　　驻英国全权公使　林

第三七号

刻下危急之际,知悉帝国政府与英国驻日本临时代理公使之间所有来往公文,在清国

---

① 此篇原文为英文。——译者注

② 以下为对照之日译文,从略。——译者注

日本官员关于清国实情之报告，以及我国军队之行动，极为必要。故本官希望，不待本官请求，阁下随时将此等报告电告之。

六二一

7月14日　驻英国林公使致青木外务大臣函（电报）

就希望我出兵并予以财政补助之备忘录向英国抗议并向欧洲公布我军战绩之禀请

7月14日下午4:25发，15日下午1:40收　　　　驻英国全权公使　林

第三八号

关于贵电第一九号电报，对该备忘录第一项，本官认为，无论将如何答复其他两项，首先要对之进行抗议。

因经过西伯利亚之电报传送上极为迟延，故请求今后收到关于清国事件之报道后立即由东线发送。又，如本官在第三一号电报中所请，请求电告我海陆军在清国之行动。通过某些方法让世人知悉我军队之行为，极为必要，不然我一切功劳在欧洲完全被无视。

六二二

7月14日　驻意大山公使致青木外务大臣函

意外交大臣对我国出兵通知之回答及驻意德国大使对德皇派遣送行辞之说明

机密第七号，8月21日收

外务大臣子爵青木周藏阁下：

有关清国事变之文件

关于本件，自从上月29日以机密第六号件报告以来，本官一直留意探闻意大利及相关各国之意向。本月1日，本官访问法国大使，谈及清国事件。该大使私下谈到，法国政府有意为恢复清国之原状以武力占领北京。本官7月2日以第一九号电报报告其旨。

其后本月6日，接到3日所发贵电第七号，称帝国政府察觉清国暴徒之势越发严重，认为有必要增派军队，当此之际，为应对目下之危机且预防未来之不测，希望就列国协同方法交换各自意见，训令以此为目的，各公使与所在国政府进行交涉。据此，本官于翌日（7日）访问该国外交大臣，向其陈述上述主旨。该大臣回答之要点如下：

> 日本政府提出，就列国在清国问题上采取共同行动之方法交换意见。对此，意大利政府表示同情。若在此问题上各国达成协议，意大利当与列国共同行动。

随后，该外交大臣以个人见解发表如下看法：

> 虽列国希望各自在清国行动，然目下危难之际，任何国家也不会反对日本与列国一起协力恢复安宁。然公开把安定清国之任务委托给日本，势必会受到某强国之反对。各国中尚无把清国看成交战国者。作为日本之一友人，窃认为，今日不提及土地或报酬问题乃为日本之上策。日本实际上之积极协力，必然在道义上大有收益。

上述主旨已立即以第二一号电报报告之。布伊斯库奇・布埃诺斯塔侯爵基于半个世纪之外交经验，对重要问题一般不轻易发表意见。本官尝试种种讨论，终于渐渐得知上述

意见。

本月2日,德国皇帝在威廉港检阅派往清国军队之际,演说中有如下一语:在清国与汝会合之军队皆应为汝之好伙伴,俄、英、法等其他所有国家之军队皆有相同之目的,即为文明而战。法国报纸对其中只谈到俄、英、法,而没有提及日本一事,喋喋不休地揣测德国皇帝对日本之感情。然驻意国之德国大使乌埃戴尔伯爵访问本官,谈论时事之际,主动发话称,报纸以德国皇帝演说只提到俄、英、法而没有提及日本之故,判断德国将日本另眼相看,此乃诬罔之语。若如此,德国皇帝亦没有提及意大利与奥匈帝国,则当认为将三国同盟中之意、奥两国另眼相看。彼等非均为与清国有关之协商伙伴乎?仅举一两个例子,试图中伤日本与德国之关系,实为可恶。该伯爵以颇带辩解之语气向本官作如上陈述,故本官曰,对于此次清国事件,若列国不能不顾一己之私利,为社会之文明与民众之幸福进行协商,迅速除去此祸根,将会后悔莫及。日本位于东洋一隅,与清国相邻,故欧洲人对日本怀有杞忧,恐日本对欧洲举起亚洲门罗主义之战旗。然自三十多年前培养起来之欧美文明已在日本根深蒂固,与清国之国势风俗大有不同。增进东洋之文明,努力开发清国乃邻邦之义务。今回事变之际,亦切望欧洲各国宜抛弃对日本猜忌之心,相信日本为值得共同协商之友邦。该大使一一首肯。

推测该大使之言辞,虽无法得知是否基于其本国政府之训令,然至少可以认为该大使的目的是通过自己之意见,打消关于德国皇帝演说之坊间评价,避免日本之恶感,故特地访问本官。敬具

明治33年7月14日　　　　驻意特命全权公使　大山纲介(印)

六二三

7月15日　驻法国栗野公使致青木外务大臣函(电报)

关于欧洲报纸对我国出兵之观察并纠正其之禀请

7月15日下午5:55发,22日上午9:05收(因询问不明之处延误)　驻法国全权公使栗野

英国各报(包括《泰晤士报》)认为我国增兵乃英国请求之结果,以至欧洲各国报纸亦与之抱同一观念。本官认为,如此报道为虚构,则必须纠正之,不然将来协定之时,会对我国之权利及要求带来不利影响。

六二四

7月15日　驻德国井上公使致青木外务大臣函

关于德国对清国事件及我国出兵等态度之报告

(编者附言)"本文原文以明治33年9月7日所发机密第一四五号呈交内阁,同月26日由内阁退回。"

机密第二一号,9月1日收

外务大臣子爵青木周藏阁下:

就清国事件,本使与该国外交大臣会谈,并将该国政府对此事件之态度,以6月26日

所发机密第一八号报告之，想必阁下已经阅览。

此后接到阁下 6 月 23 日电报，内云天津自从 6 月 17 日以来被封锁，形势颇为危险，故阁下于 6 月 23 日召集俄、英、德、法、意、奥、美各国代表，递交备忘录，询问有关各国此时准备采取何种措施，要求本使根据上述主旨询问所在国政府之意见并报告之。本使从基尔港返回柏林当日接到该电报，于翌日（27 日）面见该国外交副大臣（外交大臣停留于基尔），向其陈述电训之要点，询问该国政府对该事件之意向。该副大臣回答之大意为，该国政府在上述贵电发出后已接到天津解围之报，关于北清形势之进一步变化问题，驻清各公使已离开北京之传言未得到确切消息，关于未来之处置，尚未确定明确意见（参考第四二号电报）。又据当日该外交副大臣私下谈话，该国政府未就北清事件与欧洲各有关大国交换意见，以阁下此次备忘录为基础，多半今后开始之。6 月 23 日当日恰好为外交大臣面会日，本使访问该大臣，并再次谈及北清形势问题。该大臣似不愿谈论该问题。作为关于此事给本使之通知，以及该国政府对阁下备忘录之回答，该大臣朗读一书面文件，其要点为："德国政府认为，维持与有关各国之一致，是为恢复清国之秩序、保持世界和平最有效之措施。对于能够确保各国协同一致并推进它的适当举措，本国政府深感高兴，并欲给予辅助。"（参考第四六号电报）作为对阁下备忘录之回答，该回答稍稍不得要领。然当时与北京之通信断绝，无法判明北清骚乱真相，该国政府避免明确表示其态度亦为不得已之举。

然自 6 月 30 日至 7 月 1 日，北清骚乱波及该国利益中心山东省之消息传来。该国政府不再继续置之不理，立刻电告胶州总督，训令其与清国官方一起，采取保护传教士之必要措施（参考第四七号电报）。该国民众开始进一步关注清国事件。正当此时，驻清德国公使在北京被杀之速报如晴天霹雳于 7 月 2 日送到该国。

虽该国公使在北京被杀之传言一周前已传至国内，但因无法确定传言之根据，且事关重大，所以该国无人相信清国人会愚昧到有如此暴举。直到突然接到上述速报，发现这是不得不相信之事实时，该国民众情绪激昂，一般舆论开始认为"对于这次北清事件，本国因为与他国相比，没有重大利害关系，所以一直保持慎重态度。由于上述事件发生，以后本国应改变态度，或者更主动地行动起来"。当时德国皇帝尚在基尔军港，准备 7 月 1 日赴威廉港，翌日检阅向清国出发之海军陆战队大队。抵达威廉港后，立即接见携带上述电报之外交大臣，然后率该大臣与其他文武百官检阅上述海军陆战队二大队，发表热情之演说（参考第四九号电信）。

在上述演说中，有"在将德国国旗与他国国旗一起插上北京城墙之上，使清国求和之前，决不罢休"等激烈词句。作为该国皇帝接到本国公使被杀之速报，随后即向将赴战之军队发表之演说，亦不足惊。在驻北京其他各国公使命运尚未判明之际，该国先于他国向清国宣战，不仅本非该国政府之意，且与清国东西相隔数千里，航程需要两个月，该国在进一步派遣数艘军舰与若干军队之外，亦不能实施其他方法。果然，3 日及 4 日，虽上述演说成为民众议论之焦点，但以半官方报纸为首之各报纸一概努力对之进行温和之解释，认为演说不会引起新的事件。其比一般舆论之想象呈现出更温和之论调（参考第五一号电信）。

7 月 5 日，接到第二七号贵电，内云今北清形势严重，德国似亦有增兵计划。帝国政府命本使与该国政府接触，就各国采取之共同措施交换意见，并将结果电报告之。该日晨，本官立即前往外交部，与外交副大臣面见，详细陈述电训之旨。该副大臣称，难以立即回答,德国政府之答复将随后交予本使(参考第五一号电信)。此前,因日本处于救助北京目下之困难最适当之地位,故应将救助任务委托于日本之提议由英国传到大陆。就其是否适当,在该国诸报纸上引起热烈讨论。亦听到政府之间就上述问题开始交涉之传闻。据本使观察,该国政府对此问题持慎重态度,关于北清事件,决心首先与俄国采取共同行动,因此对帝国政府上述之提议,该国政府之回答当不与此方针抵触。本使根据上述第二七号电训与该国外交副大臣面谈前后,奥国发行之《政治通讯》于7月6日就德国政府对清国事件之态度发表长篇柏林通讯。可以想象,该通讯出自该国内部人士。7日该国半官方报纸《北德新报》摘编了《政治通讯》一文之大要,称迄今为止德国之外交政策是就东亚事件常与俄国交换意见。此情况今后当继续。对英国之态度没有任何变化。又,日本及合众国等其他有关国家之利益,德国亦不应无视之。德国全力谋求列国之共同一致,不应将其在清国之任务交于他手,将自己之利益与国家之义务委托于他国。德国外交政策应力求以适当方法恢复清国之秩序,但避免动摇清帝国之基础(参考第五二号电信)。同日午后,该国外交副大臣在外交部面见本使,提交正式答复贵电之备忘录,并朗读之如下:"德国政府认为,维持列国间一致为处理目下形势之第一要务,故对招致其他方面反对之任何措施,德国政府将毫无犹豫不表同意。"(参考第五六号电信)

且该国政府不管对本使作出上述答复与否,都将立即在该国报纸上公布彼我关于此问题之交涉要领(参考第五七号电信)。

如此,该国关于北清事变之方针大体确定,且增兵计划亦基本确定。在报道驻清公使被杀消息之同时,预定前往挪威旅行之皇帝陛下于7月10日乘霍亨索伦号飘然北去,离开基尔。

11日,联邦议会外交委员在贝艾伦委员领导下,召开该帝国成立以来第一次会议,全体一致通过德国政府对清国事件之方针。该国外交大臣立即致函联邦政府,通报清国事件之经过并德国政府迄今为止之措施,文件最后宣布:"德国不欲分割清国,亦不以取得本国之特别利益为目的。德国政府相信,列国共同一致乃此间恢复清国秩序之最必要条件,故德国政府此间决定其政略之际,应首先就此点加以考虑。"

阁下于6月23日向列国政府提出提议。当时,该国政府尚不了解清国骚乱之真相,故冠冕堂皇称"列国共同",且发表对他国无害之意见,努力不伤害他国感情,同时避免日后产生自己需承担之责任。对阁下之提议,亦暧昧应之。其后,驻清德国公使被杀消息传来,该国人心激昂,但此时除增派援兵计划外,仍继续前述状态,止停留于表面上主张列国共同说。然英国方面提出委托日本问题,阁下亦提出第二次提议,且清国事件范围日益扩大,形势颇为严重,事态已不允许隐藏于默然之列国共同说下,暧昧其态度。该国政府亦认识到,对外发表对该问题之方针为上策,因此私下里让奥国《政治通讯》登载前述文章。要之,该国在海外扩张政策方面必须尽可能维持与英国之友好关系。若在此次事件中与英国背离,去年以来皇帝陛下亲自开拓之德英友谊将自然而然冷却下去,德国通商政策亦将受到不利影响。结俄国之欢心乃该国欧洲政策上最必要之所在,故如数年前三国干涉,在谋求东亚之自身利益的同时努力避免与俄国冲突,此亦该国历来之方针。正因为如此,其对7月5日接到之电训之提议回答道:"对招致其他方面反对之任何措施,德国政府将毫无犹豫不表同意。"

综上所述，关于东亚事件，该国政府表明了与俄国提携之方针，但毋庸置言，不应该断言该国与其他列国特别是英国之友谊立即破裂。在今日之形势下，虽有国家希望分割清国，但相信该国不愿看到清国此刻迅速瓦解，当尽力保持列国间尽可能之共同一致，最希望迅速平定骚乱。

目下该国政府之态度及方针如上所述。由此大体可以预见，关于此次事件，最艰险之时局不产生于镇压骚乱之际，而是起于商议善后问题之时。该国政府将其最精锐之军舰派往东洋，又派遣最训练有素之一万有余陆军前去清国，此非仅应对目下之时局，无疑亦出于对将来形势变化之考虑。

确认此前来电并报告之。敬具

明治33年7月15日　　　　驻德特命全权公使　井上胜之助(印)

六二五

7月15日　驻芝罘田结领事致青木外务大臣函(电报)

弘济丸号回航大沽之禀请

7月15日下午4:30发，17日下午4:30收　　　　驻芝罘领事　田结

因相信有大量伤兵，故有必要让弘济丸号迅速回航大沽。又，天津及大沽之海陆军队所发电报事项，如本官能够全部获知，则本官不再报告同样事项。

六二六

7月15日　青木外务大臣致驻上海小田切代理总领事函(电报)

关于提请各总督迅速镇压匪徒之训令

小田切，上海

在日本的清公使通知我，张、刘和李都非常忧虑，认为联军应该停止行动，以便他们调用自己的部队镇压义和团：但是休战书——类似于休战书——只能各方之间达成协议按照国际惯例来安排，由相关元首正式授权。因此你要通过盛向那些总督建议，毫无疑问，外国列强乐于见到他们违背清政府的意愿，积极采取行动镇压与外国列强作战的反叛者；天皇政府也真诚地希望事态这样发展。[①]

六二七

7月15日　驻上海小田切代理总领事致青木外务大臣函(电报)

就日、清军队联合讨匪劝告李、刘、张三总督及盛宣怀意见之报告(一)(二)(三)

附记：8月3日小田切领事电报

(一)

7月15日下午3:55发，15日下午8:45收　　　　驻上海领事　小田切

第四六号

① 此篇原文为英文。——译者注

对于本官第三二号(注)电报,据盛宣怀对本官所云,李鸿章、刘坤一、袁世凯及张之洞对我劝告之意见完全不一致。李鸿章、刘坤一及袁世凯深悟,为清国有必要采用上述计划,但必须通过某种途径得到皇帝之密诏,才能不惮实施之。盛宣怀附言,张之洞对该计划意见不同,就驻日本清国公使之电报,指示该计划不妥,主张以总督们自身之力量镇压骚扰是正当的,故各国应为总督们暂时推迟向北京进军之计划。本官认为,上述老总督此刻尚踌躇于以自己之责任处事,将来对可为清国带来益处之行动亦无实施之勇气,此对清国实在可悲。又,关于本件,如果每天与盛宣怀商议,本官希望,不日能电告之取得密诏的方法。

(注)7月11日小田切领事第三二号电报为前载第六一三文书。

(二)

7月16日下午9:55发,17日上午0:10收

第五五号

关于本官第四六号电报,盛宣怀鉴于无法预见各总督对该计划达成一致之决议,决定以自己之名义向庆亲王及荣禄发电,请求密诏总督们率兵向北部行进镇压义和团,并已先电告山东,由其派特使进达北京。本官希望其成功。

(三)

7月16日下午9:50发,17日上午1:17收

第五六号

关于7月15日所发贵电(注),本官与盛宣怀商议后,已将其要旨以电报告之刘坤一及张之洞。盛宣怀亦当已电告该总督等及李鸿章。上述行动,为使该总督等感到采取如阁下指示之措施之紧迫性。

(注)前载第六二文书。

(附记)

8月3日小田切领事一三七号电报

8月3日下午8:26发,同日下午10:50收　　　　驻上海领事　小田切

第一三七号

关于本官第五五号电报,盛宣怀收到北京7月27日发之庆亲王答复。据该书函,庆亲王认为,得到南部各总督及其军队之援助为镇压义和团之必要举措,但目下该亲王在反对派严密监视下,无法单独谒见皇帝,为达成上述目的而得到皇帝之密诏颇为困难。

以上报告属于秘密事项。

六二八

7月17日　驻英国林公使致青木外务大臣函(电报)

英国当局就北京外国人遇难之议会演说并《泰晤士报》关于委托我军镇压天津主张之报告

7月17日发,23日上午9:10收　　　　驻英国全权公使　林

第三九号

外交副大臣在议会称,政府尚未接到确切情报,但不难想象北京发生虐杀之报道有不确之处。又《泰晤士报》论道,天津的战役显然不得不多赖日本人之力,进军北京之役亦应

大部委托于日本人，联军宜担当维持交通之任。各报纸在主张惩罚复仇方面一致。

六二九

7月17日　驻俄国小村公使致青木外务大臣函(电报)

俄国外交大臣对我出兵通告并就协同措施交换意见请求之回答

附记：(一)电文不明之处之询问(青木外务大臣电报)

(二)对以上问题之回答(小村公使电报)

7月17日下午1:40发，18日上午12:30收　　　　驻俄国全权公使　小村

第八一号

接7月13日贵电第五三号后，本官立即面见拉姆斯多夫伯爵，按训令进行陈述。该伯爵于7月16日将回答书交予本官，并云俄国皇帝命将如下之意通知本官：俄国政府就所有当下之问题与日本保持友好协商，欣然同意就清国发生之重大事变应采取之措施与日本政府交换意见。

(附记一)

电报不明之处的询问

7月18日发　　　　青木外务大臣

第六八号

关于贵电第八一号，请再次电报告之第三七个符号(注1)。

又，日俄之间有大量可协定之其他重要问题。如可能，请进一步详细说明该电报最后三字(注2)[①]之含义。

(附记二)

对以上问题之回答

7月21日上午11:20发(经皮达斯布尔库中转)，22日下午2:45收

驻俄全权公使　小村

第八九号

所询问之暗号如下：

“当下之”

本官7月21日获得面见拉姆斯多夫伯爵之机会。该伯爵说明，“所有当下之问题”之文字是在最广泛意义上使用的，并不限于目下清国事变所涉及之问题，而是包含日、俄两国之间现今关系及将来关系之诸问题。

(注1)是电报的“最后三字”的暗号翻译。

六三〇

7月17日　俄国公使致青木外务大臣函

① 原文无注2。——译者注

交付关于日本出兵清国之备忘录[①]

(原注)明治 33 年 7 月 17 日下午收到俄国公使送交备忘录一份。

日本驻我国公使通知我国政府称,由于目下北京形势危急,以与其他相关诸国一致,解救被困北京之外国政府代表,保护居留清国之外国人,其中有大量日本臣民之目的,日本将向清国出兵。

列国本欢迎为实现上述目的之协力。且日本因地理之便,能迅速派出大量兵力在清国登陆,使已集合之各国分遣队易于行动。故我国政府通知日本政府,我政府未发现妨碍日本自由行动之任何理由。况日本已经明确表示与列国协同一致行动之决心。考虑到当下在北京日本公使及散居于清国各地多数日本臣民之危险,东京内阁如此决定是理所当然的。

然我国政府认为,执行此任务不得使日本单独拥有平定清国形势之权利,或专有其他特别利益。日后列国认为有必要要求清国政府给予正当赔偿之时,各国相当之有形赔偿则在此限之内。

几乎与之同时,接到英国政府之通报。据该通报,日本政府非脱离列国协商单独决定,而是欧洲委托日本,为救助各国公使馆以及外国人之目的外,还以镇压匪徒、恢复天津及北京秩序之目的,派遣大量日本军队登陆清国。

(红字)"以我国政府所见,如果真如此,多数国家对于清国事变之方针已多少违反既决之根本主义。何谓根本主义?根本主义乃各国互相协同一致;保持清国既有的政治秩序;避免一切导致分割清国的举动;各国合力在北京恢复能够保证国内和平和秩序的中央政府。

各国严格遵守此等根本主义,对于达到'维持远东牢固之和平'这一主要目的,是完全必要的。

对于目下这次危害列国重要利益之大事变,帝国政府相信,必须避免产生更加危险结果之误解。"

(红字)"据 7 月 20 日提出之备忘录。　　内田康哉"

六三一

7 月 18 日　法国公使与青木外务大臣之会谈函

关于欧洲对我出兵之多数意向之私下谈话

7 月 18 日与法国公使会谈之备忘录

驻我国法国公使鲁曼于 33 年 7 月 18 日下午面见外务大臣,云并非接到本国政府正式训令,乃以私下谈话相告,所谓目下日本政府受欧洲委托派兵剿讨北清匪徒,并非欧洲大陆多数国家之意向。对此,外务大臣答曰,日本政府绝非因他国之委托而出兵。(内田康哉印)

① 原文为法文,其下为对照之日译文。——译者注

六三二

7 月 20 日　俄国公使致青木外务大臣函

俄国对镇压团匪之际列国应采取措施之见解

我们收到驻东京公使的消息：鉴于北京的危险形势，日本政府将派兵至中国，同其他列强一同解救被困于北京的外国代表，保护在中国的外国人，其中有相当数量的日本臣民。考虑到为达成上述目标而组织的合作会受到所有列强的支持，同时日本有利的地理位置也许能够在很大程度上帮助集结在天津的国际部队快速大量登陆，我们已经迅速通知日本政府，我们没有理由限制其在此范围内的行动自由，更何况他已经显示了与所有列强协同一致的强烈愿望。日本内阁作出如此决议非常自然，因为他们看到了如今的危险对在北京的日本使节是很大的威胁，且众多的日本臣民散居于整个中国。但在我们看来，要完成这件事情，既没有取得独断解决中国状况的权利，也没有任何其他特殊利益。除了最后列强向中国政府索要一定赔款时也许能够得到一定的赔偿。但是几乎与此同时，我们收到了一封英国政府的函件，其中说到问题的关键已不是东京决定参加与列强一致的行动了，而是欧洲授权日本让相当数量的部队在中国登陆，目的不仅在于解救外国的公使馆，也是为了镇压骚乱，在天津与北京建立起稳定的秩序。但在我们看来，这一说法在一定程度上损害了已为大多数国家所接受的基本原则。这些原则是各国针对中国问题已采取的指导原则。这些原则如下：各国之间保持全面一致；维持中国国家事务既有的秩序；排除所有可能导致瓜分中国的因素；最终通过共同努力恢复在北京的合法的中央政府，使其有能力保证其自身秩序与安定。在我们看来，各国坚决采纳并严格遵守这些基本原则，对达到首要的目标，即保持远东地区牢固的和平，是绝对必要的。帝国政府认为，面对目前危及帝国首要利益的严重事件，必须要避免一切可能招致更严重危险的歧义与误解。[①]

六三三

7 月 21 日　青木外务大臣致俄国公使函

披沥对俄国见解之日本方面意见

青木子爵饶有兴趣地阅读了昨天伊斯伏斯基交给他的备忘录，里面说到，圣彼得堡收到英国政府的函件，称问题的关键不是东京决定加入各国共同的行动，而是欧洲授权日本派遣相当数量的部队在中国登陆，其目标不仅在于解救各国公使馆和外国人，也是要扑灭拳民的骚乱，在天津与北京建立稳定的秩序，等等。

因为确信圣彼得堡会很好地理解东京的真实意图，并且考虑到 7 月 13 日由在圣彼得堡的代表向拉姆斯多夫伯爵阁下所作的声明和 6 月 23 日青木子爵致相关国家在东京的代表的普通照会，帝国政府完全有理由相信现在没有必要再阐述其在中国事件发生以来所有决定的用意。然而为了确保不出现丝毫误解，青木子爵坚持补充说明，帝国政府完全赞同俄国政府在备忘录中提到的所涉及问题的看法，并且在行动上始终与列强保持一致。

---

① 此篇原文为法文。——译者注

1900年7月11日　东京[①]

六三四

7月22日　青木外务大臣致驻法国栗野公使函(电报)

否认我出兵是因各国请求说之训令

7月22日发　　　青木外务大臣

第二七号

关于7月15日所发贵电,派遣援军乃帝国政府之自主行为,非英国政府请求之结果,可速采取措施纠正以往错误之报道。

六三五

7月25日　山本海军大臣致青木外务大臣函

对由大沽归航的常备司令长官之训令之通牒

附件:给常备舰队司令长官之电训

海总机密第一八四号之二

外务大臣子爵青木周藏阁下:

如另页所示,乃给常备舰队司令长官之电训。

明治33年7月25日　　　海军大臣　山本权兵卫(印)

(附件)

给常备舰队司令长官之电训

电训,7月25日　　　海军大臣

第五师团已到达其目的地,陆上之任务在情况允许范围内让予陆军。笠置增加定员之陆战队可在方便之时撤回佐世保号。贵官将后续事务训令出羽司令官,率领军舰常磐、高砂拔锚启航,经由仁川及釜山返回吴,专事舰队主力训练。但贵官离开大沽之时机,可由贵官根据目下之形势决定之。

六三六

7月26日　驻墨西哥龟山临时代理公使致青木外务大臣

墨西哥报纸关于我出兵论调之报告

附件:《共和国报》(*The Republic*)社论之译文

公信第八〇号,8月21日收

外务大臣子爵青木周藏阁下:

本月20日当地发行之《共和国报》(*The Republic*)发表另页所示之社论。兹译报之。敬具

---

① 此篇原文为法文。——译者注

明治 33 年 7 月 26 日　　　　　驻墨西哥临时代理公使　亀山松次郎(印)

(附件)

希望日本出兵

俄国及其他列强表示了赞同日本恢复清国秩序之意。然对日本此举,应包括给予土地之报酬。盖此即如六个猎人中使一人进入响尾蛇洞穴将其剿灭一样。往年日本征服清国之际,要占有辽东半岛。俄国协同法、德,迫使日本政府将其归还清国,而以台湾作为对日本来说最好之占领地,将其给予日本。当时日本非常愤怒,国民见政府屈从于三国干涉,群情激昂,以至要推翻政府。今北清发生事变,能够提供充足兵力进行镇压之国家唯有日本。日本果真会如此行动耶?目前还不能确言,但吾人切望日本断然行之。日本镇压此次北清骚乱乃为文明本身。列强因日本之劳未流各自国家士兵之血就平息此事,就必须各自负担其战费。日本在东洋大陆建立其势力,对世界文明有利。日本已达到如此地位,足以给东亚带来无限助益之进步程度。

六三七

7 月 27 日　青木外务大臣致驻俄国小村公使函(电报)

关于我增派军队之通知

7 月 27 日发　　　　青木外务大臣

第七九号

关于贵电第九五号,两万两千人之军队已经登陆清国,且目下正在为应对将来危急做派遣援兵之准备。然上述援军之派遣,取决于携有与外国军队司令官协商任务,被派往天津之寺内陆军中将之报告。

六三八

7 月 28 日　英国临时代理公使致青木外务大臣函

关于出兵费补助备忘录之文书

机密

尊敬的青木周藏阁下:

我刚刚收到伯蒂先生关于我昨日要求蓝皮书中不得包含任何大英帝国向日本提供财政支持的文件的回复。

伯蒂先生说,由于国会的原因,女王政府在这封电报里不能省去最初财政支持的内容,该内容包含在备忘录里。我有幸在 7 月 8 日与阁下沟通,但是他们会省略日本政府的回复。

请信任我,亲爱的青木子爵

您真诚的朋友,J. B. 怀特海德[①]

① 此篇原文为英文。——译者注

六三九

7月29日　驻上海小田切代理总领事致青木外务大臣函(电报)

刘总督属僚对我出兵及战功有不良情绪等之报告

7月29日下午5:50发,同日下午10:00收　　　　驻上海领事　小田切

第一〇四号

我居留南京之侨民某以书面及电报向本官报告:刘坤一属僚中有对日本抱有不良情感者,且因我派遣大军并此前在天津及大沽之役中日本兵于最紧要之地英勇行动,上述清国人对我国所声言之必须维持相邻之日、清两国友好产生疑虑。对此,本官认为,经上海海关道向刘坤一提前发出通牒为上策,故对其作如下通告:

> 日本之所以派遣军队,第一,主要是为镇压匪徒,将各国公使从危机之中解救出来;第二,若日本不肯与列国共同行动,终将至对清国不能置喙之境地,其结果对清国大为不利。云云。

刘坤一经由上海海关道回电,表示对本官之说明十分满意,并附言,希望日本速为清国取调停之劳,并维系东亚全局。

以上报道若到达日本,难免令内部人士产生不安,特此电禀。

六四〇

7月30日　青木外务大臣致驻英国林公使函(电报)

请求英国政府暂停发表请求日本出兵并给予财政补贴之备忘录蓝皮书之训令

7月30日发　　　　青木外务大臣

第二〇号

伯蒂对驻日本英国临时代理公使电报之回答,如本大臣第一九号电报所记述,云英国政府在备忘录中关于财政上之提议不能在其发表之蓝皮书中省略,但日本政府之回答可省略。故本大臣回答驻日本英国临时代理公使,本大臣除对该提议表示谢意外,未对该备忘录作任何正式回答,且军队之增派与上述提议无关。

公布上述之提议,将引起他国之猜疑,且本大臣对某国之提问已作出否定之回答,故贵官应立即采取措施,不使该事项发表于蓝皮书中。

六四一

7月30日　驻英国林公使发给青木外务大臣函(电报)

备忘录蓝皮书已发表之回答

7月30日下午10:00发,31日下午1:50收　　　　驻英国全权大使　林

第四一号

关于贵电第二〇号,蓝皮书已于28日发表,其中登载索尔兹伯里侯爵致驻日本英国临时代理公使之电训,且其文本与贵电第一九号所载备忘录文本大体相同,现在已经无能为力。

六四二

7月30日　驻俄国小村公使致青木外务大臣函(电报)

就关于日本出兵备忘录之罗伊戴尔电报之报告

7月30日下午6:50发,8月1日上午1:25收　　　　驻俄国全权公使　小村

第一〇二号

根据罗伊戴尔电报对有关清国事变之英国蓝皮书所作之摘要,看似日本国乃得到英国政府财政补助之保证才决定派遣援兵的。本官恐上述记事会令人产生误解,且其中"记载日本国主张得到其行动不会与俄国产生冲突之保证"。

六四三

7月31日　青木外务大臣致驻牛庄田边领事函(电报)

询问关于从牛庄召回军舰并应急方法之意见

7月31日发　　　　青木外务大臣

无号

目下有召回停泊于牛庄之日本军舰之议。贵官认为召回军舰是否无妨?是否有应对危急之办法?领事中是否已有撤离该港者?

六四四

7月31日　驻上海小田切代理总领事致青木外务大臣函

向上海道台说明我出兵真意以及刘总督关于和解斡旋之来意之报告

机密第八六号,8月7日收

外务大臣子爵青木周藏阁下:

小官此前接在南京侨民某信函,内称此次北清事件中各国皆向天津派兵,其后攻击大沽炮台一役日本军最为勇敢善战,当地一般人中因之产生不快者其多。刘总督信任之某清国官员亦向他人称,此次北清有事之际,日本军比他国军人更为凶狠,最为令人惊异,吾等实为不快。因为其关系不小,当予处置。本官当时担心若置之不理,或刘总督本人亦抱有同样恶感,将产生极为不好之结果。故数日后面会上海道台余联沅,向其说明此次我国向北方派遣军队实专为保护公使馆、领事馆及其他一般商民,且镇压义和团匪徒意在为日后各国商议清国之事时不缄口于人后,而能极力提倡自己之主张,保全我东亚和平,绝不抱有其他恶意,此者不容怀疑。然据近日所闻,贵国南京官民中有不深察我国出兵真意者,仅以我士兵勇猛攻战等事实而怀不快之感。万一如此情感增长,对两国非常不利,其利害关系不可谓不重大。故本官电达两江总督,告之我国此次出兵目的一为保护公使及一般商民,镇压义和团匪徒,一为施力于日后就事件善后与各国商议,从而保全和平。以此若能消除贵国官民疑忿之念,将不仅明白我国出兵宗旨,且有利于贵国。余道台大赞小官之意,承诺尽快电禀刘总督。前日接载刘总督回电之公文,内称中日同洲,谊属唇齿,日本领事所言眼光长远,愿日本政府早日出面调停,共同扶持亚洲大局,如此,获益者并非仅

中国。在此特将与此事相关之电报抄件及公文抄件另页呈上,以供参考。

明治33年7月31日　　　　驻上海代理总领事　小田切万寿之助(印)

(附件)

公文抄件

启者。昨承贵总领事惠顾,面告派兵赴津京,一为保护使馆、弹压匪徒,二为便于调停。缘西例派兵多者可多发议论,实顾大局,并无也[①]意,嘱即电禀等语。当即由电禀报。兹于七月初三日午后奉南洋大臣刘江电,内开萧电悉,中日同洲,谊属唇齿,小田切代理总领事所言可为,能见其大,但愿日本政府早出调停,共扶亚细亚大局,则受福不仅中国矣,即转复等因。奉此用特奉布,即希贵总领事查照为荷。此颂

时祉

七月初三日

六四五

7月31日　驻法国栗野公使致青木外务大臣函

更正《泰晤士报》关于日本出兵错误报道始末之报告

机密第二四号,9月10日收

外务大臣子爵青木周藏阁下:

如本月15日所发电报中报告,当时伦敦《泰晤士报》称,日本之所以决定派遣大军是因英国之请求,该国其他报纸亦予以转载。日本原本为救助在北京公使,且由日本在清国拥有利害关系而采取镇压义和团之策。此乃独立国日本之权利及义务,本非待他人置喙而动。上述《泰晤士报》报道将如此错误观念浸润入世人之脑中,将使日本在与其他国家商议清国问题时处于极为不利之地位。故以电报向阁下询问日本政府关于此事之意向。然该电报由于各种原因迟延,等待阁下电训空费不少时日。本官根据电训,投书本地数家报社,要求更正。如另页所载,《论辩报》、《赫卡洛报》(ヒカロー)、《巴利奴贝尔报》(パリヲーバール)等刊登了更正。然30日《泰晤士报》转载有关清国事件之蓝皮书记事,据其社论说明,尽管德国态度冷淡,但索尔兹伯里侯爵以坚决态度要求日本出兵,日本立即应之,将已动员之军队派往清国,云云。由此观之,本官根据阁下电训所作之更正再次丧失其效果。报告如上。敬具

明治33年7月31日　　　　驻法特命全权公使　栗野慎一郎(印)

六四六

8月1日　山本海军大臣致青木外务大臣函

通报东乡司令长官对我在大沽军舰名称照会之回答

附件:(一)英司令官之照会

(二)东乡司令长官之回答

---

① 疑有误,应为"他"字。——译者注

8月1日收

外务大臣子爵青木周藏阁下：

另页甲号是英国舰队司令官照会，另页乙号是东乡常备舰队司令长官对该照会之回答，特此将原文送达。

明治33年8月1日　　　　海军大臣 山本权兵卫(印)

(附件一)

英国司令官发给东乡司令长官之书函

大沽，巴弗勒尔号，1900年7月

阁下：

我很荣幸地请求阁下，希望您愿意告诉我您所指挥的所有日本军舰的名字，也就是那些6月17日参与打击大沽炮台的军舰。这样我在通知我国政府军舰名单时，让它们可以分享英国舰队的战胜荣誉。

您忠实的仆人

海军上将 詹姆·布鲁斯[①]

(附件二)

东乡司令长官对英国司令官之回答

大沽，1900年7月24日

先生：

很荣幸地通知您收到您的来信。信上要求我把占领大沽港期间所有在大沽之天皇陛下日本舰队船只之名称列出。

以下我附上当时在大沽之所有船只名单。

在大沽

H. I. M. S.　　笠置号(该舰之舰长曾是高级军官，现在是指挥官)

H. I. M. S.　　须磨号

H. I. M. S.　　丰桥号(运载三百二十九名参加攻占港口之军官和士兵)

H. I. M. S.　　阳炎号

在白河

H. I. M. S.　　爱拓号

您忠诚的仆人

海军中将 东乡[②]

六四七

8月2日　青木外务大臣致驻英国林公使函(电报)

对英国财政大臣关于对日财政援助提议演说主旨之询问

---

① 原文为英文。——译者注

② 原文为英文。——译者注

8月2日发　　　　青木外务大臣

第二二号

据罗伊戴尔电报称,英国财政大臣就关于财政补助问题之提议发表演说,故请电告演说主旨。

六四八

8月2日　驻英国林公使致青木外务大臣函(电报)

对英国财政大臣演说主旨之回答

8月2日下午7:40发,3日下午2:55收　　　　驻英全权公使　林

第四三号

有质疑云,作为远征北京军费而要求之三百万英镑金额是否亦充作对日本国财政上之保障。对此质疑,财政大臣于7月29日作如下陈述:

提议日本若在已经派遣军队之外迅速派遣更多兵员,则提供财政上之补助。时间是该提议之要点。然该提议未被接受,故对日本国没有任何债务。

六四九

8月3日　桂陆军大臣致青木外务大臣函

向北清派遣临时独立炮兵中队之通知

陆军省送达临密发第二八五号

外务大臣子爵青木周藏阁下:

一、组编临时独立徒步炮兵中队,派往北清地区。

二、前项中队兵员出自要塞炮兵射击学校教导中队、东京湾要塞炮兵联队及野战炮兵第二旅团,第一师团长负责该中队组编。

特此通告。

明治33年8月3日　　　　陆军大臣　子爵　桂太郎(印)

六五〇

8月4日　青木外务大臣致山本海军大臣函

关于在牛庄港停泊帝国军舰一事田边领事之回报抄件

附件:7月19日田边领事机密件第一三号

8月4日发,机密发送第一四六号

关于在清国牛庄停泊帝国军舰一事,协商后向该港帝国领事发电询问。在此将另页所示之牛庄田边领事禀告送交,以供参考。

(另页为驻牛庄领事发来之第一三号抄件)

(附件)

7月19日田边领事第一三号机密件

机密第一三号，8月2日收

外务大臣子爵青木周藏阁下：

本月15日再次电训小官，关于本港目下之形势，应与各国领事协同一致处置。该电训已于17日经芝罘领事转达。小官认为，若我国侨民尽快撤离，则无停泊两艘炮舰之必要。或此时撤离领事馆之商谈亦得到结果，自然其中一艘炮艇早晚回航。此等情况尚难预料。然本官认为，此次向本地派遣军舰，不仅保护领事馆以及我国侨民，同时亦尽可能帮助保护一般外国侨民。若如电训所说与其他国家协同一致处置，非其他万不得已之理由，有必要使所派遣之两艘炮舰如今日一般承担本港之警备。又如前信所报告，难以预测俄国是否会趁此机会采取专横之措施。为平衡俄国之势力，不弱化我方势力为上策。不仅英、美两国领事持与此相同意见，清国官民亦从对俄关系角度欢迎我军舰停泊。鉴于上述情况，望在目前形势明朗之前，以增强本港我目下之势力而非弱化为念。此事亦用信件向在大沽之我舰队司令长官报告。敬具

明治33年7月19日　　　　驻牛庄领事　田边熊三郎(印)

又及，电训中有二三不明暗号，故驻芝罘领事询问，本馆已经明了全文。

六五一

8月6日　山本海军大臣致青木外务大臣函

撤去牛庄地区警备舰之通牒

海总机密第二〇三号之六，8月6日收

外务大臣子爵青木周藏阁下：

北清骚乱已久，时至今日，有必要加强长江沿岸及南清地区之警备。训令并通牒北清派遣舰队司令官，逐渐从没有帝国臣民与财产之牛庄地区撤回警备舰艇。

明治33年8月6日　　　　海军大臣　山本权兵卫(印)

六五二

8月29日　驻英国林公使致青木外务大臣函

关于通知对英国交涉事项训令之禀请

机密第二九号，10月4日收

外务大臣子爵青木周藏阁下：

据阁下之电训，本使当与该国政府交涉，并由本使将需要通牒之外交要件等知照该国外交部。然当时该国政府已知悉该件内容。有时接到贵电之时，其要旨很快就在当地报纸上登载。此事，本使屡屡经历。在如此场合，因训令必须向有关方面通牒，而不仅几乎成无用之手续，且往往在程序上颇为可笑。如此，察若电训本使之同时，将同一事件通告驻东京之英国公使，不仅英政府得以迅速知其详情，且不致泄露于世。为今后避免前述之不便利，帝国政府与英国政府交涉时，除特别事由，立即通告驻我国之英国公使，又经由本使。明显之二途，请裁定通过何者。同时，亦可两途并用。特此禀告。敬具

明治33年8月29日　　　　驻英特命全权公使男爵　林董(印)

六五三

8月31日　青木外务大臣致内田政务局长函

关于出差清国之内训(内田公使出差清国之内训)

贵官到达北京之后,务必向西公使详细说明以下事项:

我国出兵系基于北京各国公使之决议,以保护公使馆与镇压匪徒为唯一目的。

日本国位置接近清国,便于迅速出兵,故其他国家,特别是英国,请求我国承担立即派遣大军救援在北京各国公使之责任。然帝国政府之所以未速行此举,乃认为为避免俄、德等国家之猜疑,有必要下令动员而暂且等待时机。然其后不仅英、法,俄、德也宣布在保全清国、恢复其秩序之外别无他意,且对我国出兵毫无异议,故我国决定派遣大军。

曩者俄、清两国于满洲冲突不断,纷乱范围渐次扩大,形势复杂。我国与列国不得不留意俄国之态度。然俄国宣布,当初日本国出兵乃在于保护与镇压,与列国协同一致行动,故日本派遣多少大军均无异议。根据同一宗旨,俄国亦保证,在满洲除保护俄人、镇压匪徒之外没有领土要求。据此,目下日、俄两国关系依然维持友好,不渝于昔日。

关于德、法、奥、美、意等诸国,自当初基于共同一致之原则数度交换意见,采取联合行动,努力维持共同之目的。

曩者德国接受俄帝之提议,任命巴尔戴尔伯爵为联军总指挥官之际,德皇特以敕电寻求我天皇陛下之支持,故陛下同意之。然巴尔戴尔伯爵在北京陷落之后从欧洲出发,且在已经派遣一万四千军队基础上,决定增派七千人,并于9月7日开始逐步派遣。如此事实,使帝国政府难以窥见德国之真意。要之,可以推测如俄国在满洲之意,德国亦对山东省有所企图。

清国皇帝在8月初旬任命李鸿章为议和全权大臣,与列国进行和谈。故李鸿章在北京陷落后,屡次请求各国开始议和谈判。然列国怀疑清国皇帝诏令之真伪,故对颁于李鸿章之诏令不予信任。特别是德国,通知我国政府不承认李鸿章为正式议和代表。盖列国对清国皇帝之诏令抱有疑念,不承认李鸿章为议和大臣。在目下情况下,此亦不得已之举。然我国以邻邦友谊为重,力图暗中掩护清国,故本大臣秘密劝告李鸿章上奏居于行宫之清国皇帝,请求在李鸿章之外更诏令庆亲王、荣禄、张之洞、刘坤一等为议和全权代表,以此来执行与列国议和之措施,列国亦当回应而开始谈判。此乃恢复清国和平之最好途径。李鸿章对此深谢我之厚意,目下已开始筹划就劝告进行电奏之手续。

北京既已陷落,各国公使均得到救援,虽并非无人提出应即时撤出联军,然依本官所见,至少在北京、大沽间之秩序完全恢复、清国政府亦确立之前,不可撤出之。但若列国共同规划一定之措施,使联军之驻屯不再需要,我国亦毫不犹豫欣然撤兵。

说明以上各项内容之后,贵官应征求西公使对以上内容之意见。且察西公使在被围之时与各国公使交换彼我意见及北京陷落后各国公使与本国之间来往事项不少,必交换新意见,此等事项应详细听取。

明治33年8月31日　　　　周藏

六五四

9月8日　青木外务大臣致驻清国西公使函

内田政务局长前往清国之通知

附记:(一)9月10日致郑领事的电报

(二)9月14日内田政务局长电报第二号

(三)9月15日同电报第三号

9月8日发

机密第二一号　　　　外务大臣

今如另页所示,派遣内田政务局长前往你地。在其到达之后,请认真听取其详细介绍,向其详细汇报当地情况。敬具

另页附抄件。(另页即8月31日致内田公使的内训。)

(附记一)

9月10日致郑领事之电报

郑:

内田政务局长将于9月10日乘坐小仓丸号从宇品前往驻清公使馆执行特别任务,请通知驻清公使。

青木,1900年9月10日[①]

(附记二)

9月14日内田政务局长电报第二号

9月14日下午4:20发,16日上午3:00收　　　　内田政务局长

第二号

福岛陆军少将在返回日本之际,于9月13日访问本官位于大沽之乘船。本官向其充分说明帝国政府之意见。该氏改变其意,决定与本官一起再次赴北京。该氏意欲归国是因为在北京无论何事均无法知道,连本官到达当地亦不知晓。故为落实帝国政府之意见,本官面见出羽司令官。大沽方面极其平稳,从南方前来之法、德两国军队正在到达。

(附记三)

9月15日内田政务局长电报第三号

9月15日下午5:50发,9月17日上午11:00收

青木,外务省,东京

3.9月16日到达天津,与福岛陆军少将9月16日一同离开此地,并将于约9月21日到达北京。电报通讯(特别是北京、天津间)极其不畅,责成陆军省(?)及通信省立即采取必要措施加以改善。李鸿章将于后天抵此。

此处已不再需要加藤特命全权公使。

内田[②]

---

① 此篇原文为英文。——译者注

② 此篇原文为英文。——译者注

六五五

9月18日　驻芝罘田结领事致青木外务大臣函

关于不再需要警备舰一事致出羽司令官书简之件

附件:致出羽司令官之书简抄件

机密信件第一五号,9月28日收

如此前报告所示,本地局势逐渐平稳。此前为保护通信及侨民安全而派遣之警备舰,目前已无必要。故如另页抄件所示向司令官通报,又于15日以电报告之本地局势平稳,已不需要军舰。上述内容亦请尽快通报海军省。特此报告并附抄件。敬具

明治33年9月18日　　　　驻芝罘领事　田结铆三郎(印)

又及,一时传闻德国军队将登陆等,局势多少不稳,目前正在观察中。

(附件)

致出羽司令官之书简抄件

为保护舰队与本国之通信及本地侨民,此前政府派遣秋津洲舰及目下之明石舰。侨民一同表示感谢。然如此前本人报告所示,本地局势逐渐平稳,居留外国人组成之义勇队亦停止夜间值勤,常与本邦军舰停泊警备之美国军舰近来亦不常停泊。且与以往大体相同,大沽至本地间之海底电线已开通,万一需要,发一电报,即可派遣停泊于该港之军舰前来。故愚以为,单为保护侨民,该舰停泊已无必要,根据情况派遣小艇即可。此旨曾与明石舰长协商,并将其旨以电报报告外务大臣。特此通报。敬具

芝罘　田结铆三郎

六五六

9月25日　驻芝罘田结领事致青木外务大臣

常备舰队司令官就不再需要警备舰停泊一事之回答

附件:出羽常备舰队司令官之回答抄件

公信第八八号,10月4日收

关于本官以机密公信报告本港帝国警备军舰一事,如另页所示,出羽常备舰队司令官已作出回答。特将回答之抄件同封一并呈上,请详细了解相关情况。敬具

明治33年9月25日　　　　驻芝罘领事　田结铆三郎(印)

(附件)

出羽常备舰队司令官之回答抄件

驻芝罘领事田结阁下:

本官已从来函了解到芝罘地区形势逐渐平稳,单为保护本国侨民,停泊帝国军舰已无必要。目下没有军舰集合于本地之必要,暂且与以前一样,明石号军舰停泊到贵港。此为对来函之回答。

明治33年9月17日　　于大沽湾旗舰浅间号　　　　出羽常备舰队司令官

六五七

10月10日　驻上海小田切代理总领事致青木外务大臣函

关于刘总督对我国军队之感情之件

机密第一一六号，10月15日收

外务大臣子爵青木周藏阁下：

对于此次北清事件我国出兵之举，当采取措施尽可能避免南方清国官员对之产生误解。前日接南京营务处江苏候补道陶森甲来信，中有如下一节：奉岘帅面谕，此次北京失陷，联军纪律不一，唯贵国军令最严，所有郊庙殿廷，幸赖贵国分军护守，得以保全。凡自北方来者，异口同声，必非虚语。嘱弟密致阁下代为道谢，岘帅不便写信，知大君子必能心谅也。（岘帅指刘总督）

由以上内容观之，帝国军队纪律严明、秋毫无犯及帝国厚意，刘总督已清楚了解。

特此报告，谨供参考。

明治33年10月10日　　　　驻清国上海代理总领事　小田切万寿之助（印）

六五八

10月16日　驻英国林公使致青木外务大臣函

就与英国交涉事项发训方法之再次禀告

机密第三九号，11月24日收

外务大臣子爵青木周藏阁下：

本官在7月31日所发机密第二四号中，恳请就阁下与驻我国英国公使谈话并本官同他国公使接触之想法加以垂示。其后接到外交要报发现，尽管有如上恳请，不仅关于阁下与英国公使之交涉，本官未得到了解之荣誉，且关于该国政府使驻帝国公使正式向帝国政府提出建议一事，帝国政府立即回答该公使，然本官未得到任何通报。由上述英国公使提出提议并向该公使作出回答来推测，并万国之惯例，在陈述派出国政府之意见、要求时，常以派出国公使通告其驻在国政府为常规，在由对方国使其公使向自国政府提出提议时，常以派出国公使回答对方国为本则。现该国政府按此规则行事时，如前所陈，帝国政府立即回答英国公使，而非让本官通告该国政府，则产生彼政府及彼公使详知事实，我公使并不知悉之偏颇事态，不便之处不少。若依据万国惯例，则今后帝国政府之提议，又不管与该国政府照会有关与否之帝国政府意见、希望、回答等，应尽数由本官通告该国政府。特此禀告。敬具

明治33年10月16日　　　　驻英特命全权公使　男爵林董（印）

事项五

北清之战斗

六五九

6月13日　驻天津郑领事致青木外务大臣函(电报)

列国分遣陆战队在廊坊与团匪交战并清国官兵警备北京之报告

6月13日下午0:20发,同日下午8:40收　　　　驻天津领事　郑

列国分遣兵到达天津、北京中间廊坊之际,遇自两翼而来之义和团一队破坏铁道,与之交战,杀其五十名,伤其十名。被俘者本日下午到达天津,留置医院,其中途中死亡数名。据驻天津英国领事告予本官,分遣兵若更不遇抵抗,6月13日当到达北京。

据6月9日北京所发书翰,北京处于清兵严密防御之中。又,董福祥以两千五百兵守护丰台。聂将军由杨村来天津,与直隶总督商议,将四千人驻杨村,归芦台。该将军接到防卫天津之政府之命。

六六〇

6月14日　驻天津郑领事致青木外务大臣函(电报)

俄兵向北京出发并列国分遣队到达廊坊之情报

6月14日收　　　　驻天津领事　郑

第三号

俄兵一千二百名昨夜由塘沽到达。尚有哥萨克兵五百名、马二百七十七匹今晚到达。上述俄兵当于6月14日携三日粮食,从本地出发由陆路向北京进发。与分遣队一起从天津出发之桥口陆军大尉今朝回到本地。据该大尉报告,列国分遣队到达廊坊,发现线路损害严重。各分遣队无异常,昼夜努力修缮。然何时能到达目的地尚不详。廊坊附近百姓逃走,该地呈全然荒芜状态。

六六一

6月18日　驻芝罘田结领事致青木外务大臣函(电报)

大沽战斗之情报(一)(二)(三)

(一)

6月18日上午7:35发,同日上午1:35收[①]

大沽炮台与列国军舰间战斗开始。丰桥舰先访问菲尼茨克(英国军舰)? 又经本官,应美国领事之请求,访问约克达温号(美国军舰)。后应立即赴大沽。详情当由该舰向海军省报告之。

(二)

6月18日上午7:50发,同日正午收

炮击昨早8时停止。

(三)

6月18日下午3:40发,19日下午7:00收

因方形炮台顽强抵抗,日本兵占领该炮台,外国军舰皆降半旗致哀。想必此乃死伤者多之故。

六六二

6月18日青木外务大臣致驻芝罘田结领事函(电报)

大沽炮台战斗之询问

6月18日发　　　　青木外务大臣

炮击是否停止? 若有其他报道,贵官可一并至急电报之。

六六三

6月18日　驻芝罘田结领事致青木外务大臣函

大沽炮战之详报

机密信第四号,6月27日收

外务大臣子爵青木周藏阁下:

关于义和团一事,昨17日发机密第三号已报告之。昨夜12时,丰桥舰为向海军省发送电报,来港之士官两名到本馆,立即发送电报。关于军舰与炮台间开战,详情由该舰向海军省电报之。今朝由小官简单报告。委细在上述海军省电报可详知。在此将由士官等处所闻报告如下。

本月16日下午,各国军舰前任官会议在俄国军舰上召开。据其决议,大量支那士兵由山海关集中于大沽炮台,且白河口设置水雷,形成清国士兵不镇压义和团反而助之之形势。北京、天津间,天津、塘沽间电线及铁道被切断破坏,交通完全断绝,加之大沽集中大量士兵,海陆交通中断,在北京、天津之外国人极其危险。据此,今在至急撤出大沽之清兵或击溃之两途中出其一外,别无他法。故同日下午7时,以书面将如下内容通告炮台:

集中之兵应于明朝上午2时前全部解散。若不承诺,联军舰队当炮击毁坏之。

---

① 此时间有误。——译者注

对上述两条要求,应在明晨上午2时前回答。

然17日0时46分,炮台开始向各国军舰发炮,故日、英、俄、德、法(美、意、奥未加入)五国军舰应之。察至该日上午5时半,该舰起锚时,双方炮击尚未停止。英舰停泊于最危险之位置,据云各国军舰内一二艘多半受损。又16日晚接情报,内称暴徒包围在北京各国公使馆,公使馆应战之,但未能将其击退。

上述军舰今晨5时向大沽急航。据由大沽来港之本国及外国汽船船长所云,至8时,战斗停止。又方型炮台最强,炮台多半为我国军队占领之。各国军舰似死伤颇多,各舰均降半旗。兹将所闻电告之。

今又以电报询问炮台或舰队由何方停止炮击。因时间已过,不及在上述有关占领之电报中回复。敬具

明治33年6月18日　　　　驻芝罘　领事　田结铆三郎(印)

又及,战斗之际各国军舰死伤者人数如另页所示。但本国情况未详,遗憾之至。阁下频频问讯,待了解后可报告之。

六六四

6月18日　驻上海小田切代理总领事致青木外务大臣函(电报)

大沽炮战之情报(一)(二)(三)

(一)

6月18日下午0:10发,同日下午3:15收　　　　驻上海领事　小田切

驻上海美国总领事接该国芝罘领事如下电报:

据报,日本国水雷驱逐艇到港,17日清国炮台向外国军舰开炮。清国军舰四艘停泊于本港。

(二)

6月18日下午2:15发,同日下午4:50收

据今接头之清国人电报,大沽炮台为外国兵占领。

(三)

6月18日下午4:35发,同日下午8:30收

传闻在与大沽炮台战斗中,外国军舰两艘被击沉。又据可靠消息,李鸿章接到立即前赴北方之命。

六六五

6月18日　青木外务大臣致驻俄国小村公使并驻欧美公使函

义和团暴行、天津危急并大沽炮战之通知

自6月12日(第三九封电报)后,义和团军焚烧了英国公使与传教士在西山之房屋以及美国在通州之神学院与教堂,并捣毁了杨村之铁路和桥梁,完全阻断了天津与廊坊间之交通。在此前不久,新增之一千二百名外国兵员刚刚由天津抵达廊坊。在天津,大批义和

团已于6月13日开始涌入城内，并以挑衅姿态在各街道示威游行。次日晚，义和团焚毁了当地三座基督教堂，但当局并未采取任何措施加以制止。

在清政府中，以排外著称之保守派重新掌权，同时慈禧太后发布密令，要求北洋通商大臣将天津驻军派往大沽，做好战争准备，以阻止外国军队登陆。

驻芝罘领事于6月18日发电报称，大沽驻军与除美国以外的主要作战部队之间已经进入战争状态。不过，其在随后电报中说，炮击已经于6月17日上午8时结束。由于北京与天津之间电报通讯已完全中断，因此目前无法进一步获悉该地之实际形势。

以此通报各驻欧美公使人员。

青木　　1900年6月18日[①]

六六六

6月19日　驻芝罘田结领事致青木外务大臣函

大沽战斗之续报

6月19日下午1:12发，同日下午11:15收　　　驻芝罘领事　田结

约一千二百名联军（内日本兵三百六十，或三百七十名）于铁路停车场集合，进攻炮台。日本兵首先占领北方之内部最具优势之炮台，竖起日本国旗。日本军服部中佐及士兵九名战死，一名重伤，其他轻伤。俄兵损失最大，死伤者七十名。

俄国三千名、英国一千名及德国一千三百名陆军士兵昨日到达大沽。哥萨克兵若干名当今日到达大沽。

肥后丸载各国军官及士兵尸体与负伤者，昨晚向佐世保直航。

六六七

6月20日　驻俄国小村公使致青木外务大臣函（电报）

关于占领大沽炮台之情报（一）（二）

（一）

6月20日下午3:23发，23日上午1:03收（因线路不通延误）　　驻俄国全权公使　小村

第四九号

关于占领大沽一事，旅顺口的海军中将阿历克谢耶夫向海军参谋本部发送之电报于6月20日在发行之官报发表，其要旨如下：

大沽炮台在经过七小时夜战之后，于6月17日早晨被登陆之军队占领。战斗由清国军队发起，加入该场战斗者有三艘俄国军舰柯莱埃茨、基里雅库、鲍布尔号，法国军舰里昂号，英国军舰阿尔捷林号以及德国军舰伊尔奇斯号。多普罗夫斯基上校担任总指挥，俄国军队中大尉一名、下士十六名死亡，大尉三名、下士六十七名负伤。柯莱埃茨、基里雅库号军舰受损，特别是基里雅库号破损严重，需要人手进行维修。

报道无法确定日本军舰是否参加了该次战斗。

---

① 此篇原文为英文。——译者注

（二）

6月20日下午7:38发,23日上午9:00收(因线路不通延误)

第五一号

6月20日与拉姆斯多夫伯爵会谈时,该伯爵云:因清国军队在白河布置水雷,企图切断去往天津之通道,故占领大沽炮台成为最切实必要之举措。本官询问该伯爵:是否考虑过因此次大沽事件形势会发生极大改变。该伯爵答曰:形势不可能不受到丝毫影响,莫不如相信这样一来更能容易地解决近来之困局,因在强硬之排外大臣与外国军队之间犹豫不决之西太后应该会因为危难迫近而产生动摇。

六六八

6月20日　驻芝罘田结领事致青木外务大臣函(电报)

各国陆战队向天津进发之件

6月20日收　　　　驻芝罘领事　田结

位于塘沽之外国军队正在向天津进发途中。

六六九

6月22日　驻上海小田切代理总领事致青木外务大臣

关于进军北京之目的大沽联合舰队首任司令官发电之报告

附件:发给沿海、沿江各总督之电报复本

公信第一七六号,6月27日收

外务大臣子爵青木周藏阁下:

大沽各国舰队向沿海、沿江各督抚发送电报之事

位于大沽之各国联合舰队首任司令官向沿海、沿江各省总督、巡抚发出电报如另页所示。该通报经芝罘美国领事通过电报委托本地美国总领事,又本地首席总领事再向各省督抚发送。特此报告。

明治33年6月22日　　　　驻上海代理总领事　小田切万寿之助(印)

(附件)

在华各列强之联军舰队司令与高级海军官员决议告知中国沿海、沿江各省市督抚,他们将只对阻碍他们去北京解救其国民之义和团与其他人行使武力。[①]

(注)以上电文与第三六四文书所载6月21日田结领事之电报相同。

六七〇

6月23日　驻芝罘田结领事致青木外务大臣函(电报)

各国分遣队苦战之情报

① 此篇原文为英文。——译者注

附记:6 月 26 日田结领事电报(一)(二)
6 月 23 日下午 8:20 发,24 日上午 7:10 收
外务省

根据今日入港之英国军舰奥兰多号之报告,虽然进攻之军队一度被击退,但昨夜再次进行攻击。一名士官战死,一名士官以及三名水兵负伤。又外国分遣军中有士兵被俘和被杀。特别是俄国军队之死伤比较严重。士兵学校守备军尚在防御之中,传北戴河及山海关为哥萨克军所占领。

驻芝罘领事　田结

(附记)

(一)

6 月 26 日上午 3:00 发,同日上午 6:15 收
东京外务省

大沽和天津间联络已于本月 21 日恢复。据传,西摩将军被包围在距离天津十里远之地方,各国公使虽然在清国军队护卫下撤离北京,但无法判明他们目前具体所在地点。

(二)

6 月 26 日下午 9:51 发自上海,27 日上午 3:15 收　　　驻上海领事　小田切(转达)

驻芝罘领事电报如下:

联军两千人于 6 月 23 日对天津进行救援,英美两国军队率先进入天津,其他各国军队随后依次进入。俄国军队遭受损失为战死四人、负伤三十人,其他国家军队损失极小。西摩将军被清国军队及匪徒包围,而且由于有伤病者之原因情况较为困难。据一艘来自大沽之汽船报告,在天津死伤者以及损失意外少。

六七一

6 月 24 日　上海小田切代理总领事致青木外务大臣函(电报)

清国政府要求各国公使撤离北京及匪徒所用大炮出处之传闻

6 月 24 日下午 4:35 发,同日下午 9:20 收　　　驻上海领事　小田切

据盛宣怀刚从袁世凯处接到之电报,清国政府对各国公使提出了迅速撤离北京之要求,不过尚未判明该要求期限。又该氏从保定府电报局得到之电报称,在炮击天津外国人租界中使用之大炮是义和团从该地总督衙门借来的。

六七二

6 月 24 日　驻俄国小村公使致青木外务大臣函(电报)

关于俄国出兵理由之情报

6 月 24 日下午 4:40 发,26 日上午 2:45 收　　　驻俄国全权公使　小村
第五九号

6 月 24 日发行之官报中有公报记述清国事件之梗概、俄国军队之派遣以及占领大沽之事实,其要旨如下:

匪徒接管了大沽各炮台,俄国和其他各国分遣队无法获得粮食以及援兵。列国军队为率先打通海路,必须从匪徒手中解放大沽炮台,而占领大沽开始打开俄国军队与俄国公使馆之间交通,从而能够实现保护俄国臣民之职责,如此,俄国军队进入其邻邦之领土不仅没有任何对清国有害之企图,而且在这次骚乱之际进入友好邻国镇压匪徒,帮助清国政府迅速恢复秩序,实际上是给予北京政府极大之援助。

六七三

6月27日　驻芝罘田结领事致青木外务大臣函(电报)

递送有关各国公使撤离北京一事及天津租界等地战况之天津报告

6月27日上午8:00发,28日上午7:50收　　　　驻芝罘领事　田结

在天津驻清国公使馆丸毛三等书记官6月25日所发报告如下:

据来自北京之最近报告,各国公使6月19日接到总理衙门之通告,要求他们在二十四小时之内撤离北京,20日从北京出发。由西摩中将指挥之两千三百人军队从距离天津(此处不明)返回时,因受到优势清国军队之攻击而无法到达天津。两千人之联军于6月24日半夜从天津出发前往救援。据称外国公使与该中将行进路线并不相同。该中将可能于6月25日到达天津。又,西公使被认为也会同时到达。天津外国人租界于6月17日下午2:30受到了猛烈攻击,联军极力防御,我方所受损失甚小:一名士官战死,数名水兵负伤。在天津领事馆(领事馆安全)躲避之侨民中,一人死亡,一人重伤。

福岛陆军少将应于6月26日到达天津。然为保护当地以及向北京进军,还需要派遣更多之军队。一名士官及若干士兵为检查大沽和天津间之道路于6月25日从大沽到达天津,他们称此段道路十分危险。

从天津到塘沽之铁路已被修复。潍县教会6月25日被破坏。关于各国公使何时到达天津还未接到确切消息。

六七四

6月28日　驻仁川伊集院领事致青木外务大臣函(电报)

递送有关各国公使撤离北京一事以及天津租界等战况之天津情报

6月28日下午11:45发,29日上午5:00收　　　　驻仁川领事　伊集院

第四号

韩国政府为视察清国事件所派遣之双龙号汽船于今日即28日下午7时左右从芝罘返回仁川。驻芝罘田结领事委托该汽船于昨天从当地发来27日之电报。为确认,又委托将如下天津丸毛书记官25日之书信电报之。

据北京最新情报,19日各国公使接到总理衙门要求在二十四小时以内撤离北京之通告。翌日(20日),却再未接到任何有关要求撤离北京之消息。本月11日,有报告称,向北京行进之西摩军两千三百人半路折回时,在天津附近(不明)里处遭遇勇猛之清国军队而无法返回。为救援他们,两万(两千?)人左右军队昨夜1(不明)时已从天津出发。有消息称各国公使与西摩军并不同行。西摩今天应会进入天津。祈祷我公使能够和他一起平

安到达。

天津租界17日下午2时左右受到了猛烈炮击，炮弹犹如雨下。联军死力防守，然我兵力太少无法应对大战。我士官一人死亡，士兵数人负伤。在馆内防御工事中躲避之臣民一人当场死亡，一人重伤。馆员和本官幸免于难。虽明日福岛少将率我军到达天津，但本官确信，日本之紧要任务是陆续快速派遣大军前来保护帝国臣民和征讨(?)北京。如果被他国单独博取此等荣誉，乃我之千古耻辱。

为确保福岛少将安全到来，守备大沽之士官、士兵数人侦察大沽、天津间之道路，刚刚到达天津。据他们称，这段道路十分危险。本官委托金刚号军舰向外务大臣发送电报。

又田结领事电报如下：

昨夜以来，芝罘、上海间之电信不通，完全无法相信是因昨晚雷雨造成之。如此当不能迅速开通。

六七五

6月28日　芝罘田结领事发给青木外务大臣函(电报)

各国公使到达天津之情报

6月28日下午5:15发，30日上午9:50收　　　　驻芝罘领事　田结

乘坐高砂丸号之加藤特命全权大使6月27日发来如下报告：

6月25日左右，大沽、天津之间联系再次开通。6月26日下午接到各国公使经过重重困难到达天津之报道。因从大沽到天津之道路仍然危险，本官暂时停留在当地等待时机，到达天津后再通过电报详细汇报情况。给本官之训令发至芝罘领事馆。

如本官最近之电报所说，有关上述各国公使之报道尚有可疑之处。

六七六

6月30日　驻天津郑领事致青木外务大臣函

任职地战斗情报报告

机密第一二号电信，7月12日收

外务大臣子爵青木周藏阁下：

6月17日至同月30日战斗情报另页呈上，恭请查阅。　　敬具

明治33年6月30日　　　　驻天津　领事　郑永昌(印)

又及，仓促之间，无暇誊清，呈上草稿，敬请谅解。

(附件)

第一次战斗情报

收到报告称，6月17日在大沽之各国军舰协商之后攻打大沽炮台并占领之。后闻其情况如下：

各国军舰见大沽炮台积极备战，大沽河口被铺设水雷，议决为保证交通安全，首先占领炮台。预定以17日晨2时为期，各国联军发动总攻击，占领该炮台。在该炮台，清兵自17日晨0时过后，首先对在炮台上游之英、俄、德各炮舰及在塘沽之各国登陆军队宿营地

并在同地停泊之日、美等炮舰开炮,因此各国炮舰及登陆部队立即应战。此前我军舰丰桥之兵员约三百名在前日由大沽在塘沽登陆,海军中佐服部雄吉氏为指挥官,露营于塘沽车站。闻敌之炮击,立即命全军向大沽进发。由英、俄两国军舰登陆之兵员已进入先头阵地,伏于全线,正在与敌应战。服部中佐晓谕各兵员曰:此次各国联合作战,应不劣于各国士兵奋勇战斗,立即命令突击。我兵以白石海军大尉为先锋,越过俄兵战线,突击炮击猛烈之北岸西部炮台,立即占领之。随后,英兵也发起突击,与我兵前后进入炮垒。炮垒内之守兵全部逃走。我兵利用此炮台之炮,炮击东面北岸东部之炮台,不久占领该炮台。南岸炮台因联合海军之炮火,火药库爆炸,一时沉寂,俄、德各国兵占领之。在北岸东部炮台竖起我国国旗,西部炮台竖起英吉利及意大利两国国旗,南岸东部炮台竖起俄罗斯国旗,西部炮台竖起德意志国旗。占领炮台后,日、英、俄、德四国各以兵三百名留守。此战斗晨0时51分开始,晨5时10分完成占领。我军死伤者为重伤军官一名,士兵三名,当即死亡两名,指挥官服部中佐中弹,胸部受重伤,不久死亡。其他各国死伤二三十名。敌死伤者数十名,其余向左方海岸逃走。

在天津各国领事闻清国兵将炮击租界,商议在彼之炮击前率先征讨之,在法国领事馆召开会议。二三领事聚集之时,敌兵自天津城东三岔口水师营之炮台开始向租界发炮,以至会议不得已中止。敌自炮台开始发炮,时正为下午3时40分。由该炮台持续发炮三小时,炮弹落在租界各处,我领事馆仆役房间被毁,《国闻报》馆楼上被毁。租界其他各处房屋受损者不少。本职于前日看到情势紧迫,已通知我侨民,在认为危险之时,立即到本领事馆避难。此日炮声一起,侨民皆来到本馆避难,其数为七十余名。此日下午5时,清兵攻到车站附近,迫近租界北部。守备车站附近之俄国兵击退之。

同时,敌之马队向梁园门方向迫近租界南部。德、俄各国兵防备之。我海军兵三分队自下午6时守备该方向。

因租界东南方对岸武备学堂有兵器设备,英、德、意、奥各国兵于下午3时开始攻击之,仅遇稍许抵抗,立即占领之。先烧毁兵器库,然后烧毁该学堂内要处。

此前,与西摩中将一同进发之联军一面修复铁道,一面向北京前进。6月14日,杨村附近铁路被破坏,与当地联系中断。就此,16日当地各国军队武官召开会议,决定此日各国联军继续进发,并与之保持联络。此联络队在杨村附近与清兵冲突,不能前进,返回当地。据说此日俄兵当即死亡五名。

自此日,租界内支那人多逃走,外国商店悉数关门,日用品供应完全断绝,仆役、厨师等绝迹。居留各国侨民深感不便。避难之我侨民皆自炊,各自吃饭。各国领事会议决定,若危险来临,以英国工部局为各国侨民避难场所,并为最后守备地。因此,此日下午敌炮击猛烈,我侨民之妇女、儿童赴工部局避难。

自6月18日晨6时30分左右,清兵由三岔口炮台及天津城墙炮台等处,向租界开始炮击,然后清兵在车站附近以西盐地方面,即租界西面白河对岸一带集结力量,向租界西部而来。英、俄及我兵与之应战。下午6时许,敌之炮火渐渐沉寂。此日之交战极其猛烈,彼我死伤不少。我军死伤者,在白河老龙头浮桥左方河岸海军大尉营文三死亡,在同处右方河岸海军下士田中荣藏及海军水兵泥谷今朝、松郡谷五郎三名负伤。当日早8时,为恢复天津、塘沽之间联络,武装之机车载俄、英国兵各五十名并炮一门,一边讨伐一边前进，由当地出发向塘沽而去。

此夜，敌兵在租界周围近处之村庄放火，数处村庄被烧。

又，此日由于敌兵炮火，法兰西租界南部紫竹林一带被烧毁，我商店杂货商武斋号（店主武内岁吉）与东华号（店主樋口忠一）两家被烧，其损失不小。自6月19日未明，敌沿白河对岸配置兵力，迫近租界西北方面，其数约为三四千人。三岔口敌之炮台此日又从下午2时左右开始向租界西部猛烈炮击。敌更在车站东北部新设两门炮，炮击租界西部。此等炮火极其猛烈，我正金银行烧毁，其他各洋行之损坏严重。敌之枪声入夜后尚未停止。

此日，在我领事馆附近之关内外铁道总办唐某之家炮弹爆炸，其妻脚部受重伤。唐向本官请求提供治疗方法，本官托我海军军医官告之用脚部切除法治疗。

此日，穿洋装之支那人靠近英国哨兵，以短枪击杀哨兵，因此决定严格审查租界内之支那人，稍有嫌疑者击杀之，以致我侨民中有发辫者多剪断之。

6月20日。前夜敌离开白河对岸之地，未明迫近租界东、西、北三面。各国兵尽全力抵挡，加强周围防御。晨5时左右，敌迫近租界南方梁园门方向，接近距本领事馆三百米处，有必要于馆内筑起防御堡垒，以防万一。然我兵悉数被派遣到防线，馆内几乎未留兵员。故此堡垒为我侨民一同构筑。我海军指挥官向侨民下达命令，侨民冒死从本馆南邻运出羊毛包，将之堆积在我馆内要地。由东面对岸射来敌之子弹击中侨民有信洋行（内外棉会社天津办事处）职员牧库一郎及武斋号（杂货商）照相师池田善作两人头部，库一郎当即死亡，善作重伤，人事不省。

此日，我军守备点为租界西部老龙头浮桥以西及租界南面梁园门附近。在老龙头附近海军少尉武光一，在梁园门附近水兵山林造中弹负伤。此日自车站以南至盐坨之敌颇占优势。俄国兵及我军努力剿讨之，使其从对面之地退却，但仍据守其右侧及左侧方面，未全退却。

6月21日。早来敌之形势与前日虽无变化，但似在西北部方面渐渐向西退散，莫非西摩中将率联军前来，使敌力量向该方向集中乎？

此日下午2时左右，敌自三岔口炮台向租界开始炮击，烧毁瓦斯会社之一部，因此租界内瓦斯灯将缺矣。

6月22日。形势依旧。今朝北京方向遥闻炮声，莫非西摩中将之联军在来津途中与敌交战乎？

前日派遣去塘沽方面进行侦察之俄国骑兵看到两千至三千军队沿铁道线行进，报之。各国联军将由塘沽前来本地。此日，据来自北京之情报，各国公使馆员接到总理衙门应于19日离开北京之通知，将于20日离开。

（可以确认的是，其后各国公使将出北京城时，知危险迫近，该日没有离开。）

敌迄今屡屡企图烧毁老龙头车站，今晨该车站因敌之炮火被烧毁。俄国步兵三中队、炮二门，警戒该处附近。

6月23日。从塘沽出发之各国军队此日下午5时左右到达本地。其各国军队国别如下：

一、俄国步兵一个联队（约一千六百人），野炮四门，哥萨克骑兵五十名，塞奈拉尔斯特茨赛尔率领之。

一、英军陆军、海军约七百名。

一、美军一百二十五名。

一、意军二十名。

此前,在天津租界内驻守之各国兵员数量与敌相比颇为薄弱,故(不得?)不常被敌包围攻击,取守势防御。此日见上述大部队到达,各国侨民欢呼雀跃迎之,敌势亦稍有缓和。

此日,有情报说,与西摩同行之联军归至距天津约七英里处,但遇优势之敌兵,固守阵地。

6月24日。俄军此日展开战线,击退白河对岸以北及铁道附近之敌,缴获该处敌配备之炮一门及枪支若干。

6月25日。为救援与西摩同行之联军,在本地之各国兵约两千于午夜零时渡过架设在武备学堂前之浮桥,俄军约一千,炮两门,沿铁路线左侧行进,英、美、德、意及我军约一千,炮两门,沿铁路线右侧前进。我军为指挥官野村大尉,小队长福崎少尉,军医官境野小军医,下士五十一名。对上述运动,俄军牵制在天津之敌军。

下午6时左右,英军在租界西部河岸架设十二斤(日斤)野炮,炮击天津城。城内外数处起火,使三岔口之敌炮哑火。

此日,海光寺之机器局烧毁。

在塘沽之我海军,为与本地恢复联络,了解彼我之情况,由白石大尉率从各队挑选之下士七名,于此日晨4时20分从塘沽向本地进发,午夜零时过后安全到达本地。据白石大尉所报,由塘沽至军粮城,由军粮城至前行约五英里处,火车可通行,此外铁路毁坏颇为严重,火车不能行驶。目下军粮城附近由威海卫之英军守卫,塘沽、天津之间带二三卫兵能够安全通行。停泊在塘沽之各国军舰为俄舰鲍布尔号、考莱茨号、格里阿茨库号,英舰阿尔扎林号、瓦约姆号、霍阿伊钦克号,美舰茅诺卡西号,法舰里昂号及我舰爱宕号、丛云号、阳炎号十一艘,在大沽之我军舰为常盘号、高砂号、秋津洲号、须磨号、吉野号、龙田号、镇中号、镇边号、隼号诸舰。笠置号目下在芝罘航行,富士号、八岛号两舰近日入港。常备舰队司令长官东乡海军中将24日到达大沽,本日登陆。福岛少将指挥之陆军临时派遣队第一批步兵二大队、炮二十门、骑兵一中队于24日到达大沽湾,第二批约两千步兵今后两日左右到达。

6月26日。西摩中将之联军昨日从当地出发,今日与救援队一起到达本地。

西摩中将一行6月10日从本地出发,一边修理杨村以北铁路,一边前进。遇少数义和团匪,剿讨之,12日到达落垡车站。为防止后方线路被破坏,留英兵六十名左右在该处附近担任守备。其夜,在落垡与廊坊之间停车。此日后续部队全部到达,各国兵力如下:

英兵九百一十五名,德兵四百五十名,俄兵三百一十五名,法兵一百五十八名,美兵一百名,意兵四十名,奥兵二十五名及我兵五十一名,包括士官在内总计两千零五十五名。一行13日到达廊坊,停车。14日上午9时30分,约三百名义和团匪手持刀枪,由左前方向司令长官乘坐的第一列车与我海军乘坐的第二列车之间扑来。联军应战约二十分钟,将其击退。匪徒死者约七十,联军内死者为意军四名。据云,当时匪徒不顾枪林弹雨,猛然冲来,勇猛无敌,令联军也惊骇不已。下午4时40分,由落垡传来急报,其守备兵自下午3时左右被千余匪徒包围,正在苦战之中。因此,我军乘坐之第二列车载西摩中将立即向落垡急驶而去，5 时 15 分到达，时战斗正酣。同车之英、德、法及我军约四百五十名下车解救英兵。开战约二十分钟，匪徒退却。此日，击毙匪徒约三百，联军负伤者仅落垡守备英军两名。联军在该地留下英兵三十五名，返回廊坊。15 日晨 6 时 30 分，联军为报告情况并取得粮草、弹药补给，向天津发出特别列车。下午 4 时 20 分，该车由途中返回，报曰距杨村两英里处白河上之桥梁被破坏，火车不能通行。因此，其夜召开各国军队指挥官会议，决定既然后方联络已经断绝，以现有之粮食、弹药，无论如何无法修缮三十五英里多之线路到达北京，故放弃修缮前方线路计划，两列车返回后方，修缮杨村以南线路，力求打通与天津之联络。16 日未明，堆放修缮用材料之第一、四列车退回后方，第二、三列车停在落垡、廊坊之间，往来其间，防止铁道被破坏，17 日到达杨村。西摩司令长官在廊坊报曰，杨村以南线路之破坏遍及达天津全线，短时间内无修复之可能。据俘虏说，聂士成之主力部队 14 日离开杨村守备地，向天津方面退去。其退去时，破坏杨村车站及沿线铁路。因此，杨村、天津间之线路恢复无望，决定各国军队在当地集中后后退。据此，18 日未明，第二、三列车欲向杨村撤退，因机车缺水，遂尽力取水。下午 2 时 30 分，哨兵急报曰，右前方有骑兵二百袭来。各国兵立即下车，在铁路线左右展开队伍。德军二小队在右方前进，忽与敌之骑兵遭遇，当即开战。时英军在前方，日、俄两军在左方展开，前方出现聂士成主力之旗，左方出现董军后哨之旗。敌凡三千。联军与之交战一时二十分，击退全部之敌。此日，联军死伤情况为，德军官一名及英、俄士兵七名当即死亡，英、俄、德士兵四十七名负伤。敌之死者因入夜不详。此为第一次激战。此日缴获物品中之义和团旗上有“奉旨”二字，联军至此始知清国让官兵帮助义和团。其夜 7 时 35 分，在廊坊之各国军队离开当地到达杨村，与西摩中将会合，召开各国军队指挥官会议，虽与天津之联络尚难意料，幸而此地在白河畔，故决定沿河从陆路向天津进发。联军派出征集队寻找过河工具，得大型支那船四只、小型帆船五艘，运载伤兵与粮食、弹药。于是，联军自 19 日未明准备陆路行军，下午 2 时，由杨村下游五百米处渡过白河到东岸，下午 4 时 20 分开始前进，晚 7 时 50 分到达北新庄，在野外露营。20 日晨 5 时 50 分出发，8 时 10 分到达汉口。[①] 此时受到来自前方蒲口左面敌之炮击，立即隔河交战逐渐推进。联军在抵距敌四百米处展开肉搏，10 时 20 分击退敌兵，占领蒲口休憩。时由下游方向敌开炮挑战，11 时与之应战，0 时 40 分使敌之炮火沉寂，进而占领下蒲口休憩。又，下午 2 时 30 分，下游南方铁路线方面发现敌兵，联军对之开战。至 5 时 20 分，敌死守南方村落，顽强抵抗，没有退却。此敌为聂士成之步兵，凡二千，炮三门，骑兵约三百。时我海军指挥官森海军中佐向西摩司令长官献策曰，敌势如此，乞以我军突击。司令长官同意之，并以英军两百、美军九十加入我军一起突击。攻陷前方村落(李家嘴村)，摧毁占据附近之敌军势力，使之向南败走。联军占领该村后，在其河岸露营，烧毁附近四处村落。此日英诺采留上校胸部负重伤，联军死伤不少。此为第二次激战。21 日晨 6 时出发。此日军队分为两路。日、德、俄、奥沿河西岸而下，英、美、法、意沿河东岸而下。8 时 30 分通过王庄时，敌从前方树林发炮挑战。联合军队应之，经三时十五分大战，使敌退却，全线推进追之，进入北仓，稍憩。下午 2 时 30 分启程，过王家庄后行半英里，前面复有敌扼守。自 3 时 10 分至 6 时之拼死应战，使敌退却。

① 原文如此，应为汉沟。——译者注

联军此夜在南仓露营。此夜,召开各军队指挥官会议,其要旨为自杨村出发以来,白昼所经各村每村受到敌之阻击。据以往之经验,夜间没有敌之袭击。白昼行军只使我军疲劳,行进缓慢,莫不如夜间从当地出发,沿白河河堤隐蔽行进,以早日到达天津。结果,22日晨1时从南仓出发而下约半英里,遭到来自白河右岸之敌炮击。联军伏于河堤,暂且观察敌之动静,发现敌不过五百,无格斗价值。各国兵约定一齐大喊跃上河堤,敌被此阵势震慑逃走。联军悠然沿河堤前进,至丁字沽时,天已全明。此后,全队警戒行军。晨4时25分,发现右方对岸有堡垒,二哨兵在堡垒之上。前锋英兵射击之,继续前进。不意从堡垒中野炮枪支向联军乱射。联军将河中载伤员之船只拉上岸,据隔河三百米处,野炮三门、机关炮六门及全线炮火猛烈攻击敌人。然联合军队不得地利,不能使敌退散。时前营之德军与后营之美军迂回涉河,潜行至敌堡垒正面,突击进入堡垒。其他各队射击支援。晨5时35分,联军占领该堡垒,休憩。至6时,聂士成之步炮兵凡两千,骑步兵及炮兵约两千分别从南方、左方同时攻来。联军在距三千米处与之对战达三小时,敌兵渐渐退去。下午2时,从左方退却之敌之支队再次攻来。联军又与之应战一时十五分,以全军炮火击溃全部敌兵。下午4时,全军进入堡垒内。此日,我方负伤者为水兵神田桥清、盐地五郎藏两名。各国兵中,德国海军少校一名当即死亡,士兵死伤极多。此为第三次激战。

此堡垒为西沽之军械库,三面环水。堡垒备炮数门,一则充当武库之守备,二则防御天津要道正面。该军械库为北洋机器局之储备库,其宽二町,贮存之兵器有各种野炮及机关炮数百门,德式及美式连发枪数万挺及其用弹药并白米五吨。联军14日以来因道路断绝,粮食、弹药缺乏,正极为忧虑之际,得此天赐之物,大为安心。在此,又有一忧。此时联军伤员二百一十三名,死者六十一名,全军减员十分之一。特别是自当地运送二百余伤员,每一名伤员配以四名士兵,其总数要八百余人。如此一来,现有兵力一半以上用于此。敌军之能力暂且不谈,人数上以我九百名对彼两万,多少有无谋之嫌。幸而此堡垒贮存武器、粮食,决定暂且占据之,等待天津来联络。自此联军在堡垒内固守不出。此夜,联军为侦察敌情,向左方铁道线派遣英国水兵百名,海军上尉率之。在距堡垒一英里处被敌发现,受其攻击,队长上尉及四名水兵被枪弹击毙。据此察敌之情势,联军周围几乎完全处于聂军包围之中。23日晨4时20分,在左方聚集之敌开始炮击,渐渐逼近,在对岸三百米处之一村落构筑野炮阵地,袭击联军。联军全力防御,至上午10时余,使敌渐渐退却。此时,我军在发射堡垒内装备之野炮之际,海军下士明石松太郎、水兵藤木槌市二人中敌之枪弹,当即死亡。24日,左方之敌似向天津方向散去。其后偶遭炮击,但未受敌之袭击。25日,在左方铁路线方面发现外国军队(救援队之一队),故联军在堡垒上升起各国国旗,示其所在,立即被援军发现。该军8时10分到达堡垒,联军欢呼迎之。8时5分,敌自南方开始袭击,援军之俄兵迎击之,立即使之退却。西沽以南至天津土垒沿途之各村落被烧毁。下午,联军准备行军,出堡垒,在河岸露营。26日晨3时,在军械库留英兵三百名,全军从露营地出发,踏上归途。在行军三英里后,英兵放火烧毁军械库。全军途中平安无事,上午10时30分到达天津。

由以上情况可知,各国联军未能进入北京,返回本地,北京各国公使馆员等实濒于危险境地,无法预见能早日得到救援。此日,召开各国领事会议,决定通告清国政府,若屠杀北京各国公使馆员,各国将掘清朝历代之陵。此无非求各国安全之策。

6 月 27 日。各国兵占领去本地东北约两英里之北洋机器局，烧毁之。当日晨，俄国骑兵出发侦察敌情，上午 7 时左右从机器局左方归俄兵阵地。俄兵此日派出陆军六百名在机器局左侧前面，又在正前方铁路线右面设机关炮三门、野炮四门，另在其左方设野炮两门，其他俄兵大部队宿营于白河东方河堤之下。德兵此时已在机器局右方铁路线下，向前方派遣出小队。此时，机器局内之敌已开始开炮交战，处于左方之敌猛烈炮击左翼之俄兵。右翼之德兵急进，突击敌之右侧，在后部阵地之俄兵亦开始前进。敌由三岔口炮台及天津城开始开炮，射击俄兵之阵地。在此处之野炮、机关炮为牵制敌兵，持续猛烈开炮，成为一大战斗。英、美及我军见此战况，为支援俄、德军，向该处出发。英、美军向敌之中央及左方，我军向敌之左方前进。此时俄军已突破敌之正面，进入其营内。德军攻破敌之左侧，亦进入营内。不久，占领之。此日，敌之火药库爆炸者四五处。敌军多从左方后面逃走，其数约两三千。俄军占领机器局后，在其要处放火，烧毁之。我军前往该处者野村海军大尉所率一中队并二小队（约一百名），归途中在附近兵营击毙尚未逃走之练军后营兵三名，在附近村落杀义和团匪两人。此日，敌之死伤约百余名。此日之战，上午 7 时左右开始，下午 1 时左右结束，其间六小时。此战为占领大沽以来之速战。

此日傍晚，德兵纵火烧我领事馆南方侧面之支那民屋，将延及我军充当兵营之领事馆对面大屋（开平矿务局官舍）。领事馆东南方杂货店亦被烧，我军尽力消防，矿务局官舍免于被延烧。

6 月 28 日。晨，铁道附近之敌离开阵地，向天津方向而进，构筑野炮阵地，似欲攻击俄军之露营阵地。下午，向该方向派遣我军二小队与二分队，途中仅击退开枪之五六名清兵，侦察铁轨一带，未发现异常情况而归。

此日，德兵又烧毁其本国租界内支那人住宅数所。

6 月 29 日。我军舰常盘及高砂号登陆之海军一中队与二个小队（一百三十六名）由塘沽携粮食前日出发，此晨到达本地。

此日，北京 24 日发之情报送到，曰：

义和团及董福祥部下之兵在各国公使馆放火，数处公使馆因此被烧毁，东交民巷一带民房亦尽数被烧。各国公使馆员及侨民都在英国公使馆内避难，以各国卫兵防御其周围。敌兵包围攻击之，各公使馆员等人生命危在旦夕。

德国公使赴总理衙门途中被清兵所阻击，轿夫将其抬到总理衙门。该公使胸部中弹，在总理衙门内殒命。其翻译官被清兵砍伤，目下正在治疗之中，多半无生命危险。总理衙门大臣见德国公使死去，全都逃离衙门云。

北京状况如此紧迫，各国领事召开会议，请西摩及各国军队军官商讨救护北京公使馆员等人之方法。各位军官之意见是，以目下之兵力，无论如何无法进入北京。近日旅顺总督阿列克谢耶夫将率俄国军队到达，然后再向北京进发。

此日，福岛少将所率陆军临时派遣队之步兵一大队（缺二小队）约九百名，在陆军步兵少佐江口昌条氏率领下，与福岛司令官一起，早晨从大沽宿营地出发，由陆路向本地进发，傍晚 7 时到达武备学堂前，我侨民欢呼迎之。6 月 24 日到达大沽之我陆军临时派遣队人员一览表如下：

部队类别	司令部	步兵二大队	骑兵一中队	野战炮兵一大队(山炮二小队)	工兵一中队	辎重队	帐篷监视员	卫生预备员	野战兵器厂	
战斗人员	8	1780	126	382	222	19			3	2540
非战斗人员	48	160	42	78	40	315	23	66	2	774
总人数	56	1940	168	460	262	334	23	66	5	3314
马匹	30	142	157	264	37	319	22	1		972

此次骚乱,各国中登陆兵力最多者为俄国,英、德次之。相比之下,我国登陆兵力远远少于各国,因此仅能保住防线,遗憾不少。及此大部队到达,与各国相比,毫不逊色。在本地之各国人,迄今见我兵勇敢,且纪律严明,均表敬慕之情。

此日有情报说,清兵与义和团匪共约一万五千将三面围攻租界。又袁世凯所率军队亦由山东前来本地。于是,召开各国军队指挥官会议,商讨应对之方法,决定各国兵仍以以往之守备警戒租界。

6月30日。由北京来之情报曰,在北京内城之崇文门及正阳门,董福祥部下之兵备炮一门扼守之。为保护各国公使馆员及侨民避难之英国公使馆,我卫兵二十五名占领我公使馆西面、英国公使馆对面之肃亲王王府,牵制敌兵。该王府内有耶稣教教民避难者三百五十名。德国公使馆卫兵闻公使被杀害,当即袭击总理衙门,放火烧毁之。该卫兵在公使馆后面城墙上架炮一门,以此为阵地,与敌相对。各公使馆被烧者,荷兰、意大利、美国、比利时、俄罗斯五处。俄罗斯公使馆半毁,其他全部被烧毁。目下北京、天津之间敌兵人数为通州一万五千人,北仓两万人,杨村一万五千人,总计五万人云。(另页添加图)①

如北京来之情报,北京形势紧迫,各国公使馆员等人今陷入惨境,如瓮中之鳖一般。清国政府似与此无关。据坊间传说,庆亲王以亲兵保护各国公使馆。又传山东袁世凯率属下军队进京解救各国公使馆员,与各国商讨议和。虽不知其说确否,但此时一般之认为,清国政府不能默许此等无谋之举。

六七七

7月1日　驻天津郑领事致青木外务大臣函

任职地之战斗情报续报

附记:(一)参谋本部情报(7月3日战况)

(二)7月7日田结领事电报(7月4日战况)

7月1日天津发,4日下午1:00芝罘发,5日上午4:13收　　驻天津领事　郑

第一二号

6月25日,西部机器局被外国兵烧毁。6月10日向北京进发之两千零五十五名列国增遣队于6月26日从天津、北京间之廊坊返回天津。同日晨,联军占领西沽机器局。战斗上午7时开始,经六小时。至7月1日,没有战斗。

① 图略。——译者注

（附记一）

参谋本部情报（7月3日战况）

天津附近之战况

3日，敌兵猛烈炮击俄兵守备方面天津租界北方。俄军官派其副官前来，恳请我炮兵到车站压制敌之炮火。因此，派出炮兵一中队、步兵二中队，代替俄兵守卫该处。我军对强大敌兵之攻击，勇猛战斗，大尉两名死亡，下士以下约三十名死伤。

福岛少将所率之约四千陆军今日已在天津。

（附记二）

7月7日田结领事电报（7月4日战况）

7月7日下午10:26芝罘发，8日下午1:23本省收　　　驻芝罘领事　田结

据天津7月5日发来之报道，马玉昆率清兵一万人及很多大炮，7月4日出现在该地附近，再度占领一周前落入联军手中之机器局。清兵正在天津旧城构筑堡垒，其他清兵自北方到达，天津形势危急。由于担心与大沽之交通再度断绝，居留天津之我国人7月6日全部乘佐仓丸从大沽出发。

六七八

7月4日　驻天津郑领事致青木外务大臣函（电报）

关于我军到达天津、我侨民准备撤退之报告

7月4日天津发，4日下午2:00芝罘发，5日上午1:50收　　　驻天津领事　郑

第一二号

6月29日，日本兵九百名到达天津，以与本领事馆相邻张翼之住宅充作营舍。其他兵员应在7月2日自塘沽到达。天津以南凡九英里之铁道全部被破坏，仅本地至塘沽列车每日往返。约四十名日本兵与英国水兵一起从事铁路线修缮。英国拖船拖数只浮艇，每日平安航行。日本国之蒸汽拖船亦6月30日到达，运输粮食及军械。但船长等不能保证普通乘客之安全，经过两三回试航后，如安全，日本侨民当全部离开本地。

六七九

7月6日　驻天津郑领事致青木外务大臣函

任职地战斗情报续报

附件：第三次战斗情报

机密第一四号，7月16日收

外务大臣子爵青木周藏阁下：

7月4日至本日战斗情况另页第三次报告之，恭请阅览。敬具

明治33年7月6日　　　驻清国天津领事　郑永昌

（注）无第二次报告书。

（附件）

第三次战斗情报

7月4日。前日敌在天津城东北角方面陈家勺子附近新设炮列，此日似增加炮三门。

自上午8时左右，我陆军一个中队及英、法两国兵各百名守卫铁道附近之地。至下午3时，敌兵约二三百自西北方面前进，迫近距各国之阵地约三百米处。各军应战，我陆军与之作战最为尽力，遂使敌退却。此时敌之炮垒亦向各国阵地加以炮击。守卫法国租界西北部我正金银行支行的我海军士兵一名因炮弹爆炸负伤。

下午少数义和团匪出现在租界西南部方面，故守卫该方面之英国炮兵使用土垒下之十二斤炮开炮退之。随后，千余团匪在该方向出现并攻来。虽租界内一时传达了警报，但英兵猛烈炮击，将其击退。此时团匪死伤甚多。

7月5日。敌在北洋机器局东北方支起帐篷，故俄兵两个中队与骑兵余百名前往侦察，与少数之敌相遇交火，不久战斗停止。

此日，来我领事馆避难之侨民搭乘我陆海军之便船或美国医疗船等，从本地出发安全到达塘沽或大沽，寻求我运输船之便，以踏上归国之途。但是，关于侨民之行李等，在运输能力有限之今日，只能随身携带小件行李。

此次新派遣之加藤特命全权公使此日晨乘坐海军特派小蒸汽船从大沽出发，下午安全到达本地。

此日由各方面得到之情报如下：

一、牛庄被义和团匪及马玉昆部下之兵占领，各国侨民已逃走。

一、满洲铁道被义和团匪及清兵所破坏。

一、旅顺、大连及胶州湾受到清兵攻击，正在交战中。

一、传北京各国公使粮食等缺乏，为此内阁大臣荣禄给予补充。荣禄且保住了以往之权势。

一、直隶总督裕禄尚在天津。

一、义和团之匪首曹某现住在直隶总督衙门，受到优待。

一、宋军（马玉昆部）之兵七营到达天津。

一、聂士成将家属送回其乡里安徽，途中在距本地不远之杨柳青地方被义和团匪抢掠。聂大怒，派部下士兵讨伐该处义和团匪。团匪在天津练军支援下迎之，聂世成部下之兵败走逃散。

7月6日。天津城附近敌之炮台炮火至今日尚未沉寂。架设在白河西岸之英国三门十二斤炮常与之交火，炮击天津城，然未能奏效。此日，英、法及我国三国协商，约定自下午2时开始炮击天津城及三岔口水师营之炮台。英国在租界西南方之土垒下即西南门附近架设炮五门，我炮兵在其西北之公共体育场(recreation ground)左侧架设炮十二门，法国在英国炮列东部架设炮三四门，设立炮兵阵地。下午1时半左右，开始向天津城及敌之炮台发炮。敌之炮台应之，向租界及各国炮兵阵地开炮。交战约两小时后，至下午3时半左右，敌之炮火渐渐减弱下去，各国兵亦停止炮击。此一战奏效，多少使敌之炮火沉寂。闻天津附近之敌兵逐渐增加兵力，故各国联军约以明日即7日为期，开始对天津城总攻击。

由本地发往国内其他地方之邮件，以往是在本地之我邮政局经由邮船会社定期邮船及清国邮政局发送。此次骚乱，使天津、塘沽间邮路断绝，不能与我邮船会社定期邮船相连接，不得不采取经由清国邮政局之法。但此次骚乱使很多该局职员逃走，仅剩一二英人处理邮政事务，然昨日已逃往塘沽。经由清国邮政局之法不能继续。正当此时，本地邮政局长归任之际，停留在塘沽，自本日在塘沽设办事处，开通通过我运输船只与我国内之通信。

居留在本地之外国人至今日陆续撤退。目下留在本地者多系无处可去。

六八〇

7月6日　特派清国加藤公使、驻天津郑领事致青木外务大臣函

天津租界苦战状况之报告(电报)

7月6日天津发，11日下午4:40芝罘发，15日下午6:25收　　在天津全权公使加藤

在天津发生之事变，天津领事及陆海军武官已以电信报告，本官有再次报告之必要。本官所闻及观察情况如下：

天津之外国租界自6月17日至23日一周间被清人包围炮击，其中法国租界比英国租界受害更为严重。全部租界之房屋三分之一以上被烧毁，各国侨民开始离开天津去日本或上海避难。我国侨民7月4日及5日两日从本港出发回国。上述我国人等在租界被包围期间，我国领事殷切照料，使其在领事馆内居住并提供食物。对其保护及照料全面周到，为其人等称赞。外国租界之围，因6月23日从大沽到达之援兵，其一方已解。又天津、大沽间水路虽恢复，但该租界仍受到天津城及三岔口沿岸水师营炮台不绝之炮击，且上述两地集合大量清兵。最激烈之炮击为7月6日。该日，英、法、日三国联合军队亦炮击天津城外。各国领事与清国地方官公务上之往来自6月17日以来完全断绝。粮食日告缺乏，不远将不得不依赖陆海军队之供给。本信在敌之弹如雨下中写就。

六八一

7月8日　青木外务大臣致驻俄国小村公使、驻欧美各公使函

天津租界附近战况之通报

小村，彼得堡

60. 根据天津之最新消息，7月3日，大量中国士兵出现在天津，并炮轰由俄国士兵护卫的租界北部。应俄国将军要求，日本派出一个炮兵连和两个步兵连，以平定敌军炮击，支援俄军。日本军队受到了来自中国军队的猛烈火力攻击，但他们顽强坚持，最终击退对方。

本次战役我方伤亡情况为，两名大尉被杀，约三十名军士和士兵被杀或受伤。

约四千名日本士兵由福岛将军率领，目前正在天津。特告知以上信息。

请将此信息转发驻欧美之各使馆。

青木

1900年7月10日[①]

---

① 此篇原文为英文。——译者注

六八二

7月10日　特派清国加藤公使、驻天津郑领事致青木外务大臣函

天津形势报告(一)(二)

(一)

7月10日天津发,11日晚11:53芝罘发,14日晚11:40收

在天津全权公使加藤,郑领事

7月3日晨,本官(加藤公使)由我舰队派出之水兵二十名护卫,乘汽艇从大沽出发,4日到达天津。此前本官因故在美国炮舰茅诺卡西号上住宿一夜,有机会能够从联合运输委员那里,得到关于此次事件及大沽现状之报道。据目下状况察之,联军虽在一切问题上全部采取共同行动,但各国犹竭力注意自己之利益,相互抱有偏见,提出异议,遂在利害关系上自然分为两派,日、英、美三国为一派,俄、法两国为另一派。

白河沿岸之村庄或被烧,或被毁,清国人之死尸浮在水上者亦多。

据本官所闻,放火及屠杀为俄国兵所为。其行为之残忍无可名状。(此报告未完)

(二)

7月10日天津发,13日晚8:20芝罘发,14日晚7:25收

在天津全权公使加藤,郑领事

关于列国公使之报道,未从北京传来,但闻其必要之粮食由荣禄供给。

对外国人之租界(在天津)之炮击今尚在继续,外国人之财产蒙受损失甚大。炮弹命中本领事馆五发,其中三发落于房屋后面(此处不明)。7月8日下午,发现很多清兵及义和团匪徒群聚于天津赛马场及西部机器局。7月9日晨4时,日、英、美三国军队两千一百人、俄国兵四百人为援兵,袭击敌军。激战约五小时,敌遂退却。

阿历克谢耶夫海军中将7月7日到达,为俄国军队总司令。

俄国兵向天津灵活敏捷行进,但今就占领天津,似应取慎重态度。

(注)(一)(二)电先后到达。

六八三

7月10日　驻天津郑领事致青木外务大臣函

任职地战斗情报续报

附件:第四次战斗情报

机密第一五号,7月18日收

外务大臣子爵青木周藏阁下:

自7月7日至本日,本地战斗情况如另页第四次报告书,恭请阅览。　敬具

明治33年7月10日　　　　驻清国天津领事　郑永昌(印)

(附件)

第四次战斗情报

7月7日。敌此日在租界西北部至西南部一带即海光寺、机器局、赛马场、八里洼各

处新布炮列，似欲包围攻击租界。下午2时，我骑兵一中队前去侦察租界西南方敌情。赛马场之敌兵以野炮、步枪对之乱射。故我骑兵一小队应战，其他诸队在梁园门外南方之村落宿营，派出少数斥候，探查西南方村落敌情。在该处附近，很多义和团匪聚集，使用刀枪等武器与我少数骑兵肉搏。骑兵以大刀努力应战，其兵员两名为团匪所伤。

此日天津城东北敌之炮台又开始发炮。英国及我国炮列一如前日应战。我骑兵下午5时左右归营。

7月8日。敌继前日采取包围租界之态势。海光寺、机器局及赛马场等处野炮炮击租界及日、英炮兵阵地。两国之炮列应战之。

此日，我临时派遣队司令官福岛少将向附近村庄贴出如下谕告：

> 大日本国调派陆军司令长官福岛为剀切晓谕清国良民事。凡师出有律秋毫无犯，惟讨有罪，不杀无辜。况尔等良民，固与匪类有别，本长官视同赤子，除谕兵士不扰闾阎外，嗣后凡有采买军食等事，公平交易，当给现钱，以昭信守。倘尔等良民，不明此理，如于派兵采买之时，或有抗违逃避等事，恐无由分别良莠，横罹惨祸，是岂本长官绥抚尔等良民至意。为此明白劝谕，以示防护，勿违特示。
>
> 右谕通知
>
> 大日本国明治三十三年七月八日
>
> 清国光绪二十三年六月十三日
>
> 告示　　　　　　实贴

7月9日。日、英、美三国军队以占领敌前日据守之炮列阵地，剿讨其附近及天津城附近之敌为目的，晨3时出梁园门，向西南村落（八里洼附近）进发。我步兵一个中队与该处之敌遭遇，射击后冲锋，将敌驱走。我骑兵两个小队恰遇败走之敌。敌多为义和团匪，挥舞刀枪及步枪，与我骑兵对抗。我骑兵无暇射击，拔军刀与之猛烈战斗，砍杀敌百余名。此时，小队长骑兵少尉太田格广左右腋下被刺伤，少尉目半介左大腿负枪伤。各国军队结束该地一带剿讨后，放火烧毁附近村落，向赛马场进发，攻击该处之敌。该处为聂士成军五营，其稍作抵抗，向后西北方逃走。我陆军追击之，炮兵在距海光寺、机器局东方约四百米处架设炮列，英国在租界东南部土垒架设之十二斤炮亦一起向机器局开炮。敌由机器局内及天津城西南门方向开炮应战。不久，机器局内之敌兵似开始逃走。我海军兵一百四十二名（总指挥官山下中佐，中队长野村大尉，小队长福田、福崎、关三少尉，军医官境野小军医）一直在英国架设炮列之土垒下观察敌情，见时机成熟，与美国兵二小队及英之机关炮队数人一起开始向海光寺、机器局前进。英兵途中在两处架设机关炮备敌。此时，我陆军步兵已到我炮兵阵地前，骑兵斥候也接近机器局。故我海军兵作为侧面纵队，一起向机器局冲锋。福田少尉所率之小队欲自海光寺南面过石桥，因该石桥已被破坏，不得不进入水深及胸之壕沟渡过之，向海光寺冲锋，进入机器局。因敌已逃离该处，立即占领之，在寺内钟楼上竖起我军舰旗。随后登上高约五十尺之仓库屋顶，向败走之敌射击。又福崎、关两少尉所率之两小队沿土墙冲入机器局北门，福崎少尉之小队向败走北方之敌射击，关少尉所率小队向败走西方（即天津城方向）之敌射击。接着，美、英两国兵来到，加入我海军兵。由赛马场方向推进之我陆军兵及英兵亦进入机器局。我工兵迅速在壕沟上架好渡河工事,便利马匹等渡过。我炮兵在该处北门外架设六门炮,炮击藏匿于天津城东南门外民宅之敌兵。英之十二斤炮亦应援,一起猛烈开炮。该处民宅为此烧毁者不少,见居民喊叫着逃走。9 时 15 分,我海军兵集合,在机器局内休憩。此时,敌由北方民宅中出现。我陆军兵即与之交火。此时,召开各国军队司令官会议,决定停止攻击该处,烧毁附近民宅,暂先归营。我海军一小队据机器局前桥梁附近土垒,向敌射击,掩护诸队。诸队于 11 时过后,撤出机器局,踏上归途。途中忽遇俄国兵四百名前来增援。敌见各队炮火停止,遂大炮、步枪乱射,给归途上之各队造成麻烦。各国兵沿土垒之下一边避弹,一边倒退而行。此时,我海军水兵一名负重伤。如此,各国兵零时过后各自归营。

我领事馆为炮弹日日落下之地。此日本馆东侧之楼上炮弹爆炸,幸而没有负伤者。

此日之战斗,我陆海军派遣队几乎全部出战。英国兵约九百名,美国兵约一百名之外,全部为我国兵,其总数为一千四百余名,进行了一场可称为其独自舞台之大战斗。此大部队之兵员,作战勇猛,各国人皆感叹。特别是英国兵,皆以非常之厚意迎之。此日敌之数量,义和团匪及清国兵合计约三千余,其死伤不能详,想不下三四百,俘获数人。我军死伤者,步兵大尉竹久三津三郎攻击赛马场之际,在其附近黑牛城阵亡,其他陆军兵阵亡一名,士官两名、下士十五六名负伤。此日之战利品为炮四门。机器局内野炮以硝化棉火药破碎之。又该机器局一度发生火灾,后屡受各国军队之炮击,破损严重,不能再用。于此一举,我势力大增,敌兵则大挫。

俄国向本地派遣大批兵力。在其防线对面,马玉昆之军队到达。俄军与之对峙,目下取慎重态度。在各国军队司令官会议上,有总攻天津之议,俄方当时即对该国兵剿讨白河对岸之敌、占领三岔口水师营之任务表现出犹豫。

目下本地附近散在之敌兵为马玉昆军二十营与聂士成军十五营,实际其数不足。又聂士成军此时士气不振,有退散之意。

7 月 10 日。前夜,租界西部白河对岸之敌兵与法国之哨兵交火至黎明时止。传法国哨兵遭到义和团之突然进攻,一时哨兵线后撤。

此日敌情平稳。我炮兵向天津附近试射,敌未应炮。

决定明晨各国军队击退聚集在俄国守备地对岸之马玉昆军。

六八四

7 月 12 日　驻天津郑领事致青木外务大臣函

任职地战斗情报续报

附件:第五次战斗情报

机密第一六号,7 月 22 日收

外务大臣子爵青木周藏阁下:

7 月 11 日至本日本地战斗情况如另页第五次报告书,恭请阅览。　敬具

明治 33 年 7 月 12 日　　　驻天津领事　郑永昌

（附件）

第五次战斗情报

7月11日。此前夜，决定俄、法、德三国兵剿讨聚集在车站附近之马玉昆军。我国陆军兵为援助，于10日晚9时过后前往俄国兵露营阵地。俄军准备稍有错误，中止之。然此日凌晨2时左右，少数敌兵出现在我陆军兵防线之车站前面。我守备兵（步兵第十一联队六中队）向其射击，使其一度退却。3时许，千余名敌兵再次向我防线袭来，据低地猛烈射击。我兵尽力应战。其间，该联队一个中队前来换岗，见此光景，参加战斗，与敌猛烈交火。交战至下午4、5时，敌数益增，赖其人众，顽强抵抗，推进到距我防线约一百米处。我兵为防御防线，猛烈射击，困扰敌人，然后发起冲锋反击，使敌退却。其间，将敌优势之情况报告我军司令部。司令部由该联队续派两个中队前来支援。时战正酣，敌之射击弹如雨下，故支援队止于白河岸，由该处向敌射击。此时，前派之守备队（步兵第十一联队六中队）冲锋突击敌人，为保全防线撤回之际，敌突然以猛烈射击，阻断我兵后方，天津城东北炮台突如其来由侧面进行猛烈炮击。我军两面受敌，苦苦战斗，损失甚大。中队长高知山中尉战死，其他小队长之少尉一名阵亡，一名负伤，特务曹长一名阵亡，呈现第六中队其士官全部死亡之惨状。其他下士以下阵亡者十七名，负伤者五十八名。此上午6、7时之情况。参加此日战斗者，除我兵外，尚有守卫我守备地东南方之法国兵百名及英国兵百名。两国兵也有一些伤亡者。然于此一战，毙敌无数，其死伤者约达五六百。敌为马玉昆所率大部队之兵。战斗从晨2时开始到上午8时结束，约六小时之久，为我军来清以来之大战。

此日以下午1时为期，日、英、法各国炮队共同开始向天津城东北方面水师营炮台及天津城炮击。敌稍应炮，不久沉寂。因此炮击，水师营之望海楼被破坏，该处炮台似多少受损。此日各国参战炮数为英炮五门，法炮三门及我炮六门。其炮列阵地与7月6日炮击时相同。

7月12日。自下午4时左右，英国炮队（与前日同地）开始向天津城炮击，约二三十分钟停止。

此日，我临时派遣队步兵十一联队所余之二大队自塘沽到达本地。至此该联队全部到齐。

此日上午，携带北京西公使致本官密信之支那人郑殿方，被车站附近我卫兵送到本馆。密使之要旨已以电报报告之，在此将记录对该人之询问概要制成另页调查书，以供阅览。

各国兵共同发动对天津城及附近敌兵之总攻击，已经屡次商议，至今尚未实行。此日召开各国军队司令官会议，决定以明日（13日）晨3时为期实行之。

（另页）

来自北京公使馆之密使询问调查书

领事问：你之姓名及年龄？

密使答：郑殿方，年三十一岁。

问：住处？

答：住北京汇文书院后之小街。

问:职业?

答:衡器制造业。

问:如何被日本公使馆雇用的?

答:非为公使馆所雇,乃在肃亲王府避难之耶稣教徒。

问:此次携西公使致本官之密信从北京到此地,因受何人托付?

答:受日本公使馆书记官楢原之托付而来。

问:大约何时出发,取何路而来?

答:清历六月四日(西历7月1日)出北京齐化门,下通州,取水路,六月九日(西历7月5日)到达天津城外红桥。

问:到达红桥后至今日如何度过?

答:六月十日(西历7月6日),由天津城北门入,出东门,渡白河,过盐坨,欲入本租界,但为清兵所阻,不能通行。六月十一日(西历7月7日),由北门出南门,几乎到紫竹林附近,为清兵所阻,未达到目的。六月十二日(西历7月8日),由北门出西门,因该处门外亦有清兵,不能通行。不得已,在红桥滞留三日。本日(西历7月12日)转道,出三岔河口水师营望海楼旁,过河东,达老龙头车站附近,遇日本兵,送到此处。

问:北京肃亲王府光景如何?

答:日本兵及意大利兵驻扎该亲王府内,保护英吉利公使馆。危险时,各国兵亦来援助。该亲王府有众多耶稣教徒避难。自己亦其中之一人。

问:各国公使馆人等目下在何处?

答:皆在英国公使馆内。

问:至离开北京,各国兵与清国兵开战乎?

答:二十四日(西历6月20日)至二十九日(西历25日)每日开战。

问:董福祥军在城墙上架炮一事如何?

答:正阳门与崇文门之上架了炮。二十六日(西历6月22日)晚至二十九日(西历25日),各国兵欲占领之,未达目的。该处之炮至自己离开时未开炮。

问:与各国兵日日开战之兵是何等之兵?

答:董福祥及神机营、虎神营之兵并义和团之徒。

问:各国兵如何防御之?

答:各国兵多在其公使馆内守备。清国兵六月一日(西历6月27日)至六月三日(西历6月29日)携炮至英国公使馆附近街道,向英公使馆及肃亲王府开炮。在肃亲王府避难之教徒日日被驱使构筑各处堡垒,其材料为亲王府遗留之各种衣裳包土而成。二十六日以来,各国兵前往夺取城墙上之炮时,让避难教徒从之协助。又六月二日(西历6月28日),清国兵十七名袭击肃亲王府,日本兵迎击之,杀其十六名。

问:各国公使馆员等有死伤者乎?

答:英国公使馆避难者中死者四名,负伤者十二三名。

问:日本公使馆员如何?

答:日本公使馆员皆安全。

问:各国兵死伤如何?

答:各国兵死者十五六名,负伤者亦十五六名。日本兵负伤者两名。

问:德国公使被杀害时情况如何?

答:赴总理衙门途中被清兵枪杀。

问:德国兵当时冲入总理衙门,烧毁该处一事如何?

答:无其事。总理衙门如常,目下义和团匪守之。

问:各国公使等粮食情况如何?

答:自二十四日(西历6月20日)各国公使馆员到英国公使馆避难以来,在其近旁寻找能得到之食品,找来贩卖洋食品之"基洛夫"店之食品,牵来英公使馆对面牛奶店之牛杀之,供给日用。其后,欲求食品也无法买到。

问:北京城内外清国兵之兵备如何?

答:永定门内外一带有董福祥之军。城内霞光府附近亦多董军聚集。安定门一带有荣禄之兵守备。东西两门八旗兵守备之,其数不多。通州有宋庆之兵约二营驻扎。

问:北京内外城门如平时开闭乎?

答:内城正阳门、崇文门、顺治门常关闭,不许通行,然顺治门稍缓。其他之门如常开闭。

问:传闻袁世凯之兵进京,有可确认之事乎?

答:无可确认之事。

问:天津红桥一带有清国兵驻扎乎?

答:该处附近未见清兵。

问:自通州至本地沿途遇到清兵否?

答:自通州至红桥未发现清兵,沿途在庙宇等处见义和团匪聚集。

问:自北京至本地义和团情况如何?

答:京城内各亲王府、各庙悉聚集义和团匪。北京至本地各处庙宇亦皆为义和团匪占据。该团匪树起红色之旗,上书"义和神团奉旨兴清灭洋",缠红色腰带,头缠红黄白各色布条。

问:北京城内外及北京至本地沿途情况如何?

答:京城内崇文门至单牌楼之居民皆锁门逃走。单牌楼至四牌楼虽有买卖,但居民闭户锁门。交民巷一带未见车马人影。城内外之教堂及与外国人有关之建筑物几乎均被烧。

北京至通州无事。从通州取水路时,船夫多不愿走,即使给其金,亦不出船。从通州取水路避难者多去保定,来天津者甚少。

问:昨日各国兵由本地向天津城开炮,天津城内外情况如何?

答:闻昨日开炮,三岔河口望海楼被破坏,水师营炮台亦毁损,清国兵死伤者甚多。自昨日,天津城内外之居民过半逃走,河东之居民全部逃走。又南门外居民一人皆无,只有兵员。

问:总督衙门及该衙门前之铁桥情况如何?

答:天津镇及马玉昆之兵守备于总督衙门前。铁桥无事。

问:在天津之聂士成之兵情况如何?

答:少数聂军在天津南门城墙之上守备。然该军至今日逃者逃,被杀者被杀,目下人数不多。

问:本地铁路附近清国兵情况如何?

答:去老龙头车站日本兵守备地约一华里处铁路线之下,有马玉昆之兵约五六千驻扎。昨晨开战时,马玉昆之兵死亡者五六百名,其尸骸皆运到总督衙门。途中见到尸骸。

明治33年7月12日于天津领事馆内制成此调查书　　　　领事　郑永昌(印)

六八五

7月14日　特派清国加藤公使、驻天津郑领事致青木外务大臣函(电报)

致西公使书翰之内容之报告

7月14日天津发,17日下午3:40芝罘发,19日上午12:45收

驻芝罘领事　田结(转达)

在天津加藤公使及郑领事7月14日发之电报如下:

前往北京之特使携致西公使之书翰,于7月15日晨出发。上述书翰陈述之主旨为:天皇陛下圣心深为北京之危境所扰。又已派遣大军,数日内将与联军一起前往北京。我军队到达以前,切望尽力忍耐。联军到达时,难以预测阁下不遭遇清国人所为之意外危险,此点尚望阁下注意。

六八六

7月16日　驻上海小田切代理总领事致青木外务大臣函

关于直隶提督聂士成战死之报告

附记:8月27日小田切代理总领事公信第三一〇号

7月16日下午5:06发,同日下午8:25收　　　　驻上海领事　小田切

第五二号

据盛宣怀对本官所言,聂士成7月9日在与外国军队交战中,于八里台战死。

(附记)

8月27日小田切代理总领事公信第三一〇号

关于直隶提督聂士成阵亡之上谕

公信三一〇号,9月3日收

直隶提督聂士成阵亡后,就其恤典颁布之7月12日(光绪六月十六日)上谕如下:

统带武卫前军直隶提督聂士成,从前著有战功,训练士卒,亦尚有方。乃此次办理防剿,种种失宜,屡被参劾,实属有负委任。昨降旨,将该提督革职留任,以观后效。朝廷曲予矜全,望其力图振作,藉赎前愆,讵意竟于本月十三日(我7月9日)督战阵亡。多年讲

求津操，原期杀敌致果，乃竟不堪一试，言之殊堪痛恨。姑念该提督亲临前敌，为国捐躯，尚非退葸者比。着开复处分，照提督阵亡例赐恤，用示朝廷格外施恩、策励戎行之至意。钦此。

明治 33 年 8 月 27 日　　　驻清国上海代理总领事　　小田切万寿之助

六八七

7 月 17 日　驻上海小田切代理总领事致青木外务大臣函（电报）

《北清日报》对我军战术并准备之赞赏

7 月 17 日上午 11:26 发，同日下午 4:45 收　　　驻上海领事　小田切

第五九号

7 月 17 日发行之《北清日报》刊登来自天津特派通信员之数封电报。其中该通信者所述如下：

日本人之战术及诸准备，全部足以得到优等之赏誉。其运输方法至最细微之点，无比完备，包括适用于河川上使用之小艇。其于军队之粮食亦尽加注意，其兵与英、美其他军队一致行动之状态亦引人注目。

六八八

7 月 17 日　驻芝罘田结领事致青木外务大臣函（电报）

关于天津城攻略之报告（一）（二）

（一）

7 月 17 日下午 0:20 发，18 日上午 7:40 收　　　驻芝罘领事　田结

联合军队 7 月 14 日占领天津城，租界变得安全。7 月 14 日，日本兵占领水师营。

（二）

7 月 17 日下午 1:40 发，18 日下午 1:20 收

天津郑领事 7 月 14 日[①]发之电报如下：

联合军队 7 月 14 日晨 4 时开始攻击天津城及炮台。因清国兵顽强防御，不能接近之。至 7 月 15 日晨 4 时，日本兵先头部队发动冲锋，遂占领天津城。自 7 月 14 日以来，俄、德两国兵攻击天津炮台，至该日晚 11 时，日本兵占领之。日本兵获炮四十门，俄国兵获炮十二门。

六八九

7 月 19 日　驻英国林公使致青木外务大臣函

关于英国当局对清国公使请求延缓烧毁天津之回答之报告

7 月 17 日晚 11:25 发，18 日晚 7:00 收　　　驻英全权公使　林

① 应为 7 月 15 日。——译者注

第四〇号

伯蒂对本官所言如下:

驻英国清国公使7月17日告之英国政府,据接收之刘坤一电报,李鸿章任直隶总督,立即向北方出发,且请求延缓烧毁天津。巴蒂氏答曰,因未能救护在北京之外国人,英国政府不能应之。清国公使告之,盛宣怀电报称在北京之公使馆至7月9日安全。对此,巴蒂氏表示,清国官吏与北京保持通信,而列国公使馆不能与其本国政府通信,故无论如何不能相信此消息。

本官问索尔兹伯里侯爵,屠杀北京外国人之报道被证实时,英国政府意向如何,该侯爵答曰目下不能奉告何等意见。

六九〇

7月20日　驻芝罘田结领事致青木外务大臣函(电报)

天津陷落后各国兵之行为及军政施行之情报

7月20日下午9:50发,21日下午5:25收　　　驻芝罘领事　田结

在天津加藤公使及郑领事之电报如下(但未附日期):

天津城陷落后,日本兵严守军纪,其行为极为善良。同时,因他国兵劫掠民宅、放火及强奸等行为,留在城市内外之清人都挂起写有"大日本良民"之我国旗,对我兵之善良行为表欢喜之至情,示服从我军之真意。其敬意之证明者,乃为我哨兵送来茶果糕饼。我军队如此每日博得清人之信任及敬意。天津城按四强国管理划分之,自东门至北门日本管辖,北门至西门法国管辖,西门至南门英国管辖,南门至东门美国管辖。白河及运河左岸诸村镇由俄国守护之。联军之军官及指挥士官为在天津设立军政开会协商,经长时间详尽商议,决定日、英、俄三国各指定一名有相同职权之民政官,总共三名。青木中佐、拉伽库上校、巴乌阿中校分别任代表日本、俄国、英国之民政官。西摩中将从天津出发前往大沽后,阿历克谢耶夫中将作为联合军队司令履行任务。在天津之外国人都承认,攻陷天津时,其他外国兵行动犹豫,日本兵则勇猛攻击敌兵。

六九一

7月20日　驻天津郑领事致青木外务大臣函

任职地战斗情报续报

附件:第六次战斗情报

机密第一七号,7月30日收

外务大臣子爵青木周藏阁下:

7月13日至19日本地战斗情况如另页第六次报告,恭请查阅。　敬具

明治33年7月20日　　　驻天津领事　郑永昌(印)

(附件)

第六次战斗情报

7月13日。各国联军决定对天津城及其附近之敌发起总攻,其部署为,英、美、法及

我国兵进攻天津城，俄、德两国兵牵制据守北洋机器局东北村落之马玉昆军，占领三岔河口之炮台。当日晨，日、英、美、法各国兵3时左右向天津城南门进发，其兵数如下：

一、我国陆军兵约三千五百名（总指挥官福岛陆军少将）

其部队别为：

步兵第十一联队两个大队

步兵第十二联队三个中队

炮兵两个中队，炮十二门

骑兵一个中队

工兵一个中队

一、我国海军陆战队一百五十名（指挥官山下海军中佐）

一、法国兵八百名

一、英国兵七百名

一、美国兵六百名

自晨4时左右开始，各国兵据海光寺附近之地向天津城南门射击。在其后方土垒架设炮列之日、英两国炮兵亦向南门附近猛烈炮击，见南门外各处民宅立即火起。当时，敌据南门外民宅顽强抵抗，城墙上之敌炮亦开炮炮击联军。又敌之一部（骑步兵约两个中队）在海光寺西南土垒外布阵，牵制各国兵左翼。各国兵对正面之敌一面射击，一面逐渐推进。我陆军兵先锋部队接近至距海光寺约千米、距天津城南门约二百米处，与前方之敌交火。天津城右侧民宅中之敌从侧面向联军猛烈开火。此时，各国兵死伤者甚多。至下午，敌之枪声渐弱，但未全部停止射击。我军欲一举攻陷天津城。然敌为防御，在通往南门之道路上新掘两处河沟，其水深没顶，人马通行困难。为晚间架设桥梁，各国兵停止进攻，在其附近各处露营。其时，联军召开指挥官会议，各国指挥官中有晨起即战斗，兵员甚为疲劳，此夜先撤回，再行攻击之议。我福岛总指挥官反对之，主张为进行攻击，不再重复今日之战斗，今夜架设桥梁，明晨黎明一举攻陷天津城。此议通过，我工兵当夜在两处河沟架设桥梁。

此日晨，俄、德两国兵从阵地出发，牵制东北方面之敌，逼近水师营炮台。途中遇五六百敌兵，立即应战冲锋，使敌退却至第二防御线之铁路线，在其附近露营。当日晨，俄国之炮列猛烈炮击水师营炮台，其附近火药库爆炸。

7月14日晨4时半左右，我工兵队进至天津城南门下，放置硝化棉火药，欲以电线使之爆炸。但该电线被敌之射击切断，工兵队不得不以木点燃。南门既已破坏，我步兵立即向门内冲去。该处装有第二道门，我军无法前进。第十一联队第二大队及第十二联队第三大队之兵员匆忙攀登城墙入内，推开第二道门。我步兵全队随即冲进门内，在城墙各处及城中央建筑物（鼓楼）等处竖起我国旗。随后法、英、美各国均进入城内，共同完成占领。召开各指挥官会议，决定将城内分为四部分，以鼓楼为中心，其东北部、东南部、西北部、西南部分别由我国、美国、英国、法国占领。各国均驻兵守卫之。（其后英国占领地与法国占领地部分交换）我所占领部分为城内住宅最为整齐之部分，其城外北部连接天津市中巨商最集中之估衣街一带，为最好地点。我军定东门内之旧天津道台衙门为守备大队本部，留衫浦少佐所率之第十二联队之三个中队守备之。此日，英国兵及我国海军兵出北门,缴获系在白河边之支那大型帆船五十九艘、小型帆船百艘及小蒸汽船一艘,将之分配给两国使用。此日之敌势,据其宣称,步骑兵一万两三千,义和团一万,消防夫一万,其实际数目在两万左右。前日以来,我国兵死伤者,阵亡军官、下士约百名,负伤三百余名。各国兵中之死伤者,法国约一百五十,美国约一百三十,其他未详。敌之死伤虽不确切,应不下千名。

守卫铁道车站附近之我步兵十二联队十二中队前日来屡遭敌之袭击,持续防御作战。当日晨,击退正面之敌,并追击之。其一小队进入海关道衙门,占领之。其余部队迫近三岔河口水师营,夺船渡河,冲入炮台,立即占领之。自前日起,俄、德两国兵猛烈炮击该炮台,该炮台尚顽强应炮,至被占领。此日,敌渐退散,我少数守备兵不难制先机占领之。该炮台为守卫天津城之重镇,在三岔河筑成之方形坚固堡垒,一侧装备有十二三门炮,目下由北洋水师中营充任守备,统领郑光锜统领之。该炮台中央之望海楼及胸墙各处因各国之炮火受到严重破坏,然炮身毫无损坏,仅面向西南之两门炮除外。我兵占领该炮台及海关道衙门后,驻兵守之。

在天津城内外,至联军攻击前,尚多少有居民居住。我炮火射向城内外时,其纷纷到城外西北方避难。天津城内外被烧部分,在城外为南门外一带及北门以东至东门北角一带,在城内为南门至北门之直街及东南部、西北部之各处。乘此混乱之际,无赖汉大肆掠夺财物。富豪之家罹此火灾之前,遭遇其掠夺,财物一空者不在少数。我守备兵对之严加警戒。我占领地区内罹此难者颇多。行此掠夺者不独无赖汉,各国兵员之非法行为亦甚。由威海卫派遣来之支那兵(英国的)为最。独我国兵取严肃态度,不仅于良民秋毫无犯,且在占领区内各地派卫兵,防止外来之掠夺,恩威并行。占领区外之人民,请求我军保护者不少。我军在天津城内外保持着无上之影响与名誉。天津城陷落后,可见我国旗竖于城头各处,我所占领地区之居民自不待言,各国占领区内之居民皆制日章旗,挂其门口,其上写“大日本良民”或“大日本顺民”等语,往来于道路者亦皆携之。今城内外村市几里之间,到处可见日章旗,有我节日之氛围。又我军一占领天津城,福岛总指挥官及杉浦守备队长等即在各要处张贴安民告示。而城外居民自己也制此告示,贴于各自门前。

另页附天津城内外现状略图,供参考。

上月17日至本月13日,我领事馆内落炮弹不少。又另页附图,供参考①。天津城陷落以来,至今日渐渐平稳,附近亦不闻枪声。

天津城陷落后,我海军陆战队至总督衙门时,获近期《京报》数部。其间稍有缺漏,然从其上谕、奏折中足以探知清国政府现在之意向,故另页译出数章。

清历五月二十一日(我6月17日)上谕

五城御史文[illegible]等奏京城地面情形日亟请安民心而弭祸变一折,着派李端遇、王懿荣为京师团练大臣,会同五城御史,督率弁兵,严密稽查,加意巡逻,城门出入亦按时启闭,以靖闾阎。钦此。

① 图从略。——译者注

清历五月二十二日（我6月18日）上谕

近因民教相互寻仇，讹言四起，匪徒乘乱，烧抢迭出。所有各国使馆，理应认真保护。着荣禄速派武卫中军得力队伍，即日前往东交民巷一带，将各使馆实力保护，不得稍有疏虞。如使馆眷属人等有愿暂行赴津者，原应沿途一体保护，惟现在铁路未通，若由陆遄行，防护恐难周妥，应仍照常安居，俟铁路修复，再行察看情形，分别办理。

清历五月二十九日（我6月25日）皇太后懿旨

神机营、虎神营、义和团民着各赏银十万两。甘军、武卫军前曾赏银四万两，着再各赏银六万两。该军士等当同心戮力，共建殊勋，以膺懋赏。

清历六月二日（我6月28日）上谕

御史文璪等奏五城地面匪徒任意抢劫请饬拿办等语。即着统兵王大臣暨统率义和团王大臣等，谕令将领及义勇，遇有勇丁及冒充勇丁之土匪抢掠，在即拿获，送交各该王大臣等讯明处分。

清历六月四日（我6月30日）上谕

天津各海口关系紧要，必须厚集兵力，方足以资防守。闻天津水会（消防夫集会所）七十二局不下万人，该处民人素怀忠义，若能与义和团民联为一气，亦足以壮声势而挫敌锋。着派刘恩溥克日前往天津，迅速召集水会，挑选强壮，编成队伍，与武清、东安、通州三处义和团民，分起择要驻扎，并着会商裕禄，拨给军械，赏给银米，令其认真训练，以御外侮。

清历六月五日（我7月1日）上谕①

目下统筹战备之际，电线不通，一切公文皆由驿递。而军务之事，最要迅速，然各直省驿站之兵丁、马匹，先多缺乏，废弛已久，不免延着。故命各将军、督抚，严达各驿之地方官，调查真实，加以整顿。又随时增加马匹，便于驰走。若有迟误，问其管辖地方官罪。直隶海境交战之敌情虚实，最应联络探侦。命裕禄严达直境各州县，多设探访，密访确实，随时急告，不得延刻。

同日上谕

前义和团民皆以忠勇为名，自应深明大义，原冀其戮力报效，藉资折冲御侮之用。乃近日京师附近莠民，多有假托义和团之名，寻仇劫杀，无所顾忌，殊属不成事体。若不严加分别，恐外患既迫，内讧交乘，大局何堪设想！所有业经就抚之义和团民，即着载勋等严加约束，责成认真分别良莠，务将假托冒充义和团藉端滋事之匪徒，驱逐净尽。倘尽有结党成群、肆意仇杀者，即行拿获，按照土匪章程惩办，以靖地方。切勿因循宽纵，愈滋纷扰。

同上六月六日（我7月2日）上谕

自各国传教以来，各直省屡有民教相仇之事，总由地方官办理不善，激成衅端，其实教民亦国家赤子，非无良善之徒，只因惑于邪说，持教士为护符，以致种种非为，执迷不返，而民教遂结成不可解之仇。现在朝廷招抚，义和团民各以忠义相勉，同仇敌

---

①　本条未查得原文。——译者注

忾，万众一心，因念教民亦食毛践土之伦，岂真皆甘心异类，自取诛夷。果能革面洗心，不妨网开一面。着各直省督抚通饬各地方官，遍行晓谕，教民中有能悟悔前非到官自首者，均准予以自新，不必追其既往。并谕知民间，凡有教民之处，准其报明该地方官，听候妥定章程，分别办理。现在中外既已开衅，各国教士应即一律驱遣回国，免致勾留生事，仍于沿途设法保护为要。该督抚等当体察各处地方情形，速为筹办，毋稍疏忽。

同六月九日(我7月5日)巡视中成御史文璟

臣文璟等奏，外城市面情形日急，贫民益多，恳请天恩破格赏给米谷经费，以日为期开各粥厂，以安固民心。上奏近日义和团民烧杀教民，市面动摇，四民失业。中户尚且有断炊者，流入匪徒乘机生事，如何恤加抚恤，以推广皇仁。(下略)

再：臣城地面，深恐抢犯滋扰，民情震动，曾请遇有匪徒生事，随时咨调营兵合力围捕，于五月十五日具奏。奏旨：依议。至五月二十日前门一带延烧，抢犯蜂起，人心张皇，京僚逃徙，铺户罢市。急应遵旨，咨请节制北洋各军大臣，酌派武卫军驻协防，俾靖闾阎。二十一日营扎前三门外，深资得力。二十五日，北城广升客店被抢，经统领立时拿获九名，就地正法。现该营连日更番进城攻敌，各城地面经臣等加意巡查，尚无抢掠重大情事。二十八日钦奉谕旨，令臣等一体严拿滋事匪徒。臣等自内外城，严办两起后，匪徒稍知敛迹。乃闻二十九日内城台基厂二条胡同复有匪徒冒充营勇，闯入官宅，抢掠一空，枪毙家丁三名。外城商民闻信胆落，市面又为震动。臣等唯有督率弁兵，严密稽查，朝夕巡逻，协同团练大臣李端遇等，迅速布置，总期消患于无形。可否仰恳天恩，饬下统率义和团王大臣，谕令义勇，遇有土匪行劫，悉数围捕；并请饬下统兵王大臣责成查办将领，严查土匪冒勇任意抢掠，随时拿获。地方幸甚！谨将管见所及，附片具陈。

同六月十三日(我7月9日)上谕

李鸿章着直隶总督兼充此洋大臣。现天津防务紧要，李鸿章未到任以前，仍责成裕禄会同宋庆妥筹办理，不得因简放有人，稍涉诿卸。

同六月十五日(我7月11日)北洋大臣裕禄奏折

奴才裕禄奏，为续报各军连日战守情形。奴才前于五月二十九日，将洋人分路窜扰，官军极力抵御情形，恭折驰陈在案。二十九日早，有洋兵数百名并教民多人，由火车站缘铁路窜至锦衣卫桥，意图接应窜扰武库之洋兵。经练军会同武卫前军并义和团，奋力击退。是日午间，又有西沽武库围墙出有洋兵数百人，携带洋炮，在武库对面白庙地方影身树林一带，直攻我军营垒。我军开炮对击，战至一时之久，始仍退回西沽。该洋兵因连日被我军攻击无路可走，又无援兵接应，遽于是夜在武库三面放火，乘间窜逸。我军望见火起，即一面出队追击，一面会合民团水会，将火扑救。洋兵均纷纷绕路向老龙头火车站奔窜。我军将火救熄，察看分存兵枪子弹及炮位所用引信等库九座被焚，其余枪炮等库尚皆无恙。是日午间，洋人又在紫竹林用炮向我南门外海光寺旁之制造局轰击多时，不期炮子落入海光寺厨房，登时火起烧及庙宇，致延局中木料厂，并厂房数十余间，仍存五十余间，厂内机器虽有损伤，尚可修理。西沽武库，未被洋兵占据。城南制造局，洋人亦未阑入，现均分饬严守。又东门外距城二十余里之机器局，洋人屡图扑犯。自二十七日至三十日所来洋兵，均经随时击退，迭有斩获。六月初一日早，该局西面又有洋兵来攻。维护守西面之武卫前军营官潘金山严饬营兵潜伏不动，俟其将近用排枪击，击退复来，如是数次，击毙洋兵多名。我军正在传餐，遥见紫竹林突出洋兵二千余人，仍攻西面。该军统领姚良才恐潘金山众寡不敌，复抽调防护东西两面哨队援助。战未逾时，而军粮城又突来洋马队千余与洋兵会合，四面包抄。我军仍竭力抵御，枪炮子弹如雨。潘金山右髋被枪子洞穿，裹创力战。至中刻，忽有炮弹坠入该局棉花药库，洋兵即乘势闯入。其时四面火起，我军抵敌不住遂退至堤头。此战，我军伤亡营哨弁勇共计三百余人，洋兵亦伤损不少。该局周围延袤二十余里，地方辽阔。洋兵入围，仅占一面。查探见焚棉花药库等处，机器各厂尚未损坏。仍当严饬该军联合民团，赶紧设法击退。是日当机器局被攻吃紧之时，又有泽兵由河东上窜，在陈家沟抢修铁路桥座，希图分我兵势。武卫前军后路统领胡殿甲，会合民团截击，速开巨炮击毙洋兵不少，并将陈家沟洋人所修铁桥轰毁。洋兵纷散，奔回租界。初二日等日，洋兵并无大队出犯，惟在租界马家口一带，日夜出队诱战，并分兵由火车站于河东哨探，仍有各国小火轮兵船十余艘，停泊塘沽。其来津之兵皆以带水小火轮拖带兵船装载。兵以俄国为多，并有该国所雇修铁路工人及教民在内。大沽通新城大路之万年桥，被洋兵拆毁。军粮城以上，民拆铁路均未修复。现浙江提督马玉昆督带所部，于初三日已抵天津，得此大枝劲旅援应，津郡民心均稍安定。奴才与该提督面商进战机宜，必须先将紫竹林洋兵击退，然后会合各营节节进剿直抵大沽，方可得手。当由奴才与马玉昆、聂士成、罗荣光随时相机商办，总期迅将大沽炮台恢复，以固门户。所有连日战守情形，理合由六百里加紧恭折驰陈，伏乞皇太后、皇上圣鉴，训示。谨奏。

硃批：知道了。着即会商马玉昆等节节进剿，克期将大沽口炮台恢复，以资扼守。

裕禄再曰洛属义和团民，先后来津随同打仗。兹有静海县独流镇团总张德成带同所部团民五千人，于本月初二日到津来谒。奴力察看其人，年力正强，志趣向上。现饬择地驻扎，听候调遣，并给军火粮食。除俟立有功绩另行奏奖外，理合附片具奏。此外各团总如静海之曹福田、韩以礼，文霸之王德成均尚可用。合并陈明，伏乞圣鉴。谨奏。

硃批：知道了。着即妥为联络调遣，以助兵力。

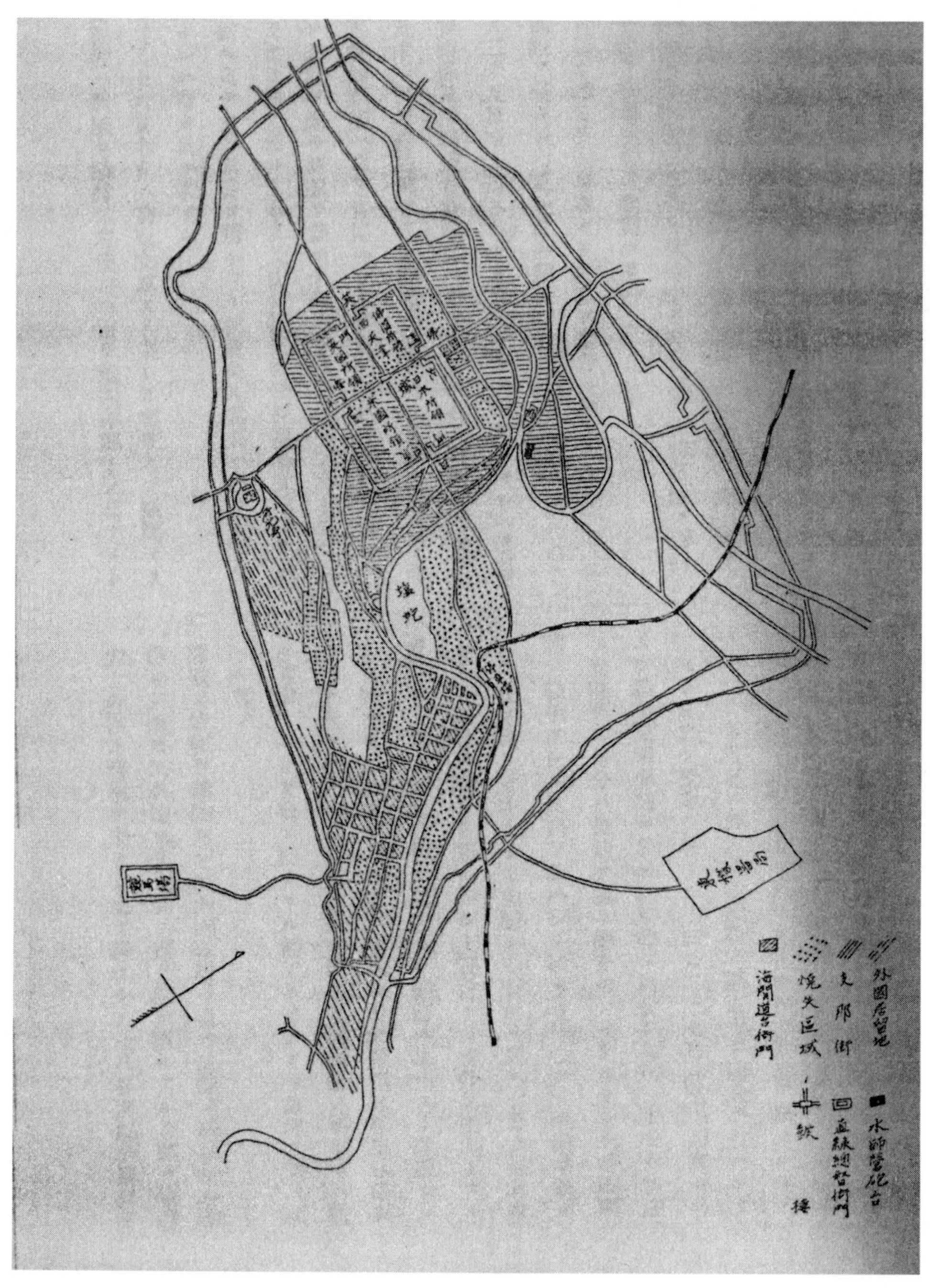

天津略图

六九二

7 月 27 日　驻天津郑领事致青木外务大臣函

任职地战斗情报续报

附件:第七次战斗情报

附记：11月10日郑领事公信第五二号，送达关于天津一带战况，裕禄、宋庆之上奏并赏恤战死者之上谕抄件

机密第二〇号，8月8日收

外务大臣子爵青木周藏阁下：

7月20日至本日之本地情况，如另页第七次报告书，恭请查阅。　敬具

明治33年7月27日　　　　驻天津领事　郑永昌(印)

又及，7月2日发[①]之机密第一二号报告及第一次战斗情况报告书，仓猝之际，无暇誊清，以草稿进呈。本馆有保存原稿之必要，请予以送还。

（附件）

第七次战斗情报

天津城陷落后，本地战斗停止，日日平稳。其后，我守备队专务市街清洁与安抚居民，在其他地方避难之居民陆续归来，市面渐渐恢复。我第五师团之兵员7月19日到津，以此前之临时派遣队司令部（开平矿务局）为师团司令部，临时派遣队与之合并。因租界内能充作该军队营舍之住宅缺乏，遂征发天津城东、北两门外多处住宅，为其营舍。我领事馆及三井物产会社、正金银行分店等以往由海军陆战队守卫，既然陆军大部队已到，海军陆战队从本地撤回。此等守备兵与陆军交班，即19日陆军向我领事馆派遣下士一名、兵员十六名之风纪卫兵，海军陆战队于20日全部撤离本地。我海军兵自5月29日由爱宕舰陆战队登陆，派遣其前往北京始，6月5日由笠置舰，6月12日由须磨舰，各兵员登陆，充任本地守备。此等少数之兵常被派遣守卫困难之地，能防能战。如三井物产会社常遭敌兵袭击，处于危险之中，至今日能得保全，实此陆战队死守之功。又如我领事馆，每每炮弹坠落，危险甚多。我陆战队员警觉周到，完全胜任此守卫任务。再如正金银行房屋已烧毁，地下尚埋藏几万现银。我陆战队派若干兵员妥为保护，居于此危险之要冲，兵员损失不少。我侨民安全归国，皆我海军陆战队保护之力。其辛劳非同寻常。其指挥官须磨舰长岛村速雄、笠置副舰长山下源太郎，在我领事馆内无一夜安眠，由此可察其劳苦。

7月23日。原临时派遣队队长福岛少将为祭主，在我领事馆西约二町之空地，举行在此次骚乱事件中阵亡我将士之招魂祭。

7月24日。英国军队传来关于北京之情报，已电告之，在此不记。

7月25日。据某可信任之支那人之情报，直隶总督裕禄及海关道台黄建筦目下在杨村。该处有马玉昆及宋庆之军队约三万，正做开战准备。又天津道台、盐运使、天津知县等目下在青县。北洋练军约三千正在北仓构筑炮垒，挖掘河渠备战。此夜，携北京西公使致本官及山口第五师团长、福岛原临时派遣队长密信之使者来到。其要已以电报报告，在此不记。

7月26日。本官25日夜询问北京来之密使，调查书见另页。该使者自称董福祥部下之兵，毫无惧惮，疑或为敌之间谍。然据本官所见，该人为董军之兵，自18日

① 应为6月30日。——译者注

休战后，与我国人接近，成为朋友，遂冒险来到本地，非怀恶意。其云出发之际，友人欲给其若干谢金，未受之。至27日回京时，在师团司令部欲给其二百法郎谢金，未受，称自己非为金钱而来，一心唯愿停止两国间之战争，拯救良民，因此不顾危险，充当此任，誓言7日之后带来北京之复信。排外主义之董福祥部下有如此之兵，令人不胜惊讶。据其所言，本年二三月时，在南苑应董军招募入军。或莫非义和团之徒乎？义和团之徒中往往有取其信、慨其行者。为参考，在此一言。

斟酌诸情报，清国政府既已失去武器之根源机器局，又闻各国大军接踵而至，于战斗力上非常恐慌，不得已于18日请求媾和。此举恐非一时糊涂之诡计。

（另页）

北京来之密使询问调查书

领事问：姓名？

密使答：张德胜。

问：年龄？

答：三十二岁。

问：住址？

答：山东省济南府人，今住在北京董军营舍内。

问：职业？

答：董福祥部下姓李之营官下之步兵。

问：何时为董福祥部下之兵？

答：今年清历二月七日，在南苑被招募为兵员。（以下以清历记月日）

问：以前做何事？

答：光绪二十年离开济南府，四五年间在天津西门外西头贩卖水果。今年正月七日去北京，为董军做炊事，其后二月七日成为兵员。

问：领俸几何？

答：一个月四两五钱，即最低之俸。

问：入营后做何事？

答：每日进行新式操练。

问：何时从南苑入北京？

答：五月二十一日与董军步兵二营一起入北京城内。

问：以何任务在何处驻扎？

答：为与外国兵开战，在崇文门至单牌楼一带驻扎。

问：入城后做何事？

答：原来在内苑有董福祥部下之兵左右路马队五营，中路步兵四营，前路步兵五营，后路步兵五营。自五月十日各营渐渐入城，自己之营兵最后入城。内苑留下之兵仅马队一营。入城时，此等先入之兵已开战，自己入城后加入此战斗。董军在北京与外国兵开战始于五月十七日。

问：其后驻扎在何处？

答：驻扎在崇文门大街西交民巷北二条胡同。

问:当时开战情况如何?

答:两国兵均未见身姿,唯向其所在方向乱发枪。

问:与日本人因何理由接近?

答:我离开当地前四五日,见交民巷中间大洋馆竖各种外国旗。自其时起,战争停止。据其后闻,董军中一马大人与外国公使交涉休战。此后相互未再开枪。我等亦至交民巷,见其旗。又据闻,此休战后,一外国人自四牌楼沿大街南来,其时随行人为带红顶子之清国官吏,在该处董福祥之军害之。我等之营舍与外国人所在之处相邻,开始自墙上相互见面招手,其后彼我往来。与贵国人亦相识,尽可能给予买食物等帮助,遂成为此次之使者。

问:如何成为使者?

答:我在出发前日,将自己在董军拥有军籍无望,欲脱之前来本地之意说与贵国人杉氏、林氏,他们托我携带信件送天津。其夜找到另外托付之食品前去,由杉氏交付我此次携来之信和白布及一张字条,告我若近天津看到外国兵时,挥舞白布,出示字条。

问:与杉、林等如何成为朋友的?

答:休战后,我办采买,与此等人成为朋友。此外,其时与同贵国人在一起之王姓清国人亦成为朋友。

问:由北京到本地取何道而来?

答:出北京内城齐化门,其日在通州住宿一晚,次日在蔡村住宿一晚,昨日到达本地。

问:途中之清兵守备如何?

答:我未特别注意,其兵数等不知。但通州至本地一带到处为董福祥之甘军。

问:有无董军之外之他兵?

答:董军之外完全不知。

问:你原为兵员,此次旅行,负此重任,必探闻沿途所到之处兵备。然你云不知兵备情况,是否有不向外国人说清国兵备之意?

答:我与是外国人或非外国人无关,只想说自己所知之事。实际未留意探闻,故不知。我之所见,杨村兵数最多,该处将五十七厘米之大炮置于平地。若疑我,可将我留在本处至各国军队攻入北京之际。若不疑,又欲送书信到北京,我愿携之入京。

问:在北京之董福祥军兵备如何?

答:只知董福祥军之外八旗兵驻扎在齐化门附近,其他事不知。

问:北京城内义和团情况如何?

答:北京城内各处多有义和团,与以前无异,三五成群,在街上行走。

问:知道北京城内房屋烧毁部分乎?

答:见交民巷一带,哈达门以南一般被烧,其他部分不知。

问:董福祥与庆亲王、荣禄等对外国人之主张不同,相互交兵之事如何?

答:闻董福祥主张讨伐,庆亲王、荣禄不主张讨伐,其间主张相异,未闻相互交兵。

问:闻大沽炮台为外国兵所占领乎?

答:我在来本地前两日,自己不能读,从熟人那里闻《京报》之上谕记载大沽被占领,天津城陷落,知其事。

问:大沽、天津陷落后,北京人心如何?

答:清国之兵员唯吃饭贪寝,此外无暇,以挣钱为本分。故大沽被占领,天津陷落,毫不关心。仅少数爱想问题之人看《京报》,不过仅欲了解事情。

问:北京至天津沿途义和团情况如何?

答:沿途未见义和团。

问:此骚乱之际,你原为敌兵,却作为使者来此,意思如何?

答:若战争继续,四民不安,将北京情况传到本地为早日停止战争,所以作为使者而来。

明治33年7月26日于天津领事馆内作此调查书。

驻天津领事　郑永昌(印)

(附记)

11月10日郑领事公信第五二号

送达关于天津一带战况,裕禄、宋庆上奏并赏恤战死者之上谕抄件

公信第五二号,11月19日收

关于事变当时天津一带战况,故直隶总督裕禄及宋庆呈清国皇帝之战况上奏,如别册摘录供查阅。　敬具

明治33年11月10日　　　　驻天津　领事　郑永昌(印)

(另页)

故直隶总督裕禄关于战斗情况之上奏

直隶总督奴才裕禄跪奏,为洋人肇衅猝启兵端,官军连日力战并收抚义和团民协助获胜情形,恭折驰陈,仰祈圣鉴事。窃奴才于本月二十一日(我6月17日)将洋人欲占大沽炮台,情形急迫,请旨饬派董福祥统带所部来津接应等情,驰奏在案。旋据罗荣光专差来津声称二十日夜戌刻各国官兵向该提督索取炮台屯兵,该提督未允,恐启衅端等语。随又接据该提督函报,洋人因至丑刻未让炮台,竟先开炮攻击。该提督现在竭力抵御,击坏洋人停泊轮船两艘,天黑远望不真,不知沉否等情。奴才当查洋人既在大沽开炮,兵端已开,津防万分吃重。即分饬驻扎天津之武卫军并本处练军各营队严加准备,以防不测。并因天津义和团民近已聚集不下三万人,日以焚教堂、杀洋人为事。当时将该团头目传入,以示取抚之意。该头目等均称,情愿报效朝廷,义形于色。正在筹间,据各营报称,火车十余辆装载洋兵由陈家沟北上。该军拆铁路拦截,彼即开炮攻打,至伤数兵。我军亦遂开炮回击,随有洋兵麕至,意欲包围营盘。我军相机抵御,至夜分始行收队。二十二日(我6月18日)紫竹林洋兵复分路出战,我军随所堵截,各营炮台轰击。义和团民亦四处分起助战,合力痛击,至日暮始将洋兵击回,而紫竹林租界洋房已焚烧不少。二十三日卯刻,复出队攻击洋人。因巢穴难保,力战尤猛,我军会合团民与之鏖战良久,敌势力渐不支,各队尽力攻击。午后愈形穷蹙,纷纷窜匿。奴才与聂士成商酌,现事已如此决裂,似难轻易挽回,拟即一鼓作气,使洋兵巢穴尽覆,以壮我军之军威而夺彼族之气,再议并力大沽。至大沽距津一百余里,电线不通,防守情形如何,尚未获得确信。传有药库被焚之信,危急可想而

知。现已将军粮城一带铁路拆毁，并启陈家沟铁闸泻水以杜洋人续行进兵之路。并探闻各国前次进京兵队千余人，因前后铁路全毁，为拳民困于杨村一带，欲由水路窜回天津，亦经分队往御。此洋人开衅连日力战获胜并现筹防守之实在情形也。奴才伏查，此次中外开衅，实缘民教相仇、势不并立情形所迫，遂致猝起兵端。自开仗以后，民心亟固，军气甚扬。将领胡殿甲、何永盛及各营官弁，均能齐心努力、奋往无前。奴才唯有妥为联络，竭力尽心办理，但彼族经此大创，断不甘心，各国之兵势必尚有大举。以一服大，军事万分棘手，以天津现有兵力待八国麕至之师，其何能支。相应请旨调拨大军星速赴津以维大局，理合由六百里恭折驰陈。伏乞皇太后、皇上圣鉴训示。再京城各国使馆尚有洋兵四百余人，闻拳民仇教亦尚在城内。现天津情形如此势迫与前不同，应如何妥筹权变之方，伏候宸断施行，谨奏。

五月二十九日（我 6 月 25 日）

同　上

奴才裕禄跪奏，为续报连日战守情形恭折驰陈仰祈圣鉴事。窃奴才前于五月二十九日，将洋人分路窜扰，官军竭力抵御情形，恭折驰陈在案。二十九日早，洋兵数百名并教民多人，由火车站缘铁路窜至锦衣卫桥，意图接应窜扰武库之洋兵。经练军会同武卫前军并义和团奋力击退。是日午间，又由西沽武库围墙出有洋兵数百人，携带洋炮在武库对面白庙地方隐身树林一带，直攻我军营垒。我军开炮对击，战至一时之久，始仍退回西沽。该洋兵因连日被我军攻击，无路可走，又无援兵接应，遽于是夜在武库三面放火乘间窜逸。我军望见火起，即一面出队追击，一面会合民团水会将火扑灭。洋兵均纷纷绕路向老龙头火车站奔窜，我军将火救熄，察看分在兵械子弹及炮位所用引信等库九座被焚，其余枪炮等库尚皆无恙。是日午间，洋人又在紫竹林用炮向我南门外海光寺旁之制造局轰击多时，不期炮子落入海光寺厨房，登时火起烧及庙宇，致延局中木料厂房数十间，仍存五十余间。场内机器虽有损伤尚可修理，西沽武库未被洋兵占据，南制造局洋人亦未闯入，现均分饬严守。又东门外距城东十余里之机械局，洋人屡图扑犯，自二十七日至三十日，所来洋兵均经随时击退，迭有斩获。六月初一日早，该局西南又有洋兵来攻，经护守西南之武卫前军营官潘金山，严饬营兵潜伏不动。俟其将近，用排枪轰击，退而复来，如是数次，击毙洋兵多名。我军正在传餐，遥见紫竹林突出洋兵二千余人，仍攻西面。该军统领姚良才恐潘金山众寡不敌，复抽调防护东北两面哨队援助。战未逾时，而军粮城有突出洋兵马队千余与洋兵会合，四面包裹。我军仍竭力抵御，枪炮子弹如雨，潘金山右腿被枪子洞穿里创。至申刻，忽有炮弹堕入该局棉火药库，洋兵即乘势闯入。其时四面火起，我军抵御不住，遂退去堤头。我军伤亡营哨弁勇共计三百余名，洋人亦伤亡不少。该局周围延袤二十余里，地方辽阔，洋兵入围仅占一面。查探只焚棉花药库等处，机器各厂尚未损伤，仍严饬该军联合民团赶紧设法击退。是日当机器局被攻吃紧之时，又有洋兵由河东上窜，在陈家沟抢修铁路桥座，希图分我兵势。武卫前军后路统领胡殿甲会合民团截击，连开巨炮轰毙洋兵不少，并将陈家沟洋人所修铁桥轰毁，洋兵纷散奔回租界。初二三等日，洋兵并无大队出犯，惟在租界马家口一带日夜出队诱战，并分兵向火车站于河东哨探，致烧盐民房，均经我军随时击退。此上月二十九日（我 6 月 25 日）以后连日战守之情形也。至大沽一带哨探，仍有各国小火轮兵船十余艘停泊塘沽。其来津之兵，皆以带水小轮拖带民船装载，兵以俄国为多,并有该国所雇修铁路工人及教民在内。大沽通新城大路之万年桥被洋兵拆毁,军粮城以上民拆铁路均未修复。现浙江提督马玉昆督带所部,于初三日(我6月29日)已抵天津。得此大支劲旅援军,津郡民心均稍安定。奴才与该提督面商进战机宜,必须先将紫竹林洋兵击退,然后会合各营节节进剿,直抵大沽方可得手。当由奴才与马玉昆、聂士成、罗荣光随时相机商办,总期迅将大沽炮台恢复以固门户。所有连日战守情形,理合由六百里加紧恭折驰陈,伏乞圣鉴训示。谨奏。

奉朱批:知道了,着即会商马玉昆节节进剿,克期将大沽炮台恢复以资扼守。钦此。

同　上

奴才裕禄跪奏,为进攻紫竹林连日接仗并大沽一带今日情形,恭折驰陈仰祈圣鉴事。窃奴才前将本月初八日(我7月4日)以前各军战守情形并筹进剿机宜驰奏在案。初九日复与马玉昆、聂士成会商,现在武卫左军进札火车站以扼守紫竹林西北要路,其南门外海光寺一带系属南路要隘,商令聂士成率领步炮等营移札该处,分段择地修筑炮台,以为三面进取之计。初十日聂士成于小西门围墙土台上安设八生七脱炮两尊,布置已定即燃炮轰击,焚毁紫竹林洋楼一座。洋兵马队五六百人奔回跑马场地道内潜藏,少顷复出,将往马道口接仗。又经开炮截击,适中其队,洋兵队伍四散奔窜。是晚聂士成由该军内挑选奋勇百名,乘船渡河潜至跑马场。将近子刻,见有洋人及教匪三百余人,遂用手雷抛击,伤毙甚伙,余俱惊溃。我军哨官柴得贵亦被地雷轰伤甚重,当将该处洋楼三座焚毁,即饬前左右各路炮步队驰往跑马场及八里台扼扎。又马玉昆一军连日在火车站一带进攻,与洋兵日夜鏖战数次,并用炮轰击紫竹林,兵气甚奋。初九日会同武卫军之队三面围攻东局,守备胡殿甲亲率所部极力往攻。我军开炮五次,该局烟雾弥天,洋兵纷纷败窜,我军乘势乱击,枪毙甚多。洋人恐我军追及,自将紫竹林浮桥拆断。维时驻扎盐坨之军亦开炮助轰,洋兵以急渡中炮落水者无算,并击死敌马四匹、骆驼四头。初十日我军复在东局与洋人接仗,东西两路用炮互击,中以伏兵突起,三面夹攻,伤毙洋兵多名,余仍退回东局,斯役我军亦有伤亡。是日晚间,复有洋兵多人向马家口潜进,其地系淮军营官蒋顺发、周行彪防守。适义和团张德成亦率团民数千在彼处驻扎,登时并力击退洋人,即乘追下并抵紫竹林交界,将附近租界一带之洋楼焚烧多处。洋人窜匿楼房一所抵死守御,至夜半始行收队。十一、十二两日我军仍三面燃炮环击紫竹林,炮焚洋楼不少。洋人亦在小营门暨租界楼房用炮还击,并时向河北及城内施放开花炮弹,官署民房炸坏多处,间有伤毙人口。十一日夜,聂士成率队往攻小营门,洋人携炮遁去。该军驻扎该处,仍与马玉昆联络攻击其各隘口。洋人仍于每夜出队窥伺,我军分路防守随时抵御均尚严密。此初九至十二日连日接仗之情形也。至大沽一带,近日迭据侦探内河停泊洋船十余只,并未有续行进口兵舰,唯每日皆有带水小轮上下拖带民船数艘,或装来洋兵数十人、数百人不等,其被伤洋兵运回大沽者亦复不少。并据副将韩照琦禀称,本月初八日该营在火车站地方与洋人交战,洋人马队百余人由河堤而来,步队三百余人自新城夹攻。该副将分队奋击,战至一时之久,洋兵伤亡数十人,始行败走。该军斩获首级二颗,夺得战马三匹、枪刀衣帽数件,兵丁阵亡一名、受伤三名等语。日内会否续有战事,尚未据有禀报。此大沽一带近日之情形也。查洋人恃其租界楼峻墙坚,又因炮火之利,彼以俯击我以仰攻,负隅甚固。奴才与马玉昆、聂士成商酌,必查探其安设炮位及储子药之所。先用巨炮轰毁,方可会合兵团,一气进攻无损精锐，并尤须设法包剿后路，使彼进退失据，易就驱除。现四川提督宋庆奉旨帮办北洋军务，月内即抵津。奴才谨当遵旨随时会同该提督，与马玉昆、聂士成熟察机宜，督饬将士稳慎进取，以期迅扫敌氛。所有紫竹林连日接仗并大沽近日情形，理合由六百里加紧恭折驰陈，伏乞圣鉴训示。谨奏。

奉朱批：另有旨。钦此。

裕禄及宋庆关于战斗情况之上奏及赏恤战死军官之上谕

直隶总督奴才裕禄、帮办北洋军务大臣四川提督奴才宋庆跪奏。为续报连日接仗情形恭折仰祈圣鉴事：窃奴才裕禄前将本月初九至十二日，进击紫竹林战事并提督聂士成力战阵亡各情形驰奏在案。兹查十三日（我 7 月 9 日）聂士成在八里台，自丑至卯与洋人血战三时之久，力尽捐躯。该兵队因主将阵亡，势难抵敌，遂退至西教场。洋人由海光门冲入海光寺纵火。该军后路哨官潘鸿生带快炮两尊，在南关外小桥扼守，极力抵御击毙洋兵多名，旋因众寡不敌，阵亡哨长一名、军士受伤不少。敌锋仍未稍挫。淮军前左营赶到抵敌，该统带卞长胜率队接应，练军统领何永盛亦带新枪队中营弁兵向前迎击，洋兵始向紫竹林退走。又武卫前军统领胡殿甲，是日早间在河东兴隆街燃放巨炮，将租界红楼轰坏，伤毙洋人甚多，下手复亲率本队并快炮两尊，会同义和团长张德成并团民多人，由马家口进攻紫竹林，用炮轰毁洋楼一座、击死洋人数十人。洋人遂纷纷窜出，即在租界接仗。该兵团等冲出复入，洋人用排枪乱击，互有伤亡。日暮团民不能支持，因各将队撤回。十四日夜，提督马玉昆亲率该军左路统领参将郭殿邦、右路统领记名总兵李大川，带领步炮队六营由老龙头火车站进攻，冀可毁其铁路。李大川率队鼓勇先驱当将铁路奋占，郭殿邦随后接应。方将得手，乃洋兵避於墙垣之后，枪炮雨集，李大川中炮阵亡，营官守备孙祥云、游击苏豁然亦先后殁于阵中。弁勇伤亡甚多，力渐不支，适奴才宋庆督率后队接应，始得撤队。是夜探闻洋人死伤不少。十五日黎明，洋人分队来攻兴隆街盐坨等处，我军开炮轰毙多名，均各退走。午间洋人复至马家口，安炮向水师营遥击，致将该营望楼击毁，幸不久即行扑灭其开花炸弹。城内东门南门、城外河南河北，均有被击之处。经武卫前军统领周鼎臣以盐码头所安大炮，向敌旁击三十七炮，洋兵不能安守，始收炮停放。此十二至十五日接仗之情形也。奴才宋庆奉旨帮办北洋军务已于十四日（我 7 月 10 日）抵津，与奴才裕禄及马玉昆察看近日战事，熟参进剿机宜。伏查洋人固守租界，恃其地广而墙坚，各巷口俱有埋伏地雷火弹。我军肉薄攻坚最为兵家所忌，然又不可任其久踞，以致势焰愈炽。且探闻大沽口外各国兵轮来去无定，时有数十艘在彼停泊。口内现有兵船十只、鱼雷艇三只，军粮城以下火车尚可通行，铁路两旁亦暗下地雷，防我攻夺。就目下军情而论，势非断火车及小轮船之路不能致其死命。而天津现有兵力战守仅敷分布，实无余力兼顾。山东抚臣袁世凯现准奏派登州镇总兵夏辛酉，统带所部六营克日来津援助，不日即可到防，藉资接济。惟将来攻取大沽节节进剿，仍必须厚集兵力，方可相机区画，奋迅图功。至此次武卫左军在老龙头与洋兵血战，该军统领记名总兵李大川、营官守备孙祥云、游击苏豁然身先士卒，中炮捐躯，死事极为惨烈。合无仰恳天恩，敕部从优议恤以慰忠魂而昭激劝，出自逾格鸿施。所有连日接仗情形，谨由六百里加紧集词恭折驰奏，伏乞圣鉴训示。谨奏。

奉朱批：李大川等力战捐躯，死事惨烈，览奏殊深惋惜，均着交部从优议恤，以慰忠魂。该部知道。钦此。

六九三

7月28日　驻天津郑领事致青木外务大臣函

在天津我陆战队之侨民保护及防御情况报告

机密二一号

外务大臣子爵青木周藏阁下:

本年5月末,义和团匪在北清一带蜂起。见本地情况不稳,本官请求停泊在塘沽之我爱宕舰派遣陆战队到本地。同月29日,该舰开始向本地派遣二十余名兵员。6月5日笠置舰,6月12日须磨舰分别向本地派遣陆战队,担负我领事馆及侨民保护并本租界之守备。其后自6月15、16日,匪徒乱入本地,逞其暴行。自17日,清兵亦加入之,气势猖獗,以至于本租界全部受其包围攻击。我侨民皆来我领事馆内避难。此后,租界内弹如雨下,危险不可名状。上述陆战队人数虽少,然周到细致,热忱保护我领事馆及我国人住宅并侨民。出则与各国军队共同守卫外部,常身处险境,完成其任务,外国人中赞赏之声甚多。在津之我帝国臣民能于危险之中保得安全,全赖我陆战队苦守之福,因之必须表示深深感谢。其后,陆军大部队到达,上述陆战队与之交班,7月20日由本地出发,回到大沽。详情以机密第二十号已报告之,更特报告上述陆战队对在津之我帝国臣民尽心竭力之事情。

明治33年7月28日　　　　驻天津领事　郑永昌(印)

六九四

7月28日　特派清国加藤公使、驻天津郑领事致青木外务大臣函(电报)

阿历克谢耶夫中将返回旅顺并直隶总督麾下清国兵动向之报告

7月28日上午7:00天津发,30日下4:20芝罘发,31日上午10:30收

在天津公使加藤,郑领事

阿历克谢耶夫中将7月24日从本地出发前往大沽,在大沽停留数日后,返回旅顺口。

据称,作为7月13日在天津战役中毙命之聂士成之后任,吕本元将军被任命为直隶提督。直隶总督及海关道有属其部下之大量兵员。天津海关道、盐运使及天津知县退却至青县,以大兵严加防范。天津练军以阻止外国兵进军为目的,于北仓构筑堡垒,挖掘壕沟。7月25日,俄国侦察队被派往该地,与至少五千清国兵相遇。

前记清国兵人数,推算约为四十五营。

六九五

8月2日　特派清国加藤公使、驻天津郑领事致青木外务大臣函(电报)

俄国利纳别斯基中将到津之报告

8月2日上午7:00天津发,4日下午8:00芝罘发,5日下午1:10收

在天津全权公使加藤,郑领事

7月31日,利纳别斯基陆军中将由旅顺口到达。

六九六

8月4日　青木外务大臣致驻英国林公使函(电报)

关于联军进攻北京之寺内中将报告之通报

23.寺内陆军中将于8月4日从天津返回。根据其报告,本月中旬将开始向北京进军,彼时联军总数将达到五万,一切准备工作也可就绪。日本将再增派三千名步兵,并立即派出一个炮兵连。请告知英国政府,并告知驻欧美之各使馆。[①]

六九七

8月5日　特派清国加藤公使、驻天津郑公使致青木外务大臣函(电报)

联军从天津出发之通报

8月5日上午7:00天津发,7日下午12:30芝罘发,9日上午1:10收

在天津全权公使加藤,郑领事

8月4日,联军一万六千人,以攻击北仓及杨村之清兵为目的,从天津出发。该军约七千人留守天津及其外国租界。

据清人之报,袁世凯部下约六千人到达杨柳青。又李秉衡麾下约三万人不迟于8月9日来天津。

六九八

8月6日　驻芝罘田结领事致青木外务大臣函(电报)

来自在北京柴中佐之被围困报告

8月6日下午5:00发,7日上午7:35收　　驻芝罘领事　田结

如下报告来自出羽司令官:

8月1日,发自北京柴陆军中佐之密报如下:敌似有再次进攻之意。在北京之敌人数应约为十营,而其弹药似告缺。我之弹药亦每人各二十五发,粮食尚能支一周。楢原公使馆二等书记官因伤终于死去。

六九九

8月6日　驻上海小田切代理总领事致青木外务大臣函(电报)

北仓附近战斗情报

附记:8月7日田结领事电报

8月6日晚9:20发,7日晨2:30收　　驻上海领事　小田切

第一四九号

当地清国官吏接到来自北部之电报,其内容为清军7月30日在北仓附近与外国兵战斗得胜。又本日发行之《北清日报》刊登消息,称日本兵在北仓附近大败。

① 本篇原文为英文。——译者注

(附　记)

8月7日田结领事电报

8月7日下午12:30发,8日下午11:50收　　　驻芝罘领事　田结

8月5日,联军占领北仓,我兵死伤二百人。

七〇〇

8月9日　驻天津郑领事致青木外务大臣函

战斗情报续报

附件:第八次战斗情报

机密第二二号,8月18日收

其后战斗情况如另页第八次报告书,恭请查阅。　敬具

明治33年8月9日　　　驻天津领事　郑永昌(印)

(附件)

第八次战斗情报

天津城陷落后,敌兵北窜,将主力集中于北仓、杨村一带,直隶总督裕禄等驻扎在北仓。因此,我国兵屡派斥候,察敌动向。我陆军两个大队7月末在丁字沽附近进行敌情侦察。其一个大队驻红桥附近作为预备,另一个大队自丁字沽与前方之敌交战,侦察其实力。此侦察足以明确探知敌之枪炮弹药缺乏之状。8月4日,召开各国军官会议,决定联军翌5日攻击北仓,渐次向北京进发。攻打北仓作战计划大要为三面包围夹击敌人,一举歼之。其部署如下:

左翼队	日、英、美之主力
右翼队	俄、法、德之主力及奥、意之少数兵员
正面牵制队	日之主力及英、法之少数兵员

其总兵力如下:

日本兵1800	炮36门	英国兵2000	炮6门
美国兵1900	炮8门	俄国兵3200	炮14门
法国兵800	炮12门	德国兵200	
奥国兵60	意国兵40		

右翼队沿白河左岸北进,攻击敌兵左翼。

左翼队取通往北京之大道西之通往保定之大道,占领火药库及韩家树,迂回敌之右翼方面,由其后面攻击。

正面牵制队沿北京大道北进,从敌之正面牵制。

部署如此确定。英、美两国兵4日夜在红桥东露营,俄国兵在铁道附近露营,我国兵4日夜10时左右从天津出发,在红桥会合。其八个大队(山口师团长亲自率领)作为左翼先锋前进,英、美兵续之。其两个大队(真锅少将率领)向正面牵制之中央前进。如此,左翼队之小部与丁字沽左侧树林中之敌交战,使之溃走。其两个大队与火药库附近防守之

敌交战。该处之敌虽顽强抵抗，我兵猛烈攻击之，遂占领火药库。又我之一部占领火药库左方之韩家树。本队直进，上午7时过后，出北仓后面王庄茶棚方向，攻击北仓之敌。正面牵制队在丁字沽前方与敌相遇，击退之。在唐家湾、王家庄亦与敌激烈交战。我炮兵施以猛烈炮火。该队上午7时过后，迫近北仓之西，与左翼本队同时夹击，攻击北仓，遂占领之。敌向东北方败走。此日之敌为宋庆部下之武卫前军、直隶总督部下之直隶练军及淮军、聂士成部下之武卫左军、其他义和团匪等约两万七八千。敌自王家庄向西至保定之要道间约两英里处构筑堡垒，进行防御，在北仓至丁字沽道路各处设防御点，分派兵员，其防线方圆约两英里。敌在其防线虽大放枪炮，但炮火威力颇微弱。我炮列在左翼正面，随本队前进。英、美两国炮列自西沽北方向北仓一带发炮。俄、德两国炮列自白河东方铁道桥梁旁攻击敌之左侧。右翼队之俄、法、德等各国兵沿白河左侧之大道北进，由右侧攻击北仓之敌。敌在北仓南部之南仓旁掘开白河东方之堤防约十间[①]，右方河水泛滥。俄国兵欲渡之进击，然水深过人，不能渡过，不得已改变先前计划，回西沽，取保定大道，随左翼队之后，到达北仓。于是，三面夹击实未能行。原欲一举歼灭之敌由右侧逃走。此日，我国兵作为左翼队正面部队直接面对敌锋，死伤较多。其实数尚不能明，然当即死亡者下士兵四五十名，负伤者军官、下士兵二百五六十名。各国兵死伤者极少。我国兵负伤者得到临时应急之治疗，暂先收容在西沽所建之临时野战医院，然后送回本地。敌之死伤不详，但王家庄至保定大道堡垒一带死者近百名，其他大略计算不下四五百。当时，对敌最有利者，高粱生长已高没人。敌在辨认各国兵前进之处，将其砍去，便于了望。其砍去者充作构筑堡垒材料，自己隐在其生长茂密之处，得进行阻击之便。故敌逃走之后，尚有潜伏于高粱地中不时进行阻击者。

如此，我国兵作为先锋占领北仓等地。师团司令部此日驻扎北仓。前卫兵若干更北进，在桃花口与敌猛烈交战，将其击退，进而占领蒲口。

在此期间，我电信架设队架设了天津至北仓间之电线。

要之，此日之战斗呈专以我国兵对敌之态。右翼队之俄、法各国兵唯见徒然疲于行军。英国炮兵对攻击稍有援助，但其炮列在大后方，以至其炮弹造成我兵若干死伤。

我粮食、弹药等之运送方法为取白河水路，载于帆船之上，运至通州。作为其监督，运输通信部派出海军军官。其部下海军兵根据帆船大小，每船乘一名或二三名，使支那人夫曳之。此日，白河河道之上，从北仓至西沽，插我日章旗之大小帆船舳舻相衔，颇为壮观。

如此，天津驻扎之外国兵大部队多踏上北进之途。此日留在本地之各国兵如下：日本两千人，英一千四百人，俄一千六百人，美一千二百人，法七百人，总计六千九百人。

天津之守备兵突然如此减少，为防万一，各对周围严加警戒。少数义和团匪在租界西南部赛马场附近出现，无其他异常。

8月6日。各国联军上午7时向杨村方面运动。英、俄、美、法兵及我步兵二大队、野战炮兵二中队沿白河右岸，我师团其余大部队沿白河左岸行进。英、美兵意外地与俄兵展开竞赛，所以我兵作为此等联合部队之后列行进。先头之英、美兵攻击杨村之敌，敌稍作抵抗后逃走。我炮兵炮击向宝坻县方向退却之敌大纵队。如此，英、美兵轻而易举占领杨

---

① 日本长度单位，一间约1.8米。——译者注

村,俄兵没有作战,巧妙地占领了杨村车站及白河之船舶、桥梁等。在右岸行进之我师团大部队为横断道路之沼泽所妨,前进颇费时间,下午6时到达杨村,没有参与此战斗。此日,英、美兵死伤者约百名,敌之死伤不详,我兵无死伤。

据云,在迄今之战斗中,练军之统领何某战死,马玉昆去向不明。

8月7日。上午8时,真锅少将所率之步兵二大队、骑兵一中队、山炮二中队、工兵一中队从杨村出发,先于其他联合部队占领南蔡村附近,将其作为搜索北京方面之立脚点。在白河河道方面,尽可能征发船舶并谋求物资征集之便。

此日上午10时,各国联军在俄军本营召开会议,决定进军北京之战斗计划,其要领如下:

一、预定8月8日日、俄、英、美之联军从杨村出发,同夜在南蔡村一宿;8月9日从南蔡出发,在河西务一宿;8月10日从河西务出发,张家湾一宿;8月11日从张家湾出发,马头一宿;8月12日从马头出发,到达通州。

一、行军序列为日、俄、英、美。

一、法国兵因粮食未到,暂守备杨村,奥、意少数兵回归天津守备。

一、北京总攻以大部队进击北京东方,日、俄、英、美各国之骑兵自河西务与本队分开,扼北京西南部,牵制败走之敌(指挥官日本骑兵大队长)。

一、本队步炮各兵每日晨4时出发,骑兵每日3时30分沿白河右岸前进。

一、日、俄兵一大队每日轮换沿白河左岸前进,牵制敌人。

据情报,西太后闻各国军队北进,提出启程前往山西省西安府[①]。董福祥反对之,扬言若太后启程前往西安,自己将率部下之兵返回甘肃云。

又李秉衡率二十营兵入北京,谒见西太后后出兵,方向不明。

在北京、天津之间,各处有低地。目下正值雨季,担心若遇洪水,行军将异常艰难。然本年雨季未发水,沼泽甚少,行军得意外之幸。

七〇一

8月9日　驻美国高平公使致青木外务大臣函(电报)

美国关于北京被围困情报之报告

附记:8月13日小田切领事电报第一六九号

8月9日上午4:10发,同日下午9:00收　　　　驻美全权公使　高平

第三六号

国务院8月7日接到驻清国美国公使发送之明文电报,其要领如下:

济南8月7日发(无北京发送日期)今犹处于包围之中,状况日益危急。清国政府要求我等离开北京,如离开必遭虐杀。官兵日日向我等射击,虽充满勇气但弹药粮食告缺云。

① 原文如此。——译者注

(附记)

8月13日小田切领事电报第一六九号

8月13日下午2:16发,同日下午7:10收　　　　驻上海领事　小田切

第一六九号

据美国总领事对本官所语,驻清美国公使于8月10日从济南发给驻广东美国领事的信函中称:

被官兵包围,事体甚危。我死者六十名,负伤者百名,罹病者数名,其他健全。无论结果如何,当防卫本所。

七〇二

8月10日　特派清国加藤公使、驻天津郑领事致青木外务大臣函(电报)

联军前进情况等报告

附记:(一)8月14日小田切领事电报第一七三号

(二)8月16日同上电报第一八三号

8月10日上午7:00天津发,14日下午8:10仁川发,15日上午3:30收

在天津全权公使加藤,郑领事

联军8月4日从天津出发,翌5日占领北仓,6日占领杨村。日本军之一部7日前进到南蔡村。报闻天津练军之何统领在上述交战中毙命,马玉昆去向不明。8月6日(?),在杨村之司令官会议上决定,立即进军北京,预定以日本兵为先头部队,俄国兵、英国兵及美国兵依次续之,8月12日到达通州。法国兵因其辎重组置不周留在杨村,少数之德国兵、奥国兵及意国兵归天津。俄国人在天津陷落后立即着手修复天津、北京间铁道,至杨村之线路8月20日应可完成。8月8日,据来自山海关之清人所说,俄国人正在修复塘沽、芦台间铁道。上述行动之意图多半是为控制至山海关之铁道。据俄国工兵士官所语,约八百名铁道工人将从乌苏里到达本地。又驻天津英国领事将从北京之清人处所获消息告诉本官,李秉衡率二十营兵来北京,谒见西太后后,与其军队一起出北京,其目的不明。西太后多半避迁往山西省太原府。

(附记一)

8月14日小田切领事电报第一七三号

8月14日上午11:40发,同日下午3:00收　　　　驻上海领事　小田切

第一七三号

裕禄8月8日在杨村与外国军队交战中战死之报道属实。

(附记二)8月16日小田切领事电报第一八三号

8月16日下午6:16发,同日下午9:35收　　　　上海领事

第一八三号

来自芝罘领事之消息如下:

8月12日,第五师团占领通州,缴获藏于仓库之米五万石及相当数量之武器。敌兵8月11日夜半向北京方向退却,该师团未遇任何抵抗进入该地。

七〇三

8月13日　驻上海小田切代理总领事致青木外务大臣函(电报)

关于保障日本政府极力保护两宫意向之禀告

8月13日下午9:55发,14日上午4:00收　　　　驻上海领事　小田切

第一七二号

随着联合救援军逼近北京,本地之清国高官及一般清民愈加苦虑。如本官早已闻之,两陛下离京之事目下正在准备之中,然必更加急速。此等事情结果,不单迁延目下北部之战斗,又必将骚乱广为蔓延至诸省。故为防止两陛下离开北京,本官敢将如下事项请求帝国政府审议,即送口信给驻东京清国公使,嘱其转达北京政府,告之日本国派遣之军队其目的只在拯救外国公使等,镇靖拳匪,且充分保证帝国政府对两陛下不仅无任何意图,反而在其生命危难之场合,为保护之,可给予相当之援助。

据本官所闻,德国政府对德国驻清国公使之一通牒回答书中,有与以上陈述相同之内容。

七〇四

8月14日　青木外务大臣致清国公使函

日本政府极力保护两宫之意向之通告

8月14日小林翻译官亲手交给李盛铎

日本政府此次调派兵员,专为救护各国使臣以及外人起见,并无他意。且对两宫不惟毫无忌嫌之意,如有祸及两宫之虞,日本政府应须极力保护。将此意谕饬前敌将帅知悉矣。

明治33年8月14日

七〇五

8月17日　驻芝罘田结领事致青木外务大臣函(电报)

联军北京入城之报告

附记:(一)8月18日加藤公使电报

(二)同上伊集院领事电报第一二号

8月17日下午5:20发,18日上午3:00收　　　　驻芝罘领事　田结

联军自8月15日晨进攻北京东部,敌顽强抵抗。至傍晚,日本军破朝阳门及东直门进入城内,其他列国军队自东便门进入,立即向公使馆派出哨兵,取得联络。列国公使及其属员皆安全。日本之死伤百余名,敌之死伤三百名乃至四百名以上,渡边陆军大佐及道家陆军大尉负伤,矢崎陆军少尉战死。

(附记一)

8月18日加藤公使电报

8月18日上午11:20芝罘发,同日下午7:05收　　　　在天津全权公使　加藤

8 月 16 日晚 10 时 15 分收到山口中将 8 月 15 日北京发来之如下电报：

8 月 14 日晨，联军以炮击开始对北京之攻击。敌顽强防守城墙。日、俄之兵自通齐阿乌(トンチアウ)[①]沟之北，英、美之兵自其南进攻。夜间，日本军爆破鞑靼街东部之两门，英、美军自东便门进入。两军立即派分队在公使馆会合。日本军之损失为死伤一百人以上(含军官)，清兵损失为死四百人以上。

(附记二)

8 月 18 日伊集院领事电报第一二号

8 月 18 日下午 1:15 收　　　　驻仁川领事　伊集院

第一二号

据本日自大沽进港之英国水雷驱逐艇菲姆号带来之消息，北京于 15 日被救，外国人均安全无事。

七〇六

8 月 19 日　青木外务大臣致驻俄国小村公使并驻欧美各国公使函(电报)

北京皇城附近战况通报

100. 后续电报称，联军进入北京后，敌军于 8 月 15 日后撤至皇宫。一支日本军队被派往保护皇宫，遭到了敌军的顽强抵抗，目前仍在作战。日本占领区主要在安定门外，其总部在日本使馆内。

请将此信息转发驻欧美之各使馆。

青木

1900 年 8 月 19 日[②]

七〇七

8 月 20 日　驻英国林公使致青木外务大臣函(电报)

英报对我军功劳之赞辞

8 月 20 日上午 0:40 发，24 日下午 11:20 收　　　　驻英全权公使　林

第五一号

8 月 20 日发行之《泰晤士报》社论曰：

列国公使馆之获救(一词不明)主要赖日本国之力，故整个世界感谢之。其他列国能一举救其国人生命，保持其国旗之荣光不坠，免于旁观其使臣被虐杀之屈辱及痛恨，全在日本。日本国真不愧为欧洲列国之伙伴。日本国为人道不辞承担此重要任务，并能取得成功乃美举。先于列国认识此点之荣誉，忠告其他列国日本国克宽怀，行公道，不吝协助，向其请求宝贵之帮助乃当务之急之荣誉，均宜将之归于英国。

其他诸报纸之语气亦与之相同。

---

① 音译。——译者注

② 此篇原文为英文。——译者注

七〇八

8月21日　驻天津郑领事致青木外务大臣函

战斗情报续报

附件:第九次战斗情报

机密第二三号,9月1日收

外务大臣子爵青木周藏阁下:

关于北京陷落等情报见另页第九次报告书,恭请阅览。敬具

明治33年8月21日　　　　驻天津领事　郑永昌(印)

(附件)

第九次战斗情报

8月8日,各国联军由杨村出发。虽有少数敌人抵抗,我军前卫驱逐之,占领南蔡村,当晚宿营于南蔡村。

8月9日,由南蔡村向河西务进发时,亦有少数敌人抵抗,我前卫步兵第九旅团攻击之,立即占领该地,在村外露营。此日,我骑兵一名、哥萨克兵一名负伤。据情报,该日董福祥于该地作战。

8月10日黎明,由南蔡村露营地向马头进发时,该处敌人业已准备逃走,遇我前卫突击,狼狈逃走,虽开枪射击,我前卫部队轻而易举占领之。敌遗弃之货物、行李等,狼藉于道。此日,我军负伤两名。

8月11日,由马头向张家湾进发。该处有少数敌人进行防御,我前卫炮兵炮击之。不久,敌败走,我军死伤甚少。

8月12日凌晨3时,由马头出发。我前卫之一部夜间微行至通州城门之下埋伏。我军由后方向通州射击。敌不知我军已埋伏于城下,暴露身体还击。我埋伏在城下的先遣队出其不意向其射击,使敌狼狈不堪,不知所措。随后,我工兵队爆破南门,先遣队立即冲入通州城内占领之。敌从城外西北方向向北京逃走。我军在该处占领粮仓,获白米约五万石。此日,我军伤亡甚少。

如此,我军按计划实现了由杨村到通州的进军。途中各处虽遇到少数敌人抵抗,皆由我军前卫驱逐之,使各国联军全军得以前进。8月12日,于通州召开各国军官会议,达成进攻北京的协议。同夜,我第五师团长向先遣队下达如下作战计划:

作战计划

(8月12日下午10时5分,于通州第五师团司令部)

一、北京的敌军约不过十营。

二、师团与联军各军共同对北京发起进攻。为此,派遣独立骑兵及支队(编制见另页)先发。

三、独立骑兵及先发支队明日即13日早6时从通州西门出发,经八里桥营家村至定福庄附近,在连接定福庄梧连坡的战场宿营,收集北京方面敌军的情报,掩护师团的集中。日军的南翼为俄军,再南翼为美、英军,相互联络运动。

四、步兵第九旅团派出在本地的守备兵力,出发前由步兵第二十一旅团更替。

五、如大型辎重明日分配完毕，至菅家村，从第一粮食辎重队接受补给，到支队宿营地宿营。

六、补充弹药的定额于今晚进行。

七、其他部队明日在通州。

另页编制

独立骑兵　骑兵第五联队（一小队缺）

指挥俄军骑兵

先发支队长　真锅少将　步兵第九旅团（缺各地守备队）

骑兵一小队

野战炮兵第十六联队第一大队

工兵第五大队的一中队

卫生队的一半

其他部队在通州宿营一晚

8 月 13 日，独立骑兵及先发支队按照上述作战计划于早 6 时从通州出发，派出侦察人员，侦察北京的敌情。

同日，第五师团长向全部后续部队下达如下作战计划：

作战计划

（8 月 13 日下午 9 时，于通州第五师团司令部）

一、在北京东面的城垣发现配备了若干门炮，在北京东面城垣之外，在一斥候之外发现敌兵。

二、独立骑兵及先发支队本日在定福庄附近宿营，明日继续前进。

三、师团明日向北京进发。

四、步兵第二十一联队之一大队（缺二中队）、工兵一小队、俄国步兵一中队、英美两国兵各一百人，任通州守备，归步兵少佐佐佐木寿人指挥。

五、步兵第二十一旅团司令部（塚本少将）、步兵第二十一联队（缺第三大队，并缺二中队及后方守备队）组成右纵队，晨 4 时由通州北门出发，经大和店、新庄前进，与左纵队保持联系。

六、左纵队按如下顺序晨 4 时 30 分由西门出发，经八里桥、定福庄，追赶先发支队。

七、大型辎重在诸队出发后于西门外集合，早 6 时出发，跟随左纵队。

八、步兵弹药一小队、山炮弹药一纵队、临时山炮一纵队、第二野战医院、第一粮食纵队之半部、第三粮食纵队由辎重队大队长神谷少佐指挥，于早 6 时 30 分从西门出发，跟随大型辎重。余下之辎重由弹药大队长栗原少佐指挥，早 7 时 20 分从西门出发，经八里桥、菅家庄，至定福庄停止。

九、其余部队在左纵队本队的先头。

如此，14 日晨，各队按照上述作战计划，抵达朝阳门外敌军阵地之前。按照各国军官会议的协议,同夜在该地宿营,预定 15 日黎明发起总攻击。但是,俄军违反该计划,从 13 日开始攻打东便门,受到敌军顽强抵抗,其团队长战死,参谋长负伤,其他死伤者甚多,因此请求我军支援。据俄军的侦察,北京城没有敌军守备,故俄军欲博取先于各国军队进城的名誉,却反而招致失败。

因此,我军不得不改变原定计划,决定自 14 日晨开始发动攻击。此时,先发支队真锅少将率领的第四十一联队及工兵已前进到朝阳门外四十米的突出部,立即向朝阳门发起突击,因敌军猛烈抵抗而未果,在附近的住宅中潜伏,等待后方炮兵的炮击。我炮兵第五联队上午 9 时半左右在距朝阳门一千七百米的道路北侧排列炮列,以五十四门炮开始炮击朝阳门左右约五十米的城墙,盖因恐正面炮击朝阳门,炮弹会落在先发队的阵地上。敌军以约三十四五门炮回击。此时俄国炮兵亦开始频频炮击东便门。朝阳门之敌回击约一小时后,其炮火被压制下去,我军得以接近朝阳门。我前卫后撤,炮列以全线火力炮击朝阳门及其附近避弹墙,予之以很大破坏。随后我步兵发动突击,因敌再次猛烈射击,不能前进。我军又加以炮击。彼虽沉寂,仍死守城墙,见我步兵行进,射击复盛。遂决定我右纵队(塚本少将所率)至正面,与左纵队会合,另一方面炮击东直门。炮兵一大队在距东直门约千米的突出处排列炮列,于上午 11 时由彼处炮击东直门。敌以约十八门炮应战,但弹着点不得其宜,未达到我阵地。如此,我军在朝阳、东直两门外与敌相持至等待日落。

此前,山口师团长随福岛少将、桥口大尉与我步兵一个联队(缺一大队)为应援俄军并视察战况,前往东便门,在俄军爆破东便门,攻陷崇文门的同时,进入内城,令一个大队向我公使馆进发进行联络,一个大队沿城墙攻击敌人,到达朝阳门内,与城外我军联络。前往我公使馆的联络队于傍晚 7 时抵达,取得了联系。

在东便门,俄军率先登城,美、英军随后,傍晚 7 时进入城内。我工兵队于晚 8 时 40 分至 9 时 30 分,利用黑暗天色,在朝阳门及东直门放置炸药,爆破猛烈,破坏两门,步兵立即突入门内,击退城墙上及附近之敌。翌日(15 日)晨 1 时至 3 时间,派其中一中队与我公使馆联络。

此夜,因城内剿讨尚未结束,我炮兵及师团之大部依然与师团司令部在城外宿营。

此日,英军进攻敌兵防守薄弱的广渠门,几乎未遇敌之抵抗即进入外城内。印度兵率先潜过御河水门,进入内城,下午 3 时首先与其公使馆取得联系。此为先进入城内者。英军在正阳门攻击敌军,占领该门。

此日有情报说,大部分敌军在城外南苑。四十二联队第二大队(田边少佐率领之)向该处进发,途中日暮,在野外宿营。

15 日晨 4 时,我军在朝阳门外空地集合本队,其他士兵留在城墙之上守备。

同日晨 5 时左右,山口师团长下令进朝阳门,令四十二联队向城内进发保卫皇城。该联队进入宫城正东之东安门之际,遇到敌之夹击,进行苦战,联队长渡边大佐负伤。接到此报,步兵四十一联队之一个大队及野炮一个大队前往支援,避免向皇城内发炮,采取包围其周围之持久之策。至 16 日,占领其四门,迫使皇城内之敌兵逃走。

皇城之内囚禁着外国耶稣教传教士及清国人教徒,我军解救之。传其后宫城内由日、英、美三国守备。

15 日上午 11 时至下午 2 时,我军驱逐据守安定门、德胜门之敌,占领两门,剿讨尚据守在城北外地坛及练兵场等处之敌。

在城内，敌于15日夜至16日拂晓大多逃走，其一部尚留在城西。故步兵二十一旅团之一部于16日上午10时左右进德胜门，由城墙之上攻陷西北箭楼，击退其敌。

又，我炮兵于上午11时至下午5时，由距端郡王府约一千米处炮击该王府，剿灭王府内的敌兵、团匪等后，烧毁王府，占领西安门及阜成门。

次之，我军占领户部衙门及米仓，获马蹄银约二百五十万两，米约两万石，严加看守。

在城内，敌大部分为八旗兵及义和团匪，传其数约为一万五千人。我军死伤情况为，战死者矢崎少尉，负伤者塚本大佐、东中尉、富田大尉、道家大尉、竹内大尉、饭田少尉、后藤少尉及以下下士兵约两百余名。敌之死伤不详，传目击仅尸体即为六百余。

缴获的武器有克尔式野炮五门，旧式炮约百门，其他大小兵器无数。

联军15日占领城内外。我师团司令部进入我公使馆内，大部队仍留在安定门外一带，其一部守备朝阳、东直、安定、德胜、西直、阜成各门。

北京城被各国联军占领，皇帝、皇太后已蒙尘，其他诸王大臣以下百官亦多逃走，不知去向，完全呈现出无政府状态。故英、美、俄、法及我国协商决定，各国各派出一名委员，设临时政府，管理民政。我国之委员由公使馆武官、炮兵中佐柴五郎任之，且我国之负责区域为自内城北墙至朝阳、阜成两门之间，即内城北部之一半。

据情报，各国联军攻击北京前四五日，皇帝及皇太后踏上蒙尘之路，从北京出发，经宣化、张家口，沿长城，下黄河，前往陕西省西安府。董福祥率兵三千护卫之，诸王大臣亦多随行，然只庆亲王至攻击时留在北京。

目下北京城内各处人家尚潜匿败残敌兵，时时狙击。为此，各国军队正在剿讨之中。又北京至通州沿途各处亦有败兵潜匿，仍不免有通行之危险。

有情报说，各国联军北进以来，败残之支那兵及义和团匪势力聚合于天津城西南方向，企图反扑。我守军屡派斥候进行侦察。浊流镇有约四千湖南兵和一千义和团匪。又有近日自甘肃而来，本月14日从静海县出发，抵杨柳青对岸阎家庄之董福祥部下蒋统领所率两三千兵。唐店子有义和团匪首刘十九，聚集匪徒，在赛马场附近狙击我侦察兵，夺其帽而归，挂于室内。此外，杨柳青一带多义和团匪，似有与官兵一起袭击天东①城之态。我天津守军自本月12、13日，为准备战斗，加固其要害之处，敌终未来袭。然本月16日，我侦察骑兵三名在侦察唐店子匪徒时，约百名匪徒包围之，加以阻击。其一名被杀，余两名救之未果，逃回天津。翌日，英、美及我国军队决定共同讨伐该处匪徒。英兵四百名、美兵五百名及我国兵二百名，携炮四门，于该日黎明从本地出发，前往该处。匪徒用旧式炮进行抵抗。各国军队猛烈加以炮击，袭入匪首刘十九住处。据说其室内挂着昨日被杀之我侦察骑兵的手枪。如此，各国军队在该村庄放火焚之，捕获有匪徒嫌疑者七十名而归。英国进行审讯，枪毙三人，其他处以苦役。此日我军杀死匪徒约六十，英军杀死者甚多。我军负伤一名，英、美兵负伤六名，其中一名死亡。

此日已完成一部分剿讨。然浊流镇及杨柳青附近尚有敌兵屯集，我守军目下处于严密警戒之中。

---

① 疑为“津”。——译者注

七〇九

8月22日　驻上海小田切代理总领事致青木外务大臣函

送递占领皇城并清廷西迁之芝罘领事情报

8月22日下午5:20发,同日晚11:20收　　　　上海领事　小田切

第二〇五号(抄)

自芝罘领事之情报如下:

日本军8月16日占领皇城。西太后、皇帝及大臣在董福祥麾下三千人的护卫下,于8月11日左右自北京逃走。推测其目的地是陕西省西安府。为维持城内秩序,日、俄、英、法、美任命委员。日本兵死伤二百余人,敌死六百人。

七一〇

8月22日及23日　青木外务大臣致驻俄小村公使并欧美本国公使函

北京城攻略情况通报(一)(二)

(一)

8月21日,日本驻大沽舰队司令官发电报称已收到北京战报,大意如下:由于8月15日晨被派往保护皇宫之日军被禁止炮轰紫禁城,因此日军无法速战速决,不得不整日作战。不过,8月16日日军占领了皇宫主要城门,目前城内敌军已基本肃清。五六天前,皇室家族以及大臣们在董福祥统帅之三千名卫兵护卫下已逃往西安。为恢复城内秩序,北京被划为若干辖区——其中,北半部归日本管辖。同时,日本、俄国、英国、美国以及法国各派一名官员管理城内事务。另外,日军焚毁了端郡王府邸。在此次围攻中,护卫日本使馆之日本海军特遣队共阵亡五人,负伤八人。

以此通报各驻欧美公使人员。

青木

1900年8月22日[①]

(二)

此为第一〇四封电报的补充:现已收到消息称,占领皇宫之日本军队已释放原收押在城中之外籍和本土基督教徒。

以此通报各驻欧美公使人员。

青木

1900年8月23日[②]

七一一

8月23日　出羽常备舰队司令官致山本海军大臣函

① 此篇原文为英文。——译者注

② 此篇原文为英文。——译者注

清廷蒙尘并北京城内外情况之报告

附记：太田明石舰长报告亲历之芝罘附近骚扰情报

8月23日上午10:20芝罘发，24日下午4:22收　　　　大沽常备舰队司令官　出羽

第一八号

据来自陆军的报告，皇帝、西太后于14日夜出北京，在万寿山(休息?)，出逃的目的地是经宣化府(直隶省)、大同府(山东省)[①]，前往(山西省朔平府?)，其行装颇为轻省，庆亲王尚在北京。李秉衡已死，各国兵大行掠夺，人民逃亡过半。我兵非常遗憾也进行了掠夺，但由于师团长之严令，情况渐渐好转。在18日的列国会议上，决定为庆贺胜利，各国军队从皇城通过，应不日之内实行。其时当无毁坏宫殿、实行掠夺之患。

据18日情报，官兵及义和团在南苑集合，19日由外城之(西南门?)发起攻击。20日晨，日本、俄国骑兵详细侦察，实施攻击。

又据其他情报，由步兵五千、炮十五门组成的敌兵自山东省北进，从背后威胁我方。

德国海军陆战队到达，归于俄国军官指挥下。俄国和德国的关系最为可疑，难保今后不会有以实力冒犯我权威之事。本官认为，根据目下情况，速在天津配置一旅团以上的兵力实为必要。

据传，在攻击北京时，俄国的死伤为(一字不明)(少将?)以下二十六人，下士以下约一百八十人。我军占领库(府?)，缴获马蹄银二百五十万两，米数万石。

(附记)

太田明石舰长报告亲历之芝罘附近骚扰情报

8月23日下午3:30芝罘发，24日下午5:55收　　　　太田明石舰长亲历

据领事所说，在芝罘西约三十里之黄县地方有约三百团匪企图袭击芝罘。该地守备士兵二十四名与之发生冲突。风传宁海州(山东省)之兵一营前往镇压，发生争斗。又传在芝罘西约五十里之莱州府，近来青州府之流民数千人横行劫掠，颇为骚扰。(一字不明)当地附近各府县也暴徒蜂起。当地道台为当地安全计，努力守备镇压，局势暂且平稳。

七一二

8月24日　驻清国西公使致青木外务大臣函(电报)

北京城内警备区域划分、清廷蒙尘情报

8月24日上午9:30发，26日下午5:15收　　　　西　公使

为警备之目的，北京内城分为南北两部分，北区(?)半部由日本负责，南区更一分为五，分归英、俄、美、法、德。皇城内有官兵及义和团匪试图反抗，又城根及市内均有一些残兵，但近日已大体安定下来。皇帝、皇太后及其他顽固党首领数日前出奔，去往何处尚不明，大概为宣化府方向。和谈之手续尚未进行。

① 原文如此。——译者注

七一三

8月25日　山口中将致大山参谋总长函(电报)

参与北京战斗之列国兵力报告

8月25日北京发,27日下午4:00大沽发,29日下午5:43收　　　　山口　中将

北第一九号

参与北京战斗的列国兵力为:日本步兵六千六百人,骑兵二百二十人,炮五十三门,工兵四百五十人。俄国步兵三千三百人,骑兵一百八十人,炮二十二门(或二十门?)。英国步兵一千八百五十人,骑兵四百人,炮十三门。法国海军士兵四百人,炮十八门。美国一千六百人(步兵一千六百人?),海军士兵一百五十人,骑兵七十五人,炮六门。自17日至23日,进入北京的兵力为:俄国步兵一千人,骑兵二十人,炮十二门,工兵二百三十人,电信小队一小队,辎重车六十五辆。英国步兵一百二十五人,驮马三百三十七匹。法国步兵一百人,炮八门,驮马八十匹。德国步兵一千七百二十九人(似一千零七十九人),驮马三十五匹。意大利海军士兵三百人。

七一四

8月26日　驻英国林公使致青木外务大臣函

关于救护公使馆之英国舆论情报

公第七〇号,10月4日收

外务大臣子爵青木周藏阁下:

关于救护北京公使馆之英国舆论

关于清国事件之英国舆论,首先希望尽快救助公使馆,并将救助大事委托给日本。此事7月30日所发机密第二三号已报告之。其后不久,联军离开天津向北京进发之报传到该国,该国一般人只是等待该军队迅速到达北京,各公使馆并外国人得到救助。众人皆认为,该联军5日占领北仓,经杨村、河西务,12日陷通州,15日进入北京,解救各公使馆。然此后毫无救助北京之报。当地传闻,联军12日进入通州,然无论如何该传闻不能作为事实相信。17日,德国外交部收到该国驻上海总领事关于救助北京报告之消息传到本地,同日晚由东京转来山口师团长之电报。随后接到阁下18日来电,立即将其通知诸报社,翌日(星期日)之报纸均登载之。20日即星期一之各报纸均赞扬救援军之功劳,祝贺各使馆好运。特别是在此救援军行列中,从最初攻击天津开始,在各地战斗中,我军常战于先头,击退敌人,遂至奏此伟功。迄今之功劳、将士之勇敢、兵站之完备等常载于战地发至本地之电报之上,无不赞赏之。各报纸之社论亦转载之,称赞我国之勇武。18日之《标准报》在其社论中叙述联军到达河西务之战况时曰:

> 敌兵能选择其阵地。联军若踌躇于地形之不利,迁延攻击,将遭遇最顽强之抵抗。然事实出乎意料。我炮发射几发炮弹,步兵立即呐喊占领前方堡垒,不久日本士兵在新占领之市内高唱凯歌……

一般认为,攻入北京之荣誉应归于日本士兵。其士兵坚忍不拔,纪律严明,勇敢

无畏，欲不赞赏而不能。不难预测，在如此短暂岁月发展至如此战斗力之国民，今后在纷乱之东亚政局将取得何等地位。我英国及印度士兵之所为亦无愧于军旗，虽其损失不小，然与日本兵相比，非常之少。又某强国因兵站运输困难，或兵力不足，虽能与大部队一起行进，但因此名誉不能不受到影响。事实是，在杨村以后之战斗中，与英国士兵与日本士兵一起行进者，只有美国士兵与俄国士兵。

《泰晤士报》亦常常赞扬我军之勇敢。得知北京公使馆被救，该报在20日之社论中论曰：

联军今乃北京之主人。因其协同一致之措施，迅速成就如此大功，诚可祝贺。列国无愧于将他们联系在一起之文明。然此溢美之辞送给日本是极为恰当的。若无该国之帮助，欧洲列国终不能完成救助事业。世界救助其公使馆，蒙日本之恩最多。在列国为其国民生命及国旗之荣誉无能为力之际，因土地接近，立即给予有效帮助，使列国免于看到其使臣被杀之耻辱与苦恼者亦日本。日本无愧于与欧洲文明国为伍，日本有意愿与能力为人道完成此重大之责任。在列国中首先认识到这一点，并尽力使列国同意日本提供伟大之帮助之荣誉，归于我英国并不过分。

《每日电讯》同日亦以相同之论调曰：

救助北京之功与进军途中交战之功，均应归于日本天皇之士兵。彼等不仅维持了在平壤、旅顺之名誉，今回与欧洲强国之兵对照，证明其能够与任何敌人战斗，且能够与任何同盟军并肩战斗。尽管有人认为由天津至北京之急行军在此季节是不可能的，但日本军队仅在两周之内完成之。显然，若无日本军队，救助外国人之目的不可能实现。我英国及全欧洲还记得，先前关于我国之举动，其他方面有种种疑虑。此时，主张使日本军队一起战斗者，当属索尔兹伯里伯爵。尤为突出的是，能够冒死救助外国人者，乃日本兵、俄国兵、英国兵及美国兵是也。其他诸国之兵在杨村战斗之后，为整顿兵备，不得不返回。且在关于占领北京外郭之诸报道中，未见记载其他国家，可以看作只是英、俄、日、美兵攻破城门，救助公使馆。

《每日新闻》亦叙述同样意见曰：

不应轻视此神速显著之成功自不俟论。若同盟军败北，或公使等被杀，对西洋文明及世界则是何等难以预测之不幸。无论欧洲外交在清国有何等过失——我辈相信其过失不少，清帝国驱逐欧洲人之企图，必将引起令人恐怖之流血与长期战争，列强必将因其使臣被杀害而加之以特别严厉之处罚。据吾人所闻，在北京城外，清兵顽强抵抗，然未持久，同盟军到达后数小时进入城内，日本兵立即包围公使馆，解救公使等。此役中日本之功劳应该受到欧洲之感谢。此功劳自身足以否定五年前夺去在清国日本战果之愚蠢政策。日本兵之英勇善战为众人所赞赏。数年前诸国无故错误地对待日本，然日本之政治家今回为仁义与此等诸国共命运。所谓诸国，俄、法、德是也，我英国不应列入。而法、俄公使今犹幸存之恩多在日本。

如上所述，本地发行之有影响之报纸几乎众口一词赞扬帝国军队之功劳。20日《泰晤士报》评论要点已以第五一号电报阁下，在此附记其他诸报纸相同论调之旨。

特此报告。敬具

明治33年8月26日　　　驻英特命全权公使　林董男爵(印)

七一五

8月29日　驻清国西公使致青木外务大臣函

联军示威行进之事

8月29日北京发,9月1日下午9:00大沽发,4日下午5:30收　　驻清全权公使　西

第九号

根据在北京的列国公使及指挥官联合会议的决议,联军于8月28日举行一大型庆祝胜利活动,为显示现在北京归其领有,从宫城通过,俄军为先导,日、英、美、法、奥、意依次从之,外交官亦参加。如上活动开始及结束时,发射二十一响礼炮。

七一六

8月29日　　驻清国西公使致青木外交大臣函

援军抵达后之概况报告

机密第四九号,9月15日收

援军抵达后之概况

第一　攻占北京及稳定市内

过去之8月14日援军攻陷北京。一扫两月有余之重围获得解放,九死一生之外国人欢呼雀跃,奔告四方。与此相反,在另一方,不用说清国败兵,即使是达官显贵也争先恐后逃走。在此期间,逞掠夺抢劫之无赖之徒及外国士兵之一部横行街衢,其混乱之状况笔墨难以尽述。14日夜至15日晨,我第五师团之兵入城,立即扼守皇城之门东华门,以防乱民及暴兵乘此混乱之际闯入皇宫,致发生不测之惨事。此夜(15日),召开公使会议,确定所谓宫城内禁及外朝的划分,议定两项事宜:其内廷皇宫不可侵犯,只要彼不抵抗,由我充分加以保护,任何人也不得随意进入;在外朝之庭院官舍允许各国军队宿营。又,此日各国军队指挥官举行会议,认为为阻止北京城内外国士兵及乱民抢劫,有必要施行军事警察制度,将北京内城大致分为南北两部分,其北部之一半由我军负责,另南部一半再分为英、俄、美等负责部分。今后德、法之兵络绎不绝进京,将再议分配此等负责区域。北京城外分辖情况,大略如另图(附录第一号),即我方以在我负责区域内之顺天府作为军事警察衙门,由柴陆军中佐掌管。然因15、16两日的实际情况,皇城内及北京城内西北隅残兵犹固守继续抵抗。17日的公使会议决定,因不仅北京城内,且城外附近地区,清兵聚集抵抗期间,城内骚乱日益严重,内外人之安全不保,有必要彻底击溃此等反抗之残兵。作为确保其得以完全实行之一法,可使各国军队进入并通过宫城内廷一次。此旨由各公使告知本国军队指挥官。翌日,各公使及各国军队指挥官一起会同协商,决议如下:

一、对北京市民发布如下布告:

市民自由从事往常之职业,买卖粮食、物品等必须付钱,决不允许以暴力掠夺,携带兵器之支那人格杀勿论。

由市民居家屋内射击者，烧毁其房屋。

藏匿兵器之房屋同样烧毁之。

支那人掠夺现行犯格杀勿论。

二、又，对外国人发布如下布告：

今北京市已划分区域，各国官兵负责警备。违法乱行之外国人无论是否军人，立即逮捕，押送负责逮捕地警备之国的警务本厅，然后引渡到乱行者所属国之文官或武官厅。

在士官指挥之下执行勤务者之外，禁止士兵进入他国负责之警备区内。

普通外国人在任何地区均可自由通行，外国公使馆雇用之支那人持有所属公使馆之通行证者，可携带粮食及其他物品，在任何地区自由通行。

在此次会议上，议论过各自缴获的金银钱财，应通报其金额，或分配给各国，或等待政府之训令。本公使反对之，打消了议论。

8月19日。此前总理各国事务衙门被我军控制。商定各国负责之警备区域的结果，总理衙门在俄国负责区域内。昨日(18日)，我从该处撤出警备，将之交给俄国官兵。然总理衙门乃各国外交场所，收藏外交文书之地，有必要预防此等外交文书散失或被强取。在此日公使会议上，决定翌日(20日)各国公使馆翻译在总理衙门会同，共同封存全部文件。翌(20日)，照此执行完毕。又，俄军早已占领万寿山，英、美负责警备区域内之天坛、先农坛等已为英、美兵占据。就此，19日的会议议决，此等场所应属于15日会议确定的宫城外朝，除重要的房间之外，外国士兵将所属房屋作为宿舍使用无妨。

8月25日。在各公使及军队指挥官会议上决定，17日决议之各国部队南北穿行宫城内廷，以彰显已攻取北京之实一事，于28日举行。

8月28日。自上午8时举行25日议决之通过宫城内廷一事。此日，俄军一大队为先头，我军一大队次之，英、法、德、奥、意兵若干随之(各国部队通过顺序是在前日各国军官会议上决定的)。各公使及公使馆员(其他有二三新闻记者、摄影师未经许可参加之)亦参加。仪式终了，外交官及各国军官在清朝官员事先于宫中所设茶点处小憩，上午10时半散去。

第二　皇室之蒙尘及讲和之端绪

清国皇帝及皇太后两陛下在外国军队侵入之际，在二三显贵及侍从随同下，蒙尘前往某地。何日前往何处，有各种说法。据情报唯知，14日傍晚至15日晨，两陛下一同离开皇宫，在万寿山小憩后，向宣化府而去。如前信所报，清国有讲和之意，选定李鸿章为其全权代表。今事态变化，皇室如前所述蒙尘，没有所谓之政府，外国军队云集皇都，上下混乱。当此之时，预测清国之前途，或曰皇室远迁西安府，于兹设满洲朝廷，自然放弃北清。或曰清国政府为请和，由亲王、郡王等为讲和委员。据其后数日间实情验证，第二说稍近于事实。

虽在皇室与诸大臣出奔之际已受命，但因外国军队的行动格外宽大而受到鼓励，留在北京的诸大臣(崇礼、敬信、阿克丹、桂春、那桐、裕德等)自18、19日相互往来，商议善后之策，考虑以确定外国方面是否允许讲和为第一要义，派遣唐翻译官来我公使馆，同时也有人去其他公使馆。据唐翻译官所说，皇帝一行向宣化府行进，但现今位于何处不能确切言之。庆亲王至16日滞留在北京，但当日潜行到昌平州(北京以北八里)并继续前行，当欲加入皇帝一行。

与此同时，我军事警务衙门长官(柴中佐)在我负责区域内保护上述志同道合之大臣的相互通行，使其尽快会合在一起，于我负责区域内设立临时事务所;另一方面，警卫庆亲王府及其他显贵之府邸。彼等看到我之厚意，于21日决定，密派总署书记官朴寿(据云为庆王亲戚)迎庆王回北京。为沿途能够通过我军占领区，向本馆申请自由通行，立即得到同意。23日，朴寿由护卫兵护送至斥候侦察地后出发。

本使以为，今外国士兵充塞北京城内，上下骚然，且各国军规相异，无处统一，几乎无由制止其士兵之暴行掠夺。良民蒙受其害，悲惨之状不堪与闻。此外，德、法、美各出兵一万五千，如其大半不久到达北京，将不仅是北京，北清一带均不免遭受蹂躏之苦。那时，目下停留在距北京不太远的地方，观察外国军队的动向，还没有决定去向的皇帝及随行者将彻底绝望，以至逃到西安或更远的地方也未可知。因此，莫如筹划解决方案，在战乱之祸害尚未蔓延之时，使清国尽快设立强有力的政府，进而向列国乞和。消除今日之难局的胜任者唯李鸿章。本使一方面如前所述暂先对招来庆王一事间接给予帮助，另一方面电训上海代理总领事(21日)劝告李北上，转达我军舰可根据情况给予北上航行保护之意。(已告郑天津领事，本件向上海发送同时亦发给阁下，当已收到)

然昨28日从有关方面得知，李鸿章不日将搭乘俄国军舰抵达天津。若果如此，在前述尽早和议这一点上如愿，但搭乘俄舰北来一事，或恐引起他国猜疑，有碍大局。

8月28日。总署书记官朴寿与翻译官唐家桢来馆曰，庆王于9月3日回到北京，与各国公使协商。朴寿如前所述在我军保护之下离开北京，在怀来县面谒庆王，受命将此旨转达给各国代表。又请求在庆王归来时，由我军护送归邸。对此，我方当然应允。关于此事，有致首席公使的公开通告，见另页译文(另页附录第二号)。由该通告来看，庆王归来非被授予全权。无论如何，庆王及李鸿章到达之后，才能明了情况，故谈判不免多少有些迁延。

留在北京的清国官员内志同道合者数人24日致函首席公使，称庆王归来，愿与各国代表商议国事，请求为派遣特使提供便利。

而事实如前所述。该书所署日期之前一日即23日，朴寿作为密使在我护卫下已经出发，可察该书不过是避免列国公使猜疑的权宜之策。该书由自称爱国之志同道合的清朝官员所发。首席公使不仅给予此等人回答，而且以私信方式致函该书联名者之一联芳，表示庆王如来北京，将给予一切保障。依据公使会议上的决定，为便于参考，将其往复文书添加于此(另页附录第三、四号)。

如上为北京陷落后至今日之情况概略。　　敬具

明治33年8月29日　　　　驻北京特命全权公使　男爵西德二郎(印)

(注)一之地图为北京城各国占领区域图，二、三、四分别为一一一七、一一一八、一一二三文书。

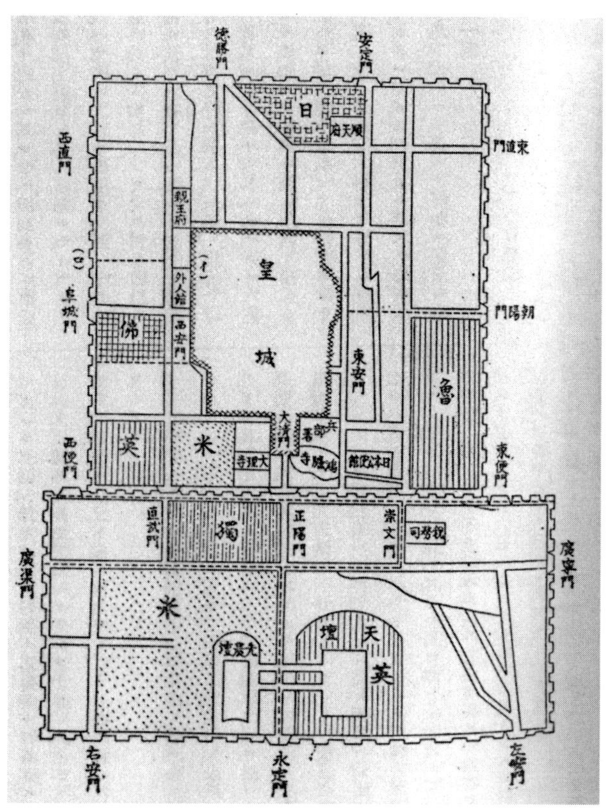

北京城各国占领区域图

七一七

7 月(日期不明)　驻清国西公使致青木外务大臣函

北京围城战况总括之报告

公新第二号信　　　　　9 月 7 日收

外务大臣子爵青木周藏阁下：

北京围城战况之总括

去年秋季起于山东省之义和团匪渐渐向邻境蔓延，至今年 4 月遂侵入直隶省，5 月已出没于保定府，同月 28 日突然大举破坏长辛店、芦沟桥等地铁路，烧毁其车站，又进而烧毁丰台车站。此后团匪南下，破坏黄村至杨村之铁路，将北京与保定、天津通路隔离，时为 6 月 4 日。至此，留在北京之外国人依靠一条电线频频请求派遣援军，且留心于自卫之术。然此电报线自 6 月 10 日以来，不仅天津线，甚至连恰克图线亦同时不能连通。团匪逐渐集中于北京，遍布城之内外。6 月 11 日，杉山书记生被董军所杀，使骚乱更加严重。至 13 日，团匪出没于各处，以耶稣教堂为首，凡属外国人之房屋一概纵火烧之，出现火焰冲天之惨状。在六条胡同之我旧公使馆被烧亦此夜之事。此后，自 14 日，外教信徒，进而与外国人多少亲近之辈之住宅、财产无不被掠夺焚烧，悲鸣之声响彻远近。

此前 6 月 5 日时，在北京之外国人有组成联合义勇队之议。我国在北京侨民因语言相异,备有武器等原因,决定另编一队。本馆馆员在万一之际亦全部从事军务,以石井、楢原两书记官为首(丸毛书记官为召来水兵,被派往天津,因铁路不通,没有归来),儿岛实习外交官、郑与德丸两翻译官等及其他我国侨民,组成一支义勇队,委托前来留学之安藤大尉指挥,并与原陆战队指挥官及守田大尉等分别管辖之部下合并,由我公使馆柴陆军中佐总指挥。

我陆战队队员及上述义勇兵自6月13日起在本馆及我所负责之公使馆后面昼夜值勤。当初,义和团匪未直接攻击我防卫人员,不过是在我防卫范围之外行如上所述之杀害教民、焚烧民房等事。6月20日以前,在北京之外国人虽被包围在城内一小区域内,但未开战。

以下概述6月20日以后,即开战以后之战况。

第一　彼我战斗力比较

北京被围时外国兵员数如下:

	士官	士兵
英国	3	79
美国	2	53
俄国	2	79
德国	1	51
法国	2	45
意大利	1	28
奥国	3	30
日本	3	24
合计406人		

此外,在北堂有法国士兵三十人,意大利士兵十一人。

另外,由居留欧美人(主要是英国人)组成之义勇队,归英国士官指挥者四十四名,我国侨民组成之义勇队,在柴陆军中佐监督下,直接属安藤大尉指挥者三十一名,即各国防卫兵力及义勇队合计四百八十二名。

相对如此少量之外国战斗人员,清国兵员如何?此虽处于重围之中无从明知,但初董福祥军四五千人专任之。后,董军之一部为阻止大沽前来之援军南下,武卫中军之兵补充之。传至8月上旬八旗兵代之,或山西、陕西等地驻防军前来代之。要之,多时当有在该国以勇武著称之董军四五千人,少时亦有驻防在各城门附近者合计两千余人。

在武器方面,我方除意大利兵由军舰拆来之一门水雷炮外,无可称为大炮者(期间美国兵发现支那旧炮并使用之,但无法增强其低下之功效)。又枪支方面,除卫兵各自携带者外,义勇队没有可堪用于战斗之枪支,或以猎枪代之,甚至在刀枪之外无任何利器者不少。如我国之义勇队,多数属于此类。幸而随着战争进行,缴获敌之枪支弹药得以分配给他们。与此相反,清兵弹药充足,绝非如我兵发给有限之弹药,且严禁随意发射可比。加之彼备有大小数门大炮与大量炮弹,此我所无者,可谓特有之大利器。战争中最令我苦者实此数门大炮也。

至于粮食,与彼拥有无限资源相反,我本没有预想到此次事件,不用说奢侈品,必需品亦难免不足,且需要维持如此漫长之岁月。事件之初,我兵遍历近邻之民舍,从米、麦、粟、稗等，至马羊，凡能充作粮食者，均取回留存。此次围城期间所食用肉类，仅最初数日是牛羊肉，很快即告缺乏。其后陆续屠杀放养在肃王府庭园内外国人所有之官用、私用骡马与乘马百余匹，亦不日几乎食尽。因此，本馆公用马两匹及其他馆员并国人所有乘用马等均供屠宰食用。

第二　防御区域

北京内城城南一隅面积□□[①]之地即被我围困之区域。其防御区域大略如下（参阅北京城内防御区域图）。

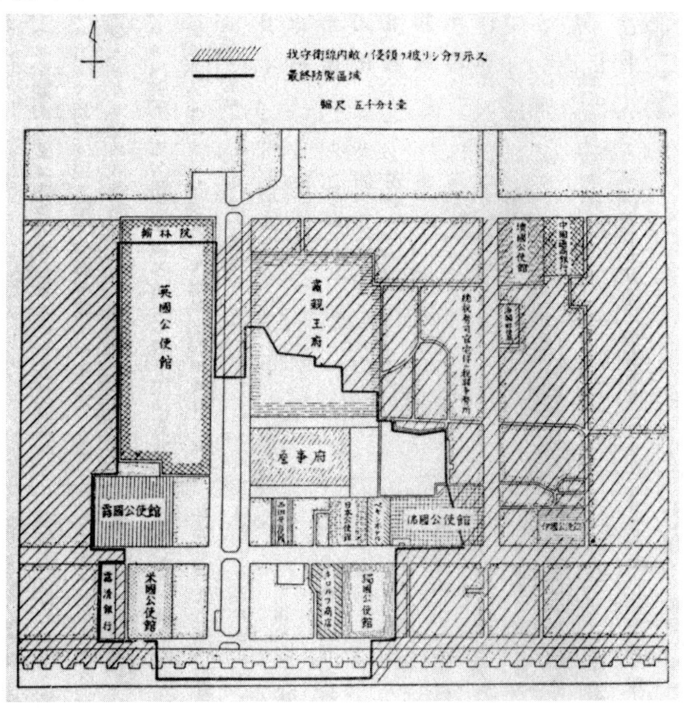

北京城内防御区域图

但比利时公使馆在上述区域外，无法防卫，故最初即决定放弃。此外，荷兰公使馆虽原在防御区域之内，后该公使馆 6 月 21 日被烧毁，遂即成为防御区域之外。各国商定以上各方面防御万一难以支撑，奥先退至法公使馆，然后奥、法、德退，与日本在肃王府会合。若再难支撑，退至英公使馆。又美、俄两公使馆若难以支撑，亦退至英公使馆，以英公使馆为最后防御据点。

此外，位于北京中央地区、靠近皇宫之西什库，有法兰西天主堂，通称“北堂”。那里有八百余传教士与教徒及事件前派去守卫之法国士兵三十名、意大利士兵十名。闻彼等排除万难，死守至今。然开战以来，交通完全断绝，无从得知确切情况。

---

① 原文缺字。——译者注

第三　围困攻防

6月20日下午4时,乃总理衙门前日照会中指定各国公使人等一同撤离北京之时间。此时刻到来之同时,清国官兵一齐从各方面开始攻击。此前以义和团匪及由部分散兵游勇组成之乌合之众为敌,今则以甲午战争以来养精蓄锐之官兵为敌。在兵员数量、弹药及粮食等诸方面,如上所述,外国人处于有天壤之别之不利地位,但决心死守防御,日夜苦守不怠。

至6月21日,因清兵进攻猛烈,奥国兵遂撤退,与法国兵会合。翌日即22日,根据各国士官首席奥国指挥官托曼上校之主张,意大利兵放弃其公使馆,与法、奥会合,并劝告德、日投往英国公使馆。然在英国公使馆,商议为之一变,不多时各国回归其守卫地点。至此,我兵占领肃王府并据守于彼。我公使馆万幸处于美、俄、德、法、英中间,仅西南即法、英之间一隅最初为我负责区域。肃王府与我负责区域相接,为附近之绝对高地,俯瞰我所依赖之最后防御据点英公使馆。若该地归敌所有,将使英公使馆陷于危殆地位。此日(6月22日)奥、意两国公使馆成为敌兵纵火之目标被烧毁。(比利时公使馆确被烧毁,但因连日火灾,故何日烧毁不详)

6月24日,驱逐屯集在英公使馆附近清兵之际,我安藤大尉率水兵及义勇兵若干人支援之。开火之时,安藤大尉立于枪弹如注之墙上,指挥我兵,终击退清兵。此日之战斗虽不能说事关重要,但如上所述,我安藤大尉不顾危险,为各国士官所不敢为,表现出之英勇,受到外国人普遍赞赏,为日本士官博得了名誉。

6月25日下午4时左右,敌兵举白旗,上书"奉旨保护使臣,禁止开枪,在御河桥(彼我攻防分界)递交照会"。不久,枪声停止。翌日(26日)继续休战。

自6月27日,各方面遭受激烈进攻,与连日以来无异。在我防御地区肃王府,我兵亦苦守之。尽管时有英、法、意援兵,但敌使用数门大炮,我仅有步枪,且弹药有限,不能任意射击,终不得不撤退。

7月6日,此前决定必须先夺取敌之大炮,以消彼之势,增我之势,英、俄方面乘夜黑之机,欲实行之,未果。然在数日来之战斗中,常为彼之大炮所制,故此日我与负责肃王府部分地区之意大利兵会合,试图呐喊击退敌兵,夺其炮,又未果。此日,我安藤大尉率先攻敌,在指挥中中弹战死,遗憾之极。如上所述,该大尉在24日英国公使馆附近之战斗中,博得外国人普遍敬佩,此日闻讣音,人人悲痛悼念之。此后,仍处于对不分昼夜之进攻的应战中。至7月14日,庆亲王等王大臣与外国使臣之间交涉开始。自7月17日,实际上停火休战,不仅使我一个月来极度疲劳之指挥官与士兵得到休养之机会,而且得以有私下购买蔬菜、鸡蛋之便,虽不充足,但能够使以马肉与海带为食物之我国军民恢复元气。

7月17日以来,彼我均坚守阵地,时有射击,但持续着仍可称为休战之状态。8月6日晨2时,敌一齐开始发动进攻。此后,呈现出一方面外国公使与总理衙门之间进行和平交涉,另一方面敌连日试图进行袭击之奇特状况。

8月12、13日两夜,通宵激战。盖在张家湾、通州等地战败消息传来,彼等试图最后奋战乎?

上述乃迄今为止之概况。此次北京事变大致可分为如下几个阶段:

第一阶段	6 月 1～10 日	义和团匪破坏铁路
第二阶段	6 月 10～20 日	团匪进入北京，焚烧房屋，杀害教民
第三阶段	6 月 20～7 月 17 日	连日战斗
第四阶段	7 月 17～8 月 6 日	事实上之休战
第五阶段	8 月 6～13 日	一面和平交涉，一面不断交战

在上述第一、第二阶段，不如说外国人处于旁观支那政府应对的地位，但进入第三阶段交战以后，四周左右受到日夜不停的进攻，兵员疲惫，弹药减少，就在估计支撑不了几天之际，幸而敌方或者弹药不足，或者和平势力占据上风，由于没有意料到的事情，进入休战状态，于我而言可谓喜出望外。否则，若持续此前之激烈进攻，恐难以坚持十余日。我方弹药无任何富余，如我日本兵陷入平均每人只有三十余发之困境。此后，在节约粮食的同时，严格管理弹药，不允许随意回应敌之乱射，幸而得以维持如此漫长时日。

第四　卫生事项

在北京之一隅，聚集一千外国人与三千余教民，从开始至今几乎长达两个半月之久。围城期间，时时有患猩红热、痢疾及热病者，但只限于少数人，不能不说是因为卫生事宜进行得相当充分。特别是我国人，不论是否是兵员，均重视卫生，除一名轻度痢疾患者与数名轻度疟疾患者外，皆保持着健康，可以说结果良好。而观防守地区周围，马骨累累，尸体暴野，犬鸦群集，粪尿遍地。与此相比，对如此之好结果更感幸福。

第五　兵员之死伤

自此次事件之初至今，我义勇队战死者如下（杉山外务书记生在迎接援军途中被董军所杀已报）：

筑紫洋行职员中村秀二郎，福冈县人，年轻勇敢，此次事件发生以来常率先冒着危险，参加防御战，6 月 25 日中弹身亡。

儿岛实习外交官在从事繁重之公务外，兼义勇队之事，7 月 1 日激战中中弹，2 日死亡。

楢原公使馆二等书记官入则承担繁重公务，出则为义勇兵，率先临危，7 月 11 日率人夫构建防御工事时，中敌之炸弹，负重伤，24 日死亡。

野口留学生在监督防御工事时，中敌枪弹，幸而是轻伤，已完全康复。

又我陆战队在连日战斗中，水兵五名战死，五名重伤，相对于全部二十四名来说，如此死伤人数可谓极多。此乃因为我防御区是要地，敌进攻猛烈，陆战队英勇奋战所致。

第六　密使通信

对于围城中之人，最欲知者乃援军之消息，然困于重围之中，得援军之消息乃至难之事。公使及指挥官百般苦心，频频向天津派出密使而无归来者。至此，人们陷入幻想之中，闻土人之爆竹，误以为援军之炮声；见烟火电光，相信是援军之信号光亮；或见野鸽，误为援军之信鸽。凡此种种，令人苦闷。在此期间，7 月 18 日，我 6 月 29 日派遣之密使带回天津郑领事及森海军中佐之回信。此乃开战以来最早得到之音信。通过此信,得知占领大沽天津、福岛少将之军队到达天津、第五师团出动等确切消息,不仅我国人,外国人亦萌生再生之希望。随后,我7月22日派出之密使26日到津,29日携带回信从当地出发,8月1日归来。由此收到前信以来断绝两周之天津音信,得知第五师团准备两三日内向北京进军之好消息。此后数日没有军队终于从天津出发之报,故无从知道援军之所在。加之持续两个月之围城,粮食、弹药已告缺乏,不得不倡行节食,更使忧虑加重。正在此时,收到福岛少将在进军北京途中从一称为南蔡村之地发出之来信(我8月6日派出之密使带回),得知北仓之胜仗及预定13、14日到达北京之确切消息。此报一传至日人及外国人中,引起近乎狂欢之喜悦。在不断迁延之中,几乎绝望之围城中人第一次看到地平线上之曙光。

在两个月有余之围城期间,带来天津援军行动确切消息者仅此三次通信。此外虽有致其他外国公使及指挥官之短信,但均内容含糊,不免有隔靴搔痒之感。上述三信带来之消息明确详细,且因为系日本密使带来,博得外国人普遍赞扬,实令人自豪。

第七　我士官、陆战队及义勇队人员

士官

陆军炮兵中佐	柴五郎
海军大尉	原胤雄
陆军步兵大尉	守田利远
陆军步兵大尉	安藤辰五郎
陆军一等军医	中川十全

陆战队

二等军曹	小笠原仙次郎
二等看护	山万钲次郎
二等军曹	大内太利治
二等军曹	冈田滝次郎
一等水兵	佐藤启次郎
一等水兵	高野忠吉
一等信号兵	三田定吉
一等信号兵	池田鹤吉
一等锻冶	朽本纲张
二等水兵	间濑浅次郎
二等水兵	长岛次郎松
二等水兵	内海幸四郎
二等水兵	镰田万次郎
二等水兵	涩谷宇吉
二等水兵	小柴文次郎
二等水兵	河内三吉

二等机关兵	川名九十郎	
三等水兵	小林矶吉	
三等水兵	町野兵右卫门	
三等水兵	矶贝桑藏	
三等水兵	高田佐太郎	
三等水兵	清水竹五郎	
三等水兵	草薙善治	
三等水兵	阿久津底之丞	

义勇队

东京	公使馆一等书记官	石井菊次郎
东京	公使馆二等书记官	楢原陈政
东京	公使馆一等翻译官	郑永邦
熊本	公使馆二等翻译官	德丸作藏
东京	实习外交官	儿岛正一郎
新泻	外务省留学生	野口多内
福岛	帝国大学副教授、文部省留学生	服部宇之吉
熊本	文部省留学生	狩野直喜
北海道	北京同文馆教员	杉几太郎
东京	北京大学教授	西郡宗三郎
北海道	北京电灯会社技师	小川量平
秋田	陆军三等军吏	小贯庆治
福冈	大阪《朝日新闻》通信员	村井启太郎
熊本	东京《日日新闻》通信员	古城贞吉
佐贺	本愿寺留学生	川上贞信
大分	《时事新报》通信员	冈正一
东京	照相师	山本赞七郎
福冈	筑紫洋行职员	中村秀次郎
福井	筑紫洋行职员	望月东涯
东京	筑紫洋行职员	平野守信
爱媛	留学生	竹内菊五郎
鹿儿岛	西公使学生	大迫半熊
千叶	石井书记官学生	大和久义郎
枥木	石井书记官学生	川上季三
京都	山本照相师助手	渡边知吉
枥木	山本照相师助手	松本幸八
加贺	公使馆仆役长	林良茂
神奈川	花匠	中根守人
长崎	理发匠	若杉弥平太

滋贺	电工	木村德太郎
东京	电工	大西平吉
东京	电工	小寺梅吉

第八　各国死亡人数

日本	9 名
英国	8 名
法国	14 名
德国	12 名
俄国	5 名
意大利	7 名
奥国	4 名
美国	7 名

第九　日本人死伤数

一、陆战队死亡五名,姓氏如下:

镰田、河内、町野、矶贝、高田

二、陆战队负伤十一名,姓氏如下:

小笠原、高野、朽木、清水、草薙(以上重伤)

冈田、佐藤、池田、间濑、涩谷、小柴(以上轻伤)

三、义勇队死亡四名,姓氏如下:

安藤、楢原、中村、儿岛

四、义勇队负伤六名,姓氏如下:

杉、小寺、松本、平野、野口、狩野

以上报告完毕。敬具

明治 33 年 8 月□日　　驻北京特命全权公使　男爵西德二郎(印)

七一八

9 月 5 日　青木外务大臣致驻俄小村公使及驻欧、美、韩各公使函(电报)

占领北京后清官动向之情报

114.根据山口陆军中将 8 月 29 日、8 月 30 日及 9 月 1 日于北京发出之电报,巡逻队已于 8 月 29 日派出,远至昌平府及芦沟桥,未有任何发现。据报告,裕禄及其全部家眷已在其北仓战败后自杀。李秉衡在通州交战中身亡,徐桐已自杀,刚毅及端郡王不知去向。支那大臣们打算于 8 月 30 日私下与外国公使联系,敬信及其他六名支那官员也已访问我公使馆。北京居民处于饥饿边缘,一部分由日本军队存留之大米已发放给他们。

庆亲王计划于 9 月 3 日抵达清河并在我方骑兵护送下进入都城。已确认皇帝在宣化府。

将此内容通知所有欧洲及美国公使。[①]

七一九

9月10日　驻清国西公使致青木外务大臣函

为报告情况石井书记官归国之禀请

机密第五五号　　9月24日收

外务大臣子爵青木周藏阁下：

上月14日本地之重围已解，其后之情况及外交上之事件等，得以以电报及机密公信随时报告之。然因目下通信设备不完备，迟滞不达或不够清楚等遗憾之处不少。贵大臣所发者亦同样有之。故双方之情况难以充分沟通。本日石井一等书记官归国，请直接从该书记官处了解本地之情况。

如此前报告所说，本馆之文件等所有资料全部烧毁。今与清政府开始交涉谈判之际，当追溯以往开议之情况，故历来当其局者最为不可缺少。该书记官之务完毕，尽可能使其迅速归任。

以上报告。敬具

明治33年9月10日　　　驻北京特命全权公使　　男爵西德二郎(印)

七二〇

9月12日　驻德公使馆武官致参谋总长大山函(电报)

关于德皇赞扬我派遣军队之报告

柏林1900年12月9日下午5:00发，1900年9月13日上午10:50收

青木，东京

驻德公使馆陆军武官致参谋总长

在9月8日于斯德丁举行之晚宴上，德国皇帝向我致意，他叫出了我的名字并为日本驻支那军队士兵之健康祝酒。

井上(转达)[②]

① 此篇原文为英文。——译者注

② 此篇原文为英文。——译者注

后 记

《义和团运动文献资料汇编》(简称《汇编》)采自不同语种之文献资料,其编、译、审工作经历了艰辛的过程。撇开内容不提,仅从出版类型言,它具有本文献丛刊他书所未有的特点:一、除中文外,尚有四种外文(包括西文和日文)之译文;二、所选译之西方传教士文献,相当部分仍具古典色彩,而日文几乎全系"文语";三、本《汇编》体例,先是采取中文繁体竖排、译文简体横排,中经反复,最后又统一为简体横排。本《汇编》之能出版,实与国家清史编纂委员会各级领导和国家清史纂修工程领导小组等大力支持分不开。在此,我要特别向国家清史编纂委员会马大正副主任、国家清史纂修工程领导小组办公室顾春副主任,以及编委会项目中心徐兆仁主任,文献组陈桦组长,清史纂修工程出版中心赵海明、孟超主任等致以衷心的感谢!

还要特别指出的是,文献组派出著名清史专家黄爱平和王汝丰两位教授具体指导我们的编译工作,数年来极力督促,在各个重要环节上同我们艰苦与共,克服道道难关;出版中心派出王立新和乐嘉辉两位同志审核,为提高本书质量亦付出心血。他们之功,实不可没。

最后,还要感谢山东大学出版社马新总编辑、于良春社长、刘旭东副社长等的大力支持,他们高度重视,为本书出版创造了有利条件;陈海军、马银川、武迎新等责编加班加点认真编校,其敬业精神令我难忘。特志此以为后记。

路　遥

二〇一〇年九月

图书在版编目(CIP)数据

义和团运动文献资料汇编.日译文卷.日本外交文书/路遥主编.—济南:山东大学出版社,2012.2
ISBN 978-7-5607-4206-9

Ⅰ.①义…
Ⅱ.①路…
Ⅲ.①义和团运动—史料
Ⅳ.①K256.706

中国版本图书馆 CIP 数据核字(2010)第 187778 号

责任编辑 陈海军
美术编辑 张 荔

出版发行 山东大学出版社
地　　址 山东省济南市山大南路 27 号(250100)
印　　刷 山东新华印刷厂
规　　格 787×1092 毫米
印　　张 237.5
字　　数 5475 千字
版　　次 2012 年 2 月第 1 版　2012 年 2 月第 1 次印刷
定价(全八册) 1380.00 元